中国古代文学

Zhongguo Gudai Wenxue

作品选

Zuopin Xuan

（第四版）

下

主　编　于　非
副主编　王树芳　傅治同　别廷峰
主　审　冯克正

高等教育出版社·北京

内容简介

　　本套书是与于非主编《中国古代文学（第四版）》相配套的作品选，供大学中文系学生学习"中国古代文学作品选读"课程使用，分上、中、下三册。下册选注了自元代至近代的重要作家的代表作品，并兼顾不同流派和不同风格的作品，每一时期内按作品体裁编排。书中对每一作家都有简要介绍，每篇作品后有"提示"，扼要分析其思想内容与艺术特色，便于自学。这次修订，又吸收了新的研究成果，修订了个别选篇内容，文字上也做了一些修改。本书可作为普通高校中文专业基础课程教材，亦可独立作为古代文学作品的普及性选本，供文学爱好者使用。

图书在版编目（ＣＩＰ）数据

　　中国古代文学作品选．下／于非主编．-- 4 版．--
北京：高等教育出版社，2017.1（2019.9 重印）
　　ISBN 978-7-04-046664-5

　　Ⅰ．①中⋯　Ⅱ．①于⋯　Ⅲ．①中国文学–古典文学–作品综合集–高等学校–教材　Ⅳ．①I212.01

　　中国版本图书馆 CIP 数据核字（2016）第 267645 号

策划编辑　刘纯鹏	责任编辑　刘纯鹏	封面设计　张志奇	版式设计　童　丹
责任校对　刁丽丽	责任印制　韩　刚		

出版发行	高等教育出版社	网　　址	http://www.hep.edu.cn
社　　址	北京市西城区德外大街 4 号		http://www.hep.com.cn
邮政编码	100120	网上订购	http://www.hepmall.com.cn
印　　刷	保定市中画美凯印刷有限公司		http://www.hepmall.com
开　　本	787 mm×960 mm　1/16		http://www.hepmall.cn
印　　张	26.25	版　　次	1994 年 6 月第 1 版
字　　数	480 千字		2017 年 1 月第 4 版
购书热线	010 - 58581118	印　　次	2019 年 9 月第 5 次印刷
咨询电话	400 - 810 - 0598	定　　价	47.30 元

本书如有缺页、倒页、脱页等质量问题，请到所购图书销售部门联系调换
版权所有　侵权必究
物料号　46664 - 00

目　录

元代部分

戏曲……………………………………………………………………… 3

　关汉卿杂剧（一种）　……………………………………… 3
　　窦娥冤〔第三折〕

　马致远杂剧（一种）　……………………………………… 8
　　汉宫秋〔第三折〕

　王实甫杂剧（一种）　……………………………………… 13
　　西厢记〔第四本第三折〕

　高明戏文（一种）　………………………………………… 19
　　琵琶记〔第二十出〕

散曲……………………………………………………………………… 24

　关汉卿散曲（一首）　……………………………………… 24
　　南吕·一枝花（不伏老）

　白朴散曲（一首）　………………………………………… 27
　　中吕·喜春来（知几）

　王和卿散曲（一首）　……………………………………… 28
　　仙吕·醉中天（咏大蝴蝶）

　杜仁杰散曲（一首）　……………………………………… 29
　　般涉调·耍孩儿（庄家不识勾阑）

　马致远散曲（三首）　……………………………………… 32
　　越调·天净沙（秋思）
　　双调·寿阳曲（远浦归帆）
　　双调·夜行船（秋思）

　张养浩散曲（二首）　……………………………………… 37
　　中吕·朝天子

中吕·山坡羊（潼关怀古）

贯云石散曲（二首）　………………………………………　39
双调·清江引（咏梅·二首）

睢景臣散曲（一首）　………………………………………　40
般涉调·哨遍（高祖还乡）

刘时中散曲（一首）　………………………………………　44
正宫·端正好（上高监司·前套）

乔吉散曲（二首）　…………………………………………　49
双调·水仙子（寻梅）
双调·折桂令（荆溪即事）

张可久散曲（二首）　………………………………………　51
中吕·普天乐（西湖即事）
中吕·红绣鞋（天台瀑布寺）

无名氏散曲（一首）　………………………………………　53
正宫·醉太平

诗词　………………………………………………………………　55

耶律楚材诗（二首）　………………………………………　55
阴山
过夏国新安县

刘因诗（二首）　……………………………………………　57
白沟
秋莲

赵孟頫诗（一首）　…………………………………………　60
岳鄂王墓

虞集诗（一首）　……………………………………………　61
挽文山丞相

揭傒斯诗（一首）　…………………………………………　62
渔父

马祖常诗（三首）　…………………………………………　64
石田山居〔其一〕
灵州
河湟书事〔之二〕

杨维桢诗（一首）　…………………………………………　66
题苏武牧羊图

萨都剌诗（三首）、词（一首）　…………………………　67
上京即事〔其八〕〔其九〕

　　　早发黄河即事

　　　念奴娇（登石头城）

　　王冕诗（二首）·································· 72

　　　劲草行

　　　墨梅

散文 ··· 75

　　邓牧文（一篇）·································· 75

　　　君道

　　吴澄文（一篇）·································· 78

　　　送何太虚北游序

　　李孝光文（一篇）································ 82

　　　大龙湫记

明 代 部 分

诗歌 ··· 87

　　刘基诗（一首）·································· 87

　　　古戍

　　高启诗（一首）·································· 88

　　　登金陵雨花台望大江

　　于谦诗（二首）·································· 90

　　　咏煤炭

　　　入塞

　　李梦阳诗（二首）································ 92

　　　石将军战场歌

　　　秋望

　　何景明诗（一首）································ 96

　　　岁晏行

　　李攀龙诗（二首）································ 97

　　　挽王中丞〔其一〕〔其二〕

　　王世贞诗（一首）································ 99

　　　登太白楼

　　唐寅诗（一首）·································· 100

　　　题画

　　文徵明诗（一首）································ 101

新秋

袁宏道诗（二首） ………………………………………………… 102

竹枝词〔其一〕〔其二〕

戚继光诗（一首） ………………………………………………… 103

登舍身台

陈子龙诗（一首） ………………………………………………… 104

易水歌

夏完淳诗（四首） ………………………………………………… 106

即事〔其一〕〔其二〕〔其三〕

别云间

词 ………………………………………………………………… 110

刘基词（一首） …………………………………………………… 110

浣溪沙（布谷催耕）

高启词（一首） …………………………………………………… 111

念奴娇（策勋万里）

杨慎词（一首） …………………………………………………… 112

临江仙（滚滚长江）

王世贞词（一首） ………………………………………………… 113

忆江南（歌起处）

文徵明词（一首） ………………………………………………… 113

满江红（漠漠轻阴）

陈子龙词（二首） ………………………………………………… 114

山花子（杨柳迷离）

点绛唇（春日风雨有感）

夏完淳词（一首） ………………………………………………… 116

一剪梅（无限伤心）

散文 ……………………………………………………………… 117

宋濂文（一篇） …………………………………………………… 117

送东阳马生序

刘基文（一篇） …………………………………………………… 120

卖柑者言

归有光文（一篇） ………………………………………………… 122

项脊轩志

宗臣文（一篇） …………………………………………………… 126

报刘一丈书

袁宏道文（一篇） ………………………………………………… 129

　　虎丘记

　张岱文（一篇）·························· 132

　　西湖七月半

　张溥文（一篇）·························· 135

　　五人墓碑记

　夏完淳文（一篇）······················· 138

　　狱中上母书

小说································· 142

　罗贯中小说（一种）····················· 142

　　三顾草庐

　施耐庵小说（一种）····················· 151

　　野猪林

　吴承恩小说（一种）····················· 160

　　大闹天宫

　兰陵笑笑生小说（一种）·················· 172

　　行贿免祸

　冯梦龙小说（一篇）····················· 180

　　杜十娘怒沉百宝箱

戏曲································· 198

　汤显祖传奇（一种）····················· 198

　　牡丹亭〔惊梦〕

散曲································· 206

　王磐散曲（一首）······················· 206

　　朝天子（咏喇叭）

　康海散曲（一首）······················· 207

　　寄生草（读史有感）

　陈铎散曲（一首）······················· 207

　　水仙子（瓦匠）

　冯惟敏散曲（一首）····················· 208

　　胡十八（刈麦有感）

　薛论道散曲（一首）····················· 209

　　黄莺儿（塞上重阳）

　朱载堉散曲（一首）····················· 210

　　山坡羊（十不足）

清 代 部 分

诗歌 ·· 215

  钱谦益诗（一首）·································· 215

    后秋兴之十三（八首选一）

  吴伟业诗（二首）·································· 217

    圆圆曲

    过淮阴有感（二首选一）

  顾炎武诗（三首）·································· 222

    秋山二首

    精卫

  吴嘉纪诗（一首）·································· 225

    绝句

  施闰章诗（一首）·································· 226

    泊樵舍

  王夫之诗（一首）·································· 227

    正落花诗

  陈维崧诗（一首）·································· 228

    晓发中牟

  朱彝尊诗（一首）·································· 229

    东官书所见

  屈大均诗（一首）·································· 230

    塞上曲（六首选一）

  王士禛诗（三首）·································· 231

    秦淮杂诗（十四首选一）

    真州绝句（五首选二）

  查慎行诗（一首）·································· 234

    三闾祠

  沈德潜诗（一首）·································· 235

    制府来

  厉鹗诗（一首）····································· 237

    荆溪道中

  郑燮诗（二首）····································· 238

    渔家

    还家行

袁枚诗（一首） ··· 240
　　马嵬
蒋士铨诗（一首） ·· 241
　　岁暮到家
赵翼诗（二首） ··· 242
　　论诗二首
汪中诗（一首） ··· 243
　　白门感旧
黄景仁诗（二首） ·· 244
　　后观潮行
　　都门秋思

词 ··· 248
吴伟业词（一首） ·· 248
　　贺新郎（万事催华发）
陈维崧词（三首） ·· 249
　　贺新郎（战舰排江口）
　　醉落魄（寒山几堵）
　　南乡子（天水沦涟）
朱彝尊词（二首） ·· 252
　　卖花声（衰柳白门湾）
　　长亭怨慢（结多少悲秋）
顾贞观词（二首） ·· 254
　　金缕曲（季子平安否）　（我亦飘零久）
纳兰性德词（三首） ··· 257
　　长相思（山一程）
　　如梦令（万帐穹庐）
　　浣溪沙（谁念西风）
厉鹗词（一首） ··· 259
　　忆旧游（溯溪流云去）
张惠言词（二首） ·· 261
　　水调歌头（今日非昨日）
　　相见欢（年年负却）

散文 ··· 264
黄宗羲文（一篇） ·· 264
　　原君
侯方域文（一篇） ·· 268

　　　李姬传

　方苞文（一篇）　………………………………………… 271
　　　左忠毅公逸事

　郑燮文（一篇）　………………………………………… 273
　　　范县署中寄舍弟墨第四书

　全祖望文（一篇）　……………………………………… 276
　　　梅花岭记

　袁枚文（二篇）　………………………………………… 280
　　　黄生借书说
　　　祭妹文

　姚鼐文（一篇）　………………………………………… 286
　　　登泰山记

　汪中文（一篇）　………………………………………… 289
　　　哀盐船文

　洪亮吉文（一篇）　……………………………………… 294
　　　出关与毕侍郎笺

　梅曾亮文（一篇）　……………………………………… 297
　　　记棚民事

小说……………………………………………………………… 300

　蒲松龄小说（二篇）　…………………………………… 300
　　　促织
　　　婴宁

　吴敬梓小说（一种）　…………………………………… 315
　　　范进中举

　曹雪芹小说（一种）　…………………………………… 322
　　　宝玉挨打

戏曲…………………………………………………………… 333

　李玉传奇（一种）　……………………………………… 333
　　　清忠谱〔第十一折　闹诏〕

　洪昇传奇（一种）　……………………………………… 340
　　　长生殿〔第二十四出　惊变〕

　孔尚任传奇（一种）　…………………………………… 344
　　　桃花扇〔第七出　却奁〕

近 代 部 分

诗歌·· 353

　　张维屏诗（一首） ··· 353

　　　　三元里

　　林则涂诗（一首） ··· 355

　　　　赴戍登程口占示家人

　　龚自珍诗（三首） ··· 356

　　　　咏史

　　　　己亥杂诗〔其一〕〔其二〕

　　魏源诗（二首） ··· 360

　　　　江南吟

　　　　寰海

　　黄遵宪诗（二首） ··· 363

　　　　书愤

　　　　哀旅顺

　　丘逢甲诗（二首） ··· 366

　　　　春愁

　　　　元夕无月

　　谭嗣同诗（二首） ··· 367

　　　　崆峒

　　　　狱中题壁

　　章炳麟诗（一首） ··· 369

　　　　狱中赠邹容

　　梁启超诗（一首） ··· 371

　　　　太平洋遇雨

　　秋瑾诗（二首） ··· 372

　　　　杞人忧

　　　　黄海舟中日人索句并见日俄战争地图

　　苏曼殊诗（二首） ··· 374

　　　　以诗并画留别汤国顿〔其一〕〔其二〕

　　柳亚子诗（一首） ··· 375

　　　　孤愤

词 ·· 377

蒋春霖词（一首）　…………………………………………………… 377

　　卜算子（燕子不曾来）

况周颐词（一首）　…………………………………………………… 378

　　江南好·咏梅（娉婷甚）

梁启超词（一首）　…………………………………………………… 379

　　金缕曲（瀚海飘流燕）

秋瑾词（一首）　……………………………………………………… 380

　　满江红（肮脏寰宇）

散文 ………………………………………………………………… 382

龚自珍文（一篇）　…………………………………………………… 382

　　病梅馆记

薛福成文（一篇）　…………………………………………………… 384

　　观巴黎油画记

谭嗣同文（一篇）　…………………………………………………… 387

　　仁学（节选）

梁启超文（一篇）　…………………………………………………… 391

　　少年中国说（节录）

林觉民文（一篇）　…………………………………………………… 396

　　与妻书

小说 ………………………………………………………………… 401

刘鹗小说（一种）　…………………………………………………… 401

　　明湖居听书

元代部分

戏　曲

关汉卿杂剧

关汉卿，号已斋（一作"己斋"）叟，生卒年不详，约生于金末，死于元成宗大德（1297—1307）年间，大都（今北京）人。他是元代大都的一位典型的书会才人，可能是玉京书会的领袖。他生活在社会底层，长期出入于勾栏妓院，编撰杂剧脚本，甚至"躬践排场，面敷粉墨"（臧晋叔《元曲选序》）。他饱受压迫欺凌和生活的煎熬，对下层人民疾苦有深切的了解和同情。所作杂剧题材广泛，多能反映现实的重大问题，揭露社会的黑暗，表现人民的苦难与反抗斗争，塑造了众多的典型形象。关汉卿以其杰出的创作成就，成为中国古代戏剧的奠基人。所作杂剧 60 多种，今存 18 种。又工散曲，今存小令 50 多首，套数 10 余套。杂剧以《窦娥冤》《救风尘》《单刀会》等最为著称。

窦娥冤⁽¹⁾〔第三折〕⁽²⁾

（外扮监斩官上⁽³⁾，云）下官监斩官是也。今日处决犯人，着做公的把住巷口⁽⁴⁾，休放往来人闲走。（净扮公人⁽⁵⁾，鼓三通、锣三下科⁽⁶⁾。刽子磨旗⁽⁷⁾、提刀，押正旦带枷上⁽⁸⁾，刽子云）行动些⁽⁹⁾，行动些，监斩官去法场上多时了。（正旦唱）

【正宫端正好】⁽¹⁰⁾没来由犯王法⁽¹¹⁾，不提防遭刑宪⁽¹²⁾，叫声屈动地惊天。顷刻间游魂先赴森罗殿⁽¹³⁾，怎不将天地也生埋怨⁽¹⁴⁾。

【滚绣球】有日月朝暮悬，有鬼神掌着生死权。天地也，只合把清浊分辨⁽¹⁵⁾，可怎生糊突了盗跖颜渊⁽¹⁶⁾：为善的受贫穷更命短，造恶的享富贵又寿延。天地也，做得个怕硬欺软，却原来也这般顺水推船⁽¹⁷⁾。地也，你不分好歹何为地？天也，你错勘贤愚枉做天⁽¹⁸⁾！哎，只落得两泪涟涟。

（刽子云）快行动些，误了时辰也。（正旦唱）

【倘秀才】则被这枷纽的我左侧右偏，人拥的我前合后偃⁽¹⁹⁾，我窦娥向哥哥行有句言⁽²⁰⁾。（刽子云）你有什么话说？（正旦唱）前街里去心怀恨，后街里去死无冤，休推辞路远。

（刽子云）你如今到法场上面，有什么亲眷要见的，可教他过来，见你一面也好。（正旦唱）

【叨叨令】可怜我孤身只影无亲眷，则落的吞声忍气空嗟怨。（刽子云）难道你爷娘家也没的？（正旦云）止有个爹爹，十三年前上朝取应去了⁽²¹⁾，至今杳无音信。（唱）早已是十年多不睹爹爹面。（刽子云）你适才要我往后街里去，是什么主意？（正旦唱）怕则怕前街里被我婆婆见。（刽子云）你的性命也顾不得，怕他见怎的？（正旦云）俺婆婆若见我披枷带锁赴法场凌刀去呵⁽²²⁾。（唱）枉将他气杀也么哥⁽²³⁾，枉将他气杀也么哥。告哥哥⁽²⁴⁾，临危好与人行方便。

（卜儿哭上科⁽²⁵⁾，云）天那，兀的不是我媳妇儿⁽²⁶⁾！（刽子云）婆子靠后。（正旦云）既是俺婆婆来了，叫他来，待我嘱咐他几句话咱⁽²⁷⁾。（刽子云）那婆子，近前来，你媳妇要嘱咐你话哩。（卜儿云）孩儿，痛杀我也！（正旦云）婆婆，那张驴儿把毒药放在羊肚儿汤里，实指望药死了你，要霸占我为妻。不想婆婆让与他老子吃，倒把他老子药死了。我怕连累婆婆，屈招了药死公公，今日赴法场典刑⁽²⁸⁾。婆婆，此后遇着冬时年节，月一十五，有溅不了的浆水饭⁽²⁹⁾，溅半碗儿与我吃；烧不了的纸钱，与窦娥烧一陌儿⁽³⁰⁾：则是看你死的孩儿面上。（唱）

【快活三】念窦娥葫芦提当罪愆⁽³¹⁾，念窦娥身首不完全，念窦娥从前已往干家缘⁽³²⁾，婆婆也，你只看窦娥少爷无娘面。

【鲍老儿】念窦娥伏侍婆婆这几年，遇时节将碗凉浆奠⁽³³⁾；你去那受刑法尸骸上烈些纸钱⁽³⁴⁾，只当把你亡化的孩儿荐⁽³⁵⁾。（卜儿哭科，云）孩儿放心，这个老身都记得。天那，兀的不痛杀我也！（正旦唱）婆婆也，再也不要啼啼哭哭，烦烦恼恼，怨气冲天。这都是我做窦娥的没时没运，不明不闇⁽³⁶⁾，负屈衔冤。

（刽子做喝科，云）兀那婆子靠后，时辰到了也。（正旦跪科）（刽子开枷科）（正旦云）窦娥告监斩大人，有一事肯依窦娥，便死而无怨。（监斩官云）你有什么事？你说。（正旦云）要一领净席⁽³⁷⁾，等我窦娥站立；又要丈二白练⁽³⁸⁾，挂在旗枪上⁽³⁹⁾：若是我窦娥委实冤枉，刀过处头落，一腔热血休半点儿沾在地下，都飞在白练上者。（监斩官云）这个就依你，打什么不紧⁽⁴⁰⁾。（刽子做取席站科，又取白练挂旗上科）（正旦唱）

【耍孩儿】不是我窦娥罚下这等无头愿⁽⁴¹⁾，委实的冤情不浅；若没些儿灵圣与世人传，也不见得湛湛青天。我不要半星热血红尘洒，都只在八尺旗枪素练悬。等他四下里皆瞧见，这就是咱苌弘化碧⁽⁴²⁾，望帝啼鹃⁽⁴³⁾。

（刽子云）你还有甚的说话，此时不对监斩大人说，几时说那？（正旦再跪科，云）大人，如今是三伏天道，若窦娥委实冤枉，身死之后，天降三尺瑞雪，遮掩了窦娥尸首。（监斩官云）这等三伏天道，你便有冲天的怨气，也召不得一片雪来，可不胡说！（正旦唱）

【二煞】你道是暑气暄⁽⁴⁴⁾，不是那下雪天；岂不闻飞霜六月因邹衍⁽⁴⁵⁾？若果有一腔怨气喷如火，定要感的六出冰花滚似绵⁽⁴⁶⁾，免着我尸骸现。要什么素车白马⁽⁴⁷⁾，断送出古陌荒阡⁽⁴⁸⁾！

（正旦再跪科，云）大人，我窦娥死的委实冤枉，从今以后，着这楚州亢旱三年⁽⁴⁹⁾。（监斩官云）打嘴！那有这等说话！（正旦唱）

【一煞】你道是天公不可期，人心不可怜，不知皇天也肯从人愿。做什么三年不见甘霖降⁽⁵⁰⁾，也只为东海曾经孝妇冤⁽⁵¹⁾；如今轮到你山阳县。这都是官吏每无心正法⁽⁵²⁾，使百姓有口难言。

（刽子做磨旗科，云）怎么这一会儿天色阴了也？（内做风科，刽子云）好冷风也！（正旦唱）

【煞尾】浮云为我阴，悲风为我旋，三桩儿誓愿明题遍。（做哭科，云）婆婆也，直等待雪飞六月，亢旱三年呵，（唱）那期间才把你个屈死的冤魂这窦娥显。

（刽子做开刀，正旦倒科）（监斩官惊云）呀，真个下雪了，有这等异事！（刽子云）我也道平日杀人，满地都是鲜血，这个窦娥的血都飞在那丈二白练上，并无半点落地，委实奇怪。（监斩官云）这死罪必有冤枉，早两桩儿应验了，不知亢旱三年的说话，准也不准？且看后来如何。左右，也不必等待雪晴，便与我抬他尸首，还了那蔡婆婆去罢。（众应科，抬尸下）

注释

（1）窦娥冤：全名《感天动地窦娥冤》，共四折一楔子。作品写窦娥幼年抵债给蔡婆做童养媳，婚后丈夫早死，婆媳相依为命。地痞无赖张驴儿父子胁迫与她们婆媳成亲，窦娥坚决不从。张驴儿欲药死蔡婆以逼窦娥就范，不料却毒死了自己父亲，遂又以此要挟窦娥，诬告于官。贪官桃杌不问青红皂白严刑拷打，窦娥为救婆婆屈招罪名，竟被冤判了死刑。三年后，她的当了大官的父亲为她平反昭雪。

（2）折：元杂剧音乐组织的一个单元，也是剧情发展的一个较大的自然段落，相当于现代戏剧的一幕。

（3）外：杂剧角色名，这里是"外末"的省称。

（4）做公的：即下文的公人，指衙门的差役、皂隶。

（5）净：角色名。

（6）科：又称"科范"，是杂剧剧本中关于人物动作、表情、音响效果的舞台提示。

（7）磨旗：摇旗。疑为"麾旗"之误。

（8）正旦：角色名。旦是女角，正旦是女主角。

（9）行动些：快些走。

（10）正宫端正好：正宫，宫调名。端正好，是正宫这个宫调中的一支曲牌名。元杂剧规定一折戏唱同一宫调的曲子。下文的〔滚绣球〕〔倘秀才〕〔叨叨令〕等曲牌皆属正宫。

（11）没来由：无缘无故。

（12）"不提"句：没料到会受刑处决。不提防，没料到。刑宪，刑法。

（13）森罗殿：即阎王殿。

（14）"怎不"句：怎么不把天地呀深深埋怨。也，句中语助词。生，表程度的副词。

（15）合：应该。

（16）"可怎"句：意谓可你怎么糊糊涂涂把好人坏人搞混淆了呢。糊突，即糊涂。跖（zhí 直），古代传说中的大盗。颜渊，孔子的学生，贫而好学，古代以他为贤者的典型。

（17）顺水推船：比喻迎合附会，顺势行事。

（18）错勘：错判、错定。

（19）前合后偃：前仆后倒。偃（yǎn 演），仰面倒下。

（20）哥哥行：意谓哥哥那里，哥哥跟前。行（háng 杭），元杂剧里用在人称代词后边，起指示方位的作用，相当于那里、那边的意思。

（21）取应：应试。

（22）飡刀：吃刀，挨刀。

（23）也么哥：语尾助词，无实义。

（24）告：告请。

（25）卜儿：剧中扮演老妇人的角色。

（26）兀的：这、这个。指示词，与下文的"兀那"都是表示强调或惊异的语气。

（27）咱：语尾助词，同"者"。

（28）典刑：正法受刑的意思。

（29）澯（jiǎn 捡）：倒，泼。

（30）一陌儿：指祭奠时烧的纸钱。一陌儿即一百张，一串儿的意思，不是实数。陌，此处通"百"。

（31）葫芦提当罪愆：糊里糊涂地承担了罪名。葫芦提，宋元时的口语，相当于现代语的"糊里糊涂"。罪愆（qiān 千），罪过。

（32）干家缘：料理家务。

（33）奠：供祭死者。

（34）烈：烧。

（35）"只当"句：意谓只当是祭奠你死去的儿子。荐，祭奠。

（36）不明不阇：不明不白。阇，同"暗"。

（37）一领：一张。

（38）白练：白绸。

（39）旗枪：旗杆头。

（40）打什么不紧：有什么要紧。

（41）无头愿：不合常理的誓愿。

（42）苌弘化碧：古代神话传说：周朝的忠臣苌弘无辜被杀，蜀人把他的血藏起来，三年后凝化为碧玉（见《庄子·外物》篇）。

（43）望帝啼鹃：古代神话传说：蜀王杜宇，号望帝，被逼禅位其相，隐居山中，其魂化为杜鹃，日夜悲啼（事见《寰宇记》）。

（44）暄：阳光温暖。

（45）邹衍：战国时燕国的忠臣。相传他被谗下狱，仰天大哭，时值盛夏，天竟降下霜雪。后来"六月飞霜"就成为冤狱的典故（事见《太平御览》卷十四引《淮南子》）。

（46）六出冰花：指雪花。因雪花一般是六瓣形的结晶体，故云六出。

（47）素车白马：古人送葬用的车马。

（48）断送：发送。

（49）亢旱：久旱、大旱。

（50）甘霖：久旱以后下的雨。

（51）东海孝妇冤：相传汉朝东海有一孝妇周青，少寡无子，为侍奉婆婆矢志不嫁，婆婆怕拖累她而自杀。孝妇被诬告逼死婆婆而处死。临刑时，她指着旁边的长竿说，我若无罪，被斩后血往竿上流。行刑后，血果然逆竿上流。自此东海一带大旱了三年。后来于公替她申雪，天方降雨（事见《汉书·于定国传》）。

（52）官吏每：即官吏们。每，即"们"。

提示

　　这折戏写窦娥负屈衔冤被押赴刑场惨遭杀害的经过，是全剧的高潮。情节较单纯，但剧作家为突出主题，对场面作了精心安排，对气氛加以铺张渲染，着力描写窦娥临刑前的控诉与抗争，充分表现了窦娥的反抗性格，热情歌颂了被压迫人民刚强不屈的斗争精神，同时揭露和抨击了封建社会"官吏每无心正法，使百姓有口难言"的黑暗现实，具有强烈的现实意义和理想成分。

　　本折着重描写三个场面：一是写窦娥被押赴刑场途中动地惊天的呼号与抗议。窦娥一上场便满腔怨愤地呼号："没来由犯王法，不提防遭刑宪，叫声屈动地惊天。"〔端正好〕一曲，说明她无缘无故遭刑受斩的冤屈，也说明在残酷现实面前她终于觉醒了。接着，她愤怒控诉人世间的不公："为善的受贫穷更命短，造恶的享富贵又寿延"；她强烈指责天地"不分好歹""错勘贤愚"。这是窦娥以生命为代价换来的认识，这是对黑暗社会的控诉、揭露和批判。〔滚绣球〕一曲，唱出了千千万万被压迫者的心声。二是写窦娥在刑场上与婆婆诀别。窦娥临刑前对婆婆的惦念和关怀、劝慰和哭诉，突出了窦娥的善良性格，也进一步表现她的冤屈无辜，写得如泣如诉，荡气回肠。三是写窦娥临刑前发下三桩誓愿：一要血飞白练，二要六月降雪，三要亢旱三年。觉醒的窦娥对黑暗社会已不抱任何幻想，也不再乞求怜悯，她要在生命的最后时刻证明自己的冤屈，揭露"官吏每无心正法"，草菅人命的罪行，所以发下这三桩誓愿。三桩誓愿一桩比一桩激烈而严厉，她不仅要昭示冤情，而且要迫令大自然改变常态以显示她的冤情之深。三桩无头愿先后奇迹般地实现了，表明了窦娥正义抗争的力量，寄托了人民的理想和愿望。

本折突出的艺术成就：其一是成功地塑造了窦娥的光辉形象，生动地刻画了她善良厚道又刚强不屈的性格，展现了她从相信天命、含苦忍受到觉醒，继而奋起反抗的过程，说明被压迫人民是不甘欺凌压迫的，深化了全剧的主题。其二是运用了积极浪漫主义的表现手法，以丰富的想象和夸张设计了三桩誓愿，让窦娥的抗争精神支配天地，获得天从人愿的结果，显示了《窦娥冤》"感天动地"的题意。其三是剧情发展有张有弛，跌宕起伏。途中哭诉场面，高亢激越，紧张急促；诀别场面，哀怨凄楚，徐缓低回；发誓场面，则"一腔怨气喷如火"，激情如潮，气势磅礴。这种行文变化收到了强烈的戏剧效果。其四是戏剧语言质朴自然，浅显中蕴含深邃，生动准确又酣畅淋漓，充分表现了本色派的特征。

马致远杂剧

马致远，号东篱，大都（今北京）人，生卒年不详，晚于关汉卿。早年参加过元贞书会，后任过江浙行省务提举，晚年隐居田园，过着"红尘不向门前惹"的闲散生活。他是元代前期著名的杂剧作家和散曲作家。周德清《中原音韵序》把他和关汉卿、白朴、郑光祖合称为"元曲四大家"。所作杂剧，据《录鬼簿》载共有13种，今存7种，内容比较复杂，以历史剧《汉宫秋》最著名，被明代臧懋循置于《元曲选》之首，其他多是神仙道化剧，宣扬封建迷信和避世思想。在元代前期作家中，他的散曲保存最多，后人辑有《东篱乐府》一卷，共有小令104首，套数16套，多写隐居叹世一类内容，也有歌咏山水自然和男女恋情之作。马致远以文采见长，无论是杂剧还是散曲，都写得清丽优美，意境鲜明。他本人有"曲状元"之称。

汉宫秋〔第三折〕[(1)]

（番使拥旦上，奏胡乐科，旦云）妾身王昭君，自从选入宫中，被毛延寿将美人图点破，送入冷宫。甫能得蒙恩幸[(2)]，又被他献与番王形像[(3)]。今拥兵来索，待不去，又怕江山有失；没奈何将妾身出塞和番。这一去，胡地风霜，怎生消受也！自古道："红颜胜人多薄命，莫怨东风当自嗟[4]。"（驾引文武内官上[5]，云）今日灞桥饯送明妃，却早来到也。（唱）

【双调新水令】锦貂裘生改尽汉宫妆[6]，我则索看昭君画图模样[7]。旧恩金勒短，新恨玉鞭长[8]。本是对金殿鸳鸯；分飞翼，怎承望[9]！

（云）您文武百官计议，怎生退了番兵，免明妃和番者。（唱）

【驻马听】宰相每商量，大国使还朝多赐赏。早是俺夫妻悒怏[10]，小家儿出外也摇装[11]。尚兀自渭城衰柳助凄凉[12]，共那灞桥流水添惆怅[13]。偏您不断肠，想娘娘那一天愁都撮在琵琶上[14]。

（做下马科）（与旦打悲科[15]）（驾云）左右慢慢唱者，我与明妃饯一杯酒。（唱）

【步步娇】您将那一曲阳关休轻放[16]，俺咫尺如天样，慢慢地捧玉觞[17]。朕本意待尊前捱些时光，且休问劣了宫商[18]，您则与我半句儿俄延着唱。

（番使云）请娘娘早行，天色晚了也。（驾唱）

【落梅风】可怜俺别离重，你好是归去的忙。寡人心先到他李陵台上[19]，回头儿却才魂梦里想，便休题贵人多忘。

（旦云）妾这一去，再何时得见陛下？把我汉家衣服都留下者。（诗云）正是：今日汉宫人，明朝胡地妾；忍着主衣裳，为人作春色[20]！（留衣服科）（驾唱）

【殿前欢】则甚么留下舞衣裳，被西风吹散旧时香。我委实怕宫车再过青苔巷，猛到椒房[21]，那一会想菱花镜里妆，风流相，兜的又横心上[22]。看今日昭君出塞，几时似苏武还乡[23]？

（番使云）请娘娘行罢，臣等来多时了也。（驾云）罢罢罢，明妃你这一去，休怨朕躬也。（做别科，驾云）我那里是大汉皇帝！（唱）

【雁儿落】我做了别虞姬楚霸王[24]，全不见守玉关征西将[25]。那里取保亲的李左车，送女客的萧丞相[26]？

（尚书云）陛下不必挂念。（驾唱）

【得胜令】他去也不沙架海紫金梁[27]，枉养着那边庭上铁衣郎[28]。您也要左右人扶侍，俺可甚糟糠妻下堂[29]？您但提起刀枪，却早小鹿儿心头撞[30]。今日央及煞娘娘[31]，怎做的男儿当自强！

（尚书云）陛下，咱回朝去罢。（驾唱）

【川拨棹】怕不待放丝缰[32]，咱可甚鞭敲金镫响[33]？你管燮理阴阳[34]，掌握朝纲，治国安邦，展土开疆；假若俺高皇，差你个梅香[35]，背井离乡，卧雪眠霜，若是他不恋恁春风画堂⁽³⁶⁾，我便官封你一字王⁽³⁷⁾。

（尚书云）陛下不必苦死留他，着他去了罢。（驾唱）

【七弟兄】说什么大王不当恋王嫱，兀良⁽³⁸⁾，怎禁他临去也回头望！那堪这散风雪旌节影悠扬，动关山鼓角声悲壮。

【梅花酒】呀！俺向着这迥野悲凉⁽³⁹⁾。草已添黄，兔早迎霜⁽⁴⁰⁾。犬褪得毛苍，人搠起缨枪，马负着行装，车运着餱粮⁽⁴¹⁾，打猎起围场⁽⁴²⁾。他他他，伤心辞汉主；我我我，携手上河梁⁽⁴³⁾。他部从入穷荒；我銮舆返咸阳⁽⁴⁴⁾。返咸阳，过宫墙；过宫墙，绕回廊；绕回廊，近椒房；近椒房，月昏黄；月昏黄，夜生凉；夜生凉，泣寒蜇⁽⁴⁵⁾；泣寒蜇，绿纱窗；绿纱窗，不思量！

【收江南】呀！不思量，除是铁心肠！铁心肠，也愁泪滴千行。美人图今夜挂昭阳⁽⁴⁶⁾，我那里供养，便是我高烧银烛照红妆⁽⁴⁷⁾。

（尚书云）陛下回銮罢，娘娘去远了也。（驾唱）

【鸳鸯煞】我只索大臣行说一个推辞谎⁽⁴⁸⁾，又则怕笔尖儿那火编修讲⁽⁴⁹⁾。不见他花朵儿精神，怎趁那草地里风光⁽⁵⁰⁾？唱道伫立多时⁽⁵¹⁾，徘徊半晌，猛听的塞雁南翔，呀呀的声嘹亮，却原来满目牛羊，是兀那载离恨的毡车半坡里响⁽⁵²⁾。（下）

（番王引部落拥昭君上，云）今日汉朝不弃旧盟，将王昭君与俺番家和亲。我将昭君封为宁胡阏氏，坐我正宫。两国息兵，多少是好。众将士，传下号令，大众起行，望北而去。（做行科）（旦问云）这里甚地面了？（番使云）这是黑龙江⁽⁵³⁾，番汉交界去处；南边属汉家，北边属我番国。（旦云）大王，借一杯酒，望南浇奠，辞了汉家，长行去罢。（做奠酒科，云）汉朝皇帝，妾身今生已矣，尚待来生也。（做跳江科）（番王惊救不及，叹科，云）嗨！可惜，可惜！昭君不肯入番，投江而死。罢罢罢，就葬在此江边，号为青冢者。我想来，人也死了，枉与汉朝结下这般仇隙，都是毛延寿那厮搬弄出来的。把都儿⁽⁵⁴⁾，将毛延寿拿下，解送汉朝处治。我依旧与汉朝结和，永为甥舅，却不是好？（诗云）则为他丹青画误了昭君，背汉王暗地私奔；将美人图又来哄我，要索取出塞和亲。岂知道投江而死，空落的一见消魂。似这等奸邪逆贼，留着他终是祸根；不如送他去汉朝哈喇⁽⁵⁵⁾，依还的甥舅礼两国长存。（下）

注释

（1）汉宫秋：全名是《破幽梦孤雁汉宫秋》，共四折一楔子，写王昭君出塞和番的故事，曲折地表达了作家的民族意识。

（2）甫：刚刚，方才。

（3）形像：指昭君的画像。

（4）"红颜"二句：是欧阳修《再和明妃曲》中的诗句。

（5）驾：元杂剧中扮演皇帝的角色。

（6）生：生硬，勉强。

（7）则索：只得。

（8）"旧恩"二句：喻恩爱短暂，离恨悠长。意思是说往日的恩情如马的金勒太短了，不堪回首；而新来的离恨则像催马的玉鞭，觉得很长。勒，套马口的笼辔。玉鞭，玉饰的鞭子。

（9）承望：指望。

（10）"早是"句：意谓我夫妻本来已是忧闷不乐。早是，本是，已是。悒怏，忧闷不乐。

（11）摇装：或作"遥装"。是南北朝相沿下来的习俗：人将远行，先择一吉日出门，家人亲友到江边钱行，船移后即返回，改日再出发，谓之"摇装"。

（12）渭城衰柳：出自王维《送元二使安西》诗："渭城朝雨浥轻尘，客舍青青柳色新。"

（13）灞桥：在长安东，古人送别多止于此。

（14）撮：凝聚的意思。

（15）打悲：做悲伤的样子。

（16）一曲阳关：王维《送元二使安西》有"劝君更尽一杯酒，西出阳关无故人"之句，后人将此诗谱为送行曲，名《阳关三叠》，又名《阳关曲》。

（17）觞（shāng商）：酒器。

（18）劣了宫商：意为音调不协，唱得不好。宫商，古代五音宫商角徵（zhǐ止）羽的省称，代指腔调音律。

（19）李陵台：在今内蒙古巴林左旗南的波罗城，相传为李陵望乡处。李陵，汉武帝时的名将，出击匈奴，因孤军无援，战败而降。

（20）"今日"四句：前二句出自李白《王昭君》诗，后两句出于宋陈师道《妾薄命》诗。作春色，原为"作春妍"，意谓打扮娇艳，供人赏玩。

（21）椒房：皇后居室，用椒和泥涂墙，取其温暖芳香，故云。

（22）兜的：突然。

（23）苏武还乡：汉时苏武出使匈奴，被扣留19年，始终不屈，后得回国（事见《汉书·李广苏建传》）。

（24）别虞姬楚霸王：楚霸王，即项羽。虞姬，项羽姬妾。据《史记·项羽本纪》：项羽被刘邦困于垓下，身陷重围，自为诗叹曰："虞兮虞兮奈若何！"后虞姬自刎而死。

（25）守玉关征西将：玉关，即玉门关。征西将，指班超。

（26）"那里"二句：保亲和送女客都是成婚的礼节。送女客，意指陪嫁。李左车、萧丞相（即萧何），皆汉朝初期谋士。查史书二人俱无做媒送亲的事，这里是汉元帝用反语讥讽文武大臣只会保亲送女客，别无保国安邦之策。

（27）"他去"句：意谓哪里有架海的紫金梁呢！不沙，不是那。架海紫金梁，喻国家栋梁重臣。此句《酹江集》《古杂剧》作"那里也架海紫金梁"。

（28）铁衣郎：指穿铁甲的将士。

（29）"俺可"句：可甚，犹云"却算什么"或"却说什么"。糟糠妻，意为贫贱时共食过糟糠的妻子。语出《后汉书·宋弘传》：汉光武帝刘秀欲把湖阳公主嫁给宋弘，要他先休弃妻子。宋弘辞曰："贫贱之交不可忘，糟糠之妻不下堂。"

（30）小鹿儿心头撞：形容心情紧张害怕。

（31）"今日"句：意为今日死乞白赖央求娘娘去和番。央及，央求。煞，有"甚""很"的意思。

（32）怕不待：难道不想。

（33）鞭敲金镫响：旧戏曲中常以"鞭敲金镫响，人唱凯歌回"来形容得胜而归的气概。

（34）燮理阴阳：调理阴阳。指大臣辅助皇帝治理国事。燮（xiè 谢）理，调理。

（35）梅香：旧戏曲小说中对婢女的通称。

（36）恁：那，那样。

（37）一字王：爵位最高的王。辽元时，用一个字作封号的王，如赵王、魏王等，地位最高；若郡王则用二字，如咸安郡王、兰陵郡王，品位次于一字王。剧中是借用。

（38）兀良：衬字，无义，用于句首有加重语气的作用，有时可表惊讶之意。

（39）迥野：旷远的原野。

（40）兔早迎霜：《元曲选》作"色早迎霜"，据《雍熙乐府》《词林摘艳》所引曲文改正。迎霜，指白色。迎霜兔是元人的习惯用语。

（41）餱粮：干粮。

（42）打猎起围场：意为猎人撤掉了围场。

（43）携手上河梁：表示惜别之意。河梁，桥，代指送别的地方。

（44）銮舆：皇帝乘坐的车子。

（45）寒螀：即寒蝉。

（46）昭阳：宫殿名。

（47）高烧银烛照红妆：出自苏轼《海棠诗》："只恐夜深花睡去，高烧银烛照红妆"。

（48）只索：只要。《元曲选》作"煞"，从《酹江集》本改。

（49）"又则"句：意谓又怕那伙录史的编修啰嗦。火，通"伙"。编修，掌编国史的官员。古代皇帝的言行，多有史官笔录，故剧中汉元帝有此说。

（50）趁：赶，寻觅。

（51）唱道：或作"畅道"，犹云"正是"或"真是"。

（52）毡车：用毡作篷的车子，多为贵族妇女乘坐。

（53）黑龙江：当指黑河。剧后题目作"沉黑江明妃青冢恨"，可证。

（54）把都儿：蒙古语，意为勇士。元剧中多作武士、将士解。

（55）哈喇：蒙古语，杀。

提示

据《汉书》《后汉书》所载，昭君名王嫱，汉元帝时宫人。竟宁元年（前33），匈奴呼韩邪单于入朝，求美人为阏氏。帝予昭君，入匈奴，号宁胡阏氏，生一男。呼韩邪死，子复妻昭君，生二女。马致远的《汉宫秋》在民间传说的基础上，对史实作了较大的改动。它以番、汉民族矛盾为背景，歌颂了昭君在国难当头时挺身而出"以息刀兵"的爱国精神和宁死不屈的民族气节，鞭挞了毛延寿通敌叛国的行径和文武大臣的怯懦无能，对汉元帝寄予同情的同时，也暴露了他的昏庸。

这里选的第三折是全剧的高潮。它通过汉家天子"妻嫁人，夫主婚"的送别场面和昭君留下汉家衣服、界河投江等情节，深刻地揭示了剧本的主题。马致远以诗一般优美的语言，细致婉曲地描写了汉元帝灞桥伤别时那种凄怆神情和复杂心理：有对昭君远离的依恋难舍而又无可奈何，有对文武大臣怯懦无能的讥责，还有想象独自回宫后的寂寞凄凉。悲愁怨苦交织在一起，将哀婉缠绵表现得淋漓尽致。〔梅花酒〕和〔收江南〕两曲，从塞北旷远凄凉的画面写到后宫寂寞夜阑珊的图景，渗透着深沉的怀念和忧伤，创造了一个独特的意境。唱词中间运用一连串顶真句式，回环重叠，反复吟唱，急节促拍，音律凄婉，烘托了元帝的悲伤情怀。一个贵为天子至尊的汉元帝，竟然主宰不了自己的命运，剧作家让他像普通人那样凄凄惨惨戚戚，以引起人们的同情与思考，可见良苦的用心。

《汉宫秋》是末本戏，作为女主角的王昭君有白无唱，这是杂剧体制的局限。

王实甫杂剧

王实甫，名德信，大都（今北京）人，生卒年不详。据《录鬼簿》载，他是元杂剧早期的作家，大约和关汉卿同时，主要活动约在元贞、大德（1295—1307）年间。明初贾仲明为他写的一首悼词《凌波仙》说："风月营，密匝匝列旌旗。莺花寨，明飚飚排剑戟。翠红乡，雄纠纠施谋智。作词章，风韵美。士林中，等辈伏低。新杂剧，旧传奇，《西厢记》天下夺魁。"可见王实甫与关汉卿一样，也是活跃于勾栏瓦舍的书会才人，其《西厢记》在当时就极享盛名。所作杂剧14种，今存《西厢记》《破窑记》《丽春堂》三种及《芙蓉亭》《贩茶船》两残本。王实甫的创作注重文采，风格优美典雅，具有抒情诗一般的意境，开创了杂剧中的文采派，与以关汉卿为代表的本色派并称。

西厢记〔第四本第三折〕(1)

（夫人长老上云(2)）今日送张生赴京，就十里长亭，安排下筵席。我和长老先行，不见张生小姐来到。（旦、末、红同上）（旦云）今日送张生上朝取应(3)，早是离人伤感(4)，况值那暮秋天气，好烦恼人也呵！"悲欢聚散一杯酒，南北东西万里程。"（唱）

【正宫端正好】碧云天，黄花地(5)，西风紧，北雁南飞。晓来谁染霜林醉(6)？总是离人泪。

【滚绣球】恨相见得迟，怨归去得疾。柳丝长玉骢难系(7)，恨不得倩疏林挂住斜晖。马儿迍迍的行，车儿快快的随(8)。却告了相思回避，破题儿又早别离(9)。听得道一声"去也"，松了金钏，遥望见十里长亭，减了玉肌。此恨谁知！

（红云）姐姐今日怎么不打扮？（旦云）你那知我的心哩！（唱）

【叨叨令】见安排着车儿、马儿，不由人熬熬煎煎的气。有甚么心情花儿、靥儿(10)，打扮的娇娇滴滴的媚(11)。准备着被儿、枕儿，则索昏昏沉沉的睡(12)。从今后衫儿、袖儿，都揾做重重叠叠的泪(13)。兀的不闷杀人也么哥，兀的不闷杀人也么哥！久已后书儿、信儿，索与我凄凄惶惶的寄(14)。

（做到了科，见夫人了）（夫人云）张生和长老坐，小姐这壁坐，红娘将酒来。张生，你向前来，是自家亲眷，不要回避。俺今日将莺莺与你，到京师休辱没了俺孩儿，挣揣一个状元回来者(15)。（末云）小生托夫人余荫(16)，凭着胸中之才，视官如拾芥耳(17)。（洁云(18)）夫人主张不差，张生不是落后的人。（把酒了，坐）（旦长吁科）（唱）

【脱布衫】下西风黄叶纷飞(19)，染寒烟衰草萋迷(20)。酒席上斜签着坐的(21)，蹙愁眉死临侵地(22)。

【小梁州】我见他阁泪汪汪不敢垂(23)，恐怕人知。猛然见了把头低，长吁气，推整素罗衣。

【幺篇】虽然久后成佳配，奈时间怎不悲啼(24)。意似痴，心如醉，昨宵今日，清减了小腰围(25)。

（夫人云）小姐把盏者！（红递酒，旦把盏长吁科，云）请吃酒！（唱）

【上小楼】合欢未已，离愁相继。想着俺前暮私情，昨夜成亲，今日别离。我谂知(26)这几日相思滋味，却原来比别离情更增十倍。

【幺篇】年少呵轻远别，情薄呵易弃掷。全不想腿儿相挨，脸儿相偎，手儿相携。你与俺崔相国做女婿，妻荣夫贵(27)，但得一个并头莲(28)，煞强如状元及第(29)。

（红云）(30)姐姐不曾吃早饭，饮一口儿汤水。（旦云）红娘，什么汤水咽得下！（唱）

【满庭芳】供食太急，须臾对面，顷刻别离。若不是酒席间子母每当回避，有心待与他举案齐眉(31)。虽然是厮守得一时半刻(32)，也合着俺夫妻每共桌而食。眼底空留意(33)，寻思起就里，险化做望夫石。

（夫人云）红娘把盏者！（红把酒科）（旦唱）

【快活三】将来的酒共食，尝着似土和泥；假若便是土和泥，也有些土气息，泥滋味。

【朝天子】暖溶溶玉醅(34)，白泠泠似水，多半是相思泪。眼面前茶饭怕不待要吃(35)，恨塞满愁肠胃。蜗角虚名，蝇头微利(36)，拆鸳鸯在两下里。一个这壁，一个那壁，一递一声长吁气(37)。

（夫人云）辆起车儿(38)，俺先回去，小姐随后和红娘来。（下）（末辞洁科）（洁云）此一行别无话说，贫僧准备买登科录看(39)，做亲的茶饭少不得贫僧的。先生在意，鞍马上保重者！"从今经忏无心礼，专听春雷第一声(40)。"（下）（旦唱）

【四边静】霎时间杯盘狼藉，车儿投东，马儿向西。两意徘徊，落日山横翠。知他今宵宿在那里？有梦也难寻觅。

（旦云）张生，此一行得官不得官，疾便回来。（末云）小生这一去，白夺一个状元。正是："青霄有路终须到(41)，金榜无名誓不归。"（旦云）君行别无所赠，口占一绝(42)，为君送行："弃掷今何在，当时且自亲。还将旧来意，怜取眼前人(43)。"（末云）小姐之意差矣，张珙更敢怜谁？谨赓一绝(44)，以剖寸心："人生长远别(45)，孰与最关亲？不遇知音者，谁怜长叹人？"（旦唱）

【耍孩儿】淋漓襟袖啼红泪(46)，比司马青衫更湿(47)。伯劳东去燕西飞(48)，未登程先问归期。虽然眼底人千里，且尽樽前酒一杯。未饮心先醉，眼中流泪，心内成灰。

【五煞】到京师服水土，趁程途，节饮食(49)，顺时自保揣身体(50)。荒村雨露宜眠早，野店风霜要起迟！鞍马秋风里，最难调护，最要扶持。

【四煞】这忧愁诉与谁？相思只自知，老天不管人憔悴。泪添九曲黄河溢(51)，恨压三峰华岳低(52)。到晚来闷把西楼倚，见了些夕阳古道，衰柳长堤。

【三煞】笑吟吟一处来，哭啼啼独自归。归家若到罗帏里，昨宵个绣衾香暖留春住(53)，今夜个翠被生寒有梦知。留恋你别无意，见据鞍上马，阁不住泪眼愁眉。

（末云）有什么言语嘱咐小生咱？（旦唱）

【二煞】你休忧"文齐福不齐"(54)，我则怕你"停妻再娶妻"。你休要"一春鱼雁无消息"(55)！我这里"青鸾有信频须寄"(56)，你却休"金榜无名誓不归"。此一节君须记：若见了异乡花草(57)，再休似此处栖迟(58)。

（末云）再谁似小姐？小生又生此念。（旦唱）

【一煞】青山隔送行，疏林不做美，淡烟暮霭相遮蔽。夕阳古道无人语，禾黍秋风听马嘶。我为什么懒上车儿内，来时甚急，去后何迟？

（红云）夫人去好一会，姐姐咱家去！（旦唱）

【收尾】四周山色中，一鞭残照里。遍人间烦恼填胸臆，量这些大小车儿如何载得起(59)？

（旦红下）（末云）仆童赶早行一程儿，早寻个宿处。泪随流水急，愁逐野云飞。（下）

注释

（1）西厢记：全名《崔莺莺待月西厢记》，共五本二十一折。取材于唐代元稹的《莺莺传》，以金代董解元《西厢记诸宫调》为蓝本改写而成。

（2）长老：佛寺的住持僧。这里指普救寺的法本长老。

（3）取应：应试。

（4）早是：本来已是。

（5）"碧云"二句：范仲淹《苏幕遮》词中句："碧云天，黄花地"。

（6）霜林醉：秋天枫树经霜变红，犹如人喝醉酒脸色红晕一样。董解元《西厢记诸宫调》卷六云："君不见满川红叶，尽是离人眼中血。"

（7）"柳丝"句：意为柳条虽长，却拴不住张生离去的马。玉骢，毛色青白相杂的玉花马，常作为马的美称。

（8）"马儿"二句：写两人难舍难分的情状。张生骑马在前，因依恋而慢慢地走，莺莺坐车在后，因难舍而紧紧跟随。迤逗，行动迟缓的样子。

（9）"却告"二句：意为相思才告结束，别离又早开始了。却，才，恰。回避，避开、抛开，引申为结束的意思。破题儿，开端、起始。

（10）靥儿：原指面颊上的酒窝，这里是妇女的一种面饰。

（11）媚：美好、可爱。

（12）则索：只得。

（13）揾：揩拭。

（14）索：须。

（15）挣揣：博取、夺得。

（16）余荫：恩德、福气。

（17）芥：小草。

（18）洁：即洁郎。元代民间称和尚为洁郎，这里指扮演法本长老的角色。

（19）"下西"句：意为枯黄的树叶在秋风中纷纷飘落。

（20）"染寒"句：意为衰草在寒气侵袭中现出一派萧条迷茫的景象。萋迷，形容枯草遍地，景象萧索。

（21）斜签着坐的：侧身而坐的，指张生。古时晚辈在长辈面前要侧身侍坐，表示谦恭有礼。

（22）死临侵地：死气沉沉、呆呆的、无精打采的样子。

（23）阁：同"搁"。这里有噙着、忍着的意思。

（24）奈时间：无奈此时此刻。时间，眼前。

（25）"昨宵"二句：意为昨夜今日只一天时间，就哀愁得腰肢瘦损了。

（26）谂（shěn 审）知：熟知、深知。

（27）妻荣夫贵：成语是"夫荣妻贵"，这里是反用，因张生地位低下，莺莺地位高贵。

（28）并头莲：即并蒂莲，喻夫妻恩爱。

（29）煞强如：强似、赛过。煞，表程度副词，"很"的意思，兼有强调语气作用。

（30）"红云"四句：此四句道白有的本子放在〔满庭芳〕曲后，而〔满庭芳〕曲后的道白放在此处，现据弘治本对调。

（31）举案齐眉：后汉梁鸿妻孟光给丈夫端食时，总是恭敬地把食案举得高高的（事见《后汉书·梁鸿传》）。后世以举案齐眉喻夫妻恩爱。

（32）厮守：相守，相聚一处。

（33）眼底空留意：意为只能以目送情表达心意而已。

（34）玉醅（pēi 胚）：美酒。

（35）怕不待：难道不。

（36）"蜗角"二句：意为一点微小的名利。蜗角虚名，《庄子·则阳》篇说，在蜗牛两条触角上建立的两个国家触氏和蛮氏，为争地厮杀，死伤惨重，讥刺世人之争夺虚名。蝇头微利，微不足道的利益。语出汉班固《难庄论》："众人之逐世利，如青蝇之赴肉汁也。"讥讽世人贪图小利。

（37）一递一声：一声接着一声，即你一声我一声。

（38）辆：动词，"套"或"驾"的意思。

（39）登科录：科举考试后，登载被录取者姓名的报单。

（40）"从今"二句：意谓从今以后念经礼佛也不能安心了，就等着你高中的好消息。

（41）"青霄"句：意为定要科举高中。旧时以登青霄、上青云喻飞黄腾达。

（42）口占：不打草稿，随口吟出诗来。

（43）"弃掷"四句：原为《莺莺传》中莺莺谢绝张生的诗句。意谓从前那么亲热，而今抛弃了我还有什么说的呢？还是用你原来怜爱我的心意，去爱你眼前的人吧！

（44）赓（gēng 庚）：续作。

（45）长：常。

（46）"淋漓"句：意为泪水纵横沾湿了衣袖。

（47）"比司马"句：化用白居易《琵琶行》"座中泣下谁最多，江州司马青衫湿"句意。

（48）"伯劳"句：喻别离。乐府诗《东飞伯劳歌》："东飞伯劳西飞燕，黄姑织女时相见。"后用"劳燕分飞"比喻人的别离。伯劳，鸟名。

（49）趁程途：赶路程。

（50）"顺时"句：意为要顺应时令的变化，自己保重身体。顺时，顺应时令。保揣，保重、爱惜。

（51）"泪添"句：形容泪水之多，流到九曲黄河，能使黄河泛滥。

（52）"恨压"句：形容离恨之重，能把华岳三峰压低。

（53）"昨宵"句：意为昨晚还把绣被熏得馨香温暖，一片春情蜜意。

（54）文齐福不齐：古成语，意为文才好而命运不佳，此处指落第。

（55）"一春"句：意为长久不寄书信。一春，泛指时间长久。鱼雁，古有鱼雁传书之说，这里代指书信。

（56）青鸾：神话传说中能为人送信的鸟。

（57）异乡花草：喻他乡美女。

（58）栖迟：滞留眷恋。

（59）大小车儿：意为小车儿。大小，是偏义复词。

提示

这折戏习称"长亭送别"，又称"哭宴"。崔莺莺和张生相爱，经过重重波折，不顾礼教束缚私订终身暗中结合。崔老夫人出于"遮丑"不得不认许婚事，但她不甘心把相国小姐下嫁白衣书生，又立逼张生上京应试博取功名，以维护其家世利益，"送别"就是在此背景下展开剧情的。全折可分为四个层次：一是送别路上的场面，由科白和〔端正好〕以下三支曲子组成，突出写莺莺愁苦哀怨的心境；二是饯别的场面，由科白和〔脱布衫〕以下八曲组成，刻画崔张二人缠绵依恋又无可奈何的情态、心理。"但得一个并头莲，煞强如状元及第"。突出莺莺轻名贱利鄙视世俗观念的思想性格；三是临别叮咛的场面，由科白和〔四边静〕以下六曲组成，表现莺莺对张生的关怀爱护和担心他"停妻再娶妻"的忧虑；四是末二曲与科白，写分手的场面，描绘莺莺伫立目送、依依难舍的情景。整折戏通过描写崔、张浓重的离愁别恨，进一步揭露了封建礼教的冷酷和门第观念的无情，歌颂了崔、张坚贞的爱情，突出了莺莺的叛逆性格，深化了全剧的反封建主题。

这折戏体现了《西厢记》独特的艺术风格特色。首先是细腻的心理刻画。剧作家准确地把握了人物在送别环境中潜在的性格冲突和内心矛盾，生动地展现了人物微妙的心理情态。写作方法上：一是善于以景物衬托人物的心情，如

〔端正好〕一曲描绘萧索凋零的深秋景象，渲染凄清悲凉的气氛，烘托了莺莺浓重的离愁；〔一煞〕和〔收尾〕两曲，写莺莺目送张生远去时，只见青山疏林淡烟暮霭，耳闻夕阳古道传来秋风马嘶声，生动展现了莺莺"离愁渐远渐无穷"的心境。二是善于通过细节和情态的描写揭示人物的心理，如〔脱布衫〕写张生的蹙额愁眉，〔小梁州〕写两人目光相遇，都非常生动细致地表现了人物的心情。三是让人物触景生情，直抒胸臆，直接揭示人物的内心。如〔滚绣球〕写莺莺见到柳丝而妄想它能系住张生的马，见到疏林则恨不得让它挂住斜晖，"听得道一声'去也'，松了金钏，遥望见十里长亭，减了玉肌"；〔叨叨令〕写莺莺见到车儿马儿，更引发了她的满腔激愤。其次，本折语言既优美典雅又生动活泼。曲词熔铸了许多古典诗词的丽词雅句，又吸收了不少通俗生动的民间口语，二者的融合使作品语言流畅自然，优美和谐，具有音乐美感，充分显示了文采派的语言特色。《红楼梦》第二十三回写到林黛玉读《西厢记》的感受是："但觉词句警人，余香满口，一面看了，只管出神，心内还默默记诵"。其艺术魅力脍炙人口，由此可见一斑。

高 明 戏 文

　　高明（1305？—1359？），约生于元成宗大德年间，卒于明初。字则诚，号菜根道人，温州瑞安（今浙江瑞安）人。早年乡居读书，是理学家黄溍的学生，博学多才。元顺帝至正五年（1345）中进士，在处州、杭州等地作过几任小官。至正八年，曾在镇压方国珍的元军统帅府任都事，因与上司意见不合，"避不治文书"。后隐居著书，以词曲自娱。《琵琶记》是他后期创作的著名南戏剧本。另有南戏剧本《闵子骞单衣记》（已佚），诗文今存50余篇，有《柔克斋集》。

琵琶记〔第二十出〕(1)

（旦上，唱(2)）

【山坡羊】乱荒荒不丰稔的年岁(3)，远迢迢不回来的夫婿。急煎煎不耐烦的二亲，软怯怯不济事的孤身己(4)。衣尽典，寸丝不挂体。几番要卖了奴身己，争奈没主公婆教谁看取(5)？（合）思之，虚飘飘命怎期？难捱，实丕丕灾共危(6)。

【前腔】滴溜溜难穷尽的珠泪，乱纷纷难宽解的愁绪。骨崖崖难扶持的病体(7)，战钦钦难挨过的时和岁(8)。这糠呵，我待不吃你，教奴怎忍饥？我待吃呵，怎吃得？（介）(9)苦！思量起来不如奴先死，图得不知他亲死

时。（合前）

（白）奴家早上安排些饭与公婆，非不欲买些鲑菜⁽¹⁰⁾，争奈无钱可买。不想婆婆抵死埋冤⁽¹¹⁾，只道奴家背地吃了什么。不知奴家吃的却是细米皮糠，吃时不敢教他知道，只得回避。便埋冤杀了，也不敢分说。苦！真实这糠怎的吃得。（吃介）（唱）

【孝顺歌】 呕得我肝肠痛，珠泪垂，喉咙尚兀自牢嘎住⁽¹²⁾。糠！遭砻被舂杵⁽¹³⁾，筛你簸扬你，吃尽控持⁽¹⁴⁾。悄似奴家身狼狈⁽¹⁵⁾，千辛万苦皆经历。苦人吃着苦味，两苦相逢，可知道欲吞不去。（吃吐介）（唱）

【前腔】 糠和米，本是两倚依，谁人簸扬你作两处飞？一贱与一贵，好似奴家共夫婿，终无见期。丈夫，你便是米么，米在他方没寻处。奴便是糠么，怎的把糠救得人饥馁？好似儿夫出去，怎的教奴，供给得公婆甘旨⁽¹⁶⁾？（不吃放碗介）（唱）

【前腔】 思量我生无益，死又值甚的！不如忍饥为怨鬼。公婆年纪老，靠着奴家相依倚，只得苟活片时，片时苟活虽容易，到底日久也难相聚。谩把糠来相比⁽¹⁷⁾，这糠尚兀自有人吃，奴家骨头，知他埋在何处？

（外净上探⁽¹⁸⁾，白）媳妇，你在这里说什么？（旦遮糠介）（净搜出打旦介）（白）公公，你看么？真个背后自逼逻东西吃⁽¹⁹⁾，这贱人好打！（外白）你把他吃了，看是什么物事？（净荒吃介）（吐介）（外白）媳妇，你逼逻的是什么东西？（旦介）（唱）

【前腔】 这是谷中膜，米上皮，将来逼逻堪疗饥。（外净白）这是糠，你却怎的吃得？（旦唱）尝闻古贤书，狗彘食人食⁽²⁰⁾，公公，婆婆，须强如草根树皮。（外净白）这的不嘎杀了你？（旦唱）嚼雪餐毡，苏卿犹健⁽²¹⁾，餐松食柏，到做得神仙侣⁽²²⁾，纵然吃些何虑？（白）公公，婆婆，别人吃不得，奴家须是吃得。（外净白）胡说！偏你如何吃得？（旦唱）爹妈休疑，奴须是你孩儿的糟糠妻室！

（外净哭介，白）原来错埋冤了人，兀的不痛杀了我！（倒介）（旦叫介，唱）

【雁过沙】 他沉沉向迷途，空教我耳边呼。公公，婆婆，我不能尽心相奉事，番教你为我归黄土。公公，婆婆，人道你死缘何故？公公，婆婆，你怎生割舍抛弃了奴？

（白）公公，婆婆。（外醒介，唱）

【前腔】 媳妇，你耽饥事公姑⁽²³⁾。媳妇，你耽饥怎生度？错埋冤你也不肯辞，我如今始信有糟糠妇。媳妇，我料应不久归阴府。媳妇，你休便为我死的把生的受苦。（旦叫婆婆介，唱）

【前腔】 婆婆，你还死教奴家怎支吾⁽²⁴⁾？你若死教我怎生度？我千辛万

苦回护丈夫[25]，如今到此难回护。我只愁母死难留父，况衣衫尽解，囊箧又无[26]。（外叫净介，唱）

【前腔】婆婆，我当初不寻思，教孩儿往皇都。把媳妇闪得苦又孤，把婆婆送入黄泉路，只怨是我相耽误。我骨头未知埋在何处所？

（旦白）婆婆都不省人事了，且扶入里面去。正是：青龙共白虎同行，凶吉事全然未保[27]。（并下）（末上[28]，白），福无双至犹难信，祸不单行却是真。自家为甚说这两句？为邻家蔡伯喈妻房，名唤做赵氏五娘子，嫁得伯喈秀才，方才两月，丈夫便出去赴选。自去之后，连年饥荒，家里只有公婆两口，年纪八十之上，甘旨之奉，亏杀这赵五娘子，把些衣服首饰之类尽皆典卖，籴些粮米做饭与公婆吃，他却背地里把些细米皮糠逼逻充饥。唧唧[29]，这般荒年饥岁，少什么有三五个孩儿的人家，供膳不得爹娘[30]，这个小娘子，真个今人中少有，古人中难得。那公婆不知道，颠倒把他埋冤；今来听得他公婆知道[31]，却又痛心都害了病。俺如今去他家里探取消息则个。（看介）这个来的却是蔡小娘子，怎生恁地走得慌？（旦慌走上介，白）天有不测风云，人有旦夕祸福。（见末介）公公，我的婆婆死了。（末介）我却要来。（旦白）公公，我衣衫首饰尽行典卖，今日婆婆又死，教我如何区处？公公可怜见，相济则个。（末白）不妨，婆婆衣衾棺椁之费皆出于我[32]，你但尽心承值公公便了[33]。（旦哭介，唱）

【玉包肚】千般生受，教奴家如何措手[34]？终不然把他骸骨，没棺椁送在荒丘？（合）相看到此，不由人不珠泪流，正是：不是冤家不聚头[35]。（末唱）

【前腔】不须多忧，送婆婆是我身上有。你但小心承值公公，莫教又成不救。（合前）（旦白）如此，谢得公公！只为无钱送老娘。（末白）娘子放心，须知此事有商量。（合）正是：归家不敢高声哭，只恐人闻也断肠。（并下）

注释

（1）琵琶记：写蔡伯喈与赵五娘的故事，这个故事在民间长期流传，早期南戏有《赵贞女》。高明根据民间传说和早期南戏改编的《琵琶记》，被誉为"词曲之祖"。全剧共42出。这里选的是第20出，据钱南扬校注本。有些版本题为第21出《糟糠自厌》。厌，通"餍"，饱，满足。

（2）旦：剧中赵五娘的扮演者。

（3）不丰稔：荒歉年景。稔（rěn 忍），庄稼成熟。

（4）身己：指自己的身体。

（5）看取：照看。

（6）实丕丕：实实在在。

（7）骨崖崖：瘦骨嶙峋的样子。

（8）战钦钦：即战兢兢。

（9）介：戏曲术语，与元杂剧里的"科"相同。

（10）鲑（xié偕）菜：泛指鱼类菜肴。

（11）埋冤：即埋怨。

（12）牢嘎住：紧紧地卡住。

（13）礱（lóng龙）：即磨。这里用作动词。

（14）吃尽控持：意为受尽了摆布折磨。控持，支配。

（15）悄似：浑似、直似、恰像。

（16）甘旨：美好的食物。

（17）谩：亦作漫，聊且的意思。

（18）外、净：角色名。外扮蔡公，净扮蔡婆。

（19）逼逻：张罗、安排。

（20）狗彘食人食：语出《孟子·梁惠王》，原意说猪狗竟吃人吃的东西。这里意思相反，意谓猪狗才吃的东西，人却拿来吃。彘（zhì至），猪。

（21）苏卿：指西汉苏武。苏武出使匈奴，被扣留逼降，他宁死不从。匈奴把他关在大窖中，不给饮食。苏武吃雪吞毡，得以不死，十九年后终得归汉（事见《汉书·李广苏建传》）。

（22）飡松食柏：相传神仙不吃烟火食，只吃松柏果实，得以长生不老。

（23）耽饥：忍饥。

（24）怎支吾：怎应付。

（25）回护丈夫：意为替丈夫侍养父母，代丈夫行孝。回护，维护。

（26）囊箧（qiè怯）：口袋和小箱子。

（27）"青龙"二句：古代星相家以青龙为吉星，以白虎为凶星。两者同行，就是吉凶未定的意思。

（28）末：角色名，这里指蔡家邻居张太公的扮演者。

（29）唧唧：即啧啧，赞叹声。

（30）供膳：供养的意思。膳，饭食。

（31）今来：而今。

（32）棺椁（guǒ果）：棺材。椁，棺外的套棺。

（33）承值：照看、侍候。

（34）措手：处理、应付。

（35）"不是"句：民间俗语，这里意为倒霉的事都凑到一起来了。

提示

《琵琶记》写蔡伯喈和赵五娘悲欢离合的故事，其思想内容相当复杂。作家试图在舞台上树立孝子贤妇的榜样，以施行教化，但作品在宣扬忠孝的同时又有许多现实主义的描写。它塑造了赵五娘的悲剧形象，反映了元代人民的苦难，暴露了社会黑暗。对忍辱负重孝敬公婆等美德，进行了肯定和歌颂。

本出《糟糠自厌》是其中一个精彩片段，主要写赵五娘处境悲苦，突出表现她的美好品德。整出戏分为前后两部分。前场戏写赵五娘吃糠的原因和悲苦情状及由此引起的风波。蔡伯喈赴试久出不归，杳无音讯，赵五娘在家含辛茹苦侍养公婆又遭逢灾荒。她宁愿自己咽糠，省下口粮供奉公婆，想不到竟引起公婆的误会与责难。她受到委屈也毫无怨言，公婆得知真情，悲苦交加，双双昏倒。赵五娘善良纯厚、敬养老人、承担义务、任劳任怨、舍己为人、坚忍不拔的品质，体现了中国古代妇女的传统美德。蔡公为五娘"耽饥事姑"的诚心而感动，痛悔错怨了儿媳，痛悔当初为功名利禄"教孩儿往皇都，把媳妇闪得苦又孤"，这些描写触及了悲剧的社会根源。后场戏写邻居张太公扶危济困，帮助赵五娘安葬蔡婆。这部分借张太公之口赞扬赵五娘忍苦负重的品德，进一步渲染了悲剧气氛。

这出戏最显著的艺术特色是：细致委婉地刻画了人物的心理活动，准确地揭示了赵五娘的性格特征，突出了赵五娘的感人形象，曲白语言通俗自然，质朴无华，真挚感人。如开头两曲〔山坡羊〕都连用排比句式和一连串叠词，生动地叙写赵五娘处境的困难和内心的悲苦，凄楚动人。接着三支〔孝顺歌〕写赵五娘吃糠难咽的情状和心境：她先以糠自比，由糠的"遭砻被舂杵，筛你簸扬你，吃尽控持"，联想到自己的苦命；接着再以糠和米的关系设喻，糠米"本是两倚依"的，但被舂簸"作两处飞"了，由此联想到夫妻的分离；继而又由糠贱米贵，联想到妻贱夫贵，甚至自己的苦命比糠还不如。尽管如此，赵五娘明知自己只能苟活片时，但为侍养公婆仍要坚强地苟活下去。这三支曲子，字字句句本色自然，直如口语，设喻巧妙，生动恰当，又层层推进，丝丝入扣，把赵五娘的悲怆情怀揭示得淋漓尽致，同时突出了她甘作牺牲、舍己为人的传统美德。这出戏的好处，是用浅显的语言，写最苦最深的感情。

散　曲

关汉卿散曲

作者生平介绍见杂剧部分。

南吕·一枝花[(1)]

不　伏　老

【一枝花】攀出墙朵朵花，折临路枝枝柳[(2)]，花攀红蕊嫩[(3)]，柳折翠条柔[(4)]。浪子风流，凭着我折柳攀花手，直煞得花残柳败休[(5)]。半生来折柳攀花，一世里眠花卧柳。

【梁州第七】我是个普天下郎君领袖[(6)]，盖世界浪子班头。愿朱颜不改常依旧，花中消遣，酒内忘忧；分茶攧竹[(7)]，打马藏阄[(8)]，通五音六律滑熟[(9)]，甚闲愁到我心头。伴的是银筝女银台前理银筝笑倚银屏，伴的是玉天仙携玉手并玉肩同登玉楼，伴的是金钗客歌金缕捧金樽满泛金瓯[(10)]。你道我老也暂休，占排场风月功名首，更玲珑又剔透[(11)]。我是个锦阵花营都帅头[(12)]，曾玩府游州。

【隔尾】子弟每是个茅草岗沙土窝初生的兔羔儿乍向围场上走[(13)]，我是个经笼罩受索网苍翎毛老野鸡蹅踏的阵马儿熟[(14)]。经了些窝弓冷箭铁枪头[(15)]，不曾落人后。恰不道"人到中年万事休"[(16)]，我怎肯虚度了春秋。

【尾】我是个蒸不烂煮不熟捶不扁炒不爆响珰珰一粒铜豌豆[(17)]。恁子弟每谁教你钻入他锄不断斫不下解不开顿不脱慢腾腾千层锦套头[(18)]。我玩的是梁园月[(19)]，饮的是东京酒，赏的是洛阳花[(20)]，攀的是章台柳[(21)]。我也会吟诗，会篆籀[(22)]；会弹丝，会品竹[(23)]；我也会唱鹧鸪[(24)]，舞垂手[(25)]，会打围，会蹴踘[(26)]；会围棋，会双陆[(27)]。你便是落了我牙，歪了我口，瘸了我腿，折了我手，天赐与我这几般儿歹症候，尚兀自不肯休[(28)]。则除是阎王亲自唤，神鬼自来勾，三魂归地府，七魄丧冥幽[(29)]，天哪，那其间才不向烟花路儿上走(30)！

注释

（1）南吕·一枝花：套数名。套数是由同一宫调的若干曲子按一定规则连缀而成的组曲。套数的标题，按惯例标所用宫调名加上首曲曲牌名。本篇的〔南吕〕是宫调名，〔一枝花〕是首曲曲牌名，故本套名为〔南吕·一枝花〕。

（2）"攀出"二句：攀花折柳，喻狎妓；出墙花，喻妓女，语本叶绍翁《游园不值》："春色满园关不住，一枝红杏出墙来"。临路柳，亦喻妓女。

（3）红蕊嫩：比喻妓女年轻貌美。

（4）翠条柔：比喻妓女体态轻柔。

（5）煞：同"杀"，此处有斗或弄的意思。煞得，弄得、弄到。

（6）郎君领袖：意为花花公子的头领，与下文的"浪子班头"义同。元曲中常称贪游乐的花花公子为"郎君"。

（7）分茶攧竹：当时妓院里的两种技艺。分茶，把茶均匀分注杯中以待客。攧竹，指画竹。

（8）打马藏阄：古时的两种博戏。打马，用掷骰子打马牌以决胜负。藏阄，猜测别人手中藏物的游戏。

（9）五音六律：指音乐。五音即宫、商、角、徵、羽；六律即黄钟、太簇、姑洗、蕤宾、夷则、无射，为十二律中的阳声律。

（10）金钗客：头上插戴金钗的人，指妓女。金缕：曲牌名，唐代有《金缕衣》曲，词调《贺新郎》亦名《金缕曲》《金缕歌》。金瓯：金杯，与金樽皆泛指贵重的酒杯。

（11）"你道"三句：是假想一年轻风流子弟对"我"讲的话。意为你老了，且休息去，已不能在风月场中充当主角，该让位给更玲珑剔透的年轻狎客了。排场，指戏曲演出。风月功名，指风流韵事。玲珑剔透，伶俐机敏。

（12）锦阵花营：即花柳丛中，此指艳妆的娼优群体。

（13）"子弟"句：意为年轻狎客幼稚无知。子弟每，指上文假想的风流子弟，元曲中常称嫖客为"子弟"。每，同现代汉语的"们"。兔羔子，兔崽儿。乍，刚。围场，猎场。

（14）"我是"句：以富有对付猎人经验的老野鸡自喻，说明"我"是风月场中的老手，胜过年轻的子弟们。苍翎毛，苍老的羽毛。踏（chǎ 叉_{上声}）踏，奔走践踏。阵马儿熟，有巧妙躲过猎马，应付捕猎的本领。

（15）窝弓：猎人埋在草丛里的弓箭。

（16）不道：不管。

（17）铜豌豆：可能是元代妓院中对老狎客的称谓，用以比喻老练坚强，经得起任何折磨打击。

（18）恁：您、您们。锦套头：外表华美内藏奸险的圈套。

（19）梁园：汉梁孝王在大梁（今河南开封）营建兔园，日与宾客游乐其中，后世称梁园。这里泛指游乐场所。

（20）洛阳花：古有洛阳牡丹甲天下之称，此指名妓。

（21）章台柳：代指妓女。章台，汉代长安街名，为妓女聚居之地。据传唐代诗人韩翃与一歌妓柳氏相爱，后游宦于外，置柳氏于长安，为他人所得。韩因思念而作词："章台柳，章台柳，昔日青青今在否。纵使长条似旧垂，也应攀折他人手。"（见许尧佐传奇《柳氏传》）。

（22）会篆籀（zhòu 宙）：会写古字。篆籀，先秦书体名。

（23）弹丝、品竹：演奏乐器。丝，指弦乐。竹，指管乐。品，这里是"吹"的意思。

（24）鹧鸪：指〔鹧鸪天〕等曲调。

（25）垂手：舞蹈名。

（26）蹴踘（cùjū 促居）：古代踢球游戏，也作"蹴鞠"。

（27）双陆：一种类似下棋的博戏。

（28）尚兀自：尚自、还自。尚兀，同义词连用，均含有"还"的意思。

（29）冥幽：阴间。

（30）烟花路儿：指勾栏妓院。

提示

这个套数是关汉卿散曲的代表作。作品用第一人称写，既有作者的自叙成分，也概括了那个时代书会才人的生活思想状况。在蒙古族贵族高压政策统治下，汉族文人地位卑下，处境困苦，他们和普通百姓一样饱受歧视和压迫，穷愁潦倒，毫无出路。部分文人沦落于勾栏妓院，与艺人妓女为伍。关汉卿就是这样一位典型的书会才人。

本篇具有独特的思想内容，作者以浪漫的笔调和夸张的手法，塑造了一个风流浪子"我"的艺术形象，极力描写"我"的放浪生活，表现"我"在风月场中"不伏老"的心态，且说得痛快淋漓，突出地表现了作者的思想情绪和性格志趣。全套由四支曲子组成。第一曲是概括"我""半生来折柳攀花，一世里眠花卧柳"的生活。第二曲对"我"的风流放浪生活作穷形尽相的具体描写，强调自己是"普天下郎君领袖，盖世界浪子班头"，并假想一年轻子弟对自己的轻蔑，为下文申述"不伏老"作铺垫。第三曲反驳年轻子弟"老也暂休"的话，正面表白自己"不伏老"。第四曲突出题旨"不伏老"，是全套的重点：先刻画"我"的"铜豌豆"般的坚强性格，再自豪地畅叙自己的风流倜傥和多才多艺，然后表明自己要在烟花路上走到底，死也不回头的意志和决心。关汉卿如此泼墨淋漓，用如此夸张的词句玩世不恭地炫耀自己的"浪子行为"，实际上是他宣泄极度郁闷和愤激情绪的一种方式。作品中的"我"，是元代特定社会环境造成的独特的艺术形象，"我"的浪子风流生活是被社会环境逼迫而扭曲了的畸形生活，这反映了元代文人穷困落魄的处境和失意不满的情绪；而"我"的"不伏老"，实际上是"不服气"，是对功名富贵的鄙视，对传统礼教的挑战，对专制统治的反抗；那"蒸不烂煮不熟捶不扁炒不爆"的"铜豌豆"性格，则是刚硬倔强铮铮傲骨的表现。作品具有现实意义和斗争精神，但所渲染的风流放荡的生活和情调，是我们所要批判的。

本篇艺术特色十分鲜明突出，作品采用现实主义与浪漫主义相结合的写作方法，既有真实生活的概括，也有高度的艺术夸张，曲中的"我"是高度个性化的艺术典型。全曲语言俚俗生动，本色自然，尖新泼辣，诙谐活脱。曲中采用比喻、反复、对仗、排比等修辞手法，大量使用衬字，吸收口语，句式变化自如，因而气势雄肆奔放，风格爽朗明快，充分表现了散曲的特色。

白 朴 散 曲

白朴（1226—?），原名恒，后改名朴，号兰谷，隩州（今山西河曲附近）人，金枢密院判官白华之子。白朴7岁时，蒙古军进攻金都城汴京（今开封），城陷，父出奔，母被掳。他随父亲的挚友元好问流亡山东聊城、河北真定等地，得到元好问的扶持和教育。长成后，拒绝仕元，曾参加过大都的玉京书会。元灭南宋后，抛家南游，漂泊15年，后定居金陵，放情于山水之间，活了八十多岁。白朴是著名的元曲四大家之一。据《录鬼簿》载，作有杂剧15种（一说16种），今存《墙头马上》《梧桐雨》《东墙记》3种。所作散曲现存小令30余首，套数4套，多写隐逸叹世、男女恋情和自然风光等，语言质朴，风格清丽。另有词《天籁集》二卷。

中吕·喜春来⁽¹⁾
知　几⁽²⁾

知荣知辱牢缄口⁽³⁾，谁是谁非暗点头⁽⁴⁾。诗书丛里且淹留⁽⁵⁾。闲袖手，贫煞也风流。

注释

（1）喜春来：又叫〔阳春曲〕。
（2）知几：知道处世的奥秘。几（jī机），隐微，此指难以明说的奥秘。
（3）缄口：闭口不说。
（4）暗点头：暗中领会、知而不言。
（5）淹留：长期逗留。

提示

白朴以"知几"为题写的〔喜春来〕有一组曲，共四首，表达了作者叹世隐逸、诗酒风流，对现实的不满和内心的苦闷。这里选的是第一首，侧重写处世的态度。题为"知几"，包含了作者对人生世态的观察和思考。头两句"知荣知辱牢缄口，谁是谁非暗点头"，直言对荣辱得失、孰是孰非只可心中有数，闭口不言，不能公开说出，暗示社会黑暗、人情险恶、公道不彰，揭露了当时统治者对人民思想言论的严酷钳制，表达了作者的压抑感和强烈的不满情绪。第三句"诗书丛里且淹留"，说明作者在仕途堵塞的情况下，只能以诗书自娱，寻求慰藉。末二句"闲袖手，贫煞也风流"，表明作者对黑暗现实采取冷眼旁观的态度，也表现了不愿同流合污的傲气。作者对现实人生的态度显然是消极的，但联系元蒙统治的黑暗现实和作者的身世遭遇，这也是他对抗现实，宁愿"贫煞"也不屈服的倔强性格的表现。艺术上，此曲本是直接抒情，却用议论方式表现，将议论抒情融为一体，同时生动地刻画了抒情主人公的形象。语言通俗明快、生动深刻。头两句对仗工巧，"知荣知辱""谁是谁非"是当句对，形式整齐，内涵丰富。"牢缄口""暗点头""闲袖手"是形象刻画，既生动又耐人寻味。

王和卿散曲

　　王和卿，大名（今属河北）人，生卒年不详，与关汉卿同时而先卒，两人相友善。锺嗣成成《录鬼簿》把他列入"前辈已死名公，有乐府行于世者"，并称他为"王和卿学士"。他生性滑稽幽默，当时颇有文名。今存散曲20余首，内容多戏谑诙谐之作，格调不高。

仙吕·醉中天[(1)]
咏 大 蝴 蝶

　　弹破庄周梦[(2)]，两翅驾东风，三百座名园，一采一个空[(3)]。难道风流种[(4)]，吓杀寻芳的蜜蜂。轻轻的飞动，把卖花人扇过桥东。

注释

（1）醉中天：曲牌名，一作〔醉扶归〕。

（2）弹破：挣脱。弹，一作"挣"。庄周梦，《庄子·齐物论》说庄周曾在梦中化为蝴蝶。

（3）"三百"句：意为许多名花园都让这个大蝴蝶采空了。三百，极言其多。座，一作"处"。

（4）难道：难以描述。风流种：本指举止潇洒的人物，此指迷恋女色者。

提示

这支曲子的内容和写法都很奇特。作者以极度夸张的手法，塑造了一只大蝴蝶的形象。首句"弹破庄周梦"，意为这只蝴蝶是从庄周的梦境中挣脱出来的，来历奇异不凡。庄周梦中化蝶，本属虚幻之事，这里却以假当真来写。"弹破"一词，写出这只蝴蝶奋翅搏击破梦而出的生动情景。"两翅驾东风"，形容蝴蝶的巨大。它展翅乘风，从天而降，为何而来呢？原来它是到处采花，"三百座名园一采一个空"，突出了它的贪婪与专横。"难道风流种"，以慨叹的语气点明题意，发人深思。末三句用反衬之笔，渲染大蝴蝶横扫一切的气势：它把真正寻芳采花的蜜蜂吓跑，甚至轻轻一扇，就"把卖花人扇过桥东"。这只蝴蝶真是硕大无比，其横蛮也令人瞠目结舌。作者塑造这只大蝴蝶的形象，具有明显的象征意义。蜂蝶采花，是旧时浮浪男子寻花问柳追逐女性的一种比喻。曲中的大蝴蝶，可说是对元代社会那些横行市井、肆意污辱蹂躏妇女的"浪子丧门""花花太岁"的写照和嘲讽，也可理解为对那些倚仗权势搜刮民财的贪官污吏权豪势要的影射和讥刺。它使人很自然地联想起元杂剧《鲁斋郎》中的鲁斋郎一类人物及其所作所为。作者用意可能出于戏谑，但其寓意令人回味无穷。艺术上，构思奇特，想象丰富，再加以高度的艺术夸张，具有强烈的浪漫主义色彩；语言通俗生动，幽默风趣，写法灵活，流转自如，风格别致，独具一格。

杜仁杰散曲

杜仁杰，生卒年不详，字仲梁，又字善夫，济南长清（今属山东济南）人。金末遗民，曾隐居山乡，元初屡被征召，皆不应，有"愿学陆龟蒙，拜赐江湖散人之号"的话，世称杜散人。他学识渊博，能诗工曲，诙谐善谑。据《录鬼簿》载，他是元代前期著名的散曲作家。今只存小令1首，套数3套。

般涉调·耍孩儿⁽¹⁾
庄家不识勾阑⁽²⁾

【耍孩儿】风调雨顺民安乐，都不似俺庄家快活。桑蚕五谷十分收⁽³⁾，官司无甚差科⁽⁴⁾。当村许下还心愿，来到城中买些纸火⁽⁵⁾。正打街头过，见吊个花碌碌纸榜⁽⁶⁾，不似那答儿闹攘攘人多⁽⁷⁾。

【六煞】见一个人手撑着椽做的门⁽⁸⁾，高声的叫"请请"，道"迟来的满了无处停坐"。说道"前截儿院本《调风月》，背后么末敷演《刘耍和》⁽⁹⁾"。高声叫："赶散易得，难得的妆合⁽¹⁰⁾"。

【五煞】要了二百钱放过咱，入得门上个木坡⁽¹¹⁾，见层层叠叠团圞坐⁽¹²⁾。抬头觑是个钟楼模样⁽¹³⁾，往下觑却是人旋窝，见几个妇女向台儿上坐⁽¹⁴⁾，又不是迎神赛社⁽¹⁵⁾，不住的擂鼓筛锣⁽¹⁶⁾。

【四煞】一个女孩儿转了几遭，不多时引出一伙。中间里一个央人货⁽¹⁷⁾，裹着枚皂头巾，顶门上插一管笔⁽¹⁸⁾，满脸石灰，更着些黑道儿抹。知他待是如何过⁽¹⁹⁾？浑身上下，则穿领花布直裰⁽²⁰⁾。

【三煞】念了会诗共词，说了会赋与歌，无差错。唇天口地无高下，巧语花言记许多，临绝末⁽²¹⁾，道了低头撮脚⁽²²⁾，爨罢将么拨⁽²³⁾。

【二煞】⁽²⁴⁾一个妆做张太公，他改做小二哥，行行行说向城中过。见个年少的妇女向帘儿下立，那老子用意铺谋待取做老婆⁽²⁵⁾。教小二哥相说合，但要的豆谷米麦，问甚布绢纱罗⁽²⁶⁾。

【一煞】教太公往前挪不敢往后挪，抬左脚不敢抬右脚，翻来覆去由他一个⁽²⁷⁾。太公心下实焦懆，把一个皮棒槌则一下打做两半个⁽²⁸⁾。我则道脑袋天灵破，则道兴词告状，划地大笑呵呵⁽²⁹⁾。

【尾】则被一胞尿爆的我没奈何⁽³⁰⁾。刚捱刚忍更待看些儿个，枉被这驴颓笑杀我⁽³¹⁾。

注释

(1) 耍孩儿：曲牌名，又名魔合罗，南北曲都有。北曲除用在〔般涉调〕处，也用在〔正宫〕〔中宫〕〔双调〕的套曲里。

(2) 庄家：即庄稼汉、农民。勾阑：即勾栏，宋元时演出的场所。

(3) 十分收：丰收。

(4) 官司：官府。差科：差役。

(5) 纸火：还愿拜神所用的纸钱、香火。

(6) 花碌碌：五颜六色。纸榜：纸做的幌子，相当于现在的海报。

(7) 那答儿：那里，那块儿。

(8) 橡做的门：当指栅栏门。橡，木条。

(9) "说道"二句：意为那招徕观众的人说，前段时间演院本《调风月》，后段时间演杂剧《刘耍和》。前截儿，前段时间。院本、么末，当时对杂剧的称呼。么末，后写作"幺末"。《调风月》《刘耍和》，都是杂剧名。《调风月》，可能指关汉卿的杂剧《诈妮子调风月》；《刘耍和》，高文秀有杂剧《黑旋风敷衍刘耍和》。

(10) "赶散"二句，是夸说勾栏演出非一般散乐可比。赶散，指一般赶场中的散乐。散乐，民间歌舞及杂耍的名称。妆合，又称妆呵，指勾栏里的精彩演出。

(11) 木坡：当指木搭的阶梯式看台。

(12) 团圞（luán 峦）：围成圆形。

（13）钟楼：指戏台。

（14）几个妇女：当指坐在乐床上伴奏的女艺人。

（15）迎神赛社：旧时民间一种祭神活动。每逢神诞日，人们敲锣打鼓，迎神出庙，周游街巷村落，谓之迎神。赛社，农事完毕，人们以酒食祭祀土地神的活动。

（16）篩锣：敲锣。

（17）央人货：即殃人货，犹言害人精。这里可能是指开场的一个角色副末。

（18）"裹着"二句：写上文那个角色"央人货"的脸谱装扮。皂头巾，黑头巾。一管笔，指翎毛之类的饰物。

（19）"知他"句：意为那演员这种模样打扮，不知他是怎样过日子的。

（20）直裰（duō 多）：长袍。

（21）绝末：最后。

（22）"道了"句：意为那演员说完后，低头并脚向观众致礼。撮脚，并脚。

（23）"爨罢"句：意为演完这一段小插曲，正戏就要上演了。据《梦粱录》载：早期杂剧演出，"先做寻常熟事一段，名曰艳段，次做正杂剧"。艳段为开场时的一段小演唱，即文中的"爨"。将么拨，将搬演正杂剧。么，即么末，指杂剧。么，今写作"幺"。以上四煞、三煞写的是正戏演出前的小插曲。

（24）二煞：二煞和下面一煞两支曲子写《调风月》演出的情形。

（25）铺谋：谋划。

（26）"但要"二句：意为女方只提出要些粮食，没问他要布匹丝罗一类彩礼。

（27）"教太公"三句：写小二哥耍弄张太公，张太公只好听从他摆布。他一个，指饰演小二哥的副末。

（28）皮棒槌：是副末打诨时用的道具，槌头用皮包棉絮做成。

（29）"我则"三句：大意是说，我以为打破天灵盖了，要去告状呢，人们反而呵呵大笑起来。划地，平白地，这里作反而解。

（30）爆：胀。

（31）"刚捱"二句：意为硬是憋忍着一泡尿想多看些表演，被这家伙逗得我笑死人！刚捱刚忍，强挨忍着。驴颓，公驴的生殖器，骂人话，此指台上的角色。

提示

元代的戏剧创作和演出都极其繁荣兴盛。这个套数描写了元代戏剧演出的实况，是一篇别开生面的曲作。它通过描写一个庄稼汉进城偶然到勾栏看戏的经过，把当时的戏剧演出，包括招徕观众的情形、剧场的模样、观众的情况、角色的装扮以及精彩的表演等，都真实而生动地再现出来，反映了元代戏剧演出的盛况。

作品以第一人称庄稼汉的口吻，自述他进城看戏的经历，又紧紧扣住"不识"二字展开描写，设想庄稼人对城市生活的无知，突出表现他对所见所闻的新奇感受。全曲共八支曲子，按时间顺序来写。第一支曲子〔耍孩儿〕，写庄稼汉为买"纸火"进城，路过街头偶然看到剧场门口的热闹场景而被吸引住了。第二支曲子〔六煞〕写剧场把门人热情招徕观众的情景，把门人口若悬河、绘声绘色的宣传打动了庄稼汉。第三支曲子〔五煞〕，写庄稼汉交了二百钱初进剧场所见情景：木阶梯式的圆形看台，钟楼模样的戏台耸立中央，观众像"人旋窝"那样层层围坐观看，乐床上坐着几个伴奏的女艺人，正在"不住的擂鼓筛锣"，热闹非常。〔四煞〕〔三煞〕两曲，写台上开始演出的情景：一个旦角走圆场后"引出一伙"来，着重描写一丑角滑稽可笑的穿着打扮；接着是一段简短的说唱，即《梦粱录》中所说"先做寻常熟事一段"的表演。〔二煞〕〔一煞〕两曲，写《调风月》杂剧的精彩表演：剧中张太公见帘下一少妇，便欲谋娶为老婆，并请小二哥说合，遭到小二哥的一番戏弄。张太公气急败坏，用皮棒槌狠打小二哥的脑袋，连皮棒槌都"一下打做两半个"了。庄稼汉看到这里大吃一惊，以为打破天灵盖要"兴词告状"了，想不到人们"划地大笑呵呵"，原来皮棒槌是软皮棉絮做的，写出了强烈的喜剧效果。末曲〔尾〕，写庄稼汉因尿憋不得不退场的遗憾，衬托了演出的魅力，也使全曲更富喜剧色彩。作品刻画了一个憨厚可笑的庄稼汉的形象，其声口音容、心理神态活灵活现，惟妙惟肖。全曲用庄稼人淳朴而好奇的眼睛看勾栏的演出，又用庄稼人厚实而天真的口吻道出，纯用口语，俚俗生动，诙谐有趣，读来令人忍俊不禁。

这个套数具体生动地记录了七百多年前勾栏演出杂剧的情况，仿佛让我们看了一部新颖有趣的纪录片，见识了古代剧场的结构布局、演出的程式过程、演员的化妆服饰、表演的生动场面以及观众的热烈反响等，不仅有艺术欣赏的意义，还具有十分珍贵的史料价值。

马致远散曲

作者生平介绍见戏曲部分。

越调·天净沙⁽¹⁾

秋　思

枯藤老树昏鸦⁽²⁾，小桥流水人家，古道西风瘦马。夕阳西下，断肠人在天涯。

注释

(1) 天净沙：曲牌名。

（2）昏鸦：黄昏归巢的乌鸦。

提示

这支小令是元人散曲中的名篇，被周德清誉为"秋思之祖"。全曲仅有 5 句 28 个字，而作者以惊人的语言表现力，生动地描绘了一幅秋郊黄昏萧瑟凄凉的行旅图景，刻画了一个骑着瘦马在西风残照的古道上艰难跋涉的游子形象，表现了这位天涯游子悲秋怀乡的愁苦情怀。作品构思独特，意境鲜明；以景写情，融情于景；语言凝练自然，妙合天成。前三句每句均由三个名词或名词性词组并列构成，形成鼎足对。每一个名词或名词性词组表现一个意象，其间无一关联性的词语，而以游子的羁旅愁思为内在线索，把一个个意象有机联结起来，展现了一幅极富特征的黄昏行旅画面，使人产生丰富的联想。第一句"枯藤""老树""昏鸦"三个意象组合起来的场景，给人以荒僻、萧索、暗淡的感觉，正面烘托了游子漂泊天涯的孤独、落寞、凄凉的心境。"昏鸦"一词尤为传神：落日黄昏，连乌鸦都绕着枯藤老树觅巢栖息了，而游子还在旅途奔波，有家难归，情何以堪！第二句移步换景："小桥流水人家"，这是一个幽雅、安宁、温暖的场景，但对这位天涯游子来说，只能撩动他归思难收的心绪，须知这"人家"不是他的家，那"小桥流水"也最能触发游子的客愁。这是"以乐景写哀情"的反衬手法。第三句"古道西风瘦马"，场景更为凄苦，虽未直接写人，但读者可从"瘦马"一词想象到游子骑着瘦马迎着西风在茫茫古道上踽踽而行的形象。一个"瘦"字，明是写马，实则兼及写人：辗转跋涉，马都瘦了，人更不堪。它衬托出人在旅途的困顿疲惫和内心的凄凉悲苦。这是正面衬托。前三句正衬反衬交错，使画面富于变化。第四句笔锋一转，"夕阳西下"，给前三句的景物染上了浓重的底色，也使九种景物和谐地统一在一个画面之中。末句"断肠人在天涯"，推出主人公并点明题旨。这句还表明了因果关系："在天涯"是因，"断肠"是果，突出了游子难以言状的浓重苦情。寥寥数语，形象生动，意境鲜明，给人以丰富联想的余地；音节和谐，韵味无穷，故王国维赞叹它"深得唐人绝句之妙境"。

双调·寿阳曲（1）

远浦归帆（2）

夕阳下，酒斾闲（3），两三航未曾着岸（4）。落花水香茅舍晚，断桥头卖鱼人散。

注释

（1）寿阳曲：曲牌名，又称〔落梅风〕。

（2）浦：水边。

（3）酒斾（pèi 沛）：酒旗。

（4）航：指航行的渔船。

提示

　　这是马致远一组〔寿阳曲〕"潇湘八景"中的第二首。这支小令以疏淡的笔调，描写了一幅江南暮春渔村夕照、远水归帆的优美图景。全曲5句，一句一景，全用白描手法。第一句"夕阳下"，先点明时间，并给整个画面染上"晚照"的底色。第二句"酒斾闲"，写岸上渔村小酒店前酒旗悠闲斜挂，着一"闲"字，仿佛小酒店在静静地恭候着辛劳晚归的渔民，既照应了前句，又关联到下句。第三句"两三航未曾着岸"，一下子把"镜头"推向开阔的远方，在满天落霞云水茫茫的湖面上，几只渔船正扬帆归航。画面淡远而富于动感，并使读者体会船上满载鱼鲜及渔民归航的心情。第四句"落花水香茅舍晚"，回过头来再写岸上渔村晚景：几座临水的竹篱茅舍，水绕树掩，花繁叶翠。"落花水香"，既点出暮春季节，又指明茅舍的坐落环境，还说明花树之多，连水都流溢着清香，显出渔村晚照的幽静美丽。末句"断桥头卖鱼人散"，最富有渔村生活特色，这是小渔村常见的景象。通过这一景象的描写，读者联想到卖鱼时短暂的热闹情景，更感到"人散"后断桥周围以及整个渔村黄昏时的恬静。这支小令篇幅虽短，但作者不断变换空间，描写了夕阳晚照、岸上酒旗、远水归帆、水中落花、渔村茅舍、断桥集市等景物组成的明丽画面，有远有近，有动有静，彼此呼应，互相映衬，充满生活气息。语言清新优美，准确生动。写酒旗用一"闲"字，写落花着一"香"字，写鱼市结束下一"散"字，都很传神。

双调·夜行船⁽¹⁾
秋　　思⁽²⁾

【夜行船】百岁光阴一梦蝶⁽³⁾，重回首往事堪嗟。今日春来，明朝花谢。急罚盏夜阑灯灭⁽⁴⁾。

【乔木查】想秦宫汉阙⁽⁵⁾，都做了衰草牛羊野。不恁么渔樵没话说⁽⁶⁾。纵荒坟横断碑，不辨龙蛇⁽⁷⁾。

【庆宣和】投至狐踪与兔穴，多少豪杰⁽⁸⁾！鼎足虽坚半腰里折，魏耶、晋耶⁽⁹⁾？

【落梅风】天教你富，莫太奢，没多时好天良夜⁽¹⁰⁾。富家儿更做道你心似铁，争辜负了锦堂风月⁽¹¹⁾。

【风入松】眼前红日又西斜，疾似下坡车⁽¹²⁾。不争镜里添白雪⁽¹³⁾，上床与鞋履相别⁽¹⁴⁾。休笑鸠巢计拙⁽¹⁵⁾，葫芦提一向装呆⁽¹⁶⁾。

【拨不断】利名竭，是非绝，红尘不向门前惹⁽¹⁷⁾，绿树偏宜屋角遮，青山正补墙头缺。更那堪竹篱茅舍⁽¹⁸⁾。

【离亭宴煞】蛩吟罢一觉才宁贴，鸡鸣时万事无休歇⁽¹⁹⁾，争名利何年是彻⁽²⁰⁾！看密匝匝蚁排兵，乱纷纷蜂酿蜜，急攘攘蝇争血⁽²¹⁾。裴公绿野堂⁽²²⁾，陶令白莲社⁽²³⁾。爱秋来时那些：和露摘黄花，带霜烹紫蟹，煮酒烧红叶。想人生有限杯，浑几个重阳节⁽²⁴⁾？嘱咐俺顽童记者⁽²⁵⁾："便北海探吾来，道东篱醉了也⁽²⁶⁾！"

注释

（1）双调·夜行船：套数名。〔夜行船〕作为曲牌只用于套数，不单独使用。

（2）秋思：一作"秋兴"。

（3）"百岁"句：意为人生犹如一场大梦。梦蝶，典出《庄子·齐物论》："昔者庄周梦为蝴蝶，栩栩然蝴蝶也……俄而觉，则蘧蘧然周也。不知周之梦为蝴蝶与？蝴蝶之梦为周与？"后人常以"梦蝶"比喻人生如梦。

（4）急罚盏：赶紧喝酒，及时行乐。罚盏，指喝酒，古时宴会上行酒令，输者罚饮。

（5）秦宫汉阙：秦汉的宫殿，以规模宏大豪华著称。阙，皇宫前两边的楼，此指宫殿。

（6）"不恁"句：意为如果不是这样，渔翁樵夫就没有闲聊的话题了。恁么，这样。

（7）"纵荒"二句：意为帝王的坟墓如今都荒芜残败了，墓碑上刻的文字也辨认不清了。龙蛇，原喻书法的笔势，这里代指文字。

（8）"投至"二句：这二句前后倒置，意为多少英雄豪杰，到头来他们的坟墓也荒凉冷落，成了狐兔野兔出没的地方。投至，等到、到得。

（9）"鼎足"三句：意为三国鼎立的局面也不长久，半途夭折了，后来的魏和晋都免不了覆灭的命运。鼎足，喻魏、蜀、吴三国分立的局面。

（10）"天教"三句：警戒富人不要过分贪欲奢求，因为好景是不长的。奢，奢望，奢求。

（11）"富家"二句：意为富人吝惜钱财，即使心肠硬似铁，可惜白白辜负了富贵生活享受。更做道，即使是。争，争奈、怎奈。锦堂风月，指富贵生活享受。

（12）"眼前"二句：喻时光易逝。

（13）"不争"句：意为一照镜子便发现自己头上又添白发，忽然衰老了。不争，一作"晓来"。白雪，喻白发。

（14）"上床"句：意为晚上脱鞋上床说不定就永远跟鞋子告别，死去了。

（15）鸠巢计拙：相传斑鸠性拙，不会营巢，常借鹊窝栖息产卵。这里比喻人不会营生。

（16）葫芦提句：意为为人在世稀里糊涂装傻混日子罢了。葫芦提，糊里糊涂。

（17）红尘：比喻世俗的纷扰。

（18）更那堪：这里是更兼有的意思。

（19）"蛩吟"二句：意为争名利者忙忙碌碌，直到深夜蟋蟀叫声停了才得入睡，但鸡一打鸣又得起来干这干那奔忙不息了。蛩，蟋蟀。宁贴，安稳。

（20）何年是彻：何年才是尽头。彻，尽、完。

（21）"看密"三句：喻世人争名夺利、紧张忙乱和激烈竞争的情形。

（22）"裴公"句：意为要学裴公那样建个绿野堂，过隐居的生活。裴公，指裴度，唐宪宗时宰相，封晋国公，后因宦官专权在洛阳筑绿野草堂隐居，不问世事。

（23）"陶令"句：意为要像陶令那样结社吟诗酒闲逸生活。陶令，即东晋陶潜，曾为彭泽县令，不为五斗米折腰而退隐。白莲社，东晋僧人慧远在庐山东林寺发起的一个宗教社团，陶潜与慧远有交往，但是否参加白莲社还有待考证。

（24）浑几个：能有几个。浑，全、满，引申为总共的意思。

（25）记者：记着、记住。者，语助词。

（26）"便北"二句：意为即使是好客的孔融前来探访，你只说我马致远喝醉了酒不能见他。北海，指东汉末北海太守孔融。孔融好客，常聚友宴饮，希望"座上客常满，樽中酒不空"。东篱，马致远的号。

提示

这个套数是马致远散曲又一名篇，最能代表其思想倾向和艺术风格。作品通过哀叹历史、抨击现实、讴歌退隐，表达了作者对人生的看法和处世态度。全套由七支曲子组成，可分为四层。第一层为第一曲：感叹人生如梦，光阴易逝，主张及时行乐。统摄题旨，总领全曲。第二层包括〔乔木查〕等三支曲子，分写帝王、豪杰、富人，说明人生兴衰无常，什么荣华富贵，一切都是过眼烟云，不足称羡。第三层包括〔风入松〕〔拨不断〕两支曲子，写作者对人生的理解和对生活的追求。作者认为，既然人生短促，朝不保夕，就应当像鸠占鹊巢那样稀里糊涂地混日子，并提出要消除名利观念，去过与世隔绝的隐居生活。这里描绘了一幅红尘不染、青山相对、绿树掩映的世外桃源般优美恬静的境界，寄寓了作者的理想追求。第四层是末曲〔离亭宴煞〕，以现实和理想作对比，总结全篇，点明题旨。前半曲，揭露抨击像"密匝匝蚁排兵，乱纷纷蜂酿蜜，急攘攘蝇争血"那样争名夺利的丑恶现实人生；后半曲重申自己的生活态度，表示要学裴度、陶潜那样过诗酒闲逸的生活。前后形成鲜明对比，说明作者的志趣追求是在与丑恶现实的对比中领悟出来的，故曲末表明"便北海探吾来，道东篱醉了也"，态度十分坚决。这个套数内容复杂：既流露出浓重的悲观厌世的思想情绪和游戏人生的消极态度，又愤世嫉俗，否定帝王将相和功名利禄；既抨击丑恶的世俗社会，表现了对现实的强烈不满，同时也反映了元代一般知识分子的精神创伤和内心痛苦。

这个套数艺术上最突出的特色是形象鲜明，以景达情。作品议论抒情，述怀言志，全是通过一幅幅鲜明的图景显示出来的。如用"今日春来，明朝花谢""眼前红日又西斜，疾似下坡车"，形象地说明光阴易逝，生命短促；用"秦宫汉阙，都做了衰草牛羊野"的图景，说明富贵无常转眼成空；"密匝匝蚁排兵"三句构成鼎足对，生动地描画了世俗的丑态，"红尘不向门前惹"三句和"和露摘黄花"三句也各自形成鼎足对，描绘了田园风光的优美恬静，讴歌了隐居生活的乐趣。曲词通俗自然又富文采，大量吸收方言、口语，运用比喻、对偶、排比等修辞手法，散行中具有对称美，整饬中又显出变化，节奏鲜明，音韵和谐，风格直率明快、风趣泼辣，具有很强的艺术感染力。周德清在《中原音韵》中评之为"万中无一"的力作。

张养浩散曲

张养浩（1270—1329），字希孟，号云庄，济南（今山东济南）人，由御史台椽、堂邑县令，拜为监察御史、礼部尚书，参议中书省事。为官廉洁奉公，直言敢谏。曾因上疏批评时政得罪权贵而辞官归隐。文宗天历二年（1329），关中大旱，重被召为陕西行台中丞，前去赈济饥民。到陕四月，积劳成疾，死于任所。

张养浩是一位做过高官而又比较关心民生疾苦的散曲作家。他的散曲题材多样，有的愤世嫉俗，有的吟咏山水、鼓吹隐居乐道的生活，有的直接反映现实、同情人民，风格清新质朴而又豪迈。有《云庄休居自适小乐府》一卷，存小令161首，套数3套。

中吕·朝天子[1]

柳堤，竹溪，日影筛金翠[2]。杖藜徐步近钓矶[3]，看鸥鹭闲游戏。农父渔翁，贪营活计[4]，不知他在图画里。对这般景致，坐的[5]，便无酒也令人醉。

注释

（1）朝天子：曲牌名，又名〔谒金门〕或〔朝天曲〕。

（2）"日影"句：意为阳光从浓茂的竹林柳树丛中漏下，金翠相映生辉。

（3）矶：水边突出的岩石或石滩。

（4）营：经营、料理。
（5）坐的：因此。

提示

张养浩辞官归隐后写了大量吟咏自然的曲作。这是九首〔朝天子〕中的一首。小令以记游形式，描绘了美丽的田园风光，表达了作者放情山水的欢快心情。头三句"柳堤，竹溪，日影筛金翠"，写溪畔堤岸的美丽景致：竹柳碧翠，环境清幽。一个"筛"字把静景点活：微风轻拂，枝叶婆娑，金色的阳光透过浓密的绿叶漏洒在地上，斑驳闪烁，显出动态感和色彩美。"杖藜"两句，写诗人一面"徐步近钓矶"，一面观赏"鸥鹭闲游戏"的情景。"钓矶"一词暗用严子陵垂钓富春江之典，隐含对隐逸生活的自得情绪。鸥鹭游戏也衬托了他的闲适自由。下三句写农父渔翁"贪营活计"，埋头劳作，给这幅优美恬静的画面增添了勃勃生机。作者赞叹农父、渔翁劳动专注，竟"不知他在图画里"。这幅图景，酷似陶渊明笔下世外桃源中的农夫和张志和《渔歌子》中的渔父那种物我两忘的境界，流露了作者无限倾慕之情。最后三句写作者的深切感受："对这般景致，坐的，便无酒也令人醉"，写出作者鄙弃污浊的官场，对美丽的自然风光和自由的田园生活的赞叹和追求。这支小令采用空间变化移步换景的写法，全用白描，写得情景交融，富有诗情画意，语言平淡自然，风格清新婉丽。

中吕·山坡羊⁽¹⁾

潼 关 怀 古⁽²⁾

峰峦如聚⁽³⁾，波涛如怒，山河表里潼关路⁽⁴⁾。望西都⁽⁵⁾，意踟蹰⁽⁶⁾。伤心秦汉经行处⁽⁷⁾，宫阙万间都做了土。兴，百姓苦；亡，百姓苦。

注释

（1）山坡羊：曲牌名。

（2）潼关：在今陕西潼关东南。关隘雄踞崤山山腰，下临黄河，地势险要，扼秦、晋、豫之要冲，为长安屏障，历来为兵家必争之地。

（3）聚：聚集，形容群山攒立。

（4）山河表里：潼关外有黄河，内有华山。表，外。里，内。《左传·僖公二十八年》载，子犯劝晋文公与楚决战，说："表里山河，必无害也。"这里用以说明潼关险要。

（5）西都：指长安。东汉都洛阳，称为东都，以长安为西都。

（6）意踟蹰：一作"意踌躇"，指内心惆怅不安。

（7）"伤心"句：这是倒装句式，意为经过秦汉故地，感到无比伤心。经行处，行程所经历之处。

提示

张养浩赴陕赈灾时写下一组怀古小令〔山坡羊〕，共九首，《潼关怀古》尤享盛誉，是作者路过潼关，目睹赤地千里哀鸿遍野的景象，有感而发的。前三句从潼关的地理形势写起，第一句"峰峦如聚"写山，用一"聚"字突出华岳高耸、群峰簇拥的壮观。第二句"波涛如怒"写河，用一"怒"字，突出黄河汹涌咆哮的声势。第三句"山河表里潼关路"，山河合写，显示了潼关的雄伟险要。三句境界壮阔，气势磅礴，使人视通万里，思接千载。下面四句由近及远，转到"怀古"上来。一个"望"字，引出西都长安，转接自然。"意踟蹰"一句，造成悬念，为何遥望西都会惆怅不安呢？下两句作具体的说明：因为看到秦汉王朝兴建的万间宫阙如今化作一片废墟而为之伤心。作者固然为"楚人一炬，可怜焦土"而感叹，但更主要的是为老百姓的苦难而伤心。那万间宫阙是统治者耗尽民脂民膏建造起来的，结果又都被统治者之间的争战毁于一旦，怎不令人感伤？末四句，作家从历代王朝的兴衰治乱联想到百姓的苦难，发出了"兴，百姓苦；亡，百姓苦"这震撼人心的呼喊，点明了全曲的主旨。作者一方面对封建统治者涂炭生民的罪恶进行了强烈谴责，另一方面也表达了对人民苦难的深切同情，并一针见血地揭示了封建王朝改朝换代的实质：无论兴亡，也无论谁当皇帝，受苦遭难的都是老百姓。

这首小令艺术成就很高，具有鲜明特色：一是即景生情，怀古伤今，把历史和现实联结起来，上下古今，想象丰富，意境深远。二是把写景、咏史、抒情、议论紧密结合，从景落笔，转入怀古，抒发感慨，引出议论，层层深入又一气呵成，脉络清晰，转折自然；三是高度的艺术概括，无论是写景抒情还是评论历史，语言都极凝练准确，生动有力，曲末四句尤为精警遒劲，风格雄浑豪迈而又沉郁苍凉，发人深思。

贯云石散曲

贯云石（1286—1324），字浮岑，号酸斋，祖籍西域北庭（今新疆吉木萨尔一带），维吾尔族人。将门功臣后代，文武双全，弱冠袭任两淮万户府达鲁花赤，27岁拜为翰林侍读学士、知制诰，正当青云直上之时，翌年便称病辞官，急流勇退，改名易服在钱塘卖药为生，自号芦花道人。他在一支〔清江引〕曲中写道："竞功名有如车下坡，惊险谁参破。昨日玉堂臣，今日遭残祸。争如我避风波走在安乐窝。"可见远祸全身是他辞官的主因，同时说明淡泊功名、追求自由是其禀性。酸斋汉学深厚，诗文皆工，散曲与徐再思齐名，因徐号甜斋，后人辑有《酸甜乐府》。所作散曲，豪放直露与清丽含蓄兼而有之。

双调·清江引(1)

咏梅（二首）

南枝夜来先破蕊，泄露春消息。偏宜雪月交，不惹蜂蝶戏。有时节暗香来梦里(2)。

芳心对人娇欲说，不忍轻轻折。溪桥淡淡烟，茅舍澄澄月(3)。包藏几多春意也。

注释

（1）清江引：曲牌名，又名〔江儿水〕。

（2）暗香：指梅花的幽香。语出林逋的《山园小梅》："疏影横斜水清浅，暗香浮动月黄昏。"

（3）澄澄月：月光如水，晶莹清澈。

提示

贯云石同调咏梅的小令共四首，这里所选是一、三两首，前一首写梅雪夜凌寒破蕊报春的景象。头二句说明梅花并未全开，仅仅是南枝向阳的"先破蕊"而已，但它已最先给人间带来了喜人的"春消息"。"夜来"一词说明是悄悄的，"泄露"二字用得尤为精妙生色。三四句写梅的品格，颂扬它"偏宜雪月交"的冰清玉洁和高标逸韵，赞美它"不惹蜂蝶戏"的坚贞自守和独立不群。结句写梅花的清香有时飘进诗人梦里，融入了林逋"暗香浮动月黄昏"的意境，写得迷离飘逸，如醉如痴，韵味无穷。后一首写梅的风姿神韵，全用虚写衬托手法。头二句是赏梅者的感觉，把梅拟人化为娇羞的少女，其"芳心"似有无限情意要诉说，所以谁也"不忍轻轻折"，突出了梅的娇美风姿，使人爱怜。三四句更荡开去写梅的生长环境是远离闹市的溪桥茅舍，陪伴它的是淡烟明月。衬托了梅花幽独脱俗、绝不趋时附势的品格。这是诗人摆脱污浊官场轻名淡利的自况投影。曲末"包藏几多春意也"的赞叹，是因春天到来而兴奋，也是作者"弃微名去来心快哉"的写照。两支小令都蕴涵深厚又清新别致，在众多咏梅的佳作中，是独具一格的。

睢景臣散曲

睢景臣，字景贤，扬州（今江苏扬州）人，生卒年不详。元成宗大德七年（1303）在杭州与锺嗣成相识，可知他的活动时期主要在 13 世纪末和 14 世纪初。《录鬼簿》说他"心性聪明，酷嗜音律。维扬诸公，俱作《高祖还乡》套数，惟公〔哨遍〕制作新奇，诸公者皆出其下"，并录有他的杂剧剧目《屈原投江》等三种，剧本均不传。散曲也仅存三个套数。

般涉调·哨遍[(1)]

高 祖 还 乡[(2)]

【哨遍】社长排门告示[(3)]，但有的差使无推故[(4)]，这差使不寻俗[(5)]：一壁厢纳草也根[(6)]，一边又要差夫索应付[(7)]。又言是车驾，都说是銮舆[(8)]，今日还乡故。王乡老执定瓦台盘[(9)]，赵忙郎抱着酒葫芦。新刷来的头巾[(10)]，恰糨来的绸衫[(11)]，畅好是妆么大户[(12)]。

【耍孩儿】瞎王留引定火乔男女，胡踢蹬吹笛擂鼓[(13)]。见一彪人马到庄门[(14)]，匹头里几面旗舒[(15)]：一面旗白胡阑套住个迎霜兔[(16)]，一面旗红曲连打着个毕月乌[(17)]，一面旗鸡学舞[(18)]，一面旗狗生双翅[(19)]，一面旗蛇缠葫芦[(20)]。

【五煞】红漆了叉，银铮了斧[(21)]，甜瓜苦瓜黄金镀[(22)]。明晃晃马蹬枪尖上挑[(23)]，白雪雪鹅毛扇上铺[(24)]。这几个乔人物，拿着些不曾见的器仗，穿着些大作怪衣服[(25)]。

【四煞】辕条上都是马，套顶上不见驴[(26)]。黄罗伞柄天生曲[(27)]。车前八个天曹判[(28)]，车后若干递送夫[(29)]。更几个多娇女[(30)]，一般穿着，一样妆梳。

【三煞】那大汉下的车，众人施礼数。那大汉觑得人如无物。众乡老展脚舒腰拜，那大汉挪身着手扶。猛可里抬头觑[(31)]，觑多时认得[(32)]，险气破我胸脯。

【二煞】你须身姓刘，你妻须姓吕[(33)]，把你两家儿根脚从头数[(34)]。你本身做亭长耽几盏酒[(35)]，你丈人教村学读几卷书。曾在俺庄东住。也曾与我喂牛切草，拽坝扶锄[(36)]。

【一煞】春采了俺桑，冬借了俺粟，零支了米麦无重数。换田契强秤了麻三秤[(37)]，还酒债偷量了豆几斛。有甚胡突处[(38)]？明标着册历[(39)]，见放着文书[(40)]。

【尾】少我的钱，差发内旋拨还[(41)]；欠我的粟，税粮中私准除[(42)]。只道刘三，谁肯把你揪捽住[(43)]？白什么改了姓、更了名，唤做汉高祖[(44)]！

注释

（1）哨遍：曲牌名，北曲入般涉调，南曲入小石调。

（2）高祖还乡：高祖，即汉高祖刘邦。刘邦平定淮南王英布后，曾回老家沛县，逗留多日，并作《大风歌》以抒其得意之情（事见《史记·高祖本纪》）。

（3）"社长"句：意为社长挨家挨户通知。社，元代的乡村基层组织，约以五十家为一社。排门，挨家挨户。

（4）"但有"句：意为只要有差使就不得借故推辞。

（5）不寻俗：不同平常。

（6）"一壁"句：意为一边要交纳喂马草料。一壁厢，一边、一面。"纳草也根"的"也"为衬字，无义。一本作"纳草除根"。

（7）索：须。

（8）车驾、銮舆：皇帝乘坐的车，代指皇帝。

（9）"王乡老"句：意为王乡老端着盛食物的陶瓷托盘。王乡老与下句的赵忙郎，是作者虚拟的乡间有地位的人物。

（10）刷：刷洗。

（11）糨（jiàng匠）：旧时洗干净衣服后，再用米汤浆泡一下，以便熨平。

（12）"畅好"句：意为简直像是装模作样的大富户。畅好是，简直是、正好是。

（13）"瞎王留"二句：写乡民吹笛擂鼓迎候皇帝。瞎王留，乡民的诨名。引定，引着、领着。火，通"伙"。乔男女，相当于今之"不三不四的家伙"。乔，有"怪"之意。男女，偏指男人。胡踢蹬，胡乱地。

（14）一飚（biāo标）：一队。

（15）匹头里：劈头里，当头。

（16）"白胡阑"句：写月旗。本篇均从村民眼中所见的角度来写，下同。胡阑，"环"的复音。迎霜兔，即白兔。民间传说月中有玉兔捣药。

（17）"红曲连"句：写日旗。曲连，"圈"的合音。毕月乌，即乌鸦。传说日中有三足乌，故用红圈套着乌鸦，以之代日。

（18）鸡学舞：写飞凤旗。

（19）狗生双翅：写飞虎旗。

（20）蛇缠葫芦：写蟠龙旗。

（21）银铮：镀银。

（22）甜瓜苦瓜黄金镀：指金瓜锤。

（23）马蹬枪尖上挑：指朝天蹬，形如倒置的马蹬，下有长柄，故云。

（24）鹅毛扇上铺：指鹅毛宫扇。

（25）大作怪：极为古怪。

（26）"辕条"二句：当时农村拉套多用骡驴，故写乡民见到车驾用马而感到奇异。辕条，车前套牲口的长木。套顶，套车的绳带。

（27）黄罗伞：一种名叫曲盖的仪仗，其形似伞，柄弯曲。

（28）天曹判：神庙里泥塑的天界判官。这里指车前导驾的侍臣，面目死板严肃。

（29）递送夫：指皇帝的侍从人员。

（30）多娇女：指娇艳的宫女。

（31）猛可里：忽然间。

（32）认得：一本"认得"后有"熟"字。

（33）"你须"二句：意为你自己本姓刘，你老婆本姓吕。须，本来。身，本人。

（34）根脚：根底，身世。

（35）"你本"句：意为你原来做过亭长，嗜好喝几盅酒。刘邦曾做过沛县泗水亭长。秦时十里为一亭。耽，嗜好、沉溺。

（36）拽坝扶锄：泛指种地。坝，通"耙"，一种碎土的农具。

（37）麻三秤：即三秤麻。这里的"秤"作量词。

（38）胡突：糊涂。

（39）册历：账本。

（40）见：同"现"。文书：字据。

（41）差发内旋拨还：意为在摊派差赋时立即扣还。差发，差赋。旋，立即。

（42）私准除：暗中扣除。

（43）刘三：刘邦排行第三。揪摔：揪住、抓住。

（44）白什么：平白无故为什么。白，平白。

提示

这个套数是被锺嗣成赞为"制作新奇"的名篇。它从立意构思到表现方法确有独创之处。"高祖还乡"的故事，前代文人史家多有叙写，但多从"威加海内兮归故乡"的角度美化刘邦，歌颂"圣德"；而睢景臣这个套数却一反传统观念，虚应史实，别出心裁，用一个被抓差迎驾的乡民的口吻，把皇帝荣归的"盛典"写成一出滑稽可笑的讽刺喜剧。全套八支曲子，可分为三个层次。第一层即第一支曲子〔哨遍〕，写乡里准备迎驾时一派紧张忙乱的景象：一面写乡民被派工抓差，缴纳粮草，骚扰不堪；一面写豪绅富户装模作样、诚惶诚恐、阿谀奉承的丑态。第二层包括〔耍孩儿〕以下三支曲子，写皇帝驾到时的排场声势：先写乡里迎驾的乐队，一伙不三不四的"乔男女，胡踢蹬吹笛擂鼓"，杂乱无章；接着写浩浩荡荡随"驾"而来的旗队、仪仗和扈从人员，这些用来显示皇帝高贵威严的典章文物，在乡民的眼里全都像照哈哈镜那样，变成了稀奇古怪滑稽可笑的东西。第三层是〔三煞〕以下四支曲子，写乡民认出了刘邦，历数皇帝"根脚"并向其讨债：先写众人跪迎圣驾的隆重场面，描画刘邦傲慢又故作亲热的样子。曲中连用三次"那大汉"的字眼，颇含轻蔑不恭之意。待到"猛可里抬头觑"，认出了刘邦，"险气破我胸脯"。乡民的心理变化，生动传神，仿佛听到他们心里的咒骂声。于是笔锋急转直下，写乡民层层揭刘邦的老底。先揭其出身低微，连其老婆、丈人都数落到了，意在指出皇帝本是凡人，并非什么"应天承运"的神圣。接着历数刘邦往日在乡间明抢暗偷种种无赖行为。最后写乡民向皇帝讨还欠债。曲末尤为精彩，设想乡民以为刘邦想要赖债，故更名改姓唤做"汉高祖"，嬉笑怒骂，诙谐有趣。作品撕下了封建帝王神圣尊严的虚伪面纱，对至高无上的皇权进行了大胆否定和恣意嘲弄，这在中国文学史上实属罕见。这个套数构思新颖独特，像影视中的主观镜头一样，一切场景全从乡民视角来描写，用乡民眼睛观察，又用乡民口吻叙述，并用漫画讽刺手法，丑化"车驾銮舆"及依附皇帝的一切人和事物。语言夸张渲染，痛快淋漓，且吸收了大量方言俗语，生动泼辣，幽默风趣，收到强烈的喜剧效果，读来令人耳目一新，拍手称快。

刘时中散曲

　　刘时中，洪都（今江西南昌）人，生卒年不详。从《上高监司》的语气看可能是个不得志的落魄文人。在元散曲作家中，还有一个刘致，字时中，号逋斋，石州宁乡（今山西平阳）人，曾任翰林待制、浙江行省都事等官。有人以为刘时中就是刘致，待考。刘时中散曲作品见于《阳春白雪》，艺术风格较朴实。

正宫·端正好
上高监司（前套）(1)

　　【端正好】众生灵遭魔障(2)，正值着时岁饥荒。谢恩光拯济皆无恙(3)，编做本词儿唱。

　　【滚绣球】去年时正插秧，天反常，那里取若时雨降(4)？旱魃生四野灾伤(5)。谷不登(6)，麦不长，因此万民失望。一日日物价高涨，十分料钞加三倒(7)，一斗粗粮折四量(8)，煞是凄凉。

　　【倘秀才】殷实户欺心不良，停塌户瞒天不当(9)。吞象心肠歹伎俩(10)。谷中添秕屑(11)，米内插粗糠，怎指望他儿孙久长。

　　【滚绣球】甑生尘(12)，老弱饥，米如珠，少壮荒。有金银那里每典当(13)？尽桍腹高卧斜阳(14)。剥榆树餐，挑野菜尝。吃黄不老胜如熊掌(15)，蕨根粉以代糇粮(16)。鹅肠苦菜连根煮(17)，荻笋芦萩带叶咙(18)，则留下杞柳株樟(19)。

　　【倘秀才】或是捶麻柘稠调豆浆(20)，或是煮麦麸稀和细糠。他每早合掌擎拳谢上苍。一个个黄如经纸(21)，一个个瘦似豺狼，填街卧巷。

　　【滚绣球】偷宰了些阔角牛(22)，盗斫了些大叶桑。遭时疫无棺活葬，贱卖了些家业田庄。嫡亲儿共女，等闲参与商⁽²³⁾。痛分离是何情况！乳哺儿没人要，撇入长江。那里取厨中剩饭杯中酒，看了些河里孩儿岸上娘，不由我不哽咽悲伤！

【倘秀才】私牙子船湾外港⁽²⁴⁾，行过河中宵月朗，则发迹了些无徒米麦行⁽²⁵⁾。牙钱加倍解⁽²⁶⁾，卖面处两般装⁽²⁷⁾，昏钞早先除了四两⁽²⁸⁾。

【滚绣球】江乡前有义仓⁽²⁹⁾，积年系税户掌⁽³⁰⁾。借贷数补搭得十分停当⁽³¹⁾，都侵用过将官府行唐⁽³²⁾。那近日劝粜到江乡⁽³³⁾，按户口给月粮。富户都用钱买放⁽³⁴⁾，无实惠尽是虚桩⁽³⁵⁾。充饥画饼诚堪笑，印信凭由却是谎⁽³⁶⁾，快活了些社长知房⁽³⁷⁾。

【伴读书】磨灭尽诸豪壮，断送了些闲浮浪⁽³⁸⁾。抱子携男扶筇杖⁽³⁹⁾，尪羸伛偻如虾样⁽⁴⁰⁾。一丝好气沿途创⁽⁴¹⁾，阁泪汪汪。

【货郎】见饿莩成行街上⁽⁴²⁾，乞丐拦门斗抢⁽⁴³⁾，便财主每也怀金鹄立待其亡⁽⁴⁴⁾。感谢这监司主张⁽⁴⁵⁾，似汲黯开仓⁽⁴⁶⁾。披星带月热中肠，济与粜亲临发放。见孤孀疾病无皈向⁽⁴⁷⁾，差医煮粥分厢巷⁽⁴⁸⁾。更把赃输钱分例米⁽⁴⁹⁾，多般儿区处的最优长。众饥民共仰，似枯木逢春，萌芽再长。

【叨叨令】有钱的贩米谷、置田庄、添生放⁽⁵⁰⁾，无钱的少过活、分骨肉、无承望；有钱的纳宠妾、买人口、偏兴旺，无钱的受饥馁、填沟壑、遭灾障。小民好苦也么哥，小民好苦也么哥，便秋收鬻妻卖子家私丧。

【三煞】这相公爱民忧国无偏党⁽⁵¹⁾，发政施仁有激昂⁽⁵²⁾。恤老怜贫，视民如子，起死回生，扶弱摧强。万万人感恩知德，刻骨铭心，恨不得展草垂缰⁽⁵³⁾。覆盆之下，同受太阳光⁽⁵⁴⁾。

【二煞】天生社稷真卿相，才称朝廷作栋梁⁽⁵⁵⁾。这相公主见宏深，秉心仁恕，治政公平，莅事慈祥。可与萧曹比并⁽⁵⁶⁾，伊傅齐肩⁽⁵⁷⁾，周召班行⁽⁵⁸⁾。紫泥宣诏，花衬马蹄忙⁽⁵⁹⁾。

【一煞】愿得早居玉笋朝班上⁽⁶⁰⁾，伫看金瓯姓字香⁽⁶¹⁾。入阙朝京，攀龙附凤，和鼎调羹⁽⁶²⁾，论道兴邦。受用取貂蝉济楚⁽⁶³⁾，衮绣峥嵘⁽⁶⁴⁾，珂珮丁当⁽⁶⁵⁾。普天下万民乐业，都知是前任绣衣郎⁽⁶⁶⁾。

【尾声】相门出相前人奖，官上加官后代昌。活被生灵恩不忘，粒我烝民德怎偿⁽⁶⁷⁾。父老儿童细较量，樵叟渔父曾论讲⁽⁶⁸⁾，共说东湖柳岸旁，那里清幽更舒畅。靠着云卿苏圃场⁽⁶⁹⁾，与徐孺子流芳挹清况⁽⁷⁰⁾。盖一座祠堂人供养，立一统碑碣字数行⁽⁷¹⁾，将德政因由都载上，使万万代官民见时节想。

注释

(1) 上高监司：刘时中的〔端正好〕《上高监司》有前后两套。前套由 15 支曲子组成，写江西旱灾的情况，后套由 34 支曲子组成，写库藏钞法积弊。这里选的是前套。高监司，指江西廉访使高纳麟。监司，监察州县的官员。元代的廉访使，也称监司。

（2）魔障：佛家语，指灾难。

（3）"谢恩"句：意为感谢你救济的恩德，使饥民百姓没有受苦。恩光，恩德、恩惠。恙，病，引申为受苦。

（4）"那里"句：意为哪里能得到那样及时的雨降下来呢？取，得到。若，那样。时雨，及时雨。

（5）旱魃（bá 拔）：迷信传说中的旱神。《神异经》："魃所见之国大旱，赤地千里。"

（6）谷不登：谷不成熟。

（7）"十分"句：意为纸币贬值，购买东西要按票面价值再多付百分之三十的钱。料钞，元代发行的钞票。加三倒，加三成倒换。

（8）"一斗"句：意为买一斗粗粮还要打个四折量给，即一斗要扣去四升。

（9）停塌户：指囤积居奇的奸商。

（10）吞象心肠：比喻贪心至极。俗云："人心不足蛇吞象。"

（11）秕屑：谷皮。

（12）甑生尘：意为饥民断炊已久。甑，炊具、做饭的瓦器。

（13）那里每：犹言"那里去"。每，语助词。

（14）"尽枵腹"句：意为人们空着肚子，从早到晚只好躺着不动。枵（xiāo 消）腹，空肚子。

（15）黄不老：一种野菜。

（16）蕨根：蕨，一种多年野生植物，其根可制淀粉。

（17）鹅肠苦菜：一种野生植物。

（18）"荻笋"句：意为芦、荻一类东西连叶都吞吃了。荻笋，野生植物荻的嫩芽。芦茵（wō 窝），芦苇的嫩茎。哐（zhuāng 庄），吞咽。

（19）"则留"句：意为只留下杞柳樟树一类不能吃的植物。

（20）麻柘：柘树的果实。

（21）黄如经纸：形容饥民面色枯黄。经纸，抄写佛经用的黄纸。

（22）"偷宰"句：元有禁令不许私宰耕牛，故说"偷宰"。阔角牛，犄角宽大的水牛。

（23）参与商：两个星座名。参（shēn 申）星在西，商星在东，此现彼隐，不同时出现。这里用来比喻骨肉分离。

（24）私牙子：私商，私贩子。

（25）"则发"句：意为只发达了一些无赖的粮贩商行。无徒，无赖之徒。

（26）牙钱：佣钱，即介绍买卖的中间人从中收取的钱财。

（27）两般装：向买卖双方都装着卖面子，给了好处。

（28）"昏钞"句：意为破烂的钞票，十两银子票值先被扣去了四两。昏钞，模糊破烂的纸币。

（29）义仓：地方上为备荒而设的粮仓。

（30）税户：纳税人家，实际是豪绅富户。

（31）"借贷"句：意为掌管义仓的人盗用了仓谷，却把账目补写得十分妥当，掩盖得没有漏洞。补搭，弥补掩饰。

（32）将官府行唐：意谓将官府搪塞过去了。行唐，搪塞、蒙蔽。唐，同"搪"。

（33）劝粜：意为官府派人劝导义仓卖放粮食。

（34）买放：买通义仓放粮给自己。

（35）虚桩：往虚空中钉入木桩，落空之意。

（36）凭由：凭证。

（37）知房：同姓房族中的管事人，即族长。一说是旧时县衙门中料理吏、户、礼、兵、刑、工各房管事的书办。

（38）"磨灭"二句：意为灾荒严重，饥饿折磨了精壮有志者，也断送了那些闲游浪荡的人。

（39）笻（qióng 琼）杖：竹杖。

（40）尪赢伛偻：瘦弱驼背。尪（wāng 汪），行走歪斜。赢（léi 雷），瘦弱。

（41）"一丝"句：意为只剩下一口气仍沿途流浪逃荒。创，创伤，或疑是"闯"的别字。

（42）饿莩：饿死的人。

（43）"乞丐"句：意为饥民乞食，有时拦门互相抢食物。

（44）怀金鹄立待其亡：怀里揣着金银像天鹅那样伸长脖子站着等待死亡，意谓有钱买不到粮食。鹄，天鹅。

（45）这监司：指高监司。

（46）汲黯开仓：汲黯，汉武帝时的贤臣。他奉命巡视河内，见那里水旱灾情严重，不等朝廷准许，就开仓救济饥民（事见《史记·汲郑列传》）。

（47）皈向：归依、归宿。

（48）厢巷：城厢小巷。厢，指城边。

（49）赃输钱：因贪赃而充公的钱财。分例米：按例分配的米粮。

（50）生放：放债生利。

（51）无偏党：公正无私。偏党，偏袒。

（52）有激昂：意为有气魄和热情。

（53）展草垂缰：犬马图报的意思。展草，传说三国时李信纯养一爱犬，出入相随。一天，李醉卧草地，正值草地起火，犬跳入水沟沾水，滚湿草地，隔断火路，力尽而死，李因此得救。垂缰，传说前秦苻坚被慕容冲追赶，从马上跌落水中，其马跪下，垂下缰绳，使苻坚得以上马逃脱。

（54）覆盆：倒扣着的盆子，喻在黑暗下受苦受难。

（55）称（chèn 趁）：适合。

（56）萧曹：指汉初宰相萧何、曹参。

（57）伊傅：指殷商时的贤臣伊尹、傅说（yuè月）。

（58）周召：指周朝名相周公旦、召公奭（shì士）。

（59）"紫泥"二句：意为皇帝就要下诏宣你进京，升官晋爵了。紫泥宣诏，皇帝的诏书用紫泥加封盖印。花衬马蹄忙，形容春风得意，驿马在花丛道上奔驰。

（60）玉笋：比喻人才出众。一说是大臣上朝时手拿的玉笏、手板。

（61）金瓯姓字香：意为声名传扬天下。金瓯，指国家。

（62）和鼎调羹：调和好鼎中的美味。比喻栋梁重臣辅佐君主治理国家。

（63）"受用"句：意为当上高官后戴着华美的貂尾帽子。貂蝉，汉代侍中、中常侍所戴之帽，以貂尾为饰。济楚，整齐、漂亮。

（64）衮绣峥嵘：绣着龙纹图案的朝服华贵异常。衮（gǔn滚），古代帝王或三公穿的礼服。峥嵘，这里是华贵之意。

（65）珂珮：古代官员衣带上佩戴的玉饰品。

（66）绣衣郎：《汉书·百官公卿表》："侍御史有绣衣直指，出讨奸滑，治大狱。"监司职务与汉代绣衣直指的职务类似。

（67）"粒我"句：意为使我百姓有饭吃的恩德怎样报答呢。粒，指粮食，用如动词使动用法，使……吃上饭。烝民，百姓。偿，酬报。

（68）曾论讲：一本作"曹论讲"。

（69）云卿苏圃场：南宋隐士苏云卿，在豫章（今江西南昌）东湖隐居，开园圃种菜，拒不出仕。圃场，菜园。

（70）"与徐"句：徐孺子，东汉徐稺，字孺子，南昌人，家贫而不应征召，筑室隐居，自耕而食，世称南州高士。这句意为选择徐孺子那样品格清高的人做邻居。挹清况，挹引清高为邻。挹，引。

（71）一统：一块。

提示

这个套数叙写江西惨重灾情，揭露时弊，可说是元人散曲中的"新乐府"。据《元史》载，天历二年（1329），江西等地大旱。高监司由浙江杭州路总管调任江西廉访使，发粟赈民。刘时中写了这个套数呈送给他。从题目看，这是一篇散曲形式的上书陈言。作品对高监司开仓济民歌功颂德是明显的，但它客观上真实地描写了灾民的悲惨遭遇，深刻反映了元代社会的黑暗现实。

全套共 15 支曲子。第一曲说明写作原由：因为时逢灾荒，生灵遭难，"谢恩光拯济皆无恙"，故而"编做本词儿唱"，这是总起。第二至第十一曲，具体写天灾人祸给百姓带来的深重苦难。天降旱魃，田野无收，物价高涨，民不聊生。灾民们吃尽野菜树皮，"一个个黄如经纸，一个个瘦似豺狼，填街卧巷"；他们贱卖了家业田庄，还鬻妻卖子，骨肉分离，"乳哺儿没人要，撇入长江"。曲中展现了一幅哀鸿遍野的饥民图，令人目不忍睹。而富人奸商无赖之徒，竟趁火打劫，雪上加霜：他们囤积居奇，谷米掺糠，克斤扣两，侵吞仓粮，化公为私，巧取豪夺；他们敲骨吸髓，不顾灾民死活，自己却纳宠妾，买人口，置田庄。作者对此给予愤怒谴责，深刻揭示了人民灾难的社会根源。像这样直接提出社会重大问题、抨击黑暗现实的作品，在元代文人散曲中是罕见的。后四曲是对高监司的称颂，称颂他"发政施仁"救民于水火。其中许多奉承话语有些过誉，但作者身为布衣而向显要进言，也许有其良苦用心。

本篇把呈文献词写入唱曲，议论时事，讽喻现实，扩大了散曲的题材范围，这是开创性的艺术尝试。全套以描述为主，穿插议论抒情，多用对比手法突出主题，句式对仗工巧，语言质朴通俗而富有感情色彩，这也是它的鲜明特色。

乔 吉 散 曲

乔吉（1280？—1345），一作乔吉甫，字梦符，号笙鹤翁，又号惺惺道人，太原（今山西太原）人，后流寓杭州。他一生潦倒，流转江湖40年，寄情诗酒，落拓不羁，自称是"不应举江湖状元，不思凡风月神仙"。著有杂剧11种，今存《两世姻缘》《扬州梦》等3种；尤以散曲著称，有《题西湖梧叶儿百篇》流行江湖，又有散曲集《天风》《环佩》《抚掌》，今俱不传。后人辑有《惺惺道人乐府》《文湖州集词》《乔梦符小令》3种。《全元散曲》收了他的小令209首，套数11套，多吟咏山水以及青楼调笑之作，也间有一些不满现实的作品，表现出江湖游子的情绪和消极厌世的思想。他重视技巧，讲究辞藻声律，少用衬字，风格典雅清丽，与张可久齐名。

双调·水仙子[(1)]
寻　梅

冬前冬后几村庄[(2)]，溪北溪南两履霜，树头树底孤山上[(3)]。冷风来何处香？忽相逢缟袂绡裳[(4)]。酒醒寒惊梦，笛凄春断肠。淡月昏黄[(5)]。

注释

（1）水仙子：〔双调〕的曲牌名。

（2）几村庄：意为走过好些村庄。

（3）孤山：在杭州西湖边，北宋诗人林逋隐居此处，植梅颇多。

（4）缟袂绡裳：指白梅花，其色素雅，如素服淡妆的女郎。缟袂，白绢做的衣袖。绡裳，薄绸做的裙子。

（5）淡月昏黄：林逋《山园小梅》有"疏影横斜水清浅，暗香浮动月黄昏"的诗句。

提示

这是一首托物寓意的咏梅曲。作品紧扣题目的"寻"字展开描写。头三句写寻梅的经过："冬前冬后几村庄"，点明寻的时令和地域，突出作者冒着风雪严寒到处寻梅的殷切心情；"溪北溪南两履霜"，写寻梅的艰苦，突出诗人踏破铁鞋执著追求的形象；"树头树底孤山上"，写寻梅的细心，暗寓作者追慕隐逸诗人林逋之意。此三句画面鲜明，从远到近，由面到点，展现了一轴踏雪寻梅图。三句中虽无一动词，却富有动感，并构成鼎足对，各句还分别用了当句对，形式工整，音调和谐。下二句"冷风来何处香？忽相逢缟袂绡裳"，写终于寻到梅花的情景，未见其形，先闻其香；然后正面写梅花"缟袂绡裳"的倩影，像素服淡妆的女郎那样亭亭玉立。这里用拟人手法刻画了梅花冰清玉洁的形象和高雅品格，形神兼备，惟妙惟肖。一个"忽"字表现出意外的惊喜，"相逢"一词，如见故人，大慰平生。最后三句写遇梅后的情怀：诗人高兴得醉卧梅下，如痴如梦，因寒而醒来，面对"淡月昏黄"的景象，听到阵阵凄怨的笛声，令人"断肠"惆怅。诗人苦苦寻到梅花，惊喜之余反生伤感，因为他从梦境中清醒过来，想到了自己的遭遇处境。他一生落魄，流转江湖，孤标傲世，不合流俗。那高洁绝俗的梅花正象征他的性格志趣，寄寓了他失意苦闷的心情。"酒醒""笛凄"二句属工对，情景交融。末句"淡月昏黄"，化用林逋"暗香浮动月黄昏"的诗句，以景结情，丰富了意境和韵味。这支小令以"寻"为线索，把叙事、写景、抒情融合起来，脉络清晰，层次分明。语言雅俗兼具：前半曲全用口语，明白如话；后半曲典雅含蓄，意在言外。全曲不用衬字，风格质朴而清丽，体现了乔吉散曲的主要特色。

双调·折桂令⁽¹⁾

荆 溪 即 事⁽²⁾

问荆溪溪上人家：为甚人家，不种梅花？老树支门，荒蒲绕岸，苦竹圈笆。寺无僧狐狸漾瓦⁽³⁾，官无事乌鼠当衙⁽⁴⁾。白水黄沙，倚遍阑干，数尽啼鸦。

注释

（1）折桂令：曲牌名。

（2）荆溪：水名，在江苏宜兴南。

（3）漾瓦：一作"弄瓦"。漾，抛摔。

（4）乌鼠当衙：让乌鸦老鼠在衙门里当了家。

提示

这是一首即事生议、抒发感慨、讽刺现实的小令。荆溪，是流经江苏宜兴的河流，地处太湖平原。这一带本是风景秀丽的鱼米之乡，而作品中展现的却是一片荒凉的景象。小令劈头以提问开篇：为何溪上人家不种梅花？意为这美丽富饶地方的人家本该种梅养花的，可是看到的竟是"老树支门，荒蒲绕岸，苦竹圈笆"，突出了江南农村满目萧条、百姓贫苦的景况。这是怎样造成的呢？下面两句做了回答："寺无僧狐狸漾瓦，官无事乌鼠当衙。"意为正如庙里的和尚都跑光了，任由狐狸摔瓦作祟、胡作非为一样，衙门官员无所事事，只管享乐，让"乌鼠"当衙，弄得政乱法败。这两句是全曲的意旨所在，回答了前面提出的问题，也表达了作者对黑暗现实的不满情绪。末三句又回到写景上来："白水黄沙，倚遍阑干，数尽啼鸦。"这是借观景抒感慨。作者倚遍阑干看到的景物也只不过是茫茫一片"白水黄沙"，空中几只乌鸦盘旋，时而发出哀鸣。这凄凉的景象照应了前文，寄寓了作者满腹愁苦的情怀。这支曲子反映了在当时贵族酷政统治下民生凋敝的社会现实，抨击和讽刺了吏治的腐败黑暗，说明乔吉这位"江湖醉仙"对现实的认识有时也是清醒的。小令语言通俗生动，写景、抒情、议论紧密结合又层次分明，感情强烈，讽刺辛辣，风格质朴自然，具有雅俗共赏的艺术效果。

张可久散曲

张可久，字小山，一说名伯元，字可久，号小山。庆元（今属浙江宁波）人，生卒年不详，大约与乔吉同时。《录鬼簿》说他"以路吏转升首领官"。晚年久居杭州，放情山水。他是元散曲后期的重要作家，尤长于小令创作，有《苏堤渔唱》《小山北曲联乐府》等散曲集。他的作品收入《全元散曲》的有小令850余首，套数9套，数量之多，为元人第一。作品题材多是吟咏山水，抒写个人情怀；注重形式格律，善于融化诗词的丽词雅句，风格典雅清丽，与乔吉并称"张乔"。

中吕·普天乐（1）

西湖即事

蕊珠宫（2），蓬莱洞（3），青松影里，红藕香中。千机云锦重（4），一片银河冻。缥缈佳人双飞凤，紫箫寒月满长空⁽⁵⁾。阑干晚风，菱歌上下，渔火西东。

注释

（1）普天乐：曲牌名。

（2）蕊珠宫：道教传说中的仙宫。

（3）蓬莱洞：即蓬莱洞天。蓬莱，神话传说中的海上仙山。

（4）"千机"句：写傍晚空中彩霞映在湖面，犹如仙女们用千张织机织出的云锦。

（5）"缥缈"二句：写月夜湖上听悠扬的箫声而引起的幻想，仿佛觉得那是骑着彩凤的仙女在茫茫的太空中吹奏出来的乐音。缥缈，隐隐约约的样子。

提示

这支小令是作者漫游西湖时的即兴之作。从曲中的"藕香""菱歌"等词语看，时令当在夏秋之间。作品从多角度描写了月夜西湖的美景，在众多吟咏西湖的诗词曲赋中独具一格。头四句以神仙洞府作喻，说西湖简直是"青松影里"的"蕊珠宫"，"红藕香中"的"蓬莱洞"，无论岸上还是湖里都像仙境般美丽，把现实环境与幻想仙界融合起来，美妙而神秘。这四句是总写，总中有分。中间四句具体描绘这仙境的美妙："千机"两句，写空中的彩云像是仙女用千张织机编织的锦绣，绚丽多姿；月下的湖水就像清冷的银河，莹洁透明。湖光云影，银河月色，上下辉映，色彩斑斓。"缥缈"二句，写月夜传来悠扬的箫声，恍如仙女乘鸾遨游，箫声融合着清冷的月光弥漫在茫茫的夜空，实际上这是渲染湖上游人的欢乐，是诗人为眼前美景陶醉而生的幻觉。最后三句笔锋转回到现实人间：诗人倚栏临风，耳边回荡着四面八方采菱女子的歌声，眼前闪烁着远远近近的渔家灯火，写得有声有色，境界壮阔。这支小令生动地描绘了西湖月夜清幽的美丽景色，虽纯写景物，但不难看出作者对官场厌倦，因而放情山水的心境。全曲层次分明而富于变化，有总有分，有虚有实，有远有近，有动有静；还把自然景色与人事活动结合起来，驰骋想象，天上人间，色彩飞动，充满了浪漫情调。曲词整饬优美，几乎全用对偶句式，流畅和谐，乐感强烈，典雅清丽，富有韵味。

中吕·红绣鞋

天台瀑布寺⁽¹⁾

绝顶峰攒雪剑⁽²⁾，悬崖水挂冰帘。倚树哀猿弄云尖⁽³⁾。血华啼杜宇⁽⁴⁾，阴洞吼飞廉⁽⁵⁾。比人心山未险！

注释

（1）天台：即天台山，在浙江天台北。

（2）攒雪剑：形容山峰峭拔、高寒，如同一排排雪亮的剑。攒，聚。

（3）弄：啼叫。

（4）血华啼杜宇：指杜鹃啼血。血华，血红色的花。

（5）飞廉：传说中的风神，又称"风伯"。这里指风。

提示

　　这首小令借写景以讽世情，别具一格。浙江天台是名山胜地，它以高峻峭拔、雄奇瑰丽著称于世，前人多有吟咏。张可久这支曲子则突出写一"险"字。前五句极写山之奇险。头二句，一句写山，一句写水，皆用比喻：以"攒雪剑"写天台峭拔耸立的群峰，如同一排排雪亮的利剑直插云天；以"挂冰帘"状悬崖瀑布，写其高寒险峻，冷气逼人。接着三句分别写天台山上各种奇异的景象：云端古树上猿猴声声哀啸，深山老林里杜鹃凄厉悲鸣，幽深洞穴中冷风狂怒吼叫，渲染了悲凉阴森的气氛，突出了山的冷峭险峻，读来令人胆战心寒，犹如李白《蜀道难》所写"使人听此凋朱颜"的景况。前五句浓墨重笔写山之险，似乎无以复加了，但末句笔锋陡然一转，"比人心山未险"，出人意料地拓开了一重境界，意谓世态人心比山更阴森险峻。南宋范成大的《四十八盘》诗中有"若将世路比山路，世路更多千万盘"的诗句，张可久这里化用过来针砭世情，言简意赅，发人深思。这是作者体验过世态炎凉、蒙受过欺诈凌辱的感受，表现了作者不满黑暗社会现实的愤激情绪。本篇写法上最突出的特色是采用比照的手法，前五句以山之险来衬托末句世情人心之险，末句才是全曲的主旨。前面写景，夸张渲染，篇末突发议论，猛然收结，仅用一句振起全篇，十分有力。

无名氏散曲

正宫·醉太平(1)

　　堂堂大元，奸佞专权，开河变钞祸根源(2)，惹红巾万千(3)。官法滥，刑法重，黎民怨；人吃人，钞买钞(4)，何曾见；贼做官，官做贼，混愚贤。哀哉可怜！

注释

（1）醉太平：曲牌名。

（2）开河变钞：开河，元顺帝至正十一年（1351），统治者征发民伕十五万，戍卒二万，治理黄河，官吏乘机搜刮钱粮。在当时暴政统治下的人民，平时被禁止聚集，这次开河便成为民众集会反抗的机会。白莲教首领韩山童、刘福通等乘机策动起义。变钞，元统治者滥发钞票，纸币不断贬值，于是又发新币，以旧换新，从中剥削人民，以致物价暴涨，民不聊生。

（3）红巾：元末刘福通、徐寿辉等领导的农民起义军，皆以红巾裹头，名为红巾军。

（4）钞买钞：即用旧币倒换新币，倒换时要贴工料费，故云"钞买钞"。

提示

这是一首猛烈抨击当时贵族黑暗统治的名曲，来自民间。陶宗仪《辍耕录》载："《醉太平》一阕，不知谁所造，自京师以至江南，人人能道之。"可见它流传之广，影响之大。

小令像一篇大义凛然的檄文，一条条历数统治者的罪状，揭露和控诉统治者对人民的残酷压迫剥削，锋芒毕露，具有强烈的战斗精神。首二句"堂堂大元，奸佞专权"，劈头直斥统治者，语含讥讽，"奸佞"一词是全曲之"眼"。接着对统治者的奸佞进行具体揭露：头两条罪状是"开河变钞"。开河，指统治者役使民伕修治黄河，借机搜刮民财，弄得民怨沸腾；变钞，即更换旧钞，统治者从中剥削，弄得物价暴涨，民不聊生。这是激起万千红巾军起义反抗的"祸根源"，一个"惹"字，说明起义是官逼民反，由奸佞酿成的。下面三句再从三方面进行具体揭露和抨击："官法滥，刑法重，黎民怨"，着眼于政治；"人吃人，钞买钞，何曾见"，着眼于经济；"贼做官，官做贼，混愚贤"，着眼于吏治人事。形象深刻地反映了当时贵族统治下苛政残暴、剥削惨重、官匪一家的黑暗现实。末句"哀哉可怜"，以深沉的感叹作结，表达了作者对人民苦难的深切同情。

这首小令最鲜明的特点是：揭露抨击大胆直露，情辞激越，一发无余；语言质朴通俗，犀利有力，运用了重叠对偶句式，整齐而有变化，三个对句中各自又有三个短句相对，急节促拍，有"大珠小珠落玉盘"之势，怒斥奸佞贪官污吏，痛快淋漓。

诗　　词

耶律楚材诗

　　耶律楚材（1190—1244），字晋卿，契丹族人，辽皇族子孙。他学识渊博，金宣宗迁都开封时，留在中都（今北京）任左右司员外郎。公元1215年蒙古军攻占中都，被成吉思汗召用，后随军万里西征长达七年。元太宗窝阔台时更受重用，官至中书令。他力主发展农业经济，保护汉族文化，任用汉族文士，在元朝统一全国、巩固政权的过程中起了重要的作用。他足迹万里，经历丰富，汉学深厚，写下了不少很有特色的边塞诗，对塞外的山川景物、风土人情作了生动的描绘。他的诗气势宏大，自然莹澈。有《湛然居士集》。

阴　　山[1]

　　八月阴山雪满沙[2]，清光凝目眩生花[3]。插天绝壁喷晴月[4]，擎海层峦吸翠霞[5]。松桧丛中疏畎亩[6]，藤萝深处有人家。横空千里雄西域，江左名山不足夸[7]。

注释

（1）阴山：指西域阴山，即今新疆境内的天山山脉，非指今内蒙古阴山。

（2）"八月"句：写阴山的大雪严寒。化用唐岑参《白雪歌送武判官归京》"胡天八月即飞雪"句意。

（3）"清光"句：意为日照沙原雪野的强烈反光使人晕眩，眼睛发花。清光，指耀眼的反光。凝目，原为目力集中之意，这里意为强光刺射使人睁不开眼。

（4）"插天"句：意为因高山绝壁直插云天，晴朗的夜月像在绝壁之上喷吐而出。

（5）擎海层峦：托举着云海的重重山峦。海，指云海。

（6）疏畎亩：即畎亩疏，意为散布在山林中的田地稀疏错落。畎（quǎn 犬）亩，田地。

（7）江左：泛指长江下游一带，又称江东。

提示

这首七律是作者随军西征途经阴山时所作。它描绘了阴山一带雄奇壮丽的景色，同时赞扬了开发边疆的各族人民的勤劳。全诗可分两层。前六句为第一层，写阴山的奇景。首句化用岑参诗句"胡天八月即飞雪"的句意，写阴山八月大雪纷飞覆盖了茫茫的沙原，突出西域的奇寒。第二句写日照沙原雪野强烈的反光使人目眩眼花，从人的感受角度突出西域地理环境的奇特。三、四句以"插天绝壁""擎海层峦"为喻，描绘阴山的雄峻壮阔以及"喷晴月""吸翠霞"的奇异景观。一句写夜晚之景，一句写白天之景。夜晚，由于阴山"插天"耸立，月轮半夜才骤然从山后出现，下一"喷"字，生动地描绘出一轮明月升腾而起、喷薄而出的景象和气势。早晨，朝阳初露之时，彩霞与云海交融，萦绕在层峦叠嶂之间，仿佛阴山张开大口吸纳云霞，下一"吸"字，展现了阴山上云霞吞吐、奔涌翻滚的壮丽景象。五、六二句由景及人，写松桧丛中竟然开垦了田地种植庄稼，藤萝深处竟有安居乐业的人家，赞扬了西域人民开发边疆的勤劳勇敢精神，把自然的奇景与人民创造的奇迹结合起来描写，洋溢着诗人惊喜钦佩之情。篇末二句是第二层，重在抒情，以江左名山作对比，对"横空千里"雄伟壮丽的阴山表达了无限赞叹和自豪的感情。全诗境界壮阔，气势磅礴，情调高亢，与前人笔下边塞的荒凉苦寒迥然不同，给人以一种全新的感受。

过夏国新安县⁽¹⁾

昔年今日渡松关⁽²⁾，车马崎岖行路难。瀚海潮喷千浪白⁽³⁾，天山风吼万林丹⁽⁴⁾。气当霜降十分爽，月比中秋一倍寒。回首三秋如一梦⁽⁵⁾，梦中不觉到新安。

注释

（1）过夏国新安县：原诗题后注："时丁亥九月望也。"丁亥即公元 1227 年。这年夏天，元灭西夏，七月，成吉思汗亦殁于军中。夏国，即西夏，为党项族拓跋氏所建，都兴庆府（今宁夏银川），据有今甘肃、宁夏及内蒙古的一部分，史称西夏。新安县，西夏地名，地点不详，非今河南新安。

（2）松关：作者自注："西域阴山有松关。"确切地址不详。

（3）"瀚海"句：写大漠的景象。瀚海，大沙漠。千浪白，喻大漠上沙丘起伏犹如波浪翻滚那样泛着白光。

（4）万林丹：意为每处丛林的树叶都呈现出红色。

（5）三秋：三年。

提示

这首七律作于元灭西夏和成吉思汗殁于军中那一年的阴历九月，当是作者有感而发的。诗人回忆三年前随军路过阴山松关的情景，再现了当年行军途中的景象和豪迈气概，同时流露了时过境迁、岁月易逝的伤感。前六句写的都是回忆之景。首联写"昔年今日"大军跨越松关时，道路崎岖，车马难行，让人联想到松关的险峻和将士跋涉的辛劳。但所见之景象却是十分壮观的。颔联出句"瀚海潮喷千浪白"，写大漠的奇观，以"千浪白"为喻，描写茫茫大漠沙丘起伏绵延，犹如大海波涛汹涌"卷起千堆雪"之壮阔景象，设喻新颖，一个"喷"字把静景写活，极具动态感。对句"天山风吼万林丹"，以拟人手法写天山林海的壮丽，用一"吼"字渲染了狂风的威猛气势，用一"丹"字描绘出"万林"的绚丽，有声有色。两句融情于景，烘托了成吉思汗铁骑的豪雄气概。颈联"气当霜降十分爽，月比中秋一倍寒"二句，写当年行军的感受，表达了诗人追随成吉思汗的自豪感。末联笔锋陡然转回现实，抒发感慨："回首三秋如一梦，梦中不觉到新安"，连用两个"梦"字，反映诗人对往昔经历的怀念，也流露了岁月易逝的感伤。全诗以"梦"字作为线索，绾结全篇，把叙事写景抒情融合起来，情调雄浑中略带苍凉。

刘　因　诗

刘因（1249—1293），原名骃，字梦骥，号静修，容城（今河北徐水）人。精研理学，有文名。元世祖至元十九年（1282），征召为承德郎、赞善大夫。不久以母病辞归。至元二十八年再召为集贤学士，坚辞不就。后卒于家。刘因虽不是南宋人，但其诗表现出浓重的遗民思想，伤时感世，比较关心民生疾苦，感情深沉，风格雄浑。有《静修集》。

白　沟（1）

宝符藏山自可攻，儿孙谁是出群雄（2）？幽燕不照中天月（3），丰沛空歌海内风（4）。赵普元无四方志（5），澶渊堪笑百年功（6）。白沟移向江淮去（7），止罪宣和恐未公（8）。

注释

（1）白沟：河名，在今河北，上游为拒马河。北宋时，宋辽以此河为界，亦称为界河。

（2）"宝符"二句：用赵简子"宝符藏山"的故事。《史记·赵世家》载：赵简子为使他的儿子懂得要继承事业必须据有代这块地方，"乃告诸子曰：'吾藏宝符于常山上，先得者赏。'诸子驰之常山上，求，无所得，毋邮还，曰：'已得符矣。'简子曰：'奏之。'毋邮曰：'从常山上临代，代可取也。'简子于是知毋邮果贤，乃废太子伯鲁，而以毋邮为太子。"这里借用该典故，意为宋太祖曾图谋收取幽燕之地，但他的儿孙有谁是出类拔萃有用的人呢？攻，攻取。出群雄，出类拔萃的英雄。

（3）"幽燕"句：用中天明月照不到幽燕，喻宋朝无力收复幽燕一带地方。幽燕，即燕云十六州，在今河北北部及辽宁、山西一部分，五代时为契丹割据，直到宋朝，仍为辽、金所占。

（4）"丰沛"句：汉高祖刘邦平定天下后，曾返故乡丰沛，置酒宴请父老，作《大风歌》："大风起兮云飞扬，威加海内兮归故乡，安得猛士兮守四方。"丰沛，指沛县丰邑。空，徒然。海内风，指《大风歌》。此句暗示宋太祖赵匡胤虽有刘邦那样统一天下的意愿，但其子孙不能继承遗志，故曰"空歌"。

（5）赵普：宋太祖、太宗两朝宰相。主张"安内虚外"，故云"元无四方志"。元，同"原"，本来。

（6）"澶渊"句：澶渊，古湖泊名，在今河南濮阳西南。宋真宗景德元年（1004），辽国萧太后与圣宗亲率大军南侵。宋宰相寇准力劝真宗亲征，战于澶渊，取得小胜。但真宗畏敌，反与辽讲和，订立澶渊之盟，每年给辽银十万两，绢二十万匹。澶渊和议维持了一百多年。

（7）"白沟"句：金灭辽后，于1127年破汴京，灭掉北宋。宋室南渡后，长江、淮河就成了宋金的国界。

（8）宣和：宋徽宗赵佶的年号，这里指宋徽宗。

提示

这首七律是作者路过白沟一带有感而发的。白沟原为宋辽边界，汉唐故地的燕云十六州被划为契丹的辖地，后来北宋被女真所灭，连白沟这个屈辱的边界也保不住，宋金的边界竟南移到江淮去了。诗人面对这个可悲现实，回顾历史，总结北宋灭亡的教训，抒发深沉的感慨。首联借赵简子"宝符藏山"的故事，感叹宋太祖后继无人。赵匡胤立国之初，虽无力全部收复汉唐故地，但曾有过积藏金帛以备将来攻取幽燕的谋划。从"宝符藏山自可攻"一句，可见诗人对宋太祖的远谋给予了肯定。但可惜宋太祖的儿孙太不争气，竟无一个能够继承其遗志。"谁是"一句的质问，表达了强烈不满。领联的出句以中天明月光照不到幽燕为喻，哀叹燕云大地与中原汉族王朝割离的现实，对句以汉高祖刘邦统一天下后返乡作《大风歌》的雄豪气概，反衬宋太祖意愿的落空，讥讽整个北宋王朝积弱不振，对宋太祖的"儿孙"作了有力鞭挞。颈联具体谴责北宋王朝一贯苟安屈辱的对外妥协政策。一句指责宰辅重臣赵普庸懦无能，鼠目寸光；一句抨击澶渊之盟的失策，贻害无穷，"堪笑百年功"是辛辣的反语讽刺。尾联揭示题旨，明确指出：导致"白沟移向江淮去"的可悲结局，仅仅归罪于宋徽宗昏庸腐败是不够全面中肯的，冰冻三尺，非一日之寒，北宋历代君臣推行苟安妥协的政策早已种下了亡国的祸根。这一论断表现了诗人对历史有着深刻的认识。全诗即景抒情，因事生议，咏史论理，见解精辟，别具一格；又把叙事与议论、抒情融合起来，加上恰切用典，蕴涵丰富，意味深长。

秋　莲

瘦影亭亭不自容⁽¹⁾，淡香杳杳欲谁通⁽²⁾？不堪翠减红销际⁽³⁾，更在江清月冷中。拟欲青房全晚节⁽⁴⁾，岂知白露已秋风。盛衰老眼依然在，莫放扁舟酒易空⁽⁵⁾。

注释

（1）不自容：形容秋莲瘦弱不能自持。

（2）"淡香"句：意为秋莲淡淡的清香飘得很远，希望能有人理解。杳杳，深远的样子。

（3）翠减红销：指秋莲叶败花谢。

（4）青房：指莲蓬。

（5）"盛衰"二句：意为盛衰变化在我老眼中依然是看得清楚的，还是不要让小船上的酒杯空着吧。莫放，不要让，莫使。

提示

这首七律是托物寄意之作。诗人生于蒙古军灭金之后的 1249 年，其时南宋政权已处在风雨飘摇之中。1279 年，元军终于灭掉南宋。刘因虽非南宋人，却具有浓重的遗民思想。他在蒙古贵族的野蛮统治下深深眷恋汉人统治的宋朝，怀有强烈的民族感情。宋亡后他一度被迫仕元，任赞善大夫之职，虽然不久借口母病辞归，但始终悔恨自己的失节。这首诗就是借咏秋莲来写自己无可奈何的处境和难全晚节的悔恨。首联紧扣秋莲的特征，描绘其"瘦影亭亭""淡香杳杳"的形态和品性，并以拟人手法对秋莲注入主观感情，表达了"不自容""欲谁通"的惶愧不安无人理解的心情。颔联二句写秋莲"翠减红销"的衰败和"江清月冷"的寂寞处境，表达了作者仕元后极度沉重的心情。颈联二句写秋莲遭遇白露秋风的侵袭，难全晚节，隐喻自己身不由己的处境，和悲恨交加的心情。末联二句，诗人面对盛衰剧变的现实，发出绝望的呼喊：只能扁舟载酒举杯消愁而已，情调哀婉凄楚。全诗以秋莲自喻，处处将秋莲的遭遇与自己的遭遇联系起来，表现了诗人对亡国的哀痛和抑郁苦闷的心情。全诗用象征比喻手法，形象生动，意境鲜明，含蓄委婉，寄寓深沉。

赵 孟 頫 诗

　　赵孟頫（1254—1322），字子昂，号松雪道人，湖州（今浙江湖州）人，本为南宋宗室，宋亡而仕元，官至翰林学士承旨，颇为当时遗民轻视。他工诗能文，尤善书画，对后世影响颇大。诗中常常流露忏悔自责之情和故国之思。著有《松雪斋集》。

岳 鄂 王 墓[(1)]

　　鄂王坟上草离离[(2)]，秋日荒凉石兽危[(3)]。南渡君臣轻社稷[(4)]，中原父老望旌旗[(5)]。英雄已死嗟何及[(6)]，天下中分遂不支[(7)]。莫向西湖歌此曲，水光山色不胜悲。

注释

（1）岳鄂王墓：即岳飞墓，在杭州西湖边栖霞岭下。岳飞于绍兴十一年（1142）被权奸秦桧等阴谋杀害，宁宗时追封为鄂王。

（2）离离：野草茂盛的样子。

（3）石兽危：石兽庄严屹立。石兽，指墓前的石马之类。危，高耸屹立的样子。

（4）社稷：指国家。社，土地神；稷，谷神。

（5）望旌旗：意为盼望南宋大军到来。旌旗，代指军队。

（6）嗟何及：后悔叹息已来不及了。

（7）"天下"句：意为从此国家被分割为南北两半，而南宋的半壁江山也不能支持，终于灭亡。

提示

　　这首七律通过凭吊岳飞墓，表达了作者对抗金英雄被害屈死的叹息和哀悼，谴责南宋君臣苟安误国，流露了深沉的故国之思。首联描写岳坟凄凉的景象：坟上丛生的杂草在秋风中摇曳，墓前的石兽静默端立。以景托情，蕴含着无限沉痛哀悼之情。颔联主要是议论，直斥"南渡君臣轻社稷"，把国家灾难和人民死活置诸脑后，致使中原百姓生活在水深火热之中，切盼南宋军队恢复中原的愿望也落空了。一个"轻"字，谴责了南宋君臣苟安妥协的罪过；一个"望"字,反映了沦陷区人民的困苦处境和渴望被解救的焦灼心情。一"望"一"轻",对比鲜明。颈联哀叹抗金英雄无故被害,栋梁摧折,造成天下分割,南宋的半壁江山也保不住,落得个彻底破灭的结局。既表达了对岳飞屈死的痛惜,也流露了对南宋昏君奸臣的愤懑。尾联抒情,诗人面对国家破灭、山河变色的现实,感觉到西湖美丽的山水也只能引起自己的悲愁,融情入景,余韵无穷。全诗即景生情,咏史抒怀,议论感慨,一气呵成。语言不事雕饰,通俗自然,哀婉深沉,感情强烈,颇具感染力。

虞　集　诗

虞集(1272—1348),字伯生,号道园,祖籍蜀郡仁寿(今四川仁寿),后迁居崇仁(今江西崇仁)。曾任大都路儒学教授、翰林直学士兼国子祭酒等职,后以病辞归。他是元代中期颇负盛名的诗人,与杨载、范梈、揭傒斯并称为延祐四大家。但多数作品内容较空泛,多寄赠题咏之作。著有《道园学古录》等。

挽文山丞相⁽¹⁾

徒把金戈挽落晖⁽²⁾,南冠无奈北风吹⁽³⁾。子房本为韩仇出⁽⁴⁾,诸葛宁知汉祚移⁽⁵⁾。云暗鼎湖龙去远⁽⁶⁾,月明华表鹤归迟⁽⁷⁾。不须更上新亭望,大不如前洒泪时⁽⁸⁾。

注释

(1) 文山丞相:南宋末民族英雄文天祥,字宋瑞,号文山。德祐二年(1276)任右丞相。

(2) "徒把"句:据《淮南子·览冥训》载:鲁阳公与韩作酣战,日将暮,他以戈挥日,"日为之反三舍"(一舍三十里)。这句用以比喻文天祥极力挽救宋朝危亡,但南宋国运已如"落晖"那样不可挽回了。

(3) "南冠"句:意为文天祥被俘成了囚徒,对元军席卷天下之势已无可奈何。南冠,喻指囚犯。《左传·成公九年》:"晋侯观于军府,见钟仪,问之曰:'南冠而絷者,谁也?'有司对曰:'郑人所献楚囚也。'"北风吹,喻元军势大。

(4) 子房:汉开国功臣张良,字子房,本韩国人,五世相韩。秦灭韩后,张良谋划为韩报仇,后佐刘邦灭秦兴汉。这里用以比文天祥。

(5) "诸葛"句:诸葛,指诸葛亮。宁,岂。汉祚,汉朝的国运。移,转移。此句以诸葛亮喻文天祥。

(6) "云暗"句:据《史记·封禅书》载:黄帝铸鼎于荆山下,鼎成,有龙垂须下迎,黄帝乘龙飞去。后人遂称其处为鼎湖，以"鼎湖龙去"代称皇帝之死。这里隐指南宋最后一个皇帝赵昺之死。宋兵败，赵昺逃海上，元军追击，陆秀夫背负赵昺投海而死，南宋遂亡。

(7)"月明"句：据《搜神记》载：丁令威本辽东人，学道于灵虚山，后化鹤归辽，集于城门华表柱。一少年挽弓欲射，鹤徘徊空中而叹曰："有鸟有鸟丁令威，去家千里今始归，城郭如故人民非。"这里暗指文天祥就义。华表，立在宫殿、城垣、坟墓前的石柱。鹤归迟，言其魂魄难归。

(8)"不须"二句：新亭，故址在今南京南。据《世说新语》载：东晋初，从北边南逃过江的一些名士常在新亭聚会宴饮。一次周颛席间哀叹："风景不殊，正自有河山之异。"众人皆相视流泪。只有王导严肃地说："当共戮力王室，克复神州，何至作楚囚相对！"这里是说，南宋已亡，而今局势比偏安于江南一隅的东晋也大不如了。

提示

这首诗借咏文天祥抗元失败之事，表达了诗人对文天祥忠贞气节的敬仰，对他抗元失败的惋惜，抒发了深沉的故国之思和亡国之痛。首联出句反用鲁阳公金戈挽日之典，喻文天祥回天无力。对句用"南冠"楚囚之典，喻文天祥无法抵御元军像"北风吹"那样的狂飙之势，自己也不幸被俘，既有由衷的崇敬，又含无限的痛惜。颔联二句进一步发挥上联之意，用张良为韩复仇、诸葛亮匡扶汉室的故事，赞颂文天祥的高风亮节，他虽"出师未捷身先死"，但其鞠躬尽瘁的精神也和张良、诸葛亮一样，永照汗青。颈联是深沉的感叹：出句以"鼎湖龙去"之典喻南宋的灭亡，一个"远"字表达了作者对宋室故国的沉痛眷恋；对句用丁令威化鹤魂归之典，暗喻文天祥被杀殉国，但其耿耿忠心死而未已。"云暗""月明"两词，迷离恍惚，气氛凄凉，流露了极度悲怆的情怀。末联二句议论抒情，用"新亭对泣"的典故，表达作者对亡国的哀痛。结句的寓意比原典更进一层：作者认为宋室半壁江山早已灭亡，不复存在，比东晋士人"新亭对泣"的景象更为凄惨，表现了绝望的心情。全诗几乎句句用典，正用反用皆恰切妥帖，诗意蕴涵丰富，充溢着悲凉的气氛和哀婉的情调，突出了主题。"落晖""南冠""北风"等比喻，生动形象，也增强了诗的表现力。

揭 傒 斯 诗

揭傒斯（1274—1344），字曼硕，龙兴富州（今江西丰城）人，官至翰林侍讲学士，曾参加修撰辽、金、宋三史。写诗宗唐，与虞集、杨载、范梈齐名，称为延祐四大家，诗风通俗清新，间有一些反映民生疾苦之作。有《揭文安公全集》。

渔　父

　　夫前撒网如飞轮，妇后摇橹青衣裙。全家托命烟波里，扁舟为屋鸥为邻。生男已解安贫贱⁽¹⁾，生女已得供炊爨⁽²⁾。天生网罟作田园⁽³⁾，不教衣食看人面。男大还娶渔家女，女大还作渔家妇。朝朝骨肉在眼前，年年生计大江边⁽⁴⁾。更愿官中减征赋，有钱沽酒供醉眠。虽无馀羡无不足⁽⁵⁾，何用世上千钟禄⁽⁶⁾。

注释

（1）解：理解，懂得。

（2）炊爨（cuàn 窜）：烧火做饭。

（3）罟（gǔ 古）：网。

（4）生计：谋生。

（5）馀羡：剩余。

（6）千钟禄：高俸禄。钟，量器。古代六石四斗为一钟。

提示

　　这首古体诗以民歌的形式，描述了渔民的生活和愿望，寄寓了作者的思想志趣。开篇四句描绘了一家渔民在江湖中驾舟打鱼的图景：一叶扁舟在风浪中出没，丈夫在船头寻觅到鱼踪，迅即把网撒入水中，船尾上穿着青衣裙的渔妇轻摇橹桨紧相配合。画面生动真切。他们过着"扁舟为屋鸥为邻"的孤寂生活，而且还得冒着"全家托命烟波里"的危险，反映出渔家劳动的艰辛和生活的清贫。接着十句边叙边议，写渔民对这种生活的态度和愿望：他们"年年生计大江边"，生儿育女，世代相继，自食其力，虽然出入风波，辛劳贫苦，但"不教衣食看人面"，不用看人脸色过日子，并以"朝朝骨肉在眼前"而自慰，免受亲人离别之苦，如果官府能减收征赋，兴许还可以买酒"供醉眠"呢。这种"托命烟波"以求生存的状态反映了生活在黑暗社会中的人民渴求安居乐业的殷切心情。显然这些描写注入了作者强烈的主观感情，也反映了受到统治阶级沉重压迫的诗人对自由生活的向往。篇末二句："虽无馀羡无不足，何用世上千钟禄"，这是诗人对渔家生活带有苦涩的赞美，也表达了对官场的厌恶。全诗多用口语，质朴通俗，明白如话，且把描述和议论结合起来，在叙议中抒情，可以看出诗人明显受到白居易新乐府诗风的影响。《四库提要》认为该诗："寄托自深，非嫣红姹紫徒矜姿媚者可比也。"

马 祖 常 诗

马祖常（1279—1338），字伯庸，天山（今属新疆）雍古部人。高祖锡里吉思金末为凤翔兵马判官，其子孙遂以官名中的"马"字为姓。曾祖随元世祖南征，至其父任漳州同知时，始移家于光州定城（今河南潢川）。马祖常聪颖好学，仁宗延祐二年（1315）恢复科举，他连取乡试、会试第一，廷试第二，历任翰林待制、礼部尚书、御史中丞等职。由于弹劾首相铁木迭儿，曾一度降职，后以病辞归。诗文皆享盛名，反映社会生活面较广，颇多关心民生疾苦之作，平易朴实，笔力遒劲。他曾多次奉命到过上都和西北边陲，写下不少富有民族特色和地方色彩的边塞诗，清新别致，极具生活气息。有《石田集》。

石 田 山 居⁽¹⁾
其 一

甲子人愁雨⁽²⁾，河田麦已丹⁽³⁾。岁凶捐瘠众⁽⁴⁾，天远祷祠难⁽⁵⁾。贾客还沽酒⁽⁶⁾，王孙自饱餐⁽⁷⁾。更怜黧面黑⁽⁸⁾，征戍出桑干。⁽⁹⁾

注释

(1) 石田山居：作者在光州故乡的居所。《石田山居》共八首，这首原列第一。

(2) 甲子：指元泰定元年（1324）。据《元史·泰定帝纪》载，此岁各地雨多伤稼。

(3) "河田"句：意为河边低洼田的麦子因久雨浸泡已霉烂发红了。

(4) 捐瘠：指死亡的人。语出《汉书·食货志》："故尧禹有九年之水，汤有七年之旱，而国亡捐瘠者，以畜积多而备先具也。"孟康注："肉腐为瘠；捐，骨不埋者。"

(5) 祷祠：向神灵祈祷，这里意为灾民求告无门只好祈祷神灵消除灾难，但难以摆脱困境，因为上天离他们太远了。

(6) 贾客：商人。

(7) 王孙：指贵族子弟。

(8) 黧面黑：即面目黧黑，指农民。黧（lí），黑中带黄的颜色。

(9) 桑干：河名，由今山西北部流入河北西部，即永定河的上游。

提示

这首五律通过凶年荒岁农民惨遭灾难，而富人却安然享乐两种不同景况的对比，揭示了当时严重的阶级对立状况，表现了诗人对社会黑暗现实的不满和对人民苦难的同情。首联先揭示灾情的严重：久雨成灾，致使河田的麦子在水中浸泡发红霉烂了。颔联写农民遭此天灾的悲惨境遇：一个"众"字，说明到处可见"途有饿莩"的惨相；"天远祷祠难"，描写了灾民求告无门，呼天不应、叫地不灵的困苦处境，从一个侧面反映了官府置人民死活于不顾，谴责之意隐寓其中。颈联写贾客王孙们仍然过着花天酒地的生活，他们"沽酒""饱餐"，纵情享乐，与灾民之苦难形成鲜明对比，从而揭露了社会的不公平。尾联又递进一层，写农民遭逢天灾，许多人饥饿致死，幸存者也个个形容枯槁，面目黧黑，本已凄惨不堪，但还要被官府驱使离乡别井远戍边地。全诗采用鲜明的对比手法，深刻地反映了社会现实的悲惨，感情强烈，语言质朴，辞意深厚，颇近汉魏五言诗风。

灵　　州⁽¹⁾

　　乍入西河地，归心见梦余⁽²⁾。葡萄怜美酒，苜蓿趁田居⁽³⁾。少妇能骑马，高年未识书。清明重农谷，稍稍把犁锄。

注释

（1）灵州：即今宁夏灵武。

（2）"乍入"二句：意为一进入西河这带地方，连做梦都想到回故乡。作者祖居天山，故云。乍，刚。西河，古称西部地区南北流向的黄河为西河。归心，回家的念头。

（3）苜蓿：植物名，豆科，人畜皆可食用。趁田居：只要有田地的地方，它都可随处生长。趁，乘便。

提示

　　这首五律是作者"问俗西夏国，驿过流沙地"途经灵州所作。首联写他"乍入西河地"就想到故乡，这里的一切都使他感到亲切。颔联便选两种最具地方特色的物产来写：一是"葡萄怜美酒"，着一"怜"字，说明这里盛产的葡萄酿出的美酒香甜可口，人人喜爱；二是"苜蓿趁田居"，使人想到当地畜牧业的发达。颈联转写当地人们善骑射而不尚诗书的特点，由"少妇能骑马"可想而知男儿的强悍善骑，从"高年未识书"则可推知人们从小便养成粗犷勇武的性格。这首诗民族特色和地方色彩都鲜明突出，新颖生动，语言通俗，手法简练，发人联想。

河湟书事⁽¹⁾〔之二〕

　　波斯老贾度流沙，夜听驼铃识途赊⁽²⁾。采玉河边青石子，收来东国易桑麻。

注释

（1）河湟：甘肃、青海境内黄河、湟水两河流域一带。书事：记事。

（2）"波斯"二句：意为波斯老商人穿越茫茫戈壁，即使晚上凭着驼铃声也能辨别远途的方向。波斯，今伊朗。赊，遥远。

提示

这首绝句写波斯商人来华贸易的情况。前二句写他们穿越戈壁大漠的艰辛经历，突出其经验和胆识；后二句写他们以波斯的玉石来换取我国的丝麻织品，突出其精明能干。此诗全用白描，清新别致，反映了元代丝绸之路的兴旺景象，在元代诗坛上具有特殊意义。

杨 维 桢 诗

杨维桢（1296—1370），字廉夫，号铁崖，别号铁笛道人。诸暨（今浙江诸暨）人，与王冕同乡。泰定四年（1327）中进士，官至建德路总管府推官，关心民生疾苦。诗学李贺，驰骋异想，号称"铁崖体"，但常流于奇诡怪僻。其乐府诗揭露了当时社会的黑暗，反映了民生的疾苦。其竹枝词则有民歌风味。有《铁崖古乐府》《东维子集》。

题苏武牧羊图[1]

未入麒麟阁[2]，时时望帝乡[3]。寄书元有雁[4]，食雪不离羊[5]。旄尽风霜节[6]，心悬日月光。李陵何以别，涕泪满河梁[7]。

注释

（1）苏武牧羊：西汉武帝时，苏武出使匈奴被扣留19年，匈奴欲迫使苏武投降，苏武凛然不可犯。匈奴把他押至北海（今西伯利亚的贝加尔湖）牧羊，声言公羊产子才得归（事见《汉书·李广苏建传》）。

（2）麒麟阁：汉宣帝甘露三年（前51）建麒麟阁，画功臣11人于其上，以表彰其功。第11人为苏武。

（3）帝乡：指汉朝廷。

（4）寄书元有雁：汉昭帝时，匈奴与汉和亲，汉求苏武等，匈奴诈言苏武已死。后同苏武一起出使匈奴的常惠对汉使说明真情，并教使者对匈奴说："天子射上林中，得雁，足有系帛书，言武等在某泽中。"匈奴不得不放苏武归汉。元，通"原"。

（5）食雪不离羊：《汉书·李广苏建传》载：匈奴曾幽禁苏武于大窖中，不给饮食。"天雨雪，武卧啮雪与旃毛并咽之，数日不死。"

（6）旄尽：《汉书·李广苏建传》载，苏武"杖汉节牧羊。卧起操持，节旄尽落"。旄（máo 毛），装饰在节杖上的牦牛尾。

（7）"李陵"二句：意为投降匈奴的李陵送苏武归国时，羞愧得涕泪交流。李陵，汉武帝时名将，领兵五千北击匈奴，矢尽无援，被俘投降，心实怀恋故国。苏武归汉时，李陵曾置酒送别。又见《文选》李陵诗："携手上河梁，游子暮何之。"河梁，桥，代指送别的地方。

提示

这是一首题画诗。《苏武牧羊图》画的是苏武被匈奴扣留在北海持节牧羊的情景。作者观图而动情，欣然命笔题写了这首五律。诗中通过联想，叙写苏武羁留匈奴 19 年，身处绝境而坚持节操的感人事迹，热烈歌颂了苏武威武不屈、贫贱不移的崇高民族气节和爱国精神。首联写苏武虽被远放北海荒无人烟之处，漫漫岁月，孤苦无依，却每时每刻都心怀故国，一个"望"字，表现怀念之深切。颔联写苏武食雪咽毛的艰苦生活，以突出其志节的坚贞。"寄书元有雁"，把"雁足传书"的传说当成真事描写，意在说明苏武在任何困境中始终都是心系汉朝的。颈联正面颂扬苏武的高风亮节，以"旄尽"作映衬，以"日月"作比喻，表达了作者无限崇敬的心情。尾联以李陵变节羞愧悔恨作对比，进一步突出苏武的赤胆忠心，反衬出苏武爱国精神的崇高伟大。全诗通过丰富的联想，并选取典型事例加以生动描写，揭示了原画深厚的意蕴，使之得到高度的升华。语言朴实自然，感情真挚深沉，情调慷慨悲壮。联系当时的社会现实，本诗寄寓了强烈的民族感情，含有明显的褒贬之意。

萨都剌诗、词

萨都剌（约 1300—1348），字天锡，号直斋。先世为回族人（一说是蒙古族人），祖辈跟从元世祖征战，以军功镇守晋北一带，家居雁门（古称代州，在今山西代县）。萨都剌于泰定四年（1327）中进士，先后任御史、闽海宪司知事、燕南宪司经历等职。他诗词皆工，作品题材广泛，有不少反映现实和讴歌河山的作品。他的诗长于抒情，风格多样，具有浓厚的民族特色。有《雁门集》。

上京即事（1）
其　八

牛羊散漫落日下（2），野草生香乳酪甜（3）。卷地朔风沙似雪（4），家家行帐下毡帘⁽⁵⁾。

其　九

　　紫塞风高弓力强⁽⁶⁾，王孙走马猎沙场。呼鹰腰箭归来晚⁽⁷⁾，马上倒悬双白狼。

注释

（1）上京即事：一作"上京杂韵"，此题共十首，这里选第八、九两首。上京，即元朝的上都，故址在今内蒙古正蓝旗境内，与大都并称为两都。

（2）"牛羊"句：意思是夕阳西沉之时，各处放牧的牛羊纷纷归来了。《诗经·君子于役》有"日之夕矣，牛羊下来"之句。

（3）乳酪：一种奶制品，用牛、羊、马的奶炼制而成。

（4）朔风：北风。

（5）行帐：帐幕。

（6）紫塞：指长城。见崔豹《古今注·都邑》："秦筑长城，土色皆紫，汉塞亦然，故称紫塞焉。"

（7）腰箭：腰中悬挂着弓箭。腰，作动词。

提示

　　萨都剌的组诗《上京即事》从几个侧面描绘了北国草原的风光景色和蒙古族人民的生活习俗。这里选的两首绝句，给我们展现了两幅生动的富有地方特色的风景画和富有民族风情的风俗画。

　　第一首写草原晚景。首句写广阔的大草原上，红日西沉，放牧的牛羊从四面八方缓缓归来了。以"落日"映衬草原的壮阔绚丽，以"散漫"写牛羊的悠然自在，显示了大草原的恬静。第二句写放牧归来的牧民，闻着野草散发的芳香，一回到蒙古包里就享用着香甜的乳酪，表现了他们生活的温馨甜美。三、四句笔锋一转，写入夜的草原，骤然间朔风卷起，飞沙似雪，一座座帐篷放下厚厚的毡帘，反映了北国草原气候的变幻无常。寥寥数语，生动地展现了草原特有的景象和牧民的习俗，充满了生活气息。

　　第二首写"王孙"射猎的情景。一、二句写射猎的场面，以"风高"衬"弓力"，用"走马"托雄姿，突出了蒙古族青年猎手剽悍英武的形象。三、四句写傍晚猎罢归来的场面，先写猎手们"呼鹰腰箭"，喜气洋洋，气氛欢快而热烈；然后结句以"马上倒悬双白狼"这个生动的特写镜头，点出射猎丰收，以结果写原因，让人联想到蒙古族人民高超的骑射技艺和强悍乐观的性格，画龙点睛，使整篇诗意神采飞动。

两首诗都采用了白描手法，笔法娴熟，描写生动而富于变化，语言简练而富于表现力，显示了诗人深厚的创作功力。

早发黄河即事

晨发大河上⁽¹⁾，曙色满船头。依依树林出⁽²⁾，惨惨烟雾收⁽³⁾。村墟杂鸡犬⁽⁴⁾，门巷出羊牛。炊烟绕茅屋，秋稻上陇丘⁽⁵⁾。尝新未及试，官租急征求⁽⁶⁾。两河水平堤⁽⁷⁾，夜有盗贼忧⁽⁸⁾。长安里中儿⁽⁹⁾，生长不识愁。朝驰五花马⁽¹⁰⁾，暮脱千金裘⁽¹¹⁾。斗鸡五坊市⁽¹²⁾，酣歌最高楼。绣被夜中酒，玉人坐更筹⁽¹³⁾。岂知农家子，力穑望有秋⁽¹⁴⁾。裋褐常不完，粝食常不周⁽¹⁵⁾。丑妇有子女⁽¹⁶⁾，鸣机事耕畴⁽¹⁷⁾。上以充国税，下以祀松楸⁽¹⁸⁾。去年筑河防，驱夫如驱囚。人家废耕织，嗷嗷齐东州⁽¹⁹⁾。饥饿半欲死⁽²⁰⁾，驱之长河流。河源天上来，趋下性所由⁽²¹⁾。古人有善备，鄙夫无良谋⁽²²⁾。我歌两河曲，庶达公与侯⁽²³⁾。凄风振枯槁⁽²⁴⁾，短发凉飕飕。

注释

（1）大河：指黄河。

（2）依依树林出：意为树林隐约可见。依依，隐约可辨的样子。

（3）惨惨：昏暗的样子。

（4）村墟：村落、村庄。

（5）秋稻上陇丘：意为秋熟的稻子已收割了。陇丘，田埂。

（6）"尝新"二句：意为刚收获的粮食尚未到口，官府就紧急上门催租征税了。尝新，尝食新收获的粮食。

（7）两河水平堤：意为黄河水涨得与两边堤岸一般高。

（8）夜有盗贼忧：意为农民夜里还要担心盗贼来抢掠。

（9）长安里中儿：都市中的富豪子弟。长安，这里泛指大都市。

（10）五花马：毛色斑驳的名马。一说是把马鬃剪成五个花瓣的马。出自李白《将进酒》："五花马，千金裘，呼儿将出换美酒，与尔同销万古愁。"

（11）千金裘：指名贵的皮裘。

（12）五坊市：据《新唐书·百官志》："闲厩使押五坊，以供时狩：一曰雕坊，二曰鹘坊，三曰鹞坊，四曰鹰坊，五曰狗坊。"这里的五坊市借指都市中的游乐场所。

（13）"绣被"二句：意为富豪子弟酣歌纵酒后，醉卧绣被中，还有美人侍候到深夜。中酒，喝醉了酒。更筹，古代计时报更的竹签，这里指深夜。一说筹是饮酒的数码。

（14）力穑望有秋：意为辛勤努力耕作，希望秋天有个好收成。

（15）裋（shù 树）褐：粗布衣。不完：不完整。粝：糙米。不周：不完备、不遍及。

（16）丑妇：指服饰简陋，无暇梳妆打扮的贫妇，非指相貌丑陋。

（17）鸣机事耕畴：开机织布和从事田间耕种。

（18）祀松楸：指祭祖坟。松楸（qiū 秋），墓地上种的树木，代指坟墓。

（19）"人家"二句：意为庄户人家都被折腾得荒废了耕织，东边一带的州县到处是啼饥号寒的惨叫声。嗷嗷，众口哀号声。齐，遍及。

（20）饥饿半欲死：意为人民多半饿得要死了。

（21）趋下性所由：意为河水往低处流是水的本性所决定的。趋，趋向。

（22）"古人"二句：意为古人对河防曾有好的措施，当今的庸人却毫无办法。鄙夫，指当政的权贵。

（23）"我歌"二句：意为我唱这支《两河曲》，希望能使当政的大臣们听到。两河，即黄河。古黄河自今河南武涉东北流经山东西北角折北到河北沧州东北入海，成南北流向，与上游陕晋的北南流向正好相对，因称两河。

（24）振枯楂：摇动枯槁的树木。

提示

元代后期，朝政腐败，官贪吏酷，加上连年水旱灾害，民不聊生。顺帝至正年间又征发大量民伕治黄，官吏乘机敲诈，激起了农民起义。这首五言古体诗深刻反映了当时的现实，揭露了贫富悬殊极不公平的社会现实，对苦难的人民寄寓了深切的同情，对贵族富人的奢侈纵欲和吏治腐败进行了谴责。

全诗大体可分为三部分。第一部分即前 12 句，写作者"早发黄河"在船上所见沿岸村野的景象，概述两岸农民的处境。作者纵目四望，随着曙色渐明，两岸的树林村庄、茅屋炊烟、鸡犬牛羊及堆放田垄上新割下的秋稻，都历历可见。而这一切只是表面现象，农民的处境却是悲惨的：他们虽然秋收了，但"尝新未及试，官租急征求"，而且日夜受到水祸威胁和盗贼骚扰。这里概括了全篇的题旨。自"长安里中儿"以下 22 句是第二部分，具体描写贫富悬殊的两种截然不同的生活状况。有关富家子弟骄奢淫逸纵情声色的一段描写，是对比反衬之笔，以映照黄河两岸人民的悲苦命运。"农家子"一年到头辛勤"力耨"，却衣不蔽体，食不果腹，而统治者还要把"饥饿半欲死"的农民像驱赶囚犯那样赶去筑河防服役，弄得"人家废耕织，嗷嗷齐东州"，哀鸿遍野，惨不堪言。这是对黑暗不公的社会有力的控诉。后 8 句是第三部分，谴责当政者治河无能，并说明写作目的。篇末"凄风振枯楂，短发凉飕飕"二句，以景达情，感慨深沉，含不尽之意。作者写此诗"庶达公与侯"，反映了他思想的局限，但全诗针砭社会，抨击时政，不失为反映现实优秀篇章。写景、叙事、议论、抒情相结合，对比鲜明强烈，语言质朴古雅，通篇一韵到底，诗味浓烈，收到很好的艺术效果。

念 奴 娇⁽¹⁾

登 石 头 城⁽²⁾

石头城上，望天低吴楚，眼空无物⁽³⁾。指点六朝形胜地⁽⁴⁾，唯有青山如壁。蔽日旌旗，连云樯橹⁽⁵⁾，白骨纷如雪。一江南北，消磨多少豪杰。

寂寞避暑离宫⁽⁶⁾，东风辇路⁽⁷⁾，芳草年年发。落日无人松径里，鬼火高低明灭⁽⁸⁾。歌舞樽前，繁华镜里，暗换青青发⁽⁹⁾。伤心千古，秦淮一片明月⁽¹⁰⁾。

注释

（1）念奴娇：词牌名，另有〔百字令〕〔大江东去〕〔酹江月〕等名。

（2）登石头城：一本作"登石头城次东坡韵"，即步韵苏轼词《念奴娇·赤壁怀古》。石头城，南京别称之一。

（3）眼空无物：意为眼前一片空旷渺茫，看不到什么历史遗迹。

（4）指点：品评、议论。

（5）樯橹：一作"樯舻"，指代舰船。苏轼《念奴娇·赤壁怀古》有"樯橹灰飞烟灭"之句。

（6）离宫：即行宫。南宋王朝建都临安，曾在南京设置行宫。

（7）辇路：帝王车驾所经之路。

（8）鬼火：磷火。

（9）暗换青青发：黑鬓发不知不觉地变斑白了。暗，悄悄。换，改变。

（10）秦淮：指南京秦淮河。

提示

这是登临怀古之作。石头城，旧址在今南京市清凉山，地理优越，形势险要，东吴、东晋、宋、齐、梁、陈皆建都于此，素以繁华著称，亦为兵家争战之地。金、元以来，几经兵火战乱，景象已大非昔日。词人面对石头城的六朝遗迹，惊叹沧桑巨变，感时抚事，写下此词。

本篇为步韵之作，虽受苏词遣字用韵的限制，而作者却能另辟蹊径，创立新意，表现出灵活善变的高超技巧。上片侧重吊古，抨击历代统治者的争战杀伐。前5句先写登临所见之远景："石头城上，望天低吴楚"，视野十分开阔。开篇大处落笔，颇有苏词气概，但极目所见却是"眼空无物"，"唯有青山如壁"，一变苏词的雄奇壮丽为虚空寥落之景象，说明江山依旧而面貌全非，暗示昔日的繁华已荡然无存。接着是追怀古事："蔽日旌旗，连云樯橹"，这两句分别从苏轼《前赤壁赋》和《赤壁怀古》中化来，描绘了战争场面的壮阔，使人联想起赤壁鏖兵"灰飞烟灭"那震撼历史的一幕；但其意并非颂扬，而在揭露战争导致"白骨纷如雪"的残酷，继而发出"一江南北，消磨多少豪杰"的深沉感慨。这里用生动的史例和形象的语言揭示了使"六朝形胜地"变成"眼空无物"的原因。下片侧重伤今，转写石头城内的荒凉衰败。换头以"寂寞"领起，一连五句用对比映衬手法描绘了今昔巨变：昔日富丽堂皇的"避暑离宫"和鲜花夹道的"东风辇路"，如今却是野草丛生，荒径无人，鬼火明灭，一片幽暗阴森的景象。"歌舞樽前，繁华镜里，暗换青青发"三句，由对历史的感慨转入对人生的悲鸣，哀叹繁华易逝，人生易老，一切皆如过眼烟云，流露出失意的悲哀。篇中既有对历史上争权称霸者的讥刺，还有对现实竞逐繁华者的讽谕。篇末以"伤心千古"一句点明题旨，以"秦淮一片明月"收结全篇，意谓这亘古不变的秦淮明月，阅尽了人世沧桑，正是历史的见证。余韵无穷，发人深思。

全词怀古伤今，融古今盛衰变迁于生动的意象描绘之中；思绪驰骋于广阔的时空背景之上，境界开阔，寄兴高远；风格慷慨豪迈而又深沉悲凉；笔调流转酣畅，潇洒自如，不愧为词史上怀古的名篇。

王 冕 诗

王冕（1300？—1359），字元章，号煮石山农，诸暨（今浙江诸暨）人，出身贫寒，幼年替人放牛，靠自学成才。性孤傲，鄙视权贵，应试不中之后漫游吴楚、大都等地，后携老母妻子隐居会稽九里山。诗画皆负盛名，尤善画梅。作诗不拘常法，语言质朴自然，寄意深远，著有《竹斋集》。

劲 草 行

中原地古多劲草，节如箭竹花如稻。白露洒叶珠离离(1)，十月霜风吹不到(2)。萋萋不到王孙门(3)，青青不盖谗佞坟(4)。游根直下土百尺，枯荣暗抱忠臣魂(5)。我问忠臣为何死，元是汉家不降士。白骨沉埋战血深，翠光潋滟腥风起(6)。山南雨晴蝴蝶飞，山北雨冷麒麟悲(7)。寸心摇摇为谁道，道旁可许愁人知？昨夜东风鸣羯鼓(8)，髑髅起作摇头舞。寸田尺宅且勿论(9)，金马铜驼泪如雨(10)。

注释

(1) 离离：形容露珠晶莹闪动的样子。

(2) 到：通"倒"。

(3) 萋萋：形容草茂盛的样子。

（4）谗佞坟：指奸臣的坟墓。

（5）"枯荣"句：意为劲草无论是枯黄还是繁茂都是萦绕护卫着忠魂的。荣，草木茂盛。

（6）激滟：本义为水波闪动的样子，这里用以形容鲜血的闪动。

（7）麒麟：指墓前的石麒麟。

（8）羯（jié竭）鼓：南北朝时从西域传入的一种打击乐器。此处指北方外族的军鼓。

（9）寸田尺宅：喻人的心房和面部，代指有感情的人。道家称心为心田。心处在胸中方寸之地，故称寸田；人的面部是眉目口鼻所在之处，故称尺宅。

（10）金马：汉未央宫前有铜马，故称金马门。铜驼：据《晋书·索靖传》载："靖有先识远量，知天下将乱，指洛阳宫门铜驼，叹曰：'会见汝在荆棘中耳！'"

提示

　　这首咏物诗用比兴手法，通过咏赞劲草的品性来歌颂"汉家不降士"的气节，表达作者对抗元捐躯的烈士的哀悼和崇敬，流露出强烈的民族感情。全诗可分为两个部分。前8句为第一部分，主要是赞扬劲草的品格。首句"中原地古多劲草"，着意点明"中原地古"，引人注目，我们民族世代生息繁衍的中原大地已处在异族统治者的铁蹄蹂躏之下了，但中原人民是不甘屈服的，"多劲草"就是人民刚劲坚强的象征。一句点题，统摄全篇。接着具体描写中原劲草的英姿、品格：它有"节如箭竹花如稻"的挺拔气概，有"白露洒叶珠离离"的蓬勃朝气，有"十月霜风吹不到"的坚忍顽强。五至八句以拟人手法，更突出赞美劲草那种"萋萋不到王孙门，青青不盖谗佞坟"，无论荣枯都紧抱忠魂的骨气和品格，揭示了劲草的深明大义和鲜明爱憎。第二部分是对壮烈战死的"汉家不降士"的沉痛哀悼和赞颂：先用一问一答的句式点明忠臣是因为不降而战死的，接着写眼前白骨沉埋、战血腥风的景象，使人联想到当初忠臣战死时的悲壮激烈。"山南""山北"两句以景抒情，表达对英雄战死的沉痛悲悼。然后作者提问，这汉家不降士的"寸心摇摇"，人们是否理解？"昨夜东风鸣羯鼓，髑髅起作摇头舞"，战死的英雄是"身首离兮心不惩"的啊！结句以夸张手法，写金马铜驼也要为这种"刑天舞干戚"至死不屈的精神而泪倾如雨，表达了诗人对汉家不降士的无限崇敬之情。全诗以劲草起兴，由物及人，以物喻人，陪衬烘托，寄寓深沉，语言平易朴实，感情激越，风格悲壮，于庄严哀婉中含有金刚怒目之气。

墨　　梅

　　我家洗砚池头树⁽¹⁾，个个花开淡墨痕⁽²⁾。不要人夸好颜色，只留清气满乾坤⁽³⁾。

注释

（1）洗砚池头树：指洗砚池边的梅树。洗砚池，书画家洗笔砚之处。晋代王羲之有"临池学书，池水尽黑"的传说。池头，一作"池边"。

（2）"个个"句：意谓朵朵开放的梅花都呈现出淡淡的墨痕。个个，一作"朵朵"。

（3）清气：清香之气。

提示

这是一首题画诗。王冕酷爱梅花，据传隐居九里山时曾绕屋植梅，他还工于画梅，并喜欢咏梅。这首诗就是为他自画墨梅的题咏之作。诗人借咏墨梅以表现他的人格和情操。前两句说明他所画所咏之梅就是生长在"我家"洗砚池边普普通通的梅树，并且特别强调他所画的梅花朵朵都是"淡墨痕"的，一个"淡"字，突出了他笔下梅花的素净雅洁，并无任何浓丽鲜艳的色彩，寄寓了诗人清白为人的品格和淡泊处世的态度。两句写得极其平淡朴实，但为下文述怀作了铺垫。后两句言志抒情，说明他所画的梅花并不企求人们夸赞它有好颜色，更不想以艳丽取媚于人，只是要让它的清香弥漫长留在宇宙人间，表达了诗人鄙视流俗、不求名利、不慕虚荣、贞洁自守的高尚情操。诗中墨梅的形象就是诗人品格个性的生动写照。全诗借物写人，托物寓意，句句都是口语，质朴自然，言淡而意浓，耐人寻味。

散　文

邓　牧　文

邓牧（1247—1306），字牧心，自称三教外人，钱塘（今浙江杭州）人。他出身贫寒，淡名利，喜游历，自说"余家世相传，不过书一束"。宋时不仕，入元后更拒绝征召，大德年间到余杭大涤山洞霄宫隐居。但他并非忘却世事，仍与谢翱、周密等有民族气节的人交往。在其著作中猛烈抨击封建专制统治，表现了对社会现实的不满，还提出了一些带有民主性的乌托邦式的社会理想，被认为是"异端"，对清初黄宗羲等思想家有着明显的影响。著有《伯牙琴》《洞霄图志》等。

君　道

古之有天下者，以为大不得已；而后世以为乐，此天下所以难有也。生民之初⁽¹⁾，固无乐乎为君，不幸为天下所归，不可得拒者，天下有求于我，我无求于天下也。

子不闻至德之世乎⁽²⁾？饭粝粱⁽³⁾，啜藜藿⁽⁴⁾，饮食未侈也⁽⁵⁾；夏葛衣⁽⁶⁾，冬麑裘⁽⁷⁾，衣服未备也；土垆三尺，茅茨不翦⁽⁸⁾，宫室未美也；为衢室之访⁽⁹⁾，为总章之听⁽¹⁰⁾，故曰"皇帝清问下民⁽¹¹⁾"，其分未严也⁽¹²⁾；尧让许由而许由逃⁽¹³⁾，舜让石户之农而石户之农入海⁽¹⁴⁾，终身不反⁽¹⁵⁾，其位未尊也。夫然，故天下乐戴而不厌，惟恐其一日释位而莫之肯继也⁽¹⁶⁾。

不幸而天下为秦，坏古封建⁽¹⁷⁾，六合为一⁽¹⁸⁾。头会箕敛⁽¹⁹⁾，竭天下之财以自奉⁽²⁰⁾，而君益贵；焚诗书，任法律⁽²¹⁾，筑长城万里，凡所以固位而养尊者，无所不至，而君益孤。惴惴然若匹夫怀一金⁽²²⁾，惧人之夺其后，亦已危矣！

天生民而立之君，非为君也；奈何以四海之广，足一夫之用邪⁽²³⁾？故凡为饮食之侈、衣服之备、宫室之美者，非尧舜也，秦也。为分而严、为位而尊者，非尧舜也，亦秦也。后世为君者歌功颂德，动称尧舜，而所以自为乃不过如秦，何哉？《书》曰："酣酒嗜音，峻宇雕墙，有一于此，未或不亡[24]。"彼所谓君者，非有四目两喙[25]，鳞头而羽臂也[26]；状貌咸与人同，则夫人固可为也。今夺人之所好，聚人之所争，慢藏诲盗，冶容诲淫[27]。欲长治久安，得乎？

夫乡师、里胥虽贱役[28]，亦所以长人也[29]；然天下未有乐为者，利不在焉故也。圣人不利天下[30]，亦若乡师、里胥然，独以位之不得人是惧，岂惧人夺其位哉！夫惧人夺其位者，甲兵弧矢以待盗贼，乱世之事也。恶有圣人在位，天下之人戴之如父母，而日以盗贼为忧，以甲兵弧矢自卫邪？故曰：欲为尧舜，莫若使天下无乐乎为君；欲为秦，莫若勿怪盗贼之争天下。

嘻，天下何常之有[31]？败则盗贼，成则帝王。若刘汉中[32]、李晋阳者[33]，乱世则治主，治世则乱民也。有国有家，不思所以捄之[34]，智鄙相笼[35]，强弱相陵[36]，天下之乱，何时而已乎[37]！

注释

（1）生民之初：远古出现人类的时候。

（2）至德之世：指传说中上古圣贤治世的时代。至德，最高尚的道德。

（3）饭粝粱：以粗糙的粮食为饭。饭，作动词。粝，粗米。

（4）啜（chuò 辍）藜藿：吃野菜。啜，尝、吃。藜，草名，俗名红心灰藋，初生可食。藿，豆叶，嫩时可食。

（5）未侈：指饮食不好。侈，奢侈、浪费。

（6）夏葛衣：夏天穿粗麻布衣。

（7）冬麑裘：冬天披麑皮，因上古还没有丝棉织品。

（8）茅茨不翦：语出《韩非子·五蠹》："尧之王天下也，茅茨不翦，采椽不斫；粝粢之食，藜藿之羹；冬日麑裘，夏日葛衣，虽监门之服养，不亏于此矣。"茅茨，茅草屋顶。翦，同"剪"，修剪整齐。

（9）衢室之访：语本《管子·桓公问》："尧有衢室之问者，下听于人也。"意思是天子筑室于衢，以听民言。衢，四通八达的路。

（10）总章之听：意为天子在明堂上听政。总章，明堂的西向三室，诸礼都在此举行。《吕氏春秋·孟秋》："天子居总章左个。"注："总章，西向堂也，西方总成万物而章明之也，故曰总章，左个，南头室也。"

（11）皇帝清问下民：语出《尚书·吕刑》。清问，清审详问。

（12）分未严：职分并不威严。

（13）许由：上古高士。相传尧让以天下，不受，隐耕于箕山下。尧又召为九州长，由不欲闻之，洗耳于颍水滨。（事见《庄子·逍遥游》、皇甫谧《高士传》等）。

（14）石户之农：相传与舜为友，舜以天下让之，石农于是带着妻儿逃到海上，终身不返。

（15）反：同"返"。

（16）"故天"二句：意为所以天下的人都乐意拥戴为君的人，只怕他一旦辞去君位而又没有谁去继任呢。释位，放弃君位。

（17）封建：指周代的分封制。周代帝王把爵位、土地赐给诸侯，在封定的区域内建立邦国。及秦兼并六国，统一境内，遂废封建而置郡县。

（18）六合为一："统一天下"的意思。六合，指天地四方。

（19）头会箕敛：按人头收谷，用箕收取之，意谓赋税苛重。亦作"头会箕赋"。

（20）自奉：供养自己。

（21）任法律：滥施刑法的意思。任，放纵、无限制。法律，古代多指刑法或各种律令。

（22）惴惴然：恐惧的样子。

（23）足：满足。

（24）"酗酒"四句：引自《尚书·五子之歌》。酗酒嗜音，原作"甘酒嗜音"，意谓纵情享乐。峻宇雕墙，意指高大豪华的居室。雕，原作"彤"，修饰的意思。

（25）喙：嘴。

（26）鳞头：指龙头。鳞，鱼龙类动物。羽臂：指翅膀。

（27）"慢藏"二句：语出《易·系辞上》。意为保管疏忽会招致盗贼，打扮妖艳则诱人犯淫。慢，轻忽。冶容，女子妖艳的打扮。诲，教诲，这里是"引诱"的意思。

（28）乡师、里胥：皆古代的乡吏。《周礼·地官》："乡师之职，各掌其所治乡之教而听其治。"里胥，县府派往地方管事的吏，有时亦指里正或泛指衙役。

（29）长（zhǎng 掌）人：管理人的人。

（30）不利天下：不能从天下得利。

（31）常：恒久。

（32）刘汉中：即汉高祖刘邦。《汉书·高帝记》载：项羽入关后自立为西楚霸王，"立沛公为汉王，王巴、蜀、汉中四十一县，都南郑"。南郑为汉中郡治，又称汉中，故称刘邦为刘汉中。

（33）李晋阳：指唐高祖李渊。隋末李渊为太原留守，乘各地农民起义之机，于 617 年与其子李世民在太原起兵，攻入长安，次年称帝，建立唐王朝。太原古称晋阳，故称李渊为李晋阳。

（34）捄：通"救"，"拯救"的意思。

（35）相笼：意为互相控制。笼，与络皆为羁绊牲畜的工具，引申为"驾驭""控制"之意。

（36）相陵：互相侵犯欺侮。

（37）何时而已：什么时候才有个了结呢。已，止息。

提示

本文选自《伯牙琴》。这是一篇谈为君之道的政论文。文章对古之人君与后世人君不同的为君之道进行了对比，分析论述了后世为君者以天下为私的祸害，并抨击了封建暴君的统治。第一段开篇揭示古之为君者"大不得已"而后世为君者"以为乐"的两种不同态度，并指出"生民之初，固无乐乎为君"。第二段具体说明原因，因为那时的君主无任何特权，吃穿住都很粗劣，其"分未严"，其"位未尊"，能够"清问下民"，辛劳办事，因而得到天下拥戴，唯恐他辞位而无人相继。第三段笔锋一转，"不幸而天下为秦"，从此那"至德之世"的为君之道全被秦世暴君破坏了，他们"竭天下之财以自奉"，实行暴政以固位养尊，因而"君益贵""君益孤"，君"亦已危矣"。第四段尖锐谴责后世为君者"以四海之广，足一夫之用"的做法，揭露他们"歌颂功德，动称尧舜"的欺骗性，指出他们"夺人之所好，聚人之所争，慢藏海盗，冶容海淫"，因此决不能长治久安。第五段论述古之人君不能从天下得利，不惧人夺其位，故无需"以甲兵弧矢自卫"；而后世人君惧人夺其位，故设甲兵"以待盗贼"，这是"乱世之事"。两相比较，得出结论："欲为尧舜，莫若使天下无乐乎为君；欲为秦，莫若勿怪盗贼之争天下"。尖锐地指出了以天下为私的君道是乱世的根由，也表达了作者主张恢复上古"至德之世"的为君之道。末段感叹：后世欲为君者都为私利而争天下，而"有国有家"之为君者亦为私利而保天下，那么"天下之乱，何时而已乎！"

　　文章颂古非今，否定了后世私天下的为君之道，批判了封建专制，这在当时无疑是进步的。作者颂扬"至德之世"的为君之道，也带有一定民主性的成分。但作者还未能从封建社会制度的本质去认识和批判封建君道之弊，这是其明显的历史局限，他的"至德之世"的社会理想也是乌托邦式的理想。文章夹叙夹议，古今对比，脉络清晰，文笔矫健有力，语言锋利而有气势。

吴　澄　文

　　吴澄（1249—1333），字幼清，号草庐，崇仁（今江西崇仁）人。南宋末举进士不第。入元后，应召任江西儒学副提举、国子监丞、翰林学士等职，后辞官讲学山中，从学者甚众，为元初著名的学者。著有《吴文正公集》。

送何太虚北游序[1]

　　士可以游乎？"不出户，知天下"[2]，何以游为哉！士可以不游乎？男子生而射六矢，示有志乎上下四方也[3]，而何可以不游也？

　　夫子[4]，上智也[5]，适周而问礼[6]，在齐而闻韶[7]，自卫复归于鲁，而后雅、颂各得其所也[8]。夫子而不周、不齐、不卫也，则犹有未问之礼，未闻之韶，未得所之雅、颂也。上智且然，而况其下者乎？士何可以不游也！然则彼谓不出户而能知者，非欤？曰：彼老氏意也⁽⁹⁾。老氏之学，治身心而外天下国家者也⁽¹⁰⁾。人之一身一心，天地万物咸备⁽¹¹⁾，彼谓吾求之一身一心有余也，而无事乎他求也⁽¹²⁾，是固老氏之学。而吾圣人之学不如是⁽¹³⁾。圣人生而知也，然其所知者，降衷秉彝之善而已⁽¹⁴⁾。若夫山川风土、民情世故⁽¹⁵⁾、名物度数⁽¹⁶⁾、前言往行⁽¹⁷⁾，非博其闻见于外，虽上智亦何能悉知也？故寡闻寡见，不免孤陋之讥⁽¹⁸⁾。取友者，一乡未足，而之一国；一国未足，而之天下；犹以天下为未足，而尚友古之人焉⁽¹⁹⁾。陶渊明所以欲寻圣贤遗迹于中都也⁽²⁰⁾。然则士何可以不游也？

而后之游者，或异乎是⁽²¹⁾。方其出游于上国也⁽²²⁾，奔趋乎爵禄之府，伺候乎权势之门，摇尾而乞怜，胁肩而取媚⁽²³⁾，以侥幸于寸进⁽²⁴⁾。及其既得之，而游于四方也，岂有意于行吾志哉！岂有意于称吾职哉！苟可以夺攘其人⁽²⁵⁾，盈厌吾欲⁽²⁶⁾，囊橐既充⁽²⁷⁾，则阳阳而去尔⁽²⁸⁾。是故昔之游者为道，后之游者为利。游则同，而所以游者不同。余于何弟太虚之游，恶得无言乎哉⁽²⁹⁾！太虚以颖敏之资⁽³⁰⁾，刻厉之学，善书工诗，缀文研经，修于己，不求知于人，三十馀年矣。口未尝谈爵禄，目未尝睹权势，一旦而忽有万里之游，此人之所怪而余独知其心也。世之士，操笔仅记姓名，则曰："吾能书！"属辞稍协声韵⁽³¹⁾，则曰："吾能诗！"言语布置，粗如往时所谓举子业⁽³²⁾，则曰："吾能文！"阛门称雄⁽³³⁾，矜己自大，醯瓮之鸡⁽³⁴⁾，坎井之蛙⁽³⁵⁾，盖不知瓮外之天、井外之海为何如，挟其所已能，自谓足以终吾身、没吾世而无憾，夫如是又焉用游！太虚肯如是哉？书必钟、王⁽³⁶⁾，诗必陶、韦⁽³⁷⁾，文不柳、韩、班、马不止也⁽³⁸⁾。且方窥闯圣人之经⁽³⁹⁾，如天如海，而莫可涯⁽⁴⁰⁾，讵敢以平日所见所闻自多乎⁽⁴¹⁾？此太虚今日之所以游也。是行也，交从日以广⁽⁴²⁾，历涉日以熟⁽⁴³⁾，识日长而志日起⁽⁴⁴⁾，迹圣贤之迹而心其心⁽⁴⁵⁾，必知士之为士，殆不止于研经缀文工诗善书也。闻见将愈多而愈寡，愈有馀而愈不足，则天地万物之皆备于我者，真可以不出户而知。是知也，非老氏之知也。如是而游，光前绝后之游矣⁽⁴⁶⁾，余将于是乎观。

澄所逮事之祖母⁽⁴⁷⁾，太虚之从祖姑也⁽⁴⁸⁾，故谓余为兄，余谓之为弟云。

注释

（1）何太虚：即何中，字太虚，乐安（今山东广饶）人。宋末进士。元至顺年间为龙兴郡学师。知识渊博，著有《知非堂集》等。序，赠序，古文体的一种。

（2）"不出"二句：语出《老子》。

（3）"男子"二句：意为古人生子，向天地四方射六支箭，表示志在四方。《礼记·内则》："国君世子生……射人以桑弧蓬矢六，射天地四方。"

（4）夫子：指孔子。

（5）上智：上等智慧的人。

（6）适周而问礼：《史记·孔子世家》载，孔子曾到周问礼于老子。适，往。

（7）在齐而闻韶：据《论语·述而》载："子在齐闻韶，三月不知肉味。"韶，相传为虞舜时的音乐。

（8）"自卫"二句：据《论语·子罕》载："子曰：吾自卫返鲁，然后乐正，雅颂各得其所。"这两句意谓孔子从卫国回鲁国后，整理乐谱，使雅、颂各自合乎音律。雅、颂，《诗经》的两大部分。

（9）老氏：老子。

（10）"老氏"二句：意为老子的学说以修养自己的心性为本，而不管天下国家的事情。治身心，修养自己的精神道德。外，作动词，以……为外务。按，老子主张小国寡民、无为而治，即以不干涉人民作为治理天下的手段，并非不管天下国家的事情。

（11）"人之"二句：语出《孟子·尽心》："孟子曰：万物皆备于我矣。"这里是借以指摘老子"治身心而外天下国家"之失。

（12）无事：用不着、不用。

（13）圣人：指孔子。

（14）"降衷"句：意为圣人有上天给他的施善德、秉持常理的"善性"。衷，善。降衷，施善。彝，常理，法则。《尚书·汤诰》："惟皇上帝，降衷于下民。"《诗经·大雅·烝民》："民之秉彝，好是懿德。"

（15）世故：世事。

（16）名物度数：器物和制度。

（17）前言往行：前人的言论和行为。

（18）孤陋：学识浅陋。《礼记·学记》："独学而无友，则孤陋而寡闻。"

（19）"取友"七句：取意于《孟子·万章下》："一乡之善士，斯友一乡之善士；一国之善士，斯友一国之善士；天下之善士，斯友天下之善士。以友天下之善士为未足，又尚论古之人。诵其诗，读其书，不知其人可乎？"

（20）"陶渊明"句：意为陶渊明要和古代圣贤交友，所以他要在中州寻访圣贤的遗迹。陶渊明《赠羊长史》诗："圣贤留馀迹，事事在中都"。中都，中州，指洛阳一带。

（21）或异乎是：有人与此不同。

（22）上国：指国都。

（23）胁肩：耸起肩膀，形容谄媚的样子。

（24）寸进：仕途上微小的升迁。

（25）夺攘：强行索取。攘，窃取。

（26）盈厌吾欲：满足自己的欲望。

（27）囊橐（tuó 驼）：口袋，有底的称囊，无底的称橐。

（28）阳阳：同"扬扬"，得意的样子。

（29）恶（wū 乌）得：怎么能。

（30）颖敏之资：聪敏的天资。

（31）属辞：连缀文辞，指写诗。

（32）举子业：学童科举应试前学习作应试文字，称举子业。举子，应试者。

（33）阖门称雄：关起门来自称英雄。

（34）醯（xī 西）瓮之鸡：即醯鸡，浮在酒醋上的一种小虫。《庄子·田子方》："（孔子见老子）出以告颜回曰：'丘之于道也，其犹醯鸡与？微夫子之发吾覆也，吾不知天地之大全也。'"

（35）坎井之蛙：语出《庄子·秋水》。喻孤陋寡闻而又妄自尊大的人。

（36）钟、王：指三国时的钟繇和东晋时的王羲之，两位都是大书法家。

（37）陶、韦：指东晋陶渊明和唐韦应物，两位都是著名的诗人。

（38）柳、韩、班、马：指柳宗元、韩愈、班固、司马迁。

（39）窥闯：一本作"窥测"。

（40）莫可涯：看不到边际。涯，作动词。

（41）讵敢：岂敢。自多：自夸。

（42）交从：交往，交游。

（43）历涉：经历。熟：一本作"明"。

（44）志日起：志向日益树立起来。起，一本作"超"。

（45）心其心：意为以圣贤之心志为心志。

（46）光：光大。

（47）逮事：赶得上侍奉。所逮事，即自己侍奉过的（祖母）。

（48）从祖姑：祖父的堂姐妹。

提示

这是一篇赠序。作者就何太虚北游一事，借题发挥，论述了扩大生活领域、增广见闻的必要性，赞扬了何太虚为成就事业而游历四方的志向和精神，同时对那些借游学之名而奔趋利禄的人进行了揭露和讽刺。全文紧紧围绕着一个"游"字展开论述。第一段先提出对"游"有两种不同的态度：一种认为"不出户，知天下"，何必出游；一种认为男子志在四方，不能不游。用正反设问句式提出问题，引人注目，发人深思。第二段论述游历是扩充见闻、增长学识的重要途径。作者以孔子"适周而问礼，在齐而闻韶"为例，说明圣人尚且这样，一般的人"何可以不游也"？接着指出"不出户，知天下"的说法源于老子之学，而老子"治身心"是"无事乎他求"的，批判了这种闭塞耳目的错误观点。然后再从交友的角度来谈论，"一乡未足，而之一国；一国未足，而之天下"，说明了游历的必要。第三段谈论游历者应持正确的态度和目的。作者指出"游"的人有两种，有的游者为道，有的游者为利。作者对为利而游者的可耻目的和卑劣行径进行了揭露和抨击：他们"奔趋于爵禄之府，伺候于权势之门，摇尾而乞怜，胁肩而取媚，以侥幸于寸进"，一旦得手，便"阳阳而去"；进而指出他们"矜己自大"，是十足的"醯瓮之鸡""坎井之蛙"，根本无心为学习而游。描写生动形象，讽刺辛辣有力。作者肯定何太虚为道之游，赞扬他聪敏好学和"口未尝谈爵禄，目未尝睹权势"的人品，并勉励和祝愿他北游成功，希望他"交从日以广，历涉日以熟，识日长而志日起，迹圣贤之迹而心其心"。这段是全文的重点，通过对游历者的褒贬，针砭世情，表达了作者的志向和人格。文章运用对比手法，进行正反论辩，引例时加以精当分析，说理中穿插生动描写，语言简洁自然，颇有启发性和说服力。

李 孝 光 文

李孝光（1285—1350），字季和，乐清（今浙江乐清）人。博学多才，曾隐居雁荡山五峰下授徒讲学，四方来就学者甚多。后奉召入京，为元顺帝赏识，授文林郎秘书丞。著有《五峰集》。

大 龙 湫 记⁽¹⁾

　　大德七年秋八月⁽²⁾，予尝从老先生来观大龙湫⁽³⁾，苦雨积日夜⁽⁴⁾。是日大风起西北，始见日出。湫水方大，入谷，未到五里余，闻大声转出谷中，从者心掉⁽⁵⁾。望见西北立石，作人俯势，又如大楹⁽⁶⁾；行过二百步，乃见更作两股相倚立⁽⁷⁾；更进百数步，又如树大屏风。而其颠谽谺⁽⁸⁾，犹蟹两螯⁽⁹⁾，时一动摇，行者兀兀不可入⁽¹⁰⁾。转缘南山趾，稍北⁽¹¹⁾，回视如树圭⁽¹²⁾。又折而入东崦⁽¹³⁾，则仰见大水从天上坠地，不挂著四壁，或盘桓久不下⁽¹⁴⁾，忽迸落如震霆⁽¹⁵⁾。东岩趾，有诺讵那庵⁽¹⁶⁾，相去五六步，山风横射，水飞著人。走入庵避，余沫迸入屋，犹如暴雨至。水下捣大潭⁽¹⁷⁾，轰然万人鼓也⁽¹⁸⁾。人相持语⁽¹⁹⁾，但见口张，不闻作声，则相顾大笑。先生曰："壮哉！吾行天下，未见如此瀑布也。"

　　是后，予一岁或一至。至，常以九月、十月，则皆水缩⁽²⁰⁾，不能如向所见。今年冬又大旱，客入到庵外石矼上⁽²¹⁾，渐闻有水声。乃缘石矼下，出乱石间，始见瀑布垂，渤渤如苍烟⁽²²⁾，乍小乍大，鸣渐壮急。水落潭上洼石，石被激射，反红如丹砂⁽²³⁾。石间无秋毫土气，产木宜瘠，反碧⁽²⁴⁾滑如翠羽凫毛⁽²⁵⁾。潭中有斑鱼廿余头，闻转石声，洋洋远去⁽²⁶⁾，闲暇回缓⁽²⁷⁾，如避世士然⁽²⁸⁾。家僮方置大瓶石旁，仰接瀑水，水忽舞向人，又益壮一倍，不可复得瓶，乃解衣脱帽著石上，相持扼擥⁽²⁹⁾，欲争取之，因大呼笑。西南石壁上，黄猿数十，闻声皆自惊扰，挽崖端偃木牵连下⁽³⁰⁾，窥人而啼。纵观久之，行出瑞鹿院前⁽³¹⁾——今为瑞鹿寺。日已入，苍林积叶，前行，人迷不得路，独见明月，宛宛如故人⁽³²⁾。老先生谓南山公也。

注释

（1）大龙湫（qiū 秋）记：这是李孝光《雁山十记》中的一篇。雁山即雁荡山，在浙江乐清市境内，是著名的风景胜地。大龙湫，在雁山西谷，是闻名于世的大瀑布。

（2）大德七年：公元 1303 年。大德，元成宗的年号。

（3）老先生：本文末说"老先生谓南山公也"。南山公即泰不华，蒙古人，官至礼部尚书，出为台州路达鲁花赤。

（4）"苦雨"句：为日夜不断的降雨而苦恼。

（5）心掉：心惊胆战之意。掉，摇动，颤动。

（6）楹：厅堂的柱子。

（7）股：大腿。

（8）其颠谽谺：意为山石的顶上空洼一块，像谷口张开一样。谽谺（hānyá 酣牙），谷中空大的样子。

（9）犹蟹两螯：好像螃蟹的两个钳螯。

（10）兀兀：心情紧张，恐惧不安的样子。

（11）山趾：山脚。

（12）树圭：立起的圭。圭，古时帝王所执的玉器，长条形，上尖下方。

（13）东崦（yān 淹）：东山坡。

（14）盘桓：徘徊、逗留。这里形容瀑布悬空，仿佛停在那里徘徊不下的样子。

（15）震霆：很大的雷声。

（16）诸讵那庵：罗汉庵。诸讵那为十六尊者之一。

（17）挢：同"捣"，这里是"冲击"的意思。

（18）鼓：击鼓。

（19）人相持语：人们拉着手相对讲话。持，相执。

（20）水缩：指瀑布水量减少。

（21）石矼（gāng 缸）：石桥。

（22）渤渤：形容瀑布喷涌生出水汽的样子。

（23）"石被"二句：意为瀑布冲下来猛烈地喷射在洼石上，反照出来的红光如同丹砂。反，同"返"。

（24）"石间"二句：意为石头中间没有一点泥土气息，生长的树木本该瘦弱，却反而油光碧绿。宜，应该。瘠，瘦。

（25）"滑如"句：意为树皮柔滑如同翠鸟和野鸭的羽毛。

（26）洋洋：舒缓的样子。

（27）闲暇回缓：悠闲从容，徘徊徐游。

（28）避世士：隐士。

（29）相持扼掔：意为与家僮共同持瓶取水，紧紧握住，相互牵拉。掔（qiān 千），同"牵"。

（30）偃木：横卧的树木。

（31）瑞鹿院：雁荡山中的一座寺院。

（32）宛宛：宛然、仿佛。

提示

这篇游记以生动传神的笔触，描绘了大龙湫瀑布奇特而壮丽的景象，同时叙写了作者游览的活动和感受，富有诗情画意，趣味盎然。文章选取两次游大龙湫的经历来写，分为两个部分。

第一部分写初秋八月雨后之游。先交代秋寒久雨，"湫水方大"，为下文写大瀑布之壮观张本；再写未见瀑布即"闻大声传出谷中"，以及山石嵯峨种种怪状，以渲染气氛。然后从各个角度描写大瀑布：远望仰观之，"见大水从天上坠地，不挂著四壁，或盘桓久不下，忽迸落如震霆"；近观之，"山风横射，水飞著人"，而且余沫像是追赶人那样进入庵中；俯视之，"水下捣大潭，轰然万人鼓也"，声音大得致使对面说话"但见口张，不闻作声"。奇观壮景，写得有声有势，令人目眩神摇。段末以"先生曰：'壮哉！'"一语，点出了雨后大瀑布的特色。

第二部分写深秋之游。先交代大龙湫九、十月皆"水缩"，这一年"冬又大旱"，说明与前次"湫水方大"时所见的景象已大不相同。由于"水缩"，进入庵外石桥，才渐闻水声，再"出乱石间，始见瀑布垂"。由于"水缩"，游人得以观赏到另外一番景致：瀑布乍小乍大，水汽迷蒙犹如青烟；水流激石，返照的红光如同丹砂；生长在石间的小树，柔滑碧绿；潭中廿余头斑鱼，悠然游弋，历历可数。这种清幽美丽的景象，别具情趣，突出了大龙湫"水缩"时才特有的景象。然后再衬以家僮戏水、黄猿惊叫、日落月起、苍林积叶等场景的描写，创造了一种清幽静谧的境界和美妙欢快的气氛。

文章记叙的两次游历，时隔颇久，不相连接，但以大龙湫为线索贯穿起来。前写水大之景，后写"水缩"之景，又以"不能如向所见"一句关联上下，篇末又以"老先生谓南山公也"照应开头，故从结构看，形似松散，实则严谨，浑成一体。前后两部分虽写同一对象，但景色各异，表现了作者善于根据不同时令和环境变化捕捉景物特点的才能。文中运用了大量比喻，新颖生动，白描手法与映衬烘托都运用得恰到好处，使形象鲜明逼真，且把景物描写与游人感受交融起来，更富有情趣。

明 代 部 分

诗 歌

刘 基 诗

刘基（1311—1375），字伯温，青田（今浙江青田）人。元至顺年间进士，曾任江西高安县丞、江浙儒学副提举等职。为官廉直清正，不避豪强。受到当权者的压抑和排斥，愤而弃官归隐。元末应朱元璋之邀，充当谋士，为平定天下建立明朝作了贡献，为开国功臣之一。官太史令，至御史中丞，封诚意伯，后被猜疑构陷，忧愤而死。工诗文，著有《诚意伯文集》。

古 戍[1]

古戍连山火[2]，新城殷地笳[3]。九州犹虎豹[4]，四海未桑麻[5]。天迥云垂草[6]，江空雪复沙。野梅烧不尽，时见两三花[7]。

注释

[1] 古戍：指古代边防军队的营垒。

[2] 火：烽火，古代边防报警的烟火。

[3] 殷（yǐn 引）：震动。笳（jiā 加）：古代管乐器，流行于西域和塞北。

[4] 九州：中国古代中原地区分为九州，这里泛指中国。虎豹：这里指群雄割据，战争频繁。

[5] 桑麻：这里泛指农作物。

[6] 迥（jiǒng 窘）：远。云垂草：白云低垂，仿佛与天边的野草连接在一起了。

[7] "野梅"二句：野外的梅花性格顽强，虽经历战火，枝头上仍开放着几朵花。

提示

这首诗写作者在边防地区的见闻，真实地反映了元末战争频繁，社会动荡不安，农村凋敝，民生痛苦的现实。诗的开始是从眼前景物写起。战火连年，边防地区营垒连绵，烽台高筑，笳声震地，到处充满了战争气氛。频繁的战争使农业生产遭到严重的破坏。当诗人纵目远望，看到的只是一片荒凉的景象："九州犹虎豹，四海未桑麻。"作者用虎豹来比喻群雄割据，真实而又形象地反映了元末社会的动乱和黑暗，表现了诗人对这一社会现实的不满。但是作者的情绪并不是悲凉和绝望，尾联"野梅烧不尽，时见两三花"，写出了野梅的倔强，它在寒冷而又严峻的环境中傲然开放，具有象征的意义。它不仅使萧索的画面透露出一片生机，给人以希望，而且也表现了诗人处乱世而不失操守的品德。本诗运用了比喻、象征等手法，借景抒情。风格含蓄，格调沉郁，形象生动。

高 启 诗

　　高启（1336—1374），字季迪，号槎轩，又号青丘子，长洲（今江苏苏州）人。出身贫寒，性格疏放，元末隐居吴淞青丘。入明，任翰林院国史编修，参加纂修《元史》。书成，擢户部右侍郎，力辞不就，深为朱元璋所不满。洪武七年，苏州知府魏观因改修府治获罪，高启因为魏观所作上梁文而被株连，被逮至金陵，腰斩于市，年仅39岁。他的诗兼师众长，风格清新秀逸，是明代成就最高的诗人之一。有《青丘高季迪集》。

登金陵雨花台望大江[1]

　　大江来从万山中[2]，山势尽与江流东[3]。钟山如龙独西上[4]，欲破巨浪乘长风[5]。江山相雄不相让[6]，形势争夸天下壮。秦皇空此瘗黄金[7]，佳气葱葱至今王[8]。我怀郁塞何由开[9]？酒酣走上城南台。坐觉苍茫万古意，远自荒烟落日之中来[10]。石头城下涛声怒[11]，武骑千群谁敢渡？黄旗入洛竟何祥[12]？铁锁横江未为固[13]。前三国[14]，后六朝[15]，草生宫阙何萧萧！英雄乘时务割据[16]，几度战血流寒潮。我今幸逢圣人起南国[17]，祸乱初平事休息[18]。从今四海永为家[19]，不用长江限南北。

注释

（1）雨花台：在南京市南聚宝山上。相传梁武帝时，云光法师在此讲经，落花如雨，故名。这里地据高阜，可俯瞰长江，远眺钟山。

（2）大江：长江。它穿越千山万壑，总长6 300多公里，故云"大江来从万山中"。

（3）"山势"句：山的走势和江的流向都是由西向东。尽，都。

（4）钟山：即紫金山，在南京市东，山势由东而西，蜿蜒如龙。

（5）破巨浪乘长风：借用《南史·宗悫传》："愿乘长风破万里浪。"这里形容只有钟山的走势是由东向西，好像欲与江流相抗衡。

（6）江山相雄：指长江和钟山相互争雄。

（7）瘗（yì 意）黄金：瘗，埋藏。相传秦始皇曾于钟山埋下黄金，以镇压金陵的"王气"。《丹阳记》："秦始皇埋金玉杂宝以压天子气，故曰金陵。"

（8）佳气：山川灵秀的美好气象。葱葱：形容旺盛的样子。王，通"旺"。

（9）郁塞：忧郁窒塞。

（10）"坐觉"二句：两句言在雨花台上，面对荒烟落日，一种旷远迷茫的怀古之情，便油然而生。坐，自、自然。苍茫，遥远迷茫的样子。

（11）石头城：故址在今南京市清凉山，战国时楚国修筑，三国时吴国孙权重筑。

（12）黄旗入洛：三国时，丹阳人刁玄谎称东南地区出现"黄旗紫盖"（指"王气"），是吴的君主将统一天下的祥瑞。于是吴主孙皓便带领母、妻、子及后宫千人北上，欲往洛阳称帝，以顺天命。途中遇雪受阻，士卒寒冷不堪，几乎叛变，孙皓只得中途南返。过了几年，吴被晋灭，孙皓被俘往洛阳（事见《三国志·吴志·孙皓传》注引《江表传》）。

（13）铁锁横江：西晋王濬攻吴，吴人于长江要害处以铁锁横截之。王濬用木筏载大火炬，灌以麻油，烧断铁锁，兵抵石头城，终于灭吴（事见《晋书·王濬传》）。

（14）三国：魏、蜀、吴。这里仅指吴。

（15）六朝：吴、东晋、宋、齐、梁、陈六个朝代均曾建都金陵，史称六朝。此指南朝。

（16）务割据：专力于割据称雄。

（17）圣人起南国：朱元璋开始从郭子兴起兵于南方的濠州（今安徽凤阳一带）。圣人，对皇帝的敬称，这里指朱元璋。

（18）事休息：指明初减轻赋税，恢复生产，使人民得到休养生息。事，从事。

（19）四海永为家：用刘禹锡《西塞山怀古》"从今四海为家日"句，指全国统一。

提示

这首诗作于洪武二年（1369），当时作者正在南京编修《元史》。古人咏金陵多吊古伤今的哀惋情调，而本诗以豪放、雄健的笔调，描绘钟山、大江的雄伟壮丽，在缅怀金陵历史的同时，抒发深深的感慨，把故垒萧萧的新都写得气势壮阔。作者登临雨花台，极目长烟落日中的江山形胜，在抒发感今怀古之情的同时，胸中激荡着对国家重新统一的喜悦。祖国的统一，增添了河山雄伟壮丽的美；而"江山相雄"的美，也衬托出对祖国统一"不用长江限南北"的喜。两者互为辉映，表达了诗人热爱祖国山河，拥护统一的心声。

全诗可分为三层。第一层八句写景，紧扣"江""山"二字，总写金陵的地理形势，以奔放雄浑的笔触，描绘了南京山川形胜的壮美。第二层（中间十二句）怀古，通过对历史的回顾，表达了诗人对国家分裂割据的不满；联想到三国时代孙皓的故事以及晋灭吴的战事，意在说明东吴的孙皓并未能据险固守，反而作了晋人的俘虏。三国以后在金陵建都的五个朝代，也都是国祚不长。除有其各自的历史原因外，还有一个重要的共同原因，即六朝君主既无统一国家的大志，也无统一国家的才略，只是企图凭借长江天险苟安江左，割据一方。第三层（最后四句）抒怀，直接抒发诗人对祖国山河获得统一的喜悦心情。从历史的沉思中转笔描写现实，洋溢着诗人对祖国统一的喜悦和反对分裂割据的思想感情，唱出了时代的精神和人民的感情。既颂扬明太祖朱元璋统一中国的功绩，也暗喻治国"在德不在险"的历史教训。

在结构上，写景、怀古、抒情层次分明，既各自独立，又有着内在的联系；气势连贯，转换自然。第一层以暗写明王朝定都金陵为第三层伏笔。第二层以历史上的分裂割据，衬托第三层所写的统一局面。在语言运用上，无论是名词、数词还是形容词，多用表示巨大或有力度等意义的词语，如"大""万""巨""长""雄""壮"等，加强了本诗的豪放气度。每四句一转韵，平仄间错，读来情韵相生，声调铿锵。本诗抒情写景，豪放激宕，悲壮沉雄；既波澜起伏，又一气呵成，具有强烈的艺术感染力，是作者歌行体诗歌的代表作。

于 谦 诗

于谦（1398—1457），字廷益，钱塘（今浙江杭州）人，永乐间进士。历任监察御史，山西、河南巡抚，兵部尚书等职。为官清正，不畏强暴，深受人民爱戴。正统十四年（1449），蒙古瓦剌部入侵，英宗被俘，于谦拥立景帝，反对南迁，并率京师群众击退瓦剌，使千百万人民免遭涂炭，局势转危为安。但英宗复位后，于谦却被诬杀。万历间昭雪，谥忠肃。他的诗歌多表述自己忧国忧民的感情和坚贞的情操。有《于肃愍公集》。

咏 煤 炭

凿开混沌得乌金[1]，藏蓄阳和意最深[2]。爝火燃回春浩浩[3]，洪炉照破夜沉沉[4]。鼎彝元赖生成力[5]，铁石犹存死后心[6]。但愿苍生俱饱暖，不辞辛苦出山林。

注释

（1）混沌：形容远古开天辟地以前，宇宙一片混茫不清的样子。这里用来借指大地。

乌金：铜与金的合金，颜色黑紫。这里用来借喻煤炭。

（2）阳和：暖和的阳光。这里借指煤炭所蕴藏的光和热。

（3）爝（jué 决）：火，小火把。

（4）洪炉：大炉子。

（5）鼎彝（yí 移）：古代食具。鼎，古代炊器。彝，古代酒器。二者都是人们生活的必需品，后专指祭器，引申为象征国家命脉的宝器。元赖生成力：元，初始，原本；生成力，指煤炭燃烧发生的力量。此句可理解为人民生活离不开煤炭；也可理解为作者以煤炭自喻，暗寓以天下为己任之意。

（6）"铁石"句：古人认为铁石在地下埋藏久了就成为煤炭。

提示

这是一首咏物言志诗。自古以来，咏物之作汗牛充栋，但咏煤炭者极为少见。全诗运用借喻笔法，紧紧抓住煤炭的特点来写。首联写煤炭所蕴藏的能量，实际就是写人的才智。煤炭所蓄积的"阳和"热力是为着什么？作者用"意最深"来略作点明。这个"意"自然是贡献自己，有益于社会之意。这里将煤炭拟人化、情感化了。中间二联写煤炭对人类的贡献，给人民带来幸福，为国家作出奉献，实际是写作者自己立身处世的宗旨。先写在严寒的冬日燃起煤火，可以给人温暖，犹如春回大地；在沉沉的黑夜燃起煤火，可以给人光明，使黑夜犹如白日。接着又深入一层，写象征着国家命脉的宝器"鼎彝"，就是烧煤炭铸造出来的。它燃烧自己，作为对国家的奉献。尾联写煤炭的志向，也就是作者以天下为己任的抱负。煤炭对人类的贡献令人感激，而其不惜献出自己的一切的奉献精神和高尚品格尤其令人钦敬。本诗是作者人格的真实写照，作者忧国爱民的光辉的一生，愿为国家和民族利益而自我牺牲的精神，在本诗中得到了充分的体现。

艺术上突出的特色，首先是托物言志。全诗八句，句句比喻，语语双关，毫无生硬牵强之处，加上拟人手法的巧妙运用，加强了表达的生动性和形象性。其次是言内意外，含义深刻。咏物是浅层，述怀是深层，是诗人立意所在。两个层次的内容水乳交融，形成强烈的感人力量。于谦还有另一首《石灰吟》："千锤万凿出深山，烈火焚烧若等闲。粉身碎骨浑不怕，要留清白在人间。"与本诗在立意、手法、风格上大致相似，堪称姊妹篇。

入　塞

将军归来气如虎，十万貔貅争鼓舞[1]。凯旋驰入玉门关，邑屋参差认乡土[2]。弟兄亲戚远相迎，拥道拦街不得行。喜极成悲还堕泪，共言此会是更生⁽³⁾。将军令严不得住，羽书催人京城去⁽⁴⁾。朝廷受赏却还家⁽⁵⁾，父子夫妻保相聚。人生从军可奈何，岁岁边防辛苦多。不须更奏胡笳曲⁽⁶⁾，请君听我入塞歌。

注释

（1）貔貅（píxiū 皮休）：古代传说中的猛兽名，常用以比喻勇猛的军队。争鼓舞：意即取得了胜利，士气高昂。

（2）邑屋参差：高低不齐的街道房屋。

（3）更生：重新获得生命。

（4）羽书：军事文书，上插鸟羽，表示紧急。

（5）却：再。

（6）胡笳：原为北方胡人用的一种乐器，传入中原后，为军队所用，此处借指军乐。

提示

"入塞""出塞"都是以战争为题材的汉乐府旧题。明初主要与塞外的蒙古瓦剌部作战，玉门关远在西北的甘肃，诗中所写"玉门关"乃系假托，并非实指。作者另有《出塞》诗一首，是本诗的姊妹篇。

这首诗真切地反映了当时人民反对侵扰战争，热爱和平生活的共同愿望。前半篇是写凯旋的出征队伍"将军归来气如虎，十万貔貅争鼓舞"的英武气概，以及父老乡亲们万人空巷，夹道"远相迎"的欢欣情景。后半篇是写士兵们虽路过家门但"将军令严不得住"，要入京去受赏，反映了士兵急于和家人团聚又不能实现的矛盾心情。他们参加自卫战争本出于无奈，是迫于"岁岁边防辛苦多"，他们所盼望的并不是入京去受朝廷封赏，而是边境安宁无事，是"父子夫妻保相聚"，这些都真切地表达了他们对和平生活的渴望。本诗描写细腻，感情深挚，特别是对战乱之后，亲人又能重逢，"拥道拦街不得行""喜极成悲还堕泪"的一段描写，非常真实感人。

李 梦 阳 诗

李梦阳（1473—1530），字献吉，号空同子。庆阳（今甘肃庆城）人，后迁居扶沟（今河南扶沟）。弘治间进士，任户部主事，迁郎中。因反对宦官刘瑾而下狱。刘瑾败露伏诛后，迁江西提学副使。当"台阁体"弥漫诗坛时，李梦阳以复古为解放，倡导"文必秦汉，诗必盛唐"，成为"前七子"的领袖，在当时曾产生很大影响。只是模拟太甚，成就不高。有《空同集》。

石将军战场歌⁽¹⁾

清风店南逢父老⁽²⁾，告我己巳年间事⁽³⁾。店北犹存古战场，遗镞尚带勤王字⁽⁴⁾。忆昔蒙尘实惨怛⁽⁵⁾，反复势如风雨至⁽⁶⁾。紫荆关头昼吹角⁽⁷⁾，杀气军声满幽朔⁽⁸⁾。胡儿饮马彰义门⁽⁹⁾，烽火夜照燕山云⁽¹⁰⁾。内有于尚书，外有石将军。石家官军若雷电，天清野旷来酣战。朝廷既失紫荆关，吾民岂保清风店⁽¹¹⁾！牵爷负子无处逃，哭声震天风怒号。儿女床头伏鼓角⁽¹²⁾，野人屋上看旌旄⁽¹³⁾。将军此时挺戈出，杀敌不异草与蒿。追北归来血洗刀⁽¹⁴⁾，白日不动苍天高。万里烟尘一剑扫⁽¹⁵⁾，父子英雄古来少⁽¹⁶⁾。单于痛哭倒马关⁽¹⁷⁾，羯奴半死飞狐道⁽¹⁸⁾。处处欢声噪鼓旗，家家牛酒犒王师。应追汉室嫖姚将⁽¹⁹⁾，还忆唐家郭子仪。沉吟此事六十春，此地经过泪满巾。黄云落日古骨白，砂砾惨淡愁行人。行人来折战场柳，下马坐望居庸口⁽²⁰⁾。却忆千官迎驾初⁽²¹⁾，千乘万骑下皇都。乾坤得见中兴主，杀伐重开载造图⁽²²⁾。姓名应勒云台上⁽²³⁾，如此战功天下无。呜呼战功今已无，安得再生此辈西备胡！

注释

(1) 石将军：指石亨。明英宗正统十四年（1449），蒙古瓦剌部南侵，土木堡（今河北怀来东）一战，英宗被俘，瓦剌部挟持英宗进攻北京。石亨在于谦指挥的北京保卫战中表现出色，封镇朔大将军。这首诗即咏其事。

(2) 清风店：在今河北省易县。正统十四年，石亨曾在此大败从北京败退的瓦剌军。

(3) 己巳：正统十四年（1449）。

(4) 遗镞（zú族）：留存下来的箭头。勤王：地方官吏起兵救援王朝叫勤王。瓦剌进逼北京时，兵部尚书于谦建议命河南、山东等地派兵进京勤王。

(5) 蒙尘：旧指帝王逃亡在外。惨怛（dá达）：伤痛。

(6) 反复：动荡不安。

(7) 紫荆关：在今河北易县西的紫荆岭上。正统十四年10月，瓦剌军挟持被俘的英宗攻破紫荆关，向北京进兵。

(8) 幽朔：幽州和朔州，泛指今河北北部及山西北部地区。

(9) 彰义门：当时北京的西城门之一。瓦剌军曾攻彰义门，被明军击退。

(10) 燕山：在河北平原北部，西起潮白河河谷，东至山海关。

(11) 岂保：怎能保。

(12) "儿女"句：孩子们被战场上鼓角之声吓得伏在床头不敢动。

(13) 野人：指乡下人。旌旄：泛指军中旗帜。旌和旄是用牦牛尾和羽毛装饰的旗子。

(14) 追北：追逐败逃的敌人。北，败北，这里作名词用，指失败了的敌人。

(15) 烟尘：指战火。

(16) 父子英雄：指石亨及侄石彪。石彪骁勇善战，追击败退的敌军，功封定远侯。

(17) 单（chán 蝉）于：本为匈奴最高首领称号，这里借指瓦剌部首领。倒马关：又名常山关，在今河北唐县西北，明代与居庸关、紫荆关合称内三关。石亨曾追击瓦剌首领也先的弟弟伯颜帖木耳于此。

(18) 羯奴：羯本是古代西北地区少数民族之一，奴是蔑称。这里借指瓦剌军。飞狐道：又名飞狐关，在今河北涞源和蔚县交界处。这里两崖壁立，一线通天，蜿蜒百余里，形势十分险要。

(19) 嫖姚将：汉代的霍去病，汉武帝时为嫖姚校尉，前后六次击败匈奴，官拜骠骑将军，封冠军侯。

(20) 居庸口：指居庸关，在今北京昌平区西北，为长城重要关口。

(21) 迎驾：指瓦剌同意放回英宗，明朝派人迎英宗回京。驾，古代对帝王车乘的称谓。

(22) 载造图：指重新缔造国家的规划。载，通"再"。图，规划。

(23)"姓名"句：意即永远不忘石将军的功绩。勒，刻石。云台，汉代所建高台。汉明帝为追念前代功臣，曾命人在台上画了 28 位大将军的肖像。

提 示

本诗写于明武宗正德四年（1509），距英宗被蒙古瓦剌军俘虏正好是一个甲子（60 年）。诗中记叙了 1449 年蒙古瓦剌部进逼北京城，被石亨所击退的经过，歌颂了石家父子的功勋，反映了战争给人民带来的灾难，表现了人民同仇敌忾的爱国热情和取得战争胜利的欢欣。英宗的被俘也反映了当时朝廷的昏庸。

这是一首七言古体诗，全诗 46 句，分为两层。第一层从开头至"还忆唐家郭子仪"，写作者经过清风店古战场，听当地父老介绍当年明军战胜瓦剌军的情景。先用四句诗引出全诗的内容，"店北犹存古战场"为下边描写的主要对象，"遗镞尚带勤王字"，是这次战争的性质。接着正面描写两军作战的情形：先用"杀气""满幽朔"，其"势如风雨"，极力渲染敌军气焰的嚣张，以及攻势的强大和形势的危急。再写石将军破敌追北，拯民于水火的神武。"杀敌不异草与蒿""万里烟尘一剑扫"，写将军的军威之盛；"单于痛哭倒马关，羯奴半死飞狐道"，写敌军失败之惨，与原先的骄横恰成鲜明对比。最后以霍去病、郭子仪来比拟石将军，给予崇高的评价，表示崇高的敬意。而石将军的一切功劳，又是因为"内有于尚书"，可见作者歌颂石将军的字里行间，也在为民族英雄于谦辩诬。第二层写作者的感叹。事过 60 年后，回想当年英宗回朝复辟后，抹杀了于谦同石将军的"再造功"，他们的姓名本应勒于云台之上，却先后被诬而死，所以作者感慨万千，连呼"战功天下无""战功今已无"，表示对英宗杀戮功臣的不满；又说"安得再生此辈西备胡"，表示对现实的不满和对国事的忧心。本诗在艺术上的特色：一是叙述顺畅，描写生动，议论深刻，感情强烈，四者结合，构成全诗慷慨激昂的风格。二是人称的转换自然，增强了作品内容的真实性和亲近感。先以作者为第一人称，称父老"告我"当年事；后又以父老为第一人称，称"吾民"；后边又转用第三人称。本诗叙事原有乖忤之处，钱谦益曾经加以指出，后沈德潜编《明诗别裁集》时略有改动，这里选的是《明诗别裁》本。

秋　　望

黄河水绕汉宫墙⁽¹⁾，河上秋风雁几行。客子过壕追野马⁽²⁾，将军韬箭射天狼⁽³⁾。黄尘古渡迷飞挽⁽⁴⁾，白月横空冷战场。闻道朔方多勇略⁽⁵⁾，只今谁是郭汾阳⁽⁶⁾？

注释

（1）汉宫墙：长安（今陕西西安）的城墙。汉代曾建都长安，故称。

（2）客子：客游在外的人。这里是作者自指。壕，通"濠"，即护城河。野马：指尘沙。《庄子·逍遥游》："野马也，尘埃也"。

（3）韬（tāo 滔）箭：囊中盛着箭。韬，弓袋。天狼：星名。古人认为天狼星主侵掠，故引申为来犯的敌人。

（4）"黄尘"句：黄河水流湍急，顺流而下的船只行驶如飞。古渡，指黄河渡口。飞挽，指行驶在黄河上的船只。挽，同"挽"，牵引。这里指挽船。

（5）朔方：汉郡，唐方镇名，这里泛指北方边疆。勇略：指勇敢而又有谋略的人。

（6）郭汾阳：唐名将郭子仪，曾任朔方节度使，在平定安史之乱中战功卓著，封汾阳郡王。

提示

本诗题目亦作《出使云中》。云中，唐宋郡府名，治所在今山西大同市，明代置大同镇于此，为京师的西北门户。元朝灭亡后，蒙古人退入大漠，时常兴兵骚扰北疆。李梦阳为户部官员时曾奉使临边来此。这首诗就是他出使云中的纪实之作。

此诗通过描写边塞秋日风光，抒发了作者的爱国感情，表达了他对当时边备的担心。首联点明环境和时令，写出边塞秋天的自然景观。颔联写边境剑拔弩张的局势，作者奔走于风尘之中，将军佩戴箭囊准备抵抗外敌的入侵。颈联写紧张的边备情况，在黄沙迷漫的古渡口，只有那些为守边将士运输物资的船只在疾驶，悬空寒月的惨淡光芒映照在古战场上，呈现出一片萧索景象。尾联以设想作结，给人以丰富的联想。在古代朔方出现的众多有勇有谋的统帅中，诗人特别热切地呼唤郭子仪，突出体现了诗人忧国伤时的情怀，渴望出现像郭子仪那样不但能抵御外侮，同时也能平定内乱，给国家和人民带来和平安宁的杰出人才。作品在抒发感时怀古幽情的同时，表达了作者的理想和抱负，具有强烈的现实感。

这首诗以一"望"字为线索，极尽视野，将黄河、长城、秋风、归雁、白月，组合成一幅冷峻而动荡的边塞风光图。格调雄浑，苍凉遒劲，带有沉重的历史感。"追野马""射天狼"，豪放而有力度。"迷飞辕""冷战场"等意象，画面感强，很有表现力，颇具汉唐诗风格。对于崇古模拟颇多的李梦阳来说，这确是一首不可多得之佳作。

何 景 明 诗

何景明（1483—1521），字仲默，号大复山人，信阳（今河南信阳）人，弘治年间进士，官至陕西提学副使。曾因不满宦官刘瑾专权而一度引退。他在文学上与李梦阳齐名，同为"前七子"首领，在当时影响很大。虽主张"文必秦汉，诗必盛唐"，但也反对机械的句比字拟，做"古人影子"，因此，他的诗中有不少清新之作。有《大复集》。

岁 晏 行

旧岁已晏新岁逼[1]，山城雪飞北风烈。徭夫河边行且哭[2]，沙寒水冰冻伤骨。长官叫号吏驰突[3]，府帖连催筑河卒[4]。一年征求不少蠲[5]，贫家卖男富卖田。白金纵有非地产，一两已值千铜钱[6]。往时人家有储粟，今岁人家饭不足。饥鹤翻飞不畏人，老鸦鸣噪日近屋。生男长成娶比邻，生女落地思嫁人。官家私家各有务，百岁岂止疗一身[7]？近闻狐兔亦征及，列网持矰遍山域[8]。野人知田不知猎，蓬矢桑弓射不得[9]。嗟吁今昔岂异情？昔时新年歌满城。明朝亦是新年到，北舍东邻闻哭声。

注释

(1) 旧岁已晏：指到年终。晏，晚。逼：迫近。

(2) 徭夫：为公家服劳役的人。徭，劳役。

(3) 驰突：急匆匆地奔走。

(4) 府帖：官府里下来的文书。

(5) 蠲（juān 捐）：减免。

(6) "白金"二句：白金即白银。从明英宗时起，田赋改征白银，米麦一石，收白银二钱五分。贫家交税，多用铜钱兑取白银，然后上缴。

(7)"官家"二句：侧重在私家。意为不要以为只有官家事务繁多，私家要养男嫁女，负担也很重，岂止养活一身而已。

(8)矰：(zēng 增)：一种带着丝绳用来射鸟的箭。

(9)蓬矢桑弓：这里指射猎用的武器很不中用。蓬矢，用蓬草茎做的箭。桑弓，用桑木做的弓。

提示

明正德年间，黄河连年决口，人民困于赋税徭役，无以为生。这首诗真实地描写了当时筑河卒在风雪中渡过年关的痛苦情景，不仅表现了诗人对他们的深切同情，而且对官吏的横征暴敛，催逼筑河卒，使他们不能好好在家过年的暴行，进行了有力的抨击。

全诗分为三层。第一层开头六句，写在冰封雪飘、朔风凛冽的环境中筑河卒痛苦生活的情景。官吏不顾他们的死活，仍在"叫号""驰突""连催筑河卒"。中间十六句为第二层，拓开一笔，从更广的角度写官府的横征暴敛。先概写百姓所受之苦："贫家卖男富卖田"；再具体描写田赋改征白银之祸，百姓忍饥挨饿之苦，用"饥鹤""老鸦""不畏人"，衬托"今岁人家饭不足"的情景，写得生动逼真。最后以"近闻狐兔亦征及"，进一步说明赋税灾祸之重，也深刻揭露了社会矛盾的尖锐，把矛头指向了最高统治者。诗人主观上是讽谏，客观上却说明人民的一切灾难都是统治者造成的。第三层为末四句，通过今昔对比和在特定时间内的特定情景，表达了诗人对黑暗现状的愤懑与对人民的深切同情。全诗抓住"岁晏"这一特定时间，选取典型场景加以描写，使内容具有深刻的意义。议论、叙述都以描写为基础，故形象性强。中间使用衬托、对比手法，尤为生动。

李 攀 龙 诗

李攀龙（1514—1570），字于鳞，号沧溟，历城（今属山东济南）人。明嘉靖间进士，先后任郎中、陕西提学副使、河南按察使等职。与王世贞同为"后七子"领袖，倡复古，重模拟，当时诗名很高，但后人对他的批评也很严厉。他的作品题材较狭窄，也有少数作品对时政弊端有所揭露，有些七言绝句写得清俊响亮。有《沧溟集》。

挽 王 中 丞 (1)
其 一

司马台前列柏高 (2)，风云犹自夹旌旄 (3)。属镂不是君王意 (4)，莫作胥山万里涛(5)。

其　　二

　　幕府高临碣石开(6)，蓟门丹旐重徘徊(7)。沙场入夜多风雨(8)，人见亲提铁骑来(9)。

注释

（1）挽：哀悼。王中丞：王忬，字民应，太仓（今江苏太仓）人。"后七子"领袖王世贞之父。曾官右都副御史，代蓟辽总督，进右都御史。明代副都御史，相当于汉御史中丞，故称中丞。嘉靖三十八年（1559）因为边防失利，为严嵩构陷下狱，次年处死。

（2）司马台：兵部侍郎别称少司马。王忬曾任兵部侍郎，故以司马称之。台，御史台，王忬曾任右都御史。列柏：一排排柏树。《汉书·朱博传》："御史府中列柏，常有野乌数千栖宿其上。"后世因称御史台为柏台或乌台。

（3）"风云"句：风云，比喻王忬死后留存的忠勇之气。夹，萦绕。旌旄，军旗。这句意为，他死后，他那忠勇壮烈的忠勇之气还萦绕着军中的旌旗。

（4）属镂（zhǔlòu 主漏）：古剑名。春秋时，吴王夫差因伍子胥屡谏，赐属镂剑，迫令自杀。这里借指王忬被杀。君王：指明世宗朱厚熜。

（5）胥山：吴山（在杭州西湖东南），山上建有伍子胥的祠庙。万里涛：世称"胥涛"。传说吴王夫差杀伍子胥后以鸱夷盛尸，浮之江中，伍子胥之魂愤恨难平，化作了汹涌的钱塘江涛。

（6）"幕府"句：此句说蓟辽总督治所。幕府，古代将军的府署。碣石，海边山名，在今河北昌黎县北。

（7）蓟门：又作蓟丘，现在北京德胜门西北的土城关，就是古蓟门遗址。"蓟门烟树"为北京十景之一。丹旐（zhào 照）：丧礼中用的引魂幡。重（chóng 虫）徘徊：几度徘徊。

（8）沙场：战场。

（9）提：率领。铁骑：泛指精锐的骑兵。

提示

　　《挽王中丞》共八首，作于王忬被严嵩陷害冤死后不久。尽管当时严嵩父子权势尚盛，一般人均敢怒而不敢言，但作者却敢于对王忬生前的忠勇事迹给予赞颂，对他含冤而死深表哀悼。这里选用两首。

　　第一首，对王忬的冤死表示同情，指出造成这一冤狱并非出自明世宗本心。既被害死，又非帝王之意，那么，王忬之死是由于权臣构陷，就在不言之中了。作者用"列柏高""风云""万里涛"形象地表达王忬的威严、武勇和冤抑不平之气，同时安慰死者的英灵。第二首，赞扬死者英魂不泯，雄风犹在。当诗人重游蓟门时，徘徊在王忬灵柩前，缅怀王忬当年的风采，想象他死后仍不忘报国，仿佛还能看见他亲率铁骑，驰骋于沙场风雨之中。全诗充满悲壮而又深沉的凛然正气，表达却含蓄婉转。两首七绝仅 56 字，却用了好几处典故，内容又是追悼死者的，作者的拟古倾向可见一斑。但其真挚痛悼之情，仍有一定的深度。

王 世 贞 诗

王世贞（1526—1590），字元美，号凤洲，又号弇州山人。太仓（今江苏太仓）人。嘉靖间进士，曾任山东副使、大名兵备等职，累官至南京刑部尚书。因其父王忬为严嵩所害，曾作长诗揭露严氏父子的罪恶。为人耿介正直，博闻强记，与李攀龙同为"后七子"领袖。攀龙死后，他独主文坛二十年，论诗必大历以上，论文必秦汉，在文坛影响很大。晚年，他的文学主张稍有改变，对一味模仿渐表不满，诗风转向恬淡自然，有些写时事的诗较有现实意义。有《弇州山人四部稿》等。

登 太 白 楼(1)

昔闻李供奉(2)，长啸独登楼(3)。此地一垂顾，高名百代留(4)。白云海色曙，明月天门秋(5)。欲觅重来者，潺湲济水流(6)。

注释

（1）太白楼：在今山东济宁。因李白曾在此饮酒、题壁而得名。

（2）李供奉：指李白。唐玄宗时李白曾任翰林院供奉。

（3）啸：撮口发出悠长清越的声音。这里指吟咏。

（4）"此地"二句：谓自李白登楼以后，此楼便名扬千古。垂顾，此处是"亲临"之意。

（5）"明月"句：秋夜天空月亮特别明亮。天门，这里是天空的意思。

（6）"潺湲"句：此句感叹后继无人。潺湲，流水声。济水，河名。包括黄河南北两部分，河北部分源出河南济源县西王屋山，东南流经温县入黄河。河南部分原系黄河的支流，自河南荥阳县北分黄河东出，流经山东省入海。

提示

这是一首登临怀古之诗。诗中缅怀李白，对其文章、风采表示了极为崇敬的心情。从空中落笔，直写李白的飘逸神姿，感叹名楼虽在，而诗人李白之后，竟无人可继。李白青年时代曾经漫游南北各地，至今在安徽当涂、湖北武汉和山东济宁都有太白楼遗址。本诗是指济宁的太白楼。

前二联写李白当年游览的情景。首联写李白的风度、襟怀，"昔闻"二字暗传钦羡之情，"长啸""独"三字用以形容李白的为人。颔联写李白的声名、地位，用"一垂顾""百代留"既凸显了李白的卓异，又写出了诗人的深远影响。后二联写眼前景物。颈联中所写之景，是李白在诗中多次描摹过的，如今见景思人，情不能禁。一方面表现李白不再来的空寞感，另一方面又寄希望于当有天马行空的大诗人出现。这是前二联情感流程的合理延伸，又为下一联作了必然的铺垫。尾联是由极度崇敬而自然生发出来的"前不见古人，后不见来者"的慨叹，流露出作者"恨不得与其同时"的惆怅之情。

有关李白的事迹、传说很多，题咏其人，很难下笔。作者并没有正面描写李白和太白楼，而是巧妙地弃其实事，择其风度、襟怀等精神气质上的情状加以咏赞，非常传神。前二联叙事见情，后二联写景见情。明与暗、现与隐、直露与含蓄相结合，避免了结构上的板滞，使全诗的情与景有机地交织在一起。登楼所见（景）与登楼所想（情）妙合无痕，创造了本诗的意境，形成了本诗在写作上的突出特色。全诗清新疏朗，语言精巧而不雕琢。

唐　寅　诗

唐寅（1470—1523），字伯虎，一字子畏，自号六如居士，吴县（今属江苏苏州）人。弘治十一年（1498）乡试第一，世称唐解元。唐寅蔑视世俗，生活狂放不羁。作诗不拘成法，多用口语，敢于突破格律限制，大胆表达真情实感，题画诗清丽动人。他的诗文书画都有名，与祝允明、文徵明、徐祯卿并称为"吴中四才子"。有《六如居士全集》。

题　画

秋水接天三万顷[1]，晚山连树一千重[2]。呼他小艇过湖去[3]，卧看斜阳江上峰。

注释

（1）顷：地积单位，百亩为一顷。三万顷，虚指，形容湖面极为广阔。

（2）重（chóng 虫）：重叠，多。

（3）艇：轻快的小船。

提示

这是一首题画诗，将画面上秋天傍晚的景色，秋水、远山、小艇、斜阳交织在一起，构成一种美妙的诗的意境。秋天的傍晚，浩渺的湖水和辽阔的远天连接在一起，重叠的山峦上是莽莽苍苍的树木。小艇在湖上轻轻地荡漾，人靠卧在艇上凝视着远方，远山的峰峦仿佛浮荡在水面上，在夕阳斜晖的映照下，或明或暗，绚丽多彩。这一切构成了幽美的境界，诗情画意十分巧妙地融合在一起，真可谓"诗中有画，画中有诗"。从艺术上看，前一联"秋水"对"晚山"，"接天"对"连树"，"三万顷"对"一千重"，名词、动词、数词、量词两两相对，工整和谐。语言玲珑剔透，简洁明快。

文 徵 明 诗

文徵明（1470—1559）名璧，字徵明，号衡山居士，长洲（今属江苏苏州）人。以岁贡生荐试吏部，任翰林院待诏，不久即辞职归家。诗文书画皆工，尤以画著称，诗宗白居易、苏轼。有《甫田集》。

新 秋

江城秋色净堪怜[(1)]，翠柳鸣蜩锁断烟[(2)]。南国新凉歌《白纻》[(3)]，西湖夜雨落红莲。美人寂寞空愁暮[(4)]，华发凋零不待年[(5)]。莫去倚栏添怅望[(6)]，夕阳多在小楼前。

注释

（1）净堪怜：明净可爱。怜，爱。

（2）蜩（tiáo 条）：蝉，亦称"知了"。锁断烟：笼罩着烟雾。

（3）《白纻》：古舞曲名，一作"白苎"。舞者穿如轻纱的白纻长袖舞衣。白纻即白麻。

（4）"美人"句：全句用屈原《离骚》"惟草木之零落兮，恐美人之迟暮"的句意。美人，这里用以自喻。

（5）华发：头发花白。不待年：年岁不等人的意思。

（6）怅望：怅然怀想。

提示

这首诗通过描写江城新秋的景色，抒发了诗人的寂寞惆怅的情怀。开篇即突出描写新秋的特点，紧扣主题。秋高气爽，明净可爱，轻烟笼罩着绿柳，绿柳中时闻鸣蝉，《白纻》歌声阵阵，红莲在夜雨中飘零。在这幅有声有色的图画中，包含着一种令人悲伤的秋意。接着是诗人抒怀。虽然秋天的景色是那样美好，但岁月不待人。诗人很自然地联想到华发凋零，禁不住发出了"美人迟暮"的感叹。最后，通过写落日斜晖，进一步衬托出一种无名的悲秋情绪。本诗紧紧抓住新秋这一特定季节，选取了富于特征的景物来加以描写，极有特色，处处都呈现出令人惆怅的色调。全诗情调凄惋，语言明净，情景交融，意境清新。

袁 宏 道 诗

　　袁宏道（1568—1610），字中郎，号石公，公安（今湖北公安）人。万历进士，历任吴县知县、顺天府教授、国子监助教和礼部主事等职。与兄宗道、弟中道，并称"三袁"，同为公安派领袖，而以宏道成就最高。他的思想和创作深受李贽和徐渭等人的影响。主张文学创作要"独抒性灵，不拘格套"，力矫前后七子拟古主义的流弊。他的诗风格清新，但题材比较狭窄，有的篇章表现了对人民的同情。有《袁中郎全集》。

竹 枝 词
其 一

　　雪里山茶取次红⁽¹⁾，白头孀妇哭春风。自从貂虎横行后⁽²⁾，十室金钱九室空。

其 二

　　贾客相逢倍惘然⁽³⁾，楩楠杞梓下西川⁽⁴⁾。青天处处横珰虎，鬻女陪男偿税钱⁽⁵⁾。

注释

（1）山茶：常绿灌木，冬春开花，花朵很大，颜色鲜艳。取次：任意，随便。

（2）貂虎：指宦官。宦官的帽子以貂尾和金珰为饰，后来便以貂珰为宦官的代称，貂虎和珰虎都是骂宦官的话。

（3）贾（gǔ 古）客：商人。惘然：失意难过的样子。

（4）楩（pián 骈）楠杞（qǐ 起）梓：四种优质木材。

（5）鬻（yù 玉）女陪男：卖女卖男。

提示

　　竹枝词源于四川东部巴渝一带的民歌，自唐诗人刘禹锡改作新词后，盛行于世。此后历代诗人写《竹枝词》者甚多，多咏当地风俗和男女爱情。形式都是七言绝句，语言通俗，音调轻快。袁宏道的竹枝词用以揭露社会黑暗，具有开创意义。

明神宗万历时，社会政治日趋黑暗腐败，危机四伏。万历中期开始，朝廷委派宦官任矿监、税使，到处搜刮、勒索民财。对此民愤极大，怨声载道。这两首竹枝词，通过两件具体的事，深刻揭露了最高统治者及其爪牙宦官给人民带来的深重灾难。前一首写一个年老寡妇的悲惨遭遇。在山茶花怒放的大好春光里，老年寡妇却在痛哭。紧接着就指出了老妇哭泣的原因是由于"貔虎横行"造成了"十室金钱九室空"，使老妇人无以为生。后一首，以贩木材的商人为了纳税要卖儿鬻女的典型事例，进一步点明当时社会的黑暗。由于"珰虎"横行，使他们也无路可走。两首诗，表面上都是明写宦官处处横行，实质上矛头指向了最高统治者。诗中突出一个"横"字，写尽了宦官横行无忌、蛮横无理的特点。以果证因，以因引果，把人民苦难与宦官横行的因果关系艺术地再现出来。诗用民歌形式，语言流畅，风格清新。

戚继光诗

戚继光（1528—1587），字元敬，号南塘，登州（今山东蓬莱）人。他出身于将门，历任指挥金事、参将、总督、总兵官等职。是明代抗倭名将，屡立战功。后奉调北上任蓟镇总兵，修防备战，节制严明。他不仅以武功著名，还善诗文，写了不少抒发豪情壮志和描写军旅生活的诗篇，风格高亢雄健。有《止止堂集》。

登舍身台

向来曾作舍身歌，今日登临意若何？指点封疆余独感(1)，萧疏鬓发为谁皤(2)？剑分胡饼从人后(3)，手掬流泉已自多(4)。回首朱门歌舞地(5)，尊前列鼎问调和(6)。

注释

(1) 封疆：这里指边界。
(2) 萧疏：稀疏。皤（pó 婆）：白。
(3) 剑分胡饼：用剑切开大饼，指军队分发干粮。胡饼，烧饼，大饼。
(4) 掬（jū 居）：双手捧取。
(5) 朱门：朱红的大门，这里借指权贵府第。
(6) 尊：酒器。列鼎：列鼎而食。指权贵府第的奢侈生活。调和：指菜肴的味道调和得好不好。

提示

这首诗借写登临舍身台，表述了自己舍身卫国的壮志，指责权贵们醉生梦死的奢侈生活。首联直言素志，指自己素怀舍身为国之志，故登临舍身台，感慨良多，从而引发下边二联的内容。颔联、颈联承接上联的"意"字，抒写感慨：一是感叹在镇守边关、南征北战的戎马生涯中，自己头发斑白脱落了，"为谁皤"三字使人深感孤独寂寞，知音之少，愤慨之情，隐于言内；二是表明自己带兵从来都是身先士卒，与部伍同甘共苦，不愿享受特殊的待遇。"剑分胡饼从人后，手掬流泉已自多"两个细节，充分表现了这一点。尾联是斥责权贵们不顾国家安危，只图个人享乐的可耻行为。诗中运用对比的手法来表达思想感情，有强烈的艺术效果。"朱门歌舞""尊前列鼎"与"剑分胡饼""手掬流泉"两种行为形成了鲜明的对照，从而对那些奢侈腐化的达官贵人进行了有力的鞭挞，更显出作者忠心之可敬，形象之高大。诗的语言质朴自然、明白晓畅，没有堆垛和秾丽的毛病。

陈 子 龙 诗

陈子龙（1608—1647），字卧子，号大樽，华亭（今上海松江）人。崇祯间进士，官至兵科给事中。清兵入关时，他参加南明政权，后来和夏允彝父子等积极开展抗清武装斗争，失败被捕，锁于船中，乘间投水自杀殉国。他曾与夏允彝等组织几社，以文章气节为重，与复社相应和。他的诗歌虽受前后七子影响，但拟古倾向并不严重，后期作品多感事伤时，沉郁苍凉，慷慨悲壮。有《陈忠裕公全集》。

易 水 歌⁽¹⁾

赵北燕南之古道⁽²⁾，水流汤汤沙皓皓⁽³⁾。送君迢遥西入秦，天风萧条吹白草⁽⁴⁾。车骑衣冠满路旁，骊驹一唱心茫茫⁽⁵⁾。手持玉觞不能饮，羽声飒沓飞清霜⁽⁶⁾。白虹照天光未灭⁽⁷⁾，七尺屏风袖将绝⁽⁸⁾。督亢图中不杀人⁽⁹⁾，咸阳殿上空流血。可怜六合归一家⁽¹⁰⁾，美人钟鼓如云霞⁽¹¹⁾。庆卿成尘渐离死⁽¹²⁾，异日还逢博浪沙⁽¹³⁾！

注释

（1）《易水歌》：指荆轲饯别燕太子丹时所唱的悲歌："风萧萧兮易水寒，壮士一去兮不复还!"后世多以《易水歌》命名悲壮的送行诗。

（2）赵北燕南：易水所在之地，北为燕，南为赵，襟带二国。

（3）汤（shāng 商）汤：水大流急的样子。皓皓：同"浩浩"，广大貌。

（4）白草：北方生长的一种草，似莠而细，无芒，秋后干枯呈白色。

（5）骊驹：送别之歌，传为《诗经》之逸篇。茫茫：这里指心情无着落的样子。

（6）"羽声"句：这句说，送别时的音乐声冷峻悲壮，犹如纷纷扬扬的大雪。羽声，中国古代五音之一。飒沓，纷繁众多。清霜，指雪。

（7）白虹照天：犹白虹贯日，古人以为精诚感天之兆。

（8）"七尺"句："七尺屏风"当为"八尺屏风"之误。据《燕丹子》琴声曰："罗縠单衣，可掣而绝，八尺屏风，可超而越，鹿卢之剑，可负而拔。"《史记·刺客列传》载，荆轲行刺时："左手把秦王之袖，而右手持匕首揕之。未至身，秦王惊，自引而起，袖绝。拔剑，剑长，操其室。时惶急，剑坚，故不可立拔。荆轲逐秦王，秦王环柱而走。"当时不是绕屏风而是环柱而走。诗中用"七尺屏风"借指"柱"。

（9）督亢图：荆轲入秦时带给秦王的燕国富庶地区的地图，图中藏匕首。督亢，在今河北涿县东。

（10）六合：指天地四方，亦泛指天下。这里指秦统一中国。

（11）"美人"句：秦始皇每破诸侯，即在咸阳仿造各国宫室，以诸侯之美人、钟鼓充入之。云霞，极言美人、钟鼓之多。

（12）庆卿：即荆轲。《史记·刺客列传》："荆轲者，卫人也。其先乃齐人，徙于卫，卫人谓之庆卿。"渐离：高渐离，荆轲之友。善击筑，燕亡后，曾灌铅于筑，举筑击秦王，不中，被杀。这句暗指左懋第及其同僚被杀。左懋第为南明弘光帝派遣北上与清议和的使臣，在北京被拘留，南京失守后拒降被害。

（13）博浪沙：地名，在今河南原阳东南。张良为韩国复仇，得力士，于博浪沙掷铁锥击秦始皇，未中（事见《史记·留侯世家》）。

提示

本诗是托古伤今之作，借咏荆轲哀悼左懋第，抒发诗人抗清的抱负，赞美左懋第为理想和正义甘冒风险，不顾个人安危的英雄行为。左懋第，字梦石，莱阳人，崇祯间进士。清兵入关后，南明弘光朝遣使与之通好，以止其南下。右佥都御史左懋第自愿请行，至北京被扣留。第二年清兵攻陷南京，左拒降被害。诗人咏叹荆轲是由现实所触发，但并不是处处都用荆轲写左懋第，更侧重的是沉郁悲壮的气氛和字里行间的炽热之情。

全诗可分为三层。第一层即前八句，写易水送别，渲染"风萧萧兮易水寒，壮士一去兮不复还"的悲壮气氛。先以景托情，写"水流汤汤""天风萧条"，描绘出一派萧条苍凉的景象。再写送行者的悲凉冷峻的情绪，"手持玉觞不能饮，羽声飒沓飞清霜"，把送别者"心茫茫"的情绪表现得十分具体生动。中间六句为第二层，正面描写荆轲刺秦王的经过和悲剧性的结局。尽管荆轲的行为使白虹贯日，但功败垂成，结果让"六合归一家，美人钟鼓如云霞"。诗人对秦王的胜利十分不满，用"可怜"一词表达了这种强烈的不满情绪。最后两句是第三层，缅怀英雄的功业，同时展望未来，表达了一种强烈的复仇情绪。结句奇拔，悲壮有力，给人以极大的鼓舞。全诗构思精当，看似平铺直叙，其实写景、叙事都选取极有特征者，如汤汤之水、皓皓之沙、萧条之风、枯萎之草，以及"袖将绝"而未击中、献地图而"空流血"，从而构成了一种特有的典型环境，制造了一种悲壮气氛。传统咏史诗往往直接联系现实，显露直白；本诗看似为咏史而咏史，但字里行间透露出时代的气息，显得含蓄有致。明清之际的读者，读本诗很自然地会联想到抗清斗争。此外，语言古朴雄健，令人有一唱三叹之感。

夏 完 淳 诗

　　夏完淳（1631—1647），原名复，字存古，松江华亭（今上海松江）人。9岁能诗文，15岁从父夏允彝、师陈子龙起兵抗清。事败之后，允彝与子龙先后死难。夏完淳复入吴易（一作易）军中，参谋军事。军败后，流亡于江汉之间，继续为抗清奔走。后为人告发被捕，解送至南京。洪承畴以其年幼，欲为他开脱，完淳痛骂不止，凛然就义，年仅17岁。是中国历史上罕见的少年民族英雄诗人。他的诗歌表现出悲壮激越、高亢雄壮的风格。有《夏完淳集》。

即　　事
其　　一

　　复楚情何极，亡秦气未平⁽¹⁾。雄风清角劲⁽²⁾，落日大旗明⁽³⁾。缟素酬家国⁽⁴⁾，戈船决死生⁽⁵⁾。胡笳千古恨⁽⁶⁾，一片月临城。

其　　二

　　战苦难酬国⁽⁷⁾，仇深敢忆家⁽⁸⁾！一身存汉腊⁽⁹⁾，满目尽胡沙⁽¹⁰⁾。落月翻旗影，清霜冷剑花⁽¹¹⁾。六军浑散尽⁽¹²⁾，半夜起悲笳。

其　　三

　　一旅同仇谊⁽¹³⁾，三秋故主怀⁽¹⁴⁾。将星沉左辅⁽¹⁵⁾，卿月隐中台⁽¹⁶⁾。东

阁尘宾幕⁽¹⁷⁾，西征愧赋才⁽¹⁸⁾。月明笳鼓切，今夜为谁哀？

注释

（1）"复楚"二句：暗用"楚虽三户，亡秦必楚"（《史记·项羽本纪》）语意。意思是，想要恢复明王朝的心情十分急迫，消灭敌人的志气丝毫没有平息。复楚，隐指复明。亡秦，隐指亡清。

（2）雄风：指义军的军威。清角劲：清越的号角声悲壮有力。

（3）落日：指夕阳斜晖。大旗：指义军的军旗。

（4）缟（gǎo 稿）素：指白色的孝服。酬家国：报家国之仇。酬，报。家仇，指父夏允彝于顺治二年兵败，投水殉国；国仇，指明朝灭亡。

（5）戈船：战船，指义军的水师。

（6）胡笳：古代的管乐器。这句指清军势大。

（7）"战苦"句：意思是强敌当前，形势艰苦，报仇雪恨实非易事。

（8）敢：这里是岂敢、不敢之意。

（9）汉腊：这里以汉代明，用以表示要毕生忠于明王朝。腊，从周代开始的一种岁终祭祀活动。

（10）胡沙：借指清军。

（11）剑花：剑上的霜花。

（12）浑：全。

（13）"一旅"句：指吴易所率领的这支义军，为了抗清结成了同仇敌忾的情谊。一旅，据《左传·哀公元年》中"有众一旅"注："五百人为旅"。

（14）三秋：1644 年，明思宗在煤山自缢，1646 年作者入吴易义军，前后整三年，故称三秋。故主怀："怀故主"的倒装。故主，指明思宗。

（15）"将星"句：指 1645 年清兵攻陷扬州，史可法死难。将星，古代认为帝王将相都与天上星宿相应，人死星落。左辅，汉以左冯翊为左辅，右扶风为右辅，并京兆合称三辅。这里因扬州地处南明首都南京之左边（东边），借称左辅。

（16）"卿月"句：这里卿月比喻贤臣。中台，星名，三台之一。古代以三台喻三公之位，中台谓司徒，这里指朝廷。此句是指马士英、阮大铖等奸佞当权，朝政败坏，贤良之士尽皆隐避。

（17）"东阁"句：意思是说，自己能力差，不能胜任吴易的军事参议。东阁，语出《汉书·公孙弘传》："于是起宾馆，开东阁，以延贤人，与参谋议。"尘，玷污。宾幕，即幕宾。

（18）"西征"句：意思是说，惭愧自己没有像潘岳一般的才能。西征，潘岳曾作《西征赋》。

提示

《即事》三首，是作者于 1646 年参加吴易抗清义军后所写。当时南京已陷入敌手，完淳父夏允彝和师陈子龙已先后兵败殉国。作者身在义军，面对旌旗号角，怀着无限愤慨之情，写下了这组诗，诗中抒发了自己的亡国之恨和雪耻光复的雄心壮志。组诗写自己的悲壮而沉痛的经历和感受，又能紧扣当时的环境，流露出强烈的灭清复明的思想感情，故十分感人。

第一首着重写抗清意气。入手擒题，开宗明义，直抒胸臆，抒写作者复明抗清的雄心壮志，为全诗定下苍凉悲壮的基调。接着描绘战场上的景色：烈风传出悲壮感人的号角，落日映照着义军鲜明的大旗。用"角"与"旗"两个意象，用"劲"与"明"两个醒目的词，突出体现义军庄严、雄壮的军威。"缟素酬家国，戈船决死生"，写誓死报效国家，是开篇"复楚""亡秦"的补充。"酬家国"是目的，"决死生"是决心，鲜明地突出了为雪耻复国而生死决战的壮烈情怀。最后，以悲凉的胡笳与凄冷的月色来渲染义军战斗的艰苦和作者的悲凉心境。

第二首着重写斗争的艰苦。以"战苦"提摄全篇，因为寡难敌众才"难酬国"，因为仇深才不"敢忆家"，苦而且难，仍能坚持战斗，这就突出了仇之大且深。"仇深"二字是关键。接着以汉喻明，表示不忘故国。再接着转入冬夜军营景象的描写，以"落月""旗影""清霜"和"冷剑"四个意象勾画出冬夜军营气氛，是对"战苦"的具体描写。最后是以"六军浑散尽"写福王政权的败灭，以清越的夜半笛声来表现军情火急和更加艰苦的义军抗清斗争。

第三首写同仇敌忾的精神。开篇即直言对明思宗的怀念。崇祯皇帝煤山自缢，到作者写此诗时已经三年。接着写史可法蒙难。扬州城破，是各镇不听调动，福王政权腐败无权威的结果，叙述中有揭露、有批判、有深沉的感慨。接着又转向对作者自身的描述，惭愧自己身为幕宾却没有潘岳那样的才能，这是作者的自谦。最后以设问作结，引人深思。

三首诗的共同特点是：直抒胸臆与典型意象、景物烘托相结合。都是用对起手法，四联中有三联是对句，形成整饬的格律、庄严的风韵。都是运用衬托手法来表现义军不畏强敌、不怕艰苦的崇高民族精神，有时用比喻、象征等手法，把作者的强烈故国情怀抒发出来。诗风激越而蕴藉、沉雄。

别　云　间⁽¹⁾

三年羁旅客⁽²⁾，今日又南冠⁽³⁾。无限河山泪，谁言天地宽？已知泉路近⁽⁴⁾，欲别故乡难。毅魄归来日⁽⁵⁾，灵旗空际看⁽⁶⁾。

注释

（1）云间：松江县的古称。这首诗是作者被俘后告别家乡时所作。

（2）羁（jī基）旅客：在外奔波的人。

（3）南冠：春秋时，晋侯观于军府，见钟仪戴南冠，问之曰："南冠而絷者谁也？"有司对曰："郑人所献楚囚也"（见《左传·成公九年》）。后世因以南冠为囚犯的代称。

（4）泉路：通往九泉之路，指死。

（5）毅魄：忠毅之魂。语出屈原《九歌·国殇》："身既死兮神以灵，魂魄毅兮为鬼雄。"

（6）"灵旗"句：灵旗，古代战旗之一，因上面画有招摇星而得名。《汉书·礼乐志》："招摇灵旗。"此句谓自己死后魂灵在空中看着后继者高举战旗，继续抗清。

提示

此诗是顺治四年（1647）6月，诗人在被捕后解往南京前，告别松江时所作。作者因上表谢鲁王遥授中书舍人，被奸人告发被捕。这首诗表达了诗人对祖国山河、亲人、故土和自由生活的深深眷恋之情，抒发了诗人国仇未报、壮志难伸的悲愤心情和誓死不屈、矢志复明的顽强抗清斗志。

在写法上，此诗避免了平直的抒情方式，而是在感情的交错矛盾中层层推进，使主题的表现更为深刻。首联是递进关系，"三年"与"又"联用，暗示离乡之久、思念之深、永别之憾。中间二联抒写悲恨之情：颔联着眼于国事，是公；颈联着眼于家事，是私。尾联反振而起，于悲恨中忽见慷慨之情，以表明诗人的悲不是源于小儿女之私情，而是来自报国无日的公心。

本诗基调昂扬激越，慷慨悲壮。表情达意柔中有刚，刚柔相济：一、三联表现的是诗人被捕以后痛不欲生而又依恋故乡的悲楚，是柔；二、四联表现的是愤激、坚定和乐观，是刚。三年艰难的斗争生活结束了，而今成为囚徒，失却自由，故国无限江山沦入敌手，自己竟连容身之地也没有。殉国的日子近在眼前，即将永别可爱的故乡和白发慈亲，心中涌起难忍的悲痛。尾联写出了少年英雄凛然不可侵犯的忠贞气节。全诗悲凉而不悲观，在低回的悲痛中，突出了反抗异族压迫的强音。诗人在《土室余论》中说："今生已矣，来世为期。万岁千秋，不销义魄；九天八表，永历英魂。"在套曲《仙吕·傍妆台》中有句云："英雄恨，泪满巾，何日三户可亡秦！"这些文字所表达的思想感情可同此诗相印证。

词

刘 基 词

作者生平介绍见诗歌部分。

浣 溪 沙

布谷催耕最可怜⁽¹⁾，声声只在绿杨边，夕阳江上雨馀天⁽²⁾。
满地蓬蒿无旧陌⁽³⁾，几家桑柘有新烟⁽⁴⁾，战场开尽是何年⁽⁵⁾？

注释

（1）布谷：鸟名，又名勃姑、播谷。鸣声似"布谷"，鸣又当播种时，每谷雨后始鸣，夏至后乃止，农家以为候鸟，故相传布谷为劝耕之鸟。《后汉书·襄楷传》："臣闻布谷鸣于孟夏，蟋蟀吟于始秋。"

（2）雨馀：雨后。

（3）陌：田间小路。

（4）桑柘：桑，落叶乔木。叶卵圆形，边缘有锯齿，果实可食用和酿酒，叶可饲蚕。柘，亦名黄桑，灌木或小乔木，叶子也可饲蚕。桑柘多植于乡村房舍周围。

（5）"战场"句：意思是战乱频仍，年年开辟新战场，这种情形何年才是尽头？

提示

元末群雄割据，战乱经年，社会动荡不安。诗人在春耕时节的傍晚，面对着声声布谷催耕的大好春光，看到的只是蓬蒿遍野的农村景色。从眼前的景物很自然地联想到战争频仍，农业生产遭到严重破坏，人民生活很不安定。面对这景象，诗人不由得要发问，这种情况何时才能结束呢？词中表现了诗人对和平安定生活的渴望和对人民的同情。全词选取具有典型意义的景物构成画面，形象鲜明，语言质朴。

高 启 词

作者生平介绍见诗歌部分。

念 奴 娇
自 述

策勋万里⁽¹⁾，笑书生骨相⁽²⁾、有谁相许⁽³⁾？壮志平生还自负⁽⁴⁾，羞比纷纷儿女⁽⁵⁾。酒发雄谈⁽⁶⁾，剑增奇气，诗吐惊人语。风云无便⁽⁷⁾，未容黄鹤轻举⁽⁸⁾。　　何事匹马尘埃，东西南北犹羁旅⁽⁹⁾。只恐陈登容易笑⁽¹⁰⁾，负却故园鸡黍⁽¹¹⁾。笛里关山⁽¹²⁾，樽前日月⁽¹³⁾，回首空凝伫⁽¹⁴⁾。吾今未老，不须清泪如雨。

注释

（1）策勋：记载功勋，这里是建功立业的意思。策，通"册"，古代用竹片或木片记事著书，成编的叫策。

（2）骨相：旧时迷信，根据人的骨骼相貌判知人的贵贱安危等。

（3）相许：相信，认可。

（4）自负：自恃，自许。

（5）纷纷儿女：一般青年男女。

（6）雄谈：雄健有力的言论。

（7）风云无便：际遇难逢，不得机会。风云，比喻际遇。

（8）黄鹤轻举：黄鹤轻快地飞翔。比喻人得志，施展抱负。

（9）羁旅：在外地作客。

（10）陈登：三国时下邳人，曾用计谋帮助曹操打败吕布，因功封伏波将军。他鄙视那种只会求田问舍，不能匡时济世的庸碌之人。

（11）故园鸡黍：家乡的农家饭菜。

（12）笛里关山：指自己羁旅生活的历程。关山，泛指关隘和山川。

（13）樽前日月：指在家中度过的闲适岁月。樽，酒杯。日月，比喻时光的流逝。

（14）凝伫：因有所思考而静立不动。

提示

这是一首抒怀的词。上阕写自己的壮志、奇才和怀才不遇的感叹。"策勋万里"，抱负不凡；"酒发雄谈，剑增奇气，诗吐惊人语"，才气超群。但是，终究无人相许，故难以施展抱负。"未容"二字包含了多少愤慨之情、不平之气。下阕紧承"风云无便"二句写自己的遭遇：不仅壮志未酬，抱负成空，而且"匹马尘埃，东西南北犹羁旅"。面对这种现实，作者内心充满了济世与退隐的矛盾。最后两句是对自己的慰勉，也是对社会的控诉。全词真实地表现了封建社会知识分子的怀才遭遇，是对扼杀人才的社会的抨击；笔力雄健，风格豪放，为明词中的佳作。

杨　慎　词

杨慎（1488—1559），字用修，号升庵，新都（今四川新都）人。正德间进士第一，授翰林院修撰。因直言进谏，被明世宗廷杖，谪戍云南永昌，在那里生活三十余年，一直到死。杨慎天才高逸，学识渊博，著述甚多。诗文词曲俱工，有《升庵集》《词品》等。

临　江　仙⁽¹⁾

滚滚长江东逝水，浪花淘尽英雄⁽²⁾。是非成败转头空。青山依旧在，几度夕阳红。　　白发渔樵江渚上⁽³⁾，惯看秋月春风。一壶浊酒喜相逢。古今多少事，都付笑谈中。

注释

（1）杨慎作的长篇弹词《廿一史弹词》，以正史所记的事迹为题材，用浅近的文言写成。唱词均为十字句，后再系以诗词或曲。这首《临江仙》是《廿一史弹词》第三段"说秦汉"的开场词。

（2）"滚滚"二句：用杜甫《登高》诗"不尽长江滚滚来"，苏轼《念奴娇》词"大江东去，浪淘尽，千古风流人物"之意。

（3）渔樵：渔父樵夫。江渚（zhǔ 主）：江边。渚，水中的小洲。

提示

这首词借千古英雄的是非成败，抒发了作者的怀古之情，表达了一种复杂的历史观和人生观。上片写古往今来多少英雄的成败犹如大浪淘沙和长江流水，转眼成空。下片写江上渔樵浊酒相逢的清谈快论，娓娓动听。在高亢的音调之中，包含着一种叹惋的思想情绪，曲折地表达了对现实的不满。全篇并未提秦汉时期任何英雄的具体事迹，却给人以丰富的想象空间，使人感到意味无穷，豪放中有含蓄，高亢中有深沉。本词曾为小说《三国演义》引用，流传较广。

王世贞词

作者生平介绍见诗歌部分。

忆　江　南

歌起处，斜日半江红。柔绿篙添梅子雨⁽¹⁾，淡黄衫耐藕丝风⁽²⁾。家在五湖东⁽³⁾。

注释

(1) 柔绿篙（gāo 高）：撑船用的绿色新竹篙。

(2) 藕丝风：微细的风。藕丝，莲藕中的丝，这里借指微细。

(3) 五湖：说法不一。原意应指太湖一带的湖泊。这里是指太湖。

提示

这首词描绘了江南水乡的两幅美丽图画。一是长江夕照图：傍晚，夕阳映红了半个江面。二是风雨泛舟图：远处的渔舟上传来阵阵歌声。身着淡黄衫，手持绿竹篙的舟子，在黄梅时节的微风细雨中，正摇荡着小舟，航行在湖上。两幅图画互相联系，既有画面的变化，又有时间的推移，清丽淡雅，令人神往，表达了作者强烈的思乡之情和归隐思想。

文　徵　明词

作者生平介绍见诗歌部分。

满　江　红

漠漠轻阴⁽¹⁾，正梅子、弄黄时节⁽²⁾。最恼是，欲晴还雨，乍寒又热⁽³⁾。燕子梨花都过也，小楼无那伤春别⁽⁴⁾。傍阑干、欲语更沉吟⁽⁵⁾，终难说。
一点点，杨花雪⁽⁶⁾；一片片，榆钱荚⁽⁷⁾。渐西垣日隐⁽⁸⁾，晚凉清绝。池面盈盈清浅水⁽⁹⁾，柳梢淡淡黄昏月。是何人，吹彻玉参差⁽¹⁰⁾，情凄切！

注释

(1) 漠漠：弥漫的样子。

(2) "正梅"二句：南方春夏之交时，水润土潮，蒸郁成雨，正是梅子黄熟时期。

（3）乍：忽然，骤然。

（4）无那：无奈。

（5）沉吟：沉思吟味。

（6）杨花雪：似雪一般的杨花。

（7）榆钱荚：即榆荚，俗称榆钱。

（8）垣：矮墙，也泛指墙。

（9）盈盈：水清澈的样子。

（10）彻：贯通，深透。参差：古乐器名，或说洞箫或说笙。

提示

这首词描写主人公在梅雨时节的无限惜春、伤春感情。上片写轻云漫天，欲晴还雨，忽冷忽热的气候。燕子归去，梨花落地，主人公独自凭栏，凝视沉吟，不禁产生春归难觅的惆怅情怀。下片写夜幕降临前的残春景象。落日西沉时的盈盈碧水清见底，淡淡昏月挂柳梢，加上飘洒着的点点杨花，片片榆荚，构成了清凉寂静的意境。这时，远处传来了凄切动人的箫声，更烘托了主人公惜春伤春的怅惘情思。这首词充满了诗情画意，词语华美隽永，感情深沉凄惋，在雅饬之中见逸韵。

陈 子 龙 词

作者生平介绍见诗歌部分。

山 花 子
春 恨

杨柳迷离晓雾中[1]，杏花零落五更钟[2]。寂寞景阳宫外月[3]，照残红。蝶花彩衣金缕尽[4]，虫衔画粉玉楼空[5]。惟有无情双燕子，舞东风[6]。

注释

（1）迷离：模糊不清。

（2）零落：凋谢。五更：旧时计时制度，一夜分为五更。这里是指第五更，天将破晓时。

（3）景阳宫：南朝宫殿名。《南齐书·皇后传》："置钟于景阳楼上，宫人闻钟声早起妆饰。"当隋兵攻入景阳宫时，陈后主与宠妃躲入景阳宫井内，被隋兵擒获。

（4）"蝶花"句：据《罗浮小志》载："山有蝴蝶洞，在云峰岩下，古木丛生，四时出彩蝶，世传葛仙遗衣所化。"此处指绣有蝴蝶的彩衣。缕，线，也泛指线状物。

（5）虫衔画粉：指虫子将玉楼画栋都蛀蚀了。玉楼：华丽的高楼。

（6）东风：春风。《礼记·月令》："孟春之月，东风解冻。"

提示

全词借南朝陈后主的亡国，来感叹南明王朝行将灭亡的愤慨。上阕写景阳宫的晚春景色：杨柳隐藏在迷茫的晓雾之中，原来唤醒宫人的五更钟，现已不见宫人的倩影，只有杏花在晨风中飘落，天外的冷月在寂寞的景阳宫上照着散落的残花，一片凄冷的场景，点出一个"恨"字，暗示着南明王朝难逃灭亡的命运。下阕写景阳宫的败落景象：身着金缕彩衣的宫女早已云散，雕梁画栋亦被蠹虫蛀蚀，只有无情的燕子，还在东风中飞翔，令人想起刘禹锡"旧时王谢堂前燕，飞入寻常百姓家"的那种慨叹。全词思绪深邃，感情绵邈，语言清丽，以婉约之词，抒豪放之气，是难得的一首小令。

点　绛　唇
春日风雨有感

满眼韶华[（1）]，东风惯是吹红去[（2）]。几番烟雾[（3）]，只有花难护。
梦里相思，故国王孙路[（4）]。春无主，杜鹃啼处[（5）]，泪染胭脂雨[（6）]。

注释

（1）韶华：美好的时光。这里指春光。

（2）吹红去：把花吹落。

（3）几番烟雾：即几番风雨。烟雾，烟雾般的蒙蒙细雨。

（4）王孙：古代贵族子弟的通称。杜甫《哀王孙》诗："可怜王孙泣路隅。"

（5）杜鹃：鸟名，又名杜宇、子规。传说古代蜀国国王望帝，失位后化为此鸟，春日则鸣，其声极哀痛，口吻流血。

（6）胭脂：一种红色颜料，也泛指红色。这里指雨中落花。杜甫《曲江对雨》诗："林花着雨胭脂湿"。

提示

陈子龙是明末民族英雄，他所作诗歌感伤时事，悲愤苍凉。但他的词却风流婉转，婀娜韶秀，独标清丽。这首词，明写风雨送春的惜春感怀，暗寓对故国的深沉怀念。上片写大好春光，在春风春雨的吹打下，即将消逝。眼看着春花凋零，无力卫护。下片写在这春归难留的日子里，哀鸣的杜鹃啼血，把春雨都染成了红色。诗人对故国的怀念，魂梦相牵，无法排遣。寄意绵邈凄恻。

夏 完 淳 词

作者生平介绍见诗歌部分。

一 剪 梅
咏 柳

　　无限伤心夕照中。故国凄凉，剩粉馀红[(1)]。金沟御水日西东[(2)]，昨岁陈宫[(3)]，今岁隋宫[(4)]。　　往事思量一饷空[(5)]。飞絮无情，依旧烟笼[(6)]。长条短叶翠蒙蒙[(7)]，才过西风，又过东风。

注释

（1）剩粉馀红：这里是借指南明小朝廷残破的宫殿。

（2）"金沟"句：宫苑里的溪水，日夜由西向东流着。金沟，宫苑内的溪流。御水，指金沟的流水。

（3）陈宫：陈朝的宫殿。陈后主陈叔宝，在位 7 年（583—589），荒淫享乐，政治腐败，终于亡国。

（4）隋宫：隋朝的宫殿。隋炀帝杨广，在位 14 年（605—618），奢侈享乐，大兴土木，劳民伤财，严重破坏生产，终于导致亡国。

（5）一饷：同"一晌"，片刻。

（6）烟笼：烟雾笼罩。

（7）蒙蒙：形容飞絮像小雨似的。

提示

　　这首词借咏柳表达了作者对国家倾覆的无限哀伤。上阕写南明的残山剩水在夕照中的凄凉景象，暗寓昏聩的南明小朝廷亦将不可避免地走向崩溃。下阕点题，写柳絮飘飞，往事不堪回首。柳树经过峭寒的西风后，在春风吹拂下"长条短叶翠蒙蒙"，但是好景不长，片刻即逝，转眼又到了飘絮送春归的时光，暗寓着抗清活动不断遭受挫折失败。全词借柳抒情，多用比兴，含蓄蕴藉，与作者的诗文相较，另是一种风格。

散　文

宋　濂　文

宋濂（1310—1381），字景濂，号潜溪，浦江（今浙江义乌）人。幼时刻苦自学，以文章闻名于时。元末被召为翰林编修，借口奉养父母，辞不就职。明初，应朱元璋征聘，任江南儒学提举，为太子讲经。后历任《元史》纂修总裁、国子司业、侍讲学士、翰林学士承旨知制诰等职，为明代开国文臣之首。老年辞官回乡，后因长孙宋慎列入胡惟庸党而受牵连，全家被流放茂州（今四川茂汶羌族自治县），中途病死于夔州（今重庆奉节），英宗正统时追谥文宪。他文名甚高，散文雍容典雅，有《宋学士文集》。

送东阳马生序[1]

余幼时即嗜学，家贫，无从致书以观[2]，每假借于藏书之家[3]，手自笔录[4]，计日以还[5]。天大寒，砚冰坚[6]，手指不可屈伸，弗之怠。录毕，走送之，不敢稍逾约。以是人多以书假余，余因得遍观群书。

既加冠[7]，益慕圣贤之道，又患无硕师[8]、名人与游[9]。尝趋百里外，从乡之先达[10]，执经叩问[11]。先达德隆望尊，门人弟子填其室，未尝稍降辞色[12]。余立侍左右，援疑质理[13]，俯身倾耳以请。或遇其叱咄[14]，色愈恭，礼愈至，不敢出一言以复。俟其忻悦[15]，则又请焉。故余虽愚，卒获有所闻。

当余之从师也，负箧曳屣[16]，行深山巨谷中。穷冬烈风，大雪深数尺，足肤皲裂而不知[17]。至舍，四肢僵劲不能动[18]，媵人持汤沃灌[19]，以衾拥覆，久而乃和。寓逆旅[20]，主人日再食[21]，无鲜肥滋味之享[22]。同舍生皆被绮绣[23]，戴朱缨宝饰之帽[24]，腰白玉之环[25]，左佩刀，右备容臭[26]，烨然若神人[27]。余则缊袍敝衣处其间[28]，略无慕艳意。以中有足乐者[29]，不知口体之奉不若人也[30]。盖余之勤且艰若此。

今虽耄老⁽³¹⁾，未有所成，犹幸预君子之列⁽³²⁾，而承天子之宠光⁽³³⁾，缀公卿之后⁽³⁴⁾，日侍坐备顾问⁽³⁵⁾，四海亦谬称其氏名⁽³⁶⁾，况才之过于余者乎？

今诸生学于太学⁽³⁷⁾，县官日有廪稍之供⁽³⁸⁾，父母岁有裘葛之遗⁽³⁹⁾，无冻馁之患矣；坐大厦之下而诵诗书，无奔走之劳矣；有司业、博士为之师⁽⁴⁰⁾，未有问而不告、求而不得者也；凡所宜有之书，皆集于此，不必若余之手录，假诸人而后见也。其业有不精，德有不成者，非天质之卑⁽⁴¹⁾，则心不若余之专耳，岂他人之过哉！

东阳马生君则，在太学已二年，流辈甚称其贤⁽⁴²⁾。余朝京师，生以乡人子谒余，撰长书以为贽⁽⁴³⁾，辞甚畅达；与之论辨⁽⁴⁴⁾，言和而色夷⁽⁴⁵⁾。自谓少时用心于学甚劳，是可谓善学者矣。其将归见其亲也，余故道为学之难以告之。谓余勉乡人以学者，余之志也；诋我夸际遇之盛⁽⁴⁶⁾，而骄乡人者，岂知余者哉！

注释

(1) 东阳：今浙江东阳。马生，字君则，生平不详。

(2) 致书：得到书。这里是买书的意思。

(3) 假：借。

(4) 手自笔录：亲手抄写。

(5) 计日以还：按约定日期归还。

(6) 砚冰坚：砚池里的墨汁结成坚冰。

(7) 加冠：指 20 岁。古时男子 20 岁行加冠礼，表示已经成年。

(8) 硕师：博学而又有名望的老师。

(9) 与游：交游请教。

(10) 先达：有道德有学问的先辈。

(11) 执经叩问：拿着经书去请教。

(12) 辞色：言语和脸色。

(13) 援疑质理：提出疑难，询问道理。

(14) 叱咄（chìduō 斥多）：斥责。

(15) 俟（sì 似）：等到。忻：同"欣"。

(16) 负箧（qiè 窃）曳屣（xǐ 喜）：背着书籍箱，拖着鞋子。

(17) 皲（jūn 军）裂：冻裂开。

(18) 僵劲：僵硬麻木。

(19) 媵（yìng 映）人：本指陪嫁的婢仆，这里引申为旅店的仆役。汤：热水。沃灌：即沃盥，浇水盥洗。

(20) 逆旅：旅店。

（21）日再食：一天给吃两顿饭。食，作动词用。

（22）鲜：鱼类。肥：肉类。

（23）被绮绣：穿着有花纹的绸衣。绮，织有花纹的绸料。绣，指绣着花的衣服。

（24）朱缨宝饰：红色的穗子和用宝石做成的装饰。

（25）腰：腰间悬挂着，作动词用。

（26）容臭（xiù 秀）：香袋。

（27）烨（yè 业）然：光彩夺目的样子。一作"煜然"。

（28）缊（yùn 运）袍：以乱麻为絮的袍子。

（29）中：内心。

（30）口体之奉：吃穿方面的享受。

（31）耄（mào 冒）老：年老，衰老。耄，八九十岁的年纪。

（32）幸预：侥幸列入。预，参与。

（33）宠光：恩宠荣光。

（34）缀：联结。这里引申为追随之意。

（35）日侍坐备顾问：每天陪坐，以备（皇帝）询问。指作者任翰林学士承旨知制诰的官职。

（36）谬称：错误地称道，这是作者的谦词。

（37）太学：古代设于京城的最高学府，明代叫做国子监。

（38）县官：古时指天子，引申为朝廷、官府。廪（lǐn 凛）稍：官府按月供给的粮米。廪，米仓。稍，官府发给的少量粮米。

（39）裘葛：皮衣和葛布衣。遗（wèi 位）：赠送、给予。

（40）司业、博士：都是太学里的学官兼教师。

（41）天质之卑：天资的低下。

（42）流辈：同辈。

（43）贽（zhì 治）：古时初次拜访长者所送的礼物。

（44）辨：通"辩"。

（45）言和而色夷：言语委婉，神色和悦。夷，平和。

（46）诋：毁谤。际遇：机遇，机运。

提示

序是文章的一种体裁，有书序和赠序之分。书序相当于书的前言；赠序是以言相赠，表述离别时的某种思想感情，往往因人立论，阐明某些观点。本文属赠序。

本文写于明洪武十一年（1378），是作者辞官后，又从家乡到金陵（今江苏南京）入朝时，国子监的学生马君则来拜访他，他写了这篇文章送给马生。以自己年轻求学时的艰苦经历与亲身感受启发马生，勉励其刻苦学习，自励精进。文章分两部分，第一部分即前四自然段，写作者年轻时，在极端困难的条件下勤学不辍的情形，指出了读书成败的关键不在学习条件的好坏、天资之高低，而在于读书是否专心致志。这是全文的主旨所在。第二部分是后两自然段。列举太学的条件优越，而诸生依然"业有不精，德有不成"者，是因为用心不专，从反面论证学习成败的关键在于专心致志。最后点出写作此文的用意。

本文结构紧密，层次分明：先写自己往昔借书、求师之难，再叙自己以学为乐而终有所成，然后写物质条件优越的太学生若心不专则亦可能业不精、德不成。最后勉励太学生马君则，告之以"为学之难"的道理。全篇一环紧扣一环，层层深入而有条不紊，婉曲变化而从容自如。选材精当，剪裁得体，寓理于事，以事明理，夹叙夹议，婉转迂回，形成本文的特点。在叙事中寓以道理，语气恳切，令读者倍感亲切委婉，道理浅显易懂，具有较强的说服力。辞采富赡，善用对比。全篇词语晓畅而富有文采。如描写富豪子弟服饰华美用了"被"（披）、"戴"、"腰"、"佩"、"备"等动词，准确、简练而精巧。文章将作者早年求学时的种种困难与当时太学生的诸多优越条件作比较，在鲜明的对比中说理就更透彻。本文在细节和心理描写方面也颇具特色，如对"余"在求学过程中的刻画："余立侍左右，援疑质理，俯身倾耳以请。或遇其叱咄，色愈恭，礼愈至，不敢出一言以复。俟其忻悦，则又请焉。"惟妙惟肖地塑造出一个谨敏好学的青年形象。

刘 基 文

作者生平介绍见诗歌部分。

卖 柑 者 言

杭有卖果者，善藏柑，涉寒暑不溃。出之烨然[1]，玉质而金色。置于市，贾十倍[2]，人争鬻之[3]。

予贸得其一[4]，剖之，如有烟扑口鼻，视其中，干若败絮[5]。予怪而问之曰："若所市于人者，将以实笾豆[6]、奉祭祀、供宾客乎？将炫外以惑愚瞽也？[7]甚矣哉为欺也！"

卖者笑曰："吾业是有年矣，吾赖是以食吾躯[8]。吾售之，人取之，未尝有言，而独不足子所乎？[9]世之为欺者不寡矣，而独我也乎？吾子未之思也。今夫佩虎符[10]、坐皋比者[11]，洸洸乎干城之具也[12]，果能授孙、吴之略耶[13]？峨大冠[14]、拖长绅者[15]，昂昂乎庙堂之器也[16]，果能建伊、皋之业耶⁽¹⁷⁾？盗起而不知御，民困而不知救，吏奸而不知禁，法敳而不知理⁽¹⁸⁾，坐糜廪粟而不知耻⁽¹⁹⁾。观其坐高堂，骑大马，醉醇醴而饫肥鲜者⁽²⁰⁾，孰不巍巍乎可畏⁽²¹⁾，赫赫乎可象也⁽²²⁾？又何往而不金玉其外，败絮其中也哉？今子是之不察，而以察吾柑！"

予默默无以应。退而思其言，类东方生滑稽之流⁽²³⁾。岂其愤世疾邪者耶⁽²⁴⁾？而托于柑以讽耶⁽²⁵⁾？

注释

（1）烨（yè 叶）然：新鲜光亮的样子。

（2）贾（jià 价）：同"价"，价格。

（3）鬻（yù 玉）：卖，这里应是购买的意思。

（4）贸：买卖，这里是买的意思。

（5）败絮：破旧的棉絮。

（6）笾（biān 边）：竹编的食器。豆：木制的食器。都是祭祀或宴会时用来盛水果和肉类的器皿。

（7）炫：夸耀。瞽（gǔ 古）：瞎子。

（8）食（sì 四）：饲，供养。

（9）子所：你的需要。子，尊称。所，所需。

（10）虎符：虎形的兵符。古时大将出征，国君分兵符之半与之，作为调动军队的凭据。

（11）皋比（gāopí 高皮）：虎皮。这里指用虎皮做的坐褥。

（12）洸洸（guāng 光）：威武的样子。干城之具：保卫国家的将才。干，盾。在战争中，盾和城都是防御物，所以古人把保卫国家的将才也称为干城。具，才具。

（13）孙、吴：孙武、吴起。都是古代著名军事家。

（14）峨大冠：戴着高大的帽子。峨，高耸，这里作动词用。

（15）拖长绅：拖着长长的腰带。绅，古代士大夫束在衣外的大带。

（16）昂昂：高傲的样子。庙堂之器：朝廷的重臣。庙堂，宗庙朝堂，这里指朝廷。

（17）伊、皋：指古代著名政治家伊尹和皋陶（yáo 摇）。伊尹辅佐商汤，皋陶辅佐虞舜。

（18）敳（dù 杜）：败坏。

（19）坐糜廪粟：白白消耗国家的俸禄。坐，空，徒然。糜，消耗。廪，粮仓。

（20）醇醴：性浓烈的酒，这里指好酒。饫（yù 玉）：饱食。

（21）巍巍：高不可攀的样子。

（22）赫赫：气势很盛的样子。象：效法。

（23）东方生：东方朔，汉武帝时官至大中大夫，诙谐滑稽，善讽谏。

（24）愤世疾邪：对世事表示愤慨，对邪恶表示憎恨。

（25）托：假借。

提示

《卖柑者言》是一篇优秀的讽刺小品，大约写于元朝末年，作者任江浙儒学副提举时。文章以卖柑者和作者设辞问答的形式，借卖柑者之口，尖锐地揭露了那些坐高堂、骑大马，腰金衣紫，神气十足的文武大臣"金玉其外，败絮其中"的腐朽本质，表现了作者的愤世之情和希望出现治世能臣的愿望。

全文分为四层。第一层记叙卖柑者"善藏柑"的情形，一是涉寒暑不溃，二是玉质金色，外表光泽，因而"贾十倍"而"人争鬻之"，暗含"金玉其外"之意。第二层，写作者购得一枚柑后所发现的情形。直写"败絮其中"，与上文所写外表华美成鲜明对照，很自然地提出"甚矣哉为欺也"的质问，从而引出卖柑者的一段妙论。第三层写卖柑者对作者的指责作出了理直气壮的回答，是全文的主旨所在。首先，卖柑者指出作者不谙事理。"世之为欺者不寡矣，而独我也乎"，把事情由卖柑之欺，引向社会各个方面之欺，再一步步引向作者所要揭露的主要对象，即统治阶层中一些文武大员。他们武无孙、吴之略，文无伊、皋之业，可是武的"佩虎符、坐皋比"，文的"峨大冠、拖长绅"，一个个无不"巍巍乎可畏，赫赫乎可象"，有力地证实了"世之为欺者不寡矣"这一论断。最后用"今子是之不察，而以察吾柑"一语结束回答，语气冷峻有力，表面上作者无言可对，实际上证明，卖柑者之言是铁的事实。第四层收束全文。表面上作者猜测卖柑者，实际上是借卖柑者的话抒发作者对黑暗现实的愤恨之情，说明作者的写作意图。以两个疑问句结束全篇，言有尽而意无穷。

本文构思新奇，论辩严密，借物讽世，寓意深刻。语言犀利爽朗，文字简练。反诘语层出，排比句迭起，增强了艺术效果。这篇文章有人称之为寓言，有人当作杂文，还有人看作是驳论文，众说纷纭。这正好说明了此文博采众长，诸体兼备，论辩、叙事相结合的特点。其中的寓言因素加强了文章的讽谕性，但它和先秦寓言有明显的不同。先秦寓言是作者虚构的故事，本身不具有现实性，只是当作论据，作为类比推理的一部分；卖柑者的故事不仅有推理作用，而且它本身就是当时整个社会现象的缩影。

归 有 光 文

归有光（1506—1571），字熙甫，号震川，昆山（今江苏昆山）人。嘉靖十九年（1540）中举，以后屡试不中，退居嘉定（今属上海），讲学 20 余年，颇有名声，人称"震川先生"。嘉靖四十四年（1565）始中进士，任长兴（今浙江长兴）知县，后官至南京太仆寺丞，留掌内阁制敕，参修《世宗实录》。他是明代很有影响的散文家，"唐宋派"的代表。他的散文原本六经，又受司马迁和欧阳修的影响很大，善于用疏淡的笔墨，写生活琐细之事。抒情真挚动人，有较强的艺术感染力。有《震川先生集》。

项　脊　轩　志⁽¹⁾

　　项脊轩，旧南阁子也⁽²⁾。室仅方丈，可容一人居。百年老屋，尘泥渗漉⁽³⁾，雨泽下注；每移案，顾视无可置者。又北向，不能得日，日过午已昏。余稍为修葺⁽⁴⁾，使不上漏；前辟四窗⁽⁵⁾，垣墙周庭⁽⁶⁾，以当南日⁽⁷⁾，日影反照⁽⁸⁾，室始洞然⁽⁹⁾。又杂植兰桂竹木于庭，旧时栏楯⁽¹⁰⁾，亦遂增胜⁽¹¹⁾。积书满架，偃仰啸歌⁽¹²⁾，冥然兀坐⁽¹³⁾，万籁有声⁽¹⁴⁾。而庭阶寂寂，小鸟时来啄食，人至不去。三五之夜⁽¹⁵⁾，明月半墙，桂影斑驳⁽¹⁶⁾。风移影动，珊珊可爱⁽¹⁷⁾。

　　然余居于此，多可喜，亦多可悲。先是，庭中通南北为一。迨诸父异爨⁽¹⁸⁾，内外多置小门墙，往往而是⁽¹⁹⁾。东犬西吠，客逾庖而宴⁽²⁰⁾，鸡栖于厅。庭中始为篱，已为墙，凡再变矣。家有老妪，尝居于此。妪，先大母婢也⁽²¹⁾，乳二世⁽²²⁾，先妣抚之甚厚⁽²³⁾。室西连于中闺⁽²⁴⁾，先妣尝一至⁽²⁵⁾。妪每谓余曰："某所而母立于兹⁽²⁶⁾。"妪又曰："汝姊在吾怀，呱呱而泣，娘以指扣门扉曰：'儿寒乎？欲食乎？'吾从板外相为应答……"语未毕，余泣，妪亦泣。余自束发⁽²⁷⁾，读书轩中。一日，大母过余曰："吾儿，久不见若影，何竟日默默在此，大类女郎也⁽²⁸⁾？"比去⁽²⁹⁾，以手阖门，自语曰："吾家读书久不效，儿之成，则可待乎！"顷之，持一象笏至⁽³⁰⁾，曰："此吾祖太常公宣德间执此以朝⁽³¹⁾，他日汝当用之！"瞻顾遗迹⁽³²⁾，如在昨日，令人长号不自禁⁽³³⁾。

　　轩东，故尝为厨；人往，从轩前过。余扃牖而居⁽³⁴⁾，久之，能以足音辨人。轩凡四遭火，得不焚，殆有神护者⁽³⁵⁾。

　　项脊生曰⁽³⁶⁾："蜀清守丹穴，利甲天下，其后秦皇帝筑女怀清台⁽³⁷⁾。刘玄德与曹操争天下，诸葛孔明起陇中⁽³⁸⁾，方二人之昧昧于一隅也⁽³⁹⁾，世何足以知之？余区区处败屋中，方扬眉瞬目⁽⁴⁰⁾，谓有奇景，人知之者，其谓与坎井之蛙何异⁽⁴¹⁾？"

　　余既为此志，后五年，吾妻来归⁽⁴²⁾。时至轩中，从余问古事，或凭几学书⁽⁴³⁾。吾妻归宁⁽⁴⁴⁾，述诸小妹语曰⁽⁴⁵⁾："闻姊家有阁子，且何谓阁子也？"其后六年，吾妻死，室坏不修。其后二年，余久卧病无聊，乃使人复葺南阁子，其制稍异于前⁽⁴⁶⁾。然自后余多在外，不常居。

庭有枇杷树，吾妻死之年所手植也，今已亭亭如盖矣⁽⁴⁷⁾。

注释

（1）项脊：即项脊泾，地名，在太仓（今江苏太仓）。作者的远祖归道隆曾在此居住。以此命名轩，有纪念先祖的意思。

（2）阁子：小屋，系口语。

（3）渗漉（lù鹿）：渗漏。

（4）修葺（qì泣）：修补。

（5）辟：开启。

（6）垣墙周庭：筑墙围着庭院。垣与墙同义。周，环绕。

（7）以当南日：使它对着南边射来的阳光。

（8）日影：日光。

（9）洞然：敞亮的样子。

（10）栏楯（shǔn吮）：栏杆。栏杆上的木条，竖的为栏，横的为楯。

（11）增胜：增添了美妙的情趣。胜，佳妙，优美。

（12）偃仰：原意为仰卧，这里指休息、安居。

（13）冥然兀坐：静静地端坐着。

（14）万籁（lài赖）：指自然界各种声响。

（15）三五之夜：阴历十五日的夜晚。

（16）斑驳：色彩杂乱错落。

（17）珊珊：形容衣裙玉珮的声音。这里指树枝轻轻摇摆的美好姿态。

（18）迨诸父异爨（cuàn窜）：等到伯父叔父们各起炊灶，意即分家另居。

（19）往往而是：到处都是。

（20）逾庖（páo袍）：经过厨房。

（21）先大母：去世的祖母。先，对死者的尊称。

（22）乳二世：做过两代人的乳母。乳，作动词用。

（23）先妣（bǐ比）：去世的母亲。

（24）中闺：内室。中，内。

（25）尝一至：曾经到这里。

（26）而：你，代词。

（27）束发：古人以十五岁为成人之年，把头发束起来盘在头顶。

（28）大类：很像。

（29）比去：临去。比，及，等到。

（30）象笏（hù户）：象牙做的狭长板子，也有用玉或竹制的。大臣朝见时，上面记着要启奏之事，以备遗忘。

（31）太常公：指归有光祖母的祖父太常寺卿夏昶。

（32）瞻顾：瞻仰回顾。

（33）长号（háo 嚎）：大哭。

（34）扃牖（jiōngyǒu 炯阴平友）：关着窗子。

（35）殆（dài 代）：或许，恐怕。

（36）项脊生：作者自称。

（37）"蜀清"三句：据《史记·货殖列传》载，巴蜀有个叫清的寡妇，守着丈夫遗留下来的丹砂矿，牟取厚利，财富为天下第一，秦始皇曾为她修了一座女怀清台。丹穴，丹砂矿。丹砂，俗称"朱砂"。

（38）陇：陇亩，田亩。诸葛亮曾躬耕于隆中，所以说他起于陇中。

（39）昧昧：不明，即声名不显，默默无闻。

（40）扬眉瞬目：形容得意、高兴的情状。瞬，眨眼。

（41）坎（kǎn 坎）井之蛙：浅井里的青蛙。比喻见识浅陋而又自以为是的人。

（42）来归：嫁到我家来。归，嫁。

（43）学书：学习写字。

（44）归宁：回娘家探望父母。

（45）述诸小妹语：向我转述她的几位妹妹的话。

（46）制：规格形状。

（47）亭亭：高高挺立的样子。盖：伞。

提示

　　本文又名《项脊轩记》，通过记叙旧居项脊轩的变化和其中发生的几件生活小事，写出了亲人对自己的关怀，抒发了作者怀念亲人的深厚感情。

　　这篇文章分正文和补记两部分。正文大约是作者 18 岁时写的；补记大约是作者 30 岁时写的，它进一步充实了正文，成为全文的组成部分。

　　正文部分分为三层，第一层即第一自然段，写项脊轩修葺前后的情景。先写修葺前的小、旧、暗，再写修葺后的优美，流露了作者对项脊轩的热爱，也展示了作者宁静恬适的内心世界。第二层即二、三自然段，回忆轩的变化，抒写对已故亲人的怀念之情。先用一句过渡，再写项脊轩庭院的零乱和大家庭的衰落，流露了悲凉的情绪，再追忆母亲和祖母在轩中的生活片段，表现了无限的哀思；接下来记叙作者在轩中的宁静生活，提及项脊轩虽几经火灾而未被烧毁，抒发了欣慰和庆幸的感情。第三层即第四自然段，写作者的议论和感慨，流露了自叹、自嘲和自尊的复杂感情。补记部分，即最后两自然段，追记亡妻在轩中的生活片段和轩在以后的变迁，表现了对亡妻的真挚感情。本文借一阁以记三代遗事，从形式上看是在写项脊轩，并以项脊轩为篇名，其实是借题发挥，睹物怀人，悼亡抒志。

　　抒情真挚深婉是本文的突出特点。作者将对已故亲人的深切怀念，托付于对亲人生前的一些平凡小事的回忆之中，真切地再现出祖母、母亲及妻子在世时的音容举止和她们与作者的亲密关系，委婉而又深挚地抒发了作者失去亲人的痛楚哀伤。通过对日常生活小事的记叙，细致地写出人物的心理特点，寥寥几笔就分别刻画出他们不同的复杂心态。文末，由枇杷树之"亭亭如盖"触发失去爱侣的伤感，托物寄情，言近旨远，笔意极清淡而感情极深挚。

　　结构形散神聚是本文的另一特色。形散是指作品描写的对象不专注于一人一事一物；神聚是指对这些人、事、物有所统摄，使之联成一体。本文所记琐事繁多，人物纷杂，作者围绕对亲人的绵绵思念这个核心，以项脊轩及其周围环境的变迁为经，以与项脊轩有密切联系的往事为纬，将所取材料交互编织。尽管没有一人一事作为主干贯穿全篇，却没有恓钉琐屑的感觉。"然余居于此，多可喜，亦多可悲"，作者巧妙地以一个"然"字为转折，很自然地从对项脊轩修葺经过，环境和景色描写，转入下文对"喜""悲"诸事的记述；把人物的活动、事件的发生都限制在项脊轩及其庭院中，把人和事用项脊轩紧密串联起来，形散神聚，条理自然。

　　本文的语言简朴精练，描摹景物明白如画，活灵活现。人物语言尤其出色，奶妈之言、祖母之言、妻子转述诸小妹之言都是形神毕肖，栩栩如生。

宗 臣 文

　　宗臣（1525—1560），字子相，号方城山人，兴化（今江苏兴化）人。嘉靖二十九年（1550）进士，历任刑部主事、吏部员外郎、福建提学副使等官。他秉性刚直，不肯依附权贵，曾因事触犯严嵩而遭受排斥和打击。他是明代"后七子"之一，文章风格横放雄厉，少数散文创作突破了拟古习气，在"后七子"中较为突出。著有《宗子相集》。

报刘一丈书⁽¹⁾

　　数千里外，得长者时赐一书，以慰长想⁽²⁾，即亦甚幸矣；何至更辱馈遗⁽³⁾，则不才益将何以报焉。书中情意甚殷，即长者之不忘老父，知老父之念长者深也。

　　至以"上下相孚，才德称位"语不才⁽⁴⁾，则不才有深感焉。夫才德不称，固自知之矣；至于不孚之病，则尤不才为甚。

　　且今世之所谓孚者何哉？日夕策马⁽⁵⁾候权者之门⁽⁶⁾，门者故不入，则甘言媚词作妇人状⁽⁷⁾，袖金以私之⁽⁸⁾。即门者持刺入⁽⁹⁾，而主者又不即出见。立厩中仆马之间⁽¹⁰⁾，恶气袭衣裾，即饥寒毒热不可忍，不去也。抵暮，则前所受赠金者，出报客曰："相公倦⁽¹¹⁾，谢客矣⁽¹²⁾，客请明日来。"即明日，又不敢不来。夜披衣坐，闻鸡鸣即起盥栉⁽¹³⁾，走马抵门。门者怒曰："为谁？"则曰："昨日之客来。"则又怒曰："何客之勤也？岂有相公此时出见客乎？"客心耻之，强忍而与言曰："亡奈何矣⁽¹⁴⁾，姑容我入。"门者又得所赠金，则起而入之，又立向所立厩中⁽¹⁵⁾。幸主者出，南面召见⁽¹⁶⁾，则惊走匍匐阶下⁽¹⁷⁾。主者曰："进！"则再拜，故迟不起。起则上所上寿金⁽¹⁸⁾。主者故不受，则固请；主者故固不受，则又固请，然后命吏内之⁽¹⁹⁾。则又再拜，又故迟不起，起则五六揖始出。出，揖门者曰："官人幸顾我⁽²⁰⁾，他日来，幸亡阻我也！"门者答揖。大喜，奔出。马上遇所交识，即扬鞭语曰⁽²¹⁾："适自相公家来，相公厚我⁽²²⁾！厚我！"且虚言状⁽²³⁾。即所交识，亦心畏相公厚之矣。相公又稍稍语人曰⁽²⁴⁾："某也贤，某也贤。"闻者亦心计交赞之⁽²⁵⁾。此世所谓上下相孚也，长者谓仆能之乎？

前所谓权门者，自岁时伏腊一刺之外⁽²⁶⁾，即经年不往也。间道经其门⁽²⁷⁾，则亦掩耳闭目，跃马疾走过之，若有所追逐者。斯则仆之褊衷⁽²⁸⁾，以此常不见悦于长吏，仆则愈益不顾也。每大言曰⁽²⁹⁾："人生有命，吾惟守分尔已！"长者闻之，得无厌其为迂乎⁽³⁰⁾？

乡园多故⁽³¹⁾，不能不动客子之愁。于至长者之抱才而困⁽³²⁾，则又令我怆然有感⁽³³⁾。天之与先生者甚厚⁽³⁴⁾，亡论长者不欲轻弃之⁽³⁵⁾，即天意亦不欲长者之轻弃之也，幸宁心哉⁽³⁶⁾！

注释

（1）刘一丈：姓刘，字墀石，排行第一，是作者父亲的朋友。丈，对年纪大、辈分高的人的尊称。报：答复。

（2）长想：长时间地怀念。

（3）辱：承蒙。谦词，有不敢当之意。馈遗（kuìwèi 愧位）：赠送礼物。

（4）上下相孚：上下级互相信任。孚，信任。才德称（chèn 趁）位：才德与官职相称。称，适合、相符的意思。

（5）策马：以鞭打马。这里指骑马。

（6）权者：居高位有权势的人。联系当时实际来看，是指权臣严嵩、严世蕃父子。

（7）甘言媚词：甜言蜜语，奉承谄媚的话。

（8）袖金：把钱藏在袖子里。私之：偷偷地送给他。

（9）刺：谒见的名片。

（10）厩（jiù 旧）：马舍。仆马：驾车的马。仆，驾车之意。

（11）相公：对宰相的一种称呼。

（12）谢客：婉词，拒绝会客。

（13）盥栉（guànzhì 贯志）：洗脸梳头。

（14）亡奈何：无可奈何，没有办法。亡，通"无"。

（15）向：从前，指上次。

（16）南面：古代以面向南为尊位。

（17）匍匐（púfú 蒲伏）：爬行。

（18）上寿金：奉献金钱。以金帛赠人叫上寿，这里是行贿。

（19）内：同"纳"，接受。

（20）官人：对守门者的奉承称呼。幸：幸而。下文"幸亡阻我也"的"幸"是"希望"的意思。

（21）扬鞭：高举马鞭，形容得意的情态。

（22）厚我：待我很好，很看重我。

（23）且虚言状：并且夸大吹嘘谒见的情形。

（24）稍稍：偶尔，随意地。

（25）心计：心里盘算。交赞：交口称赞。

（26）岁时伏腊：这里泛指年节时令。岁时，一年四季。伏腊，夏天的伏日和冬季的腊日。古时夏伏冬腊都举行祭祀，是一年中的重大节日。

（27）间：偶然。

（28）褊（biǎn 匾）衷：狭隘的心胸。这是作者的反话，说自己性格孤傲。

（29）每大言：时常夸口。

（30）迂：迂腐。

（31）乡园多故：家乡多变故。

（32）抱才而困：有才能而处于困厄的境地，即怀才不遇的意思。

（33）怆（chuàng 创）然：悲伤的样子。

（34）天之与先生者甚厚：谓上天给予刘一丈很高的才能与学识。

（35）亡论：不用说。

（36）宁心：安心。

提示

　　明代嘉靖年间，严嵩父子窃据高位，私擅刑赏，广致贿赂。一些士大夫为了追求禄位，向他们阿谀逢迎，干谒求进，纷纷奔走于严氏之门。《报刘一丈书》是一篇书信体散文，也可称为书信体讽刺小品，是作者利用给刘一丈复信的机会，用来信中"上下相孚，才德称位"两句话为触媒，加以发挥，用具体、形象的事例，辛辣地嘲讽了趋炎附势者的奴颜婢膝和谄媚无耻，当权者的倨傲做作和虚伪贪婪，守门人的为虎作伥和敲诈勒索；还写了"交识"者的妒忌和恐惧，"闻者"的赞美和艳羡，等等。本文深刻地揭露了严嵩父子当权时社会的黑暗，官场的腐败，同时表现了作者作为一个正直的士大夫，不随流俗、刚正不阿的性格和出污泥而不染的情操。

本文运用辛辣的讽刺和漫画式的笔法，绘声绘色地刻画了几种人物形象。虽着墨不多，但是干谒者的夤缘钻营、卑鄙无耻，当权者的骄横贪婪、拿捏作势，以及守门人的刁钻奸猾、仗势欺人，无不写得神形兼备，惟妙惟肖。所谓漫画式，就是抓住典型细节予以放大。如写干谒者"甘言媚词作妇人状"，两次"立厩中"，"惊走匐匍阶下"，一拜，再拜"故迟不起"，"起则五六揖始出"。写他上寿金情景是"固请"，"则又固请"。通过这一个个放大的特写镜头，把一个奔走权门、摇尾乞怜的小人写得惟妙惟肖，形神毕现。

本文善于运用对比手法，把当权者的骄横恣肆、守门者的狐假虎威与干谒者的奴颜婢膝对比，把干谒者求见时的低声下气与被接见后的趾高气扬对比。而作者对当权者的态度是"自岁时伏腊一刺之外，即经年不往也。间道经其门，则亦掩耳闭目，跃马疾走过之，若有所追逐者"。这也是一种对比。

文章叙述、议论、描写相结合，以叙述为全文骨架。议论则说理生动，重点突出，详略得当。作者抓住"上下相孚，才德称位"二句来发挥，对"才德称位"一笔带过，而对"上下相孚"则联系官场中的丑恶现状，进行了无情的讽刺和鞭挞。"上下相孚"既然是骗人的鬼话，所谓"才德称位"也就不攻自破。描写则精彩动人，心理描写细腻入微，神态描写栩栩如生，这是作者长期对官场生活观察、感受的结果。文章的语言形象生动、犀利辛辣、简洁流畅，三言两语便勾勒出鲜明的人物形象，神情尽至，呼之欲出，为我们展示出一幅污浊的官场丑行图。

袁 宏 道 文

作者生平介绍见诗歌部分。

虎 丘 记[1]

虎丘去城可七八里，其山无高岩邃壑，独以近城故，箫鼓楼船[2]，无日无之。凡月之夜，花之晨，雪之夕，游人往来，纷错如织，而中秋为尤胜。

每至是日，倾城阖户[3]，连臂而至[4]。衣冠士女，下迨蔀屋[5]，莫不靓妆丽服[6]，重茵累席[7]，置酒交衢间[8]。从千人石上至山门[9]，栉比如鳞[10]。檀板丘积[11]，樽罍云泻[12]，远而望之，如雁落平沙，霞铺江上，雷辊电霍[13]无得而状。

布席之初，唱者千百，声若聚蚊，不可辨视。分曹部署[14]，竞以歌喉相斗，雅俗既陈，妍媸自别[15]。未几而摇手顿足者[16]，得数十人而已。已而明月浮空，石光如练，一切瓦釜[17]，寂然停声，属而和者，才三四辈。一箫，一寸管，一人缓板而歌，竹肉相发[18]，清声亮彻，听者魂销。比至夜深，月影横斜，荇藻凌乱[19]，则箫板亦不复用；一夫登场，四座屏息，音若细发，响彻云际，每度一字[20]，几尽一刻[21]，飞鸟为之徘徊，壮士听而下泪矣。

剑泉深不可测[22]，飞岩如削。千顷云得天池诸山作案[23]，峦壑竞秀[24]，最可觞客[25]。但过午则日光射人，不堪久坐耳。文昌阁亦佳，晚树尤可观。面北为平远堂旧址，空旷无际，仅虞山一点在望[26]。堂废已久，余与江进之谋所以复之[27]，欲祠韦苏州、白乐天诸公于其中[28]；而病寻作，余既乞归，恐进之之兴亦阑矣。山川兴废，信有时哉。

吏吴两载[29]，登虎丘者六。最后与江进之、方子公同登，迟月生公石上[30]。歌者闻令来，皆避匿去。余因谓进之曰："甚矣，乌纱之横[31]，皂隶之俗哉[32]！他日去官，有不听曲此石上者，如月[33]！"今余幸得解官称吴客矣，虎丘之月，不知尚识余言否耶[34]?

注释

（1）虎丘：山名，又名海涌山，在江苏苏州西北，是中国著名的游览胜地。传说春秋时，吴王阖闾死后葬在这里，第三日，有虎蹲踞其上，故名虎丘。

（2）楼船：装有楼仓的游船。

（3）倾城：空城。阖户：合户，或解作"闭户"。

（4）连臂：肩并肩，手拉手。

（5）蔀（bù 布）屋：贫穷人家幽暗的房屋。此处代指下层贫苦人民。

（6）靓（jìng 静）妆：涂脂抹粉。靓，又读 liàng，漂亮，好看。

（7）重茵累席：重重叠叠地铺着垫子和席子。茵，垫子、褥子、毯子的通称。累，重叠。

（8）交衢：通衢、大道。

（9）千人石：也叫千人坐石，是一块大磐石，居于虎丘山中心处。石面平坦宽大。石的北面有生公石，传说是梁时高僧竺道生讲佛法之处。山门：佛寺的大门。

（10）栉比：如梳齿那样密聚紧靠着。这里形容游人众多。

（11）檀板：檀木制成的拍板。丘积：堆积起来可成为小山，形容很多。

（12）樽罍（léi 雷）：樽、罍皆为古代盛酒器皿，罍亦用以盛水。云泻：酒倒出如云泻一般，形容极多。

（13）雷辊（gǔn 滚）电霍：如雷轰鸣，如电闪光。形容各种声音和光彩。

（14）分曹：犹言分队、分批，一伙一伙的。曹，成对。

（15）妍媸（chī 吃）：美和丑，这里指唱得好坏。

（16）摇手顿足：形容唱曲人按节而歌的样子。

（17）瓦釜：指粗俗、劣下的音乐。语出《楚辞·卜居》："黄钟毁弃，瓦釜雷鸣。"

（18）竹肉：竹指箫管，肉指歌喉。谚曰："丝不如竹，竹不如肉"（见《晋书·孟嘉传》）。

（19）荇（xìng 杏）藻：水生植物。这里喻月夜浮动的花树影子。

（20）度：按曲谱歌唱。

（21）一刻：时间单位，古时分一昼夜为百刻。

（22）剑泉：又名剑池，在千人石之北，水深丈余，终年不涸。剑泉两侧，崖高百尺如削，传说是秦始皇用剑劈开的，故名。

（23）千顷云：山名，在虎丘山上。天池：山名，又名华山，在苏州阊门外三十里。案：案几。

（24）峦：山峰。壑：山谷。

（25）最可觞客：最适宜游人在那里饮酒宴会。觞，酒器，这里是饮酒的意思。

（26）虞山：在江苏常熟西北。

（27）江进之：名盛科，字进之，常德桃源县人。万历年间进士，曾任长洲（今江苏苏州）县令。

（28）韦苏州、白乐天：即唐代诗人韦应物、白居易，二人都做过苏州刺史。

（29）吏吴：在吴县（今属江苏苏州）做官。

（30）迟：等待。生公石：在千人石之北。

（31）乌纱：乌纱帽。这里代指官吏。横：横行气盛。

（32）皂隶：官衙中的差役。

（33）如月：指着月亮发誓的话。

（34）识（zhì 志）：记得。

提示

此文作于万历二十四年（1596），作者此时已辞去吴县（今属江苏苏州）县令，从任职期间至辞去吴县县令之后，两年之间，六游虎丘。本文是追记这几次的虎丘之游。

作者以生动细腻的笔触。把中秋月夜的虎丘景色描绘得十分形象逼真。重点是描写中秋月夜虎丘山上的游人玩乐时聚饮斗歌的场面，虽着墨不多，但写得如在人耳目，是全文最精彩的部分。但是作者的主要目的并不是介绍虎丘的山色和游人的欢歌笑语，而是借此来抒发自己胸中的块垒。作者是怀着与民同乐的心情来游虎丘山的，但因为"乌纱之横，皂隶之俗"，民众对他"避匿"如仇，使他深有感慨。这从客观上反映出封建社会官民之间的鸿沟。

本文是一篇游记性散文，但它不同于一般游记，不重于写山川景色，而重于写风俗人情。中秋夜人们出游"倾城阖户，连臂而至"，豪饮斗歌比至深夜，这番热闹场景，俨然是一幅生动活泼的风俗画；而对虎丘山的描写则极为简洁。本文不重于写个人游历，而重于写百姓的游赏，并将两者结合起来，在明写百姓的游乐中暗写自己的观赏。文章语言简洁秀丽，比喻贴切而美丽，如写路上来往行人之多用"纷错如织"，状声音之悠扬用"音若细发"。多用四字句，亦用二字句、三字句与五字句，参差成文，简洁明快，且有节奏感。这种清新秀雅的语言特色，充分体现了作者清新轻俊的散文风格和"不拘格套"的创作主张。

张 岱 文

张岱（1597—1679），字宗子，又字石公，号陶庵，又号蝶庵，山阴（今浙江绍兴）人。侨寓杭州，终身不仕。少年时生活优裕，落拓不羁，纵情山水，潜心古文。明亡后，坚持民族气节，隐居剡溪山中，追记往事，专心著述，表现了对故国的深切怀念。他是明末著名散文家，尤以小品文见长。文章兼取公安、竟陵两派之长，也较"唐宋派"作品更为清新活泼、简洁流丽，卓然自成一家。有《陶庵梦忆》《西湖梦寻》《琅嬛文集》《石匮书》等。

西湖七月半[1]

西湖七月半，一无可看，只可看看七月半之人。

看七月半之人，以五类看之。其一，楼船箫鼓[2]，峨冠盛筵，灯火优傒[3]，声光相乱，名为看月而实不见月者，看之[4]；其一，亦船亦楼，名娃闺秀[5]，携及童娈[6]，笑啼杂之[7]，还坐露台[8]，左右盼望，身在月下而实不看月者，看之；其一，亦船亦声歌，名妓闲僧[9]，浅斟低唱，弱管轻丝，竹肉相发[10]，亦在月下，亦看月而欲人看其看月者，看之；其一，不舟不车，不衫不帻[11]，酒醉饭饱，呼群三五，跻入人丛，昭庆[12]、断桥[13]，嘄呼嘈杂[14]，装假醉，唱无腔曲，月亦看，看月者亦看，不看月者亦看，而实无一看者，看之；其一，小船轻幌[15]，净几暖炉，茶铛旋煮[16]，素瓷静递[17]，好友佳人，邀月同坐，或匿影树下[18]，或逃嚣里湖[19]，看月而人不见其看月之态，亦不作意看月者[20]，看之。

杭人游湖，已出酉归[21]，避月如仇。是夕好名，逐队争出，多犒门军酒钱[22]，轿夫擎燎[23]，列俟岸上[24]。一入舟，速舟子急放断桥[25]，赶入胜会[26]。以故二鼓以前[27]，人声鼓吹[28]，如沸如撼，如魇如呓[29]，如聋如哑。大船小船，一齐凑岸，一无所见[30]，止见篙击篙，舟触舟，肩摩肩，面看面而已。少刻兴尽，官府席散，皂隶喝道去[31]。轿夫叫船上人怖以关门[32]，灯笼火把如列星，一一簇拥而去。岸上人亦逐队赶门[33]，渐稀渐薄，顷刻散尽矣。

吾辈始舣舟近岸⁽³⁴⁾，断桥石磴始凉，席其上⁽³⁵⁾，呼客纵饮。此时月如镜新磨，山复整妆，湖复颒面⁽³⁶⁾，向之浅斟低唱者出，匿影树下者亦出，吾辈往通声气⁽³⁷⁾，拉与同坐。韵友来⁽³⁸⁾，名妓至，杯箸安，竹肉发。月色苍凉⁽³⁹⁾，东方将白，客方散去。吾辈纵舟，酣睡于十里荷花之中，香气拍人⁽⁴⁰⁾，清梦甚惬⁽⁴¹⁾。

注释

（1）七月半：农历七月十五日，俗称中元节，又名鬼节。杭州旧习，人们在这天晚上倾城出游西湖。

（2）楼船：有楼台装饰的游船。

（3）优傒（xī西）：歌妓和仆役。傒，同"奚"，本指因犯的子女，后借指奴仆。

（4）看之：意为可以看看这一类人。

（5）名娃：名门的美女。闺秀：本指有才德的女子，后指代"小姐"。

（6）童娈（luán峦）：即娈童、美童。

（7）啼：叫喊声。

（8）还：同"环"。露台：指大船前部的平台。

（9）闲僧：和尚。和尚出家，不问世俗，从容闲暇，故称。

（10）竹肉相发：箫管伴和着歌声。竹，指竹制的管乐器。肉，指歌喉。

（11）不衫不帻（zé则）：不穿长衫，也不戴头巾。意为衣冠不整。

（12）昭庆：昭庆寺，在西湖东北隅岸上。

（13）断桥：在西湖白堤上，原名宝祐桥，唐代称断桥。

（14）嚣（xiāo消）呼：大喊大叫。嚣，通"嚣"。

（15）轻幌（huǎng谎）：细薄的帷幔。幌，布幔。

（16）茶铛（chēng撑）：煮茶的锅。

（17）素瓷：雅洁精致的瓷杯。

（18）匿（nì逆）影：藏身。

（19）里湖：在苏堤西部，孤山北边。

（20）作意：存心，有意。

（21）巳出酉归：巳时出城，酉时返回。巳，上午九点至十一点。酉，下午五点至七点。

（22）犒（kào靠）门军：犒赏守门军士。犒，用酒食或财物慰劳。

（23）擎（qíng情）燎：举着火把。

（24）列俟（sì四）：列队等候。

（25）速舟子：催促船夫。

（26）赶入胜会：赶上盛大的集会。

（27）二鼓：即二更，约晚上十时开始。

（28）鼓吹：器乐合奏的声音。

（29）如魇（yǎn 掩）如呓：好像梦中惊叫和说梦话。魇，梦里惊呼。呓，说梦话。

（30）一无所见：指见不到美景。

（31）皂隶：古代贱役，后专称衙门中的差役。喝道：官员出行，前面有差役吆喝，驱人让路。

（32）怖：恐吓。

（33）赶门：赶在城门关闭前回城。

（34）舣（yǐ 以）舟：整船靠岸。

（35）席：摆设酒席。

（36）頮（huì 绘）：同"沫"，洗脸。

（37）通声气：这里指互相招呼。

（38）韵友：高雅的朋友。

（39）苍凉：幽凉。

（40）拍：扑。一作"拘"。

（41）惬（qiè 妾）：畅快，适意。

提示

这是一篇游记，真实生动地记叙了杭州人七月十五日游西湖的盛况。作者以简练的文笔，新鲜活泼的语言，重现了当时的西湖风光和世风民情，勾勒出当时游览西湖的各种人物的神情意态。通过对各类游客看月情态的描摹刻画，嘲讽了显贵达官、名娃闺秀和附庸风雅的无赖子弟的丑态，以及市井百姓赶凑热闹的俗气，标榜文人雅士赏玩美景的悠闲意趣和清高拔俗的情致。其实这只不过是封建士大夫自命清高的一种情调，但立意颇为别致。

作者以细腻的笔触，以冷眼旁观的态度，分析了五类看月的游人：前两类是富家豪门，庸俗不堪。第三类是名妓闲僧。第四类是无赖子弟，丑态毕露。第五类是文人雅士。作者对第五类人是赞赏的，并把自己也归入这一类中。游湖之人平日"避月如仇"，这天晚上不过是凑热闹而已，作者以传神之笔极力描绘游人盛况，却流露了厌恶的情感。文章写作者与一些高雅之士饱览湖光月色的悠闲清静，与前面的文字形成鲜明的对照，富有情趣。最后，以"酣睡于十里荷花之中，香气拍人，清梦甚惬"，结束全文，余味无穷。

作者观察细致，往往寥寥数语就勾勒出湖光月色及游人情态，十分传神。作者还善于寓情于记叙之中，不论是写前四类人游湖的情景，还是写高雅之士的游兴，都渗透着爱憎情感。记事、写景和抒情三者融合无间，具有一种清新的风格。文章结构严谨，语言生动活泼、清新流丽，其中夹杂一些俚词俗句，颇有创新意味。本文在描绘场景、刻画人物情态等表现技巧方面很有借鉴意义。

张　溥　文

　　张溥（1602—1641），字天如，号西铭，太仓（今江苏太仓）人。与同邑张采齐名，人称"娄东二张"。幼年勤学，所读书必抄七遍，后因此称其书斋为"七录斋"。崇祯四年（1631）进士，选翰林院庶吉士，授编修。为官一年就乞假归家，不再出仕。他不满宦官魏忠贤专权，是明末爱国社团"复社"的领袖，领导该社进行政治、文学活动，抨击时政。后为魏党余孽所构陷，狱未成而死。他是明末著名散文家，文章风格质朴、亢爽，内容充实，笔力遒劲。有《七录斋诗文合集》等。

五人墓碑记

　　五人者，盖当蓼洲周公之被逮[1]，激于义而死焉者也。至于今，郡之贤士大夫请于当道[2]，即除逆阉废祠之址以葬之[3]；且立石于其墓之门[4]，以旌其所为。呜呼，亦盛矣哉！

　　夫五人之死，去今之墓而葬焉[5]，其为时止十有一月耳。夫十有一月之中，凡富贵之子，慷慨得志之徒，其疾病而死，死而湮没不足道者[6]，亦已众矣；况草野之无闻者欤！独五人之皦皦[7]，何也？

　　予犹记周公之被逮，在丁卯三月之望[8]。吾社之行为士先者[9]，为之声义[10]，敛赀财以送其行[11]，哭声震动天地。缇骑按剑而前[12]，问："谁为哀者？"众不能堪，抶而仆之[13]。是时大中丞抚吴者为魏之私人[14]，周公之逮所由使也。吴之民方痛心焉，于是乘其厉声以呵，则噪而相逐。中丞匿于溷藩以免[15]。既而以吴民之乱请于朝，按诛五人[16]，曰颜佩韦、杨念如、马杰、沈扬，周文元，即今之傫然在墓者也[17]。

　　然五人之当刑也，意气扬扬，呼中丞之名而詈之[18]，谈笑以死。断头置城上，颜色不少变。有贤士大夫发五十金[19]，买五人之脰而函之[20]，卒与尸合，故今之墓中，全乎为五人也。

　　嗟夫！大阉之乱[21]，缙绅而能不易其志者[22]，四海之大，有几人欤？而五人生于编伍之间[23]，素不闻诗书之训，激昂大义，蹈死不顾，亦曷故哉？且矫诏纷出[24]，钩党之捕遍于天下[25]，卒以吾郡发愤一击，不敢复有株治[26]。大阉亦逡巡畏义[27]，非常之谋，难于猝发[28]，待圣人之出而投缳道路[29]，不可谓非五人之力也。

由是观之，则今之高爵显位，一旦抵罪，或脱身以逃，不能容于远近，而又有剪发杜门[30]，佯狂不知所之者，其辱人贱行[31]，视五人之死，轻重固何如哉？是以蓼洲周公，忠义暴于朝廷[32]，赠谥美显[33]，荣于身后。而五人亦得以加其土封[34]，列其姓名于大堤之上，凡四方之士，无有不过而拜且泣者，斯固百世之遇也[35]。不然，令五人者保其首领，以老于户牖之下[36]，则尽其天年，人皆得以隶使之，安能屈豪杰之流，扼腕墓道[37]，发其志士之悲哉！故予与同社诸君子，哀斯墓之徒有其石也，而为之记，亦以明死生之大，匹夫之有重于社稷也[38]。

贤士大夫者，冏卿因之吴公[39]，太史文起文公[40]，孟长姚公也[41]。

注释

（1）蓼洲周公：周顺昌，字景文，号蓼洲。吴县（今属江苏苏州）人，曾任吏部员外郎等职。为官清正，是东林党人。被魏忠贤残害死于狱中。

（2）贤士大夫：品德高尚的官僚和读书人。当道：当权者。

（3）除：修治、清理。逆阉废祠：被废弃的魏忠贤生祠。逆阉，指魏忠贤。

（4）立石：立墓碑。

（5）墓而葬：掘墓安葬。

（6）湮（yīn 因）没：埋没。

（7）皦（jiǎo 狡）皦：洁白明亮。这里指虽死犹生，美名远扬。

（8）丁卯三月之望：天启七年（1627）3月15日。根据《古今图书集成》中《方舆汇编职方典》卷六八七"苏州府部"记载，"五人义"事件发生的时间应为丙寅（天启六年）3月18日，张溥的记载当系误记。

（9）社：指复社。张溥与张采等组织复社，以继承东林党为号召。行为士先者：行为可以作读书人榜样的人。

（10）声义：伸张正义。

（11）敛赀财：募集财物。

（12）缇骑（tíjì 题记）：古代当朝贵官的前导和随从的骑士，后也用以称逮捕犯人的禁卫吏役。这里指明代的锦衣卫，为皇帝护卫仪仗，兼管刑狱、缉捕，当时为魏忠贤所掌握。

（13）抶（chì 赤）而仆之：把他打倒在地。抶，鞭打。

（14）大中丞抚吴者：指魏忠贤的干儿子毛一鹭，当时任应天巡抚，驻苏州。中丞，都察院副都御史。抚，担任巡抚。明代巡抚一般带副都御史衔。

（15）溷（hùn 浑）藩：厕所。藩，指厕所的篱笆。

（16）按诛：依法处死。按，查究、追究。

（17）傫（léi 雷）然：身首缝合在一起，完整地排列的样子。傫，用绳连缀在一起。

（18）詈（lì 立）：责骂。

（19）发：拿出。

（20）脰（dòu 豆）：脖子，这里代指头。函之：把人头用匣子装起来。

（21）大阉之乱：指以魏忠贤为首的阉党专权乱政。

（22）缙绅：古代官宦的装束，这里指插笏垂绅的士大夫。

（23）编伍：平民。古时户籍以五户为一伍。

（24）矫诏：假托皇帝名义发出的诏书。当时魏忠贤独揽朝政，时常假传圣旨，发号施令。

（25）钩党：互相勾结为同党。

（26）株治：以一人之罪而株连惩治他人。

（27）逡（qūn 群阴平）巡：欲进不进、迟疑不决的样子。

（28）非常之谋：这里指魏忠贤篡位窃国的阴谋。猝（cù 醋）发：突然发动。

（29）圣人之出：指明思宗朱由检（崇祯）即位。投缳道路：在路上自缢而死。思宗即位后，贬魏忠贤去凤阳守皇陵，魏行至河北阜城时畏罪自杀。

（30）剪发杜门：出家为僧，闭门不出。

（31）辱人贱行：可耻的人，卑鄙的行为。

（32）暴（pù 铺）：显露。

（33）谥（shì 试）：古代帝王和大官死后，赐予表示褒贬的称号。

（34）加其土封：重新安葬。封，土堆，指坟墓。

（35）百世之遇：永世不衰的优待。百世，犹言百代，历时长久之意。遇，待，优待。

（36）户牖（yǒu 友）：门和窗。这里指居家。

（37）扼腕：用一只手握住另一只手腕，表示悲愤和惋惜。

（38）有重于社稷：对国家的安危起了重要的作用。

（39）囧（jiǒng 窘）卿：官名，即太仆寺卿。因之吴公：吴默，字因之。

（40）太史：官名，明代称翰林为太史。文起文公：文震孟，字文起。

（41）孟长姚公：姚希孟，字孟长。

提示

明朝末年，宦官魏忠贤专权，扶植党羽，排斥异己，大搞特务统治，迫害进步人士，压榨广大人民。以江南士大夫为主体的东林党人，一再上书弹劾魏忠贤。天启七年（1627）魏忠贤下令逮捕东林党人周顺昌。苏州市民群情激愤，奋起反抗。事后，统治者广泛搜捕暴动市民。颜佩韦等五人为保护群众，挺身投案，英勇就义。魏忠贤败露后，苏州人民葬五义士于虎丘魏氏生祠废址。

这篇文章是魏忠贤垮台后，五人墓落成时，作者为之撰写的碑文，记述和歌颂了苏州市民不畏强暴，不怕牺牲，敢于和恶势力进行斗争的英雄事迹。对颜佩韦等五位出身下层，富有正义感，勇于反抗权奸、保护人民的义士，给予了热情的歌颂，表现了作者作为一名复社文人，关心国事，坚决与魏党斗争的立场。"激昂大义，蹈死不顾"终能"荣于身后"是全篇的中心思想。

作者成功地运用夹叙夹议手法，叙写了五义士斗争的经过，赞颂了他们死难的重大意义。前半是叙事，后半是议论，但议论中有记叙，记叙中有议论，交错穿插，使事、理、情交融并茂，同时倾注了作者的感情，爱憎分明，激情喷涌。全文慷慨激昂，淋漓酣畅，富有强烈的感染力量。本文还能以简练传神的笔墨刻画人物神态，展现人物风姿。例如："然五人之当刑也，意气扬扬，呼中丞之名而詈之，谈笑以死。断头置城上，颜色不少变。"寥寥几笔，不仅把五义士大义凛然、视死如归的英雄气概描画尽致，而且把他们惊天地、泣鬼神的浩然正气表现得十分鲜明。此外，本文还成功地运用了对比手法，全篇有不同人物之间的对比，也有同一人物自身的对比。这些不同的对比衬托出五义士崇高的精神，赞扬了他们的死重如泰山。

夏 完 淳 文

作者生平介绍见诗歌部分。

狱中上母书

不孝完淳今日死矣！以身殉父，不得以身报母矣！

痛自严君见背⁽¹⁾，两易春秋。冤酷日深⁽²⁾，艰辛历尽。本图复见天日，以报大仇，恤死荣生⁽³⁾，告成黄土⁽⁴⁾。奈天不佑我，钟虐先朝⁽⁵⁾，一旅才兴，便成齑粉⁽⁶⁾。去年之举⁽⁷⁾，淳已自分必死⁽⁸⁾，谁知不死，死于今日也。斤斤延此二年之命⁽⁹⁾，菽水之养无一日焉⁽¹⁰⁾。致慈君托迹于空门⁽¹¹⁾，生母寄生于别姓⁽¹²⁾。一门漂泊，生不得相依，死不得相问。淳今日又溘然先从九京⁽¹³⁾，不孝之罪，上通于天。呜呼！双慈在堂，下有妹女，门祚衰薄⁽¹⁴⁾，终鲜兄弟⁽¹⁵⁾。淳一死不足惜，哀哀八口⁽¹⁶⁾，何以为生？

虽然已矣⁽¹⁷⁾，淳之身，父之所遗；淳之身，君之所用。为父为君，死亦何负于双慈？但慈君推干就湿⁽¹⁸⁾，教礼习诗，十五年如一日，嫡母慈惠，千古所难。大恩未酬，令人痛绝！慈君托之义融女兄⁽¹⁹⁾，生母托之昭南女弟⁽²⁰⁾。淳死之后，新妇遗腹得雄⁽²¹⁾，便以为家门之幸；如其不然，万勿置后⁽²²⁾！会稽大望⁽²³⁾，至今而零极矣！节义文章，如我父子者几人哉？立一不肖后如西铭先生，为人所诟笑⁽²⁴⁾，何如不立之为愈耶？呜呼！大造茫茫⁽²⁵⁾，总归无后⁽²⁶⁾。有一日中兴再造⁽²⁷⁾，则庙食千秋⁽²⁸⁾，岂止麦饭豚蹄⁽²⁹⁾，不为馁鬼而已哉⁽³⁰⁾！若有妄言立后者，淳且与先文忠在冥冥诛殛顽嚚⁽³¹⁾，决不肯捨！兵戈天地⁽³²⁾，淳死后，乱且未有定期。双慈善保玉体，无以淳为念。二十年后⁽³³⁾，淳且与先文忠为北塞之举矣⁽³⁴⁾！勿悲勿悲，相托之言，慎勿相负！

武功甥将来大器⁽³⁵⁾，家事尽以委之。寒食盂兰⁽³⁶⁾，一杯清酒，一盏寒灯，不至作若敖之鬼⁽³⁷⁾，则吾愿毕矣！新妇结缡二年⁽³⁸⁾，贤孝素著，武功甥好为我善待之，亦武功渭阳情也⁽³⁹⁾。

语无伦次，将死言善⁽⁴⁰⁾。痛哉！痛哉！人生孰无死？贵得死所耳。

父得为忠臣，子得为孝子。含笑归太虚⁽⁴¹⁾，了我分内事。大道本无生⁽⁴²⁾，视身若敝屣⁽⁴³⁾。但为气所激⁽⁴⁴⁾，缘悟天人理⁽⁴⁵⁾。恶梦十七年，报仇在来世。神游天地间，可以无愧矣！

注释

（1）严君见背：父亲去世。严君，本指父母。《易·家人》："家人有严君焉，父母之谓也。"后专用以称父。夏完淳父夏允彝于1645年抗清失败，投水自尽。

（2）冤酷：仇恨、惨痛。

（3）恤死荣生：告慰死者，使生者得到荣耀。

（4）告成黄土：以复国成功祭慰地下的亲人。黄土，指坟墓。

（5）钟虐：灾祸集中。钟，聚集。虐，灾祸。

（6）齑（jī 基）粉：粉末，碎屑。这里比喻军事失败。

（7）去年之举：指顺治三年（1646）作者参加吴易太湖起义抗清失败事。

（8）自分（fèn 份）：自料。

（9）斤斤：犹言仅仅，指时间很短。

（10）菽（shū 书）水：豆和水，普通的饮食。形容生活清苦，常用以称子女供养父母。

（11）慈君：指作者的嫡母盛氏，夏允彝的正妻。空门：指佛教寺庵。佛教认为世界一切皆空。

（12）生母：作者生身之母陆氏，是夏允彝的侧室。允彝死后她寄居亲戚家中。

（13）溘（kè 客）然：忽然，很快，专用于死亡。九京：京，疑为"原"之误。九原，春秋时晋国大夫的墓地，后泛指墓地。

（14）门祚（zuò 坐）：家庭命运。祚，福分，运气。

（15）鲜（xiǎn 显）：少。这里指没有。

（16）哀哀：非常可怜的样子。

（17）已：完了。

（18）推干就湿：形容母亲抚养子女之辛劳。孩子尿床后，把干处让给孩子，自己睡在湿处。

（19）义融女兄：女兄，姐姐。作者的姐姐夏淑吉，字美南，号荆隐，别号义融。夫死子夭后，削发为尼。长于诗，有《龙隐斋诗集》。

（20）昭南女弟：女弟，妹妹。作者的妹妹夏惠吉，字昭南，号兰隐，亦能诗。

（21）新妇：指作者之妻钱秦篆，她与作者结婚仅两年。完淳死后，钱氏削发为尼。雄：男孩子。

（22）置后：立嗣子，即把别人的儿子过继为自己的儿子，以继承宗祧。

（23）会稽大望：会稽有声望的大族。作者故乡华亭县，古时属会稽郡。

（24）西铭先生：张溥，字天如，号西铭，明末文学家，也是夏完淳的老师。年40，无子，立嗣子永锡，甚不肖，其不肖之事不详。

（25）大造茫茫：苍天昏昧不明。大造，犹言造物主，指天。茫茫，模糊不清。这是痛惜明朝灭亡，指责上天不明。

（26）总归无后：意思是明朝既亡，自己不免一死，即使有后代，也同样要被杀害，终归是没有后代。

（27）中兴再造：指明朝复国。

（28）庙食：有功于国家的人，死后立庙，长久为人祭祀纪念。

（29）麦饭豚（tún 屯）蹄：给死者的简单祭品。

（30）馁鬼：饿鬼。

（31）先文忠：作者父亲夏允彝死后，谥号文忠。冥冥：阴间。诛殪（jí 吉）顽嚚（yín 银）：诛杀愚蠢而顽固的人。殪，杀死。

（32）兵戈天地：遍地都在打仗。

（33）二十年后：按佛家轮回之说，人死后转生。

（34）北塞之举：指出师北伐，把清兵赶出北方边界以外。

（35）武功：作者之甥侯檠，字武功，夏淑吉所生，当时仅11岁，17岁时夭折。大器：能担任大事的人物。

（36）寒食：寒食节，在清明前一两日，是传统的祭扫先人坟墓的日子。盂兰：佛教徒在七月十五日举行盂兰盆法会，为施舍饿鬼的日子。盂兰，梵语，意为解救倒悬。

（37）若敖之鬼：没有后代的饿鬼。春秋时楚国令尹子文为若敖氏之后，他担心侄子越椒会使若敖氏灭宗，曾在临终时把此事嘱咐族人。不久，越椒果然给若敖氏带来灭族之祸（事见《左传·宣公四年》）。

（38）结缡（lí 离）：指女子出嫁。缡是古时女子出嫁时所系的佩巾，覆于头上，称为结缡，后遂以代指结婚。

（39）渭阳：陕西渭水之阳。春秋时晋公子重耳流亡于秦，后来归国时，其甥秦康公送行，并作《渭阳》诗送别。后人即以"渭阳"比喻甥舅情谊。

（40）将死言善：语出《论语·泰伯》："人之将死，其言也善。"

（41）太虚：天上。旧时迷信认为人死灵魂归天。

（42）大道本无生：天地间无所谓生死。大道，常道、常理。

（43）敝屣（xǐ 喜）：破旧的鞋子。

（44）气：精神。这里指忠义之气。

（45）天人理：天意人事的道理。

提示

本文是作者抗清斗争失败被捕后，被囚禁在南京狱中，临刑前写给母亲的诀别信。通篇充满国破家亡的深仇大恨，把骨肉情和民族恨融会在一起，洋溢着骨肉亲情和正义感，处处体现了他视死如归，死而不已的战斗意志。他认为国将不保，何以为家，为保卫国家而牺牲将会万古流芳。在抒发国破家亡之恨的同时，又强烈地表达了对亲人的爱。

文章一开篇就揭出忠孝不能两全的矛盾，出语沉痛至极。作者写到对母亲的眷念，感情十分真挚。由于自己奔走国事，生时对慈母无一日之养，死后家庭会遭受更大的变故。想到这一切，作者心里非常难过，但一联系到国家命运，他便觉得死得其所，一无遗憾。提到的一些家事，都归结到爱国复仇的大义上，叮咛嘱咐，句句含至情，字字闪耀着爱国的思想光华，没有一点英雄气短、儿女情长的伤感情调。全篇字字真情，血泪交融，苍凉悲壮。虽然爱国思想与忠孝思想是纠杂在一起的，但文中所表现的"人生孰无死，贵得死所耳""但为气所激""报仇在来世"的坚贞不屈、慷慨悲壮的浩然正气，正是中华民族最可贵的精神。全文充满至死不渝的战斗意志和乐观主义精神，至今读来仍令人惊心动魄。文章纯任自然，毫无矫饰，字字从肺腑中流出，句句以泪血写成，故非一般文人之文可比。在结构上看似散乱，实则严谨，以忠孝为主线，事事均围绕于二者，故显得文气贯通。

小　说

罗贯中小说

　　罗贯中（1330？—1400？），名本，号湖海散人，山西太原（一说钱塘、一说庐陵）人。他对民间通俗文艺有浓厚兴趣，对于乐府（歌谣）和隐语（谜语）很有研究。撰写《三国志通俗演义》《隋唐志传》《残唐五代史演义》《三遂平妖传》等历史长篇小说和《宋太祖龙虎风云会》等杂剧。其生平事迹，史料记载甚少，且多参差。明代贾仲明《录鬼簿续编》所记，较为可信。《水浒传》一书，有人说是施耐庵作罗贯中编（高濡《百川书志》），也有人说是施作罗续，如果这些说法可靠，则罗贯中对《水浒传》的创作也有贡献。《三国志通俗演义》后经清人毛纶、毛宗岗父子修改润饰，成为现在流行的120回本的《三国演义》。

三　顾　草　庐[1]

　　却说玄德正安排礼物，欲往隆中谒诸葛亮[2]，忽人报："门外有一先生，峨冠博带[3]，道貌非常，特来相探。"玄德曰："此莫非即孔明否？"遂整衣出迎。视之，乃司马徽也[4]。玄德大喜，请入后堂高坐，拜问曰："备自别仙颜[5]，因军务倥偬[6]，有失拜访。今得光降，大慰仰慕之私。"徽曰："闻徐元直在此[7]，特来一会。"玄德曰："近因曹操囚其母，徐母遣人驰书，唤回许昌去矣。"徽曰："此中曹操之计矣！吾素闻徐母最贤，虽为曹所囚，必不肯驰书召其子，此书必诈也。元直不去，其母尚存；今若去，母必死矣！"玄德惊问其故。徽曰："徐母高义，必羞见其子也。"玄德曰："元直临行，荐南阳诸葛亮，其人若何？"徽笑曰："元直欲去，自去便了，何必又惹他出来呕心血也？"玄德曰："先生何出此言？"徽曰："孔明与博陵崔州平、颍川石广元、汝南孟公威与徐元直四人为密友[8]。此四人务于精纯[9]，惟孔明独观其大略。尝抱膝长吟，而指四人曰：'公等仕进可至刺史、郡守。'众问孔明之志若何，孔明但笑而不答。每常自比管仲、乐毅，其才不可量也。"玄德曰：
"何颍川之多贤乎！"徽曰："昔有殷馗善观天文，尝谓'群星聚于颍分，其地
必多贤士'。"时云长在侧曰："某闻管仲、乐毅乃春秋、战国名人，功盖寰
宇；孔明自比此二人；毋乃太过？"徽笑曰："以吾观之，不当比此二人，我
欲另以二人比之。"云长问："那二人？"徽曰："可比兴周八百年之姜子牙、
旺汉四百年之张子房也。"众皆愕然。徽下阶相辞欲行，玄德留之不住。徽出
门仰天大笑曰："卧龙虽得其主，不得其时，惜哉！"言罢，飘然而去。玄德
叹曰："真隐居贤士也！"

次日，玄德同关、张带从人等来隆中。遥望山畔数人，荷锄耕于田间，而
作歌曰：

苍天如圆盖，陆地似棋局；世人黑白分，往来争荣辱：荣者自安安，辱者
定碌碌。南阳有隐者，高眠卧不足！

玄德闻歌，勒马唤农夫问曰："此歌何人所作？"答曰："乃卧龙先生所作
也。"玄德曰："卧龙先生住何处？"农夫曰："自此山之南，一带高冈，乃卧
龙冈也。冈前疏林内茅庐中，即诸葛先生高卧之地。"玄德谢之，策马前行。
不数里，遥望卧龙冈，果然清景异常。……

玄德来到庄前，下马亲叩柴门，一童出问。玄德曰："汉左将军、宜城亭
侯、领豫州牧、皇叔刘备，特来拜见先生。"童子："我记不得许多名字。"
玄德曰："你只说刘备来访。"童子曰："先生今早少出[10]。"玄德曰："何处
去了？"童子曰："踪迹不定，不知何处去了。"玄德曰："几时归？"童子曰：
"归期亦不定，或三五日，或十数日。"玄德惆怅不已。张飞曰："既不见，自
归去罢了。"玄德曰："且待片时。"云长曰："不如且归，再使人来探听。"玄
德从其言，嘱咐童子："如先生回，可言刘备拜访。"

遂上马，行数里，勒马回观隆中景物，果然山不高而秀雅，水不深而澄
清；地不广而平坦，林不大而茂盛；猿鹤相亲，松篁交翠：观之不已。忽见一
人，容貌轩昂，丰姿俊爽，头戴逍遥巾，身穿皂布袍，杖藜从山僻小路而来。
玄德曰："此必卧龙先生也！"急下马向前施礼，问曰："先生非卧龙否？"其
人曰："将军是谁？"玄德曰："刘备也。"其人曰："吾非孔明，乃孔明之友：
博陵崔州平也。"玄德曰："久闻大名，幸得相遇。乞即席地权坐，请教一
言。"二人对坐于林间石上，关、张侍立于侧。州平曰："将军何故欲见孔
明？"玄德曰："方今天下大乱，四方云扰[11]，欲见孔明，求安邦定国之策
耳。"州平笑曰："公以定乱为主，虽是仁心，但自古以来，治乱无常。自高
祖斩蛇起义，诛无道秦，是由乱而治也；至哀、平之世二百年，太平日久，王
莽篡逆，又由治而入乱；光武中兴，重整基业，复由乱而入治；至今二百年，

民安已久，故干戈又复四起：此正由治入乱之时，未可猝定也[12]。将军欲使孔明斡旋天地[13]，补缀乾坤[14]，恐不易为，徒费心力耳，岂不闻'顺天者逸，逆天者劳'、'数之所在，理不得而夺之；命之所在，人不得而强之'乎？"玄德曰："先生所言，诚为高见。但备身为汉胄[15]，合当匡扶汉室，何敢委之数与命？"州平曰："山野之夫，不足与论天下事，适承明问，故妄言之。"玄德曰："蒙先生见教。但不知孔明何处去了？"州平："吾亦欲访之，正不知其何往。"玄德曰："请先生同至敝县，若何？"州平曰："愚性颇乐闲散，无意功名久矣；容他日再见。"言讫，长揖而去。玄德与关、张上马而行。张飞曰："孔明又访不着，却遇此腐儒，闲谈许久！"玄德曰："此亦隐者之言也。"

　　三人回至新野[16]，过了数日，玄德使人探听孔明。回报曰："卧龙先生已回矣。"玄德便教备马。张飞曰："量一村夫，何必哥哥自去，可使人唤来便了。"玄德叱曰："汝岂不闻孟子云：'欲见贤而不以其道，犹欲其入而闭之门也。'[17]孔明当世大贤，岂可召乎！"遂上马再往访孔明。关、张亦乘马相随。时值隆冬，天气严寒，彤云密布[18]，行无数里，忽然朔风凛凛，瑞雪霏霏；山如玉簇，林似银妆。张飞曰："天寒地冻，尚不用兵，岂宜远见无益之人乎！不如回新野以避风雪。"玄德曰："吾正欲使孔明知我殷勤之意。如弟辈怕冷，可先回去。"飞曰："死且不怕，岂怕冷乎！但恐哥哥空劳神思。"玄德曰："勿多言，只相随同去。"将近茅庐，忽闻路傍酒店中有人作歌。玄德立马听之。……

　　二人歌罢，抚掌大笑。玄德曰："卧龙其在此间乎！"遂下马入店。见二人凭桌对饮：上首者白面长须，下首者清奇古貌。玄德揖而问曰："二公谁是卧龙先生？"长须者曰："公何人？欲寻卧龙何干？"玄德曰："某乃刘备也。欲访先生，求济世安民之术。"长须者曰："我等非卧龙。皆卧龙之友也：吾乃颍川石广元，此位是汝南孟公威。"玄德喜曰："备久闻二公大名，幸得邂逅[19]。今有随行马匹在此，敢请二公同往卧龙庄上一谈。"广元曰："吾等皆山野慵懒之徒，不省治国安民之事，不劳下问。明公请自上马，寻访卧龙。"

　　玄德乃辞二人，上马投卧龙冈来。到庄前下马，扣门问童子曰："先生今日在庄否？"童子曰："现在堂上读书。"玄德大喜，遂跟童子而入，至中门，只见门上大书一联云："淡泊以明志，宁静而致远。"[20]玄德正看间，忽闻吟咏之声，乃立于门侧窥之，见草堂之上，一少年拥炉抱膝，歌曰：

　　凤翱翔于千仞兮，非梧不栖；士伏处于一方兮，非主不依。乐躬耕于陇亩兮，吾爱吾庐；聊寄傲于琴书兮，以待天时。

　　玄德待其歌罢，上草堂施礼曰："备久慕先生，无缘拜会。昨因徐元直称荐，敬至仙庄，不遇空回。今特冒风雪而来，得瞻道貌，实为万幸！"那少年慌忙答礼曰："将军莫非刘豫州，欲见家兄否？"玄德惊讶曰："先生又非卧龙耶？"少年曰："某乃卧龙之弟诸葛均也。愚兄弟三人：长者诸葛瑾，现在江东孙仲谋处为幕宾，孔明乃二家兄。"玄德曰："卧龙今在家否？"均曰："昨为崔州平相约，出外闲游去矣。"玄德曰："何处闲游？"均曰："或驾小舟游于江湖之中，或访僧道于山岭之上，或寻朋友于村落之间，或乐琴棋于洞府之内；往来莫测，不知去所。"玄德曰："刘备直如此缘分浅薄(21)，两番不遇大贤！"均曰："少坐献茶。"张飞曰："那先生既不在，请哥哥上马。"玄德曰："我既到此间，如何无一语而回？"因问诸葛均曰："闻令兄卧龙先生熟谙韬略，日看兵书，可得闻乎？"均曰："不知。"张飞曰："问他则甚！风雪甚紧，不如早归。"玄德叱止之。均曰："家兄不在，不敢久留车骑；容日却来回礼。"玄德曰："岂敢望先生枉驾。数日之后，备当再至。愿借纸笔作一书，留达令兄，以表刘备殷勤之意。"均遂进文房四宝。玄德呵开冰笔，拂展云笺，写书曰：

备久慕高名，两次晋谒，不遇空回，惆怅何似！窃念备汉朝苗裔(22)，滥叨名爵，伏睹朝廷陵替(23)，纲纪崩摧，群雄乱国，恶党欺君，备心胆俱裂。虽有匡济之诚，实乏经纶之策。仰望先生仁慈忠义，慨然展吕望之大才，施子房之鸿略，天下幸甚！社稷幸甚！先此布达，再容斋戒薰沐(24)，特拜尊颜，面倾鄙悃(25)。统希鉴原(26)。

玄德写罢，递与诸葛均收了，拜辞出门。均送出，玄德再三殷勤致意而别。方上马欲行，忽见童子招手篱外，叫曰："老先生来也。"玄德视之，见小桥之西，一人暖帽遮头，狐裘蔽体，骑着一驴，后随一青衣小童，携一葫芦酒，踏雪而来；转过小桥，口吟诗一首，诗曰：

一夜北风寒，万里彤云厚。长空雪乱飘，改尽江山旧。仰面观太虚(27)，疑是玉龙斗。纷纷鳞甲飞，顷刻遍宇宙。骑驴过小桥，独叹梅花瘦！

玄德闻歌曰："此真卧龙矣！"滚鞍下马，向前施礼曰："先生冒寒不易！刘备等候久矣！"那人慌下驴答礼。诸葛均在后曰："此非卧龙家兄，乃家兄岳父黄承彦也。"玄德曰："适间所吟之句，极其高妙。"承彦曰："老夫在小婿家观《梁父吟》，记得这一篇；适过小桥，偶见篱落间梅花，故感而诵之。不期为尊客所闻。"玄德曰："曾见令婿否？"承彦曰："便是老夫也来看他。"玄德闻言，辞别承彦，上马而归，正值风雪又大，回望卧龙冈，悒怏(28)不已。……

玄德回新野之后，光阴荏苒(29)，又早新春。乃令卜者揲蓍(30)，选择吉期，斋戒三日，薰沐更衣，再往卧龙冈谒孔明。关、张闻之不悦，遂一齐入谏玄德。……

　　关公曰："兄长两次亲往拜谒，其礼太过矣。想诸葛有虚名而无实学，故避而不敢见，兄何惑于斯人之甚也！"玄德曰："不然，昔齐桓公欲见东郭野人，五反而方得一面[31]。况吾欲见大贤耶！"张飞曰："哥哥差矣，量此村夫，何足为大贤！今番不须哥哥去；他如不来，我只用一条麻绳缚将来！"玄德叱曰："汝岂不闻周文王谒姜子牙之事乎？文王尚且如此敬贤，汝何太无礼！今番汝休去，我自与云长去。"飞曰："既两位哥哥都去，小弟如何落后！"玄德曰："汝若同往，不可失礼。"飞应诺。

　　于是三人乘马引从者往隆中。离庐半里之外，玄德便下马步行，正遇诸葛均。玄德忙施礼，问曰："令兄在庄否？"均曰："昨暮方归。将军今日可与相见。"言罢，飘然自去。玄德曰："今番侥幸得见先生矣！"张飞曰："此人无礼！便引我等到庄也不妨，何故竟自去了！"玄德曰："彼各有事，岂可相强。"三人来到庄前扣门，童子开门出问。玄德曰："有劳仙童转报：刘备专来拜见先生。"童子曰："今日先生虽在家，但今在草堂上昼寝未醒。"玄德曰："既如此，且休通报。"分付关、张二人，只在门首等着。玄德徐步而入，见先生仰卧于草堂几席之上。玄德拱立阶下。半晌，先生未醒。关、张在外立久，不见动静，入见玄德犹然侍立。张飞大怒，谓云长曰："这先生如此傲慢！见我哥哥侍立阶下，他竟高卧，推睡不起！等我去屋后放一把火，看他起不起！"云长再三劝住。玄德仍命二人出门外等候。望堂上时，见先生翻身将起，——忽又朝里壁睡着。童子欲报。玄德曰："且勿惊动。"又立了一个时辰，孔明才醒，口吟诗曰：

　　　大梦谁先觉？平生我自知。草堂春睡足，窗外日迟迟。

　　孔明吟罢，翻身问童子曰："有俗客来否？"童子曰："刘皇叔在此，立候多时。"孔明乃起身曰："何不早报！尚容更衣。"遂转入后堂。又半晌，方整衣冠出迎。玄德见孔明身长八尺，面如冠玉，头戴纶巾[32]，身披鹤氅，飘飘然有神仙之概。玄德下拜曰："汉室末胄、涿郡愚夫，久闻先生大名，如雷贯耳。昨两次晋谒，不得一见，已书贱名于文几，未审得入览否？"孔明曰："南阳野人，疏懒性成，屡蒙将军枉临，不胜愧赧。"二人叙礼毕，分宾主而坐，童子献茶。茶罢，孔明曰："昨观书意，足见将军忧民忧国之心；但恨亮年幼才疏，有误下问。"玄德曰："司马德操之言，徐元直之语，岂虚谈哉？望先生不弃鄙贱，曲赐教诲。"孔明曰："德操、元直，世之高士。亮乃一耕夫耳，安敢谈天下事？二公谬举矣。将军奈何舍美玉而求顽石乎？"玄德曰："大丈夫抱经世奇才，岂可空老于林泉之下？愿先生以天下苍生为念，开备愚鲁而赐教。"孔明笑曰："愿闻将军之志。"玄德屏人促席而告曰："汉室倾颓，奸臣窃命，备不量力，欲伸大义于天下，而智术浅短，迄无所就。惟先生开其愚而拯其厄，实为万幸！"孔明曰："自董卓造逆以来，天下豪杰并起。曹操势不及袁绍，而竟能克绍者，非维天时，抑亦人谋也⁽³³⁾。今操已拥百万之众，挟天子以令诸侯，此诚不可与争锋。孙权据有江东，已历三世，国险而民附，此可用为援而不可图也。荆州北据汉、沔⁽³⁴⁾，利尽南海⁽³⁵⁾，东连吴会⁽³⁶⁾，西通巴、蜀，此用武之地，非其主不能守⁽³⁷⁾；是殆天所以资将军，将军岂有意乎？益州险塞，沃野千里，天府之国，高祖因之以成帝业；今刘璋暗弱⁽³⁸⁾，民殷国富，而不知存恤⁽³⁹⁾，智能之士，思得明君。将军既帝室之胄，信义著于四海，总揽英雄，思贤如渴，若跨有荆、益，保其岩阻⁽⁴⁰⁾，西和诸戎，南抚彝、越，外结孙权，内修政理；待天下有变，则命一上将将荆州之兵以向宛、洛⁽⁴¹⁾，将军身率益州之众以出秦川，百姓有不箪食壶浆以迎将军者乎？诚如是，则大业可成，汉室可兴矣。此亮所以为将军谋者也。惟将军图之。"言罢，命童子取出画一轴，挂于中堂，指谓玄德曰："此西川五十四州之图也。将军欲成霸业，北让曹操占天时，南让孙权占地利，将军可占人和。先取荆州为家，后即取西川建基业，以成鼎足之势，然后可图中原也。"玄德闻言，避席拱手谢曰："先生之言，顿开茅塞，使备如拨云雾而睹青天。但荆州刘表、益州刘璋，皆汉室宗亲，备安忍夺之？"孔明曰："亮夜观天象，刘表不久人世；刘璋非立业之主，久后必归将军。"玄德闻言，顿首拜谢。只这一席话，乃孔明未出茅庐，已知三分天下，真万古之人不及也！……

　　玄德拜请孔明曰："备虽名微德薄，愿先生不弃鄙贱，出山相助。备当拱听明诲⁽⁴²⁾。"孔明曰："亮久乐耕锄，懒于应世，不能奉命。"玄德泣曰："先生不出，如苍生何！"言毕，泪沾袍袖，衣襟尽湿。孔明见其意甚诚，乃曰："将军既不相弃，愿效犬马之劳。"玄德大喜，遂命关、张入，拜献金帛礼物。孔明固辞不受。玄德曰："此非聘大贤之礼，但表刘备寸心耳。"孔明方受。于是玄德等在庄中共宿一宵。次日，诸葛均回，孔明嘱付曰："吾受刘皇叔三顾之恩，不容不出。汝可躬耕于此，勿得荒芜田亩。待我功成之日，即当归隐……"玄德等三人别了诸葛均，与孔明同归新野。玄德待孔明如师，食则同桌，寝则同榻，终日共论天下之事。

注释

（1）本文节选自人民文学出版社 1953 年第一版《三国演义》，第三十七回和第三十八回。有删节。

（2）隆中：山名，在今湖北襄阳。

（3）峨冠博带：高帽宽带。

（4）司马徽（？—208）：字德操，颍川阳翟（今河南禹县）人。善知人，庞德公称之为"水镜"。

（5）仙颜：敬称，不平凡的容颜。

（6）倥偬（kǒngzǒng 孔总）：事多，繁忙。

（7）徐元直：颍川人，名庶，初事刘备，后因其母为曹操所执而被迫归曹，临别向刘备举荐了诸葛亮。

（8）博陵崔州平、颍川石广元、汝南孟公威：三人皆为当时隐士。博陵在今河北蠡县。汝南在今河南上蔡县西南。颍川，郡名，治所在今河南禹县。

（9）精纯：此指学问的精深纯粹。

（10）少出：刚刚出去。少，稍。

（11）云扰：浮云动荡般地骚扰不安。

（12）猝定：很快地平定。

（13）斡（wò 握）旋：这里是挽回、转变的意思。

（14）补缀：缝补破旧的衣服。这里是扭转的意思。

（15）胄：指帝王或贵族的后裔。

（16）新野：今河南新野县。刘备投奔刘表时，屯兵于此地。

（17）"欲见"句：语出《孟子·万章下》："欲见贤人而不以其道，犹欲其入而闭之门也。"意思是想要拜见贤人而不用礼义，犹如想让人家进入室内而先把门关上了。

（18）彤云：阴云。下雪时，天上布满阴云，亦作"同云"。一说彤即红本义，将要下雪，云色呈暗红色，故称彤云。

（19）邂逅（xièhòu 谢厚）：不期而遇。

（20）"淡泊"句：意即恬淡寡欲以明志向，安宁镇静可达理想。语出诸葛亮《戒子书》："非淡泊无以明志，非宁静无以致远。"

（21）直：竟然。

（22）苗裔：后代。

（23）陵替：衰微低落。指汉王朝统治失控，权力减弱。

（24）斋戒薰沐：吃斋戒荤，薰香沐浴，表示极为虔诚、庄重。

（25）面倾鄙悃（kǔn 捆）：当面倾述自己的诚意。鄙，谦词。悃，真心诚意。

（26）鉴原：鉴识原谅。

（27）太虚：天空。

（28）悒怏：郁闷不乐。

（29）荏苒：时间渐进的意思。

（30）揲蓍（shéshī 舌师）：卜卦的一种方式。用手抽点蓍茎的数目，以决定吉凶祸福。蓍，指古人卜筮用的蓍草茎。这里是选择"吉日"的迷信行为。

（31）"昔齐"句：春秋时齐桓公亲自去见一个布衣之士东郭氏，一天去了三次都没见着。旁人劝阻，他不听，终于在第五次见到了。

（32）纶（guān 关）巾：用青丝带制成的一种头巾。

（33）"非维"二句：不仅是时机，而且也是人的谋划。

（34）汉、沔（miǎn 免）：汉水的上游称沔水，此指汉水中下游一带。

（35）利尽南海：利益所及一直达到南方近海处。

（36）吴会（guì 桂）：吴郡和会稽郡的合称。吴指江苏南部，会指浙江北部一带。

（37）其主：指荆州牧刘表。

（38）暗弱：昏庸懦弱。

（39）存恤：慰问救济。

（40）岩阻：险阻。

（41）宛、洛：河南南阳与洛阳，泛指中原一带。宛，秦昭襄王置县，治所在今河南南阳。

（42）拱听明诲：拱手敬听明智的教诲。

提示

《三顾草庐》是描写《三国演义》中最重要人物之一诸葛亮出场的文字，是在全书情节发展中具有关键意义的一个片段。内容可分为"三顾"和"隆中对"两部分，重点在"隆中对"。

远在刘备跃马檀溪狼狈不堪时，无意中遇见隐士司马徽，他向刘备透露"伏龙、凤雏，两人得一可安天下"，但又不肯说出伏龙、凤雏的真实姓名，刘备怀着满腹疑团回到新野。这是为三顾草庐预先埋下的一条伏线。

"三顾"突出地表现了刘备为求安邦定国之策，三次前往隆中拜访诸葛亮的谦恭大度、竭诚礼贤的君主风度。"隆中对"是全书对诸葛亮的第一次正面描写，充分表现了诸葛亮对当时政治形势的深刻了解和对未来发展的正确预见。他通过对形势的精辟分析与准确判断，提出了争取荆、益二地，利用魏、吴矛盾造成鼎足之势，然后再徐图中原，进而实现统一的方针。小说突出描写了诸葛亮未出茅庐已知三分天下的盖世才能和惊人智慧，从而为他出山后的活动做了充分的铺垫。《三顾草庐》里的诸葛亮，是作者所仰慕和歌颂的知识分子形象，熔铸着作者的理想和抱负，洋溢着作者浓厚的感情色彩。

《三顾草庐》在艺术创作上最突出的特点首先是善于运用烘云托月的手法，反复以烘托陪衬来刻画人物，表现主题。而作者对这种手法的运用又是变化多端，毫无单调重复的感觉。用来陪衬诸葛亮的人物中，有正衬，也有旁衬；有远衬，也有近衬；有明衬，也有暗衬。刘备及其左右之人，对徐庶是十分佩服的。在徐庶走马荐诸葛时，刘备问他，诸葛亮"比先生之才德如何"？徐庶诚恳地说，"以某比之，譬驽马并麒麟，寒鸦配鸾凤耳"，又说诸葛亮有"经天纬地之才"，是"绝代奇才"，此人"不可轻致"，必须"亲往求之"。在"三顾"开始之前，又通过司马徽再荐名士，说诸葛亮"可比兴周八百年之姜子牙，旺汉四百年之张子房"。这些都是正面衬托。"三顾"过程中，作者安排了崔州平、石广元、孟公威、黄承彦、诸葛均等一系列隐士，个个超逸不群，这些都是从侧面来衬托诸葛亮的高逸风度。张飞在"三顾"过程中的粗率、急躁，表面看来是用以反衬刘备的礼贤下士，其实质也是为了陪衬诸葛亮。如果把"三顾"以前的全部情节都看做是对诸葛亮的远衬，那么"元直走马荐诸葛"和"司马徽再荐名士"两段情节，则是对诸葛亮的近衬。至于司马徽口中的凤雏，以及被司马徽贬为"白面书生，非经纶济世之才"的孙乾、糜竺、简雍等一些未出场人物则都是在对诸葛亮起着暗衬的作用。除这些人物本身之外，他们所吟咏的诗词，以及"淡泊以明志，宁静而致远"的草堂对联等，也都起着烘托的作用。正如毛宗岗所说："见孔明之居，则极其幽香；见孔明之童，则极其古淡；见孔明之友，则极其高超；见孔明之弟，则极其俊妙。"这样，"孔明之为孔明，于此领略过半矣"（见《读三国志法》）。

其次，情节曲折，悬念迭起，结构精巧，跌宕多姿。三次往访的情节，极易写得重复、平淡；而作者却写得曲折生动，挥洒自如，饶有情趣，十分引人入胜。"一顾"扑了个空，在回归路上，刘备把"容貌轩昂，丰姿俊爽"的崔州平错认为诸葛亮。而此人认为，刘备求助诸葛亮是"徒费心力"，给满腔热诚、渴求贤士的刘备泼了一次冷水。"二顾"在去隆中路上的酒店里，遇到了"白面长须"的石广元和"清奇古貌"的孟公威，二人仪态不凡，高谈阔论，刘备又错认为其中必有一人是诸葛亮，结果全不是。而且这二人连崔州平那样"徒费心力"的话都不肯说，只说："不省治国安邦之事"，再次给刘备泼冷水。接着刘备又先后把"拥炉抱膝而歌"的诸葛亮弟弟诸葛均和骑驴踏雪而来的诸葛亮岳父黄承彦错认为诸葛亮。每次误认的情景又有无穷的变化，使得故事曲折生动，跌宕起伏。到第三顾时，仍余波未息，诸葛亮高卧堂上，刘备侍立阶下，使刘备经受最后一次考验。整个"三顾"过程，作者故布疑团，叠设迷阵，最后才让诸葛亮从层层迷雾中走了出来。用"身长八尺，面如冠玉，头戴纶巾，身披鹤氅，飘飘然有神仙之概"寥寥数语，就勾勒出这位"千呼万唤始出来"的重要人物超拔不凡的肖像。也正因为有了前面一系列的反复衬托和曲折多变的情节，"隆中对"的一番精辟谈话，才产生了巨大的艺术效果。

最后，《三国演义》本是一部以描写政治和军事斗争为主的小说。而《三顾草庐》这个片段却别开生面，全篇充满了宁静、幽雅的气氛。作者所描写的卧龙冈的环境高山流水，疏林茅庐，苍松翠竹，四时野花，清静异常，情趣幽雅。冬日的山冈则"山如玉簇，林似银妆"，再加上山畔荷锄田间的农夫及其所唱的山歌、骑驴踏雪而来的老者、拥炉抱膝长吟的少年，表现出一派淡雅、静谧的气氛。这些也都起到了更好地渲染、烘托诸葛亮的作用。

施耐庵小说

施耐庵，生卒年不详。元末明初人，一说为钱塘（今浙江杭州）人，一说原籍江苏兴化，后迁淮安。他的生平事迹，史料记载甚少，或说曾于元至顺间中进士，官钱塘，以不合当道权贵，弃官归里，闭门著述。传说亦多互相矛盾。据明代高儒《百川书志》载："《忠义水浒传》一百卷，钱塘施耐庵的本，罗贯中编次。"明代郎瑛《七修类稿》所记略同。明代胡应麟《少室山房笔丛》谓罗贯中为其门人。一般认为施耐庵是《水浒传》的作者。一说《水浒传》是施、罗合编，一说是施作罗续，按此说法，罗贯中也参与了《水浒传》的创作。

野　猪　林[(1)]

话说当时太尉喝叫左右排列军校，拿下林冲要斩。林冲大叫冤屈。太尉道[(2)]："你来节堂有何事务[(3)]？见今手里拿着利刃，如何不是来杀下官？"林冲告道："太尉不唤，如何敢见。有两个承局望堂里去了[(4)]，故赚林冲到此。"太尉喝道："胡说！我府中那有承局？这厮不服断遣[(5)]！"喝叫左右："解去开封府，分付滕府尹好生推问[(6)]，勘理，明白处决。就把宝刀封了去。"左右领了钧旨，监押林冲投开封府来。恰好府尹坐衙未退。……

高太尉干人把林冲押到府前，跪在阶下。府干将太尉言语对滕府尹说了，将上太尉封的那把刀，放在林冲面前。府尹道："林冲，你是个禁军教头，如何不知法度，手执利刃，故入节堂？这是该死的罪犯！"林冲告道："恩相明镜，念林冲负屈衔冤！小人虽是粗卤军汉，颇识些法度，如何敢擅入节堂？为是前月二十八日，林冲与妻到岳庙还香愿，正迎见高太尉的小衙内把妻子调戏，被小人喝散了。次后，又使陆虞候赚小人吃酒[(7)]，却使富安来骗林冲妻子到陆虞候家楼上调戏，亦被小人赶去，是把陆虞候家打了一场。两次虽不成奸，皆有人证。次日，林冲自买这口刀。今日，太尉差两个承局来家呼唤林冲，叫将刀来府里比看。因此，林冲同二人到节堂下。两个承局进堂里去了，不想太尉从外面进来，设计陷害林冲。望恩相做主！"府尹听了林冲口词，且叫与了回文，一面取刑具枷杻来枷了，推入牢里监下。林冲家里自来送饭，一面使钱。林冲的丈人张教头亦来买上告下，使用财帛。

正值有个当案孔目[(8)]，姓孙名定，为人最鲠直，十分好善，只要周全人，因此人都唤做孙佛儿。他明知道这件事，转转宛宛，在府上说知就里，禀道："此事果是屈了林冲，只可周全他。"府尹道："他做下这般罪，高太尉批仰定罪，定要问他'手执利刃，故入节堂，杀害本官'，怎周全得他？"孙定道："这南衙开封府不是朝廷的，是高太尉家的？"府尹道："胡说！"孙定道："谁不知高太尉当权，倚势豪强，更兼他府里无般不做，但有人小小触犯，便发来开封府，要杀便杀，要剐便剐，却不是他家官府？"府尹道："据你说时，林冲事怎的方便他，施行断遣？"孙定道："看林冲口词，是个无罪的人。只是没拿那两个承局处。如今着他招认做'不合腰悬利刃，误入节堂'，脊杖二十，刺配远恶军州[9]。"滕府尹也知这件事了，自去高太尉面前，再三禀说林冲口词。高俅情知理短，又碍府尹，只得准了。

　　就此日，府尹回来升厅，叫林冲除了长枷，断了二十脊杖，唤个文笔匠刺了面颊，量地方远近，该配沧州牢城。当厅打一面七斤半团头铁叶护身枷钉了，贴上封皮，押了一道牒文[10]，差两个防送公人监押前去。两个人是董超、薛霸。二人领了公文，押送林冲出开封府来。只见众邻舍并林冲的丈人张教头，都在府前接着，同林冲两个公人，到州桥下酒店里坐定。林冲道："多得孙孔目维持，这棒不毒，因此走动得。"张教头叫酒保安排案酒果子，管待两个公人。酒至数杯，只见张教头将出银两，赏发他两个防送公人已了[11]。林冲执手对丈人说道："泰山在上[12]，年灾月厄[13]，撞了高衙内，吃了一场屈官司。今日有句话说，上禀泰山。自蒙泰山错爱，将令爱嫁事小人，已经三载，不曾有半些儿差池。虽不曾生半个儿女，未曾面红耳赤，半点相争。今小人遭这场横事，配去沧州，生死存亡未保。娘子在家，小人心去不稳，诚恐高衙内威逼这头亲事。况兼青春年少，休为林冲误了前程。却是林冲自行主张，非他人逼迫，小人今日就高邻在此，明白立纸休书，任从改嫁，并无争执。如此，林冲去的心稳，免得高衙内陷害。"张教头道："贤婿，甚么言语！你是天年不济，遭了横事，又不是你作将出来的。今日权且去沧州躲灾避难，早晚天可怜见，放你回来时，依旧夫妻完聚。老汉家中也颇有些过活，明日便取了我女家去，并锦儿，不拣怎的，三年五载，养赡得他。又不叫他出入，高衙内便要见也不能勾。休要忧心，都在老汉身上。你在沧州牢城，我自频频寄书并衣服与你。休得要胡思乱想，只顾放心去。"林冲道："感谢泰山厚意，只是林冲放心不下，枉自两相耽误。泰山可怜见林冲，依允小人，便死也瞑目。"张教头那里肯应承，众邻舍亦说行不得。林冲道："若不依允小人之时，林冲便挣扎得回来，誓不与娘子相聚！"张教头道："既然恁地时，权且由你写下，我只不把女儿嫁人便了。"当时叫酒保寻个写文书的人来，买了一张纸来。那人写，林冲说，道是：

东京八十万禁军教头林冲，为因身犯重罪，断配沧州⁽¹⁴⁾，去后存亡不保。有妻张氏年少，情愿立此休书，任从改嫁，永无争执。委是自行情愿，并非相逼。恐后无凭，立此文约为照。年月日。

林冲当下看人写了，借过笔来，去年月下押个花字，打个手模。正在阁里写了，欲付与泰山收时，只见林冲的娘子号天哭地叫将来。女使锦儿抱着一包衣服，一路寻到酒店里。林冲见了，起身接着道："娘子，小人有句话说，已禀过泰山了。为是林冲年灾月厄，遭这场屈事。今去沧州，生死不保，诚恐误了娘子青春，今已写下几字在此。万望娘子休等小人，有好头脑，自行招嫁，莫为林冲误了贤妻。"那妇人听罢，哭将起来，说道："丈夫！我不曾有半些儿点污，如何把我休了？"林冲道："娘子，我是好意。恐怕日后两下相误，赚了你⁽¹⁵⁾。"张教头便道："我儿放心，虽是女婿恁的主张，我终不成下得将你来再嫁人。这事且由他放心去。他便不来时，我也安排你一世的终身盘费，只教你守志便了。"那妇人听得说，心中哽咽，又见了这封书，一时哭倒，声绝在地。

林冲与泰山张教头救得起来，半晌方才苏醒，也自哭不住。林冲把休书与教头收了。众邻舍亦有妇人来劝林冲娘子，搀扶回去。张教头嘱付林冲道："你顾前程去，挣扎回来厮见。你的老小，我明日便取回去养在家里，待你回来完聚。你但放心去，不要挂念。如有便人，千万频频寄些书信来。"林冲起身谢了，拜辞泰山并众邻舍，背了包裹，随着公人去了。张教头同邻舍取路回家，不在话下。

且说两个防送公人把林冲带来使臣房里寄了监。董超、薛霸各自回家，收拾行李。只说董超正在家里拴束包裹，只见巷口酒店里酒保来说道："董端公，一位官人在小人店里请说话。"董超道："是谁？"酒保道："小人不认的，只叫请端公便来。"原来宋时的公人都称呼"端公"。当时董超便和酒保径到店中阁儿内看时，见坐着一个人，头戴顶万字头巾，身穿领皂纱背子，下面皂靴净袜。见了董超，慌忙作揖道："端公请坐。"董超道："小人自来不曾拜识尊颜，不知呼唤有何使令？"那人道："请坐，少间便知。"董超坐在对席。酒保一面铺下酒盏菜蔬果品案酒，都搬来摆了一桌。那人问道："薛端公在何处住？"董超道："只在前边巷内。"那人唤酒保问了底脚⁽¹⁶⁾，"与我去请将来。"酒保去了一盏茶时，只见请得薛霸到阁儿里。董超道："这位官人请俺说话。"薛霸道："不敢动问大人高姓？"那人又道："少刻便知，且请饮酒。"三人坐定，一面酒保筛酒。酒至数杯，那人去袖子里取出十两金子，放在桌上，说道："二位端公各收五两，有些小事烦及。"二人道："小人素不认得尊官，何故与我金子？"那人道："二位莫不投沧州去？"董超道："小人两个奉本府差遣，监押林冲直到那里。"那人道："既是如此，相烦二位。我是高太尉府心腹人陆虞候便是。"董超、薛霸喏喏连声，说道："小人何等样人，敢共对席。"陆谦道："你二位也知林冲和太尉是对头。今奉着太尉钧旨⁽¹⁷⁾，教将这十两金子送与二位。望你两个领诺，不必远去，只就前面僻静去处把林冲结果了⁽¹⁸⁾，就彼处讨纸回状回来便了。若开封府但有话说，太尉自行分付，并不妨事。"董超道："却怕使不的。开封府公文只叫解活的去，却不曾教结果了他。亦且本人年纪又不高大，如何作得这缘故？倘有些兜答⁽¹⁹⁾，恐不方便。"薛霸道："董超，你听我说。高太尉便叫你我死，也只得依他，莫说使这官人又送金子与俺。你不要多说，和你分了吧，落得做人情，日后也有照顾俺处。前头有的是大松林猛恶去处⁽²⁰⁾，不拣怎的与他结果了罢。"当下薛霸收了金子，说道："官人放心，多是五站路，少只两程，便有分晓。"陆谦大喜道："还是薛端公真是爽利，明日到地了时，是必揭取林冲脸上金印回来做表证。陆谦再包办二位十两金子相谢。专等好音，切不可相误。"原来宋时，但是犯人徒流迁徙的⁽²¹⁾，都脸上刺字，怕人恨怪，只唤做"打金印"。三个人又吃了一会酒，陆虞候算了酒钱。三人出酒肆来，各自分手。

只说董超、薛霸将金子分受入己，送回家中，取了行李包裹，拿了水火棍⁽²²⁾，便来使臣房里取了林冲，监押上路。当日出得城来，离城三十里多路歇了。宋时途路上客店人家，但是公人监押囚人来歇，不要房钱。当下董、薛二人带林冲到客店里，歇了一夜。第二日天明起来，打火吃了饮食，投沧州路上来。时遇六月天气，炎暑正热。林冲初吃棒时，倒也无事，次后三两日间，天道盛热，棒疮却发。又是个新吃棒的人，路上一步挨一步，走不动。董超道："你好不晓事！此去沧州二千里有馀的路，你这般样走，几时得到。"林冲道："小人在太尉府里折了些便宜，前日方才吃棒，棒疮举发。这般炎热，上下只得担待一步⁽²³⁾。"董超道："你自慢慢的走，休听咶咶⁽²⁴⁾。"董超一路上喃喃呐呐的，口里埋冤叫苦，说道："却是老爷们晦气，撞着你这一魔头。"看看天色又晚。三个人投村中客店里来。到得房内，两个公人放了棍棒，解下包裹。林冲也把包来解了，不等公人开口，去包里取些碎银两，央店小二买些酒肉，籴些米来，安排盘馔，请两个防送公人坐了吃。董超、薛霸又添酒来，把林冲灌的醉了，和枷倒在一边。薛霸去烧一锅百沸滚汤，提将来倾在脚盆内，叫道："林教头，你也洗了脚好睡。"林冲挣的起来，被枷碍了，曲身不得。薛霸便道："我替你洗。"林冲忙道："使不得！"薛霸道："出路人那里计较的许多。"林冲不知是计，只顾伸下脚来，被薛霸只一按，按在滚汤里。林冲叫一声："哎也！"急缩得起时，泡得脚面红肿了。林冲道："不消生受。"薛霸道："只见罪人伏侍公人，那曾有公人伏侍罪人！好意叫他洗脚，颠倒嫌冷嫌热，却不是好心不得好报。"口里喃喃的骂了半夜。林冲那里敢回话，自去倒在一边，他两个泼了这水，自换些水去外边洗了脚。

睡到四更，同店人都未起，薛霸起来烧了面汤，安排打火做饭吃。林冲起来，晕了，吃不得，又走不动。薛霸拿了水火棍，催促动身。董超去腰里解下一双新草鞋，耳朵并索儿却是麻编的，叫林冲穿。林冲看时，脚上满面是燎浆泡，只得寻觅旧草鞋穿，那里去讨？没奈何，只得把新草鞋穿上。叫店小二算过酒钱。两个公人带了林冲出店，却是五更天气。

林冲走不到三二里，脚上泡被新草鞋打破了，鲜血淋漓，正走不动，声唤不止。薛霸骂道："走便快走！不走便大棍捌将起来。"林冲道："上下方便，小人岂敢怠慢，俄延路途？其实是脚疼走不动。"董超道："我扶着你走便了。"搀着林冲，又行不动，只得又挨了四五里路。看看正走不动了，早望见前面烟笼雾锁，一座猛恶林子。但见：

层层如雨脚，郁郁似云头。杈枒如鸾凤之巢，屈曲似龙蛇之势。根盘地角，弯环有似蟒盘旋；影拂烟霄，高耸直教禽打捉。直饶胆硬心刚汉，也作魂飞魄散人。

这座猛恶林子，有名唤做"野猪林"，此是东京去沧州路上第一个险峻去处。宋时，这座林子内，但有些冤仇的，使用些钱与公人，带到这里，不知结果了多少好汉。今日，这两个公人带林冲奔入这林子里来。董超道："走了一五更，走不得十里路程，似此沧州怎的得到。"薛霸道："我也走不得了，且就林子里歇一歇。"

三个人奔到里面，解下行李包裹，都搬在树根头。林冲叫声："阿也！"靠着一株大树便倒了。只见董超说道："行一步，等一步，倒走得我困倦起来。且睡一睡却行。"放下水火棍，便倒在树边，略略闭得眼，从地下叫将起来。林冲道："上下做什么？"董超、薛霸道："俺两个正要睡一睡，这里又无关锁，只怕你走了。我们放心不下，以此睡不稳。"林冲答道："小人是个好汉，官司既已吃了，一世也不走。"董超道："那里信得你说，要我们心稳，须得缚一缚。"林冲道："上下要缚便缚，小人敢道怎地。"薛霸腰里解下索子来，把林冲连手带脚和枷紧紧的绑在树上。两个跳将起来，拿起水火棍，看着林冲，说道："不是俺要结果你，自是前日来时，有那陆虞候传着高太尉钧旨，教我两个到这里结果你，立等金印回去回话。便多走的几日，也是死数。只今日就这里，倒作成我两个回去快些。休得要怨我弟兄两个，只是上司差遣，不由自己。你须精细着⁽²⁵⁾，明年今日是你周年。我等已限定日期，亦要早回话。"林冲见话，泪如雨下，便道："上下！我与你二位，往日无仇，近日无冤。你二位如何救得小人，生死不忘。"董超道："说甚么闲话！救你不得。"薛霸便提起水火棍来,望着林冲脑袋上劈将来。

…………

说时迟,那时快,薛霸的棍恰举起来,只见树林背后雷鸣也似一声,那条铁禅杖飞将来[26],把这水火棍一隔,丢去九霄云外。跳出一个胖大和尚来,喝道:"洒家在林子里听你多时[27]!"两个公人看那和尚时,穿一领皂布直裰,挎一口戒刀,提起禅杖,轮起来打两个公人。林冲方才闪开眼看时,认得是鲁智深。林冲连忙叫道:"师兄,不可下手!我有话说。"智深听得,收住禅杖。两个公人呆了半晌,动掸不得。林冲道:"非干他两个事,尽是高太尉使陆虞候分付他两个公人,要害我性命。他两个怎不依他?你若打死他两个,也是冤屈。"

鲁智深扯出戒刀,把索子都割断了,便扶起林冲,叫:"兄弟,俺自从和你买刀那日相别之后,洒家忧得你苦。自从你受官司,俺又无处去救你。打听的你断配沧州,洒家在开封府前又寻不见,却听得人说监在使臣房内。又见酒保来请两个公人,说道:'店里一位官人寻说话。'以此洒家疑心,放你不下,恐这厮们路上害你,俺特地跟将来。见这两个撮鸟带你入店里去[28],洒家也在那店里歇。夜间听得那厮两个做神做鬼,把滚汤赚了你脚。那时俺便要杀这两个撮鸟,却被客店里人多,恐妨救了。洒家见这厮们不怀好心,越放你不下。你五更里出门时,洒家先投奔这林子里来等杀这厮两个撮鸟。他倒来这里害你,正好杀这厮两个。"林冲劝道:"既然师兄救了我,你休害他两个性命。"鲁智深喝道:"你这两个撮鸟,洒家不看兄弟面时,把你这两个都剁做肉酱!且看兄弟面皮,饶你两个性命。"就那里插了戒刀,喝道:"你这两个撮鸟,快搀兄弟,都跟洒家来!"提了禅杖先走。两个公人那里敢回话,只叫:"林教头救俺两个!"依前背上包裹,提了水火棍,扶着林冲,又替他挖了包裹,一同跟出林子来。行得三四里路程,见一座小小酒店在村口。四个人入来坐下。……唤酒保买五七斤肉,打两角酒来吃,回些面米打饼。酒保一面整治;把酒来筛。两个公人道:"不敢拜问师父,在那个寺里住持?"智深笑道:"你两个撮鸟,问俺住处做甚么?莫不去教高俅做甚么奈何洒家?别人怕他,俺不怕他。洒家若撞着那厮,教他吃三百禅杖。"两个公人那里敢再开口,吃了些酒肉,收拾了行李,还了酒钱,出离了村店。林冲问道:"师兄,今投那里去?"鲁智深道:"杀人须见血,救人须救彻。洒家放你不下,直送兄弟到沧州。"两个公人听了,暗暗地道:"苦也!却是坏了我们的勾当,转去时怎回话!"且只得随顺他一处行路。

自此途中,被鲁智深要行便行,要歇便歇,那里敢扭他。好便骂,不好便打。两个公人不敢高声,更怕和尚发作。行了两程,讨了一辆车子。林冲上车将息，三个跟着车子行着。两个公人怀着鬼胎，各自要保性命，只得小心随顺着行。鲁智深一路买酒买肉将息林冲⁽²⁹⁾，那两个公人也吃。遇着客店，早歇晚行，都是那两个公人打火做饭，谁敢不依他？二人暗商量："我们被这和尚监押定了，明日回去，高太尉必然奈何俺。"薛霸道："我听得大相国寺菜园廨宇里新来了一个僧人⁽³⁰⁾，唤做鲁智深，想来必是他。回去实说，俺要在野猪林结果他，被这和尚救了，一路护送到沧州，因此下手不得，舍着还了他十两金子，着陆谦自去寻这和尚便了。我和你只要躲得身上干净。"董超道："也说的是。"两个暗商量了不题。

话休絮繁，被鲁智深监押不离，行了十七八日，近沧州只有七十来里路程，一路去都有人家，再无僻静处了。鲁智深打听得实了，就松林里少歇。智深对林冲道："兄弟，此去沧州不远了，前路都有人家，别无僻静去处。洒家已打听实了。俺如今和你分手，异日再得相见。"林冲道："师兄回去，泰山处可说知。防护之恩，不死当以厚报。"鲁智深又取出一二十两银子与林冲，把三二两与两个公人道："你两个撮鸟，本是路上砍了你两个头，兄弟面上饶你两个鸟命。如今没多路了，休生歹心。"两个道："再怎敢，皆是太尉差遣。"接了银子，却待分手，鲁智深看着两个公人道："你两个撮鸟的头，硬似这松树么？"二人答道："小人头是父母皮肉包着些骨头。"智深轮起禅杖，把松树只一下，打的树有二寸深痕，齐齐折了，喝一声道："你两个撮鸟，但有歹心，教你头也似这树一般。"摆着手，拖了禅杖，叫声："兄弟保重！"自回去了。

注释

（1）本文节选自人民文学出版社 1975 年第一版《水浒传》一百回本（杭州容与堂刻本），第八回、第九回。有删节。

（2）太尉：官名，秦汉始设，宋徽宗时定为武官官阶最高的一级。这里是指高俅。

（3）节堂：白虎节堂。宋代朝廷商议军机大事之处。

（4）承局：官府差役。

（5）断遣：判决差遣。

（6）府尹：官名。汉京师置京兆尹，掌宣教令，岁巡所属县，观风俗、讯囚等。后世因称京都为京兆。这里指北宋首都开封府府尹。

（7）虞候：官僚的侍从。

（8）孔目：掌管文书的吏员。宋代衙署多设这种吏职，任检点文字之责。

（9）刺配：古时对犯罪者刺字于其肌肤，以墨涅之，遣送到边地服劳役，亦称"墨刑""黥刑""刺字"。远恶军州：指地处边远的条件恶劣的军队驻扎地。宋代军、州、府、监同隶属于路。

（10）牒：公文、凭证。

（11）赍（jī机）发：以赠物分发。

（12）泰山：旧时称妻父为泰山。一说源于泰山有"丈人峰"，一说源于唐明皇封禅泰山事。张说为封禅使，其女婿郑镒本九品官，旧例，封禅后自三公以下皆迁转一级，惟镒因说骤迁五品，兼赐绯服。因大酺饮，玄宗见镒官位腾跃，怪而问之，镒无词以对。黄旛绰曰："此泰山之力也（见段成式《酉阳杂俎》卷十二）。"

（13）年灾月厄：时运不好，蒙受灾难。

（14）断配：判决发配。

（15）赚：诓骗。这里有"耽误"的意思。

（16）底脚：底细、根底。

（17）钧旨：上级的命令。钧，古时对上级或尊长的敬辞。

（18）结果：这里是"处死"的意思。

（19）兜答：周折，麻烦。

（20）猛恶去处：险恶的地方。

（21）徒流迁徙（xǐ洗）：把犯人放逐到边远的地方。徒，旧称服劳役的犯人。流，流放，古代五刑之一。徙，古称流刑为徙。

（22）水火棍：地方衙门差役用的棍子，形状上圆下略带扁。上涂黑色，下涂红色。

（23）上下：对衙门差役的称呼。

（24）咭咶（jīhuài基坏）：喘息的声音。咭，象声词。咶，喘息。

（25）精细：清醒。

（26）禅杖：僧人用的手杖。禅，佛教用语。

（27）洒家：宋元时关西一带人自称为洒家。

（28）撮鸟：坏蛋的意思。撮，形容极少数坏人。鸟，通"屌"，骂人粗话。

（29）将息：养息，休养。

（30）廨宇：官吏办公的地方。廨，官署。宇，居处。

提示

《野猪林》是《水浒传》中最著名的片段之一，写林冲负屈衔冤刺配沧州道，鲁智深仗义救人，一路护送林冲的一段故事。通过这节故事，揭露了当时社会的黑暗，刻画了两个主要人物林冲和鲁智深的性格，尤其是鲁智深的性格更为突出。

鲁智深是《水浒传》中出现较早的英雄。作品通过"拳打镇关西""倒拔垂杨柳"等一系列生动的场面和情节，集中刻画了他"杀人须见血，救人须救彻"的性格。"禅杖打开危险路，戒刀杀尽不平人"就是鲁智深反抗精神的概括。他虽然曾经做过下级军官，但是他所生活的不合理的社会，使他对黑暗势力有一种强烈的仇恨，他总是为了伸张正义向封建恶势力主动发起进攻。他从不顾及自身的利害，一无牵挂，勇往直前，是梁山英雄最可爱的形象之一。

林冲本是八十万禁军教头，太尉高俅为了让义子高衙内为达到霸占林冲的妻子的目的，设计骗林冲入白虎堂，捏造罪名，刺配沧州。在发配途中，鲁智深一路尾随，暗中保护。鲁智深对高俅派心腹陆虞候，暗中买通董超、薛霸要在途中害死林冲等实情，已完全掌握。直到两个公人设计，将林冲"紧紧绑在树上"，"薛霸便提起水火棍来，望着林冲脑袋上劈将来"时，鲁智深才出场，把林冲救下来。

"野猪林"对鲁智深的性格刻画着墨较多。首先，从举止和外貌上看，鲁智深是个莽撞的和尚，但是他精明、机警，粗中有细。为什么在野猪林林冲生命危急的时刻，他能够突然出现？原来他已事先进行了详细的调查，做了周密的安排和准确的预见，"先投奔这林子里来等杀这厮两个撮鸟"，这样的细节描写，使鲁智深的性格更鲜明、更丰富。他既鲁莽又精干，是一位粗中有细的英雄。

其次，通过人物言行的对比，紧扣人物的身份和遭遇来展示人物性格。本来两个公人受高太尉的安排，一路百般折磨林冲，直到要在野猪林杀害他。但是，当鲁智深把林冲救下，"提起禅杖，轮起来打两个公人"时，林冲却极力为二人求情，说"非干他两个事，尽是高太尉使陆虞候分付他两个公人，要害我性命。他两个怎不依他？你若打死他两个，也是冤屈"。鲁智深是路见不平，仗义救人，对高俅毫不畏惧；而身受其害的林冲反而对高俅忍辱退让。通过不同言行的对比，林冲、鲁智深二人的性格互相对照，非常鲜明。林冲由于社会地位和家庭情况，还在幻想着刑满释放回去后，能继续过自己安乐的小家庭生活，因而一再忍让。而鲁智深则是行伍出身的下级军官，孤身只影，一无牵挂，故无所畏惧，也不抱任何幻想，完全要靠自己的智慧和勇敢去开辟生活和斗争的道路。在这里，他疾恶如仇、敢作敢为的性格得到了充分的表现。鲁智深的形象，体现了社会下层民众淳朴、豪爽以及仇恨压迫者、敢于反抗的性格本质，具有突出的典型意义。

最后，细节描写十分逼真。如写董、薛二人用开水烫伤林冲的脚，又用新草鞋将燎泡弄破，使林冲步履艰难。此外如写董超、薛霸二人正要杀林冲时，"只见树林背后雷鸣也似一声，那条铁禅杖飞将来，把这水火棍一隔，丢去九霄云外"。这些细节描写十分生动，精彩传神。

在语言方面，这个片段中的语言个性化特点十分突出。寥寥几笔就达到绘声绘色，形神毕肖。林冲为两个公人求情的一段话，表现了林冲委曲求全、懦弱忍让的性格。而鲁智深则说："你这两个撮鸟，洒家不看兄弟面时，把你这两个都剁做肉酱！且看兄弟面皮，饶你两个性命。"在告别林冲时，鲁智深轮起禅杖，把松树打折后，警告两个公人说："你两个撮鸟，但有歹心，教你头也似这树一般。"语言洗练、明快、通俗生动，个性十分鲜明。

吴承恩小说

吴承恩（1500？—1582？），字汝忠，号射阳山人，山阳（今江苏淮安）人。出身于小官僚败落为小商人的家庭。科场失意，直到三十多岁才补岁贡生。嘉靖末隆庆初任浙江长兴县丞。由于宦途困顿，晚年绝意仕途，归居故乡。曾到过南京、杭州等地，后专意著述，所作诗文表现出对当时社会现实的不满。爱好野史奇闻，并在前人创作及民间传说的基础上进行再创造，写出了富有浪漫主义色彩的著名长篇小说《西游记》。又撰有《禹鼎志》（已散佚），有诗文集《射阳先生存稿》四卷。

大 闹 天 宫⁽¹⁾

太白金星，领着美猴王，到于灵霄殿外。不等宣诏，直至御前，朝上礼拜。悟空挺身在旁，且不朝礼，但侧耳以听金星启奏。金星奏道："臣领圣旨，已宣妖仙到了。"玉帝垂帘问曰："那个是妖仙？"悟空却才躬身答应道："老孙便是。"仙卿们都大惊失色道："这个野猴！怎么不拜伏参见，辄敢这等答应道：'老孙便是！'却该死了！该死了！"玉帝传旨道："那孙悟空乃下界妖仙，初得人身，不知朝礼，且姑恕罪。"众仙卿叫声"谢恩！"猴王却才朝上唱个大喏⁽²⁾。玉帝宣文选武选仙卿，看那处少甚官职，着孙悟空去除授⁽³⁾。旁边转过武曲星君，启奏道："天宫里各宫各殿，各方各处，都不少官，只是御马监缺个正堂管事。"玉帝传旨道："就除他做个'弼马温'罢⁽⁴⁾。"众臣叫谢恩，他也只朝上唱个大喏。玉帝又差木德星官送他去御马监到任。

当时猴王欢欢喜喜，与木德星官径去到任。事毕，木德回宫。他在监里，会聚了监承、监副、典簿、力士、大小官员人等，查明本监事务，止有天马千匹。……

这猴王查看了文簿，点明了马数。本监中典簿管征备草料；力士官管刷洗马匹、扎草⁽⁵⁾、饮水、煮料；监承、监副辅佐催办；弼马尽夜不睡，滋养马匹。日间舞弄犹可，夜间看管殷勤：但是马睡的，赶起来吃草；走的捉将来靠槽。那些天马见了他，泯耳攒蹄，都养得肉肥膘满。不觉的半月有余。一朝闲暇，众监官都安排酒席，一则与他接风，一则与他贺喜。

正在欢饮之间，猴王忽停杯问曰："我这'弼马温'，是个甚么官衔？"众曰："官名就是此了。"又问："此官是个几品？"众道："没有品从。"猴王道："没品，想是大之极也。"众道："不大，不大，只唤做'未入流'。"猴王道："怎么叫做'未入流'？"众道："末等。这样官儿，最低最小，只可与他看马。似堂尊到任之后，这等殷勤，喂得马肥，只落得道声'好'字；如稍有些尪赢(6)，还要见责；再十分伤损，还要罚赎问罪。"猴王闻此，不觉心头火起，咬牙大怒道："这般藐视老孙！老孙在那花果山，称王称祖，怎么哄我来替他养马？养马者，乃后生小辈，下贱之役，岂是待我的？不做他！不做他！我将去也！"忽喇的一声，把公案推倒，耳中取出宝贝，幌一幌，碗来粗细，一路解数，直打出御马监，径至南天门。众天丁知他受了仙箓，乃是个弼马温，不敢阻当，让他打出天门去了。

　　……

　　却说那玉帝次日设朝，只见张天师引御马监监丞、监副在丹墀下拜奏道："万岁，新任弼马温孙悟空，因嫌官小，昨日反下天宫去了。"正说间，又见南天门外增长天王领众天丁，亦奏道："弼马温不知何故，走出天门去了。"玉帝闻言，即传旨："着两路神元，各归本职，朕遣天兵，擒拿此怪。"班部中闪上托塔李天王与哪吒三太子，越班奏上道："万岁，微臣不才，请旨降此妖怪。"玉帝大喜，即封托塔天王李靖为降魔大元帅，哪吒三太子为三坛海会大神(7)，即刻兴师下界。

　　李天王与哪吒叩头谢辞，径至本宫，点起三军，帅众头目，着巨灵神为先锋，鱼肚将掠后，药叉将催兵。一霎时出南天门外，径来到花果山。选平阳处安了营寨，传令教巨灵神挑战。巨灵神得令，结束整齐，轮着宣花斧，到了水帘洞外。只见那洞门外，许多妖魔，都是些狼虫虎豹之类，丫丫叉叉，轮枪舞剑，在那里跳斗咆哮。这巨灵神喝道："那业畜！快早去报与弼马温知道，吾乃上天大将，奉玉帝旨意，到此收伏；教他早早出来受降，免致汝等皆伤残也。"那些怪，奔奔波波，传报洞中道："祸事了！祸事了！"猴王问："有甚祸事？"众妖道："门外有一员天将，口称大圣官衔，道：奉玉帝圣旨，来此收伏；教早早出去受降，免伤我等性命。"猴王听说，教："取我披挂来！"就戴上紫金冠，贯上黄金甲，登上步云鞋，手执如意金箍棒，领众出门，摆开阵势。……

　　巨灵神厉声高叫道："那泼猴！你认得我么？"大圣听言，急问道："你是那路毛神？老孙不曾会你，你快报名来。"巨灵神道："我把你那欺心的猢狲！你是认不得我！我乃高上神霄托塔李天王部下先锋，巨灵天将！今奉玉帝圣旨，到此收降你。你快卸了装束，归顺天恩，免得这满山诸畜遭诛！若道半个'不'字，叫你顷刻化为齑粉！"猴王听说，心中大怒道："泼毛神，休夸大口，少弄长舌！我本待一棒打死你，恐无人去报信；且留你性命，快早回天，对玉皇说：他甚不用贤！老孙有无穷的本事，为何叫我替他养马？你看我这旌旗上字号。若依此字升官，我就不动刀兵，自然的天地清泰；如若不依，时间就打上灵霄宝殿，教他龙床定坐不成！"这巨灵神闻此言，急睁眼迎风观看，果见门外竖一高竿，竿上有旌旗一面，上写着"齐天大圣"四大字，巨灵神冷笑三声道："这泼猴，这等不知人事，辄敢无状，你就要做齐天大圣！好好的吃吾一斧！"劈头就砍将去。那猴王正是会家不忙，将金箍棒应手相迎。……巨灵神抵敌他不住，被猴王劈头一棒，慌忙将斧架隔，扢扠的一声，把个斧柄打做两截，急撤身败阵逃生。猴王笑道："脓包！脓包！我已饶了你，你快去报信！快去报信！"

巨灵神回至营门，径见托塔天王，忙哈腰跪下道："弼马温果是神通广大！末将战他不得，败阵回来请罪。"李天王发怒道："这厮锉吾锐气，推出斩之！"旁边闪出哪吒太子，拜告："父王息怒，且恕巨灵之罪，待孩儿出师一遭，便知深浅。"天王听谏，且教回营待罪管事。

这哪吒太子，甲胄齐整，跳出营盘，撞至水帘洞外。孙悟空正来收兵，见哪吒来的勇猛。……悟空迎近前来问曰："你是谁家小哥？闯近吾门，有何事干？"哪吒喝道："泼妖猴！岂不认得我？我乃托塔天王三太子哪吒是也。今奉玉帝钦差，至此捉你。"悟空笑道："小太子，你的奶牙尚未退，胎毛尚未干，怎敢说这般大话？我且留你的性命，不打你。你只看我旌旗上是甚么字号，拜上玉帝：是这般官衔，再也不须动众，我自皈依；若是不遂我心，定要打上灵霄宝殿。"哪吒抬头看处，乃"齐天大圣"四字。哪吒道："这妖猴能有多大神通，就敢称此名号！不要怕！吃吾一剑！"悟空道："我只站下不动，任你砍几剑罢。"那哪吒愤怒，大喝一声，叫"变！"即变做三头六臂，恶狠狠，手持着六般兵器，乃是斩妖剑、砍妖刀、缚妖索、降妖杵、绣球儿、火轮儿，丫丫叉叉，扑面来打。悟空见了，心惊道："这小哥倒也会弄些手段！莫无礼，看我神通！"好大圣，喝声"变！"也变做三头六臂；把金箍棒幌一幌，也变作三条；六只手拿着三条棒架住。这场斗，真个是地动山摇，好杀也……三太子与悟空各骋神威，斗了个三十回合。那太子六般兵，变做千千万万；孙悟空金箍棒，变作万万千千。半空中似雨点流星，不分胜负。原来悟空手疾眼快，正在那混乱之时，他拔下一根毫毛，叫声"变！"就变做他的本相，手挺着棒，演着哪吒[8]；他的真身，却一纵，赶至哪吒脑后，着左膊上一棒打来。哪吒正使法间，听得棒头风响，急躲闪时，不能措手，被他着了一下，负痛逃走；收了法，把六件兵器，依旧归身，败阵而回。

那阵上李天王早已看见，急欲提兵助战。不觉太子倏至面前，战兢兢报道："父王！弼马温真个有本事！孩儿这般法力，也战他不过，已被他打伤膊也。"天王大惊失色道："这厮怎的神通[9]，如何取胜？"太子道："他洞门外竖一竿旗，上写'齐天大圣'四字，亲口夸称，教玉帝就封他做齐天大圣，万事俱休；若还不是此号，定要打上灵霄宝殿哩！"天王道："既然如此，且不要与他相持，且去上界，将此言回奏，再多遣天兵，围捉这厮，未为迟也。"太子负痛，不能复战，故同天王回天启奏不题。

……

却说那李天王与三太子领着众将，直至灵霄宝殿。启奏道："臣等奉圣旨出师下界，收伏妖仙孙悟空，不期他神通广大，不能取胜，仍望万岁添兵剿除。"玉帝道："谅一妖猴，有多少本事，还要添兵？"太子又近前奏道："望万岁赦臣死罪！那妖猴使一条铁棒，先败了巨灵神，又打伤臣臂膊。洞门外立一竿旗，上书'齐天大圣'四字，道是封他这官职，即便休兵来投；若不是此官，还要打上灵霄宝殿也。"玉帝闻言，惊讶道："这妖猴何敢这般狂妄！着众将即刻诛之。"正说间，班部中又闪出太白金星，奏道："那妖猴只知出言，不知大小。欲加兵与他争斗，想一时不能收伏，反而劳师。不若万岁大舍恩慈，还降招安旨意，就叫他做个齐天大圣。只是加他个空衔，有官无禄便了。"玉帝道："怎么唤做'有官无禄'？"金星道："名是齐天大圣，只不与他事管。不与他俸禄，且养在天壤之间，收他的邪心，使不生狂妄，庶乾坤安靖，海宇得清宁也。"玉帝闻言道："依卿所奏。"即命降了诏书，仍着金星领去。

……

悟空大喜，恳留饮宴不肯，遂与金星纵着祥云，到南天门外。那些天丁天将，都拱手相迎。径入灵霄殿下。金星拜奏道："臣奉诏宣弼马温孙悟空已到。"玉帝道："那孙悟空过来。今宣你做个'齐天大圣'，官品极矣，但切不可胡为。"这猴亦止朝上唱个喏，道声谢恩。……

一日玉帝早朝，班部中闪出许旌阳真人，颊囟启奏道[10]："今有齐天大圣，无事闲游，结交天上众星宿，不论高低俱称朋友。恐后闲中生事。不若与他一件事管，庶免别生事端。"玉帝闻言，即时宣诏。那猴王欣然而至，道："陛下，诏老孙有何升赏？"玉帝道："朕见你身闲无事，与你件执事。你且权管那蟠桃园，早晚好生在意。"大圣欢喜谢恩，朝上唱喏而退。

他等不得穷忙，即入蟠桃园内查勘。本园中有个土地挡住，问道："大圣何往？"大圣道："吾奉玉帝点差，代管蟠桃园，今来查勘也。"那土地连忙施礼，即呼那一班锄树力士、运水力士、修桃力士、打扫力士都来见大圣磕头，引他进去。……大圣看玩多时，问土地道："此树有多少株数？"土地道："有三千六百株，前面一千二百株，花微果小，三千年一熟，人吃了成仙了道，体健身轻，中间一千二百株，层花甘实，六千年一熟，人吃了霞举飞升，长生不老。后面一千二百株，紫纹缃核，九千年一熟，人吃了与天地齐寿，日月同庚。"大圣闻言，欢喜无任。当日查明了株数，点看了亭阁，回府。自此后，三五日一次赏玩，也不交友，也不他游。

一日，见那老树枝头，桃熟大半，他心里要吃个尝新。奈何本园土地、力士并齐天府仙吏紧随不便，忽设一计道："汝等且出门外伺候，让我在这亭上少憩片时。"那众仙果退。只见那猴王脱了冠服，爬上大树，拣那熟透的大桃，摘了许多，就在树枝上自在受用。吃了一饱，却才跳下树来，簪冠着服，唤众等仪从回府。迟三二日，又去设法偷桃，尽他享用。

一朝，王母娘娘设宴，大开宝阁，瑶池中做"蟠桃胜会"，即着那红衣仙女、青衣仙女、素衣仙女、皂衣仙女、紫衣仙女、黄衣仙女、绿衣仙女，各顶花篮，去蟠桃园摘桃建会。七衣仙女直至园门首，只见蟠桃园土地、力士同齐天府二司仙吏，都在那里把门。仙女近前道："我等奉王母懿旨，到此摘桃设宴。"土地道："仙娥且住。今岁不比往年了，玉帝点差齐天大圣在此督理，须是报大圣得知，方敢开园。"仙女道："大圣何在？"土地道："大圣在园内，因困倦，自家在亭子上睡哩。"仙女道："既如此，寻他去来，不可迟误。"土地即与同进，寻至花亭不见，只有衣冠在亭，不知何往。四下里都没寻处。原来大圣耍了一会，吃了几个桃子，变做二寸长的个人儿，在那大树梢头浓叶之下睡着了。七衣仙女道："我等奉旨前来，寻不见大圣，怎敢空回？"旁有仙吏道："仙娥既奉旨来，不必迟疑。我大圣闲游惯了，想是出园会友去了。汝等且去摘桃。我们替你回话便是。"那仙女依言，入树林之下摘桃。先在前树摘了二篮，又在中树摘了三篮；到后树上摘取，只见那树上花果稀疏，止有几个毛蒂青皮的。原来熟的都是猴王吃了。七仙女张望东西，只见向南枝上止有一个半红半白的桃子。青衣女用手扯下枝来，红衣女摘了，却将枝子望上一放。原来那大圣变化了，正睡在此枝，被他惊醒。大圣即现本相，耳朵里掣出金箍棒，幌一幌，碗来粗细，咄的一声道："你是那方怪物，敢大胆偷摘我桃！"慌得那七仙女一齐跪下道："大圣息怒，我等不是妖怪，乃王母娘娘差来的七衣仙女，摘取仙桃，大开宝阁，做'蟠桃胜会'。适至此间，先见了本园土地等神，寻大圣不见。我等恐迟了王母懿旨，是以等不得大圣，故先在此摘桃，万望恕罪。"大圣闻言，回嗔作喜道："仙娥请起。王母开阁设宴，请的是谁？"仙女道："上会自有旧规。请的是西天佛老、菩萨、圣僧、罗汉，南方南极观音，东方崇恩圣帝、十洲三岛仙翁，北方北极玄灵，中央黄极黄角大仙，这个是五方五老。还有五斗星君、上八洞三清、四帝、太乙天仙等众，中八洞玉皇、九垒、海岳神仙；下八洞幽冥教主、注世地仙。各宫各殿大小尊神，俱一齐赴蟠桃嘉会。"大圣笑道："可请我么？"仙女道："不曾听得说。"大圣道："我乃齐天大圣，就请我老孙个席尊，有何不可？"仙女道："此是上会旧规，今会不知如何。"大圣道："此言也是，难怪汝等。你且立下，待老孙先去打听个消息，看可请老孙不请。"

好大圣，捻着诀，念声咒语，对众仙女道："住！住！住！"这原来是个定身法，把那七衣仙女，一个个睖睖睁睁[11]，白着眼，都站在桃树之下。大圣纵朵祥云，跳出园内，竟奔瑶池路上而去。正行时……那赤脚大仙觌面撞见大圣，大圣低头定计，赚哄真仙，他要暗去赴会，却问："老道何往？"大仙道："蒙王母见招，去赴蟠桃嘉会。"大圣道："老道不知。玉帝因老孙筋斗云疾，着老孙五路邀请列位，先至通明殿下演礼，后方去赴宴。"大仙是个光明正大之人，就以他的诳语作真。道："常年就在瑶池演礼谢恩，如何先去通明殿演礼，方去瑶池赴会？"无奈，只得拨转祥云，径往通明殿去了。

大圣驾着云，念声咒语，摇身一变，就变做赤脚大仙模样，前奔瑶池。不多时，直至宝阁，按住云头，轻轻移步，走入里面。……那里铺设得齐齐楚楚，却还未有仙来。这大圣点看不尽，忽闻得一阵酒香扑鼻；忽转头，见右壁厢长廊之下，有几个造酒的仙官，盘糟的力士，领几个运水的道人，烧火的童子，在那里洗缸刷瓮，已造成了玉液琼浆，香醪佳酿。大圣止不住口角流涎，就要去吃，奈何那些人都在这里。他就弄个神通，把毫毛拔下几根，丢入口中嚼碎，喷将出去，念声咒语，叫"变！"即变做几个瞌睡虫，奔在众人脸上。你看那伙人，手软头低，闭眉合眼，丢了执事，都去盹睡。大圣却拿了些百味八珍，佳肴异品，走入长廊里面，就着缸，挨着瓮，放开量，痛饮一番，吃勾了多时，酕醄醉了[12]。自揣自摸道："不好！不好！再过会，请的客来，却不怪我？一时拿住，怎生是好？不如早回府中睡去也。"

好大圣，摇摇摆摆，仗着酒，任情乱撞，一会把路差了；不是齐天府，却是兜率天宫。一见了，顿然醒悟道："兜率宫是三十三天之上，乃离恨天太上老君之处，如何错到此间？——也罢！也罢！一向要来望此老，不曾得来，今趁此残步[13]，就望他一望也好。"即整衣撞进去。那里不见老君，四无人迹，原来那老君与燃灯古佛在三层高阁朱陵丹台上讲道，众仙童、仙将、仙官、仙吏，都侍立左右听讲。这大圣直至丹房里面，寻访不遇，但见丹灶之旁，炉中有火。炉左右安放着五个葫芦，葫芦里都是炼就的金丹。大圣喜道："此物乃仙家之至宝。老孙自了道以来，识破了内外相同之理，也要炼些金丹济人，不期到家无暇；今日有缘，却又撞着此物，趁老子不在，等我吃他几丸尝新。"他就把那葫芦都倾出来，就都吃了，如吃炒豆相似。

　　一时间丹满酒醒。又自己揣度道："不好，不好！这场祸，比天还大；若惊动玉帝，性命难存。走！走！走！不如下界为王去也！"他就跑出兜率宫，不行旧路，从西天门，使个隐身法逃去。即按云头，回至花果山界。

　　……

　　却说那七衣仙女自受了大圣的定身法术，一周天方能解脱。各提花篮，回奏王母，说道："齐天大圣使术法困住我等，故此来迟。"王母问道："汝等摘了多少蟠桃？"仙女道："只有两篮小桃，三篮中桃。至后面，大桃半个也无，想都是大圣偷吃了。及正寻问，不期大圣走将出来，行凶拷打，又问设宴请谁。我等把上会事说了一遍，他就定住我等，不知去向。直到如今，才得醒解回来。"

　　王母闻言，即去见玉帝，备陈前事。说不了，又见那造酒的一班人，同仙官等来奏："不知甚么人，搅乱了'蟠桃大会'，偷吃了玉液琼浆，其八珍百味，亦俱偷吃了。"又有四个大天师来奏上："太上道祖来了。"玉帝即同王母出迎。老君朝礼毕，道："老道宫中，炼了些'九转金丹'，伺候陛下做'丹元大会'，不期被贼偷去，特启陛下知之。"玉帝见奏，悚惧。少时，又有齐天府仙吏叩头道："孙大圣不守执事，自昨日出游，至今未转，更不知去向。"玉帝又添疑思。只见那赤脚大仙又颇凶上奏道："臣蒙王母诏昨日赴会，偶遇齐天大圣，对臣言万岁有旨，着他邀臣等先赴通明殿演礼，方去赴会。臣依他言语，即返至通明殿外，不见万岁龙车凤辇，又急来此伺候。"玉帝越发大惊道："这厮假传旨意，赚哄贤卿，快着纠察灵官缉访这厮踪迹！"

　　灵官领旨，即出殿遍访，尽得其详细。回奏道："搅乱天宫者，乃齐天大圣也。"又将前事尽诉一番。玉帝大恼，即差四大天王，协同李天王并哪吒太子，点二十八宿、九曜星官、十二元辰、五方揭谛、四值功曹、东西星斗、南北二神、五岳四渎、普天星相，共十万天兵，布一十八架天罗地网下界，去花果山围困，定捉获那厮处治。众神即时兴师，离了天宫。……

　　当时李天王传了令，着众天兵扎了营，把那花果山围得水泄不通。上下布了十八架天罗地网，先差九曜恶星出战。九曜即提兵径至洞外，只见那洞外大小群猴跳跃玩耍。星官厉声高叫道："那小妖，你那大圣在那里？我等乃上界差调的天神，到此降你这造反的大圣。叫他快快来归降；若道半个'不'字，教汝等一概遭诛！"那小妖慌忙传入道："大圣，祸事了！祸事了！外面有九个凶神，口称上界差来的天神，收降大圣。"

　　那大圣正与七十二洞妖王，并四健将分饮仙酒，一闻此报，公然不理道："今朝有酒今朝醉，莫管门前是与非。"说未了，一起小妖又跳来道："那九个凶神，恶言泼语，在门前骂战哩！"大圣笑道："莫采他。'诗酒且图今日乐，功名休问几时成。'"说犹未了，又一起小妖来报："爷爷！那九个凶神已把门打破。杀进来也！"大圣怒道："这泼毛神，老大无礼！本待不与他计较，如何上门来欺我？"即命令独角鬼王，领帅七十二洞妖王出阵，"老孙领四健将随后。"那鬼王疾帅妖兵，出门迎敌，却被九曜恶星一齐掩杀，抵住在铁板桥头，莫能得出。

　　正嚷间，大圣到了。叫一声"开路！"掣开铁棒，幌一幌，碗来粗细，丈二长短，丢开架子，打将出来。九曜星那个敢抵，一时打退。那九曜星立住阵势道："你这不知死活的弼马温！你犯了十恶之罪，先偷桃，后偷酒，搅乱了蟠桃大会，又窃了老君仙丹，又将御酒偷来此处享乐，你罪上加罪，岂不知之？"大圣笑道："这几桩事，实有！实有！但如今你怎么？"九曜星道："吾奉玉帝金旨，帅众到此收降你，快早皈依！免教这些生灵纳命。不然，就踢平了此山，掀翻了此洞也！"大圣大怒道："量你这些毛神，有何法力，敢出浪言。不要走，请吃老孙一棒！"这九曜星一齐踊跃。那美猴王不惧分毫，轮起金箍棒，左遮右挡，把那九曜星战得筋疲力软，一个个倒拖器械，败阵而走，急入中军帐下，对托塔天王道："那猴王果十分骁勇！我等战他不过，败阵来了。"李天王即调四大天王与二十八宿，一路出师来斗。大圣也公然不惧，调出独角鬼王、七十二洞妖王与四个健将，就于洞门外列成阵势。……这一场自辰时布阵，混杀到日落西山。那独角鬼王与七十二洞妖怪，尽被众天神捉拿去了，止走了四健将与那群猴，深藏在水帘洞底。这大圣一条棒，抵住了四大天神与李托塔、哪吒太子，俱在半空中，——杀戮多时，大圣见天色将晚，即拔毫毛一把，丢在口中，嚼碎了，喷将出去，叫声"变！"就变了千百个大圣，都使的是金箍棒，打退了哪吒太子，战败了五个天王。

　　……

　　菩萨闻言，即命惠岸行者道："你可快下天宫，到花果山，打探军情如何。如遇相敌，可就相助一功，务必的实回话(14)。"惠岸行者整整衣裙，执一条铁棍，驾云离阙，径至山前。见那天罗地网，密密层层，各营门提铃喝号，将那山围绕的水泄不通。惠岸立住，叫："把营门的天丁，烦你传报：我乃李天王二太子木叉，南海观音大徒弟惠岸，特来打探军情。"那营里五岳神兵，即传入辕门之内。早有虚日鼠、昴日鸡、星日马、房日兔，将言传到中军帐下。李天王发下令旗，教开天罗地网，放他进来。此时东方才亮。惠岸随旗进入，见四大天王与李天王下拜。拜讫，李天王道："孩儿，你自那厢来者？"惠岸道："愚男随菩萨赴蟠桃会，菩萨见胜会荒凉，瑶池寂寞，引众仙并愚男去见玉帝。玉帝备言父王等下界收伏妖猴，一日不见回报，胜负未知，菩萨因命愚男到此打听虚实。"李天王道："昨日到此安营下寨，着九曜星挑战，被这厮大弄神通，九曜星俱败走而回。后我等亲自提兵，那厮也排开阵势。我等十万天兵，与他混战至晚，他使个分身法战退，及收兵查勘时，止捉得些狼虫虎豹之类，不曾捉得他半个妖猴。今日还未出战。"

说不了，只见辕门外有人来报道："那大圣引一群猴精，在外面叫战。"四大天王与李天王并太子正议出兵。木叉道："父王，愚男蒙菩萨吩咐，下来打听消息，就说若遇战时，可助一功。今不才愿往，看他怎么个大圣！"天王道："孩儿，你随菩萨修行这几年，想必也有些神通，切须在意。"

好太子，双手轮着铁棍，束一束绣衣，跳出辕门，高叫："那个是齐天大圣？"大圣挺如意棒，应声道："老孙便是，你是甚人，辄敢问我？"木叉道："吾乃李天王第二太子木叉，今在观音菩萨宝座前为徒弟护教，法名惠岸是也。"大圣道："你不在南海修行，却来此见我做甚？"木叉道："我蒙师父差来打探军情，见你这般猖獗，特来擒你！"大圣道："你敢说那等大话！且休走！吃老孙这一棒！"木叉全然不惧，使铁棒劈手相迎。他两个立那半山中，辕门外，这场好斗……

这大圣与惠岸战经五六十合，惠岸臂膊酸麻，不能迎敌，虚幌一幌，败阵而走。大圣也收了猴兵，安扎在洞门之外。只见天王营门外，大小天兵，接住了太子，让开大路，径入辕门，对四天王、李托塔、哪吒，气哈哈的，喘息未定："好大圣，好大圣！着实神通广大！孩儿战不过，又败阵而来也！"李天王见了心惊，即命写表求助，便差大力鬼王与木叉太子上天启奏。

……

却说玉帝拆开表章，见有求助之言，笑道："叵耐这个猴精[15]，能有多大手段，就敢敌过十万天兵！李天王又来求助，却将那路神兵助之？"言未毕，观音合掌启奏："陛下宽心，贫僧举一神，可擒这猴。"玉帝道："所举者何神？"菩萨道："乃陛下令甥显圣二郎真君，见居灌洲灌江口，享受下方香火。他昔日曾力诛六怪，又有梅山兄弟与帐前一千二百草头神，神通广大。奈他只是听调不听宣，陛下可降一道调兵旨意，着他助力，便可擒也。"玉帝闻言，即传调兵的旨意，就差大力鬼王赍调。

……

这真君领着四太尉、二将军，连本身七兄弟，出营挑战；分付众将，紧守营盘，收全了鹰犬。众草头神得令。真君只到那水帘洞外，见那一群猴，齐齐整整，排作个蟠龙阵势；中军里，立一竿旗，上书"齐天大圣"四字。真君道："那泼妖，怎么称得起齐天之职？"梅山六弟道："且休赞叹，叫战去来。"那营口小猴见了真君，急走去报知。那猴王即擎金箍棒，整黄金甲，登步云履，按一按紫金冠，腾出营门，急睁眼观看，那真君的相貌，果是清奇，打扮得又秀气。……大圣见了，笑嘻嘻的，将金箍棒掣起，高叫道："你是何方小将，辄敢大胆到此挑战？"真君喝道："你这厮有眼无珠，认不得我么！吾乃玉帝外甥，敕封昭惠灵显王二郎是也。今蒙上命，到此擒你这反天宫的弼马温猢狲，你还不知死活！"大圣道："我记得当年玉帝妹子思凡下界，配合杨君，生一男子，曾使斧劈桃山的，是你么？我行要骂你几声，曾奈无甚冤仇；待要打你一棒，可惜了你的性命。你这郎君小辈，可急急回去，唤你四大天王出来。"真君闻言，心中大怒道："泼猴！休得无礼！吃吾一刀！"大圣侧身躲过，疾举金箍棒，劈手相还。他两个这场好杀……斗经三百余合，不分胜负。那真君抖搜神威，摇身一变，变得身高万丈，两只手，举着三尖两刃神锋，好便似华山顶上之峰，青脸獠牙，朱红头发，恶狠狠，望大圣着头就砍。这大圣也使神通，变得与二郎身躯一样，嘴脸一般，举一条如意金箍棒，却就如昆仑顶上的擎天之柱。抵住二郎神：唬得那马、流元帅、战兢兢，摇不得旌旗；崩、芭二将，虚怯怯，使不得刀剑。这阵上，康、张、姚、李、郭申、直健，传号令，撒放草头神，向他那水帘洞外，纵着鹰犬，搭弩张弓，一齐掩杀。可怜冲散妖猴四健将，捉拿灵怪二三千！那些猴，抛戈弃甲，撇剑丢枪，跑的跑，喊的喊；上山的上山，归洞的归洞：好似夜猫惊宿鸟，飞洒满天星。众兄弟得胜不题。

却说真君与大圣变做法天象地的规模，正斗时，大圣忽见本营中妖猴惊散，自觉心慌，收了法象，掣棒抽身就走。真君见他败走，大步赶上道："那里走？趁早归降，饶你性命！"大圣不恋战，只情[16]跑起。将近洞口，正撞着康、张、姚、李四太尉，郭申、直健二将军，一齐帅众挡住道："泼猴！那里走！"大圣慌了手脚，就把金箍棒捏做绣花针，藏在耳内，摇身一变，变作个麻雀儿，飞在树梢头钉住。那六兄弟，慌慌张张，前后寻觅不见，一齐吆喝道："走了这猴精也！走了这猴精也！"

正嚷处，真君到了，问："兄弟们，赶到那厢不见了？"众神道："才在这里围住，就不见了。"二郎圆睁凤目观看，见大圣变了麻雀儿，钉在树上，就收了法象，撇了神锋，卸下弹弓，摇身一变，变作个饿鹰儿，抖开翅，飞将去扑打。大圣见了，搜的一翅飞起去，变作一只大鹚老，冲天而去。二郎见了，急抖翎毛，摇身一变，变作一只大海鹤，钻上云霄来嗛。大圣又将身按下，入涧中，变作一个鱼儿，淬入水内[17]。二郎赶至涧边，不见踪迹。心中暗想道："这猢狲必然下水去也，定变作鱼虾之类。等我再变化拿他。"果一变变作个鱼鹰儿，飘荡在下溜头波面上，等待片时，那大圣变鱼儿，顺水正游，忽见一只飞禽，似青鹞，毛片不青；似鹭鸶，顶上无缨；似老鹳，腿又不红："想是二郎变化了等我哩！……"忽转头，打个花就走[18]。二郎看见道："打花的鱼儿，似鲤鱼，尾巴不红；似鳜鱼，花鳞不见；似黑鱼，头上无星；似鲂鱼，鳃上无针。他怎么见了我就回去了？必然是那猴变的。"赶上来，刷的啄一嘴。那大圣就㩗出水中，一变，变作一条水蛇，游近岸，钻入草中。二郎因嗛他不着，他见水响中，见一条蛇㩗出去，认得是大圣，忽转身，又变了一只朱绣顶的灰鹤，伸着一个长嘴，与一把尖头铁钳子相似，径来吃这水蛇。水蛇跳一跳，又变做一只花鸨，木木樗樗的[19]，立在蓼汀之上。二郎见他变得低贱，——花鸨乃鸟中至贱至淫之物，不拘鸾、凤、鹰、鸦都与交群[20]——故此不去拢傍，即现原身，走将去，取过弹弓拽满，一弹子把他打个蹡蹡。

那大圣趁着机会，滚下山崖，伏在那里又变，变一座土地庙儿：大张着口，似个庙门；牙齿变做门扇，舌头变做菩萨，眼睛变做窗棂，只有尾巴不好收拾，竖在后面，变做一根旗竿。真君赶到崖下，不见打倒的鸨鸟，只有一间小庙；急睁凤眼，仔细看之，见旗竿立在后面，笑道："是这猢狲了！他今又在那里哄我。我也曾见庙宇，更不曾见一个旗竿竖在后面的。断是这畜生弄喧[21]！他若哄我进去，他便一口咬住，我怎肯进去？等我掣拳先捣窗棂，后踢门扇！"大圣听得，心惊道："好狠，好狠！门扇是我牙齿，窗棂是我眼睛；若打了牙，捣了眼，却怎么是好？"扑的一个虎跳，又冒在空中不见。

真君前前后后乱赶，只见四太尉、二将军，一齐拥至道："兄长，拿住大圣了么？"真君笑道："那猴儿才自变座庙宇哄我。我正要捣他窗棂，踢他门扇，他就纵一纵，又渺无踪迹。可怪！可怪！"众皆愕然，四望更无形影。真君道："兄弟们在此看守巡逻，等我上去寻他。"急纵身驾云，起在半空。见那李天王高擎照妖镜，与哪吒住立云端，真君道："天王，曾见那猴王么？"天王道："不曾上来。我这里照着他哩。"真君把那赌变化，弄神通，拿群猴一事说毕，却道："他变庙宇，正打处，就走了。"李天王闻言，又把照妖镜四方一照，呵呵的笑道："真君，快去！快去！那猴使了个隐身法，走出营围，往你那灌江口去也。"二郎听说，即取神锋，回灌江口来赶。

注释

（1）本文选自《西游记》（人民文学出版社 1980 年第一版）第四、第五、第六回。有删节。

（2）唱个大喏（rě 惹）：一面拱揖，一面口中称"喏"，这样敬礼，叫做唱喏。喏声很大、腰弯得很低，叫做唱个大喏或唱个肥喏。

（3）除授：授职任官。

（4）弼马温：民间传说猴子可以避马瘟。这里的官名是作者采用了这个传说，改换了"弼"（避）、"温"（瘟）两个同音字而成。

（5）扎草：扎，通"铡"。把草切成寸段喂马，叫做铡草。

（6）尪羸（wāngléi 汪雷）：指瘦弱。

（7）海会：佛教术语。比喻德深如海，圣众会聚之多。

（8）演：一种骗人和迷惑人的幻象，也称"掩样法"。

（9）怎的：这样。有时又作"怎样"。

（10）颡（fǔ 俯）凶：磕头。颡，同"俯"。

（11）睖（lèng 愣）睁（zhēng 争）睁：眼睛发呆、发直。

（12）酕醄（máotáo 毛陶）：大醉的样子。

（13）残步：顺路、便道。

（14）的实：确实。

（15）叵耐：不可耐。这里有"可恨"的意思。

（16）只情：尽情。

（17）淬（cuì 翠）：铸刀剑烧红了放入水中叫淬。这里指氽进水里。

（18）花：漩涡。

（19）木木樗（chū 初）樗：形容痴呆、孤单的样子。

（20）交群：禽、兽交配。

（21）弄喧：弄玄虚，耍花招儿。

提示

《大闹天宫》是《西游记》中最富有光彩的篇章。它鲜明地表现了小说的战斗性主题，塑造了孙悟空这个敢于反抗一切封建权威的英雄形象。

天上的统治者同人间的一样，过着养尊处优、作威作福的生活。孙悟空不承认玉帝独尊，更不理会天国的任何威严和秩序。在玉帝面前他敢于傲然"挺立在旁"，既不"朝礼"，又不"谢恩"。当玉帝问及时，他只是"唱个大喏"，答声"老孙便是"。当他发现"弼马温"封号是个骗局的时候，他"心头火起"，立即打出南天门，回到花果山，高高地竖起自封的"齐天大圣"旗帜，与天庭抗衡。玉帝调兵遣将，兴师动众，对孙悟空进行残酷镇压；镇压不成又玩弄骗术。但是统治者的镇压和欺骗，并没有使孙悟空放下武器，更没有收住"他的邪心"。当他发现王母娘娘不请他参加"蟠桃大会"后，他做出更强烈的反抗。他定住了七衣仙女，调弄了赤脚大仙，喝尽了"玉液琼浆"，吃完了"八珍百味"，嚼尽了太上老君的"九转金丹"；闹得王母娘娘的蟠桃大会开不成，玉帝的"丹元大会"也做不成。后经玉帝费了九牛二虎之力，请来各方神仙佛道，才把他拿住，投入了太上老君的八卦炉，烧炼了"七七四十九日"。但是八卦炉中的"文武之火"并没有烧掉他一丝一毫的造反精神，反而炼出了他的火眼金睛。他"蹬倒了八卦炉",摔倒太上老君,抢起金箍棒,"打到通明殿里,灵霄殿外",直"打得那九曜星闭门闭户,四天王无影无形"。大闹天宫以后,随着矛盾的激化,他曾公然对如来佛说"他(指玉帝)虽年久修长,也不应久占此位。常言道:'皇帝轮流做,明年到我家。'只教他搬出去,将天宫让给我,便罢了;若还不让,定要抗攘,永不清平!"这是何等的气魄和理直气壮,对天宫最高统治者表示了极大的蔑视和反抗。《大闹天宫》就这样充分地表现了孙悟空无所畏惧的敢于反抗的叛逆性格,对神的权威和天宫秩序给予了尽情的嘲弄和否定。孙悟空向往的是自由自在的生活,反映了封建社会人民反抗封建压迫,要求自己掌握自己命运的强烈愿望,为全书的主旨奠定了思想基础。

《大闹天宫》在艺术上的显著特色是场面描写绘声绘色,宏伟壮观。当玉帝得知孙悟空偷蟠桃、窃仙丹、搅乱了王母"蟠桃胜会",已下界回花果山时,大怒,"即差四大天王,协同李天王并哪吒太子,点二十八宿、九曜星官、十二元辰、五方揭谛、四值功曹、东西星斗、南北二神、五岳四渎、普天星相,共十万天兵,布一十八架天罗地网下界,去花果山围困,定捉获那厮处治"。为捉拿一个小小孙悟空,居然要发动这样大的声势,统治者的纸老虎原形暴露无遗。对孙悟空与二郎神的一场战斗更是写得惊心动魄,变幻莫测,十分引人入胜。

此外,这个片段,成功地塑造了孙悟空这个神话英雄形象,使他既具有人的社会化个性,又有神魔的无穷法力,同时还具有猴子的某些动物特性。作者把这些和谐地融为一体,使这个机智、大胆、敢于斗争的神猴形象跃然纸上。全篇的语言活泼、幽默、妙趣横生。

兰陵笑笑生小说

《金瓶梅词话》的作者题名为"兰陵笑笑生",作者的真实姓名及生平事迹不详。兰陵为山东峄县(今属山东枣庄)的古称。沈德符《野获编》谓《金瓶梅词话》出自嘉靖间大名士之手,有人疑为王世贞或其门人所作,不可信。近年来对本书的研究更加广泛而深入,不少研究者又提出了许多对笑笑生真实姓名的考证意见,但均为一家之言,未足定论。

行 贿 免 祸[1]

话说五月二十日,帅府周守备生日[2],西门庆那日封五星分资[3],两方手帕,打选衣帽齐整,骑着大白马,四个小厮跟随,往他家拜寿。席间也有夏提刑⁽⁴⁾，张团练⁽⁵⁾，荆千户⁽⁶⁾，贺千户，一般武官儿饮酒，鼓乐迎接，搬演戏文，只是四个唱的递酒。

玳安接了衣裳⁽⁷⁾，回马来家，到日酉时分，又骑马接去。走到西街口上，撞见冯妈妈，问道："冯妈妈那里去？"冯妈妈道："你二娘使我来，请你爹来。顾银匠整理头面完备⁽⁸⁾，今日拿盒送来，请你爹那里瞧去。你二娘还和你爹说话哩。"玳安道："俺爹今日都在守备府周老爹吃酒，我如今接去，你老人家回罢。等我到那里对爹说就是了。"冯妈妈道："累你好歹说声，你二娘等着哩。"

这玳安打马径到守备府，众官员正饮酒在热闹处。玳安走到西门庆席前，说道："小的回马家来时，在街口撞遇冯妈妈。二娘使了来，说顾银匠送了头面来了，请爹瞧去，还要和爹说话哩。"西门庆听了，拿了些点心汤饭与玳安吃了，就要起身。那周守备那里肯放？拦门拿巨杯相劝。西门庆道："蒙大人见赐，宁可饮一杯，还有些小事，不能尽情。恕罪恕罪。"于是一饮而尽，作辞周守备上马，径到李瓶儿家。妇人接着，茶汤毕，西门庆吩咐玳安回马家去，明日来接。玳安去了。李瓶儿叫迎春，盒儿取出头面来，与西门庆过目，黄洪洪火焰般一付好头面。收过去，单得二十四日行礼，出月初四日准娶，妇人满心欢喜，连忙安排酒来，和西门庆畅饮开怀。吃了一回，使丫鬟房中搭抹凉席干净。两个在纱帐之中，香焚兰麝，衾展鲛绡，脱去衣裳，并肩叠股饮酒。（以下删去274字）旁边迎春伺候下，一个小方盒都是各样细巧果仁，肉心，鸡鹅，腰掌，梅桂，菊花饼儿。小金壶内，满泛琼浆。从黄昏掌上灯烛（删四字）直耍到一更时分，只听外边一片声打的大门响。使冯妈妈开门瞧去，原来是玳安回来了。西门庆道："我吩咐明日来接我，这咱晚又来做甚么？"因叫进房来问他。那小厮慌慌张张，走到房门首，西门庆与妇人睡着，又不敢进来，只在帘外说话。说道："姐姐姐夫都搬来了，许多箱笼在家中。大娘使我来，请爹快去计较话哩⁽⁹⁾。"这西门庆听了，只顾犹豫："这咱晚端的有甚缘故？须得到家瞧瞧。"连忙起来。

妇人打发穿上衣服，做了一盏暖酒与他吃，打马一直来家。只见后堂中，秉着灯烛，女儿女婿都来了，堆着许多箱笼床帐家伙⁽¹⁰⁾，先吃了一惊。因问："怎的这咱来家？"女婿陈经济磕了头，哭说："近日朝中，俺杨老爷被科道官参论倒了⁽¹¹⁾，圣旨下来，拿进南牢问罪，门下亲族用事人等，都问拟枷号充军。昨日府中杨干办连夜奔走⁽¹²⁾，透报与父亲知道。父亲慌了，教儿子同大姐，和些家伙箱笼，就且暂在爹家中寄放，躲避些时。他便起身，往东京我姑娘那里，打听消息去了。待的事宁之日，恩有重报，不敢有忘。"西门庆问："你爹有书没有？"陈经济道："有书在此。"向袖中取出，递与西门庆，拆开观看，上面写道：

　　眷生陈洪顿首⁽¹³⁾，书奉大德西门亲家见字。馀情不叙。兹因北房犯边，抢过雄州地界⁽¹⁴⁾，兵部王尚书不发人马，失误军机，连累朝中，杨老爷俱被科道官参劾太重。

　　圣旨恼怒，拿下南牢监禁，会同三法司审问⁽¹⁵⁾。其门下亲族用事人等，俱照例发边卫充军。生一闻消息，举家惊惶，无处可投！先打发小儿令爱，随身箱笼家活，暂借亲家府上寄寓。生即上京，投在姐夫张世廉处打听示下。待事务宁帖之日回家，恩有重报，不敢有忘。诚恐县中有甚声色，生令小儿另外具银五百两，相烦亲家费心处料。容当叩报，没齿不忘。灯下草草，不宣。

　　仲夏二十日，洪再拜。

西门庆看了，慌了手脚，教吴月娘安排酒饭，管待女儿女婿。就令家下人等，打扫厅前东厢房三间，与他两口儿居住。把箱笼细软，都收拾月娘上房来。陈经济取出他那五百两银子，交与西门庆打点使用。西门庆叫了吴主管来，与了他五两银子，教他连夜往县中孔目房里⁽¹⁶⁾，抄录一张东京行下来的文书邸报⁽¹⁷⁾。上面端的写的是甚言语？

　　兵科给事中宇文虚中等一本⁽¹⁸⁾，恳乞宸断⁽¹⁹⁾，亟诛误国权奸，以振本兵，以消虏患事。

　　臣闻夷狄之祸，自古有之。周之猃狁⁽²⁰⁾，汉之匈奴，唐之突厥，迨及五代而契丹浸强，又我皇宋建国，大辽纵横中国者，已非一日。然未闻内无夷狄，而外萌夷狄之患者。语云："霜降而堂钟鸣，雨下而柱础润。"以类感类，必然之理。譬犹病夫至此，腹心之疾已久，元气内消，风邪外入，四肢百骸，无非受病。虽卢扁莫之能救⁽²¹⁾，焉能久乎？今天下之势，正犹病夫，尪羸之极矣⁽²²⁾！君犹元首也，辅臣犹腹心也，百官犹四肢也。陛下端拱于九重之上，百官庶政各尽职于下，元气内充，荣卫外扞⁽²³⁾，则虏患何由而至哉？

　　今招夷虏之患者，莫如崇政殿大学士蔡京者，本以憸邪奸险之资⁽²⁴⁾，济以寡廉鲜耻之行，谗谄面谀，上不能辅君当道，赞元理化⁽²⁵⁾；下不能宣德布政，保爱元元⁽²⁶⁾。徒以利禄自资，希宠固位，树党怀奸，蒙蔽欺君，中伤善类。忠士为之解体，四海为之寒心。联翩朱紫⁽²⁷⁾，萃聚一门。迩者河湟失议⁽²⁸⁾，主议伐辽，内割三郡；郭药师之叛，卒致金虏背盟，凭陵中夏，此皆误国之大者，皆由京之不职也。王黼贪庸无赖⁽²⁹⁾，行比俳优，蒙京汲引，荐居政府，未几谬掌本兵，惟事慕位苟安，终无一筹可展。乃者，张达残于太原，为之张皇失散。今虏犯内地，则又挈妻子南下，为自全之计，其误国之罪，可胜诛戮？杨戬本以纨袴膏粱，叨承祖荫，凭藉宠灵，典司兵柄，滥膺阃外⁽³⁰⁾。大奸似忠，怯懦无比。此三臣者，皆朋党固结，内外蒙蔽，为陛下腹心之蛊者也。数年以来，招灾致异，丧本伤元，役重赋烦，生民离散，盗贼猖獗，夷虏犯顺。天下之膏腴已尽，国家之纪纲废弛，虽擢发不足以数京等之罪也。臣等待罪该科⁽³¹⁾，备员谏职，徒以目击奸臣误国，而不为皇上陈之，则上孤君父之恩，下负平生所学。伏乞宸断：将京等一干党恶人犯，或下廷尉⁽³²⁾，以示薄罚；或致极典⁽³³⁾，以彰显戮；或照例枷号；或投之荒裔，以御魑魅。庶天意可回，人心畅快，国法已正，虏患自消。天下幸甚！臣民幸甚！

　　奉圣旨："蔡京姑留辅政，王黼、杨戬着拿送三法司，会问明白来说。钦此！钦遵！"续该三法司会问过，并党恶人犯王黼、杨戬，本兵不职，纵虏深入，荼毒生民，损兵折将，失陷内地，律应处斩。手下坏事家人、书办、官掾⁽³⁴⁾、亲党：董升、卢虎、杨盛、宠宣、韩宗仁、陈洪、黄玉、刘盛、赵弘道等，查出有名人犯，俱问拟枷号一个月，满日发边卫充军。

西门庆不看，万事皆休，看了，耳边厢只听飕的一声，魂魄不知往那里去了！就是：惊损六叶连肝肺，唬坏三毛七孔心。即忙打点金银宝玩，驮装停当，把家人来保来旺叫到卧房中，悄悄吩咐，如此如此，这般这般，"雇头口⁽³⁵⁾，星夜上东京，打听消息。不消到你陈亲家爹下处，但有不好声色，取巧打点停当，速来回报。"又与了他二人二十两盘缠，绝早五更，雇脚夫起程上东京去了，不在话下。

西门庆一夜不曾睡着，到次日早，分咐来昭、贲四，把花园工程止住，各项匠人，都且回去不做了。每日将大门紧闭。家下人无事，亦不敢往外去，随分人叫着不许开⁽³⁶⁾。西门庆只在房里动弹，走出来，又走进去。忧上加忧，闷上添闷，如热地蚰蜒一般⁽³⁷⁾，把娶李瓶儿的勾当，丢在九霄云外去了。吴月娘见他每日在房中，愁眉不展，面带忧容，便说道："他陈亲家那边为事，各人冤有头，债有主，你平白焦愁些什么？"西门庆道："你妇人知道些什么？陈亲家是我的亲家，女儿女婿两个业障搬来咱家住着，这是一件事。平昔街坊邻居，恼咱的极多，常言'机儿不快梭儿快，打着羊驹驴驹战'。倘有小人指戳，拔树寻根，你我身家不保！"正是：关门家里坐，祸从天上来。这里西门庆在家纳闷不题。

　　……

单表来保、来旺二人上东京打点。朝登紫陌，暮践红尘，饥餐渴饮，戴月披星。有日到东京，进了万寿城门，投旅店安歇。到次日，街前打听，只听见过路人风里言，风里语，多交头接耳，街谈巷议。都说兵部王尚书，昨日会问明白。圣旨下来，秋后处决。止有杨提督名下，亲族人等未曾拿完，尚未定夺，且待今日便有次第[38]。

这来保等二人把礼物打在身边，急来到蔡府门首。旧时干事来了两遍，道路久熟，立在龙德街牌楼底下，探听府中消息。少顷，只见一个青衣人慌慌打太师府中出来，往东去了。来保认的是杨提督府里亲随杨干办，待要叫住，问他一声，事情何如，因家主不曾分咐招惹他，以此不言语，放过他去了。迟了半日，两个走到府门前，望着守门官深深唱了个喏："动问一声，太师老爷在家不在？"那守门官道："老爷不在家了，朝中议事未回。你问怎的？"来保又问道："管家翟爷请出来小人见见，有事禀白。"那官吏道："管家翟叔也不在了，跟出老爷去了。"来保道："且住。他不实说与我，已定问我要些东西。"于是袖中取出一两银子递与他。那官吏接了，便问："你要见老爷，要见学士大爷？老爷便是大管家翟谦禀，大爷的事便是小管家高安禀，各有所掌。况老爷朝中未回，止有学士大爷在家。你有甚事，我替你请出高管家来，有甚事引你禀见大爷也是一般。"这来保就借情道："我是提督杨爷府中，有事禀见。"官吏听了，不敢怠慢，进入府中。良久，只见高安出来。来保慌忙施礼，递上十两银子，说道："小人是杨爷的亲，同杨干办一路来见老爷讨信。因后边吃饭，来迟了一步。不想他先来见了，所以不曾赶上。"高安接了礼物，说道："杨干办只刚才去了。老爷还未散朝，你且待待，我引你再见见大爷吧。"一面把来保领到第二层大厅傍边，另一座仪门进去[39]，坐北朝南三间敞厅，绿油栏杆朱红牌额，石青填地，金字大书天子御笔钦赐"学士琴堂"四字。

原来蔡京儿子蔡攸，也是宠臣，见为祥和殿学士，兼礼部尚书，提点太一宫使[40]。来保在门外伺候，高安先入，说了出来，然后唤来保入见，当厅跪下。厅上垂着朱帘，蔡攸深衣软巾，坐于堂上，问道："是那里来的？"来保禀道："小人是杨爷的亲家陈洪的家人，同府中杨干办来禀见老爷讨信。不想杨干办先来见了，小人赶来后见。"因向怀中取出揭帖递上[41]。蔡攸见上面写着"白米五百石"[42]，叫来保近前说道："蔡老爷亦因言官论列，连日回避阁中之事[43]。并昨日三法司会问，都是右相李爷秉笔。称杨老爷的事，昨日内里消息出来，圣上宽恩，另有处分了。其手下用事有名人犯，待查明问罪。你还到李爷那里去说。"来保只顾磕头道："小的不认的李爷府中，望爷怜悯俯就，看家杨老爷分上。"蔡攸道："你去到天汉桥边北高坡大门楼处，问声当朝右相，资政殿大学士兼礼部尚书，名讳邦彦的你李爷，谁是不知道！也罢，我这里还差个人同你去。"即令祗候官呈过一缄⁽⁴⁴⁾，使了图书⁽⁴⁵⁾，就差管家高安同去见李老爷，如此这般替他说。

那高安承应下了，同来保出了府门，叫了来旺，带着礼物，转过龙德街，径到天汉桥李邦彦门首。正值邦彦朝散才来家。穿大红绉纱袍，腰系玉带，送出一位公卿上轿而去。回到厅上，门吏禀报说："学士蔡大爷差管家来见。"先叫高安进去，说了回话，然后唤来保、来旺进见，跪在厅台下。高安就在旁边递了蔡攸封缄，并礼物揭帖；来保下边就把礼物呈上。邦彦看了，说道："你蔡大爷分上，又是你杨老爷亲，我怎么好受此礼物？况你杨爷，昨日圣心回动，已没事。但只是手下之人，科道参语甚重，已定问发几个⁽⁴⁶⁾。"即令堂候官："取过昨日科中送的那几个名字与他瞧。"上写着："王黼名下：书办官董升，家人王廉，班头黄玉；杨戬门下：坏事书办官卢虎，干办杨盛，府掾韩宗仁、赵弘道，班头刘成，亲党陈洪、西门庆、胡四等。皆鹰犬之徒，狐假虎威之辈，揆置本官⁽⁴⁷⁾，倚势害人；贪残无比，积弊如山；小民蹙额，市肆为之骚然。乞敕下法司，将一干人犯，或投之荒裔，以御魑魅；或置之典刑，以正国法，不可一日使之留于世也。"来保等见了，慌的只顾磕头，告道："小人就是西门庆家人。望老爷开天地之心，超生性命则个！"高安又替他跪禀一次。邦彦见五百两金银只买一个名字，如何不做分上，即令左右抬出书案过来，取笔将文卷上西门庆名字改作贾庆⁽⁴⁸⁾，一面收上礼物去。邦彦打发来保等出来，就拿回帖回蔡学士，赏了高安、来保、来旺一封五十两银子。

来保路上作辞高管家，回到客店，收拾行李，还了店钱，星夜回到清河县来。早到家见西门庆，把东京所干的事，从头说了一遍。西门庆听了，如提在冷水盆内，对月娘说："早时使人去打点，不然怎了。"正是：这回西门庆性命，有如落日已沉西岭外，却被扶桑唤出来⁽⁴⁹⁾。于是一块石头方才落地。过了两日，门也不关了，花园照旧还盖，渐渐出来街上走动。

注释

（1）本文节选自《金瓶梅词话》第十七回、第十八回。据明神宗万历丁巳（1617）刊本。题目为编者所加。

（2）守备：明代设置的卫戍武官，是节制本区各卫所的重要军职。小说所写故事发生在宋代，但不少官职用语都是使用明代的称谓。

（3）五星分资：五钱银子的寿礼。

（4）提刑：官名。提点刑狱公事的简称。

（5）团练：即团练使。宋代为武将的兼衔。

（6）千户：明代卫所兵制设千户所。千户为一所的长官。

（7）玳安：西门庆的男仆。小说结尾处，吴月娘将其改名为西门安，承受西门庆的家业。

（8）头面：首饰。

（9）计较话：商量事情。

（10）家伙：家产，家具。

（11）杨老爷：指西门庆在朝廷的靠山，东京八十万禁军提督杨戬。科道官：负责进谏的官。这里指兵科给事中宇文虚中。

（12）干办：管家。

（13）眷生：旧时姻亲互称。

（14）雄州：治所在今河北雄县。

（15）三法司：明清时以刑部、都察院、大理寺为三法司。遇有重大案件由三法司会审。

（16）孔目：见《野猪林》注（8）。

（17）邸报：古代官府用以传知朝廷重要文书的抄本。

（18）兵科给事中：官名。明制，吏、户、礼、刑、兵、工六科，每科设给事中若干人，负责抄发章疏，稽查违误，其权颇重。

（19）宸断：皇帝的裁决。宸，北极星所在处。借用为帝王所居，引申为帝王的代称。

（20）猃狁（xiǎnyǔn 险允）：我国古代北方的少数民族。

（21）卢扁：指古代名医扁鹊，因其家住卢地，故称卢医，后泛指良医。

（22）尫羸：见《大闹天宫》注（6）。

（23）荣卫外扦：外部的防护保卫很坚固。荣卫，中医指人体的营养作用。扦，同"悍"。

（24）憸（xiān 先）邪：邪佞奸猾。

（25）赞元理化：辅佐皇帝进行治理与教化。

（26）元元：庶民、百姓。

（27）朱紫：唐代官员服制，三品以上紫，五品以上朱。后因称品位高的官员为"朱紫"。

（28）河湟：黄河、湟水两河流域，泛指西戎所居之地。

（29）王黼（fǔ 甫）：北宋末，由蔡京引荐重用的奸臣，被称为"六贼之一"。时任兵部尚书。

（30）滥膺阃（kǔn 捆）外：滥授军职。膺，承受。阃，郭门以外。后因称军事职务为阃外。

（31）待罪：旧时大臣对帝王陈奏时的自谦之词，意思是身居某职而不能胜任，终将获罪。

（32）廷尉：旧时掌刑狱的官职。秦始置，北齐至明清皆称大理寺卿。

（33）致极典：处以极刑。致，同"置"。

（34）官掾（yuàn 院）：副官佐吏之类。掾，古代属官的通称。

（35）头口：驴马等牲口。

（36）随分：任凭。

（37）蚰蜒（yóuyán 由延）：又称"草鞋虫"，似蜈蚣而体小，触角和脚很细，生活于阴暗处。

（38）次第：头绪，结果。

（39）仪门：明清时官署的第二重正门。

（40）提点太一宫使：掌管太一神宫的官员。

（41）揭帖：明制，内阁直达皇帝的一种机密文件。后公开的私人启事亦称揭帖。此指密信。

（42）白米五百石：即白银五百两。《瓶外卮言》："明孝宗时，太监李广有罪自杀。上命搜广家，得纳贿簿，有某送黄米几百石，白米几百石。上曰：'广食几何，而多若是。'左右曰：'黄米，金也；白米，银也。'上怒。"本书为明人所作，白米、黄米分别为行贿白银、黄金时所用之隐语。

（43）回避阁中之事：意即不到内阁上班。

（44）祗候：供奔走役使的衙役。

（45）图书：图章。

（46）问发几个：意为经过审讯后，处刑发落几个。

（47）揆置本官：由宰相设立的官职。揆，宰相。

（48）西门庆名字改作贾庆：旧时写字竖行书写，西门二字可就势改为贾字。

（49）"有如"句：意为西门庆的权势有如日落西山，业已沉沦下去了，但经此次行贿，又东出扶桑，日头又出来了。扶桑，树木名，传说日出其下。

提示

集官僚、恶霸、富商三位为一体的西门庆，是封建社会后期恶势力的代表人物，《行贿免祸》写了他一次向朝廷权臣行贿，终于消灾免祸的情形。作者把笔触由西门庆的家庭伸向了社会，伸到了官场，为人们展现了一幅生动的北宋末年（影射明代）官吏豪绅的百丑图，深刻揭露了社会的黑暗、官场的腐败、朝廷的昏暗，从而揭示了西门庆之流赖以孳生的社会环境，具有典型性。这里，我们可以看到钱可通神的真实情景。当大祸临头之际，西门庆派心腹家人来保、来旺星夜赴京"打点"，真是层层要钱，关关索贿。二人来到相府门前，问一句话得送上白银一两，安排引见得花十两；见了蔡京的儿子蔡攸又送上五百两银子的礼单，才得到蔡攸指点解决问题的门径；再花五百两银子，终于使右相李邦彦将罪犯名单中的西门庆改为贾庆，一场"身家不保"的大祸就这样烟消云散了。这里，我们也可以看到营私舞弊、贪赃枉法的真实情形。从表面上看，由于给事中宇文虚中揭发蔡京、王黼、杨戬等朋党为奸，专权误国，于是朝廷震怒，严旨查办。"或下廷尉"，"或置极典"，"或照例枷号"，

"或投之荒裔"，结果却是虎头蛇尾。蔡京照样在幕后操纵，李邦彦在前台指挥，他们的管家在上下沟通，而皇帝下了一道圣旨就以为万事大吉了。这些活生生的情景，是任何正史上都看不到的。从这个片段中，我们还可以看到各种人情世态，人与人之间微妙复杂的关系。花子虚与西门庆是拜把兄弟，但西门庆为了占有他的妻子，却活活将他气死。李瓶儿还没有嫁到西门家，她和西门庆就已经在"纱帐之中""并肩叠股饮酒"。后来还写到西门庆出事后，李瓶儿又私嫁蒋竹山引起一场纠纷的事。吴月娘劝西门庆不必焦愁，可西门庆说："你妇人知道些什么？……平昔街坊邻居，恼咱的极多，常言道：'机儿不快梭儿快，打着羊驹驴驹战。'倘有小人指戳，拔树寻根，你我身家不保。"由此可见，朋友、夫妻、情人、邻里的关系，都是以利害为前提的。这正是封建社会人际关系的鲜明写照。

这个片段在艺术上也很有特色，首先表现在人物的刻画上。西门庆、来保是主要人物，性格十分鲜明。如西门庆的临危不慌，工于心计，头脑机敏，对问题严重性的深刻认识，都显示了他不是一般的无赖、恶棍。来保的机灵应变的能力也不亚于他的主人。在蔡府门口，他冒称杨戬家人，编谎话见到了蔡攸；到了李邦彦家，又不动声色地露出了真实身份，为西门庆免了祸。他对如何入门，如何进见，如何送礼，如何说话，都非常熟悉，简直就是一个行贿的专家。其次，日常生活描写真实，语言接近生活，这些《金瓶梅词话》全书的艺术特色，在这个片段中都得到了很好的体现。

冯梦龙小说

冯梦龙（1574—1646），字犹龙，别署墨憨斋主人，长洲（今江苏苏州）人。崇祯年间任福建寿宁县知县，清兵入关后，曾进行抗清宣传。他的思想受当时市民意识影响较深，以毕生精力从事通俗文学的编写和刊行工作。他的著作数量多，范围广，涉及当时通俗文学的各个方面，被称为"全能"通俗文学家。他编订的白话短篇小说集《喻世明言》（初名《古今小说》）、《警世通言》、《醒世恒言》（合称"三言"），共收入短篇小说120篇，其中有的是宋元话本，有的是明代拟话本（包括他自己创作的拟话本）。主要反映市民阶层的思想和生活，具有鲜明的市民文学特色。特别是一些明代作品，比较真实地反映了明中叶以后商品经济发展和资本主义萌芽给社会生活带来的影响和变化，表达了日益活跃起来的市民阶层的理想和要求。但也夹杂着一些封建伦理观念、宿命论思想和色情描写等糟粕。在艺术上，"三言"代表了中国古代白话短篇小说的主要成就。

杜十娘怒沉百宝箱

扫荡残胡立帝畿⁽¹⁾，龙翔凤舞势崔嵬⁽²⁾；
左环沧海天一带⁽³⁾，右拥太行山万围⁽⁴⁾。
戈戟九边雄绝塞⁽⁵⁾，衣冠万国仰垂衣⁽⁶⁾；
太平人乐华胥世⁽⁷⁾，永永金瓯共日辉⁽⁸⁾。

这首诗，单夸我朝燕京建都之盛。说起燕都的形势，北倚雄关，南压区夏⁽⁹⁾，真乃金城天府⁽¹⁰⁾，万年不拔之基。当先洪武爷扫荡胡尘，定鼎金陵⁽¹¹⁾，是为南京。到永乐爷从北平起兵靖难⁽¹²⁾，迁于燕都，是为北京。只因这一迁，把个苦寒地面，变作花锦世界。自永乐爷九传至于万历爷，此乃我朝第十一代的天子。这位天子，聪明神武，德福兼全，十岁登基，在位四十八年，削平了三处寇乱。那三处？日本关白平秀吉⁽¹³⁾，西夏哱承恩⁽¹⁴⁾，播州杨应龙⁽¹⁵⁾。平秀吉侵犯朝鲜，哱承恩、杨应龙是土官谋叛⁽¹⁶⁾，先后削平。远夷莫不畏服，争来朝贡。真个是：

一人有庆民安乐⁽¹⁷⁾，四海无虞国太平。

话中单表万历二十年间，日本国关白作乱，侵犯朝鲜。朝鲜国王上表告急，天朝发兵泛海往救。有户部官奏准：目今兵兴之际，粮饷未充，暂开纳粟入监之例⁽¹⁸⁾。原来纳粟入监的，有几般便宜：好读书，好科举，好中，结末来又有个小小前程结果。以此宦家公子，富室子弟，到不愿做秀才，都去援例做太学生⁽¹⁹⁾。自开了这例，两京太学生⁽²⁰⁾，各添至千人之外。内中有一人，姓李名甲，字干先，浙江绍兴府人氏。父亲李布政所生三儿⁽²¹⁾，惟甲居长。自幼读书在庠⁽²²⁾，未得登科⁽²³⁾，援例入于北雍。因在京坐监⁽²⁴⁾，与同乡柳遇春监生同游教坊司院内⁽²⁵⁾，与一个名姬相遇。那名姬姓杜名媺，排行第十，院中都称为杜十娘，生得：

浑身雅艳，遍体娇香，两弯眉画远山青，一对眼明秋水润。

脸如莲萼⁽²⁶⁾，分明卓氏文君⁽²⁷⁾；唇似樱桃，何减白家樊素⁽²⁸⁾。可怜一片无瑕玉，误落风尘花柳中。

那杜十娘自十三岁破瓜⁽²⁹⁾，今一十九岁，七年之内，不知历过了多少公子王孙，一个个情迷意荡，破家荡产而不惜。院中传出四句口号来，道是：

坐中若有杜十娘，斗筲之量饮千觞⁽³⁰⁾；
院中若识杜老媺，千家粉面都如鬼⁽³¹⁾。

却说李公子，风流年少，未逢美色，自遇了杜十娘，喜出望外，把花柳情怀，一担儿挑在他身上。那公子俊俏庞儿，温存性儿，又是撒漫的手儿⁽³²⁾，帮衬的勤儿[33]，与十娘一双两好，情投意合。十娘因见鸨儿贪财无义[34]，久有从良之志[35]，又见李公子忠厚志诚，甚有心向他。奈李公子惧怕老爷，不敢应承。虽则如此，两下情好愈密，朝欢暮乐，终日相守，如夫妇一般，海誓山盟，各无他志。真个：

恩深似海恩无底，义重如山义更高。

再说杜妈妈，女儿被李公子占住，别的富家巨室，闻名上门，求一见而不可得。初时李公子撒漫用钱，大差大使，妈妈胁肩谄笑[36]，奉承不暇。日往月来，不觉一年有余，李公子囊箧渐渐空虚，手不应心，妈妈也就怠慢了。老布政在家闻知儿子嫖院，几遍写字来唤他回去。他迷恋十娘颜色，终日延挨。后来闻知老爷在家发怒，越不敢回。

古人云："以利相交者，利尽而疏。"那杜十娘与李公子真情相好，见他手头愈短，心头愈热。妈妈也几遍教女儿打发李甲出院，见女儿不统口[37]，又几遍将言语触突李公子[38]，要激怒他起身。公子性本温克[39]，词气愈和，妈妈没奈何，日逐只将十娘叱骂道："我们行户人家[40]，吃客穿客，前门送旧，后门迎新，门庭闹如火，钱帛堆成垛。自从那李甲在此，混帐一年有余，莫说新客，连旧主顾都断了，分明接了个钟馗老[41]，连小鬼也没得上门。弄得老娘一家人家，有气无烟[42]，成什么模样？"杜十娘被骂，耐性不住，便回答道："那李公子不是空手上门的，也曾费过大钱来。"妈妈道："彼一时，此一时，你只教他今日费些小钱儿，把与老娘办些柴米，养你两口也好。别人家养的女儿便是摇钱树，千生万活[43]，偏我家晦气，养了个退财白虎[44]，开了大门，七件事般般都在老身心上[45]。到替你这小贱人白白养着穷汉，教我衣食从何处来？你对那穷汉说：有本事出几两银子与我，到得你跟了他去，我别讨个丫头过活却不好？"十娘道："妈妈，这话是真是假？"妈妈晓得李甲囊无一钱，衣衫都典尽了，料他没处设法。便应道："老娘从不说谎，当真哩！"十娘道："娘，你要他许多银子？"妈妈道："若是别人，千把银子也讨了，可怜那穷汉出不起，只要他三百两，我自去讨一个粉头代替。只一件，须是三日内交付与我。左手交银，右手交人。若三日没有银时，老身也不管三七二十一，公子不公子，一顿孤拐打那光棍出去[46]。那时莫怪老身！"十娘道："公子虽在客边乏钞，谅三百金还措办得来。只是三日忒近，限他十日便好。"妈妈想道："这穷汉一双赤手，便限他一百日，他那里来银子？没有银子，便铁皮包脸，料也无颜上门。那时重整家风，媵儿也没得话讲。"答应道："看你面，便宽到十日。第十日没有银子，不干老娘之事。"十娘道："若十日内无银，料他也无颜再见了。只怕有了三百两银子，妈妈又翻悔起来。"妈妈道："老身年五十一岁了，又奉十斋[47]，怎敢说谎？不信时与你拍掌为定。

若翻悔时，做猪做狗。"

　　　　　从来海水斗难量，可笑虔婆意不良⁽⁴⁸⁾；
　　　　　料定穷儒囊底竭，故将财礼难娇娘。

　　是夜，十娘与公子在枕边，议及终身之事。公子道："我非无此心。但教坊落籍⁽⁴⁹⁾，其费甚多，非千金不可。我囊空如洗，如之奈何！"十娘道："妾已与妈妈议定只要三百金，但须十日内措办。郎君游资虽罄⁽⁵⁰⁾，然都中岂无亲友可以借贷？倘得如数，妾身遂为君之所有，省受虔婆之气。"公子道："亲友中为我留恋行院，都不相顾。明日只做束装起身，各家告辞，就开口假贷路费，凑聚将来，或可满得此数。"起身梳洗，别了十娘出门。十娘道："用心作速，专听佳音。"公子道："不须分付。"

　　公子出了院门，来到三亲四友处，假说起身告别，众人到也欢喜。后来叙到路费欠缺，意欲借贷。常言道："说着钱，便无缘"，亲友们就不招架⁽⁵¹⁾。他们也见得是，道李公子是风流浪子，迷恋烟花⁽⁵²⁾，年许不归，父亲都为他气坏在家。他今日抖然要回⁽⁵³⁾，未知真假。倘或说骗盘缠到手⁽⁵⁴⁾，又去还脂粉钱，父亲知道，将好意翻成恶意，始终只是一怪，不如辞了干净，便回道："目今正值空乏，不能相济，惭愧！惭愧！"人人如此，个个皆然，并没有个慷慨丈夫，肯统口许他一十二十两。

　　李公子一连奔走了三日，分毫无获，又不敢回决十娘⁽⁵⁵⁾，权且含糊答应。到第四日又没想头，就羞回院中。平日间有了杜家，连下处也没有了，今日就无处投宿。只得往同乡柳监生寓所借歇。柳遇春见公子愁容可掬⁽⁵⁶⁾，问其来历。公子将杜十娘愿嫁之情，备细说了。遇春摇首道："未必，未必。那杜媺曲中第一名姬⁽⁵⁷⁾，要从良时，怕没有十斛明珠，千金聘礼？那鸨儿如何只要三百两？想鸨儿怪你无钱使用，白白占住他的女儿，设计打发你出门。那妇人与你相处已久，又碍却面皮，不好明言。明知你手内空虚，故意将三百两卖个人情，限你十日。若十日没有，你也不好上门。便上门时，他会说你笑你，落得一场亵渎⁽⁵⁸⁾，自然安身不牢，此乃烟花逐客之计。足下三思，休被其惑。据弟愚意，不如早早开交为上⁽⁵⁹⁾。"公子听说，半晌无言，心中疑惑不定。遇春又道："足下莫要错了主意。你若真个还乡，不多几两盘费，还有人搭救。若要是三百两时，莫说十日，就是十个月也难。如今的世情，那肯顾缓急二字的⁽⁶⁰⁾。那烟花也算定你没处告债，故意设法难你。"公子道："仁兄所见良是。"口里虽如此说，心中割舍不下。依旧又往外边东央西告，只是夜里不进院门了。

　　公子在柳监生寓中，一连住了三日，共是六日了。杜十娘连日不见公子进院，十分着急，就叫小厮四儿街上去寻⁽⁶¹⁾。四儿寻到大街，恰好遇见公子。

四儿叫道："李姐夫，娘在家里望你。"公子自觉无颜，回复道："今日不得功夫，明日来罢。"四儿奉了十娘之命，一把扯住，死也不放，道："娘叫咱寻你。是必同去走一遭。"李公子心上也牵挂着婊子，没奈何，只得随四儿进院。见了十娘，嘿嘿无言⁽⁶²⁾。十娘问道："所谋之事如何？"公子眼中流下泪来。十娘道："莫非人情淡薄，不能足三百之数么？"公子含泪而言，道出二句："'不信上山擒虎易，果然开口告人难。'一连奔走六日，并无铢两⁽⁶³⁾，一双空手，羞见芳卿⁽⁶⁴⁾，故此这几日不敢进院。今日承命呼唤，忍耻而来，非某不用心，实是世情如此。"十娘道："此言休使虔婆知道。郎君今夜且住，妾别有商议。"十娘自备酒肴，与公子欢饮。睡至半夜，十娘对公子道："郎君果不能办一钱耶？妾终身之事，当如何也？"公子只是流涕，不能答一语。渐渐五更天晓。十娘道："妾所卧絮褥内藏有碎银一百五十两，此妾私蓄，郎君可持去。三百金，妾任其半，郎君亦谋其半，庶易为力⁽⁶⁵⁾。限只四日，万勿迟误！"

十娘起身将褥付公子，公子惊喜过望，唤童儿持褥而去。径到柳遇春寓中，又把夜来之情与遇春说了。将褥拆开看时，絮中都裹着零碎银子，取出兑时果是一百五十两⁽⁶⁶⁾。遇春大惊道："此妇真有心人也。既系真情，不可相负。吾当代为足下谋之。"公子道："倘得玉成⁽⁶⁷⁾，决不有负。"当下柳遇春留李公子在寓，自出头各处去借贷。两日之内，凑足一百五十两交付公子道："吾代为足下告债⁽⁶⁸⁾，非为足下，实怜杜十娘之情也。"

李甲拿了三百两银子，喜从天降，笑逐颜开，欣欣然来见十娘，刚是第九日，还不足十日。十娘问道："前日分毫难借，今日如何就有一百五十两？"公子将柳监生事情，又述了一遍。十娘以手加额道⁽⁶⁹⁾："使吾二人得遂其愿者，柳君之力也。"两个欢天喜地又在院中过了一晚。

次日，十娘早起，对李甲道："此银一交，便当随郎君去矣。舟车之类，合当预备。妾昨日于姊妹中借得白银二十两，郎君可收下为行资也。"公子正愁路费无出，但不敢开口，得银甚喜。说犹未了，鸨儿恰来敲门叫道："嫩儿，今日是第十日了。"公子闻叫，启户相延道："承妈妈厚意，正欲相请。"便将银三百两放在桌上。鸨儿不料公子有银，嘿然变色，似有悔意。十娘道："儿在妈妈家中八年，所致金帛⁽⁷⁰⁾，不下数千金矣。今日从良美事，又妈妈亲口所订，三百金不欠分毫，又不曾过期。倘若妈妈失信不许，郎君持银去，儿即刻自尽。恐那时人财两失，悔之无及也。"鸨儿无词以对，腹内筹画了半晌，只得取天平兑准了银子，说道："事已如此，料留你不住了。只是你要去时，即今就去。平时穿戴衣饰之类，毫厘休想。"说罢，将公子和十娘推出房门，讨锁来就落了锁。此时九月天气，十娘才下床，尚未梳洗，随身旧衣，就拜了妈妈两拜。李公子也作了一揖。一夫一妇，离了虔婆大门。

鲤鱼脱却金钩去，摆尾摇头再不来。

公子教十娘且住片时[71]："我去唤个小轿抬你，权往柳荣卿寓所去，再作道理。"十娘道："院中诸姊妹平昔相厚，理宜话别；况前日又承他借贷路费，不可不一谢也。"乃同公子到各姊妹处谢别。姊妹中惟谢月朗、徐素素与杜家相近，尤与十娘亲厚。十娘先到谢月朗家。月朗见十娘秃髻旧衫[72]，惊问其故。十娘备述来因。又引李甲相见。十娘指月朗道："前日路资，是此位姐姐所贷，郎君可致谢。"李甲连连作揖。月朗便教十娘梳洗，一面去请徐素素来家相会。十娘梳洗已毕，谢、徐二美人各出所有，翠钿金钏[73]，瑶簪宝珥[74]，锦袖花裙，鸾带绣履[75]，把杜十娘装扮得焕然一新，备酒作庆贺筵席。月朗让卧房与李甲杜媺二人过宿。次日，又大排筵席，遍请院中姊妹。凡十娘相厚者，无不毕集。都与他夫妇把盏称喜。吹弹歌舞，各逞其长，务要尽欢，直饮至夜分。十娘向众姊妹，一一称谢。众姊妹道："十娘为风流领袖，今从郎君去，我等相见无日。何日长行[76]，姊妹们尚当奉送。"月朗道："候有定期，小妹当来相报。但阿姊千里间关[77]，同郎君远去，囊箧萧条，曾无约束[78]。此乃吾等之事，当相与共谋之，勿令姊有穷途之虑也。"众姊妹各唯唯而散。

是晚，公子和十娘仍宿谢家。至五鼓，十娘对公子道："吾等此去，何处安身？郎君亦曾计议有定着否[79]？"公子道："老父盛怒之下，若知娶妓而归，必然加以不堪，反致相累。展转寻思，尚未有万全之策。"十娘道："父子天性，岂能终绝。既然仓卒难犯，不若与郎君于苏杭胜地，权作浮居[80]。郎君先回，求亲友于尊大人面前劝解和顺，然后携妾于归[81]，彼此安妥。"公子道："此言甚当。"

次日，二人起身辞了谢月朗，暂往柳监生寓中，整顿行装。杜十娘见了柳遇春，倒身下拜，谢其周全之德："异日我夫妇必当重报。"遇春慌忙答礼道："十娘钟情所欢[82]，不以贫窭易心[83]，此乃女中豪杰。仆因风吹火[84]，谅区区何足挂齿！"三人又饮了一日酒。

次早，择了出行吉日，雇倩轿马停当[85]。十娘又遣童儿寄信，别谢月朗。临行之际，只见肩舆纷纷而至[86]，乃谢月朗与徐素素拉众姊妹来送行。月朗道："十娘从郎君千里间关，囊中消索[87]，吾等甚不能忘情。今合具薄贶[88]，十姊可检收，或长途空乏，亦可少助。"说罢，命从人挈一描金文具至前[89]，封锁甚固，正不知什么东西在里面。十娘也不开看，也不推辞，但殷勤作谢而已。须臾，舆马齐集，仆夫催促起身。柳监生三杯别酒，和众美人送出崇文门外[90]，各各垂泪而别。正是：

他日重逢难预必，此时分手最堪怜。

再说李公子同杜十娘行至潞河⁽⁹¹⁾，舍陆从舟，却好有瓜洲差使船转回之便⁽⁹²⁾，讲定船钱，包了舱口。比及下船时，李公子囊中并无分文余剩。你道杜十娘把二十两银子与公子，如何就没了？公子在院中嫖得衣衫蓝缕，银子到手，未免在解库中取赎几件穿着⁽⁹³⁾，又制办了铺盖，剩来只勾轿马之费⁽⁹⁴⁾。公子正当愁闷，十娘道："郎君勿忧，众姊妹合赠，必有所济。"乃取钥开箱。公子在傍⁽⁹⁵⁾，自觉惭愧，也不敢窥觑箱中虚实。只见十娘在箱里取出一个红绢袋来，掷于桌上道："郎君可开看之。"公子提在手中，觉得沉重，启而观之，皆是白银，计数整五十两。十娘仍将箱子下锁，亦不言箱中更有何物。但对公子道："承众姊妹高情，不惟途路不乏，即他日浮寓吴越间⁽⁹⁶⁾，亦可稍佐吾夫妻山水之费矣⁽⁹⁷⁾。"公子且惊且喜道："若不遇恩卿，我李甲流落他乡，死无葬身之地矣！此情此德，白头不敢忘也！"自此，每谈及往事，公子必感激涕零。十娘亦曲意抚慰，一路无话。

不一日，行至瓜洲，大船停泊岸口，公子别雇了民船，安放行李。约明日侵晨，剪江而渡⁽⁹⁸⁾。其时仲冬中旬，月明如水，公子和十娘坐于舟首。公子道："自出都门，困守一舱之中，四顾有人，未得畅语。今日独据一舟，更无避忌。且已离塞北，初近江南，宜开怀畅饮，以舒向来抑郁之气，恩卿以为何如？"十娘道："妾久疏谈笑，亦有此心，郎君言及，足见同志耳。"公子乃携酒具于船首，与十娘铺毡并坐，传杯交盏。饮至半酣，公子执卮对十娘道："恩卿妙音，六院推首⁽⁹⁹⁾。某相遇之初，每闻绝调⁽¹⁰⁰⁾，辄不禁神魂之飞动。心事多违，彼此郁郁，鸾鸣凤奏⁽¹⁰¹⁾，久矣不闻。今清江明月，深夜无人，肯为我一歌否？"十娘兴亦勃发，遂开喉顿嗓，取扇按拍，呜呜咽咽，歌出元人施君美《拜月亭》杂剧上"状元执盏与婵娟"一曲⁽¹⁰²⁾，名《小桃红》⁽¹⁰³⁾。真个：

声飞霄汉云皆驻，响入深泉鱼出游。

却说他舟有一少年，姓孙名富，字善赉，徽州新安人氏⁽¹⁰⁴⁾。家资巨万，积祖扬州种盐⁽¹⁰⁵⁾。年方二十，也是南雍中朋友。生性风流，惯向青楼买笑⁽¹⁰⁶⁾，红粉追欢⁽¹⁰⁷⁾，若嘲风弄月⁽¹⁰⁸⁾，到是个轻薄的头儿。事有偶然，其夜亦泊舟瓜洲渡口，独酌无聊。忽听得歌声嘹亮，凤吟鸾吹不足喻其美。起立船头，伫听半响，方知声出邻舟。正欲相访，音响倏已寂然。乃遣仆者潜窥踪迹，访于舟人。但晓得是李相公雇的船，并不知歌者来历。孙富想道："此歌者必非良家，怎生得他一见？"辗转寻思，通宵不寐。捱至五更，忽闻江风大作。及晓，彤云密布⁽¹⁰⁹⁾，狂雪飞舞。怎见得？有诗为证：

千山云树灭，万径人踪绝。

扁舟蓑笠翁，独钓寒江雪(110)。

因这风雪阻渡，舟不得开。孙富命艄公移船，泊于李家舟之旁。孙富貂帽狐裘，推窗假作看雪。值十娘梳洗方毕，纤纤玉手，揭起舟旁短帘，自泼盂中残水，粉容微露，却被孙富窥见了，果是国色天香(111)。魂摇心荡，迎眸注目，等候再见一面，杳不可得。沉思久之，乃倚窗高吟高学士《梅花诗》二句道(112)：

雪满山中高士卧，月明林下美人来。

李甲听得邻舟吟诗，舒头出舱，看是何人。只因这一看，正中了孙富之计；孙富吟诗，正要引李公子出头，他好乘机攀话。当下慌忙举手就问："老兄尊姓何讳？"李公子叙了姓名乡贯，少不得也问那孙富，孙富也叙过了。又叙了些太学中的闲话，渐渐亲热。孙富便道："风雪阻舟，乃天遣与尊兄相会，实小弟之幸也。舟次无聊(113)，欲同尊兄上岸，就酒肆中一酌，少领清诲(114)，万望不拒。"公子道："萍水相逢，何当厚扰？"孙富道："说那里话！'四海之内，皆兄弟也'。"喝教艄公打跳(115)，童儿张伞，迎接公子过船，就于船头作揖。然后让公子先行，自己随后，各各登跳上涯(116)。行不数步，就有个酒楼。二人上楼，拣一付洁净座头，靠窗而坐。酒保列上酒肴。孙富举杯相劝，二人赏雪饮酒。先说些斯文中套话(117)，渐渐引入花柳之事。二人都是过来之人，志同道合，说得入港(118)，一发成相知了。

孙富屏去左右，低低问道："昨夜尊舟清歌者，何人也？"李甲正要卖弄在行，遂实说道："此乃北京名姬杜十娘也。"孙富道："既系曲中姊妹，何以归兄？"公子遂将初遇杜十娘，如何相好，后来如何要嫁，如何借银讨他，始末根由，备细述了一遍。孙富道："兄携丽人而归，固是快事。但不知尊府中能相容否？"公子道："贱室不足虑(119)。所虑者，老父性严，尚费踌躇耳！"孙富将机就机，便问道："既是尊大人未必相容，兄所携丽人，何处安顿？亦曾通知丽人，共作计较否？"公子攒眉而答道："此事曾与小妾议之。"孙富欣然问道："尊宠必有妙策(120)？"公子道："他意欲侨居苏杭，流连山水，使小弟先回，求亲友宛转于家君之前，俟家君回嗔作喜(121)，然后图归。高明以为何如(122)？"孙富沉吟半晌，故作愀然之色道(123)："小弟乍会之间，交浅言深，诚恐见怪。"公子道："正赖高明指教，何必谦逊？"孙富道："尊大人位居方面(124)，必严帷薄之嫌(125)。平时既怪兄游非礼之地，今日岂容兄娶不节之人？况且贤亲贵友，谁不迎合尊大人之意者？兄枉去求他，必然相拒。就有个不识时务的进言于尊大人之前，见尊大人意思不允，他就转口了。兄进不能和睦家庭，退无词以回复尊宠，即使流连山水，亦非长久之计。万一资斧困竭⁽¹²⁶⁾，岂不进退两难？”公子自知手中只有五十金，此时费去大半，说到资斧困竭，进退两难，不觉点头道是。孙富又道：“小弟还有句心腹之谈，兄肯俯听否？”公子道：“承兄过爱，更求尽言。”孙富道：“‘疏不间亲’⁽¹²⁷⁾，还是莫说罢。”公子道：“但说何妨。”孙富道：“自古道：‘妇人水性无常’⁽¹²⁸⁾。况烟花之辈，少真多假。他既系六院名姝⁽¹²⁹⁾，相识定满天下，或者南边原有旧约，借兄之力，挈带而来，以为他适之地⁽¹³⁰⁾。”公子道：“这个恐未必然。”孙富道：“既不然，江南子弟，最工轻薄，兄留丽人独居，难保无逾墙钻穴之事⁽¹³¹⁾；若挈之同归，愈增尊大人之怒。为兄之计，未有善策。况父子天伦，必不可绝。若为姜而触父，因妓而弃家，海内必以兄为浮浪不经之人。异日，妻不以为夫，弟不以为兄，同袍不以为友⁽¹³²⁾，兄何以立于天地之间？兄今日不可不熟思也！”公子闻言，茫然自失，移席问计⁽¹³³⁾：“据高明之见，何以教我？”孙富道：“仆有一计，于兄甚便。只恐兄溺枕席之爱，未必能行，使仆空费词说耳！”公子道：“兄诚有良策，使弟再睹家园之乐，乃弟之恩人也。又何惮而不言耶？”孙富道：“兄飘零岁余，严亲怀怒，闺阁离心⁽¹³⁴⁾，设身以处兄之地，诚寝食不安之时也。然尊大人所以怒兄者，不过为迷花恋柳，挥金如土，异日必为弃家荡产之人，不堪承继家业耳。兄今日空手而归，正触其怒。兄倘能割衽席之爱⁽¹³⁵⁾，见机而作，仆愿以千金相赠。兄得千金，以报尊大人，只说在京授馆⁽¹³⁶⁾，并不曾浪费分毫，尊大人必然相信。从此家庭和睦，当无间言⁽¹³⁷⁾。须臾之间，转祸为福。兄请三思，仆非贪丽人之色，实为兄效忠于万一也！”李甲原是没主意的人，本心惧怕老子，被孙富一席话，说透胸中之疑，起身作揖道：“闻兄大教，顿开茅塞⁽¹³⁸⁾。但小姜千里相从，义难顿绝，容归与商之。得其心肯，当奉复耳。”孙富道：“说话之间，宜放婉曲。彼既忠心为兄，必不忍使兄父子分离，定然玉成兄还乡之事矣。”二人饮了一回酒，风停雪止，天色已晚。孙富教家僮算还了酒钱，与公子携手下船。正是：

逢人且说三分话，未可全抛一片心。

却说杜十娘在舟中，摆设酒果，欲与公子小酌，竟日未回，挑灯以待。公子下船，十娘起迎，见公子颜色匆匆⁽¹³⁹⁾，似有不乐之意，乃满斟热酒劝之。公子摇首不饮，一言不发，竟自床上睡了。十娘心中不悦，乃收拾杯盘，为公子解衣就枕，问道：“今日有何见闻，而怀抱郁郁如此？”公子叹息而已，终不启口。问了三四次，公子已睡去了。十娘委决不下，坐于床头而不能寐。

到夜半，公子醒来，又叹一口气。十娘道：“郎君有何难言之事，频频叹息？”公子拥被而起，欲言不语者几次，扑簌簌掉下泪来。十娘抱持公子于怀间，软言抚慰道：“姜与郎君情好，已及二载，千辛万苦，历尽艰难，得有今日。然相从数千里，未曾哀戚。今将渡江，方图百年欢笑，如何反起悲伤，必有其故。夫妇之间，死生相共，有事尽可商量，万勿讳也。"$^{(140)}$公子再四被逼不过，只得含泪而言道："仆天涯穷困，蒙恩卿不弃，委曲相从，诚乃莫大之德也。但反复思之，老父位居方面，拘于礼法，况素性方严，恐添嗔怒，必加黜逐$^{(141)}$，你我流荡，将何底止$^{(142)}$？夫妇之欢难保，父子之伦又绝。日间蒙新安孙友邀饮，为我筹及此事，寸心如割。"十娘大惊道："郎君意将如何？"公子道："仆事内之人，当局而迷。孙友为我画一计颇善$^{(143)}$，但恐恩卿不从耳！"十娘道："孙友者何人？计如果善，何不可从？"公子道："孙友名富，新安盐商，少年风流之士也。夜间闻子清歌，因而问及。仆告以来历，并谈及难归之故，渠意欲以千金聘汝。我得千金，可借口以见吾父母；而恩卿亦得所天$^{(144)}$。但情不能舍，是以悲泣。"说罢，泪如雨下。十娘放开两手，冷笑一声道："为郎君画此计者，此人乃大英雄也。郎君千金之资，既得恢复，而妾归他姓，又不致为行李之累$^{(145)}$；发乎情，止乎礼，诚两便之策也。那千金在那里？"公子收泪道："未得恩卿之诺，金尚留彼处，未曾过手。"十娘道："明早快快应承了他，不可错过机会。但千金重事，须得兑足，交付郎君之手，妾始过舟，勿为贾竖子所欺$^{(146)}$。"

　　时已四鼓，十娘即起身挑灯梳洗道："今日之妆，乃迎新送旧，非比寻常。"于是脂粉香泽$^{(147)}$，用意修饰。花钿绣袄，极其华艳，香风拂拂，光采照人。装束方完，天色已晓。孙富差家童到船头候信。十娘微窥公子，欣欣似有喜色，乃催公子快去回话，及早兑足银子。公子亲到孙富船中，回复依允。孙富道："兑银易事，须得丽人妆台为信$^{(148)}$。"公子又回复了十娘，十娘即指描金文具道："可便抬去。"孙富喜甚。即将白银一千两，送到公子船中。十娘亲自检看，足色足数$^{(149)}$，分毫无爽。乃手把船舷，以手招孙富。孙富一见，魂不附体。十娘启朱唇，开皓齿道："方才箱子可暂发来，内有李郎路引一纸$^{(150)}$，可检还之也。"孙富视十娘已为瓮中之鳖$^{(151)}$，即命家童送那描金文具，安放船头之上。十娘取钥开锁，内皆抽替小箱$^{(152)}$。十娘叫公子抽第一层来看，只见翠羽明珰$^{(153)}$，瑶簪宝珥，充牣于中$^{(154)}$，约值数百金。十娘遽投之江中。李甲与孙富及两船之人，无不惊诧。又命公子再抽一箱，乃玉箫金管。又抽一箱，尽古玉紫金玩器，约值数千金。十娘尽投之于大江中。岸上之人，观者如堵$^{(155)}$，齐声道："可惜，可惜！"正不知什么缘故。最后又抽一箱，箱中复有一匣。开匣视之，夜明之珠，约有盈把。其他祖母绿、猫儿眼$^{(156)}$，诸般异宝，目所未睹，莫能定其价之多少。众人齐声喝采，喧声如雷。十娘又欲投之于江。李甲不觉大悔，抱持十娘恸哭，那孙富也来劝解。

　　十娘推开公子在一边，向孙富骂道："我与李郎备尝艰苦，不是容易到此，汝以奸淫之意，巧为谗说⁽¹⁵⁷⁾，一旦破人姻缘，断人恩爱，乃我之仇人。我死而有知，必当诉之神明，尚妄想枕席之欢乎？"又对李甲道："妾风尘数年⁽¹⁵⁸⁾，私有所积，本为终身之计。自遇郎君，山盟海誓，白首不渝。前出都之际，假托众姊妹相赠，箱中韫藏百宝，不下万金。将润色郎君之装⁽¹⁵⁹⁾，归见父母，或怜妾有心，收佐中馈⁽¹⁶⁰⁾，得终委托，生死无憾。谁知郎君相信不深，惑于浮议⁽¹⁶¹⁾，中道见弃，负妾一片真心。今日当众目之前，开箱出视，使郎君知区区千金，未为难事。妾椟中有玉⁽¹⁶²⁾，恨郎眼内无珠。命之不辰⁽¹⁶³⁾，风尘困瘁⁽¹⁶⁴⁾，甫得脱离，又遭弃捐。今众人各有耳目，共作证明，妾不负郎君，郎君自负妾耳！"于是众人聚观者，无不流涕，都唾骂李公子负心薄幸。公子又羞又苦，且悔且泣，方欲向十娘谢罪。十娘抱持宝匣，向江心一跳。众人急呼捞救，但见云暗江心，波涛滚滚，杳无踪影。可惜一个如花似玉的名姬，一旦葬于江鱼之腹。

三魂渺渺归水府，七魄悠悠入冥途。

当时旁观之人，皆咬牙切齿，争欲拳殴李甲和那孙富。慌得李孙二人手足无措，急叫开船，分途遁去。李甲在舟中看了千金，转忆十娘，终日愧悔，郁成狂疾，终身不痊。孙富自那日受惊得病，卧床月余，终日见杜十娘在傍诟骂⁽¹⁶⁵⁾，奄奄而逝，人以为江中之报也。

却说柳遇春在京坐监完满，束装回乡，停舟瓜步⁽¹⁶⁶⁾。偶临江净脸。失坠铜盆于水，觅渔人打捞。及至捞起，乃是个小匣儿。遇春启匣观看，内皆明珠异宝，无价之珍。遇春厚赏渔人，留于床头把玩。是夜，梦见江中一女子，凌波而来⁽¹⁶⁷⁾，视之，乃杜十娘也。近前万福，诉以李郎薄幸之事。又道："向承君家慷慨，以一百五十金相助，本意息肩之后⁽¹⁶⁸⁾，徐图报答。不意事无终始；然每怀盛情，悒悒未忘⁽¹⁶⁹⁾。早间曾以小匣托渔人奉致，聊表寸心，从此不复相见矣。"言讫，猛然惊醒，方知十娘已死，叹息累日⁽¹⁷⁰⁾。

后人评论此事，以为孙富谋夺美色，轻掷千金，固非良士；李甲不识杜十娘一片苦心，碌碌蠢才，无足道者。独谓十娘千古女侠，岂不能觅一佳侣，共跨秦楼之凤⁽¹⁷¹⁾，乃错认李公子，明珠美玉，投于盲人，以致恩变为仇，万种恩情，化为流水，深可惜也！有诗叹云：

不会风流莫妄谈，单单情字费人参⁽¹⁷²⁾；
若将情字能参透，唤作风流也不惭。

注释

（1）残胡：指元朝的残余势力。帝畿：京都及其附近地方。这里指明成祖永乐十九年（1421），由南京迁都北京。

（2）崔嵬：高峻雄伟的样子。

（3）"左环"句：指北京东临大海，海天相连，辽阔无边。

（4）"右拥"句：指北京西接太行山脉，重峦叠嶂，气势雄伟。

（5）九边：明代北边九个军事重镇的合称，即辽东、蓟州、宣府、大同、太原、宁夏、固原、延绥、甘肃。绝塞：极远的边塞。

（6）衣冠万国：泛指各国。垂衣："垂衣而治"（见《易·系辞下》）的省称，意谓盛世。

（7）华胥世：相传黄帝曾经梦游华胥国，看到那里一派太平景象（见《列子·黄帝》）。后世即以华胥喻理想世界。

（8）金瓯：用以比喻国土完整、国家巩固。

（9）区夏：旧指中国，这里指中原。

（10）金城天府：坚固而富庶的地方。金城，喻城之坚固。天府，指富庶之地。

（11）定鼎：定都。鼎，古代传国宝器，作为国家的象征。

（12）靖难：1399年燕王朱棣起兵南下，以"靖难"（平定祸乱）为名，实际是和建文帝朱允炆（惠帝）争夺帝位。

（13）关白平秀吉：关白，日本最高级官名，相当于中国宰相。平秀吉，又称丰臣秀吉，他于万历二十年（1592）四月发兵侵略朝鲜，明朝派兵援朝，久不能取胜。后秀吉死，部下扬帆归，兵祸乃息。

（14）西夏哱（bō波）承恩：西夏即宁夏镇，防区相当于今宁夏西北黄河沿岸地区，治所在今银川。哱承恩是哱拜的儿子。哱拜因得罪酋长而降明，以军功升副总兵。承恩袭父职，骄横有异志，于万历二十年（1592）发动叛乱，不久兵败被俘，处死。

（15）播州杨应龙：播州，今贵州遵义。杨应龙，当时任播州宣慰使，万历二十年（1592）叛乱，兵败自杀。

（16）土官：对边远地区当地人任官职者的称呼。

（17）庆：福气。

（18）纳粟入监：官宦和富家子弟向政府交纳一定的钱财（最早为粟米），即可入国子监（又称太学）读书，名监生（又称太学生）。取得监生资格后，就可以应考举人；也可进一步捐纳得官。

（19）援例：引用成例。明代生员纳赀入监者，谓之纳贡；民人纳赀入监者，谓之例监。援了例监就取得了监生的资格，但不一定正式到国子监肄业。

（20）两京：指北京和南京。明代两京均设国子监，称"北雍""南雍"。

（21）布政：即布政使，官名。明初分全国为13个承宣布政使司，相当于13个省，每司设一布政使，作为最高的行政长官。后以巡抚主省政，布政使便成为巡抚属下专理民政和财政的官。

（22）在庠：已经进了学。庠（xiáng祥），古代府、县设立的学校。

（23）登科：这里指中举。

（24）坐监：在国子监读书。

（25）教坊司：原为古代掌管乐舞伎艺的官署。明代，娟妓也属教坊司所辖。这里泛指妓院。

（26）莲萼：莲花瓣。

（27）卓氏文君：即卓文君。西汉人，有文才，通音乐，早寡。后来冲破封建礼教束缚，追求婚姻自由，与文学家司马相如结为夫妇。

（28）白家樊素：唐代诗人白居易的歌姬。白居易曾用"樱桃樊素口"的诗句赞美她（见孟棨《本事诗·感事》）。

（29）破瓜：原意指女子十六岁，这里是女子破身的意思。

（30）斗筲（shāo 烧）之量：比喻酒量很小。斗和筲都是较小的容器。

（31）院中：指妓院之中。杜老媺（měi 美）：杜十娘名媺。粉面：原指年轻貌美女子，这里指妓女。

（32）撒漫：挥霍，用钱阔绰。

（33）帮衬：巴结知趣，会献殷勤之意。

（34）鸨（bǎo 保）儿：妓院的老板娘。鸨，旧时对老年妓女及妓女养母之称谓。

（35）从良：妓女脱籍嫁人。

（36）胁肩谄笑：耸着肩膀媚笑。形容巴结讨好于人的丑态。

（37）不统口：不开口。统，当是绽字之误。

（38）触突：触犯唐突。

（39）温克：温和克制。

（40）行（háng 杭）户：与下文行院，都是指妓院。

（41）钟馗（kuí 奎）：迷信传说中捉鬼的神。

（42）有气无烟：形容穷得快要断炊了。

（43）千生万活：形容家业兴旺，赚钱很多。

（44）白虎：即白虎星，迷信传说中的凶神。

（45）七件事：柴、米、油、盐、酱、醋、茶，也泛指生活必需品。

（46）"一顿孤拐"句：用棍子打孤拐。孤拐，脚踝（huái 怀）骨，即脚脖子两边凸起之骨。

（47）十斋：佛教规定夏历每月初一、初八、十四、十五、十八、二十三、二十四、二十八、二十九、三十这十天，素食，不杀生，称为十斋。

（48）虔婆：犹言"贼婆"。本指盗贼之妻，后用来骂凶恶的老婆子，这里指鸨母。

（49）落籍：妓女从教坊乐籍上除掉名字。这里指妓女从良。

（50）罄（qìng 庆）：尽。

（51）招架：应酬、应承之意。

（52）烟花：妓女的代称。

（53）抖然：突然。

（54）盘缠：路费。

（55）回决：回绝。

（56）愁容可掬（jū 居）：形容愁容满面，好像可以用手捧住似的。掬，双手捧物。

（57）曲中：指妓院，因妓院多聚处曲巷而得名。唐宋时妓女所居之处称坊曲，有南曲和北曲；明代两京有南院和北院。曲中、院中同义。

（58）亵渎（xièdú 谢读）：轻慢，侮辱。

（59）开交：分开、丢开，断绝关系之意。

（60）缓急：缓，舒缓。急，急迫。这里是偏义复词，即急切紧迫。

（61）小厮：小僮。

（62）嘿嘿：同"默默"。

（63）铢两：指极轻微的分量。铢，古代重量单位，汉代以 24 铢为一两。

（64）芳卿：男子对女子的爱称。

（65）庶易为力：才容易办到。庶，希望之词。

（66）兑：用秤称。

（67）玉成：成全。

（68）告债：向人借贷。

（69）以手加额：表示庆贺之意。

（70）致：招致，引来。这里引申为赚来。

（71）且住：暂等。

（72）秃髻：发髻上没有首饰。

（73）翠钿：镶嵌有翡翠的首饰。金钏：金镯子。

（74）瑶簪：玉簪。宝珥：宝石耳环。

（75）鸾带：绣着鸾凤的衣带。绣履：绣花鞋。

（76）长行：远行。

（77）间关：行程辗转艰难之意。

（78）曾无约束：全无准备。

（79）定着：确定的着落。

（80）浮居：暂住。

（81）于归：女子出嫁。语出《诗经·周南·桃夭》："之子于归，宜其室家。"这里指到婆家。

（82）所欢：所爱的人。

（83）贫窭（jù 巨）：贫穷。

（84）仆：谦虚的自称。因风吹火：喻顺便帮助，不费力的意思。因，趁着。

（85）雇倩（qìng 庆）：雇请。

（86）肩舆：轿子。

（87）消索：空乏。

（88）赆：赠送行人的礼物。

（89）描金文具：绘有金彩的小箱子。

（90）崇文门：北京内城南面的一座城门。

（91）潞河：即北京通州以下的北运河。

（92）瓜洲：镇名，在今江苏邗江南部。大运河入长江处，与镇江隔江斜对。差使船：给官府临时当差的船。

（93）解库：典当铺。

（94）勾（gòu 够）：通"够"。

（95）傍（páng 旁）：同"旁"。

（96）吴越间：指苏州、杭州一带。

（97）佐：帮助。

（98）剪江而渡：横渡长江。

（99）六院：明初南京妓院聚集之处。原本有许多家，后来只剩下六处，称为六院。以后六院便成为妓院的代称。

（100）绝调：绝妙的歌声。

（101）鸾鸣凤奏：形容音调和谐，美妙动听。

（102）施君美《拜月亭》杂剧：施君美，名惠，元代戏曲作家。相传《拜月亭》传奇（一名《幽闺记》）是他所作，此处说成杂剧，有误。

（103）《小桃红》：曲牌名。

（104）徽州新安：今安徽歙（shè 射）县。

（105）积祖：祖祖辈辈。种盐：制盐，做盐商。

（106）青楼：妓院。

（107）红粉：女子，这里指妓女。

（108）嘲风弄月：指玩弄妓女。

（109）彤云：阴云。

（110）"千山"四句：是改写唐柳宗元《江雪》诗。原诗为："千山鸟飞绝，万径人踪灭。孤舟蓑笠翁，独钓寒江雪。"

（111）国色天香：原指花卉的艳丽芬芳，引申为妇女美丽非凡。

（112）高学士：明初诗人高启，曾任翰林院国史编修，故称学士。

（113）舟次：停舟的意思。

（114）清诲：向别人请教的谦词，意为高雅的教诲。

（115）打跳：搭跳板。跳，船上跳板。

（116）上涯：上岸。

（117）斯文中套话：读书人之间的应酬客套话。

（118）入港：这里指谈话很投机。

（119）贱室：对别人称自己妻子的谦称。此处指李甲家中的正妻。

（120）尊宠：对别人妾的尊称。

（121）家君：家父，父亲。

（122）高明：对人的敬称。

（123）愀（qiǎo 巧）然：神色严肃的样子。

（124）位居方面：古时封疆大臣，独当一面称为方面官。李甲父亲是布政使，在明代还不是最高级的官，说他"位居方面"是阿谀之词。

（125）帷薄：障隔内外之具，借指内室。旧时官场对于有关家庭或妇女的事情，常用"帷薄"二字来代称。帷，帐幔。薄，帘子。

（126）资斧：旅费。

（127）疏不间亲：外人不应离间人家亲人之间的关系。

（128）水性无常：像水一样流动不定。比喻妇女用情不专，是旧时对妇女的诬蔑性说法。

（129）姝：美女。

（130）他适：别寻出路。

（131）逾墙钻穴：指男女偷情幽会。

（132）同袍：指同事、朋友。语出《诗经·秦风·无衣》："岂曰无衣，与子同袍。"

（133）移席：移动座位。古人席地而坐，故云。

（134）闺阁：这里指李甲家中的妻子。

（135）衽（rèn 认）席之爱：指男女之爱。衽席，床席。与上文"枕席之爱"意同。

（136）授馆：做家庭教师。

（137）间言：不和睦的话。

（138）茅塞：谦词，意为自己愚笨无知，好像被茅草塞住一般。

（139）颜色匆匆：着急不安的神色。

（140）讳：隐瞒。

（141）黜（chù 触）逐：斥责驱逐。

（142）底止：犹言止境、结局、归宿。

（143）画：谋划，策划。

（144）所天：指丈夫。封建社会以君权、族权、夫权为至高无上，故臣、子、妇分别称君、父、夫为"所天"。

（145）行李之累：指杜十娘成为李甲旅途中的累赘。

（146）贾（gǔ 古）竖子：做买卖的小子，对商人的蔑称。

（147）香泽：头油。

（148）妆台：妇女的梳妆台。这里泛指嫁妆。

（149）足色：成色纯正。

（150）路引：由官府所发的行路执照。这里指国子监所发给的回籍证。

（151）瓮中之鳖：喻无处可逃。

（152）抽替：即抽屉。

（153）翠羽：又名"翠翅"，羽毛状的翡翠首饰。明珰，明珠耳饰。

（154）充牣（rèn 认）：充满。

（155）如堵：形容人多。堵，墙壁。

（156）祖母绿、猫儿眼：都是珍贵宝石的名称。

（157）谗说（shuì 税）：挑拨离间的话。

（158）风尘：指妓女生涯。

（159）润色：这里是充实、装点的意思。

（160）佐中馈：帮助主妇料理家务。馈，进食于尊长。旧时妇女的职务就是在家中料理饮食等，因称家庭主妇为中馈，更引申为妻子的代称。

（161）浮议：没有根据的话。

（162）椟（dú 读）：匣子。

（163）命之不辰：命运不好。不辰，生不逢时之意。

（164）困瘁：困苦，忧患。

（165）诟（gòu 够）骂：辱骂。

（166）瓜步：镇名，在今江苏六合东南瓜步山下。疑为"瓜洲"之误。

（167）凌波：行走在水波之上。

（168）息肩：放下担子。这里指获得安定的生活。

（169）悒悒：忧愁烦闷的样子。

（170）累日：多日。

（171）秦楼之凤：这里借喻美满的婚姻。传说春秋时萧史善吹箫，秦穆公以女弄玉嫁之，恩爱夫妇住一楼上。一天，箫声招来了赤龙、紫凤，萧史乘龙，弄玉跨凤，共同升天（见《列仙传》）。

（172）参：理解，领悟。

提示

《杜十娘怒沉百宝箱》选自人民文学出版社本《警世通言》卷三十二。

这篇小说以男女爱情婚姻为题材，描写了一个哀惋动人的悲剧故事。杜十娘误落烟花，但她不甘于被侮辱、被蹂躏的"教坊名姬"生活，强烈地渴望着自由幸福的正常人的生活。但是社会的黑暗，封建礼教的残酷，终于使她的理想破灭，她不得不怀着满腔的悲愤，在"观者如堵"的情况下，将自己苦心积蓄的百宝箱连同她自己一起投入大江，表现了杜十娘不惜用自己的生命同吃人的封建礼教作最后斗争的反抗精神。

这是一出激动人心的爱情悲剧。杜十娘为摆脱妓女的屈辱生活而进行的抗争，实质上是一场在市民意识推动下争取做人权利的斗争。作者不仅写出了一个崇高美丽的灵魂，而且以深沉的悲悼和极大的义愤，写出了这美丽灵魂被毁灭的过程。通过这个悲剧故事，令人信服地说明了当时的社会现实，暴露了封建伦理道德、门第观念的罪恶，控诉了封建礼教对新生的个性解放思想的残害和虐杀，特别是对妇女的戕害。在"情"与"理"的激烈矛盾冲突中，歌颂了被侮辱与被损害者渴望自由的爱情生活，争取做人的权利的进步思想，表达了明代市民阶层的愿望和要求。

　　小说中所写的主要人物形象都有鲜明的性格，都具有一定的典型意义。杜十娘的思想发展可分为前后两个阶段，从认识李甲到从良离开妓院，是她追求幸福自由的顺利发展并逐步取得成功的阶段。她真诚而热烈地爱着李甲，对自己的前途充满了希望和幻想。她处处表现出审慎、干练、机智，以积极行动来实现自己的理想。不仅鸨儿无奈作了退让，连柳遇春监生也从根本上改变了对她的错误看法。从告别众姊妹到沉箱自尽是第二阶段。"轻薄头儿"盐商孙富的出现，使杜十娘命运发生了迅速的逆转。杜十娘对自己多舛的命运本是成竹在胸、裕如应付的，但对孙富的恶毒行为和李甲的忘恩负义却思想准备不足。然而她仍不动声色地酝酿着保卫自己人格和尊严的顽强不妥协的斗争方式，最后以疾风劲草式的悲愤做出投江壮举，在自己生命毁灭的过程中表现出巨大的精神力量，给读者树立了崇高的令人肃然起敬的光辉形象。此外，小说对李甲、孙富、鸨儿以及未出场的李布政等形象的塑造，虽着墨不多，但也都各具鲜明特征和个性。

　　本篇是文人创作的"拟话本"，它一方面保持了话本小说情节生动曲折、形象鲜明突出、语言通俗活泼等特点，另一方面也体现出文人创作拟话本的特色。主要表现在：

　　第一，在艺术构思上具有独创性，矛盾集中，结构严谨。小说共写了八个人物，其中主要的四个人物分为两组，构成情节发展的两条矛盾线索：一是以杜十娘与鸨儿为一组所构成的矛盾线索，一是以杜十娘和未出场的李布政为一组所构成的矛盾线索。后一条线索是以李甲的封建伦理道德观念为基础，通过杜十娘与李甲的矛盾直接体现出来的。李布政虽始终未出场，但这个人物形象时隐时现，他决定了杜十娘的悲剧命运。

　　第二，善于通过个性化的语言、细腻的心理描写和出色的细节描写来表现人物的思想性格。如写杜十娘获知李甲变心以后"脂粉香泽，用意修饰"，决心严妆赴死和"微窥公子，欣欣似有喜色"等描写，甚有神韵。投江之前有一大段详尽描写了杜十娘的语言和行动，十分精彩传神。她为能跳出火坑而忍辱含垢积攒下来的件件珍宝，是她辛酸的卖笑生涯的血泪代价。她把这些放在描金文具箱内的一层比一层更贵重的珍宝，当众一匣又一匣地抛入江中，此时此刻她的内心该是何等的痛苦。这些细节描写不仅表现了她对孙富的仇恨，对李甲的鄙夷，更主要的是表现了她绝不向命运低头的坚强性格。在小说情节发展到高潮时，这一崇高形象的塑造也随之完成，她光彩照人，产生了极其强烈的震撼人心的艺术效果。

戏　曲

汤显祖传奇

汤显祖（1550—1616），字义仍，号海若，又号若士，别署清远道人，临川（今江西临川）人。万历进士，历任南京太常寺博士、礼部主事。万历十九年（1591），他上了《论辅臣科臣疏》，弹劾辅臣申时行和科臣杨文举等，并婉责神宗，被贬到广东徐闻县任典史。一年后，任浙江遂昌知县。万历二十六年（1598），辞官归里，此后十多年致力于创作。汤显祖在政治上同东林党有共同立场，敢于抨击朝政。在哲学上接受王学左派的思想影响，崇尚真性情，反对伪道学。在文学上赞同徐渭和公安派的主张，提倡性灵，反对模拟，善诗文词曲，在戏曲方面成就尤为卓著，是当时推动进步戏曲运动的中坚人物之一，在他的影响下，形成了"临川派"。他一生著述甚多，有《紫箫记》《紫钗记》《还魂记》（即《牡丹亭》）《南柯记》《邯郸记》等传奇剧本和诗文集《玉茗堂全集》等。新中国成立后辑有《汤显祖集》。

牡　丹　亭
惊　梦[1]

【绕地游】（旦上）梦回莺啭[2]，乱煞年光遍[3]。人立小庭深院。（贴）炷尽沉烟[4]，抛残绣线[5]，恁今春关情似去年[6]？

【乌夜啼】（旦）晓来望断梅关[7]，宿妆残[8]。（贴）你侧着宜春髻子恰凭栏[9]。（旦）剪不断，理还乱[10]，闷无端[11]。（贴）已分付催花莺燕借春看。（旦）春香，可曾叫人扫除花径？（贴）分付了。（旦）取镜台衣服来。（贴取镜台衣服上）云髻罢梳还对镜[12]，罗衣欲换更添香[13]。镜台衣服在此。

【步步娇】（旦）袅晴丝吹来闲庭院[14]，摇漾春如线[15]。停半晌，整花钿[16]。没揣菱花[17]，偷人半面[18]，迤逗的彩云偏[19]。（行介）步香闺怎便把全身现[20]！

（贴）今日穿插的好⁽²¹⁾。

【醉扶归】（旦）你道翠生生出落的裙衫儿茜⁽²²⁾，艳晶晶花簪八宝填⁽²³⁾，可知我常一生儿爱好是天然⁽²⁴⁾。恰三春好处无人见⁽²⁵⁾。不提防沉鱼落雁鸟惊喧⁽²⁶⁾，则怕的羞花闭月花愁颤⁽²⁷⁾。

（贴）早茶时了，请行。（行介）你看：画廊金粉半零星⁽²⁸⁾，池馆苍苔一片青。踏草怕泥新绣袜⁽²⁹⁾，惜花疼煞小金铃⁽³⁰⁾。（旦）不到园林，怎知春色如许⁽³¹⁾！

【皂罗袍】原来姹紫嫣红开遍⁽³²⁾，似这般都付与断井颓垣⁽³³⁾。良辰美景奈何天，赏心乐事谁家院⁽³⁴⁾！恁般景致，我老爷和奶奶再不提起。（合）朝飞暮捲⁽³⁵⁾，云霞翠轩⁽³⁶⁾；雨丝风片，烟波画船，——锦屏人忒看的这韶光贱⁽³⁷⁾！

（贴）是花都放了⁽³⁸⁾，那牡丹还早。

【好姐姐】（旦）遍青山啼红了杜鹃⁽³⁹⁾，荼蘼外烟丝醉软⁽⁴⁰⁾。春香呵，牡丹虽好，他春归怎占的先⁽⁴¹⁾！（贴）成对儿莺燕呵。（合）闲凝眄⁽⁴²⁾，生生燕语明如翦⁽⁴³⁾，呖呖莺歌溜的圆⁽⁴⁴⁾。

（旦）去罢！（贴）这园子，委是观之不足也⁽⁴⁵⁾。（旦）提他怎的！

（行介）

【隔尾】观之不足由他缱⁽⁴⁶⁾，便赏遍了十二亭台是枉然⁽⁴⁷⁾。到不如兴尽回家闲过遣⁽⁴⁸⁾。

（作到介）（贴）"开我西阁门，展我东阁床⁽⁴⁹⁾。瓶插映山紫⁽⁵⁰⁾，炉添沉水香⁽⁵¹⁾。"小姐，你歇息片时，俺瞧老夫人去也。（下）（旦叹介）"默地游春转，小试宜春面⁽⁵²⁾。"春呵，得和你两留连，春去如何遣？咳，恁般天气⁽⁵³⁾，好困人也。春香那里？（作左右瞧介）（又低首沉吟介）天呵，春色恼人，信有之乎？常观诗词乐府⁽⁵⁴⁾，古之女子，因春感情，遇秋成恨，诚不谬矣。吾今年已二八，未逢折桂之夫⁽⁵⁵⁾。忽慕春情，怎得蟾宫之客⁽⁵⁶⁾？昔日韩夫人得遇于郎⁽⁵⁷⁾，张生偶逢崔氏⁽⁵⁸⁾。曾有《题红记》、《崔徽传》二书⁽⁵⁹⁾。此佳人才子，前以密约偷期⁽⁶⁰⁾，后皆得成秦晋⁽⁶¹⁾。（长叹介）吾生于宦族，长在名门，年已及笄⁽⁶²⁾，不得早成佳配，诚为虚度青春，光阴如过隙耳⁽⁶³⁾。（泪介）可惜妾身颜色如花，岂料命如一叶乎⁽⁶⁴⁾！

【山坡羊】没乱里春情难遣⁽⁶⁵⁾，蓦地里怀人幽怨⁽⁶⁶⁾。则为俺生小婵娟⁽⁶⁷⁾，拣名门一例、一例里⁽⁶⁸⁾神仙眷⁽⁶⁹⁾。甚良缘，把青春抛的远！俺的睡情谁见⁽⁷⁰⁾？则索因循腼腆⁽⁷¹⁾。想幽梦谁边？和春光暗流转？迁延，这衷怀那处言！淹煎⁽⁷²⁾，泼残生⁽⁷³⁾，除问天！

身子困乏了，且自隐几而眠⁽⁷⁴⁾。（睡介）（梦生介）（生持柳枝上）"莺逢日暖歌声滑，人遇风情笑口开。一径落花随水入，今朝阮肇到天台⁽⁷⁵⁾。"小生顺路儿跟着杜小姐回来，怎生不见？（回看介）呀，小姐，小姐！（旦作惊起介）（相见介）（生）小生那一处不寻访小姐来，却在这里！（旦作斜视不语介）（生）恰好花园内，折取垂柳半枝。姐姐，你既淹通书史⁽⁷⁶⁾，可作诗以赏此柳枝乎？（旦作惊喜，欲言又止介）（背想）这生素昧平生，何因到此？（生笑介）小姐，咱爱杀你哩！

【山桃红】则为你如花美眷，似水流年，是答儿闲寻遍⁽⁷⁷⁾。在幽闺自怜。小姐，和你那答儿讲话去⁽⁷⁸⁾。（旦作含笑不行）（生作牵衣介）（旦低问）那边去？（生）转过这芍药栏前，紧靠着湖山石边⁽⁷⁹⁾。（旦低问）秀才，去怎的？（生低答）和你把领扣松，衣带宽，袖梢儿揾着牙儿苫也⁽⁸⁰⁾，则待你忍耐温存一晌眠⁽⁸¹⁾。（旦作羞）（生前抱）（旦推介）（合）是那处曾相见，相看俨然。早难道这好处相逢无一言⁽⁸²⁾？

……⁽⁸³⁾

（生）姐姐，你身子乏了，将息，将息⁽⁸⁴⁾。

（送旦依前作睡介）（轻拍旦介）姐姐，俺去了。（作回顾介）姐姐，你可十分将息，我再来瞧你那。"行来春色三分雨，睡去巫山一片云。"（下）（旦作惊醒低叫介）秀才，秀才，你去了也？（又作痴睡介）（老旦上）"夫婿坐黄堂⁽⁸⁵⁾，娇娃立绣窗。怪他裙衩上，花鸟绣双双。"孩儿，孩儿，你为甚瞌睡在此？（旦作醒，叫秀才介）咳也。（老旦）孩儿怎的来？（旦作惊起介）奶奶到此！（老旦）我儿，何不做些针指⁽⁸⁶⁾？或观玩书史，舒展情怀？因何昼寝于此？（旦）孩儿适花园中闲玩，忽值春暄恼人，故此回房。无可消遣，不觉困倦少息。有失迎接，望母亲恕儿之罪。（老旦）孩儿，这后花园中冷静，少去闲行。（旦）领母亲严命。（老旦）孩儿，学堂看书去。（旦）先生不在，且自消停⁽⁸⁷⁾。（老旦叹介）女孩儿长成，自有许多情态，且自由他。正是："宛转随儿女，辛勤做老娘。"（下）（旦长叹介）（看老旦下介）哎也，天那，今日杜丽娘有些侥倖也。偶到后花园中，百花开遍，睹景伤情。没兴而回，昼眠香阁。忽见一生，年可弱冠⁽⁸⁸⁾，丰姿俊妍。于园中折得柳丝一枝，笑对奴家说："姐姐既淹通书史，何不将柳枝题赏一篇？"那时待要应他一声，心中自忖，素昧平生，不知名姓，何得轻与交言。正如此想间，只见那生向前说了几句伤心话儿，将奴搂抱去牡丹亭畔，芍药栏边，共成云雨之欢。两情和合，真个是千般爱惜，万种温存。欢毕之时，又送我睡眠，几声"将息"。正待自送那生出门，忽值母亲来到，唤醒将来。我一身冷汗，乃是南柯一梦⁽⁸⁹⁾。忙身参礼母亲，又被母亲絮了许多闲话。奴家口虽无言答应，心内思想梦中之事，何曾放怀。行坐不宁，自觉如有所失。娘呵，你教我学堂看书

去，知他看那一种书消闷也。（作掩泪介）

【绵搭絮】雨香云片⁽⁹⁰⁾，才到梦儿边。无奈高堂，唤醒纱窗睡不便。泼新鲜冷汗粘煎⁽⁹¹⁾，闪的俺心悠步躯⁽⁹²⁾，意软鬟偏。不争多费尽神情⁽⁹³⁾，坐起谁伙⁽⁹⁴⁾？则待去眠。

（贴上）"晚装销粉印，春润费香篝⁽⁹⁵⁾。"小姐，薰了被窝睡罢。

【尾声】（旦）困春心游赏倦，也不索香薰绣被眠。天呵，有心情那梦儿还去不远。

春望逍遥出画堂，（张说）间梅遮柳不胜芳。（罗隐）

可知刘阮逢人处？（许浑）回首东风一断肠。（韦庄）

注释

（1）惊梦：选自《牡丹亭》第十出，人民文学出版社 1963 年第一版，有删节。

（2）啭（zhuàn 撰）：鸟儿婉转动听地鸣叫。

（3）乱煞年光遍：倒装句。到处是一片令人眼花缭乱的大好春光。

（4）炷（zhù 住）：燃烧。沉烟：即沉香烟。沉香，又名沉水香，是一种常绿乔木，木材有香味，可制香料。

（5）抛残绣线：丢下了绣剩的丝线。表现青春少女春思慵懒的情态。

（6）"恁今春"句：怎么今春情浓似去年呢？恁，怎么，为什么。关情，牵动人心的情怀，即春情。似，胜似的省文，即胜过的意思。

（7）望断梅关：远望梅关。梅关，即江西与广东交界的大庾岭，宋代曾在此设梅关，位置在本剧故事发生地点南安（今江西大余县的南面）。从"晓来望断梅关"到"已分付催花莺燕借春看"，这几句旦与贴的对白，是用《乌夜啼》的词牌规格写的，显得文雅而又含蓄。

（8）宿妆残：隔夜的梳妆已残乱。

（9）宜春髻子：旧时立春那天，妇女剪纸作燕子形，上贴"宜春"二字，戴在头上。这里借指一种发型。

（10）剪不断，理还乱：借用南唐李煜《乌夜啼》的句子，形容心情烦闷缭乱。

（11）无端：无故。

（12）云髻：形容妇女的发髻浓密卷曲如云。"云髻"两句是借用唐薛逢诗《宫词》的句子，说明杜丽娘着意打扮。

（13）更添香：衣服上再熏熏香气。

（14）袅晴丝：细长柔软的游丝在晴空中飘忽不定，指春意浓郁的景象。袅（niǎo 鸟），轻柔飘忽无定的样子。晴丝，即游丝，春季晴天常见虫类吐出的游丝飘荡，故称晴丝。用"晴"和"情"的谐音，暗寓对爱情的向往。

（15）"摇漾"句：春光如这晴丝摇摆荡漾，似线绵长。

（16）花钿（diàn 电）：泛指嵌有金花珠宝的古代妇女首饰。

（17）没揣：不料想，突然。菱花：镜子。古时铜镜背面多雕菱花图案，故有此称。

（18）偷人半面：偷偷地映照出自己半个面庞。

（19）迤（tuō 拖）逗：引惹。彩云偏：（害羞得）把式样美好的发髻也弄歪了。彩云，对妇女头发的美称。一说指脸上泛满了红晕。

（20）步香闺：在闺房中走动。香闺，少女闺房的美称。

（21）穿插：穿戴打扮。穿指衣服，插指头饰品。

（22）翠生生：形容色彩鲜艳。出落的：显出，衬托出。茜（qiàn 欠）：红色，这里是鲜艳的意思。

（23）艳晶晶：光彩夺目的样子。花簪八宝填：镶嵌着各种宝石的簪子。

（24）常：总是。爱好是天然：爱美是天性使然。爱好，爱美。天然，自然本性。

（25）"恰三春"句：恰似明艳春天一般美丽的容颜，却没有谁能看见。三春好处：美丽的春光。喻自己美丽的青春和容貌。

（26）沉鱼落雁：形容女子异常美丽，可使鱼儿惊得避入水中，大雁吃惊地落到地上。

（27）羞花闭月：或作"闭月羞花"。也是形容女子貌美异常，使花儿感到羞惭，使月亮躲藏起来，都不敢同她比美。

（28）零星：不完好。

（29）泥：玷污。作动词用。

（30）惜花疼煞小金铃：《开元天宝遗事》记载，唐代天宝初年，宁王因惜花，便用红绳缀上许多小铃，拴在花梢上，有鸟鹊飞落，就让园吏拉绳响铃驱赶。这里借用此典并加以夸张，意思是因为惜花而拉铃次数太多，使小金铃也疼得不得了。

（31）如许：如此。

（32）姹（chà 岔）紫嫣（yān 烟）红：形容花色鲜艳，万紫千红。

（33）断井颓（tuí 推^{阳平}）垣（yuán 原）：废井塌墙。形容庭院破败。

（34）"良辰"二句：用谢灵运《拟魏太子邺中集诗序》"天下良辰、美景、赏心、乐事，四者难并"的句意。两句意思是大好春光、美丽景色无人欣赏，有负苍天；这令人心旷神怡、赏心悦目的事又在哪一家呢？

（35）朝飞暮捲：唐王勃《滕王阁诗》："画栋朝飞南浦云，朱帘暮卷西山雨。"此用其典，借指朝云暮雨。连同以下三句，是杜丽娘想象中更加开阔的春天美景。

（36）云霞翠轩：云彩和霞光笼罩着华丽的楼阁亭台。

（37）锦屏人：指隔绝在锦绣屏风里的人，即深闺中人。忒：太。韶光：美好的春光。

（38）是：所有的。

（39）啼红了杜鹃：以杜鹃鸟啼血来比喻开遍了红艳艳的杜鹃花。

（40）荼蘼（túmí 途迷）：一种晚春时开白花的小灌木。烟丝醉软：形容柳丝柔弱多姿。烟丝，柳丝。一说游丝，亦通。

（41）"牡丹虽好"二句：牡丹虽美，但花开太迟，怎能占春花之先呢？这是表现杜丽娘对虚度芳春的怨怅。

（42）凝眄（miǎn 免）：注视。

（43）"生生"句：燕子柔美的叫声明快而又清脆。生生，形容燕叫声。明，明快。

翦：同"剪"，形容燕语的清脆。

（44）呖（lì力）呖：黄莺的叫声。溜的圆：叫声圆润婉转。

（45）委是观之不足：实在是看不够。委，确实。

（46）缱（qiǎn浅）：留恋。

（47）十二亭台：代指园中一切景物，非确指。

（48）过遣：消磨时光。

（49）"开我"二句：改用《木兰诗》"开我东阁门，坐我西阁床"的句子。

（50）映山紫：紫色的映山红，杜鹃花的一种。

（51）沉水香：即沉香，一种名贵香料。

（52）宜春面：饰有宜春发髻的新妆。

（53）恁般：这般。

（54）乐府：此指曲。

（55）折桂之夫：称心的丈夫。折桂，原指科举及第。

（56）蟾宫之客：意同"折桂之夫"。蟾宫，即月宫，传说月宫中有桂树。

（57）"昔日"句：唐僖宗时，宫女韩氏题诗红叶，从御沟流出，为于祐所拾。于祐也以红叶题诗投入御沟上流，传给韩氏，后二人结为夫妻（见《青琐高议·流红记》）。

（58）"张生"句：指张君瑞相逢崔莺莺的故事（见王实甫《西厢记》）。

（59）《崔徽传》：写妓女崔徽与裴敬中相爱，别后不复见。崔请画工画一像捎给裴，并说："崔徽一旦不及卷中人，徽且为郎死矣！"此处疑《崔徽传》为《崔莺传》即《莺莺传》之误。

（60）偷期：幽会。

（61）秦晋：春秋时秦晋两国世代联姻，后泛指联婚或结为夫妻。

（62）及笄（jī基）：古代女子15岁始以笄（簪）束发。及笄指到了婚配年龄。

（63）光阴如过隙：喻时光易逝。《庄子·知北游》："人生天地之间，若白驹之过隙，忽然而已。"

（64）"岂料"句：源于元好问词《鹧鸪天·薄命妾》："颜色如花画不成，命如叶薄可怜生。"

（65）没乱里：心绪缭乱，着急。

（66）幽怨：深深的怅怨。

（67）小婵娟：姿容美丽的少女。

（68）一例里：一律，一定。

（69）神仙眷：名门姻缘。

（70）睡情：梦中春情。

（71）则索因循腼腆：只得照旧羞涩地（想着）。

（72）淹煎：又作"恹煎"，小病缠绵。此处指受煎熬。

（73）泼残生：自叹命苦、贱命之词。泼，劣、贱，本骂人语。

（74）隐几而眠：靠在几旁睡着。

（75）阮肇到天台：刘义庆《幽明录》写东汉刘晨和阮肇到天台山桃源洞遇见仙女的故事。此借指遇见情人。

（76）淹：深、精。

（77）是答儿：这里。

（78）那答儿：那边。

（79）湖山石边：太湖石堆做的假山旁边。

（80）"袖梢"句：用牙咬着袖边以作遮盖。搵，用手揩拭。苫（shān 山），用草编的覆盖物。

（81）一晌：一会儿。

（82）早难道：这里就是"难道"之意，但语气较强。

（83）此处删去〔鲍老催〕〔山桃红〕两曲，主要是描写花神保护柳、杜欢会的内容。

（84）将息：休息。

（85）黄堂：古时太守衙中的正堂。

（86）铖指：缝纫、刺绣等针线活儿。铖，同"针"。

（87）消停：休息。

（88）弱冠：20 岁。冠，男子到 20 岁行加冠礼，表示已经成人。

（89）南柯一梦：唐人传奇故事载，淳于梦梦见自己被大槐安国国王招为驸马，做南柯太守。历尽了富贵荣华，人世浮沉，醒来才发现槐安国不过是大槐树下的一个蚁穴，南柯郡是另一个蚁穴。后来"南柯"被用作梦的代称。

（90）雨香云片：喻梦中的幽会。

（91）粘煎：即粘黏，胶贴。

（92）心悠步軃（duǒ 朵）：心绪缠绵，脚步难挪。軃，下垂。

（93）不争多：差不多。

（94）忺（xiān 掀）：高兴，惬意。

（95）香篝（gōu 勾）：熏衣用的熏笼。

提示

明代是中国封建社会妇女受拘禁特别严厉的时代。汤显祖的浪漫主义杰作《牡丹亭》一出世，立即震动了整个明代社会，"家传户诵，几令《西厢》减价"（沈德符《顾曲杂言》），特别是在妇女界激起了强烈的反响。

《牡丹亭》通过杜丽娘和柳梦梅离奇的爱情故事，精心塑造了杜丽娘这位敢于背叛封建礼教，大胆追求婚姻自主与自由幸福的典型形象；细腻地描写了她在现实生活中的悲剧命运和在理想世界中的喜剧结局的全过程；歌颂了在中国资本主义萌芽时期，青年一代反抗封建礼教，要求个性解放，追求自由爱情生活所作的不屈不挠的斗争；揭露了封建礼教对青年男女在精神上的迫害与虐杀，以及封建统治阶级家庭关系的冷酷和虚伪。全剧贯穿着"情"与"理"

的矛盾斗争："情"表现为杜、柳对自由爱情、幸福生活的向往和追求，"理"表现为封建礼教、理学禁欲主义和封建家长的专横。

本篇节选的是《牡丹亭》第十出"惊梦"，写杜丽娘青春的觉醒，包括"游园"和"惊梦"两部分内容。"游园"部分主要是写杜丽娘由游园而思春的具体情景，由六支曲子所组成。前三支曲写杜丽娘游园前，从晨起到梳妆、穿戴时的心理活动。把她向往大自然、珍惜青春年华，但又因初出闺阁而感到娇羞犹疑的微妙心理刻画得入木三分，感情回旋跌宕，体现出一个贵族小姐的自我欣赏和幽居深闺的抱怨情绪。后三支曲全是游园时的唱段，抒发杜丽娘在游园时伤春的情感，通过女主人公之口描绘出一幅动人的春景，同时把人物的惊叹、伤感，自然而然地糅杂在其中。游园原是为了消愁解闷，不料是越游越愁闷。游园唤起了杜丽娘青春的觉醒，为下面的惊梦作了感情的铺垫。"惊梦"部分主要是写杜丽娘由思春而感梦，由感梦而生情的情景，也是由六支曲子所组成（本篇删掉了两支曲子）。具体描写了杜丽娘"春情难遣"的惆怅情怀，以及和柳梦梅梦中幽会的具体情况，为以后的由梦生情、由情生病、由病而死、死而复生的情节发展作了铺垫。

由于杜丽娘是生活在程朱理学和封建礼法桎梏人心的时代，因而表现她在深闺的孤寂中对爱的追求和青春的觉醒，具有鲜明的时代特征，在广大被压抑的女性中能引起强烈的共鸣。

"惊梦"在艺术上具有显著的特点。首先是将写景、抒情和刻画人物的心理活动融为一体。景中寓情，情中有景，水乳交融，而春情与春景的结合更是天衣无缝，含蓄委婉。通过景物描写，使环境与人物心境互相映衬，形成了充满诗情画意的动人情景。

其次，运用多种艺术手法进行细腻的描写，人物形象十分鲜明。例如，用"袅晴丝"比喻人物的情思，"晴丝"和"情思"又是谐音双关语。用"三春好处无人见"比喻丽娘的青春美丽无人爱怜。用牡丹暗喻丽娘的美，用醉软的烟丝比拟丽娘的缠绵幽怨、如醉如痴的情状。用成对的莺燕反衬丽娘的孤寂；用美丽的景物反衬丽娘的惆怅。另外，用"偷人半面"写镜，用"醉软"写"烟丝"，这种拟人手法的运用也极富情韵。

最后，曲辞优美，语言温润典雅，富丽工巧。汤显祖是文采派的代表作家，这出戏也充分展现了其文辞的华美、绚丽多彩。例如，镜曰"菱花"，发曰"彩云"，裙衫曰"翠生生"，花簪曰"艳晶晶"；"晴丝""庭院"分别用"袅"字、"闲"字来修饰；燕语明快如"剪"，莺歌婉转用"圆"；杜鹃花开了，不说"开"而曰"啼"，以粘合杜鹃啼血的故事。用笔新颖、工巧，均非凡手可致。

散　曲

王　磐　散　曲

　　王磐（1470？—1530？）字鸿渐，号西楼，高邮（今江苏高邮）人。出身官宦，但厌弃功名，一生不仕，寄情山水，以词曲自娱。所作散曲大都反映自己的闲适生活，也有一些是揭露和抨击黑暗现实之作。有《西楼乐府》。

朝　天　子

咏　喇　叭[1]

　　喇叭，锁哪[2]，曲儿小，腔儿大[3]；官船来往乱如麻，全仗你抬身价。军听了军愁，民听了民怕，那里去辨甚么真共假？眼见的吹翻了这家，吹伤了那家，只吹的水净鹅飞罢[4]！

注释

（1）朝天子：散曲曲牌。咏喇叭：标题。

（2）锁哪：即唢呐，形状像喇叭的乐器。

（3）"曲儿"二句：说唢呐这样的乐器只能吹奏些简单的乐曲，但发出的音响很大。隐喻宦官身份卑微，但倚仗皇帝宠信，权势大，横行不法。

（4）水净鹅飞罢：隐喻百姓倾家荡产。罢，停止。

提示

　　明正德年间，宦官刘瑾当权，为了搜刮钱财，他派出大批宦官，以各种名义到地方诛求。官船所到之处，吹起喇叭摆威风，地方官吏豪绅亦乘机勒索。这首散曲借物抒怀，用喇叭做题目，尖锐而深刻地讽刺宦官作威作福、鱼肉人民的罪恶。用唢呐来比喻官僚统治，形象而又生动，充分发挥了散曲适于揶揄、讽刺的特点。语言幽默、犀利，运用白描手法，写来轻松活泼，畅快流利，在诙谐的言语中流露出沉痛激愤的思想感情。

康 海 散 曲

康海（1475—1540），字德涵，号对山，又号沜东渔父，武功（今陕西武功）人。弘治间状元，任翰林院修撰。武宗时宦官刘瑾专权，刘瑾被杀后，康海因名列瑾党而免官。工诗文，为"前七子"之一，著述颇多，诗文集有《对山集》，杂剧有《中山狼》，散曲集有《沜东乐府》。

寄 生 草
读 史 有 感

天应醉[1]，地岂迷[2]，青霄白日风雷厉[3]。昌时盛世奸谀蔽，忠臣孝子难存立。朱云未斩佞人头[4]，祢衡休使英雄气[5]。

注释

（1）"天应"句：意思是君主耽于享乐。天，这里借指君主、皇帝。醉，耽乐、沉酣。

（2）"地岂"句：意思是朝臣也昏乱不清。地，这里借指朝臣、文武百官。迷，昏乱。

（3）"青霄"句：意思是青天白日里邪恶势力猖獗。风雷，风与雷，比喻力量巨大。厉，猛烈。

（4）"朱云"句：朱云，汉元帝时为槐里令，数忤权贵，获罪被刑。成帝时复上书，愿借上方剑，斩佞臣张禹（事见《汉书·朱云传》）。后世以朱云指敢于直谏之人。佞人，奸邪的人。原指张禹，成帝时曾为相，封安昌侯。

（5）祢衡：汉末文学家，少有才辩，长于笔札，性刚傲物。曹操召为鼓吏，大会宾客，欲当众辱衡，反为衡所辱，后被黄祖所杀。

提示

这首散曲，借读史有感抒发了作者愤世嫉邪的激愤之情。表面上写"青霄白日"、"昌时盛世"，其实是对现实社会的莫大讽刺。天醉，地迷，风雷厉，这就是作者笔下的"青霄白日"；权臣当道，邪恶势力猖獗，"忠臣孝子难存立"，这就是所谓"昌时盛世"。最后，借用二位古人的故事点明主旨。全篇语言犀利，寓意深刻，有强烈的现实意义。

陈 铎 散 曲

陈铎（1488？—1521？），字大声，号秋碧，下邳（今江苏邳州）人。家居金陵，世袭指挥，生活优裕，但不预政事。他能诗善画，精研音律，致力于散曲及戏剧创作，当时声誉甚高，被称为"乐王"。所著散曲集《梨云寄傲》、《秋碧乐府》多收"风情""丽情"之作，《滑稽余韵》价值最高。有《陈大声乐府全集》。

水 仙 子
瓦 匠

　　东家壁土恰涂交⁽¹⁾，西舍厅堂初窊了⁽²⁾，南邻屋宇重修造。弄泥浆直到老，数十年用尽勤劳。金张第游麋鹿⁽³⁾，王谢宅长野蒿⁽⁴⁾，都不如手镘坚牢⁽⁵⁾。

注释

（1）恰涂交：才涂好。

（2）窊（wà 袜）：通"瓦"，作动词用，修整的意思。

（3）金张第：金张，汉宣帝时金日䃅（mìdī 密低）、张安世。这两家在汉朝世代显贵。第，宅第。

（4）王谢：东晋大士族王导和谢安。后世将王谢作为高门世族的代称。

（5）手镘（màn 曼）：泥瓦匠的涂泥工具。

提示

　　这首曲写瓦匠，作者以无限同情和赞美的感情，歌颂他们劳动价值的伟大；运用具体事物来说明荣华富贵仅一时，而劳动的价值却是永恒的这一深刻道理。通过短小的小曲，质朴的语言，说明了一个很富有哲理意义的问题，颇具特色。

冯惟敏散曲

　　冯惟敏（1511—1580?），字汝行，号海浮，青州临朐（今山东临朐）人。嘉靖举人，曾任涞水知县、润州教授、保定通判等小官。为官不畏权势，敢于抑制豪门，因而连遭贬斥。晚年归田，过着悠闲的田园生活。所作散曲，题材广泛，风格爽朗，语言自然流畅。部分作品能反映民生疾苦，揭露官吏贪暴，对农民的悲惨遭遇有一定的同情。有《海浮山堂词稿》。

胡　十　八
刈 麦 有 感[1]

穿和吃不索愁，愁的是遭官棒。五月半间便开仓[2]，里正哥过堂[3]，花户每比粮[4]。卖田宅无买的，典儿女陪不上[5]。

注释

（1）这组小令共四首，这里选一首。刈麦，即割麦。

（2）开仓：指开官仓征收赋税。

（3）里正：即里长。过堂，在县官公堂上呈报催征赋税的情况。

（4）花户：旧时造户口册，人名叫做花名，户口叫做花户。这里即民户、老百姓之意。比粮，按规定时间和数目缴纳钱粮，违限的、不足的受杖责，称为比粮。

（5）"典儿"句：意思是典卖儿女也赔不起要交的赋税。典，典当，抵押。陪，通"赔"，赔偿。

提示

这首散曲揭露了社会矛盾。官府不管灾情如何，"五月半间便开仓"收税粮；里正催逼，用官棒"比粮"；农民卖田无人买，典儿女也抵不上要交的税粮。这是一幅悲惨的农村破产图，反映了作者对农民苦难生活的深切同情和对统治者横征暴敛的愤慨。

薛论道散曲

薛论道（1531—1600?），字谈道，号莲溪居士，定兴（今属河北）人。一足残废，八岁能文。喜谈兵，中年弃文习武，戍守边境几十年。曾任指挥佥事、神枢参将加副将等职，屡建战功。晚年辞职归乡。所作散曲内容丰富，由于他的特殊经历和亲身感受，在反映边塞风光和军旅生活方面有独到之处。有《林石逸兴》。

黄　莺　儿
塞 上 重 阳

荏苒又重阳[1]，拥旌旄倚太行[2]，登临疑是青霄上[3]。天长地长，云茫水茫，胡尘静扫山河壮[4]。望遐荒[5]，王庭何处[6]？万里尽秋霜。

注释

（1）荏苒（rěnrǎn 忍染）：时光渐渐过去。

（2）太行：山名，在山西高原与河北平原间。

（3）青霄上：天上，极言其高。

（4）胡尘：指北方少数民族的骚扰和侵掠。

（5）遐荒：荒远之处。

（6）王庭：指北方各少数民族君主设幕立朝的地方。

提示

薛论道长期在边塞过着戎马生活，加上他性情粗犷豪放，使他的作品形成特殊风格。这首散曲描绘边塞秋天的景色，反映了边塞的军旅生活，表现了作者热爱祖国山河和建功立业的豪迈情怀。作品意境开阔，苍凉遒劲。

朱载堉散曲

朱载堉（1536—1610?），字伯勤，号句曲山人，自号狂生。是明宗室郑恭王朱厚烷的长子。其父因王族内部倾轧，被禁锢。父死后，朱载堉不愿承袭王位，专心研究乐律和历学。他不仅是一位有才华的散曲作家，而且在哲学、音乐、舞蹈、绘画、天文、历算等方面，都作出了重要的贡献。他特别精通音律，发明的"十二平均律"在西方产生很大影响，获得很高声誉。朱载堉散曲见于清贺汝田搜集的《醒世词》中。

山　坡　羊
十　不　足

逐日奔忙只为饥，才得有食又思衣。置下绫罗身上穿，抬头又嫌房屋低。盖下高楼并大厦，床前缺少美貌妻。娇妻美妾都娶下，又虑出门没马骑。将钱买下高头马，马前马后少跟随。家人招下十数个，有钱没势被人欺。一铨铨到知县位⁽¹⁾，又说官小势位卑。一攀攀到阁老位⁽²⁾，每日思想要登基⁽³⁾。一旦南面坐天下⁽⁴⁾，又想神仙下象棋。洞宾与他把棋下⁽⁵⁾，又问那是上天梯？上天梯子未做下，阎王发牌鬼来催。若非此人大限到⁽⁶⁾，上到天上还嫌低。

注释

（1）铨：封建时代量才授官叫铨。明代吏部设有铨选司。

（2）攀：攀附。阁老：明代以来有大学士，因其入阁办事，尊称阁老，职权相当于古代的丞相。

（3）登基：做皇帝。

（4）南面：古代以面南为尊，帝王的座位面向南，故称居帝位为南面。

（5）洞宾：即吕洞宾，古代传说中的八仙之一。

（6）大限：寿数，亦指死期。

提示

　　这首散曲深刻揭示了人性的弱点。人的贪欲得不到克制，任其发展，后果不堪设想。作家嘲笑了这种人对功名利禄永无满足的无耻追求。这种追求是从对金钱的追求开始的，在金钱的欲望满足后，又发展到对权势的追求。"此人"从知县到位极人臣的阁老，直到当上了皇帝但仍不满足，于是又把追求转向神仙和天上的生活。因为这种永不满足的追求是无止境的，作者只好以"大限到"作结，但是仍给读者留下回味无穷的余地。全曲叙写环环紧扣，层层深入。语言通俗，风格清新，深受民歌的影响。

清代部分

诗　歌

钱　谦　益　诗

钱谦益（1582—1664），字受之，号牧斋，江苏常熟人。明万历三十八年（1610）进士，授翰林院编修，累官至礼部右侍郎兼翰林院侍读学士，协理詹事府事。南明福王政权时，任礼部尚书。1645年清兵攻破南京，钱谦益率福王朝文臣出降。顺治三年（1646）任清廷礼部右侍郎管秘书院事，充修明史副总裁。仕清六个月，引疾归，与当时的抗清力量秘密联系。

钱谦益是清初诗坛领袖，他强调诗歌要有感而发，反对称格较律，模拟因袭，提出了以真情实感、真知灼见为核心，性情、世运、学养并重的文学主张，对于扫荡前后七子的拟古文风，矫正公安派、竟陵派的缺点，都曾起过很大作用，对于清代诗文的发展有一定贡献。写诗以杜、韩为宗，兼学晚唐及南北宋诸家，融会众长，自成一家。有《初学集》、《有学集》、《投笔集》及《列朝诗集小传》等。

后秋兴之十三（八首选一）

海角崖山一线斜，从今也不属中华[1]。更无鱼腹捐躯地，况有龙涎泛海槎[2]。望断关河非汉帜，吹残日月是胡笳[3]。嫦娥老大无归处，独倚银轮哭桂花[4]。

注释

（1）"海角"二句：海角，指海外遥远之处，旧有天涯海角之称，此借指郑成功等抗清武装在海中的根据地。崖山，即崖门山，在广东江门新会区南之大海中，为南宋末抗元的最后据点。1279年元军攻破崖门山，陆秀夫背负帝昺投海死，南宋遂亡。这里以南宋比喻南明，谓南明桂王永历帝朱由榔被吴三桂所杀，郑成功被迫退到台湾，后在台湾逝世，从此明王朝彻底灭亡。中华，借指汉人统治的明朝。因为清朝统治者为少数民族满族，被视为夷狄，故云"也不属中华"。

（2）"更无"二句：鱼腹，出自《楚辞·渔父》："宁赴湘流葬于江鱼腹中。"意谓宁
死不愿同流合污。此借陆秀夫为国捐躯，葬身鱼腹，比喻抗清复明无望。龙涎，岛名，在
今印尼苏门答腊岛西北海上，传说以产龙涎香著名。海槎（chá 查），借指海船、战舰，
当时郑成功、张煌言等人正凭借东南海域的一些岛屿抗清，此句言清军战舰即将攻占
它们。

（3）"望断"二句：汉帜，汉族的旗帜，此指明朝的统治。吹残日月，指摧毁明朝的
统治。日月合成"明"字。胡笳，少数民族的号角，比喻清朝的统治者。

（4）"嫦娥"二句：嫦娥，诗人自比。银轮，指月亮。桂花，传说月中有桂树，此暗
指永历帝朱由榔，他原封为桂王。

提示

《后秋兴》是钱谦益晚年的一组大型抒情诗，仿照杜甫七律组诗《秋兴八
首》，并步其韵而作。全诗有七律 13 组，每组 8 首，共 104 首，命题为《金陵
秋兴八首次草堂韵》，简称《后秋兴》，编入《投笔集》。这些诗的内容大都与
抗清斗争有联系，寄托作者的故国之思。作者在经历了故国沧桑、中原动荡和
身世荣辱的剧变之后，感慨万千，凝结为诗，感情强烈而真实。这里所选的一
首，是第 13 组的第二首。

1661 年南明永历帝朱由榔被吴三桂杀于缅甸，南明王朝灭亡。永历十三
年（1659）郑成功与张煌言合兵入长江攻南京失利，于 1661 年退据台湾，并
于次年逝世。面对故国沦亡、复国无望的形势，作者于 1663 年写了这首诗。
其自注云："自壬寅（1662）七月至癸卯（1663）五月，讹言繁兴，鼠忧泣
血，感恸而作，犹冀其言之或诬也。"这里所说之"讹言"，当指永历帝被杀，
郑成功退守和逝世等消息，本诗即咏此二事。首联借南宋亡国的历史影射现
实，比拟南明王朝的灭亡。总写亡国的悲恸，字里行间透露出复国无望、前途
渺茫的感情。这种感情笼罩全诗，十分强烈。"海角崖山"暗喻郑成功和永历
王朝的抗清活动是当时遗民和抗清战士的希望所在。郑成功之死，永历帝被
杀，使他们的最后一线希望也破灭了。作者用"从今也不属中华"一语，委
婉地表达了这种情感。颔、颈二联用生动的画面表现南明王朝灭亡，清王朝统
治者控制全国的情景，以激起读者故国之思和亡国之恸，有强烈的感染力。其
中颔联以极其精练之笔墨，写永历帝被杀和郑成功逝世后清兵军舰进攻抗清武
装最后根据地东南海岛的情景。颈联写两件事发生的结果：遍地见胡帜，到处
听胡笳，在诗人看来当时已是昏天黑地，日月无光。从视觉和听觉两个方面，
写出了炽热的民族感情。尾联收束全诗，借神话故事表达亡国之恸。作者以嫦
娥自比，以桂花比永历帝朱由榔，因为他被拥戴以前，原已封为桂王。君臣相

倚，有如嫦娥在月中之依桂树。今君王已死，有如桂树之被伐，故只好"独倚银轮哭桂花"。作者把个人命运与故国的命运联系在一起，悲愤中含有凄凉。全诗以比兴手法寄托国家沦亡之痛，感情真挚，不像有些批评家所说的是"刻饰"之作。有人说钱诗"沧海之后，善能造哀"（邓之诚《清诗纪事初编》），本篇是很好的证明。此外用典贴切，比喻新颖，寄托遥深，语言精丽，都表现了钱诗"闳肆奇恣"、"沉郁藻丽"的风格。

吴伟业诗

　　吴伟业（1609—1672），字骏公，号梅村，江苏太仓人。崇祯四年（1631）进士，授翰林院编修，充实录纂修官，受南京国子监司业，官左庶子。南明弘光时，任少詹事，时马士英、阮大铖专权，赴官二月即乞假归，隐居苏州矾清湖。入清后杜门不出。清顺治十年（1653），因江南总督马国柱力荐，任弘文院侍讲，转任国子监祭酒，后自恨身仕二朝，抑郁而逝，遗言死后以僧衣敛，墓碑书"诗人吴梅村之墓"。

　　吴伟业多才多艺，诗、词、曲、文、书、画俱精，而以诗名世。他是清初诗坛娄东派领袖，与钱谦益、龚鼎孳合称"江左三大家"。其诗各体俱工，"歌行体"成就尤高。常以工丽的语言，多变的章法，贴切的典实，来叙写新的题材，表现新的主题，学白居易而有自己的特点，世称"梅村体"。早期作品才情俊发，词清句丽，自经丧乱之后，多凄楚苍凉之音，是他故国之思和仕清后内心痛苦的真实写照。有《梅村集》。

圆　圆　曲[1]

　　鼎湖当日弃人间，破敌收京下玉关[2]。恸哭六军俱缟素，冲冠一怒为红颜[3]。红颜流落非吾恋，逆贼天亡自荒宴[4]。电扫黄巾定黑山，哭罢君亲再相见[5]。相见初经田窦家，侯门歌舞出如花[6]。许将戚里空侯伎，等取将军油壁车[7]。家本姑苏浣花里，圆圆小字娇罗绮[8]。梦向夫差苑里游，宫娥拥入君王起[9]。前身合是采莲人，门前一片横塘水[10]。横塘双桨去如飞，何处豪家强载归[11]？此际岂知非薄命，此时只有泪沾衣[12]。熏天意气连宫掖，明眸皓齿无人惜[13]。夺归永巷闭良家，教就新声倾座客[14]。座客飞觞红日暮，一曲哀弦向谁诉[15]？白皙通侯最少年，拣取花枝屡回顾[16]。早携娇鸟出樊笼，待得银河几时渡[17]？恨杀军书抵死催，苦留后约将人误[18]。相约恩深相见难，一朝蚁贼满长安[19]。可怜思妇楼头柳，认作天边粉絮看[20]。遍索绿珠围内第，强呼绛树出雕栏[21]。若非壮士全师胜，争得蛾眉匹马还⁽²²⁾。蛾眉马上传呼进，云鬓不整惊魂定⁽²³⁾。蜡炬迎来在战场，啼妆满面残红印⁽²⁴⁾。专征箫鼓向秦川，金牛道上车千乘⁽²⁵⁾。斜谷云深起画楼，散关月落开妆镜⁽²⁶⁾。传来消息满江乡，乌桕红经十度霜⁽²⁷⁾。教曲伎师怜尚在，浣纱女伴忆同行⁽²⁸⁾。旧巢共是衔泥燕，飞上枝头变凤凰⁽²⁹⁾。长向尊前悲老大，有人夫婿擅侯王⁽³⁰⁾。当时只受声名累，贵戚名豪竞延致⁽³¹⁾。一斛珠连万斛愁，关山漂泊腰支细⁽³²⁾。错怨狂风飏落花，无边春色来天地⁽³³⁾。尝闻倾国与倾城，翻使周郎受重名⁽³⁴⁾。妻子岂应关大计，英雄无奈是多情⁽³⁵⁾。全家白骨成灰土，一代红妆照汗青⁽³⁶⁾。君不见馆娃初起鸳鸯宿，越女如花看不足。香径尘生鸟自啼，屧廊人去苔空绿⁽³⁷⁾。换羽移宫万里愁，珠歌翠舞古梁州。为君别唱吴宫曲，汉水东南日夜流⁽³⁸⁾。

注释

（1）圆圆：陈圆圆，本姓邢，名沅，小字圆圆，明末苏州名妓。崇祯癸未年（1643），总兵吴三桂（1612—1678）千金往聘，已为田贵妃父田畹所得。田进其于后宫，崇祯帝不受，命归田府，田转赠三桂。三桂镇守山海关，圆圆留京。李自成入京，圆圆为刘宗敏（一说李自成）所得，三桂父吴骧为自成招降三桂。三桂以圆圆故，后引清兵入关，圆圆复归三桂。三桂以功封平西王，镇云南，圆圆从至云南，晚年出家为道士。

（2）"鼎湖"二句：鼎湖，据《史记·封禅书》载，黄帝采首山铜，铸鼎于荆山下，鼎既成，乘龙上天，后世因名此处曰鼎湖。鼎湖弃人间，代指明思宗朱由检自缢煤山。破敌收京，指吴三桂引清兵入关，打败李自成，攻下北京。玉关，玉门关，此指山海关。

（3）"恸哭"二句：六军，指官军。周制，天子六军，每军12 500人。缟素，指白色的丧服。这一句是说吴三桂军队为明思宗服丧。红颜，指陈圆圆。此句讽刺吴三桂竟为一女子而叛国投敌。

（4）"红颜"二句：红颜流落，指陈圆圆为刘宗敏所得。吾，三桂自称。逆贼，指李自成。荒宴，荒淫腐化。

（5）"电扫"二句：电扫，比喻进军神速有力。黄巾，东汉末年农民起义军，借指李自成起义军。黑山，东汉末张燕为首的农民起义军，此亦指李自成军。君，指明思宗；亲，指吴三桂父吴骧，因招降三桂不成，为李自成所杀。再相见，指再与陈圆圆相见。

（6）"相见"二句：田、窦，指西汉外戚田蚡、窦婴，此借指田贵妃父田畹（一说周后家的周奎）。侯门歌舞，指田畹家的歌伎舞伎。出如花，指在田畹家的歌舞伎中陈圆圆的色艺出类拔萃。

（7）戚里：汉代长安帝王、外戚所居之处，此指田畹家。空侯伎：弹箜篌的歌伎，指陈圆圆。油壁车：以油漆涂饰车壁的华贵车子。

（8）姑苏：苏州。浣花里：成都西有浣花溪，为唐代蜀中名妓薛涛所居之处，此借指陈圆圆出生地。陈出生于常州奔牛里。

（9）"梦向"二句：夫差，春秋末吴国君主。他战胜越国后，越国把美女西施赠给他，以乱其国，后终为越国所灭。

（10）采莲人：指西施。横塘：地名，在今苏州胥门外。

（11）豪家：指外戚田畹。

（12）"此际"二句：此二句写陈圆圆被迫入京时的痛苦。

（13）熏天：形容气势喧赫。掖：掖庭，宫中旁舍，嫔妃所居。明眸皓齿：形容陈圆圆之美。无人惜：指陈圆圆被送入宫中，崇祯不纳。

（14）永巷：皇宫中嫔妃住处。良家：指田家。倾座客：使座客倾倒。

（15）"座客"二句：写陈圆圆在座客中找不到知音。

（16）白皙：肤色白净。通侯：汉代列侯中最高的一等，此指吴三桂被封为平西伯。

（17）娇鸟：指陈圆圆。银河几时渡：借牛郎织女七夕相会的传说，喻三桂来不及与陈圆圆团聚即匆匆出京。

（18）军书：军事命令。抵死催：犹言拼命催促。

（19）蚁贼：指李自成起义军。长安：此指北京。

（20）思妇：指陈圆圆。楼头柳：用王昌龄《闺怨》诗诗意。粉絮：柳絮，因其色白故称粉絮，旧时以之喻妓女。

（21）绿珠：晋石崇之妾。石崇失势后，孙秀欲夺绿珠，她坠楼自杀。此借指陈圆圆。绛树：曹魏时名妓，亦借指陈圆圆。

（22）壮士：指吴三桂。争得：怎得。

（23）"蛾眉"二句：相传吴三桂攻下北京后，因不知陈圆圆下落，追赶李自成军到山西，后其部将在北京访得，飞骑相传。吴三桂结彩楼，列旌旗，箫鼓三十里相迎。传呼，喝道。

（24）"蜡炬"二句：蜡炬，即蜡烛。据《拾遗记》载，魏文帝聘娶薛灵云，未到京师数十里，烧烛之光，相继不绝。此指吴三桂迎接陈圆圆仪式隆重。残红印，脸上胭脂为泪痕所乱。

（25）专征：古代诸侯经天子特许可以自行征伐。秦川：陕西关中一带的古称。金牛道：一名石牛道，在今陕西眉县至褒城之间，为入汉中的古栈道。

（26）斜谷：在今陕西眉县西南。散关：即大散关，在陕西宝鸡西南大散岭上。

（27）消息：指陈圆圆为吴三桂所宠爱的事。江乡：指苏州，陈圆圆出身之处。乌桕：树名，深秋叶变红。

（28）怜尚在：为陈圆圆未在离乱中遭难而高兴。同行：同伴。

（29）"旧巢"二句：写陈圆圆的发迹。衔泥燕，比喻地位低下。凤凰，比喻地位显贵。

（30）"长向"二句：前一句写旧时女伴的自叹，后一句写她们对陈圆圆的艳羡。擅，居。

（31）声名：指陈圆圆早年曾为名妓。竞延致：争相邀请。

（32）一斛珠：唐玄宗曾命以一斛珍珠密赐梅妃。此处指陈圆圆身价之高。腰支细：腰肢瘦损，指人因愁苦而瘦弱。

（33）狂风飏落花：比喻女子不能掌握自己的命运。无边春色：比喻荣贵。

（34）倾国、倾城：指代美丽的女子，此指陈圆圆美貌无比。周郎：三国时东吴名将周瑜，他娶著名美女小乔为妻。此借指吴三桂。

（35）"妻子"二句：写妻子儿女事极小，国家事极大，无奈吴三桂儿女情长，故不顾国家大计，叛明降清。

（36）一代红妆：指陈圆圆。照汗青：名留史册。

（37）馆娃：宫名，吴王夫差为西施所建。越女：指西施。香径：即采香径。屟（xiè谢）廊：即响屟廊。都是吴王夫差别宫的建筑。

（38）换羽移宫：以乐调的变化，喻朝代更迭，吴三桂降清。羽、宫，乐调名。珠歌翠舞：指吴三桂沉浸于声色之中。古梁州：汉中南郑古称梁州。吴宫曲：为吴王夫差盛衰所唱之歌。此指《圆圆曲》，以夫差喻吴三桂。汉水一句，用李白《江上吟》"功名富贵若长在，汉水亦应西北流"句意，以言吴三桂覆灭的必然性。

提示

《圆圆曲》作于顺治八年（1651），是吴伟业的代表作之一。全诗通过吴三桂和陈圆圆悲欢离合的曲折经历，反映了明末清初社会的重大变化，着重批判了吴三桂因个人恩怨而叛国投敌的可耻行径，曲折地表达了作者的故国之思和兴亡之感。相传"三桂赍重币求去此诗，吴勿许"，可见其批判的力度之大。由于它是艺术的"实录"，故被誉为"诗史"。

全诗七十九句，可分为四段。第一段为开头八句，写吴三桂为了爱妾陈圆圆不顾国家、民族危亡而投降清朝，引兵入京，镇压李自成。以"冲冠一怒为红颜"句切中吴三桂要害，并以此句为全诗的主旨。第二段从第九句至"争得蛾眉匹马还"，叙述吴三桂与陈圆圆悲欢离合的经历。先用四句写陈、吴的初次相识，次用十句写陈的身世和不幸遭遇，再用十句进一步叙写陈由田畹进奉内宫又返回田家、结识吴三桂的全过程。最后写吴因出镇山海关与陈分离，后又为了陈回师击败李自成的经过，呼应诗的开头"冲冠一怒为红颜"。这一段写得跌宕起伏，富于变化。第三段从"蛾眉马上传呼进"到"无边春色来天地"，写吴三桂于战场迎接陈圆圆的恩宠有加的情景。先叙写迎接陈圆圆的盛大场面，以战场为背景，实为对吴三桂"冲冠一怒为红颜"的批判；再用陈圆圆旧日女伴对她的艳羡，反衬出陈圆圆所享的荣华富贵之隆。最后六句写陈圆圆的自我咏叹，既有对自己复杂遭遇的感叹，也有对意外荣贵的茫然。这一段空间跳跃甚大，内涵极深，耐人寻味。如果说前一段主要是写纵向的起伏，那么这一段则主要是写横向的对照。第四段即最后十句，写作者的议论与感慨。前六句进一步申述对吴氏"冲冠一怒为红颜"的批判，后八句借用吴王夫差的故事，暗喻吴三桂的下场。作者的预言，正好印证了二十多年后吴三桂叛乱被清王朝最后消灭的结局。

　　这首诗在艺术上也很有特色。首先，在叙事方面它突破了古代叙事诗单线平铺的格局，采用双线交叉、纵向起伏、横向对照的叙述方法。全诗以吴三桂降清为主线，以陈圆圆的复杂经历为副线，围绕"冲冠一怒为红颜"的主旨，通过倒叙、夹叙、追叙等方法，将当时重大的政治、军事事件连接起来，做到了开阖自如，曲折有致。其次，诗的语言晓畅，艳丽多彩，且富于音乐的节奏。而顶针手法的熟练运用，不仅增强了语言的音乐美，而且使叙事如串珠相连，自然而洒脱。此外对照手法的运用也很有特色。

过淮阴有感　(二首选一)⁽¹⁾

　　登高怅望八公山，琪树丹崖未可攀⁽²⁾。莫想阴符遇黄石，好将鸿宝驻朱颜⁽³⁾。浮生所欠止一死，尘世无由识九还⁽⁴⁾。我本淮王旧鸡犬，不随仙去落人间⁽⁵⁾。

注释

（1）本诗作于康熙十一年（1672），借汉淮南王刘安的故事，自写其出仕新朝的感慨。淮阴：今江苏淮阴。

（2）八公山：在安徽凤台东南，山上有刘安庙。刘安迷信道术，相传门客有"八公"，能炼丹化金。后随刘安登山，埋金于地，白日升天（见《水经注·淝水》），山因以得名。琪树丹崖：仙境的树石，这里指八公山上的树石。琪树，神话中的玉树。

（3）"莫想"二句：阴符，即《阴符经》，我国古代论兵法的书。遇黄石，汉张良在下邳（江苏睢宁北）圯（yí怡，桥）上遇黄石公，传授《太公兵法》（见《史记·留侯世家》）。将，把。鸿宝，汉淮南王刘安请宾客作的讲道术的书（见《汉书·刘向传》）。驻朱颜，就是长生不老之意。

（4）"浮生"二句：这两句连下面两句，都是作者自叹不能随明亡而死节之意。浮生，人生。因世事浮动无定，故称。欠一死，言不能死节。语出《宋史·范质传》："惜其欠（周）世宗一死耳！"无由，无从。九还，道家炼丹，循环九次，称"九还"（见《抱朴子》）。

（5）淮王旧鸡犬：相传刘安白日升天时，留下药在院子里，鸡犬啄吃了也飞升天上（见葛洪《神仙传》）。

提示

　　作者本明臣，仕清，自觉大节有亏，内心十分痛苦和后悔，在过淮阴时想起在此地八公山上白日升天的淮南王刘安，思绪联翩，写下了这首七律。首联即景描写八公山仙境般的嘉树美石，用"未可攀"表示自己已无缘仙籍，摆脱不了在人间的痛苦。颔联写淮南王刘安不去像张良一样为国建功立业，一心想的是自己如何长生不老，反衬自己想建功立业而不能，要长生不老又有何用的心情。颈联直抒胸臆，写自己失节后生不如死的痛苦。尾联借鸡犬升天的旧典，再次表达上述心境。这首诗和作者的另一首词《贺新郎·病中有感》是中国文学史上最为坦诚的篇章之一。作者毫不掩饰自己失节的事实，也毫不掩饰自己的内心世界，并且带着这种痛苦之心，在抑郁中了结了自己的一生。就这点而言，本诗的思想价值是不言而喻的。在艺术上，用典贴切自然，议论深刻，语言晓畅是其特色。

顾 炎 武 诗

顾炎武（1613—1682），原名继绅，更名绛，字忠清，明亡后又更名炎武，字宁人，号亭林，江苏昆山人。明朝诸生，复社成员。明亡参加昆山、嘉定一带人民的抗清武装斗争。失败后，奔走于山东、河北、河南、山西、陕西等地，致力于边防和西北地理的考察，筹划起义。他坚辞清朝"博学鸿词"科的考试和撰写《明史》的征召，终老不忘兴复汉明，表现出崇高的民族气节和爱国思想。晚年居华阴，卒于曲沃。

顾炎武是明清之际的杰出思想家、学者兼诗人。他反对宋明理学的空谈，提倡"经世致用"有关国计民生的实际学问，主张学行合一。在文学上要求作品为"经术政理"服务，强调文学的社会教育作用。他说："诗主性情，不贵奇巧。"他的诗学杜甫，风格沉郁苍凉，多悲壮激昂之音，大都抒写亡国之痛、故国之思和人民疾苦。有《亭林诗文集》《日知录》等。

秋 山 二 首⁽¹⁾

秋山复秋山，秋雨连山殷⁽²⁾。昨日战江口，今日战山边⁽³⁾。已闻右甄溃，复见左拒残⁽⁴⁾。旌旗埋地中，梯冲舞城端⁽⁵⁾。一朝长平败，伏尸遍冈峦⁽⁶⁾。北去三百舸，舸舸好红颜⁽⁷⁾。吴口拥橐驼，鸣笳入燕关⁽⁸⁾。昔时鄢郢人，犹在城南间⁽⁹⁾。

秋山复秋水，秋花红未已。烈风吹山冈，磷火来城市⁽¹⁰⁾。天狗下巫门，白虹属军垒⁽¹¹⁾。可怜壮哉县，一旦生荆杞⁽¹²⁾。归元贤大夫，断脰良家子⁽¹³⁾。楚人固焚麇，庶几歆旧祀⁽¹⁴⁾。勾践栖山中，国人能致死⁽¹⁵⁾。叹息思古人，存亡自今始⁽¹⁶⁾。

注释

（1）这两首诗作于顺治二年（1645），南明弘光王朝灭亡之后，记清兵南下大肆杀戮掠夺，以及嘉定等地人民奋起反抗的情景。

（2）"秋雨"句：秋雨，1645 年清兵攻嘉定城，时值秋季，遇大雨。殷（yān 烟）：指血因流出时间长久而成的赤黑色。此句写抗清战士血流之多。

（3）江口：长江口，史载清兵攻江阴，典史陈明遇等守江阴，在江口失利。山边：指金山（在今上海金山区东南海中）边。吴淞总兵吴志葵等守金山与清兵作战失败。

（4）右甄：军队的右翼。甄，军队的方阵。左拒：军队的左翼。拒，通"矩"，军队的方阵。

（5）"旌旗"二句："旌旗"句，作者原注："《汉书·李陵传》：于是尽取旌旗及珍宝埋地下。"表示与城池同存亡，与敌人决一死战的决心。梯冲，云梯与冲车，古代攻城之具。《后汉书》："袁氏之攻，状若鬼神，梯冲舞于城上。"此处借指清兵攻城的情景。

（6）"一朝"二句：长平败，公元前 260 年，秦将白起大破赵兵，坑赵卒四十万于长平，史称"长平之败"。此二句写清兵制造江阴、嘉定大屠杀惨案。

（7）北去：一本作"胡装"，指清兵掳掠汉族女子北去。舸：大船。

（8）"吴口"二句：作者原注："《晋书·慕容垂载记》：使送吴口千人。"吴口，吴地的人丁。燕关，燕地关塞，泛指北方。

（9）"昔时"二句：作者原注："《战国策》：雍门司马谓齐王曰：'鄢、郢之大夫，不欲为秦而在城南下者以百数'。"鄢、郢，战国时郑国和楚国的国都。鄢郢人，指郑、楚遗臣，此指明遗民。

（10）磷火：鬼火。

（11）"天狗"二句：天狗，陨星名。据《史记·天官书》载，天狗星陨落时，"望之如火光炎炎冲天"。旧时以天狗星陨落为不祥之兆。巫门，苏州城门。白虹，白色的虹。白虹出现，是不祥之兆。属，连接。此二句言灾难降临苏州一带。

（12）壮哉县：指繁盛富庶的地方。此处指嘉定等地。

（13）"归元"二句：归元，指为国牺牲。《左传·僖公三十三年》："先轸免胄入狄师，死焉，狄人归其元。"元，头。贤大夫，指死于国难的明朝大夫。据《明史》载，清兵攻入嘉定等城，许多明朝的士大夫死于国难。断脰，即杀头。脰，颈项。良家子，指抗清战士。《史记·李将军列传》："以良家子从军。"

（14）"楚人"二句：作者原注：《左传·定公五年》："吴师居麇，子期将焚之，子西曰：'父亲暴骨焉，不能收，又焚之，不可。'子期曰：'国亡矣，死者若有知也，可以歆旧祀，岂惮之？'焚之而又战，吴师败。"麇，春秋时国名，歆旧祀，谓死者亡灵可重享祭祀。歆，指祭祀时鬼神先享祭物的气味。

（15）"勾践"二句：用越王勾践卧薪尝胆于会稽山，终于复国的故事，以表示恢复明朝的决心。致死，献出生命。

（16）存亡：使已亡之国复存，即恢复故国之意。

提示

顺治二年（1645）六月，清兵攻占南京，南明弘光王朝灭亡。清兵接着攻占昆山、苏州、江阴、嘉定、松山等地，对江南地区进行了掳掠和屠杀，尤其是在嘉定（今属上海）进行的三次大屠杀，更是骇人听闻。这两首诗像诗史一样，真实地记录清兵南下所犯的血腥罪行，歌颂了抗清战士坚贞的气节和壮烈的牺牲精神，表现了作者强烈的民族气节和爱国思想。两首诗都以《秋山》命题，因为它们的内容是相关的，所记之事都发生在当年的秋天，而且秋风萧瑟，秋气悲凉，题目也确切地表现了内容。

第一首着重揭露清兵屠杀、掳掠江南人民的罪行。全诗十六句，分为三层。第一层前十句，写清兵的大屠杀和抗清战士的壮烈牺牲。战斗进行得十分激烈，作者对"战江口"、"战山边"、"右甄溃"、"左拒残"、埋"旌旗"、舞"梯冲"这些战斗场面的具体描写，使读者如置身战场，耳听钟鼓杀伐之声。牺牲是非常惨重的，"伏尸遍冈峦"，就十分形象地表现清兵的滔天罪行，是当时情景的实录。据史载，清兵攻占江南后，曾大规模屠杀人民，仅嘉定一地，在三次屠杀中，被杀者达数万之众。第二层中四句，揭露清兵掳掠妇女、抢劫财物的罪行。根据史料记载，清兵攻入嘉定后，"妇女寝陋者，一见辄杀；大家闺秀及民家妇女有美色，皆生虏"；"拘集民船，装载金帛女子及牛马羊豕等物三百余艘，往娄东"（见《嘉定屠城纪略》）。诗句就是这些史实的艺术反映。最后两句为第三层，以"卒章显其志"的手法，借历史典故，反映抗清人民不屈的意志以及作者的民族感情和斗争精神。

第二首着重歌颂江南人民抗清的坚强意志和斗争精神，表现了作者对他们的崇高敬意。本诗分为二层，第一层是前十句，写抗清斗士牺牲的悲惨情景。作者先用"秋花红"比喻烈士鲜血，说明牺牲惨重。再用"烈风""磷火""天狗""白虹""荆杞"等自然现象，描写抗清战士牺牲后的悲惨情景。最后正面指出产生这种情景的原因，也是向这些死难的"贤大夫""良家子"表示沉痛悼念。第二层即后六句，借历史典故表达继承烈士遗志、恢复故国的决心。

这两首诗以写实的手法，真实地记录了清代初年江南人民的抗清斗争和清兵凶残掳掠的罪行，表现了顾炎武诗歌"字字皆实"的特点。大量而贴切地用典是这两首诗又一特点。通过这些典故，诗的风格更典雅，语言更具概括力和表现力，感情也更激烈而含蓄。全诗风格悲壮苍凉，表现了作者"风霜之气，松柏之质"的个性特征。

精　卫⁽¹⁾

万事有不平，尔何空自苦？长将一寸身，衔木到终古⁽²⁾。我愿平东海，身沉心不改。大海无平期，我心无绝时。呜呼！君不见西山衔木众鸟多，鹊来燕去自成窠⁽³⁾！

注释

（1）精卫：古代神话中的鸟名。相传炎帝少女名娃，溺死于东海，死后化为鸟，名精卫，常衔西山木石以填东海。《山海经·北山经》："发鸠之山，有鸟状如乌，文首，白喙，赤足，名曰精卫，常衔西山之木，以湮于东海。"

（2）一寸身：指精卫身体短小，长不过一寸。终古：久远，没有尽头的时期。

（3）众鸟：指精卫以外的其他鸟，即后一句所说的鹊、燕，比喻那些降清、仕清的人。窠：鸟窝。《玉篇》："在穴曰窠，在树曰巢。"

提示

这是一首寓言体诗，作者以精卫自喻，表示要以精卫填海的精神，坚定不移地恢复故国，恢复汉民族的尊严，决不同那些降清、仕清的人同流合污。此诗作于顺治四年（1647），当时清军在南方顺利推进，南明势力在各地相继失败。在这种形势下，作者仍然坚持抗清，矢志不移，表现出崇高的民族气节和力图复明决心。诗先用对话的形式，一问一答，突出精卫填海的决心。最后两句以作者直接评论的形式，使"众鸟"的"自成窠"即为自己建安乐窝，与精卫为后人填平东海的牺牲精神形成鲜明对比，给那些降清、仕清、丧失民族气节的人以有力的鞭挞，为本诗增加了批判的力量，也使读者从神话故事联想到当时的现实，从而达到激浊扬清的目的。

吴 嘉 纪 诗

　　吴嘉纪（1618—1684），字宾贤，号野人，江苏泰州人，明末诸生。青年时期参加过烧盐的劳动，熟悉盐民灶户的贫苦生活。曾漫游各地，参加过抗清活动。后隐居家乡，过着贫困的生活。康熙年间，拒绝博学鸿词科试，晚年贫病而死。他的诗多为乐府诗，大都描写盐场生活，反映盐民和灾民的疾苦以及自己的艰难遭遇。风格劲健，语言朴素，以白描见长。有人说他的诗学杜甫，"得其神，遗其貌"。有《陋轩诗集》。

绝 句

白头灶户低草房⁽¹⁾，六月煎盐烈火旁。走出门前炎日里，偷闲一刻是乘凉。

注释

（1）灶户：海边熬盐的盐民。旧法熬盐，从盐田取卤置锅内熬干，必用灶，故自五代起盐民称为灶户，又称盐户、亭户等。

提示

　　这是一首反映盐民生活的小诗。在中国封建社会中，盐民也是受苦最深的下层劳动者。从宋代起，盐民必具特殊户籍，承担着盐赋和徭役，由官府佥派罪犯和民户承充。凡负担徭役和赋税的成年男子，称为灶丁。明、清以来，盐民更为困苦，由于他们承受着苦重的徭役，又受着官府和盐商的盘剥，往往被迫逃亡。本诗作者长期生活在盐民之中，对他们的痛苦深有体会，写过许多反映盐场生活的小诗，这是其中的一首。诗中写一位老年"灶丁"在炎热的夏季里熬盐的苦况，反映盐民劳动的艰苦，表现了作者对劳动人民的深切同情。诗的第一、二句写熬盐时的艰苦、劳动环境的恶劣。"白头"，极言主人公之老，"低草房"极言房屋的矮小破旧，"六月"点明气候的炎热，再加上"烈火"，则老人劳动环境之恶劣可想而知。第三、四句写主人公"偷闲"时的感受。"炎日里"本无凉可乘，但比起"低草房"中的"烈火"旁，已是一种莫大的享受了。然而主人公是不可能长久在"门前炎日里"的，他只能"偷闲一刻"，这该是一种多么可怜的享受。作者通过主人公在"门前炎日"下"乘凉"的感觉，反衬出在"低草房"中熬盐被薰炙的痛苦。人物形象生动真实，语言清新朴质，同作者写人民苦难的其他作品一样，本诗亦"字字皆血泪也"。

施 闰 章 诗

　　施闰章（1618—1683），字尚白，号愚山，安徽宣城人，顺治六年（1649）进士，官江西参议。康熙十八年（1679）应博学鸿词科试，擢翰林侍读。他的诗，于唐学王维、韦应物，于宋学梅尧臣，并加以变化融会，形成了自己高雅素淡的风格。诗集中有不少关心民命、反映社会现实之作。工于五言，与王士禛、朱彝尊、赵执信、查慎行、宋琬并称"清初六大家"。尤与宋琬齐名，号"南施北宋"。有《学馀堂集》。

泊　樵　舍[(1)]

　　涨减水逾急，秋阴未夕昏[(2)]。乱山成野戍，黄叶自江村[(3)]。带雨疏星见，回风绝岸喧[(4)]。经过多战舰，茅屋几家存？

注释

（1）泊：停泊。樵舍：樵夫的家。

（2）涨减：上涨的洪水已经减退。未夕昏：未到傍晚，天已昏暗。

（3）野戍：军队在野外驻扎之地。江村：江边的村落。

（4）"带雨"句：用辛弃疾"七八个星天外，两三点雨山前"词意。见，同"现"，显露。回风，回旋的风。绝岸，高岸。喧，此指风的呼啸声。

提示

　　这首诗记旅途之所见。作者于秋天的傍晚，泊舟于江边，寄宿于樵夫之家，故题为《泊樵舍》。当他举目远望，所见是一片荒凉乱离的景象。山上到处是军队的营地，江边是往来的战舰，战争恐怖笼罩大地。村子里是黄叶满地，无人清扫，江岸边是悲风呼啸，一片凄凉，加上近处几点秋雨，天上几颗疏星，更增加了凄惨的气氛。通过这些富有特征的景物描写，反映清代初期，长期战乱和饥荒给人民带来的苦难。诗的首联点明时间地点。中间两联描写景物。尾联用反诘语气发表感叹，给读者以无穷的回味和联想。诗中句句写景，亦句句言情，将强烈的感情寄寓于景物的描写之中。诗人以江村为中心，选取江水、天色、乱山、雨、星、风等自然景物，构成一幅荒凉寂寥的画面。诗的语言如金声玉振，清新晓畅，含蓄蕴藉。

王 夫 之 诗

　　王夫之（1619—1692），字而农，号姜斋，湖南衡阳人，明末清初杰出思想家。明崇祯举人，曾任南明桂王朝行人司行人，参加过抗清的武装斗争。晚年归隐于衡阳石船山，以著述终，自署船山病叟，人称船山先生。他论诗"以意为主"，以情景"妙合无垠"为贵。他的诗宗楚辞，往往通过追怀往事、感慨平生来表现强烈的爱国思想。语言奇崛艰深，感情悱恻缠绵。著述甚丰，有《船山遗书》，诗文有《姜斋诗文集》《姜斋诗话》等。

正 落 花 诗

　　弱羽殷勤亢谷风，息肩迟暮委墙东[1]。销魂万里生前果，化血三年死后功[2]。香老但邀南国颂，青留长伴小山丛[3]。堂堂背我随余子，微许知音一叶桐[4]。

注释

　　（1）"弱羽"二句：弱羽，力弱的鸟，喻落花。亢，同"抗"，对抗。谷风，东风。《尔雅·释天》："东风谓之谷风。"息肩，栖身。迟暮，晚年。委，抛弃。墙东，喻避世隐居之地。《后汉书·逢萌传》:"避世东墙王君公。"王君公,东汉隐士。此二句以落花在东风中飞舞,喻自己参加抗清斗争;以落花委于墙东,喻自己晚年归隐。

（2）"销魂"二句:销魂,为情所感,若魂魄离散。喻自己执著的爱国情怀。万里,谓为抗清辗转于湖南、广东、云南、贵州等地。化血三年,《庄子·外物》:"苌弘死于蜀,周人藏其血,三年化而为碧。"比喻为国牺牲精神长存。

（3）香老:花落结果。南国颂:语出屈原《橘颂》:"受命不迁,生南国兮。"青留:指花落枝叶仍然生长。小山丛:语出汉淮南小山《招隐士》,"桂树丛生兮山之幽。"

（4）"堂堂"二句:堂堂背我,公然地离我而去。我,落花自指。余子,本指其余的人,后借指平庸的人。《后汉书·祢衡传》:"馀子碌碌,不足道也。"微许,略微赞许。一叶桐,叶落知天下秋,花落知春已去,故只有桐叶是落花的知音。感叹知音之少。

提示

王夫之作有《落花诗》一卷,其中包括《正落花诗》10 首,《续落花诗》30 首,《广落花诗》30 首,《寄咏落花》10 首,《落花诗体》10 首,《补落花诗》9 首,共 99 首,仿效屈原《九章》,以抒写自己亡国之痛。这里选的是《正落花诗》的第一首。诗中借落花同东风对抗,比喻自己抗清的斗争意志;借落花之被委弃墙东,比喻自己失败后的归隐;借落花飘零万里,比喻自己为国事奔走;借落花被埋于地下,比喻自己抗清之志至死不渝;借花落枝果仍在,比喻自己志节不衰。最后讽刺随波逐流的人,感叹知音稀少。全诗表现了诗人强烈的抗清斗志和崇高的民族气节。诗中运用比喻、象征的手法,写出了落花的个性,想象丰富新奇,富于浪漫色彩。

陈 维 崧 诗

陈维崧（1625—1682）,字其年,号迦陵,江苏宜兴人。明末复社著名文人陈贞慧之子。幼有神童之誉,吴伟业称之为江左凤凰。康熙十八年（1679）,以诸生应博学鸿词试,授翰林院检讨。诗、词、骈文并称大家,而词尤擅盛名。作词 1 800 多首,豪放纵横,富于才气,为阳羡派词创始人。诗尚工丽,受吴伟业影响较深。有《湖海楼诗集》《迦陵词》等。

晓 发 中 牟[1]

马前残月在,人语是中牟。往事空官渡[2],西风入郑州。角繁乡梦断,霜警客心愁[3]。野店扉犹掩[4],村醪何处求[5]?

注释

（1）中牟:河南县名,在郑州以东。

（2）官渡：地名，在中牟县东北。东汉建安五年（200）曹操曾在此战败袁绍，史称"官渡之战"。

（3）角繁：号角声不断，指战事未息。霜警：霜重。写羁旅思亲。《礼记》："霜露既降，君子履之，必有凄怆之心，非其寒之谓也。"郑玄注："感时念亲也。"

（4）"野店"句：谓天色尚早，村店门犹未开。扉，门。

（5）村醪：乡村自酿之酒。醪（láo 劳），浊酒。

提示

这首诗写作者羁旅思亲之情，反映了清初社会的动荡不安。诗的首联点题，用"残月"点出"晓"字，用"马前"点出"发"（即出发）字，用"人语"指明中牟，题中四字，字字落实。同时，"马前残月"，写出行旅之艰难，暗示了全诗的主旨。次联即景怀古，又点明自己的去向。官渡之战的"往事"虽已成为历史陈迹，但当前战事频繁，人民遭受苦难，与三国时没有两样。怀古是为了伤今，作者的心是与人民相通的。"西风"点明季节，"郑州"点明去向。颈联因景抒情，是本诗的中心所在。因"角繁"而起思乡之感，由"霜警"顿生思亲之情，情由景起，情景相生，十分自然。尾联写想借酒浇愁，但村醪无处可求，故乡愁愈加浓烈而无法摆脱。此二句收束全诗，余味无穷。作者善于选取有特征的景物来渲染气氛，如诗中的残月、西风、角声、严霜，既有季节特征，又有时代特征。通过这富有特征的景物，勾勒出一幅有声有色的秋霜晓月图，创造了一种凄冷悲凉的气氛，衬托出作者的"客心"与"乡梦"，产生了强烈的艺术效果。全诗情由景生，景以衬情，情景相生，诗意隽永。诗的语言凝练含蓄，使人回味无穷。

朱 彝 尊 诗

朱彝尊（1629—1709），字锡鬯（chàng 畅），号竹垞（chá 茶），浙江秀水（今浙江嘉兴）人，康熙十八年应博学鸿词试，授翰林院检讨，入直南书房，出典江南省试。后罢归，专心著述。他博通经史，诗、词、古文俱精，而词名尤著。词宗姜夔、张炎，风格清丽，为浙西词派创始人。诗与王士禛齐名，并称南北两大家。其诗笔力雄健，但典故多而隐晦，不如王诗有才情。有《曝书亭集》。

东官书所见(1)

浦树重重暗，郊扉户户关(2)。长年摇橹至，少妇采珠还(3)。金齿屐一尺，素馨花两鬓⁽⁴⁾。摸鱼歌未阕，凉月出云间⁽⁵⁾。

注释

（1）东官：即今广东东莞（guǎn 管）。

（2）浦树：水边的树林。浦，水滨。重重暗：言树木多而苍翠。郊扉：城郊人家的门。扉，门。户户关：家家关门，谓家无闲人。

（3）长（zhǎng 掌）年：指舵手、船工。采珠：潜入海底取贝割珠。

（4）金齿屐（jī 机）：一种有齿的木底鞋。一尺：言屐之长。素馨花：花名，香气芳冽，可供观赏，产于闽粤。两鬓：古代妇女的环形发髻。

（5）摸鱼歌：广东民歌。《广东杂记》：“粤俗好歌，其歌之长调者如唐人《连昌宫词》《琵琶行》等，至数百千言……名曰摸鱼歌。”未阕：歌声未完结。

提示

本诗作于顺治十四年（1657）。这一年作者到广东东莞拜访他的舅舅查培继，第一次接触粤地采珠女的生活，感到十分新鲜，援笔成篇，写出了这首富于生活气息的小诗，诗描绘了一幅具有南国风情的风俗画，寄托了作者高洁的情怀和美好的社会理想。首联写景，写出了生气蓬勃的自然景物和人民繁忙劳动的生活情景。颔联如电影特写镜头，推出了诗的主人公，以摇橹的“长年”衬托采珠的“少妇”，突出“少妇”勤劳勇敢的英姿。颈联描写少妇美好的外貌，以“金齿屐”“素馨花”等富有地方色彩的事物，写出她们从头到脚的穿戴，形象鲜明，特点突出，真是呼之欲出。尾联写她们的歌声，突出她们的精神面貌。采珠女的劳动是辛苦的，从清早下海到凉月升起，未有休息，但她们的精神饱满，歌声嘹亮。读者仿佛看到了一群兴高采烈的妇女，在月光下欢歌笑语、摇橹归来的情景，诗中呈现出一片和乐的气氛。本诗反映的虽然只是采珠女生活的一面，而且不免有所美化，但寄托的是作者桃花源式的社会理想，歌颂的是劳动者的勤劳与健美，其思想内容具有积极意义。全诗形象鲜明，特点突出，画面生动，语言清丽，意境深远，是一首艺术性很高的小诗。

屈 大 均 诗

屈大均（1630—1696），字华夫，原名绍隆，字介子，号翁山，广东番禺（今广州番禺）人，明诸生。清兵入粤时，他曾参加抗清武装斗争，失败后周游各地，力图恢复。曾北游关中、山西，与顾炎武、李因笃等订交。明亡，削发为僧，中年还俗，更名大均。他的诗文有鲜明强烈的民族意识和爱国思想，因而遭到清廷的严禁。其诗兼学李杜，风格高浑雄肆，慷慨有奇气，与陈恭尹、梁佩兰并称"岭南三大家"。有《翁山诗外》《翁山文外》等,乾隆时被禁毁,至清末始刊行。

塞上曲 (六首选一)

亭障三边接[1],风沙万古愁。可怜辽海月,不作汉时秋[2]。白草连天尽,黄河倒日流[3]。受降城上望,空忆冠军侯[4]。

注释

(1) 亭障:古代边塞的堡垒和哨所。三边:汉代幽、并、凉州都在边地,泛称为三边。此泛指边疆。

(2) "可怜"二句:辽海,指辽东海滨之地。汉时,汉代。这里用王昌龄《从军行》"秦时明月汉时关"句意,借指明代。

(3) 倒日流:日由东而西,黄河与之相反,由西向东,故曰"倒日流"。

(4) 受降城:汉武帝派公孙敖筑受降城,故城在今内蒙古乌拉特旗北部,此借指山海关。冠军侯:西汉霍去病以征匈奴有功,封冠军侯。

提示

清顺治十五年(1658),作者北游华北,行迹遍及山海关内外。在旅途中写下了不少诗篇,《塞上曲》是其中著名的组诗,共六首,这里选的是其中一首。这首诗描写了华北地区险要雄伟的地理形势,总结了明朝亡国的历史教训,感叹山河变色,寄托了作者的故国之思,亡国之恨。这里原本固若金汤,如今令人万古之愁,字里行间,透露出对明代君臣不能抵御清军的慨叹,对吴三桂引清兵入关的愤慨,对故国沦亡的忧伤。首联二句总起全诗,有很强的概括力。颔联和颈联写景,有虚有实,虚实相生。秋天的明月仍旧朗照辽海,但已不再照耀明代山河;白草连天,一派肃杀之气;黄河滔滔,却是与经天之日方向相反。写这些、这样写是为了寄托山河变色、天地悲秋的深意。尾联采用"卒章显其志"的传统写法,点明题旨,感叹大好河山不保,完全是用人失当,一个"空"字,不知包含着作者多少感慨!全诗写景与抒情紧密结合,景象壮阔,感情悲壮,相得益彰。语言概括力强,感染力强,也是本诗的特色。

王 士 祯 诗

王士祯(1634—1711),原名士禛,字子真,一字贻上,号阮亭,别号渔洋山人。后为避清世祖讳，更名士正，乾隆时改名士禛。山东新城（今山东桓台）人，出身仕宦之家。顺治十二年（1655）进士，累官至刑部尚书，谥文简。他少有文才，为钱谦益所称赏。康熙时，继钱谦益主盟诗坛。诗崇唐人，宗王、孟、韦、柳，以境界淡远，意味空灵含蓄为特色，各体俱工，七绝尤为擅长。他论诗重在神韵，为神韵派代表作家。有《带经堂全集》。

秦淮杂诗⁽¹⁾（十四首选一）

年来肠断秣陵舟⁽²⁾，梦绕秦淮水上楼。十日雨丝风片里⁽³⁾，浓春烟景似残秋。

注释

（1）秦淮：秦淮河，有东南二源，会于方山，流经南京城中，北入长江，为著名游览胜地，明代为妓女聚居之地。

（2）秣陵：古县名。秦始皇改名金陵，吴改名建业，晋灭吴后，仍称秣陵，治所在今南京市，故南京又称秣陵。

（3）雨丝风片：细雨微风。

提示

《秦淮杂诗》共十四首七绝，是一组以秦淮河为背景的咏史抒情组诗。顺治十八年（1661），诗人以扬州推官至南京，居秦淮河畔丁继之家。丁继之少时曾习声伎，经常出入南曲（明末南京歌伎所居之处），了解曲中旧事，曾向诗人谈及。诗人见明亡之后，秦淮无复旧日繁华，于是感慨成篇，多吊古伤时之音。本篇原列第一，以伤秦淮往事，为组诗序曲。前二句概写作者一年来对秦淮的感慨。旧日的南京（秣陵）曾是南明王朝的国都，当时的秦淮，更是歌舞繁华之地，如今却是一片萧条冷落的景象。明王朝曾从这里兴起，它经历270多年之后又在这里灭亡。朝代的兴亡、人间的沧桑引起诗人的万千感慨，但诗人只用"肠断""梦绕"加以点染，具体内容让读者自己去寻求，做到言内意外。后二句具体描写秦淮春景。一连十日，雨丝风片，春意酽浓，诗人却产生了"残秋"的伤感，以乐景写哀，可以倍增其哀。但究竟是什么使主体与客体之间出现这种矛盾，使诗人产生春天里的秋天的感觉呢？诗人并不说明，而读者经过反复鉴赏，似乎亦可领略。王士禛是神韵说的倡导者，他写诗主张"不着一字，尽得风流"，"羚羊挂角，无迹可求"。我们从这首诗中，可以体会到这种主张的真谛。

真州绝句⁽¹⁾（五首选二）

晓上江楼最上层，去帆婀娜意难胜⁽²⁾。白沙亭下潮千尺⁽³⁾，直送离心到秣陵。

江干多是钓人居⁽⁴⁾，柳陌菱塘一带疏⁽⁵⁾。好是日斜风定后⁽⁶⁾，半江红树卖鲈鱼。

注释

（1）真州：今江苏仪征，位于长江北岸。

（2）"去帆"句：去帆，离去的帆船。婀娜，轻盈柔美的样子。意，心情，情绪。胜（shēng 生），承受。全句是说作者看到帆船远去，心情难以平静。

（3）白沙亭：在仪征市白沙洲上。

（4）江干：江岸，江边。

（5）柳陌：长着柳树的小路。菱塘：长满菱角的池塘。

（6）好是：最美的是。

提示

《真州绝句》是一组描写真州景物的七言绝句，共五首，作于康熙元年（1662）。真州在长江岸边，是扬州与金陵之间的交通要道，城南靠江，风景优美。前一首写江楼送别。第一句写登上江楼。"晓"点明时间，"江楼"是指地点，以"最高层"暗示"上"楼的目的。友人乘船远去，登上最高楼，可穷千里目。友人之船虽然远去，但仍在弥望之中，久久不会消逝。此句似不着力，平平而起，却充分表达了诗人对友人的深厚情谊，给全诗笼上了一层离愁别恨的阴影。后三句写登楼所见所感。向远看先见"去帆"乘风而去，帆影婀娜轻盈，说明去得迅速，所以诗人才感到"意难胜"。向下看到潮水翻涌，就像自己翻腾的思绪，以浪潮喻心潮，贴切自然，不露痕迹，又补足了"意难胜"三字的内涵。最后点明友人去向和全诗主旨。诗的首句只说登楼，给人悬念；次句点明去帆，微露端倪；三句写心潮逐浪；末句点明题旨，江潮心潮汇而为一，感情也达到高潮。全诗以帆影、浪潮、江楼、江亭构成画图，外雄阔而内清幽，正与诗人的感情一致。诗中情景相生，句句似写景，实句句言情。

第二首写江边渔市。第一句写渔人小屋，第二句写周围的环境。渔人小屋点缀在稀疏的柳陌菱塘之间，构成一幅美丽的江南水乡的渔村图。后二句正面写渔市，是图画的中心部分。日斜风定是特定的时间，红树是这特定时间的特定景物。在夕阳的照耀下，江边的树都映照成红色，倒影江中，格外美丽。这时，买鱼的，卖鱼的，熙熙攘攘，一派热闹景象，整个画面充满生机。全诗短短28个字，把江岸风光、渔家生活、水乡风俗描绘得彩色鲜明，静中有动，充满着生活气息。而诗人寄寓的对官场的厌倦，对渔家生活的向往，几乎使读者难以觉察，真正实践了诗人"羚羊挂角，无迹可求"的创作主张。

查 慎 行 诗

查慎行（1650—1720），初名嗣琏，字夏重，后更名慎行，字悔余，号初白，浙江海宁人。少时从军贵州、云南，历游山东、河北、河南、江西、福建、广东等地，康熙四十二年（1703）进士，官翰林院编修。他是黄宗羲门人，诗学宋人，内容多写行旅见闻与自然景物。有《敬业堂诗集》。

三　闾　祠[(1)]

平远江山极目回，古祠漠漠背城开[(2)]。莫嫌举世无知己，未有庸人不忌才[(3)]。放逐肯消亡国恨？岁时犹动楚人哀[(4)]。湘兰沅芷年年绿，想见吟魂自往来[(5)]。

注释

（1）三闾祠：即屈子祠，在今湖南汨罗。屈原曾为楚三闾大夫，故名。

（2）平远江山：广漠的原野。极目回：放眼远望，再把目光收回。漠漠：荒凉冷落貌。背城开：背靠汨罗城而建。

（3）"莫嫌"二句：此二句劝慰屈原的英灵，也是作者自己的慨叹。说屈原没有知音，不为世用，是因为有庸人的妒忌，但这是古今同慨之事。《离骚》有"国无人莫我知兮"之句。庸人，无真才实学之人，这里指妒忌屈原的上官大夫和令尹子兰等。

（4）放逐：指屈原被流放于汉水之北和沅湘之间。亡国恨：屈原被放逐之后，秦国派白起攻破楚国郢都。楚人哀：后世楚地的人民对屈原的同情和崇祀。

（5）湘兰沅芷：湘江与沅水上的香草。《湘夫人》："沅有芷兮澧有兰。"吟魂：诗人的灵魂，指屈原的英灵。

提示

这首诗是诗人康熙十九年（1680）途经湖南汨罗，瞻仰屈子祠时所作。作者通过对屈子祠的凭吊，表达了对爱国诗人屈原的敬仰和对他不幸遭遇的同情，抒发自己怀才不遇的愤激之情。全诗分三层：首联为第一层，写三闾祠的地理环境。描写江山平远，古祠漠漠，给读者以江山依旧、英才安在的深沉思考，也给全诗笼上一种荒凉冷落的气氛。第二层是中间二联，概括屈原不幸的一生，表达了对其人格的敬仰。“莫嫌举世无知己，未有庸人不忌才”，既是屈原不幸遭遇的概括，也是全诗的警句，道出了历代人才的共同命运，故能引起强烈共鸣。颈联揭示了屈原为楚人所敬的原因，从根本上抓住了屈原精神的实质，即他的爱国主义思想，也是作者对自己的勉励。它道出了一个真理：一个正直的爱国者，人民是永远不会忘记他的。第三层即尾联，通过想象屈原虽死犹生，表达诗人对屈原的敬仰与向往之情。全诗将写景、抒情和议论熔于一炉。联想丰富自然，语言清新隽永，议论深刻，有很强的概括力。

沈德潜诗

沈德潜（1673—1769），字确士，号归愚，江南长洲（今江苏苏州）人。乾隆四年（1739）进士，由翰林院编修，累官至礼部侍郎。少年时从叶燮学诗，古体学汉魏，近体宗盛唐。他论诗创格调说，推崇“温柔敦厚”。选《古诗源》《唐诗别裁集》《明诗别裁集》《国朝诗别裁集》，以贯彻其主张，影响较大。有《归愚诗文集》。

制　府　来(1)

客述制府始末甚详，因成乐府四解(2)，志往事，儆后来也(3)。

制府来，势炎赫。上者罪监司(4)，下者罪二千石(5)。属吏驱使如牛羊，千里辇重来奔忙(6)，鞠膯上寿登公堂(7)。制府赐颜色，属吏贴席眠(8)。破得百家产，博得制府欢。制府之乐千万年。（一解）扬旌旗，麾三军，制府航海靖海氛(9)。声名所到，步步生风云。居者阖户，行者侧足(10)。但称制府来，小儿不敢哭。军中队队唱凯还，内实百货装楼船。文武郊迎，次且不得近前(11)。制府之乐千万年（二解）制府第，神仙宅，夜光锦(12)，披墙壁。明月珠，饰履舄(13)。猫儿眼，鸦鹘石(14)，儿童戏弄当路掷。平头奴子珊瑚鞭，妖姬日夕舞绮筵(15)。赏赐百万黄金钱，天长日久雨露偏(16)。制府之乐千万年。（三解）太阳照，冰山倾。黄纸收制府(17)，片刻不得暂停。轺车一两(18)，千里无人送迎。妇女戟手詈(19)，童稚呼其名。爰书定(20)在旦夕。求为厮养(21)，厮养不可得。盘水加剑清室间(22)，从前荣盛如云烟。制府之乐千万年。（四解）

注释

(1) 制府：又称“制台”，明清时对总督的尊称。本诗中的制府指康熙间两江总督噶礼。

　　（2）四解：犹言四段。古代乐府诗一章或一段称为一解。

　　（3）儆后来：警戒后来的人。儆（jǐng 井），警戒。

　　（4）罪监司：对监司一类高级官员加以罪责。监司，清代督察府、州、县的高级官员，如布政使、按察使等。

　　（5）二千石：汉代太守的俸禄为二千石，后为知府的代称。

　　（6）辇重：指驾着满载货物的车。辇，人拉的车。

　　（7）鞠膌（jì计）：鞠躬跪拜。膌，同"跽"，小跪。上寿，祝寿。此句言属吏到公堂上为制府鞠躬跪拜以祝寿。

　　（8）赐颜色：给好脸色。贴席眠：指睡得安稳。

　　（9）靖海氛：肃清海上的叛乱。此指康熙四十九年（1710）十二月平定海盗郑尽心、郑茂、余国梁。

　　（10）阖户：关门。侧足：因畏惧而不敢正立。

　　（11）文武：文武官员。郊迎：到郊野去迎接。次且：即趑趄（zījū 资苴），举足不前貌。

　　（12）夜光锦：夜间闪光的锦缎。

　　（13）履舄（xì戏）：鞋。

　　（14）猫儿眼：又称金绿玉，一种珍贵的宝石。鸦鹘（hú 胡）石：宝石名，其色紫绿。

　　（15）平头奴子：光着头的奴仆。珊瑚鞭：饰有珊瑚的鞭子。语出梁武帝萧衍诗："珊瑚挂镜烂生光，平头奴子擎履箱。"绮筵：华贵的宴席。

　　（16）雨露偏：皇帝的恩德偏于制府的一家。

　　（17）黄纸：皇帝的诏书。古代皇帝的诏书用黄纸写。

　　（18）轺（yáo 尧）车：一匹马驾驶的轻便车。一两：即一辆。

　　（19）戟手詈：竖起食指和中指骂。詈（lì立），骂。

　　（20）爰书定：已作出定罪的判决。爰书，本指记录囚犯口供的文书，这里指定罪的判决书。

　　（21）厮养：犹"厮役"，指干粗活的奴隶。

　　（22）盘水：以盘盛水，象征执法公平。加剑：以剑置于盘水之上。古代大臣有罪，皇帝赐剑加于盘水之上，命其自尽。清室：汉代囚禁犯官的牢狱。以后称刑部狱为清室。

提示

　　这首诗记述康熙年间两江总督噶礼的事。噶礼于康熙三十八年（1699）任山西巡抚，康熙四十八年（1709）任两江总督。在任职期间，贪赃枉法，残害人民。在山西任职期间，贪污白银数十万两；在两江总督任上，单科场舞弊，就得白银数十万两，又纵容奸商籴米外运，从中渔利，使米价高涨，万民交怨。诗中以噶礼事件为背景，揭露了封建统治者飞扬跋扈的丑恶嘴脸和虐民害物的滔天罪行。诗人先用小序指出材料的来源和写作的目的。"客述制府始末甚详",说明材料的真实性;"傲后来",写诗目的甚明,完全符合诗人坚持"怨而不怒"诗教的主张。全诗四解。第一解写制府煊赫的威势、贪婪的本性。诗人用属吏的惶恐来突出制府的淫威,又用"千里辇重来奔忙""破得百家产"来说明"制府欢""属吏安"的原因,揭露十分深刻。第二解写制府借平定海盗大肆掠夺的罪行。诗中先写军威赫赫,"声名所到,步步生风"是虚写,"居者阖户"等四句是实写,从虚到实,写尽了他的威风。再用"内实百货装楼船","文武郊迎,次且不得近前",揭露其威风凛凛的背后深藏着贪婪的本质。第三解写制府第的豪华和富有,这是承前二解所述而产生的结果。第一解写到地方官吏搜刮百姓填充其欲壑,第二解写制府自己借"靖海氛"掠抢"百货",这就必然会使"制府第"成为"神仙宅"。第四解写制府的可耻下场,这是制府造恶多端的必然结果。"千里无人送"与前文"文武郊迎","妇女戟手詈"与前文"破得百家产"形成鲜明对比。四解之间,内在逻辑性极强,从字里行间表达了诗人对贪官污吏的憎恨,给为官作宰者提供了一个严重的警告。诗人主观上无意揭露整个官场的黑暗,也无意揭示整个封建统治阶级的下场,但是我们从诗中清楚地看到了封建官场的黑暗和封建统治阶级必然灭亡的命运。全诗叙事简洁,描写生动,对比鲜明,夸张适度,寓深意于叙述描写之中,故不失为一首有一定深度的古乐府诗。

厉　鹗　诗

　　厉鹗(1692—1752),字太鸿,号樊榭,浙江钱塘(今浙江杭州)人,康熙五十九年(1720)举人,乾隆元年(1736)举博学鸿词科,报罢。诗词俱工,词尤有名,为浙西派的主要词人。琢句炼字,能状难写之景。诗宗宋人,多表现闲情逸致和孤寂之感。风格清幽隽雅,好用冷僻典故。有《樊榭山房集》。

荆　溪　道　中⁽¹⁾

　　如画云岚西复西⁽²⁾,梁溪几折入荆溪⁽³⁾?舟师失道隔烟问⁽⁴⁾,山鸟畏人穿竹啼。

注释

　　(1)荆溪:水名,在江苏宜兴市南,以近荆南山得名,上承永阳江,注入太湖,为游览胜地。

（2）云岚：天空的彩云和山中的雾气。

（3）梁溪：水名，在江苏无锡市西，源出惠山，因东汉梁鸿居此而得名。一说以梁时疏浚而得名。

（4）"舟师"句：此句言荆溪岔道甚多。舟师，船夫。失道，迷失道路。

提示

这首诗描写荆溪一带幽静美丽的风景，使人对美丽的大自然产生无比向往和热爱之情。梁溪舟行到荆溪，沿途景物可写者极多，而诗人只选取如画云岚与畏人山鸟，构成一幅山水花鸟画，而幽美的境界全出。笔触细腻，语言明丽清新。

郑 燮 诗

郑燮（1693—1765），字克柔，号板桥，江苏兴化人。乾隆元年（1736）进士，任山东范县、潍县知县。岁饥为民请赈，得罪上司及豪门，以病乞归，寄居扬州，以卖画度日。工书画，擅画兰竹，为"扬州八怪"之一。善诗，作品能揭露现实黑暗，反映民间疾苦，抒写自己磊落的胸怀，有独特风格和个性。其乐府诗风格近白居易，言近旨远，以白描见长。有《板桥全集》。

渔 家

卖得鲜鱼百二钱[1]，籴粮炊饭放归船[2]。拔来湿苇烧难着[3]，晒在垂杨古岸边。

注释

（1）百二钱：一百来文铜钱。言其少，不必以为确数。

（2）籴粮：买进粮食。籴（dí 敌），买粮。

（3）着：着火。

提示

这首诗描写了清贫而自在的渔家生活，写了渔民卖鱼籴粮、晒苇、炊饭的日常生活，也写了垂柳古岸静谧平和的风光。既表现了诗人对贫苦渔民的同情，又表现了他对渔民自食其力、自得其乐的生活的向往，隐含着对官场龌龊的不满。描写细腻，画面生动，语言通俗。

还 家 行⁽¹⁾

死者葬沙漠⁽²⁾，生者还旧乡。遥闻齐鲁郊，谷黍等人长⁽³⁾。目营青岱云⁽⁴⁾，足辞辽海霜⁽⁵⁾。拜坟一痛哭，永别无相望⁽⁶⁾！春秋社燕雁，封泪远寄将⁽⁷⁾。归来何所有？兀然空四墙⁽⁸⁾。井蛙跳我灶，狐狸踞我床。驱狐窒鼯鼠⁽⁹⁾，扫迳开堂皇⁽¹⁰⁾。湿泥涂四壁，嫩草覆新黄。桃花知我至，屋角舒红芳；旧燕喜我归，呢喃语空梁。蒲塘春水暖，飞出双鸳鸯。念我故妻子⁽¹¹⁾，羁卖东南庄⁽¹²⁾。圣恩许赎归，携钱负橐囊。其妻闻夫至，且喜且彷徨。大义归故夫，新夫非不良。摘下乳下儿，抽刃割我肠。其儿知永绝，抱颈索阿娘。坠地儿翻覆，泪面涂泥浆。上堂辞姑舅⁽¹³⁾，姑舅泪浪浪。赠我菱花镜，遗我泥金箱⁽¹⁴⁾，赐我旧簪珥⁽¹⁵⁾，包并罗衣裳。"好好作家去，永永无相忘！"后夫年正少，惭愧难禁当。潜身匿邻舍，背树倚斜阳。其妻径以去⁽¹⁶⁾，绕陇过林塘。后夫携儿归，独夜卧空房。儿啼父不寐，灯短夜何长！

注释

(1) 此诗作于乾隆年间，作者任山东范县知县时。
(2) 死者：指逃荒死在关外的人。
(3) "遥闻"二句：言逃荒者在关外听说家乡得到丰收。齐鲁，泛指山东大地。等人长，同人一样高。
(4) "目营"句：言逃荒者在关外盼望着快点回到山东家乡。目营，目光注视。青岱云，远处覆盖青州岱宗的云。青，青州，古九州之一，后泛指山东、渤海一带。岱宗即泰山，在山东，为五岳之一。青岱指代山东。
(5) 辽海：泛指辽河到海滨的地区，诗中是逃荒者所在地。
(6) "拜坟"二句：言逃荒者在关外拜坟告别已死者还乡，表示从此与死者永无见期。
(7) "春秋"二句：言只有在春秋社日，请南去北来的燕雁，将哀思寄望辽东死者之坟前。社，古代祭祀土神的日子，汉代以后有春秋两个社日。封泪，含泪写成的哀痛死者的书信。
(8) 兀然：空空荡荡的样子。
(9) 鼯鼠：大飞鼠，此泛指老鼠。鼯（wú吾），鼠名，俗称飞鼠，形似蝙蝠。
(10) "扫迳"句：打扫道路，修整房屋。迳，同"径"，小路。堂皇，指破旧的房屋。《汉书·胡建传》："列坐堂皇上。"颜师古注："室无四壁曰皇。"
(11) 故妻子：原来的妻子。
(12) 羁卖：寄卖，典卖。把妻子暂时卖给人家，到时赎回，称为羁卖。
(13) 姑舅：丈夫的父母，亦称公婆。
(14) 泥金箱：以泥金涂饰的箱奁。泥金，用金箔和胶水制成的金色颜料。
(15) 簪珥：簪子和耳饰。

（16）径以去：径自离去。

提示

本诗叙述一位逃荒后侥幸归来的农民的悲惨遭遇，反映了封建社会末期劳动人民精神上和生活上的痛苦。乾隆年间号称盛世，诗中所述主人公的痛苦经历，使读者看到"盛世"之下的黑暗现实。全诗分为三层：第一层开头至"封泪远寄将"，写逃荒者到坟上告别已死者，从关外回山东老家。当年一起逃荒的家人都已贫病而死，剩下的就是诗中主人公一人，"死者葬沙漠"一句，写出了人民群众灾难的深重。拜坟告别，突出了生者的精神痛苦。第二层至"飞出双鸳鸯"，写生还者修整房屋，迎接被典卖的妻子回家。作者用桃花、燕子、鸳鸯来衬托主人公喜悦的心情。他逃荒归来后，被迫分离的夫妇就要团圆了，破裂的家庭要重新聚合了，其高兴之情是可想而知的。第三层即诗最后一段，写生还者赎回妻子的情景。这里写的是一出人间悲剧。作者以生动的笔触，描写了几个人物的精神面貌：故夫的喜中有悲，妻子的悲痛欲绝，儿子的又哭又闹，姑舅的难分难舍，后夫的惭愧难当，这一切构成了一出人间悲剧。几个人物之中，重点刻画妻子的内心矛盾与精神痛苦，故夫典卖了她是为了生存，她不能怨他；"新夫非不良"，她也很爱后夫，同他生下了一个可爱的孩子，姑舅待她不错，她已成为这个新家庭中不可缺少的一员。可是故夫赎她回去，又是合情合理的事。她离不开后夫和孩子，又无法拒绝故夫的合法要求，终于不得不抛下后夫和孩子，跟着故夫回去，她内心的痛苦和矛盾是常人难以体会的。残酷的社会现实分裂了一个家庭，强行组合了另一个家庭；又是残酷的社会现实，使这个新组合的家庭再一次分裂。这个从破裂组合到再破裂再组合的过程，给人民带来了多少精神上的痛苦。本诗采用纯客观的记叙与描写的方式，作者不着一字议论，让读者从叙述中体会诗的深刻内容，真正做到了言近旨远。作者善于通过人物的行为细节来展示人物的内心世界。例如写妻子的"摘下乳下儿""上堂辞姑舅"，后夫的"潜身匿邻舍，背树倚斜阳"都十分生动逼真。语言平易古朴，既受古乐府的影响，又有白居易的风格。

袁 枚 诗

袁枚（1716—1798），字子才，号简斋，钱塘（今浙江杭州）人。乾隆四年（1739）进士，授江宁（今江苏南京）知县。33岁辞官，筑随园于小仓山下，自号随园老人，在此过了近五十年的闲适生活。袁枚作诗主张抒写性情，强调灵感的作用，创性灵说，与沈德潜格调说、王士禛神韵说等在清代诗坛都有很大影响。其诗新奇眩目，落想不凡，为当时青年所推崇。有《小仓山房诗文集》《随园诗话》等。

马　嵬

莫唱当年长恨歌⁽¹⁾，人间亦自有银河⁽²⁾。石壕村里夫妻别⁽³⁾，泪比长生殿上多⁽⁴⁾。

注释

(1) 长恨歌：白居易长诗，写唐玄宗与杨贵妃之间的生死悲欢的爱情故事。

(2)“人间”句：谓人间亦有不少夫妻生离死别者，如天上的银河隔断牛郎、织女一般。人间，指民间，与宫廷相对而言。

(3)“石壕”句：见杜甫诗《石壕吏》。

(4) 长生殿：唐代宫殿名。相传唐玄宗与杨贵妃曾在此盟誓，愿世世代代为夫妻。

提示

唐“安史之乱”爆发后，玄宗入蜀，途经马嵬驿时，六军不发，杨贵妃被迫自缢。自白居易《长恨歌》首咏其事，其后以此事为题材的诗词戏曲甚多，对李、杨遭遇多表同情。本诗以杜甫诗《石壕吏》中下层人民在“安史之乱”中所受的苦难作对照，把同情放在普通人民身上，表现了作者的人道主义和民本思想。诗从旧题材翻出新意，构思巧妙，对比鲜明，语言清新自然。

蒋 士 铨 诗

蒋士铨（1725—1784），字心余，号清容。铅山（今江西铅山）人。乾隆二十二年（1757）进士，官翰林院编修，曾主讲蕺山、崇文、安定等书院，是清代著名戏曲家、文学家。作杂剧、传奇 16 种，辑有《藏园九种曲》。诗与袁枚、赵翼齐名，并称“江右三大家”。有《忠雅堂全集》。

岁 暮 到 家

爱子心无尽，归家喜及辰⁽¹⁾。寒衣针细密，家信墨痕新⁽²⁾。见面怜清瘦，呼儿问苦辛⁽³⁾。低回愧人子，不敢叹风尘⁽⁴⁾。

注释

（1）"爱子"二句：此二句写母亲见儿子年前赶回，心里高兴。及辰，及时，指年关前赶到了家。

（2）"寒衣"二句：用唐孟郊《游子吟》诗意。此二句写母亲曾寄给儿子寒衣，写给儿子家书。墨痕新，言家书新近寄达。

（3）"见面"二句：写母亲见到儿子后感叹儿子瘦了，询问儿子在外辛苦的情景。

（4）低回：迂回曲折，此指回答母亲问话时复杂的心情。愧人子：惭愧自己没有照料母亲，没有尽到做儿子的责任。"不敢"句：言不敢在母亲面前诉说自己在外奔波之苦，怕母亲听了难过。

提示

此诗作于乾隆十一年（1746），时诗人奔波在外，于岁末赶回家与母亲团聚，通过回家后母子相逢情景的描写，表现了母亲爱子之心和母子之间的深情。诗的前三联，写母爱的深切。首联写母亲见儿子及时归家，欢喜之中寓爱子之深情。颔联写母亲对羁旅在外的儿子的关心。寒衣、家信寄托了母亲对儿子无比的爱。颈联写母亲见到儿子时问寒问暖的情景。以上这几种生活中常见的母子相见的场面，被作者提炼出深刻的思想，并用精练的语言表达出来，不仅刻画了一个慈爱母亲的形象，而且写出了母亲的一颗爱心，因而极有感染力。尾联写儿子回答母亲时的复杂心情，一方面自己在外确实受尽了辛苦，另一方面怕母亲听了伤心而不敢直言。前三联写尽了母亲对儿子的爱，本联表现了儿子对母亲的关心，二者互相映衬，表现了母子之间的真挚感情。全诗选取最常见的生活场景，以白描手法细腻而生动地描写了人物的复杂心理，刻画了鲜明的形象。语言朴素，叙述自然，风格质朴是本诗的特点。

赵 翼 诗

赵翼（1727—1814），字耘松，号瓯北，阳湖（今江苏常州）人。乾隆二十六年（1761）进士，授翰林院编修，官广西镇安知府、贵西兵备道，后被劾，辞官归里，主讲安定书院。长于史学，所著《廿二史札记》《陔馀丛考》是史学和考据学的名著。论诗主张推陈出新，反对模拟。其诗自写性情，多议论谐谑之词。有《瓯北集》等。

论 诗 二 首

李杜诗篇万口传⁽¹⁾，至今已觉不新鲜。江山代有才人出，各领风骚数百年⁽²⁾。

只眼须凭自主张，纷纷艺苑漫雌黄⁽³⁾。矮人看戏何曾见，都是随人说短长⁽⁴⁾。

注释

（1）李杜诗篇：指李白、杜甫的诗。韩愈诗："李杜文章在，光芒万丈长。"

（2）江山：指世间，天地间。才人：有才华的人。风骚：《诗经》和《楚辞》的合称。《诗经》有《国风》，《楚辞》有《离骚》，二者为中国古代诗歌的代表，故用以指诗歌和诗坛。

（3）只眼：独具只眼，言评论诗歌须有独到见解。艺苑：即文坛，文艺界。说雌黄：随意评说。雌黄，一种矿石，古人用以涂改文字。

（4）矮人看戏：原作矮子看戏，比喻评论诗歌没有主见。语出朱熹《朱子语类》："其有知得某人诗好，某人诗不好者，亦只是见己前人如此说，便承接虚响取去，如矮子看戏相似，见人道好，他也道好。及至问着他那里是好处，元不曾识。"说短长：说长道短，评论得失。

提示

赵翼的诗歌理论与袁枚接近，主张创新，反对盲目崇古，也不满意神韵、格调之说，他认为写诗"力欲争上游，性灵乃其要"（《闲居读书作六首》之五），有论诗的专著《瓯北诗话》，还有《论诗》绝句五首，这里选的是其中的两首。第一首论诗歌创作。作者认为诗歌创作要有时代性，诗人应当立足时代，反映现实，推陈出新，自创新意，不可因袭模拟，盲目崇拜古人，寄人篱下。即使高如李、杜，其诗歌也不可能万古长新，因为每个时代都有自己的人才，他们只要唱出自己时代的最强音，写出超越前人的新意，同样可以传之久远。第二首论诗歌评论。作者认为评论诗歌应有独到的眼光，深刻的体会，发表自己的真知灼见。作者以十分尖刻的语言，严肃地批判了那种人云亦云的诗歌批评是"矮人看戏"，是信口"雌黄"，是"随人说短长"。两首诗的见解是针对格调派重新煽起明代前后七子的复古主义余焰而提的，因而显得格外大胆，富于革新精神。本诗语言通俗，见解深刻，比喻生动，讽刺尖锐，历来为人们所传诵。

汪　中　诗

汪中（1744—1794），字容甫，江都（今属江苏扬州）人，清代著名的骈文作家。少孤家贫，由母教读。后帮助书商贩书，因得博览群书，对哲学、史学、文学都有研究。34 岁为拔贡生，后无意仕进，过着幕僚和卖文的清贫生活。为人刚直，恃才傲物，"不信释老阴阳神怪之说，又不喜宋儒性命之学"，故不容于时俗。能诗，骈文尤为著名。有《容甫先生遗诗》等。

白 门 感 旧[1]

秋来无处不销魂，箧里春衫半有痕[2]。到眼云山随处好，伤心耆旧几人存[3]。扁舟夜雨时闻笛[4]，落叶西风独掩门。十载江湖生白发，华年如水不堪论[5]。

注释

（1）白门：南京的别称。白门是南朝刘宋都城建康城的西门。西方属金，金气白，故称白门，后世因以白门指代南京。

（2）销魂：为情所感，若魂魄离散。箧（qiè 窃）：小竹箱。痕：指泪痕。

（3）云山：白云缭绕的山峰，此指山水风景。耆旧：年老的朋友。

（4）闻笛：向秀好友嵇康为司马昭所杀，向秀过其旧居，邻人正在吹笛，触动其思旧之情，写了一篇《思旧赋》。以后即以闻笛表示怀旧之意。

（5）江湖生白发：用李商隐"永忆江湖生白发"诗意。华年：犹青春。

提示

本诗为作者经过南京时所作，抒发了对已故友人的深切怀念和自己怀才不遇的悲愤。诗的首联概写自己内心的痛苦。"无处不"说的是满目所见都是悲伤情景，"半有痕"说明泪水之多。这就把读者带到了一个凄婉悲伤的境界之中。颔联说明"销魂"不只是为悲秋，还是"伤心耆旧几人存"。以"云山"好与"耆旧"死并举，使人产生物是人非的感伤情绪和一种江山依旧、豪杰安在的历史沉思。颈联写从船上夜雨闻笛，到旅店掩门独卧的情景，在旅途生活的记叙中，寄寓着思念旧友的一片深情。尾联转写自己的遭遇：流落江湖，十载无成，空生白发，虚度年华而已。表面上是自责，是说对旧友无所告慰，实际上是表达自己怀才不遇的悲愤，是对当时社会压抑人才的控诉。诗中借物兴怀，借景抒情，景中有情，情中寓理，做到情景理相融合。用典自然，语言清新，化用前人诗句不显痕迹，表现了作者艺术技巧的纯熟。

黄 景 仁 诗

黄景仁（1749—1783），字汉镛，武进（今属江苏常州）人。少孤家贫，早年为生计奔走四方，乾隆三十年（1765）诸生，四十一年（1776）高宗东巡，召试，列二等，授武英殿签书官，后纳资为县丞，未补官而卒。一生怀才不遇，贫病交加。所为诗多哀怨愁苦之情、磊落不平之气，有才情，有个性。有《两当轩集》《竹眠词》。

后 观 潮 行

海风卷尽江头叶，沙岸千人万人立。怪底山川忽变容[1]，又报天边海潮入。鸥飞艇乱行云停，江亦作势如相迎。鹅毛一白尚天际，倾耳已是风霆声[2]。江流不合几回折，欲折涛头如折铁；一折平添百丈飞，浩浩长空舞晴雪[3]。星驰电激望已遥，江塘十里随低高。此时万户同屏息，想见窗棂齐动摇[4]。潮头障天天亦暮，苍茫却望潮来处；前阵才平罗刹矶，后来又没西兴树[5]。独客吊影行自愁[6]，大地与身同一浮。乘槎未许到星阙[7]，采药何年傍祖洲[8]。赋罢观潮长太息，我尚输潮归即得[9]。回首重城鼓角哀，半空纯作鱼龙色。

注释

（1）怪底：怪，惊奇；底，何，为何。全句意为令人惊奇的是为何山川突改容颜。

（2）"鹅毛"二句：谓潮来时，远处如白色鹅毛，紧接着是潮声如雷霆。

（3）"江流"四句：写钱塘江江流与海潮相接时的雄伟景象。江流入海遇上潮头，因为潮头如铁，折之不动，只好转向空中形成百丈水花，如晴天白雪飞舞长空。

（4）"星驰"四句：此四句写潮水向远处退去的情景。星驰电激，形容潮退之速。江塘，指钱塘江入海处江海相连的地方。万户屏息，形容退潮时人们的余悸。窗棂齐动摇，是人们在潮退后想象潮来时惊天动地的情景。

（5）"前阵"二句：罗刹矶，在杭州西南，横截江涛，旧时每年中秋必迎潮设祭，后改名镇江石。西兴，西兴镇，在浙江杭州萧山区西。

（6）独客：作者自指。吊影：对影自怜与叹惜。

（7）"乘槎"句：据张华《博物志》，旧说以为天河与海通，年年八月有乘槎由海到天河者。星阙，天上仙人居住的宫阙。

（8）祖洲：传说中的仙岛。据《十洲记》，祖洲近在东海之中，地方五百里，去西岸七万里，上有不死之草，服之能令人长生。

（9）"我尚"句：作者谓自己不如海潮，海潮归之即得，我却欲归不能。

提示

这首诗是诗人青年时期的作品，约作于19岁到21岁之间。诗人此前写过一首《观潮行》，故此首题为《后观潮行》。诗用歌行体的形式，描写了钱塘潮水壮观的景象。全诗分为三层，第一层从开头到"浩浩长空舞晴雪"，写潮来时的壮丽景色。先写海风为潮水壮威，次写山川变色，鸥飞艇乱，作为衬托。再正面写潮水与江水相击成雪的壮丽景象，写得有声有色，极为壮观。第二层从"星驰电激"到"后来又没西兴树"，写潮退时的情景。先写潮退之速，用"星驰电激"来比喻。再写潮的余威，用"万户屏息""想见窗棂齐动摇"来加以形容，使人如临其境。最后写潮退的路线，即从罗刹矶逐渐退到西兴树，又回到潮来处。以上两层写观潮所见。第三层即最后八句，写观潮所感，表现一种孤独寂寞的失意情绪，与潮水之迅猛喧嚣形成巨大反差，从而使人感到闹者愈闹，而静者愈静。此诗写景很有特色，除了直接描写潮来潮去的壮观景象外，还用环境描写加以渲染，用比喻加以形容，用观者的感受加以衬托，因而使人有如临其境、如闻其声之感。

都 门 秋 思⁽¹⁾

五剧车声隐若雷⁽²⁾，北邙惟见冢千堆⁽³⁾。夕阳劝客登楼去，山色将秋绕郭来。寒甚更无修竹倚⁽⁴⁾，愁多思买白杨栽⁽⁵⁾。全家都在风声里，九月衣裳未剪裁⁽⁶⁾。

注释

（1）都门：指北京。秋思（sì四）：秋天的思绪。马致远有《天净沙·秋思》。

（2）五剧：交错纵横的道路，这里指北京繁华的街道。剧，甚也，言旁出侧转的歧道很多。隐：车声。《孔雀东南飞》有"府吏车在前，新妇车在后，隐隐何甸甸，俱会大道口"之句。

（3）北邙：山名，在今河南洛阳东北。汉魏以来，王侯公卿官僚贵族多葬于此。后世诗文中往往泛指墓地。

（4）"寒甚"句：借用杜甫诗《佳人》"天寒翠袖薄，日暮倚修竹"的句意。原意是赞美被遗弃的佳人坚贞的品格，虽然是天寒袖薄，但仍倚修竹，表示能坚持节操。这里是说自己还不如被弃的佳人，寒已甚，衣更薄，而无修竹可依。

（5）"愁多"句：化用《古诗十九首》"白杨多悲风，萧萧愁煞人"句意，以白杨表示愁多。

（6）"九月"句：反用《诗经·七月》"七月流火，九月授衣"句意，写全家贫困的生活。

提示

本诗写作者在京期间穷愁困苦的生活，反映封建时代知识分子的不幸遭遇和所谓"乾隆盛世"的社会真情，也表达作者对现实的愤懑。据说，当时陕西巡抚毕沅见了这首诗，以为"值千金"，并先寄五百金，速其西行。可见此诗影响之大。原题共四首，这里选的是第二首。诗的首联紧扣"都门"二字，以"五剧车声"和北邙千冢并举，形成强烈对照，表示了作者对盛衰无常的感叹和对那些达官贵人的蔑视。颔联扣紧题中的"秋"字描写秋景。夕阳无限好，本想登楼消愁，但所见只有环绕城郭的山上的一片肃杀悲凉秋色。秋景同作者的秋思十分融合。颈联写作者的秋绪，扣紧题中的"思"字。作者不是直接抒情，而是运用典故，化用古人成句，把自己怀才不遇、穷困潦倒、百无聊赖的痛苦心情尽力倾吐，读来令人沉痛沉思。尾联直写全家的穷困。时节已冷，寒衣无着，其穷苦可知，与五剧车中的达官贵人形成鲜明对照。全诗所抒悲愤之情，从这里可以找到根源。在写法上本诗以多种手法抒情，首先是化用古人成句，其次借景抒情，再次是直接抒写，从而使作者深沉的秋思得到了充分的表达，使诗具有极强的感染力。而写景尤有特色，如颔联是作者登楼眺望夕阳，却说"夕阳劝客"；本来是环绕城郭的山因肃杀的秋色而变色，却说成"山色将秋"，这样把"夕阳""山色"拟人化，从而把静景写活了，从这里可以体会出作者炼句的功夫。

词

吴伟业词

作者生平介绍见诗歌部分。

贺 新 郎
病 中 有 感

万事催华发！论龚生天年竟夭，高名难没⁽¹⁾。吾病难将医药治，耿耿胸中热血。待洒向西风残月⁽²⁾。剖却心肝今置地，问华佗解我肠千结？追往恨，倍凄咽⁽³⁾。　故人慷慨多奇节⁽⁴⁾。为当年沈吟不断，草间偷活⁽⁵⁾。艾灸眉头瓜喷鼻⁽⁶⁾，今日须难决绝。早患苦重来千叠。脱屣妻孥非易事⁽⁷⁾，竟一钱不值何须说！人世事，几完缺⁽⁸⁾？

注释

（1）"论龚生"二句：龚生，西汉龚胜，字君宾，哀帝时征为谏议大夫，后出为渤海太守。王莽篡位后隐居乡里，莽数遣使征之，拜讲学祭酒，不受。语门人高晖等曰："今年老矣，旦暮入地，谊岂以一身仕二姓，下见故主哉！"绝食十四日死。死时年七十九。有老父来吊，哭曰："嗟乎！薰以香自烧，膏以明自销；龚生竟夭天年，非吾徒也。"言讫而出，莫知其谁（事见《汉书·龚胜传》）。这里把自己同龚胜作对照，抒写龚胜不仕二姓的高尚品格，和自己身仕二朝的羞愧之情。

（2）西风残月：李白《忆秦娥》词，"西风残照，汉家陵阙。"此处借用，既表明自己已近晚年，有如西风叶落，残月将沉，又暗示自己不忘故国的心境。

（3）华佗：东汉末名医。肠千结：愁肠千结。往恨：指接受清朝征召，出任国子监祭酒等职。

（4）"故人"句：赞颂老友们的抗清斗志和民族气节。时作者故友陈子龙、杨文骢皆以抗清死节。

（5）"为当年"二句：写自己犹豫不决，终于仕清。不断，不能决断。草间偷活，语出《世说新语》刘峻注所引《晋阳秋》：王敦反，左右劝周顗避难，顗曰："吾备位大臣，朝廷倾挠，岂可草间求活，投身胡虏耶？"

（6）"艾灸"句：艾灸，点燃艾蒿薰治疾病。瓜，指瓜蒂，一种中药。瓜蒂喷鼻可治病。《隋书·麦铁杖传》："大夫性命自有所在，岂能艾炷灸额，瓜蒂喷鼻，治黄不差而卧死儿女手中乎！"此句说自己不是麦铁杖那样的大丈夫。麦铁杖，隋大将，战死辽东。

（7）"脱屣妻孥"句：脱屣，脱鞋，比喻轻易。妻孥，妻子和子女。《汉书·郊祀志》上："于是天子（汉武帝）曰，嗟乎！诚得如黄帝，吾视去妻子如脱屣耳！"

（8）"人世"二句：化用苏轼《水调歌头》"人有悲欢离合，月有阴晴圆缺"词句而另有深意，谓世间之事，有完有缺，"故人慷慨多奇节"是完人，自己身仕二朝是缺人。

提示

这是吴伟业晚年的作品，作于病中，是其绝笔。另据谈迁《北游录》，则此词作于顺治十年（1653）左右，距伟业卒还有十五年之久。吴本明臣，后被迫仕清，自觉于气节有亏，虽任职仅一年，但终身悔恨。词中直抒胸臆，写出了自己内心的矛盾、无穷的痛苦和永生的悔恨，感情真挚感人。词的上阕写自己的病情。一方面确是身体的病，另一方面更是心上的病，故先赞扬龚胜不仕二姓，暗示自己的病是身仕二朝，失去名节。作者之仕二朝是身不由己，而且退步抽身早。但不管怎样，一失足成千古恨，自己也不能原谅自己，所以说"吾病难将医药治"，"问华佗解我肠千结"，因为真正的病在"追往恨"。下阕写病中之感想。以故人的"慷慨多奇节"与自己的"草间偷活"作鲜明对比，表现勇敢的自我批判精神。接着进一步写出自己没有麦铁杖那种大丈夫志节，不顾妻孥，去参加抗清斗争，干一番轰轰烈烈的事业。最后落得个内心里"千叠"痛苦，名节上"一钱不值"，留下千古遗憾。词的感情真实，并无矫饰，是作者的一篇"忏悔录"。故陈廷焯《白雨斋词话》云："《贺新郎》一篇，梅村绝笔也。悲感万端，自怨自艾，千载下读其词，思其人，悲其愚，固与牧斋（钱谦益）不同，亦与芝麓（龚鼎孳）辈有别。"词中语言本色，用典自然，慷慨中有哀婉。

陈 维 崧 词

作者生平介绍见诗歌部分。

贺 新 郎
纤 夫 词

战舰排江口。正天边真王拜印，蛟螭蟠钮(1)。征发榷船郎十万，列郡风驰雨骤(2)。叹闾左骚然鸡狗(3)。里正前团催后保(4)，尽累累锁系空仓后(5)。揝头去，敢摇手(6)？　稻花恰称霜天秀(7)。有丁男临歧诀绝，草间病妇(8)。"此去三江牵百丈，雪浪排樯夜吼(9)。背耐得土牛鞭否"(10)？"好倚后园枫树下，向丛祠亟倩巫浇酒(11)。神佑我，归田亩"。

注释

(1) 天边：指远离京师的边地。真王拜印：指达素封为安南将军，被派往江南镇压郑成功的抗清武装。一说指安亲王岳乐、简亲王喇布等从江南水路西进平定吴三桂之乱。真王，指实封之王，与假（代理）王相对。语出《史记·淮阴侯列传》。蛟螭（chī吃）蟠（pán盘）钮：指亲王的帅印。古代印章上雕有蛟龙盘曲纹形。钮，印的上端提系处，俗称印鼻。

(2) 櫂船郎：船夫。櫂，同"棹"，摇船工具，此处用作动词。列郡，各州府。风驰雨骤：形容征调船夫的命令雷厉风行。

(3) 闾左：指贫民。古代贫民居住在闾里左侧。骚然鸡狗：鸡犬不安。

(4) 里正：里长。团：即屯、村落。保：清代基层民众组织。

(5) "尽累累"句：写征来的船夫全部被捆绑并用绳连成串，锁在船后空仓。

(6) "揝头"二句：揪住头发，不敢动弹。揝（zuó昨），揪。摇手，语出《汉书·食货志》下："民摇手触禁，不得耕桑，繇役烦剧，而枯旱蝗虫相因。"

(7) 称：适，当。秀：庄稼吐花。

(8) 丁男：男子。临歧：临别。诀绝：永别。

(9) 三江：说法不一，词中当指长江下游。百丈：指纤绳。雪浪排樯：白浪高过船的桅杆。

(10) 土牛：泥土做的牛，称春牛。唐宋时遗俗，立春日举行劝农典礼，官员祭祀农神后，用彩鞭打春牛，谓之鞭春。此处指官军鞭打强征来的船夫。

(11) 丛祠：丛林中的神祠。亟：急。倩：请。巫浇酒：女巫洒酒于地以祀神。

提示

顺治十六年（1659），郑成功与张煌言合兵北伐，攻下镇江，围攻南京。清朝急筹江防，命大臣达素为安南将军，同都统素泻、拥军统领赖塔等率师征剿。他们在江南地区强征船夫，给社会生产和人民生活造成极大破坏。此词真实地反映了这种情景，对清朝统治者进行了谴责，表现了对人民群众高度的同情。词的上阕概括地揭露了清朝统治者进行战争、骚扰人民的罪行：先用三句概写当时战争的紧张形势，为下边的抓夫描写做了铺垫，次用两句写朝廷一声令下，各郡风驰雨骤、急如星火的情形。最后五句写抓夫的情景：先用"骚然鸡狗"概述当时抓夫的环境气氛，再分写里正催迫和被抓民夫的遭遇，生动地描绘了一幅惊心骇目的抓夫图。如果说上阕是一个广角镜头，那么下阕就是一个特写镜头。作者在上阕概写的基础上，集中描写一个民夫同妻子诀别的悲惨情景：丈夫拉纤，生死未卜；妻子草间病倒，死活难知。但他们都不诉说自己的悲痛，而是各自安慰对方，关心对方，表现了夫妻情深，从而给读者留下了广阔的思索空间，在更深层次上揭露了清朝统治者给人民造成灾难的罪行。此词艺术结构巧妙，概括描写中有具体形象，具体描写中有概括的思想内容，点面结合，远近相映，构成了一个有机的艺术整体。本词纯用白描手法，语言朴素，用对话来刻画人物，真切感人，显然继承了杜甫"三吏""三别"的艺术传统；以乐府手法入词，也是一种创新。

醉　落　魄

咏　鹰

寒山几堵，风低削碎中原路[(1)]，秋空一碧无今古[(2)]。醉袒貂裘，略记寻呼处[(3)]。　　男儿身手和谁赌？老来猛气还轩举[(4)]。人间多少闲狐兔[(5)]，月黑沙黄，此际偏思汝[(6)]。

注释

(1)"寒山"句：寒山，秋山。秋天山树凋零，寒气逼人，故称寒山。几堵，犹言几座。"风低"句：写风力猛疾如刀，扬起路尘，似把大路削碎。

(2)"秋空"句：谓自古到今，秋天一碧万里无云。

(3)"醉袒"二句：回忆少年时打猎的情景：乘着酒兴，敞开貂裘，露出臂膀，栖鹰于臂。略记，依稀记得。寻呼处，呼鹰逐禽追兽之时。处，诗词中往往作"时"讲。

(4)"老来"句：谓虽年老，勇气豪情还在。轩举，飞扬，振奋。

(5)闲狐兔：喻社会上的衣冠禽兽、邪恶势力。

(6)汝：指鹰。

提示

这是一首咏鹰的小令。作者化用杜甫"安得尔辈开其群，驱出六合枭鸾分"（《王兵马使二角鹰》）诗意，更加深入一层，表现了对残害人民的贪官酷吏的极大愤慨。词的上片描绘了一幅苍凉壮阔的场面：寒山如堵，风急天高，一碧无垠，正是围猎的好时节。这一片大好围场，勾起了作者对少年时期呼鹰追兔打猎生活的回忆。下片联想到社会恶势力，恨无人出来除残去暴，表现作者虽然年老，还思为民除害的雄心壮志。全词感情强烈，景物描写生动如画；借物抒怀，写鹰之神而略其貌。语言率真，不事雕饰。

南 乡 子
江南杂咏（六首之一）

天水沧涟⁽¹⁾，穿篱一只撅头船⁽²⁾。万灶炊烟都不起，芒履⁽³⁾，落日捞虾水田里。

注释

（1）天水：天水相连，形容水大。沧涟：风吹水面漾起来的波纹。

（2）"穿篱"句：此句写大水淹没家园，船从篱笆中穿过。撅头船，一种尖头向上翘起的小船，通常用来捕鱼。

（3）芒履：草鞋，此指穿草鞋的农民。

提示

《江南杂咏》写清初江南农村的苦难，共六首。这首词描写涝灾给人民带来的痛苦。在一片汪洋之中，打鱼船从篱落中穿过，庄稼全被水淹，千家万户无米可炊，农民只好到水田里捞虾度日。作者通过这幅涝灾图，表现了对灾民的同情，透露出对清初统治者不顾人民死活的不满。词的形象生动，画面清晰，语言朴素通俗而不失俊爽。

朱 彝 尊 词

作者生平介绍见诗歌部分。

卖 花 声
雨 花 台⁽¹⁾

衰柳白门湾⁽²⁾，潮打城还。小长干接大长干⁽³⁾。歌板酒旗零落尽，剩有渔竿⁽⁴⁾。　　秋草六朝寒⁽⁵⁾，花雨空坛⁽⁶⁾。更无人处一凭阑。燕子斜阳来又去，如此江山⁽⁷⁾！

注释

（1）雨花台：在江苏南京南，古称石子岗、聚宝山，岗上最高处可俯瞰全城。

（2）白门：见汪中诗《白门感旧》注（1）。

（3）小长干、大长干：建康的里巷名，二巷相连。故址在今南京市南，靠近江边。

（4）"歌板"二句：写南京的残破景象。谓歌舞消歇，酒楼人空，只剩下渔翁垂钓。

（5）六朝：指吴、东晋与南朝的宋、齐、梁、陈，都曾建都南京。

（6）花雨空坛：相传梁代云光法师在雨花台筑坛讲经，天花坠落如雨。

（7）"更无"三句：借李煜《浪淘沙》"独自莫凭阑，无限江山"词意。更无，犹言绝无。燕子，化用刘禹锡《乌衣巷》"旧时王谢堂前燕，飞入寻常百姓家"诗意。如此江山，言江山不改，人事全非。

提示

这首词写作者登雨花台所见的衰败景象，抒发了强烈的故国之思。南京是明太祖朱元璋建都之地，也是南明福王政权覆亡之处。自清兵南下后，这座六朝旧都被劫掠一空，昔日繁华景象变得满目萧条。上阕以衰柳、江潮、空巷和零落的歌楼酒店，江畔垂钓的渔人，构成了一幅冷落荒凉的画图，给人以深沉的历史思考。下阕用几只燕子、一抹斜阳，给画图增加了一种感伤气氛。尤其是最后两句，表达了强烈的感伤情绪和深刻的哲理。全词即景抒情，融情入景，语言凝练，韵味悠长。

长 亭 怨 慢
雁

结多少悲秋侣侣，特地年年，北风吹度。紫塞门孤⁽¹⁾，金河月冷⁽²⁾，恨谁诉？回汀枉渚⁽³⁾，也只恋，江南住。随意落平沙⁽⁴⁾，巧排作参差筝柱⁽⁵⁾。　　别浦⁽⁶⁾，惯惊移莫定，应怯败荷疏雨。一绳云杪，看字字悬针垂露⁽⁷⁾。渐敧斜⁽⁸⁾，无力低飘，正目送碧罗天暮⁽⁹⁾。写不了相思，又蘸凉波飞去⁽¹⁰⁾。

注释

（1）紫塞：指长城。崔豹《古今注》："秦筑长城，土色皆紫，汉塞亦然，故称紫塞焉。"门：指雁门关。孤：孤寂。

（2）金河：水名，又名金川，现名大黑河，流经内蒙古中部，在托克托县注入黄河。

（3）回汀：曲折的小洲。枉渚：古地名，在今湖南常德市，在辰溪之南。《楚辞·九章·涉江》有"朝发枉渚兮，夕宿辰阳"之句。

（4）平沙：广平的沙地。平沙落雁，古琴曲名。此处双关。

（5）参差筝柱：雁落平沙，一排排像参差的筝柱。筝柱，古筝上系弦的柱。古人多以雁行比筝柱，此反其意，以筝柱比雁行。

（6）别浦：凡大水有小口别通曰浦，此指水滨。江淹《别赋》："送君南浦，伤如之何。"

（7）"一绳云杪"二句：一绳，犹言一线。云杪，云层高处。悬针，一种字体，称悬针篆，字必垂画细末，纤直如悬针。此处比喻雁阵。垂露，亦字体名，垂露书如悬针而不遒劲。此二句言雁在天空排成"人"字、"一"字,有如悬针、垂露字体。

（8）敧（qī 七）斜:倾斜。

（9）碧罗天:即碧云天。

（10）"写不"二句:此二句化用张炎《解连环·孤雁》"写不成书,只寄得相思一点"词意,写雁的惊移不定与相思之苦。

提示

这是一首咏物托志的词。作者通过描写大雁的南来北往和特殊的生活方式,寄寓自己坎坷不平的身世和强烈的故国之思。上阕写雁在北方,由于留恋江南,向南飞去。雁是候鸟,秋天由北向南,春天又由南向北。故词中写雁年年秋天由于"北风吹度"一直到紫塞雁门和金河一带,"紫塞门孤","金河月冷",于是思念江南"回汀枉渚"美好,又向江南飞去。南北奔波,正写出了雁的特性。但作者并非为写雁而写雁,咏物是为了寄情,故词中用"悲秋""门孤""月冷""恨"这些感情因素十分强烈的词语,表示对"北风"的怨愤,寄寓作者对清统治者的不满和早年曾东奔西走、苦苦挣扎的痛苦经历。但雁群一心恋着"江南",在江南它们可以"随意落平沙,巧排作参差筝柱"。这里的"江南"暗指南明桂王政权抗清斗争的所在地。雁在北方那么悲苦,一心恋南方,其中寓意不说自明。下阕写雁惊移不定的形态,寄寓作者的精神痛苦。先写雁从水边惊起的情态,一个"惯"字说明它们惊移不定的经常性,一个"怯"写出它们无处安身的痛苦。于是只好飞入"云杪",写下"悬针垂露"的字迹,以表达自己的痛苦。但字虽多,却写不了"相思之苦",所以特别感到"无力",只好又"低飘"。但是当低飘下来时,所见的仍是"败荷疏雨",无处安身,故不得不"又蘸凉波飞去"。作者以十分细腻的笔触,描写了"雁"飞起、落下又飞起的情景,寄寓着作者的难言之苦。因为南明小朝廷腐败无能,内讧严重,抗清无力,因而作者感到日落西山,碧罗天暮,复明无望,只好"飞去";但是故国之思难以消除,故内心十分痛苦,所以又说"写不了相思"。在艺术上,作者能准确地抓住客观对象的特征,运用比兴手法和生动清丽的语言,使形象具有鲜明的个性,作者所寄托的思想也十分自然地融合在形象之中。感情深沉,声调哀婉,有强烈的感染力。陈廷焯说:"竹垞咏物诸篇,大率寓身世之感,以凄切之情,发为哀婉之调,既悲凉,又忠厚,读之久而味愈长。"（《云韶集》）这首词是一个很好的印证。

顾 贞 观 词

顾贞观（1637—1714）,字华峰,号梁汾,江苏无锡人。康熙五年

（1666）顺天举人，擢秘书院典籍，后馆于相国纳兰明珠家，与相国子纳兰性德交厚。康熙二十三年（1684）返里，以读书终老。工词，重白描，不喜雕琢，全以情胜。自云"吾词不落宋人圈襟，可信必传"。与陈维崧、朱彝尊齐名。有《积书岩集》《弹指词》等。

金　缕　曲

其　一

寄吴汉槎宁古塔，以词代书，丙辰冬，寓京师千佛寺冰雪中作[1]。

季子平安否[2]？便归来，生平万事，那堪回首？行路悠悠谁慰藉[3]？母老家贫子幼。记不起从前杯酒。魑魅择人应见惯[4]，总输他覆雨翻云手[5]。冰与雪，周旋久[6]。　　泪痕莫滴牛衣透[7]，数天涯依然骨肉，几家能够[8]？比似红颜多薄命，更不如今还有。只绝塞苦寒难受。廿载包胥承一诺[9]，盼乌头马角终相救[10]。置此札[11]，君怀袖。

其　二

我亦飘零久。十年来，深恩负尽，死生师友。宿昔齐名非忝窃[12]，只看杜陵穷瘦，曾不减夜郎僝僽[13]。薄命长辞知己别[14]，问人生到此凄凉否？千万恨，为君剖。　　兄生辛未吾丁丑[15]，共些时冰霜摧折[16]，早衰蒲柳[17]。词赋从今须少作，留取心魂相守，但愿得河清人寿[18]。归日急翻行戍稿[19]，把空名料理传身后[20]。言不尽，观顿首[21]。

注释

（1）"寄吴"四句：吴汉槎即诗人吴兆骞。顺治十四年（1657）吴参加江南乡试，中举，后因主考官舞弊被劾，于次年令江南举人赴京复试。复试时，兵卫携刑具在旁巡逻，吴兆骞战栗不能下笔，遂以作弊下狱。不久流放宁古塔，在宁古塔生活23年之久。宁古塔在今黑龙江省宁安市。

（2）季子：指吴兆骞。吴在兄弟中排行第四，按孟、仲、叔、季，兆骞为季。又春秋时吴季札称为延陵季子，兆骞姓吴，故称吴为季子。

（3）"行路"句：谓吴在遣戍中，行路之人虽多而无人安慰。行路，行人。悠悠，众多貌。《史记·孔子世家》："悠悠者，天下皆是也。"慰藉，安慰。

（4）"魑魅"句：此句谓吴的流放是小人陷害所致。魑魅，传说中害人的山神鬼怪。兆骞子振臣《秋笳集》跋中云："为仇家所中，遂至遣戍。"杜甫《天末怀李白》："文章憎命达，魑魅喜人过。"

（5）覆雨翻云手：指反复无常的人情。杜甫《贫交行》："翻手作云覆手雨，纷纷轻薄何须数。"

（6）"冰与雪"二句：谓自己同吴兆骞的友谊如冰雪之纯洁。周旋，指交往。

（7）牛衣：给牛御寒的草或麻的编织物。这里作者想象吴在戍地的穷苦生活。

（8）"数天涯"二句：谓吴虽远戍，但夫妻子女依然团聚是很难得的。吴兆骞遣戍宁古塔后四年，其妻葛氏出关探夫，在戍所十余年，生一子四女。

（9）包胥：指申包胥，春秋时楚国大夫，与伍子胥交厚。子胥被迫出走吴国，谓包胥曰："我必覆楚。"包胥曰："我必存之。"后伍子胥果领吴兵灭楚，申包胥到秦国求救，在秦廷痛哭七昼夜，秦王终于发兵救楚。作者借此表示一定要实践救吴的诺言。

（10）乌头马角：指不能实现的事。《史记·刺客列传》索隐："燕丹求归，秦王曰：'乌头白，马生角，乃许耳。'"词中借此表示困难再大，也一定设法营救。

（11）札：信。

（12）宿昔：从前。齐名：指作者与吴兆骞年轻时诗词齐名。非忝窃：谓指无愧于心。

（13）"只看"二句：杜陵，指杜甫。穷瘦，用李白《戏杜》诗诗意："饭颗山头逢杜甫，头戴笠子日卓午。借问为何太瘦生，总为从前作诗苦。"夜郎，指李白。李白坐永王李璘事被流放夜郎。僝僽（chánzhòu 缠骤），烦恼苦闷。此二句诗人以杜甫自喻，以李白喻兆骞。

（14）"薄命"句：薄命，指作者亡妻。长辞，永别。知己，指兆骞。此句言自己妻子已死，朋友远别，处境凄凉。

（15）"兄生"句：此句谓吴生于辛未年即明崇祯四年（1631），作者自己生于丁丑年即明崇祯十年（1637）。

（16）冰霜摧折：指恶势力的迫害。

（17）早衰蒲柳：蒲、柳都是早凋植物，用以比喻衰弱的体质。

（18）河清人寿：相传黄河水千年一清，后以河清喻人寿难俟。

（19）行戍稿：指戍边时写的诗文。

（20）"把空"句：用杜甫《梦李白》"千秋万岁名，寂寞身后事"意。

（21）顿首：书信中的敬辞。

提示

清顺治十四年发生了著名的南北科场案。清统治者以整顿科举为名，向汉族知识分子进行残酷镇压和威胁。先是顺天府乡试产生行贿受贿事件引起最高统治者的重视，于是借题发挥株连数十人；接着又因"北闱"之事牵连到"南闱"，即应天府乡试。经过行查，除考官十七人皆判绞决外，株连士子亦数十人之多，其中就有江南才子顾贞观的挚友吴兆骞。吴无辜下狱后被责四十板，充军宁古塔。吴兆骞在绝塞穷荒之中，艰苦备尝达二十三年之久，最后是顾贞观利用在太傅明珠家设馆之便，请明珠子纳兰性德向他父亲说情，纳兰性德在读到顾的这首词以后十分感动，答应出面相救。由于明珠的干预，吴兆骞终于康熙二十三年与夫人白首同归。这件事当时被认为"公子能文，良朋爱友，太傅怜才"，一时传为佳话，而这两首词成了营救吴兆骞的重要媒介。这两首词抒写了作者对处于灾难中的朋友的深切关怀，倾诉了对他的无限思念，表现了朋友之间的真挚而深厚的情谊。第一首着重写对朋友的怀念和慰勉，并表示自己营救的决心。上阕从问候个人、关心全家写到恶势力的可怕和两人之间冰清雪洁的纯洁友谊，以坚定友人生活下去的决心。下阕表示对朋友的慰勉。虽说是"绝塞苦寒难受"，但有两点却是可以自我安慰的，一是家人团聚，几家能够？一是士人的命运有如红颜薄命，这种情形并非你一人。这与其说是安慰，不如说是对现实的揭露，从而提高了这首词的思想意义和认识价值。最后表示营救的决心，同时表示了难能可贵的真挚友谊。第二首着重写二人之间的深厚情谊，而共同的命运成了这种情谊的基础，从而反映清代统治者对人才的摧残。上阕写自己长期飘零，很不得意，又亡妻别友，处境凄凉。这是借写自己的处境来安慰对方，不必以遣戍为忧，因为未遣戍者的处境也不过如此。下阕劝慰朋友保重身体，以待将来出头之日，照应了前一首"盼乌头马角终相救"的诺言。两首词的最大特点首先是感情真挚，毫无矫饰。清陈廷焯说："二词纯以性情结撰而成，悲之深，慰之至，丁宁告戒，无一字不从肺腑中流出，可泣鬼神矣！"（《白雨斋词话》）其次，语言平易，圆朗自然，"只如家常说话，而痛快淋漓，宛转反覆，两人心迹，一一如见"（同上）。第三，在形式上以词代书信，新颖别致，也是一种创造。

纳兰性德词

纳兰性德（1654—1685），字容若，本名成德，后避东宫讳名，改名性德，为相国纳兰明珠长子，满洲正黄旗人。17岁补诸生，18岁中举。康熙十五年（1676）进士，选授三等侍卫，不久晋升为一等侍卫。他文武双全，尤长于词，为清初词坛巨擘。他论词主情致，反对模拟雕饰。词风接近李煜，清新秀隽，自然超逸，其小令尤为人所称道。有《通志堂集》《饮水集》。

长　相　思

山一程，水一程，身向榆关那畔行(1)，夜深千帐灯(2)。　　风一更(3)，雪一更，聒碎乡心梦不成(4)，故园无此声。

注释

(1) 榆关：即山海关。那畔：那边。
(2) 千帐灯：许多帐篷里都点着灯。

（3）更：古代夜间计时单位，一更约两小时，一夜分为五更。

（4）聒：喧扰。此指风雪声的喧扰。

提示

这是一首写景抒情的小令，约作于康熙二十一年（1682）。这一年作者随清圣祖至关外，途中所见，引起所思，因作是篇。诗人通过一幅风雪夜景图，抒发了自己思乡之情。上阕写旅途的艰难，下阕写驻地风雪交加。诗人如实地描写了眼前景，只选取了极平常的风、雪、灯火，却造成了一种凄婉的气氛，衬托出抒情主人公的哀怨情绪。感情真实自然，语言婉丽凄清。

如 梦 令

万帐穹庐人醉（1），星影摇摇欲坠。归梦隔狼河，又被河声搅碎（2）。还睡，还睡，解道醒来无味（3）。

注释

（1）穹庐：圆形的毡帐。

（2）"归梦"二句：狼河，白狼河，即大凌河，发源于辽宁凌源努鲁儿虎山，经锦县入辽东湾。此二句谓家乡远离白狼河，欲于梦中归去，但身在河边，河声通夜不停，连归梦也无法做成。

（3）解道：懂得，知道。

提示

这首词表达了一种深沉的思乡情绪，塑造了一个孤寂无聊的旅人形象。前四句写景，用穹庐、星影、河声，构成一幅静夜图，形成特殊环境与气氛。后三句抒情，直抒胸臆，似无遮拦，而涵意深远，耐人寻味。

浣 溪 沙

谁念西风独自凉？萧萧黄叶闭疏窗，沉思往事立斜阳。　　被酒莫惊春睡重（1），赌书消得泼茶香（2），当时只道是寻常。

注释

（1）被酒：喝醉了酒。

（2）赌书：古时文人的一种游戏，各举出诗文名句，相互指出出于何书何页，输者罚饮香茶一杯。

提示

这首词是为怀念作者的亡妻而作。通过对往事的回忆，表达了对妻子的深切怀念，表现了夫妻之间的真挚感情。上阕抒写眼前的凄凉：在黄叶纷飞的秋天的傍晚，一个人在斜阳中沉思往事，他的影子被斜阳拉得很长很长，形单影孤。下阕回首过去的欢乐：醉后春睡浓重，醒来一起赌书喝茶，这是多么幸福欢乐的日子。当时只道这种生活十分寻常，现在回想起来却永远成为过去。作者善于抓住典型的景物制造气氛，以典型的细节刻画形象，故令人读后留下深刻印象，引起共鸣。词的感情深沉真挚。王国维以为纳兰词"以自然之眼观物"，此词亦可作为佐证。

厉 鹗 词

作者生平介绍见诗歌部分。

忆 旧 游

辛丑九月既望⁽¹⁾，风日清霁，唤艇自西堰桥⁽²⁾，沿秦亭、法华⁽³⁾，湾洄以达于河渚⁽⁴⁾。时秋芦作花，远近缟目⁽⁵⁾，回望诸峰，苍然如出晴雪之上。庵以"秋雪"名，不虚也。乃假僧榻，偃仰终日⁽⁶⁾，唯闻櫂声掠波往来，使人绝去世俗营竞所在⁽⁷⁾。向晚宿西溪田舍⁽⁸⁾，以长短句纪之。

溯溪流云去，树约风来，山翦秋眉⁽⁹⁾。一片寻秋意，是凉花载雪，人在芦碕⁽¹⁰⁾。楚天旧愁多少，飘作鬓边丝⁽¹¹⁾。正浦溆茫茫，闲随野色，行到禅扉⁽¹²⁾。　　忘机⁽¹³⁾。悄无语，坐雁底焚香⁽¹⁴⁾，蛩外弦诗⁽¹⁵⁾。又送萧萧响，尽平沙霜信，吹上僧衣⁽¹⁶⁾。凭高一声弹指⁽¹⁷⁾，天地入斜晖。已隔断尘喧⁽¹⁸⁾，门前弄月渔艇归。

注释

（1）辛丑句：康熙六十年（1721）岁次辛丑。阴历的每月十五日为望，十六日为既望。

（2）西堰桥：地点不详，大约在西湖灵隐山附近。

（3）秦亭：山名，在灵隐山后约一里。相传秦始皇驻马于此，或说秦观筑亭于上，故名。法华：秦亭山的分脉。

（4）河渚：溪名，在杭州西，本名南漳湖，多芦花。

（5）缟目：满眼望去，一片白色。缟，白色丝织品。

（6）偃仰：俯仰，指生活悠然自得。

（7）营竞：指争名逐利。

（8）西溪：在灵隐山西北松木场水口，南距秦亭山约十里。

（9）"溯溪"三句：溯溪，顺溪行舟。逆水、顺水皆曰溯。山黛秋眉，秋山远望如修剪之眉。此三句写放舟的开始，从溪上流云到两岸树木，再到远山，目光由近而远。

（10）"一片"三句：载雪，指芦花白如覆雪。芦碕（qí 奇），长满芦苇的岸边。碕，岸。这三句写岸边芦花如雪，秋意正浓。

（11）"楚天"二句：楚天，楚地的天空，也泛指南方的天空。此二句说从秋色中忆起旧愁，如雪一样的芦花飘上发丝，使两鬓染成白色。

（12）"正浦溆"三句：浦溆，水边。禅扉，寺门，指秋雪庵。此三句写在苍茫的水滨和无边秋色之中找到了秋雪庵。

（13）忘机：忘却了一切智巧变诈之心。机，机心，此处指钻营名利之心。

（14）"坐雁"句：在大雁飞行之下，一心焚香静坐，对天上鸿鹄不予关心。

（15）"蛩外"句：在蟋蟀声外，另有琴声伴奏的吟诗声。蛩，蟋蟀。弦诗，将诗谱入琴曲。

（16）"又送"三句：萧萧响，风吹芦苇之声。平沙，广阔的沙原。霜信，霜风。此三句写风吹芦苇，平地霜起，感到微寒。

（17）一声弹指：犹言一刹那。弹指，佛家语，比喻时间短暂。

（18）"已隔"句：已经同尘世的喧哗隔绝。尘喧，指序言所说的"世俗营竞所在"。

提示

这首词写深秋时节游览西溪的感受，通过对秋雪庵一带秋景的描写，寄托了作者厌恶尘世污浊、鄙弃功名利禄的思想。这一点，不仅词中表现突出，而且在词的小序中也明确点出。可以说"绝去世俗营竞所在"就是它的主题，也是作者所追求的人生境界。但这种"忘机"的境界实际上是不存在的，因而也表现出作者缺乏正视现实的勇气。上阕重在写景。开头三句写溪水、流云、树、风和山，作为大环境，以衬托词中所着意渲染的芦花——"秋雪"。溪水与白云一起流动；风动树摇，风似乎是树约请来的；秋天的山宛如修剪之眉。作者巧妙地化静为动，以物拟人，使景物有了生命。接着五句突出描写西溪一带"秋芦作花，远近缟目"的景物。"凉花载雪，人在芦碕"，既是芦花的特点，又有深秋季节的特色；同时作者把自己和景物融化在一起了。这时，他看到遍地芦花，一片雪白，想到自己鬓边的白发，不免引起联想，仿佛白发是这芦花染白的，又仿佛这白发也融入芦花造成的雪海之中，这就使旧愁、鬓丝、芦花完全融于一体。最后三句写作者的行踪。他正沉浸于"茫茫"的"野色"之中，不知不觉到了秋雪庵。此二句看似随意点染，实际上是上阕景物描写的归结点。作者以大环境托出芦碕的"秋雪"，又以"秋雪"来衬托秋雪庵，一方面说明"庵以'秋雪'名，不虚也"，另一方面也引出了下阕的内容。下阕重在寄意。"忘机"是下阕的主旨，是作者所追求的境界。接着分述自己是如何进入这个境界的。先用三句写自己在静寂的秋雪庵焚香、弦诗，专心致志，进入忘机境界的情景。接着又用五句写风霜的侵袭、时间的推移，在弹指之间，天地也进入死寂。最后两句照应开头，写作者从秋雪庵返回的情景，暗寓着作者给自己指明的归宿："隔断尘喧"，弄月而归。用"渔艇"二字，正体现了"绝去世俗营竞所在"的寓意。全词情思虽然消沉，但是也反映了当时社会的污浊和知识分子的心境，仍然有较高的思想价值。这首词在艺术上颇具特色。作者善于选取特定的景物，突出所选景物的特征，以此构成一幅特定的秋景图。这幅图画又与作者淡泊宁静的心境相融合，形成了窈曲幽寂、清空绝尘的境界，使读者在艺术享受中进入物我两忘的境地。

张 惠 言 词

张惠言（1761—1802），字皋文，号茗柯，江苏武进（今属江苏常州）人，嘉庆四年（1799）进士，官翰林院编修，清代著名文学家和经学家。他精于《周易》，散文与恽敬齐名，同为阳湖派宗师；词的成就尤著，为常州派创始人。他针对浙西派末流空虚狭窄的创作流弊，提倡《风》《骚》比兴，意内言外，与其弟张琦合编《词选》，以贯彻他的词学主张。他的词内容严肃，感情深沉，语言纯净凝练，但反映现实生活不够深广；他讲究寄托，但词旨隐晦。有《茗柯词》。

水 调 歌 头
春日赋示杨生子掞(1)（五首选一）

今日非昨日，明日复何如？掞来真悔何事(2)，不读十年书。为问东风吹老，几度枫江兰径，千里转平芜(3)。寂寞斜阳外，渺渺正愁予(4)。　　千古意，君知否？只斯须(5)。名山料理身后，也算古人愚(6)。一夜庭前绿遍，三月雨中红透，天地入吾庐(7)。容易众芳歇，莫听子规呼(8)。

注释

（1）杨子掞（shàn 善）：人名，生平不详。

（2）掞（jiē 揭）来：犹言尔来，自那时以来。柳宗元《韦道安》诗："掞来事儒术，十载所能逞。"

（3）东风：春风。枫江兰径：长着枫树的江岸，生满兰草的路径。暗指时令为秋天。

平芜：杂草繁茂的原野。

（4）"渺渺"句：语出《楚辞·湘夫人》："帝子降兮北渚，目眇眇兮愁予。"渺渺，即"眇眇"，极目远视貌。愁予，使我生愁。

（5）斯须：须臾，一会儿。

（6）"名山"二句：司马迁说他作《史记》是为了"藏之名山，传之其人"，后遂以著书立说为名山事业。

（7）绿遍：指长满了草。红透：指开满了花。天地入吾庐：谓大自然之美景尽入吾室中，亦即我在陋室之中可享天地之美景。

（8）"容易"二句：众芳歇，百花凋谢。子规呼，子规鸟啼叫。子规即杜鹃，其声似"不如归去"。此二句谓百花易谢，年华易逝，应及时行乐。

提示

《水调歌头·春日赋示杨生子掞》是一组词，共五首，这里选的是第四首。五首都是写春天的感受，在感叹韶光易逝之余，有一种旷达自遣之意。这一首主要抒写一种人生的感叹。作者面对易逝的春光，回想平生读书未成，功业不就，深感人生短促，岁月难留，因而产生一种及时行乐的消极情绪，在达观之中寓有愤世之意。上阕写人生易老，韶华易逝，因而引起内心的愁苦。开头两句不但写时光之易逝，而且含有某种哲理，引人深思。接着两句感叹平生，后悔自己未能刻苦读书，以致学业未成。再用三句写春光易逝。作者不直写春去秋来，而说"枫江兰径"之秋景，几度被春风吹老，转变成为千里平芜。最后化用《楚辞》成句，表达内心的愁苦，用典贴切而自然。下阕以议论为主，表达自己面对易逝的韶华的旷达胸怀。前三句承接上阕，进一步阐述"千古"不过"须臾"而已的道理。这是一种旷达中略带消极的宇宙观，与苏轼的"就其变者而观之，则天地曾不能以一瞬"有异曲同工之妙。正因为如此，作者主张人就应当充分利用有限的时光及时行乐，而不必求名求利，所以说"名山料理身后，也算古人愚"。这是一种旷达，也是对上阕自悔"不读十年书"的自我解嘲。最后五句写春光满天地，美景无限，子规啼叫，众芳易歇，应及时充分享受大自然赐予的良辰美景。这首词有景物的描写，有正面抒情，也有直接议论。以议论抒情为主，以写景为辅，景物描写为议论抒情服务。由于景物描写生动，议论深刻，感情沉郁，故三者相得益彰。语言雄放而不失婉丽，也是本词一大特色。陈廷焯以为张惠言的五首《水调歌头》"既沉郁，又疏快，最是高境"（《白雨斋词话》），我们从本词中也可以体会到。

相　见　欢

年年负却花期[1]！过春时，只合安排愁绪送春归[2]。梅花雪[3]，梨花月^{（4）}，总相思。自是春来不觉去偏知。

注释

（1）负却：犹言辜负了。花期：指春天花开季节。

（2）只合：只好。合，应当，应该。安排愁绪：犹言带着忧伤的情感。

（3）梅花雪：雪里梅花。梅花报春，是花期之始。

（4）梨花月：即月下梨花。

提示

这是一首抒写伤春情绪的小词。通过"春来不觉去偏知"的特殊感受，表现了作者热爱生活、热爱自然的思想，同时也透露了一种时光易逝、青春难再的伤春、惜春的哀愁。上阕写自己辜负春光，春去了，才"安排愁绪送春归"，惜春之情、悔恨之思溢于言表。下阕把这种惜春的悔恨的情思加以具体化。当时对雪里红梅、月下梨花不知珍惜，现在却都成相思之物。所以作者得出结论，"自是春来不觉去偏知"。这个结论是经验的总结，也是一种哲理的反思，因而能引起读者的共鸣。此词抒情中含有哲理，语言自然朴实而又清丽隽永，直露中有含蓄，确是小令中的精品。

散　文

黄 宗 羲 文

　　黄宗羲（1610—1695），字太冲，号黎洲，又号南雷，余姚（今浙江余姚）人。明末清初著名思想家、史学家。早年参加东林党，同阉党进行斗争，后成为复社领导人之一。明亡后曾组织武装抗清斗争，晚年隐居不仕，潜心著述，清廷多次征召，力辞不就。他主张"多读书则诗不期工而自工"，诗风朴实无华，写诗重学问性情，不事雕琢。散文笔锋锐利，说理透彻。著有《南雷文定》《明夷待访录》《宋元学案》《明儒学案》等。

原　君[1]

　　有生之初，人各自私也，人各自利也[2]；天下有公利而莫或兴之[3]，有公害而莫或除之。有人者出，不以一己之利为利，而使天下受其利；不以一己之害为害，而使天下释其害[4]；此其人之勤劳必千万于天下之人。夫以千万倍之勤劳，而己又不享其利，必非天下之人情所欲居也[5]。故古之人君，量而不欲入者[6]，许由、务光是也[7]；入而又去之者，尧、舜是也；初不欲入而不得去者，禹是也。岂古之人有所异哉？好逸恶劳，亦犹夫人之情也。

　　后之为人君者不然。以为天下利害之权皆出于我，我以天下之利尽归于己，以天下之害尽归于人，亦无不可；使天下之人不敢自私，不敢自利，以我之大私为天下之公。始而惭焉，久而安焉，视天下为莫大之产业，传之子孙，受享无穷；汉高帝所谓"某业所就，孰与仲多"者[8]，其逐利之情，不觉溢之于辞矣。此无他，古者以天下为主，君为客，凡君之所毕世而经营者，为天下也。今也以君为主，天下为客，凡天下之无地而得安宁者，为君也[9]。是以其未得之也，屠毒天下之肝脑[10]，离散天下之子女，以博我一人之产业[11]，曾不惨然[12]，曰："我固为子孙创业也。"其既得之也，敲剥天下之骨髓，离散天下之子女，以奉我一人之淫乐，视为当然[13]，曰："此我产业之花息也。"(14)然则为天下之大害者，君而已矣。向使无君(15)，人各得自私也，人各得自利也。呜呼！岂设君之道固如是乎？

古者天下之人爱戴其君，比之如父，拟之如天(16)，诚不为过也。今也天下之人，怨恶其君(17)，视之如寇仇(18)，名之为独夫(19)，固其所也(20)。而小儒规规焉以君臣之义无所逃于天地之间(21)，至桀纣之暴，犹谓汤武不当诛之，而妄传伯夷、叔齐无稽之事(22)，乃兆人万姓崩溃之血肉，曾不异夫腐鼠(23)。岂天地之大，于兆人万姓之中，独私其一人一姓乎(24)！是故武王，圣人也；孟子之言(25)，圣人之言也；后世之君，欲以如父如天之空名，禁人之窥伺者，皆不便于其言(26)，至废孟子而不立(27)，非导源于小儒乎！

虽然，使后之为君者，果能保此产业，传之无穷，亦无怪乎其私之也。既以产业视之，人之欲得产业，谁不如我？摄缄縢，固扃鐍(28)，一人之智力，不能胜天下欲得之者之众，远者数世，近者及身，其血肉之崩溃在其子孙矣。昔人愿世世无生帝王家(29)，而毅宗之语公主，亦曰："若何为生我家！"(30)痛哉斯言！回思创业时，其欲得天下之心，有不废然摧沮者乎(31)！是故明乎为君之职分，则唐虞之世，人人能让，许由、务光非绝尘也(32)；不明乎为君之职分，则市井之间，人人可欲，许由、务光所以旷后世而不闻也(33)。然君之职分难明，以俄顷淫乐不易无穷之悲(34)，虽愚者亦明之矣。

注释

（1）原君：推究为君之道。原，推究，推论。

（2）"有生"三句：谓自有人类社会以来，人们都是各人顾各人。自私、自利，是指自己管理自己，自己关心自己的利益。

（3）莫或：没有人。

（4）释其害：消除灾害。

（5）"必非"句：情，常情。居，处。此句谓按照常情而言，人们一定不愿处于这种地位。

（6）"量而"句：量，估量，衡量。入，指就君位。此句谓经过估量而不想当君主。

（7）许由、务光：传说中的高士。《庄子·让王》："尧以天下让许由，许由不受。"又云："汤又让务光，……（务光）乃负石自沉于庐水。"

（8）"汉高帝"句：事见《史记·高祖本纪》："高祖大朝诸侯、群臣，置酒未央前殿。高祖奉玉卮，起为太上皇寿，曰：'始，大人常以臣无赖，不能治产业，不如仲力。今某之业所就，孰与仲多？'"仲，刘仲，汉高祖刘邦的哥哥。

（9）"凡天下"二句：意谓普天下无一处能得安宁，都是由于有君主的缘故。

（10）"屠毒"句：屠，宰割。毒，毒害。此句谓残害天下的人民，使他们肝脑涂地。

（11）博：求得，换取。

（12）曾不惨然：竟然一点儿也不觉得悲惨。曾，竟。惨然，悲伤凄惨的样子。

（13）当然：该当如此。

（14）花息：利息。

（15）向使无君：假如没有君主。向使，假使。

（16）拟之如天：把他比拟为天。拟，比拟。

（17）怨恶（wù悟）：怨恨。恶，憎恨。

（18）寇仇：仇敌。

（19）名之为独夫：称他为独夫。独夫，独裁者，众叛亲离的暴君。

（20）固其所也：原是他应得的下场。固，本来。所，处所，引申为下场。

（21）"而小"句：小儒，指宋以后的一班理学家。规规焉，死板地。此句谓小儒们死板地认定君臣之间那种纲常伦理关系是任何情况下都不能违背的。

（22）妄传：犹言瞎编。伯夷、叔齐：相传为殷孤竹君之子，曾劝阻武王伐纣，又不食周粟，饿死于首阳山（见《史记·伯夷列传》）。

（23）兆人万姓：千千万万老百姓。兆，百万。古代以十万为亿，十亿为兆。腐鼠，腐烂的死鼠，比喻轻贱之物。乃，一作"视"。

（24）私：偏爱。

（25）孟子之言：《孟子·梁惠王》："齐宣王问曰：'汤放桀，武王伐纣，有诸？'孟子对曰：'于传有之。'曰：'臣弑其君可乎？'曰：'贼仁者谓之贼，贼义者谓之残，残贼之人，谓之一夫。闻诛一夫纣矣，未闻弑君也。'"孟子之言，即指孟子的这一段议论。

（26）"皆不"句：都认为他（孟子）的话对自己不利。

（27）"至废"句：以至于废除孟子配享孔庙的地位，而不让他的学说传播。明太祖朱元璋看到《孟子》中"民为贵，社稷次之，君为轻"等说，下诏罢孟子配享孔庙。后又下诏删去《孟子》中有关上述思想的章节。

（28）"摄缄"二句：摄，收紧。缄縢，绳子。固，加固。扃，门闩。鐍，锁钥。此二句谓用绳子捆结实，把门锁加固，以守护自己的财产。

（29）"昔人"句：据《资治通鉴·齐纪一》载，南朝宋顺帝刘準被迫让位于萧道成时，哭道："愿后身世世勿复生帝王家。"

（30）"而毅宗"二句：毅宗，即明思宗朱由检。李自成攻下北京，他自缢身死。自缢前，挥剑杀女儿长平公主时说："汝何故生我家？"（事见《明史·公主列传》）

（31）废然摧沮：灰心丧气貌。

（32）绝尘：超绝尘世，即世上无人企及。

（33）旷后世而不闻：后世再没有听说过。旷，空、绝。

（34）易：换取。

提示

《原君》是《明夷待访录》的第一篇。该书作于康熙二年（1663）。在经历了明末农民大起义、明王朝覆灭、清王朝建立等大事变之后，作者看到封建制度的腐朽性，以亡国遗臣的沉痛心情，开始总结明王朝灭亡的历史教训，探索封建社会腐朽的根源，提出了许多在当时具有民主性的卓越见解，对近代维新变法运动产生过极大影响。

《原君》论述为君之道，认为君主应当为天下"兴利""释害"；揭露了封建君主的专制残暴，撕破封建君主的面纱，批判小儒盲目忠君的错误，表现了作者的民主思想。梁启超说："此等论调，由今日观之，固甚普通，甚肤浅，然在二百六七十年前，则真极大胆之创论也，故顾炎武见之而叹，谓'三代之治可复'；而后此梁启超、谭嗣同辈倡民权共和之说，则其书节抄，印数万本，秘密散布，于晚清思想之骤变，极有力焉（《清代学术概论》）。"

本文分为四段。第一段论述古代人君劳多利少，故人人能让。作者以"人各自私也，人各自利也"的本性作为立论的依据，根据这一点，从利与害、公与私、勤劳与安乐几方面进行比较，从而对过去被捧为神圣的尧、舜、禹，吹为高士的许由、务光等人的禅让与退隐行为，进行了合乎"人情"的解释。在层层推理之中，得出人君的职分乃是为天下兴利除害的结论，以此作为全文的基本论点，并作为衡量后世之人君的标准。第二段根据第一段提出的标准揭露后世人君的种种罪恶。首先指出后世人君把天下当作个人之产业。"以天下之利尽归于己，以天下之害尽归于人。"正因为如此，他们在未取得天下之前，不惜"屠毒天下之肝脑，离散天下之子女"来夺取天下；在取得天下之后又"敲剥天下之骨髓，离散天下之子女"来满足个人之淫乐。最后很自然地得出结论："天下之大害者，君而已矣！"第三段批判"小儒"们"君臣之义无所逃于天地之间"的谬论，指出正是这种谬论，引导着后世人君完全背离了人君为天下兴利除害的应尽职分。第四段指出由于人君背离自己应尽之职分，干出种种罪恶之事，难免落得可耻的悲惨下场。因为既然将天下以私人产业视之，则产业人人欲得也是合乎人情的。而"一人之智力，不能胜天下欲得之者之众"，于是"远者数世，近者及身，其血肉之崩溃在其子孙"的下场就是必然的了。通过严密的逻辑推理，进一步明确人君的应尽职分，并给后世人君敲起警钟。作者从人性论出发，指出："有生之初，人各自私也，人各自利也。"并把它当作立论的依据，这在当时确是石破天惊之论。但文章认为封建帝王的覆灭，是由于"一人之智力，不能胜天下欲得之者之众"，则不符合历史发展的规律。

《原君》采用托古论今的论述方法，以大量的历史事实为论据，着重批判"后之为人君者"，矛头对准封建社会的最高统治者，使文章既具有极大的说服力，又具有强烈的战斗性。文章紧紧扣住为天下"兴利除害"是人君的职分这一中心，由古及今，条理清晰，脉络分明，层层深入，逻辑性强。运用对比手法，以今衬古，中心突出。语言严谨而富有形象性。

侯 方 域 文

　　侯方域（1618—1655），字朝宗，号雪苑，河南商丘人。明末曾至南京应试，与陈定生、方以智、冒辟疆并称"四公子"，后来主盟复社。弘光朝，因抨击阉党余孽阮大铖、马士英而受迫害，为避祸，投奔史可法。清兵南下，他隐居家乡。顺治八年（1651），他被迫应河南乡试，中副榜，不久抑郁而死。侯方域以诗和时文闻名海内，后致力古文创作，与魏禧、汪琬并称清初散文三大家。他的散文受司马迁、韩愈、欧阳修影响很深，并吸收了传奇小说的艺术手法，以人物传记见长。诗多感慨时事之作。有《壮悔堂文集》《四忆堂诗集》等。

李 姬 传

　　李姬者名香，母曰贞丽⁽¹⁾。贞丽有侠气，尝一夜博⁽²⁾，输千金立尽。所交接皆当世豪杰，尤与阳羡陈贞慧善也⁽³⁾。姬为其养女，亦侠而慧，略知书，能辨别士大夫贤否，张学士溥、夏吏部允彝急称之⁽⁴⁾。少风调皎爽不群⁽⁵⁾。十三岁，从吴人周如松受歌玉茗堂四传奇⁽⁶⁾，皆能尽其音节。尤工琵琶词⁽⁷⁾，然不轻发也。

　　雪苑侯生⁽⁸⁾，己卯来金陵⁽⁹⁾，与相识。姬尝邀侯生为诗，而自歌以偿之⁽¹⁰⁾。初，皖人阮大铖者⁽¹¹⁾，以阿附魏忠贤论城旦⁽¹²⁾，屏居金陵⁽¹³⁾，为清议所斥⁽¹⁴⁾。阳羡陈贞慧、贵池吴应箕实首其事⁽¹⁵⁾，持之力。大铖不得已，欲侯生为解之，乃假所善王将军⁽¹⁶⁾，日载酒食与侯生游。姬曰："王将军贫，非结客者，公子盍叩之？"⁽¹⁷⁾侯生三问，将军乃屏人述大铖意⁽¹⁸⁾。姬私语侯生曰："妾少从假母识阳羡君，其人有高义，闻吴君尤铮铮⁽¹⁹⁾，今皆与公子善，奈何以阮公负至交乎？且以公子之世望⁽²⁰⁾，安事阮公！公子读万卷书，所见岂后于贱妾耶？"侯生大呼称善，醉而卧。王将军者殊怏怏⁽²¹⁾，因辞去，不复通。

　　未几，侯生下第⁽²²⁾。姬置酒桃叶渡⁽²³⁾，歌琵琶词以送之，曰："公子才名文藻，雅不减中郎。中郎学不补行⁽²⁴⁾，今琵琶所传词固妄，然尝昵董卓⁽²⁵⁾，不可掩也。公了豪迈不羁，又失意，此去相见未可期，愿终自爱，无忘妾所歌琵琶词也！妾亦不复歌矣！"

　　侯生去后，而故开府田仰者⁽²⁶⁾，以金三百锾⁽²⁷⁾，邀姬一见。姬固却之。开府惭且怒，且有以中伤姬。姬叹曰："田公岂异于阮公乎？吾向之所赞于侯公子者谓何⁽²⁸⁾？今乃利其金而赴之，是妾卖公子矣！"⁽²⁹⁾卒不往。

注释

（1）"李姬"二句：李姬指明末南京秦淮名妓李香，又称香君。姬，古代妇女的美称。母，此指妓女的假母，亦称鸨母。贞丽，李贞丽，字淡如，明末秦淮名妓。

（2）博：赌博。

（3）阳羡：古地名，故城在今江苏宜兴南。陈贞慧：字定生，明末宜兴人，与侯方域、冒襄、方以智同称复社"四公子"。

（4）张学士溥：即张溥，字天如，复社创始人，因曾为明朝进士，故称学士。夏吏部允彝：即夏允彝，字彝仲，曾在明吏部任过职，故称夏吏部，他是明末几社领袖。急：极力。称：称赞。

（5）风调：风韵格调。皎爽：开朗豪迈。不群：与众不同。

（6）周如松：即苏昆生，明末著名昆曲家。周本河南人，长期在苏州等地教习昆曲，故称吴人。玉茗堂四传奇：又称《玉茗堂四梦》，即汤显祖的四个传奇剧本：《紫钗记》、《还魂记》（《牡丹亭》）、《南柯记》、《邯郸记》。因汤显祖书斋名玉茗堂，故名。

（7）琵琶词：指元末高明的南戏剧本《琵琶记》。

（8）雪苑侯生：作者自指。侯方域自号雪苑。

（9）己卯：明崇祯十二年（1639），岁次己卯。

（10）偿：酬谢。

（11）皖：古国名，在今安徽潜山县北，后多指安徽。阮大铖：明末安徽怀宁（今安庆）人，曾加入东林党，后又依附魏忠贤，崇祯时被废为民，闲居南京。后与马士英拥立福王，任兵部尚书，后降清。

（12）阿（ē 额_{阴平}）附：阿谀依附。魏忠贤：明末宦官，熹宗时任司礼秉笔太监，兼掌东厂，专断朝政，杀害东林党人，为阉党领袖。崇祯帝即位时被黜，不久畏罪自杀。论城旦：此指阮大铖被废为平民。论，论处。城旦，秦汉时所立的一种劳役，白天防寇，夜间筑城。

（13）屏（bǐng 饼）居：退居。

（14）清议：公正的评论。此指复社文人吴次尾、陈贞慧等对阮大铖的抨击。

（15）贵池：今安徽池州。吴应箕：字次尾，明末复社领导人之一。首其事：首先倡议发动揭发阮大铖。

（16）假：请托。所善：要好的朋友。王将军：生平不详。

（17）盍（hé 河）叩之：何不问问他。盍，何不。叩，问。

（18）屏人：让其他人回避。

（19）铮铮：比喻人品刚直不阿。

（20）世望：家世与声望。

（21）殊怏怏：非常不高兴。怏怏，郁郁不乐貌。

（22）下第：考试未中。

（23）桃叶渡：渡口名，在南京城内秦淮河与清溪合流处。以晋王献之曾在此送其爱妾桃叶而得名。

（24）雅：素来，向来。不减：不差于。中郎：指东汉文学家、左中郎将蔡邕。南戏《琵琶记》以他为男主人公。学不补行：好的学问弥补不了品行上的缺点。

（25）尝昵董卓：曾同董卓亲近。东汉末董卓专断朝政，自称太师，曾任用蔡邕。后董卓被诛，举朝称贺，独邕为之叹息，因下狱死。

（26）田仰：马士英的亲戚，南明弘光朝任淮阳巡抚。明清时称巡抚为开府。

（27）锾（huán 环）：古代重量单位，此处指"两"。

（28）赞：规劝。

（29）卖：负心。

提示

本文是一篇传记体散文。名之为传，但并非对人物的一生作全面系统的记录，而只是通过作者所亲身经历的几件事，用随笔的方式，对李香明辨是非、爱憎分明的品德加以赞扬。全文分两部分，第一部分即第一自然段，概要介绍李香的品格和伎艺。先介绍李香假母李贞丽的豪侠性格，为写李香的"侠而慧"张本，说明李香的这种品格不是天生的，而是从小受她有"侠气"的假母以及假母朋友们的影响而形成的。接着正面叙述李香的品格，即"侠而慧，略知书，能辨别士大夫贤否"。这是全文的纲领，下文即围绕"能辨别士大夫贤否"来进行叙述。最后叙述李香超群的伎艺，并指出"尤工琵琶词，然不轻发"，为后文写送别侯生的场面埋下伏笔。第二部分，即二、三、四自然段，列举三件事来描述李香能辨别士大夫贤否的情形。第一件事，劝阻侯生接近阮大铖。先写侯生来金陵，李香与之交游，把侯生当作知己，以歌酬诗，这说明她能辨别士大夫贤否。阮大铖是一个无耻小人，当王将军对侯生"屏人述大铖意"时李香先是质疑，后是严词劝阻，使侯生"大呼称善"，使"王将军者殊怏怏"，突出了李香侠而慧，从另一侧面写出了她能辨别士大夫之不贤者。第二件事，送别桃叶渡。这里着重写了李香歌琵琶词送别侯生，以照应第一段中"尤工琵琶词，然不轻发"的话，但作者着重记叙的还是她劝诫侯生的一段话，目的仍然说明她不但识今人之贤否，也能识古人之贤否。第三件事，拒绝田仰之邀，又一次突出其能辨别士大夫贤否的品格。全文共五处写她之善辨，即一辨侯生，二辨阮大铖，三辨陈贞慧、吴应箕，四辨蔡中郎，五辨田仰，不仅突出了李香的这一基本品格，而且从这一品格中表现出她的识大体、知大义、不畏权势、不慕荣利的可贵品德。文章选材精当，主干突出。叙述条理清晰，照应周密，结构严谨。采用对比方法突出了人物性格。作者可贵之处是勇于以自己的弱点来反衬李香的优点。此外通过特定场合下个性化的对话来刻画人物，也是本文的一大特点。

方　苞　文

方苞（1668—1749），字灵皋，号望溪，安徽桐城人。22 岁为诸生，23 岁入国子监，以时文和古文名动京师。康熙四十五年（1706）会试中式，因母病未参加殿试，康熙五十年因戴名世《南山集》案入狱。出狱后入值南书房，任武英殿总裁，累官至礼部右侍郎。75 岁时辞归，终老家乡。他是桐城派的创始人，提倡"义法"，在形式上对词语、章法提出种种限制。所作散文多经说及书序碑传之类，他的文集中不乏优秀作品，如《狱中杂记》《左忠毅公逸事》等。著述甚丰，有《方望溪先生全集》。

左忠毅公逸事

先君子尝言[1]，乡先辈左忠毅公视学京畿[2]，一日，风雪严寒，从数骑出，微行入古寺，庑下一生伏案卧[3]，文方成草[4]；公阅毕，即解貂覆生[5]，为掩户。叩之寺僧，则史公可法也[6]。及试，吏呼名至史公，公瞿然注视[7]，呈卷，即面署第一[8]。召入，使拜夫人，曰："吾诸儿碌碌[9]，他日继吾志者，惟此生耳。"

及左公下厂狱[10]，史朝夕狱门外，逆阉防伺甚严[11]，虽家仆不得近。久之，闻左公被炮烙[12]，旦夕且死；持五十金，涕泣谋于禁卒，卒感焉。一日，使史更敝衣草屦[13]，背筐，手长镵，为除不洁者[14]。引入，微指左公处[15]。则席地倚墙而坐，面额焦烂不可辨，左膝以下，筋骨尽脱矣。史前跪，抱公膝而呜咽。公辨其声而目不可开，乃奋臂以指拨眦[16]，目光如炬，怒曰："庸奴，此何地也？而汝来前！国家之事，糜烂至此。老夫已矣，汝复轻身而昧大义，天下事谁可支拄者！不速去，无俟奸人构陷[17]，吾今即扑杀汝！"因摸地上刑械，作投击势。史噤不敢发声，趋而出。后常流涕述其事以语人，曰："吾师肺肝，皆铁石所铸造也！"

崇祯末，流贼张献忠出没蕲、黄、潜、桐间[18]，史公以凤庐道奉檄守御[19]。每有警，辄数月不就寝，使壮士更休，而自坐幄幕外。择健卒十人，令二人蹲踞而背倚之，漏鼓移，则番代[20]。每寒夜起立，振衣裳，甲上冰霜迸落，铿然有声。或劝以少休，公曰："吾上恐负朝廷，下恐愧吾师也。"

史公治兵，往来桐城，必躬造左公第[21]，候太公、太母起居[22]，拜夫人于堂上。

余宗老涂山[23]，左公甥也，与先君子善，谓狱中语，乃亲得之于史公云。

注释

（1）先君子：对自己已故的父亲的敬称。方苞父亲名仲舒，明末清初诗人。

（2）乡先辈：同乡中的老前辈。左忠毅公：指左光斗，明桐城人，累官至左佥御史，曾上疏陈魏忠贤三十二斩罪，被诬下狱，死于狱中，弘光时追谥忠毅。京畿：都城及其附近地方。

（3）庑：厅堂周围的廊屋。

（4）文方成草：文章才写完草稿。

（5）解貂覆生：解下貂皮裘盖在书生身上。

（6）叩：问。史公可法：史可法，崇祯进士，南明时任兵部尚书、大学士，坚守扬州抗拒清兵，壮烈殉国。

（7）瞿然：吃惊地注视的样子。

（8）面署第一：当面批准为第一名。

（9）诸儿碌碌：儿子们都很平庸无能。

（10）厂狱：明成祖设特务机关东厂，由太监掌管，其所管监狱称厂狱。

（11）逆阉：指魏忠贤党。魏为太监，故称阉。

（12）炮烙：酷刑，用烧红的铁烙炙犯人。

（13）"使史"句：让史可法换上破衣草鞋。屦（jù据），古时用麻葛等编织成的鞋。

（14）"手长"二句：拿着长镵，装成清洁工。手，用如动词，用手拿着。长镵，一种长柄的掘土工具。除不洁，清除脏物。

（15）微指：暗指。

（16）"乃奋"句：于是举起手臂，用手指扒开眼眶。眦（zì自），眼眶。

（17）构陷：罗织罪名，加以陷害。

（18）蕲、黄、潜、桐：指湖北省的蕲春、黄冈，安徽省的潜山、桐城。

（19）"史公"句：史可法以凤庐道员的身份，奉军令防御张献忠的进攻。凤庐道，管辖凤阳府、庐州府一带的官员。

（20）"漏鼓"二句：过一段时间就轮换。漏，古代计时器。鼓，打更的鼓。番，轮流。

（21）躬造：亲自拜访。

（22）候：问候，请安。太公、太母：指左光斗的父母。

（23）宗老：同一宗族的老前辈。涂山：作者族祖的号。

提示

本文通过京畿视学、狱中斥史以及史公治兵等动人事迹，多侧面地表现了左光斗刚毅正直和以国家为重、不计个人生死荣辱的崇高品德。文章以"逸事"命题，决定了它必须选择主人公一生行事中有典型性的某些片段。全文分为四部分，第一部分即第一自然段，写左光斗视学京畿发现人才的经过。用"先君子尝言"一句点明材料的来源，说明材料的真实性。接着写左光斗与史可法的遇合。左之视史为人才，不是主观臆断，而是有根据的。天寒住古寺，其贫寒可知；文方草成，即因倦极而伏案卧，则刻苦勤奋可知；公阅其文，及试阅其呈卷，则其才学可知。左正是根据这些，才将史作为"继吾志者"而面署第一。这就充分表现左光斗的知人之明和爱才之殷，为下文史可法不违师教埋下伏笔。第二部分即第二自然段，写左光斗对史可法的训斥，是表现左的崇高品质的重点段落。先写监狱防守之严，次写史可法探问恩师之切，再写左的怒斥，最后写史"后常流涕述其事"。以史衬左，突出地表现了左先国家后私情、舍生死、全大义的崇高品德，以及铁骨铮铮的性格特征。此段以史可法的话作结，显得亲切自然，字字千钧。第三部分即三、四自然段，写史可法以身作则治军严明。明写史而暗写左，正是左的言传身教，才使史有"上恐负朝廷，下恐愧吾师"的思想行为。第四部分，即最后一自然段，补说逸事之由来，进一步表明其真实性，同文章的开头一句相呼应。全文章法严密，所写三件逸事，以第一件为伏笔，第二件为重点，第三件为陪衬，重点突出，剪裁得当。前有伏笔，后必呼应，十分严密，无懈可击。叙事简洁而具体，描写生动而细致，尤善以典型细节刻画人物。例如"解貂覆生，为掩户"，"奋臂以指拨眦，目光如炬"，"振衣裳，甲上冰霜迸落，铿然有声"，都写得栩栩如生，令人有如见其人，如闻其声之感。

郑　燮　文

作者生平介绍见诗歌部分。

范县署中寄舍弟墨第四书

十月二十六日得家书，知新置田获秋稼五百斛[1]，甚喜。而今而后，堪为农夫以没世矣[2]！要须制碓、制磨、制筛罗簸箕、制大小扫帚、制升斗斛。家中妇女，率诸婢妾，皆令习春揄蹂簸之事[3]，便是一种靠田园长子孙气象[4]。天寒冰冻时，穷亲戚朋友到门，先泡一大碗炒米送手中，佐以酱姜一小碟，最是暖老温贫之具[5]。暇日咽碎米饼，煮糊涂粥[6]，双手捧碗，缩颈而啜之[7]，霜晨雪早，得此周身俱暖。嗟乎！嗟乎！吾其长为农夫以没世乎！

我想天地间第一等人，只有农夫，而士为四民之末[8]。农夫上者种地百亩，其次七八十亩，其次五六十亩，皆苦其身，勤其力，耕种收获，以养天下之人。使天下无农夫，举世皆饿死矣。我辈读书人，入则孝，出则弟[9]，守先待后[10]，得志泽加于民[11]，不得志修身见于世[12]，所以又高于农夫一等。今则不然，一捧书本，便想中举、中进士、作官，如何攫取金钱、造大房屋、置多田产。起手便错走了路头，后来越做越坏，总没有个好结果。其不能发达者，乡里作恶，小头锐面⁽¹³⁾，更不可当。夫束修自好者⁽¹⁴⁾，岂无其人；经济自期⁽¹⁵⁾，抗怀千古者⁽¹⁶⁾，亦所在多有。而好人为坏人所累，遂令我辈开不得口；一开口，人便笑曰："汝辈书生，总是会说，他日居官，便不如此说了。"所以忍气吞声，只得捱人笑骂。工人制器利用，贾人搬有运无⁽¹⁷⁾，皆有便民之处。而士独于民大不便，无怪乎居四民之末也！且求居四民之末，而亦不可得也！

愚兄平生最重农夫，新招佃地人⁽¹⁸⁾，必须待之以礼。彼称我为主人，我称彼为客户，主客原是对待之义，我何贵而彼何贱乎？要礼貌他，要怜悯他。有所借贷，要周全他；不能偿还，要宽让他。尝笑唐人七夕诗，咏牛郎织女，皆作会别可怜之语，殊失命名本旨。织女，衣之源也；牵牛，食之本也，在天星为最贵；天顾重之⁽¹⁹⁾，而人反不重乎！其务本勤民，呈象昭昭可鉴矣⁽²⁰⁾。吾邑妇人，不能织绌织布，然而主中馈⁽²¹⁾，习针线，犹不失为勤谨。近日颇有听鼓儿词，以斗叶为戏者⁽²²⁾，风俗荡轶⁽²³⁾，亟宜戒之。

吾家业地虽有三百亩，总是典产⁽²⁴⁾，不可久恃。将来须买田二百亩，予兄弟二人，各得百亩足矣，亦古者一夫受田百亩之义也。若再求多，便是占人产业，莫大罪过。天下无田无业者多矣，我独何人，贪求无厌，穷民将何所措足乎！或曰："世上连阡越陌，数百顷有馀者，子将奈何？"应之曰："他自做他家事，我自做我家事，世道盛则一德遵王⁽²⁵⁾，风俗偷则不同为恶⁽²⁶⁾，亦板桥之家法也。"哥哥字。

注释

（1）新置田：刚买进来的田地。秋稼：秋季所收获的谷子。斛（hú 胡）：量器名，古以十斗为一斛，南宋末改为五斗。

（2）没世：终身。

（3）舂揄蹂簸：指秋收后场上的各种农活。《诗经·大雅·生民》："或舂或揄，或簸或蹂"。舂，舂米。揄，往臼中放谷或取米。蹂，以手搓揉，使谷皮脱落。簸，簸扬，扬场。

（4）靠田园长（zhǎng 涨）子孙：依靠田园，养育子孙。

（5）暖老温贫：让老人、穷人感到温暖。

（6）糊涂粥：用玉米面或高粱面熬的粥。

（7）啜（chuò 辍）：喝，吃。

（8）四民：指士农工商。

（9）入则孝，出则弟（tì 替）：指孝敬父母，顺从兄长。语出《论语·学而》。弟，同"悌"。

（10）守先待后：继承前人的美德和事业以传给后人。

（11）"得志"句：地位高了，把恩惠加给老百姓。泽，恩惠。

（12）"不得"句：做平民，就修养品德，作世人表率。见，同"现"，显露。

（13）小头锐面：头小而尖。指善于钻营。

（14）束修自好：检点自己的言行，爱惜自己的名声。

（15）经济自期：以经世济民、治好国家为自己的目标。经济，经世济民或经时济世，指治理国家。

（16）抗怀千古：抱负远大，上比古人。抗，高。

（17）"贾人"句：商人把货物从有的地方运送到没有的地方。贾（gǔ古），商人。

（18）佃地人：佃户。

（19）顾：却。

（20）"其务"句：意谓牛郎织女所呈现的星象，其含义在于务本勤民是明明白白的。

（21）绸：同"绸"。主中馈：指在家操持家务，煮饭做菜。

（22）斗叶：指玩纸牌。中国纸牌俗称叶子。

（23）荡轶：放荡不守规矩。

（24）典产：用钱抵押的土地，产权归原主，原主随时可以用钱赎回。

（25）一德遵王：同心合意遵从王道。

（26）风俗偷：指社会风气浮薄败坏。偷，浇薄，不厚道。为恶：作恶，做坏事。

提示

本文选自《郑板桥集》，是作者于乾隆九年（1744）在山东范县任知县时，给弟弟郑墨写的第四封信。主要论述"天地间第一等人只有农夫"和"士为四民之末"的观点，反映了作者尊重劳动和劳动人民的思想，表达了对豪强欺压农民、兼并土地的行为的不满，表现了对士风不正、官场腐败的厌恶和对农村淳朴风俗的向往，具有较高的人民性和进步性。全文分四段，第一段写"知新置田获秋稼"后的喜悦心情。先教育家人要努力劳动，自食其力；再告诫家人要暖老温贫，最后写对农村简朴甜美生活的向往。作者前后两次提到"为农夫以没世"，欣喜之情溢于言表，反衬出他对官场的厌倦，为下文对士风不正的批评张本，又很自然地引出了全文主旨。第二段正面提出全文的中心，即"天地间第一等人，只有农夫"的观点。先说明理由，是由于"农夫苦其身，勤其力""以养天下之人"。然后对作为"四民之末"的"士"的作风进行揭露，使之同农夫的勤劳进行对照。既充分证明了自己的观点，又表达了对当时一捧书本便想做官，便想如何攫取金钱、造大房屋、多置田产的士风的深恶痛绝。第三段教育家人要尊重农民，关心农民。首先要从思想上树立农夫为天下第一等人的观念，然后从牛郎织女命名的本旨，阐明农夫织女的重要。最后教育家人要从事劳动，不可荡轶，以实际行动学习农夫。第四段教育家人不可多置田产，占人产业，并以所述作为"板桥之家法"。说明作者不仅从思想上尊重农民，而且落实到自己的行动，言行一致。同时又用第三段所批评的当时的士风作为对照，表示不愿同流合污。本文因系家书，作者侃侃谈来，看似散漫无章法，实则内部结构十分严谨。全文以农夫为天地间第一等人作为中心思想贯彻始终，处处以"士为四民之末"作对照，层层导引，层层深入，显得十分自然。行文平易亲切，清新流畅，多用口语，富于生活气息，如促膝谈心，毫不装腔作势，使人容易接受。

全 祖 望 文

全祖望（1705—1755），字绍衣，号谢山，鄞县（今属浙江宁波）人。乾隆元年（1736）进士，选为翰林，散馆后不再出仕。主讲过浙江蕺山、广东端溪两书院。曾因作文有"为我讨贼清乾坤"句，以"贼"字在"清"字之上而被下狱诏罪，经人营救，得免于死。为人伉直有志节，一生致力于经史研究，写了不少文章歌颂忠义，表彰具有民族气节的志士。著有《鲒埼亭集》等。

梅 花 岭 记⁽¹⁾

顺治二年乙酉四月⁽²⁾，江都围急⁽³⁾。督相史忠烈公知势不可为⁽⁴⁾，集诸将而语之曰："吾誓与城为殉⁽⁵⁾！然仓皇中不可落于敌人之手以死，谁为我临期成此大节者⁽⁶⁾？"副将军史德威慨然任之。忠烈喜曰："吾尚未有子，汝当以同姓为吾后，吾上书太夫人，谱汝诸孙中⁽⁷⁾。"

二十五日，城陷。忠烈拔刀自裁，诸将果争前抱持之。忠烈大呼"德威"，德威流涕，不能执刃，遂为诸将所拥而行。至小东门，大兵如林而至⁽⁸⁾。马副使鸣騄、任太守民育及诸将刘都督肇基等皆死⁽⁹⁾。忠烈乃瞠目曰："我史阁部也⁽¹⁰⁾。"被执至南门，和硕豫亲王以"先生"呼之⁽¹¹⁾，劝之降。忠烈大骂而死。

初，忠烈遗言："我死，当葬梅花岭上。"至是，德威求公之骨不可得，乃以衣冠葬之。或曰：城之破也，有亲见忠烈青衣乌帽，乘白马，出天宁门投江死者，未尝殉于城中也。自有是言，大江南北遂谓忠烈未死。已而英、霍山师大起，皆托忠烈之名⁽¹²⁾，仿佛陈涉之称项燕⁽¹³⁾。吴中孙公兆奎以起兵不克⁽¹⁴⁾，执至白下⁽¹⁵⁾，经略洪承畴与之有旧⁽¹⁶⁾，问曰："先生在兵间，审知故扬州阁部史公果死耶⁽¹⁷⁾？抑未死耶？"孙公答曰："经略从北来，审知故松山殉难督师洪公果死耶？抑未死耶？"承畴大恚，急呼麾下驱出斩之。呜呼！神仙诡诞之说，谓颜太师以兵解[18]，文少保亦以悟大光明法蝉脱[19]，实未尝死。不知忠义者，圣贤家法[20]，其气浩然[21]，长留天地之间，何必出世入世之面目？神仙之说，所谓为蛇画足[22]。即如忠烈遗骸，不可问矣。百年而后，予登岭上，与客述忠烈遗言，无不泪下如雨，想见当日围城光景，此即忠烈之面目，宛然可遇[23]，是不必问其果解脱否也；而况冒其未死之名者哉！

墓旁有丹徒钱烈女之冢[24]，亦以乙酉在扬，凡五死而得绝，时告其父母火之，无留骨秽地。扬人葬之于此。江右王猷定、关中黄遵岩、粤东屈大均[25]，为作传铭哀辞[26]。

顾尚有未尽表章者[27]。予闻忠烈兄弟，自翰林可程下[28]，尚有数人。其后皆来江都省墓。适英、霍山师败，捕得冒称忠烈者，大将发至江都，令史氏男女来认之。忠烈之第八弟已亡，其夫人年少有色，守节，亦出视之。大将艳其色，欲强娶之。夫人自裁而死[29]。时以其出于大将之所逼也，莫敢为之表彰者。呜呼！忠烈尝恨可程在北，当易姓之间[30]，不能仗节出疏纠之[31]。岂知身后乃有弟妇以女子而踵兄公之余烈乎[32]！梅花如雪，芳香不染，异日有作忠烈祠者，副使诸公，谅在从祀之列[33]，当另为别室以祀夫人，附以烈女一辈也。

注释

（1）梅花岭：在今江苏扬州广储门外，因山上多梅树，故名。明末抗清将领史可法衣冠冢在此。

（2）顺治二年：1645 年。顺治，为清世祖福临年号。

（3）江都围急：江都，明扬州府府治所在地。当时被清豫亲王多铎率大军围困。

（4）史忠烈公：即史可法，字宪之，崇祯进士。清兵入关后，南明福王任他为兵部尚书、大学士，督师扬州。明大学士相当于宰相，故称他为督相。后扬州城破，英勇殉国。忠烈，是福王赠他的谥号。

（5）与城为殉：意为要与城共存亡，城破就以身殉国。

（6）成此大节：意指帮助他殉职，成全其节义，以免落到清兵手里。

（7）谱汝诸孙中：意谓把你的名字列入我们家谱的孙儿辈中。

（8）大兵：指清兵。

（9）马副使鸣騄：事不详。任太守民育：济宁人，"城破，衣端坐堂上，遂见杀，阖家男妇尽赴井死"。刘都督肇基：辽东人，当时守扬州北门，发炮杀伤清兵甚众，城破，率四百余人巷战，以身殉难。

（10）阁部：明代称大学士为阁部。

（11）和硕豫亲王：清太祖努尔哈赤的第十五子，名多铎。和硕，满语是"部落"、"旗"的意思。按清制，亲王、公主称号前都加"和硕"。

（12）"已而"二句：据《明通鉴·附编》载，义军首领冯弘图、侯应龙等先后在霍山（今属安徽）、英山（今属湖北）一带起兵抗清，皆假托史可法的名义以号召群众，后失败。

（13）"仿佛"句：秦末陈涉起义时，曾假托楚将项燕的名义（事见《史记·陈涉世家》）。

（14）孙公兆奎：孙兆奎，字君昌，江苏吴江人，与吴日星起兵抗清，号"孙吴军"，后兵败被俘。

（15）执至白下：被俘押至南京。白下，南京的别名。

（16）洪承畴：字亨九，崇祯末任蓟辽总督，在辽宁松山兵败降清。降清后任七省经略。当时驻扎江宁。初被俘时，传说他已殉难。崇祯帝信以为真，哭祭过他。故孙兆奎用"故松山殉难督师洪公"的话讽刺他。

（17）审知：确实知道。

（18）颜太师以兵解：唐朝颜真卿曾任太子太师，后为叛将李希烈所杀。传说他被杀后升仙了。据《太平广记》：颜真卿死后，其仆人曾在洛阳同德寺见他穿白衫坐在佛殿上，因此当时有人说他尸解得道了。尸解，是道家迷信的说法，意谓借死解脱了躯体而成仙。兵解，即死于兵刃之后成仙。

（19）"文少保"句：意为文天祥也因参悟了大光明法，解脱成佛。文少保，文天祥曾任少保。大光明法，道家所谓的一种出世法。蝉脱，像蝉脱壳一样离开躯体而成仙。

（20）圣贤家法：谓圣贤的传统道德准则，如忠君爱国、舍生取义等。家法，这里是准则的意思。

（21）其气浩然：那种凛然正气，磅礴浩大。

（22）为蛇画足：即画蛇添足。喻神仙之说为多余。

（23）宛然：仿佛。

（24）丹徒：镇江府府治所在地，今属江苏镇江。钱烈女：名淑贤，扬州城陷时，壮烈殉难，轰动一时。著名作家王猷定有《钱烈女墓志铭》。

（25）江右：这里指江西省。王猷定：江西南昌人，明遗民，隐居不出，著有《四照文集》。黄遵岩：陕西人，生平不详。

（26）传铭哀辞：指墓志铭文之类的哀悼文字。

（27）章：同"彰"。

（28）可程：史可法之弟，崇祯进士。李自成农民军入京时，可程投降。李自成失败后，可程即南归。

（29）"忠烈"数句：史可法第八弟名可则，早逝。其妻李氏，可法夫人之妹，守节奉养史可法之母。清将聂山媚其色，欲强娶之，八夫人乃自杀而死。

（30）易姓之间：改朝换代之际。此指李自成攻进北京，明王朝崩溃之时。

（31）不能仗节：不能保持节操。认为史可程投降农民军是"不能仗节"。出疏纠之：

史可法曾给弘光帝上疏纠弹可程之"罪"。弘光帝因史可法的面子，未加罪，令其养母。

（32）兄公：旧时妻子称丈夫之兄为兄公。

（33）副使诸公：指与史可法一起殉难的部将。

提示

本文记述了史可法等明末抗清志士慷慨赴义的动人事迹，表彰了他们忠贞殉国、宁死不屈的民族气节和高贵品德，对卖国求荣、贪生怕死的民族败类洪承畴之流进行讽刺和鞭挞，表现了作者强烈的民族意识和鲜明的爱憎之情。文章以史可法殉国为中心事件展开叙写，涉及许多人和事，这些人和事或与史相类似，属褒奖之列；或与史相反，属贬斥之列，故人与事虽多而不离中心。全文分为三部分，头两自然段为第一部分，记叙史可法殉国的经过。分两层，第一层写史可法决心殉国。当史德威答应为他"临期成此大节"时，他高兴地认他为儿子。其视死如归、以死为荣的精神，作者用一"喜"字便跃然而出。第二层写城陷后史可法殉国的情景。先写他自裁为诸将所阻，再写史德威流涕不能执刀，以照应前文"吾誓与城为殉"之语，最后以"大骂而死"的概括性语言来写他的壮烈牺牲，既表现了史可法慷慨就义的精神，又为下文关于史可法之死的各种传闻埋下伏笔。第二部分即第三自然段，写史可法殉国的传闻和影响。先写史德威以衣冠葬史可法于梅花岭上，表明史可法牺牲的真实性，又点了题意。再用"或曰"，写关于史可法之死的各种传闻，并以英山、霍山人民托史名起义和孙兆奎面刺洪承畴两事，来说明史可法精神不死，影响深远。最后以"呜呼"带起作者的议论，赞扬史可法"其气浩然，长留天地之间"，表现作者对史可法的崇高敬意和深切悼念。第三部分即最后两自然段，附录两位烈女反抗清军、仗义死节的事迹。一是丹徒钱烈女，一是史可法弟媳八夫人，一略一详，剪裁得体，补充说明第二部分史可法的影响，同时与史可法殉国事迹相映衬，突出了本文表彰忠烈的主旨。文章夹叙夹议，互为表里。叙写部分，既有细节描写，又有概括叙述，写得生动真实，有很强的感染力。议论部分鲜明地表明了作者的是非观念和强烈的爱憎，并有一定的哲理性，显得深刻。文章运用对比与映衬手法，有很强的艺术效果。如写孙兆奎对洪承畴的揶揄，让洪承畴的丑恶嘴脸与史可法的忠烈精神形成鲜明对照。后两段记钱烈女与八夫人的忠贞，与史可法的精神相映衬；在议论中又将历史人物颜真卿、文天祥与史可法相提并论，让历史上的英雄人物与史可法相映衬，使史可法的精神显得更加伟大崇高。

袁 枚 文

作者生平介绍见诗歌部分。

黄生借书说

黄生允修借书，随园主人授以书而告之曰[1]：书非借不能读也。子不闻藏书者乎？七略、四库[2]，天子之书，然天子读书者有几？汗牛塞屋[3]，富贵家之书，然富人读书者有几？其他祖父积、子孙弃者无论焉[4]。非独书为然，天下物皆然。非夫人之物而强假焉[5]，必虑人逼取而惴惴焉[6]摩玩之不已[7]，曰："今日存，明日去，吾不得而见之矣。"若业为吾所有[8]，必高束焉[9]，庋藏焉[10]，曰"姑俟异日观"云尔[11]。

余幼好书，家贫难致[12]。有张氏，藏书甚富；往借不与，归而形诸梦[13]，其切如是[14]，故有所览辄省记[15]。通籍后[16]，俸去书来，落落大满[17]，素蟫灰丝[18]，时蒙卷轴，然后叹借者之用心专，而少时之岁月为可惜也。

今黄生贫类予，其借书亦类予，惟予之公书[19]与张氏之吝书若不相类。然则予固不幸而遇张乎？生固幸而遇予乎？知幸与不幸，则其读书也必专，而其归书也必速。为一说，使与书俱[20]。

注释

（1）随园主人：作者自称。随园是作者建于南京小仓山房的林园。

（2）七略：汉成帝河平三年（前26）命光禄大夫刘向校中秘书（皇家收藏的书），使谒者（官名）陈农求遗书于天下。刘向每校毕一书，就把书的篇目和大意写一篇叙录，奏给皇帝。刘向死后，汉哀帝使刘向的儿子刘歆继续完成刘向的事业。刘歆遂总括群篇，撮其指要，著为《七略》：一曰辑略，二曰六艺略，三曰诸子略，四曰诗赋略，五曰兵书略，六曰术数略，七曰方技略。四库：宫廷收藏图书的地方，唐玄宗时于西都长安、东都洛阳各聚书四部，以甲、乙、丙、丁为次，列经、史、子、集四库。这些书有正本和副本。书的轴带帙签都用不同的颜色区别。

（3）汗牛塞屋：也说汗牛充栋。形容书籍之多。柳宗元《唐故给事中皇太子侍读陆文通先生墓表》："其为书，处（chǔ 楚）则充栋宇，出则汗牛马。"处，家居。充栋宇，把屋子都塞满了。出，外出。汗牛马，用牛马车运载，牛马都要累得出汗。

（4）无论焉：那就无须说了。

（5）夫人：此人。夫，指示代词。强（qiǎng 抢）假：硬向人借。假，借。

（6）惴惴：忧惧的样子。

（7）摩玩：抚摩欣赏。不已：不停止。

（8）业：已经。

（9）高束：束之高阁。意思是把东西捆起来，放在高高的阁板（设在室内放食物之类的木架）上。

（10）庋（guǐ轨）藏：保存，置放。

（11）俟：等，待。云尔：语气助词，用在句尾，表示述说完了。

（12）致：得到。

（13）形诸梦：在梦中显现，梦见。

（14）切：恳切、迫切。

（15）辄省（xǐng醒）记：就能了解、记忆。辄，就。省，明了。

（16）通籍：入仕途，作了官。

（17）落落大满：意思是处处堆满书。

（18）素蟫（yín银）：白色的蠹鱼。蟫，老则身生白粉的蠹鱼，又名白鱼。灰丝：尘土蛛丝。

（19）公书：指把自己的书公开借给别人。与下文"吝书"相对照。

（20）"为一"二句：作一篇说（指《黄生借书说》），使它和书在一块儿（交给黄生）。"使"下省略宾语"之"字。

提示

青年黄允修向作者借书，作者写了这篇文章，连同所借之书给了他。文章阐述"书非借不能读"的道理，目的却是勉励青年珍惜书籍，珍惜时间，专心学习。全文分为三段，第一段因事生文，由借书之事引出"书非借不能读也"的观点，作为全文的中心。然后举出天子有书不读，富贵人有书不读和其他人不读书的事实，从反面来证明观点，也流露出作者对此风气的不满。接着推而广之，谈到"天下物皆然"。先从正面说，因为是"强假"来的，担心"今日存，明日去"，故摩玩不已。再从反面说，如物已为吾所有，则必藏之以待异日观赏，看起来似乎离开了论点，其实正是以物非借不能及时把玩为喻，来申述"书非借不能读"的道理。第二段以自己的读书经历来进一步证明文章的中心论点。作者先回忆自己幼时家贫无书，借书艰难，终于苦读有成。再从反面写作官后"俸去书来，落落大满"，书易致反而不读的情景，一正一反，进一步证明"书非借不能读"的道理。第三段在上一段的基础上作出结论。作者把自己同黄生进行类比，又把自己的公书同张氏之吝书进行对比，勉励黄生读书专，归书速。借书而读，读之易专，当然不是一般规律，道理也不能绝对化，但是作者分析了上自天子，下至自己，一旦有书，即产生"姑俟异日观"的心理，由于有大量的事实作论据，又能进行透辟的分析，因此有很强的说服力，对今天的青年也有教育意义。文章运用对比的手法进行类比推理和比喻论证，纵横捭阖，总不离中心。语言简明晓畅，亲切自然，使人易于接受。

祭 妹 文

乾隆丁亥冬[1]，葬三妹素文于上元之羊山[2]，而奠以文曰：

呜呼！汝生于浙而葬于斯，离吾乡七百里矣。当时虽觭梦幻想[3]，宁知此为归骨所耶？

汝以一念之贞，遇人仳离[4]，致孤危托落[5]。虽命之所存[6]，天实为之；然而累汝至此者，未尝非予之过也。予幼从先生授经[7]，汝差肩而坐[8]，爱听古人节义事；一旦长成，遽躬蹈之[9]。呜呼！使汝不识诗书，或未必坚贞若是。

余捉蟋蟀，汝奋臂出其间[10]；岁寒虫僵，同临其穴[11]。今予殓汝葬汝[12]，而当日之情形，憬然赴目[13]。予九岁憩书斋，汝梳双髻，披单缣来[14]，温《缁衣》一章[15]。适先生多户入[16]，闻两童子音琅琅然，不觉莞尔[17]，连呼则则[18]，此七月望日事也[19]。汝在九原[20]，当分明记之。予弱冠粤行[21]，汝掎裳悲恸[22]。逾三年，予披宫锦还家[23]，汝从东厢扶案出，一家瞠视而笑[24]，不记语从何起，大概说长安登科[25]，函使报信迟早云尔[26]。凡此琐琐[27]，虽为陈迹，然我一日未死，则一日不能忘。旧事填膺[28]，思之凄梗[29]，如影历历，逼取便逝[30]。悔当时不将婴婗情状[31]，罗缕纪存[32]。然而汝已不在人间，则虽年光倒流，儿时可再，而亦无与为证印者矣。

汝之义绝高氏而归也[33]，堂上阿奶[34]仗汝扶持；家中文墨，眹汝办治[35]。尝谓女流中最少明经义、谙雅故者[36]，汝嫂非不婉嫕[37]，而于此微缺然[38]。故自汝归后，虽为汝悲，实为予喜。予又长汝四岁，或人间长者先亡，可将身后托汝；而不谓汝之先予以去也。前年予病，汝终宵刺探[39]，减一分则喜，增一分则忧。后虽小差[40]，犹尚殗殜[41]，无所娱遣。汝来床前，为说稗官野史可喜可愕之事[42]，聊资一欢。呜呼！今而后，吾将再病，教从何处呼汝耶？

汝之疾也，予信医言无害[43]，远吊扬州。汝又虑戚吾心[44]，阻人走报。及至绵惙已极[45]，阿奶问："望兄归否？"强应曰："诺！"已予先一日梦汝来诀，心知不祥，飞舟渡江。果予以未时还家[46]，而汝以辰时气绝[47]。四支犹温[48]，一目未瞑，盖犹忍死待予也。呜呼痛哉！早知诀汝，则予岂肯远游？即游，亦尚有几许心中言，要汝知闻，共汝筹画也[49]。而今已矣！除吾死外，当无见期。吾又不知何日死，可以见汝；而死后之有知无知，与得见不得见，又卒难明也⁽⁵⁰⁾。然则抱此无涯之憾，天乎人乎！而竟已乎⁽⁵¹⁾！

汝之诗，吾已付梓⁽⁵²⁾；汝之女，吾已代嫁；汝之生平，吾已作传⁽⁵³⁾；惟汝之窀穸⁽⁵⁴⁾，尚未谋耳。先茔在杭⁽⁵⁵⁾，江广河深，势难归葬，故请母命而宁汝于斯⁽⁵⁶⁾，便祭扫也。其旁葬汝女阿印⁽⁵⁷⁾，其下两冢，一为阿爷侍者朱氏⁽⁵⁸⁾，一为阿兄侍者陶氏⁽⁵⁹⁾。羊山旷渺⁽⁶⁰⁾，南望原隰⁽⁶¹⁾，西望栖霞⁽⁶²⁾，风雨晨昏，羁魂有伴⁽⁶³⁾，当不孤寂。所怜者，吾自戊寅年读汝哭侄诗后，至今无男⁽⁶⁴⁾；两女牙牙⁽⁶⁵⁾，生汝死后，才周晬耳⁽⁶⁶⁾。予虽亲在未敢言老⁽⁶⁷⁾，而齿危发秃⁽⁶⁸⁾，暗里自知，知在人间，尚复几日！阿品远官河南⁽⁶⁹⁾，亦无子女，九族无可继者⁽⁷⁰⁾。汝死我葬，我死谁埋？汝倘有灵，可能告我？

呜呼！生前既不可想，身后又不可知；哭汝既不闻汝言，奠汝又不见汝食。纸灰飞扬，朔风野大，阿兄归矣，犹屡屡回头望汝也。呜呼哀哉！呜呼哀哉！

注释

（1）乾隆丁亥：即乾隆三十二年（1767）。

（2）素文：作者之三妹袁机的字。素文生于康熙五十八年（1719），死于乾隆二十四年（1759）。上元：清代县名，后并入江苏江宁，今属南京。羊山：山名。

（3）觭（jī基）梦：得梦，梦中所得。此处指做梦，与"幻想"相对。

（4）"汝以一念"二句：意为由于一个信守贞操的念头，嫁了不好的人而离婚。遇人，"遇人不淑"的省略。仳（pǐ痞）离，妇女遭遗弃而离去，这里指离婚。按，素文嫁给如皋高氏，原是指腹为婚，长大后高家父母以其子"有禽兽行"，愿解除婚约，但她定要"从一而终"，守约成婚。后不堪其夫折磨，不得已才离婚回家。

（5）孤危托落：孤独忧伤，冷落失意。

（6）命之所存：命中注定。

（7）授经：讲授经书。

（8）差（cī疵）肩：比肩，并肩。

（9）遽躬蹈之：竟然亲自去实践。

（10）奋臂：挥舞手臂兴致勃发的样子。

（11）同临其穴：一同到埋葬蟋蟀的地方（凭吊）。

（12）殓：给死者穿衣入棺。

（13）憬然赴目：意为清楚地呈现在眼前。憬然，醒悟的样子。

（14）单缣：细绢做的单衣。

（15）《缁衣》：《诗经·郑风》中的篇名。

（16）夅（zhā扎）户：开门。

（17）莞尔：微笑。

（18）则则：赞叹声，犹"啧啧"。

（19）望日：阴历每月十五日。

（20）九原：原为春秋晋国卿大夫的墓地名，后泛指墓地。此指黄泉。

（21）弱冠粤行：刚成年到两广。弱冠，古代男子20岁行冠礼，表示开始进入成年。粤行，指袁枚于乾隆元年春到广西探望叔父袁鸿，时年21岁。

（22）掎（jǐ）裳：拉住衣服。

（23）披宫锦还家：指作者乾隆三年（1738）进士及第，穿着锦袍还家。

（24）瞠视：睁大眼睛看。

（25）长安：这里借指北京。

（26）函使：指报信人。

（27）凡此琐琐：意谓所有这些琐碎事情。

（28）填膺：充满胸怀。

（29）凄梗：悲伤得心中阻塞。

（30）逼取便逝：意谓将要接近它，把握它，可是它却消逝了。

（31）婴婗（yīní 衣尼）：婴儿。此指幼小时期。

（32）罗缕：详尽罗列。

（33）"汝之"句：指与高氏子离婚归母家。

（34）阿奶：指作者母亲。

（35）眣（shùn 瞬）：以目示意，有"望"的意思。

（36）明经义、谙雅故：明白经书的意义，懂得文字的义理。谙，熟悉。雅故，语出《汉书·叙传》："函雅故，通古今。"指对古书的规范的解释。

（37）婉嬺（yì 意）：柔顺。

（38）微缺然：稍微欠缺些。

（39）刺探：探视问候。

（40）小差：病情稍有好转。差（chài 柴去声），同"瘥"，病愈。

（41）殗殜（yèdié 叶喋）：半卧半起，微病的样子。

（42）稗官野史：泛指记载轶闻逸事的书。稗官，原指小官，后也用来泛称野史小说。

（43）无害：没有危险。

（44）虑戚吾心：担心我忧愁。戚，忧愁，此处为使动用法。

（45）绵惙（chuò 辍）：病情严重，气息微弱。

（46）未时：十二时辰之一，相当于下午一点到三点。

（47）辰时：十二时辰之一，相当于上午七点到九点。

（48）支：同"肢"。

（49）筹画：同"筹划"，此是商量之意。

（50）卒：终于。

（51）而竟已乎：终于这样完了。

（52）付梓：刻板付印。梓，刻字的木板。因制板以梓木为上，故称。袁枚将素文的诗刻附于《小仓山房诗文集》中。

（53）作传：作传记（见《小仓山房文集》卷七《女弟素文传》）。

（54）窀穸（zhūnxī 谆西）：墓穴。

（55）先茔（yíng 莹）：祖坟。茔，坟墓。

（56）宁汝于斯：把你安葬在这里。宁，这里是安葬之意。

（57）阿印：素文有两女，一名阿印，早死。另一女由袁枚代嫁。

（58）阿爷侍者：指袁枚父亲的侍婢。

（59）阿兄：袁枚自称。

（60）旷渺：空旷渺茫。

（61）原隰（xí 席）：原野低洼的地方。

（62）栖霞：山名，在今南京市东北。

（63）羁魂：寄居他乡的灵魂。

（64）至今无男：乾隆二十三年（1758），袁枚丧子，素文曾写哭侄诗。次年，素文死。袁枚作此文时尚无子，两年后才又得子名阿迟。

（65）牙牙：婴儿学语声。此指孩子年幼。

（66）周晬（zuì 醉）：周岁。

（67）亲在：指母亲健在。

（68）齿危：牙齿动摇。

（69）阿品：袁枚之弟。

（70）九族：从本身上至高祖下至玄孙，称九族。这里泛指亲族。

提示

本文是作者在亡妹袁机（素文）逝世 8 年后进行安葬时写的一篇祭文。文章通过对亡妹生前一些生活琐事之回忆，表达了对死者生前遭遇不幸，死后葬于异乡的伤感，寄托了对亡妹的无限哀思，表现了兄妹之间的深厚情谊。全文除开头的短序叙葬、祭的时间、地点外，其余分为七段。第一段写素文"生于浙而葬于斯"。妹死兄葬，且又葬于异乡，则其身世之悲凄可知。下文无限哀思，都由此引起。第二段将素文悲剧产生缘由归咎于诗书和礼教，写得极为深刻大胆。第三段回忆亡妹早年的几件琐事，表现出作者内心的悲哀和深切的怀念。总共写了捉蟋蟀、同温《缌衣》、粤行捧裳、披锦还乡四件事，看似琐细，但情寓其中，真切动人。每叙一事，又用数语抒怀，似与死者对话，更显示出怀念之深。第四段回忆素文离婚归家后的情景。一写她主持家事，肯定她的品德与才能；一写她对作者的关心，表现了兄妹之间的深情。尤其是后者写得生动细致，感人至深。第五段写素文的病与死和作者的终身遗憾，进一步突出兄妹情谊之深。第六段写料理素文身后的几件事，以告慰死者在天之灵。最后一段集中抒情，收束全文，连用两个"呜呼哀哉"，一往情深，呼应开头。

本文以极其细腻的笔触选取典型的细节，寓情于事，写得情真意切，具有很强的感染力。如儿时兄妹捉蟋蟀，兄妹比肩读书，兄远行妹掎裳悲恸，都如影历历，写得沉痛真挚。又如追忆亡妹因婚变归家，协理家务；自己病时，亡妹悉心料理，病情"减一分则喜，增一分则忧"，病稍愈即来床前说稗官野史以博兄一欢的情景，亦悱恻动人。写妹临亡时，忍死待兄，兄飞舟归来，则妹已气绝，而"四支犹温，一目未瞑"。所有这些细节，写得一字一泪，一句一哭，读来令人撕肝裂肺，悲痛欲绝。文中还有大量直接抒情，如"呜呼，使汝不读诗书，或未必坚贞若是"，既赞扬了素文的纯洁坚贞，又指出了悲剧的根源。又如记完儿时琐事之后，就有"旧事填膺，思之凄梗"的抒情；写完自己病中得到素文关心之后，则有"今而后，吾将再病，教从何处呼汝"的感伤；叙妹死时不得会面后，则有"抱此无涯之憾，天乎人乎！而竟已乎"的痛惜。最后一段更是集中抒写情怀。作者之深情，直自肺腑中流出，故无藻饰矫揉之痕；又与所叙之事融合一体，故无空泛虚浮之感。文章叙事虽极琐细，但因以时间为顺序，以悲痛之情为线索，所以如珠在线，散而不乱。有人把此文同韩愈的《祭十二郎文》、欧阳修的《陇冈阡表》相提并论，以为古今祭文"得此而乃鼎足之三"，这是很有见地的。

姚 鼐 文

姚鼐（1731—1815），字姬传，一字孟谷，安徽桐城人。乾隆二十八年（1763）进士，曾任刑部郎中，后改四库全书纂修官。书成以御史记名，因母老乞归养。归后曾主讲于安徽敬敷、扬州梅花、南京钟山等书院，前后达四十年。他是桐城派古文的主要代表，与方苞、刘大櫆合称"桐城三祖"。论者以为他"理深于刘，辞迈于方"。为文主张"义理、考证、文章，缺一不可"，提倡神、理、气、味、格、律、声、色，又谓文有阳刚、阴柔之分。编选《古文辞类纂》，分文章为十三类。他的古文多讲求形式技巧，很少涉及民间疾苦，但也不乏佳作。有《惜抱轩全集》。

登 泰 山 记

泰山之阳[1]，汶水西流[2]；其阴，济水东流[3]。阳谷皆入汶，阴谷皆入济[4]。当其南北分者，古长城也[5]。最高日观峰，在长城南十五里。

余以乾隆三十九年十二月[6]，自京师乘风雪，历齐河、长清[7]，穿泰山西北谷，越长城之限，至于泰安。是月丁未⁽⁸⁾，与知府朱孝纯子颖由南麓登。四十五里，道皆砌石为磴，其级七千有余。泰山正南面有三谷，中谷绕泰安城下，郦道元所谓环水也⁽⁹⁾。余始循以入⁽¹⁰⁾，道少半⁽¹¹⁾，越中岭⁽¹²⁾，复循西谷，遂至其巅。古时登山，循东谷入，道有天门。东谷者，古谓之天门溪水，余所不至也。今所经中岭及山巅崖限当道者⁽¹³⁾，世皆谓之天门云⁽¹⁴⁾。道中迷雾冰滑，磴几不可登。及既上，苍山负雪，明烛天南⁽¹⁵⁾，望晚日照城郭，汶水、徂徕如画⁽¹⁶⁾，而半山居雾若带然⁽¹⁷⁾。

戊申晦⁽¹⁸⁾，五鼓，与子颖坐日观亭⁽¹⁹⁾，待日出。大风扬积雪击面，亭东自足下皆云漫，稍见云中白若樗蒱数十立者⁽²⁰⁾，山也。极天，云一线异色，须臾成五采，日上正赤如丹⁽²¹⁾，下有红光动摇承之。或曰，此东海也。回视日观以西峰，或得日，或否⁽²²⁾，绛皓驳色⁽²³⁾，而皆若偻⁽²⁴⁾。

亭西有岱祠⁽²⁵⁾，又有碧霞元君祠⁽²⁶⁾。皇帝行宫在碧霞元君祠东。是日，观道中石刻，自唐显庆以来⁽²⁷⁾，其远古刻尽漫失。僻不当道者皆不及往。山多石，少土。石苍黑色，多平方，少圜。少杂树，多松。生石罅，皆平顶。冰雪，无瀑水，无鸟兽音迹。至日观，数里内无树，而雪与人膝齐。桐城姚鼐记。

注释

（1）泰山之阳：泰山的南面。泰山，原名岱宗，五岳之东岳，在今山东泰安城北。阳，山之南。

（2）汶（wèn 问）水：大汶河，发源于山东莱芜东北的原山，向西南流经泰安，入济水。明永乐间，筑坝改流，导为运河。

（3）济水：也称沇水，发源于河南济源的王屋山，东流至山东，清朝末年它在山东的河道已为黄河所夺。

（4）"阳谷"二句：山南山谷里的水都流入大汶河，山北山谷里的水都流入济水。

（5）"当其"二句：正当阳谷与阴谷分界之处是古长城。古长城，指战国时齐国所筑的长城。

（6）"余以"句：以，在。乾隆三十九年，即公元 1774 年。作者登山时为乾隆三十九年阴历十二月二十八日，已进入公元 1775 年。

（7）历：经过。齐河、长清：山东县名，在泰安西北。限：此指城墙。时古长城已残破，故可越过。

（8）是月丁未：这个月的丁未日，即十二月二十八日。

（9）郦道元：北魏范阳人，《水经注》的作者。环水：总名中溪，也叫梳洗河。《水经注》："又合环水，水出泰山南溪。"

（10）循以入：沿着中谷登山。

（11）道少半：走了不到一半的路。

（12）中岭：即中溪山。中溪发源于此。

（13）崖限：指门槛状的崖壁。

（14）世皆谓之天门云：人们都说是天门。

（15）"苍山"二句：苍翠的山上盖满了白雪，雪光照亮了天南。明，光。烛，照。

（16）徂徕（cúlái 殂来）：山名，在泰安城东南40里。

（17）半山居雾若带然：半山腰停留的云雾就像衣带一样。

（18）戊申晦：戊申日正好是晦日。晦，阴历每月的最后一天。

（19）日观亭：日观峰旁的一个亭子。

（20）樗蒱（chūpú 初蒲）：赌具，犹后来的骰子，以兽骨或象牙做成。立，通"粒"。

（21）丹：朱砂。

（22）"或得"二句：有的被日光照着，有的没有。

（23）绛皓驳色：红色白色相间杂。绛，红色。皓，白色。

（24）偻：弯腰屈背。

（25）岱祠：即东岳庙。

（26）碧霞元君祠：在泰山顶，供碧霞元君。相传她是东岳大帝之女。

（27）显庆：唐高宗年号。

提示

这是一篇游记散文，通过冬天登泰山的所见，描绘了泰山苍劲峻峭、瑰丽多姿的景色，表现了作者对祖国大好河山的热爱，把读者带入一种雄伟壮丽的境界。全文分为四段，第一段简介泰山的地理位置和山水形势，勾画泰山的大致轮廓，作为全文的引子。第二段写登山的经过。先写出发的时间、地点，经过的路线，这既是游记的要求，也是介绍泰山的地理位置，作为对第一段的补充。次写同朱孝纯在登山途中之所见，借以描叙泰山的石磴、三谷、天门以及道中迷雾冰滑的情景，在读者心目中留下了一个实实在在的泰山。最后写登上山顶所见的晚景，是这一段中最精彩的笔墨。第三段写次日晨在泰山极顶观日出的情景。本段所写晨景与上段所写晚景，本段所写山顶之景与上段所写途中之景，互相映衬，显得泰山无时不美，无处不美。泰山观日出是作者此行的主要目的，所以着力加以描写，写得生动如画。先写日出前的"大风扬积雪击面"，次写日出前后大自然的变化过程，最后写日初出时的"正赤如丹"到日出后群峰"绛皓驳色"，写得层次分明，生动瑰丽，令人神往。第四段补叙山上的人文景观和自然状况。先介绍山上的古建筑和石刻。人文景观多是泰山的一大特点，写这些是为了丰富文章的内容，也表现了作者怀古之幽情。再介绍山上的自然景观，既写出了泰山自然风景的特点，又显示出泰山的高峻。这一段也体现了作者重视考证的创作主张。

文章以时间为顺序，以游踪为线索，采取移步换形的手法，把深冬泰山上一幅幅动人的画面展示出来，显得章法严明，层次井然，脉络清晰，剪裁合宜，结构严谨。作者善于捕捉客观景物的特点，如泰山的地形特点、游山时的时令特点和时间特点，都能以细致的笔触生动地描绘出来，使读者有亲临其境之感。其中时令特点最为突出。作者是深冬登山，故写赴泰山时，点明"乘风雪"；登山时写到"迷雾冰滑"；到山顶，则见"苍山负雪，明烛天南"；日出时有"大风扬积雪击面"，补写时又写到"雪与人膝齐"。这样，雪中泰山显得与平时不同。语言简练精纯，形象鲜明，是本文的又一特点，也是桐城派古文的特点之一。

汪　中　文

作者生平介绍见诗歌部分。

哀　盐　船　文

乾隆三十五年十二月乙卯⁽¹⁾，仪征盐船火⁽²⁾，坏船百有三十，焚及溺死者千有四百。是时盐纲皆直达⁽³⁾，东自泰州⁽⁴⁾，西极于汉阳，转运半天下焉。惟仪征绾其口⁽⁵⁾。列樯蔽空⁽⁶⁾，束江而立⁽⁷⁾，望之隐若城郭。一夕并命⁽⁸⁾，郁为枯腊⁽⁹⁾，烈烈厄运⁽¹⁰⁾，可不悲邪？

于时玄冥告成，万物休息⁽¹¹⁾，穷阴涸凝⁽¹²⁾，寒威凛慄⁽¹³⁾，黑眚拔来⁽¹⁴⁾，阳光西匿。群饱方嬉，歌咢宴食⁽¹⁵⁾，死气交缠，视面惟墨⁽¹⁶⁾。夜漏始下⁽¹⁷⁾，惊飙勃发⁽¹⁸⁾，万窍怒号⁽¹⁹⁾，地脉荡决⁽²⁰⁾。大声发于空廓，而水波山立⁽²¹⁾。

于斯时也，有火作焉⁽²²⁾。摩木自生⁽²³⁾，星星如血⁽²⁴⁾，炎光一灼，百舫尽赤。青烟睒睒⁽²⁵⁾，飘若沃雪⁽²⁶⁾。蒸云气以为霞，炙阴崖而焦爇⁽²⁷⁾。始连樯以下碇⁽²⁸⁾，乃焚如以俱没⁽²⁹⁾。跳踯火中⁽³⁰⁾，明见毛发。痛𪡏田田⁽³¹⁾，狂呼气竭。转侧张皇⁽³²⁾，生涂未绝⁽³³⁾。倏阳焰之腾高，鼓腥风而一映⁽³⁴⁾。泊埃雾之重开，遂声销而形灭⁽³⁵⁾。齐千命于一瞬，指人世以长诀⁽³⁶⁾。发冤气之煮蒿，合游氛而障日⁽³⁷⁾。行当午而迷方，扬沙砾之嫖疾⁽³⁸⁾。衣缯败絮⁽³⁹⁾，墨查炭屑⁽⁴⁰⁾，浮江而下，至于海不绝。

亦有没者善游，操舟若神。死丧之威，从井有仁⁽⁴¹⁾。旋入雷渊，并为波臣⁽⁴²⁾。又或择音无门⁽⁴³⁾，投身急濑⁽⁴⁴⁾，知蹈水之必濡⁽⁴⁵⁾，犹入险而思济⁽⁴⁶⁾。挟惊浪以雷奔⁽⁴⁷⁾，势若陟而终坠⁽⁴⁸⁾。逃灼烂之须臾，乃同归乎死地⁽⁴⁹⁾。积哀怨于灵台⁽⁵⁰⁾,乘精爽而为厉⁽⁵¹⁾。出寒流以浃辰,目睊睊而犹视⁽⁵²⁾。知天属之来抚,漦流血以盈眦⁽⁵³⁾。诉强死之悲心⁽⁵⁴⁾,口不言而以意⁽⁵⁵⁾。若其焚剥支离,漫漶莫别⁽⁵⁶⁾。圜者如圈,破者如玦⁽⁵⁷⁾。积埃填窍⁽⁵⁸⁾,扪指失节⁽⁵⁹⁾。嗟狸首之残形,聚谁何而同穴⁽⁶⁰⁾!收然灰之一抔,辨焚余之白骨⁽⁶¹⁾。呜呼,哀哉!

且夫众生乘化,是云天常⁽⁶²⁾。妻孥环之,绝气寝床⁽⁶³⁾。以死卫上,用登明堂,离而不惩,祀为国殇⁽⁶⁴⁾。兹也无名⁽⁶⁵⁾,又非其命⁽⁶⁶⁾,天乎何辜,罹此冤横⁽⁶⁷⁾!游魂不归,居人心绝⁽⁶⁸⁾。麦饭壶浆,临江呜咽。日坠天昏,悽悽鬼语。守哭迡遭,心期冥遇⁽⁶⁹⁾。惟血嗣之相依,尚腾哀而属路⁽⁷⁰⁾。或举族之沉波,终狐祥而无主⁽⁷¹⁾。悲夫!丛冢有坎,泰厉有祀⁽⁷²⁾。强饮强食,冯其气类⁽⁷³⁾。尚群游之乐,而无为妖祟⁽⁷⁴⁾!人逢其凶也邪?天降其酷也邪?夫何为而至于此极哉⁽⁷⁵⁾!

注释

(1)乾隆三十五年:公元1770年。乙卯:旧时以干支纪日。据《嘉庆扬州府志》载,盐船失火事发生在乾隆三十六年十二月,《重修仪征县志》作乾隆三十六年十二月二十九日,俱与本文有异。

(2)仪征:今江苏仪征。清为仪征县,属扬州府。

(3)盐纲:即盐运。旧时成批运输的货物,计其车辆船只,编立字号,名为一纲,如盐纲、茶纲、花石纲等。这里的盐纲,是指运盐的船队。

(4)泰州:今江苏泰州。

(5)绾其口:意为控扼盐船来往的要道。绾,控扼,联结。

(6)列樯蔽空:排列着的船只桅杆遮蔽了天空。樯,船上的桅杆。

(7)束江而立:聚集在江中。束,聚集。

(8)併命:一同丧命。

(9)郁为枯腊:意为大火把人的尸体烧成了焦枯的干肉。郁,通"燠",暖。此指烟火烤炙。腊(xī西),干肉。

(10)烈烈:大火猛烈的样子。

(11)"于时"二句:意为时近冬末,玄冥的工作已经告成,万物停止生长了。玄冥,主管冬令的神。《礼记·月令》:"冬季之月,其神玄冥。"告成,告终。

(12)穷阴涸凝:意为天气极为阴冷,像是要冻结住了。穷阴,岁末阴冷的天气。涸,凝结。

(13)凛慄:因寒冷而战栗。

(14)黑眚拔来:黑云突然卷来。眚(shěng省),眼睛上长了一层薄膜,这里借指云雾。拔来,突然而来。一作"勃来"。

(15)"群饱"二句:意为人们吃饱了饭正在嬉戏。歌咢(è饿),有的唱歌,有的击鼓。《诗经·大雅·行苇》："或歌或咢。"徒手击鼓谓"咢"。

（16）"死气"二句：意为死气交缠着人们，看起来满脸晦暗。这是古人迷信的说法，认为人的气色不好，是祸事的预兆。

（17）夜漏始下：计时的漏壶刚下滴。指刚入夜的时候。

（18）惊飙：狂风。

（19）万窍怒号：风声猛烈，使千孔万穴发出吼叫。

（20）地脉荡决：江水震荡，好像要决口一样。地脉，大地的脉络，指江水。

（21）水波山立：大浪涌立如山。

（22）作：发作，发生。

（23）摩木自生：语出《庄子·外物》："木与木相摩则然（燃）。"

（24）星星如血：形容火光点点如赤血。

（25）睒（shǎn 闪）睒：火焰闪烁的样子。

（26）熛若沃雪：意为飞火烧船，如开水浇雪那样迅猛。熛（biāo 标），飞火。沃雪，用沸水浇雪。语出枚乘《七发》："如汤沃雪。"汤，热水。

（27）"蒸云"二句：意为空中的云气被烈火烘蒸成为彩霞，背阴的崖岸也被大火烤焦了。爇（ruò 弱），烧灼。

（28）"始连"句：意为原先船只连接在一起下碇停泊。下碇（dìng），抛锚。碇，系船的石礅。

（29）"乃焚"句：一起焚烧而沉没了。如，语助词。

（30）跳踯火中：形容人们在大火中挣扎的情状。

（31）痛瓝（bó 博）：痛楚的喊叫声。田田：捶胸哀哭的声音。

（32）张皇：慌张。

（33）生涂：生路。涂，同"途"。

（34）"倏阳"二句：忽然明亮的火焰升腾起来，吹来的腥风还隐隐带着烧灼的声音。倏，忽然。阳，明亮。映（xuè 血），微小的声音。

（35）"洎埃"二句：等到烈火扬起的尘雾散开时，燃烧的声音消失了，被烧死者连形体也不存在了。洎（jì 季），等到。

（36）"齐千"二句：上千条性命俱毁于一瞬间，向人世永远告别了。齐，全部。指，向。长诀，永别。

（37）"发冤"二句：意为发出的一股冤气，蒸腾上升，聚合飘荡起来遮天蔽日。焄（xūn 薰）蒿，气的蒸发。游氛，飘荡的尘雾。

（38）"行当"二句：意为直到（次日）上午，那障日的冤气仍使人分辨不清方向，飞沙走石十分凶猛。嫖疾，迅猛。

（39）衣缯败絮：指衣服的破片。缯，丝织品的总称。

（40）墨查：指烧焦的东西。查，通"渣"。

（41）"亦有"四句：意为死丧虽为可怕之事，但还是有善游水的仁者甘冒危险去救人。没者，潜水游泳者。死丧之威，死丧这类可怖的事。语出《诗经·小雅·常棣》。从井有仁，语出《论语·雍也》，意谓仁者必济人于患难。

（42）"旋入"二句：卷入水中，一同被溺死。雷渊，水底。波臣，水族。此指被水淹死。

（43）择音无门：逃生无路。音，指荫蔽之处。

（44）急濑：急流。

（45）濡：沾湿。此指淹没。

（46）思济：希望得到援救。

（47）"挟惊"句：在惊涛骇浪里急速奔腾。

（48）陃（jī基）：同"跻"，登，升。

（49）"逃灼"二句：意为投水者虽然暂时逃避了被烧烂的危险，但终至同归于尽了。

（50）灵台：指心。

（51）精爽：灵魂。为厉：作祟。厉，恶鬼。

（52）"出寒"二句：意为火灾 12 天后，尸体在寒流中漂浮出来，眼睛还斜睇着。浃辰，12 天。古代以干支纪日，自子至亥一周 12 日称浃辰。睊（juàn绢）睊，侧视的样子。

（53）"知天"二句：（好像）知道亲属要来吊慰，哀伤得眼眶里充满了血。天属，天然的血缘亲属，指至亲。抚，吊慰。慭（yìn印），伤痛。眦，眼眶。

（54）强死：犹言横死，非正常死亡。

（55）"口不"句：口虽不言，却能看出其心意。此句设想死者死后之悲伤。

（56）"若其"二句：至于那些被烧得尸骸残缺不全的，模糊得不能辨别了。支离，残缺不全。漫漶（huàn患），模糊。

（57）"圜者"二句：意为有的尸体蜷曲成圆圈，有的残破得像缺口的玉环。玦，玉之如环而缺者。

（58）积埃填窍：意为尘土填满了尸体的眼鼻口耳等窍孔。窍，指口耳鼻等七窍。

（59）搁指失节：折断的指头离开了骨节。搁（lì丽），折断。

（60）"嗟狸"二句：意为可叹尸体残缺不全，竟不知谁同谁合埋在一起了。狸首，语出韩愈《残形操》序："曾子梦见一狸，不见其首作。"这里借指形体不全。谁何，何人。

（61）"收然"二句：意为只能收起一捧骨灰，哪里分辨得出被烧过的白骨是谁的呢。然，同"燃"。一抔，一捧，一把。

（62）"且夫"二句：意为人们的正常死亡，原是自然的规律。乘化，顺应自然规律而死去。天常，自然的规律。

（63）"妻孥"二句：有的人死时老婆孩子围守在病床前，得到善终。孥，子女。

（64）"以死"四句：有的人以死保卫君主，因而有资格受到隆重的祭祀。虽身首异处，而心终不屈服，可奉祀为烈士。上，君主。用，因。明堂，古代天子宣扬政教、举行庆赏、祭祀大典的地方。不惩，不屈服。屈原《国殇》："身首离兮心不惩。"国殇，为国牺牲的烈士。

（65）兹也无名：这些人的死没有什么名义，谓无意义。

（66）又非其命：又是死于非命。

（67）"天乎"二句：天哪！他们有何罪过，竟遭到这样冤枉的横祸。辜，罪。

（68）居人：家中亲人。

（69）"守哭"二句：意为死者亲属哭守在尸身旁依依不舍，心里盼望在阴司里与死者相遇。迍邅（zhūnzhān 谆沾），徘徊难行、进退无所的样子。冥，指阴司地府。

（70）"惟血"二句：唯独那些与死者相依为命的嫡亲子孙，还接连不断地在路上哀哭。腾哀，高声哀哭。属，接连不绝。

（71）"或举"二句：意为有的全家被淹死，阴魂孤伤，无人供祀。狐祥，亦作"孤伤"，犹言无子无孙。语出《战国策·楚策》："鬼狐祥而无食。"《史记》引作"孤伤"。无主，无人供祭。

（72）"丛冢"二句：乱葬的坟场也有墓穴，死而无后的鬼也有祭祀。坎，墓穴。泰厉，祭祀死而无后者的处所。

（73）"强饮"二句：气味相投的鬼聚合在一起，多吃多喝一些吧。与下二句均为对死者祝祷的话。冯，通"凭"，依靠。气类，气味相近而类聚。

（74）"尚群"二句：希望你们崇尚群游之乐，不要兴妖作祟。

（75）"人逢"三句：是你们该遭逢凶恶命运呢？还是上天有意降下惩罚呢？为何悲惨到这个地步啊！酷，暴虐，引申为惩罚。

提示

乾隆三十五年十二月，仪征发生盐船失火事件，烧毁盐船 130 多艘，死亡人数达 1400 多人。当时作者正在仪征江边，目睹了这一幕人间惨剧，感伤之余，写下了这篇被誉为"惊心动魄，一字千金"（杭世骏《哀盐船文序》）的名篇，时年 27 岁。本文真实地再现了这场灾难的悲惨情状，抒发了作者无比悲哀痛苦之情，表达了对无辜罹难者的深切同情。全文分为五段，第一段是全文的小序，介绍火灾发生的时间、地点和损失的情况，表达作者悲痛的心情，从事件和情感两方面领起全文。第二段描写灾前的环境和气氛。先写冬日傍晚阴冷、凝重、凛冽的气氛，给人一种心情沉重的感觉。接着写盐船上人们"群饱方嬉，歌咢宴食"的欢乐情景，他们丝毫没有想到灾难会瞬间降临，这与上述的凝重气氛恰成对照。然后写风号浪涌的可怕景象，这是火灾之前兆，也是使火灾无法抢救的原因。第三段正面描写盐船起火的情景，是全文的重点。先写火由小而大的过程，从"星星如血"瞬息之间发展为"百舫尽赤"，写出了盐船起火的特点。因为船是木制的，盐是能助燃的，故大有火上浇油之势。接着写船上人被烧惨死的情状。因为船是"连樯以下碇"，无法逃避，结果是被"焚如以俱没"。被烧之人则"明见毛发。痛嚣田田"，惨不忍睹。他们仍然希望有一线生机，但是终因风大火猛，走投无路，"齐千命于一瞬，指人世以长诀"，酿成千古悲剧。最后写被烧以后"衣缯败絮，墨查炭屑"，浮江入海的残破情景，写得真实感人。第四段写抢救和逃生以及被烧死者的情状。先写"没者善游"和"操舟若神"的人们，冒险抢救，结果"旋入雷渊，并为波臣"。接着写盐船上的人"投身急濑"想逃生，结果也"同归乎死地"。最后写被淹和被烧死者的可怕情状，令人惨不忍睹。第五段写作者的感叹与希望。先写生死本是"天常"，但此次死者死而无名，又非其命，故作者感叹"天乎何辜，罹此冤横"；接着作者希望死者的冤魂能在地下得到安乐，而不为祟害人，这也是一种无可奈何的慰藉与希冀。

　　本文叙事生动，描写细致，尤其是抓住了典型细节和盐船在江中起火的特点，娓娓叙来，令人有身临其境之感。在叙写中带有强烈的感情。由于作者目击异灾，心中不忍，发而为文，故哀矜痛苦之情溢于言表。本文虽为骈文，但既有骈文句式整齐、辞藻典雅的特点，又间以散句，无刻意藻饰之病，故语言典雅而不失其自然，工整而不失其生动。

洪 亮 吉 文

　　洪亮吉（1746—1809），字君直，又字稚存，号北江，阳湖（今江苏常州）人。乾隆五十五年（1790）进士，授翰林院编修，督学贵州。嘉庆初因上书指斥朝政，流放伊犁。赦还后，自号更生居士。精通经史、音韵、地理之学，工诗及骈文，少与黄景仁齐名，世号"洪黄"。其诗有才力，戍边之作尤多奇气，古文、骈文俱有名。有《洪北江全集》。

出关与毕侍郎笺

　　自渡风陵[1]，易车而骑，朝发蒲坂[2]，夕宿盐池[3]。阴云蔽亏[4]，时雨凌厉[5]。自河以东，与关内稍异[6]，土逼若衔[7]，涂危入栈[8]。原林黯惨[9]，疑披谷口之雾[10]；衢歌哀怨[11]，恍聆山阳之笛[12]。

　　日在西隅[13]，始展黄君仲则殡于运城西寺[14]。见其遗棺七尺，枕书满箧。抚其吟案，则阿婆之遗笺尚存[15]；披其縡帷[16]，则城东之小史既去[17]。盖相如病肺[18]，经月而难痊；昌谷呕心[19]，临终而始悔者也。犹复丹铅狼藉，几案纷披[20]，手不能书，画之以指。此则杜鹃欲化[21]，犹振哀音，鸷鸟将亡[22]，冀留劲羽；遗弃一世之务，留连身后之名者焉[23]。

　　伏念明公，生则为营薄宦，死则为恤衰亲[24]，复发德音，欲梓遗集[25]。一士之身，玉成终始，闻之者动容，受之者沦髓[26]。冀其游岱之魂，感恩而西顾[27]；返洛之旐，衔酸而东指[28]。又况龚生竟夭，尚有故人[29]；元伯虽亡，不无死友[30]，他日傅公风义[31]，勉其遗孤，风兹来祀[32]，亦盛事也。

今谨上其诗及乐府共四大册。此君生平与亮吉雅故⁽³³⁾，惟持论不同，尝戏谓亮吉曰：“予不幸早死，集经君订定，必乖余之指趣矣。”省其遗言，为之堕泪。今不敢辄加朱墨⁽³⁴⁾，皆封送阁下，暨与述庵廉使⁽³⁵⁾、东有侍读⁽³⁶⁾，共删定之。即其所就，已有足传⁽³⁷⁾，方乎古人，无愧作者。惟藁草皆其手写，别无副本，梓后尚望付其遗孤，以为手泽耳⁽³⁸⁾。

亮吉十九日已抵潼关，马上率启⁽³⁹⁾，不宣⁽⁴⁰⁾。

注释

（1）风陵：风陵渡，在今山西芮城西南，黄河北岸，与潼关隔河相望。

（2）蒲坂：古地名，相传为舜的都城，在今山西永济东南。

（3）盐池：咸水湖，在山西运城南。

（4）蔽亏：这里指日光为云所掩蔽。亏，缺损。《易》：“天道亏盈。”

（5）时雨凌厉：顺时而下的雨很猛烈。凌厉，猛烈貌。

（6）河以东：即黄河以东，亦称河东，指山西。关内：这里指潼关以内，即陕西。

（7）土逼若衖：土沟狭窄，就像巷子一样。逼，逼仄，狭窄。衖，同“巷”。

（8）涂危入栈：路途势高，直通栈道。涂，同“途”。栈，栈道。

（9）原林：原野森林。黯惨：暗淡。

（10）披：遮蔽。谷口：地名，相传为黄帝升仙处。

（11）衢歌：里巷歌谣。衢，据《说文》：“四达谓之衢。”这里指里巷。

（12）山阳之笛：向秀与嵇康同属“竹林七贤”，后嵇康为司马昭所杀，向秀经山阳，过嵇康旧居，闻邻人吹笛，感而作《思旧赋》。作者怀念旧友黄景仁，故用此典。

（13）日在西隅：谓傍晚时分。西隅，犹言西边。

（14）展：省视。黄仲则：即黄景仁，清代诗人，作者好友。殡：殡舍，停放灵柩。运城：今山西省运城市。黄景仁于乾隆四十八年（1783）死于运城河南盐运使沈业富的官署。

（15）吟案：写诗的桌子。阿㜷（mí 弥）：楚人呼母曰㜷，后世沿用。遗笺：留下的信笺。景仁临终时，还写信给在常州的母亲，信写完，双目已闭。后又睁开，再写一信与友人洪亮吉。阿㜷之遗笺，当指给母亲的信。

（16）缌（suì 岁）帷：灵堂用的帷帐。缌，细而疏的麻布。

（17）城东：黄景仁故居所在处。小史：侍童。既去：已去。

（18）相如病肺：陆龟蒙诗“殷勤润取相如肺”，以为司马相如有肺病。据《史记·司马相如传》：“常有消渴疾。”消渴疾，即糖尿病，后世误以为肺病。

（19）昌谷呕心：李贺家福昌县（今河南宜阳）之昌谷，因称李贺为昌谷。据《唐才子传·李贺传》载，李贺每日早出，叫小童背锦囊，遇有所感，写成诗句投囊中。傍晚归家他的母亲叫婢女探囊，如所写诗多，就会生气，说：“是儿要吐出心乃已耳。”

（20）丹铅：朱砂与铅粉，古人校书所用。后因称校点为丹铅。狼藉：散乱貌。纷披：亦散乱貌。

（21）杜鹃欲化：蜀王杜宇，号望帝，死后化为鸟，名曰杜鹃。

（22）鸷鸟：猛禽，鹰隼之属。

（23）"遗弃"二句：抛弃一生的事业，留恋身后的声名。

（24）"伏念"三句：伏，表敬之词。明公，对权贵长官的尊称，此处指毕沅。为营薄宦，为他捐纳小官。毕沅任陕西巡抚时，曾出资为黄景仁捐纳了一个县丞。恤，周济。衰亲，衰老的母亲。景仁死后，毕沅曾赠厚资。

（25）欲梓遗集：要刻印遗集。梓，刻板印刷，因制板以梓木为上，故称。

（26）沦髓：沦肌浃髓，渗透肌肉骨髓，比喻感恩深重。

（27）游岱之魂：指景仁之灵魂。泰山一称岱宗，古人以为"人死，精魂归于泰山"。西顾：回头西看。毕沅当时任陕西巡抚，故云。

（28）返洛之旐（zhào 兆）：指黄景仁归葬常州的灵柩。返洛，借用刘孝标《广绝交论》"瞑目东粤，归骸洛浦"之语以喻归葬。

（29）"龚生"二句：龚生，西汉龚胜，彭城人。三举孝廉，哀帝时征为谏议大夫，后出为渤海太守。王莽篡位后归隐，征拜上卿不受，绝食死。死时年七十九。有老者来吊，哭曰："龚生竟夭天年，非吾徒也。"此处借指黄景仁早丧后有毕沅帮衬。

（30）"元伯"二句：东汉张邵，字元伯，与范式友善。范式梦张来告："吾以某日死"，于是赶到张家。张已死，临死叹曰："恨不见吾死友。"范乃为之送葬（事见《后汉书·范式传》）。死友，交情至死不变的朋友。

（31）傅公风义：依托您的风格和情义。傅，通"附"，依托、依附。公，对人之尊称。风义，风格高，情谊深。

（32）风兹来祀：教育他的后代。风，同"讽"，教化，教育。来祀，指后人，后代。

（33）雅：素常，引申为故旧。

（34）辄加朱墨：随意评点。古人读书，以朱墨评点，故称评点为朱墨。

（35）述庵廉使：指王兰泉。兰泉名咏，号述庵，官至刑部侍郎，时任陕西按察使。元置肃政廉访使，职权与清按察使相当，故称。

（36）东有侍读：指严长明，字道甫，号东有，官至侍读。

（37）"即其"二句：意谓就他的成就，足以流传后世。

（38）手泽：犹言手汗。《礼记·玉藻》："父没而不能读父之书，手泽存焉尔。"后通称先人或前辈的遗墨、遗物为手泽。

（39）马上率启：骑在马上，草草地写信。指旅途中写信。

（40）不宣：不能宣备的省略，即不一一细说的意思。旧时书信末尾的套语。

提示

黄景仁，字仲则，清代著名诗人。一生贫病交加，英年早逝，1783 年客死山西运城。他与洪亮吉齐名，又是至交，曾深得毕沅赏识。毕赠路费，邀其入陕，不幸羁于运城，贫病而死。临终，挣扎着给母亲写了一信，又给亮吉写了信。亮吉得信，即借马西驰，日走四驿，然而赶至运城，景仁已逝。哭奠之后，扶柩归常州，葬景仁于黄氏先人墓侧。本文是作者向毕沅报告办理丧事的经过，并提出后事安排的建议。毕沅，字缜衡，一字秋帆，镇洋（今江苏太仓）人，乾隆二十五年状元。由侍郎出抚陕西、河南、山东等省，后任湖广总督。他学问渊博，珍惜人才。这时他任陕西巡抚，作者在其幕下。信中以极其沉痛的心情，悼念亡友，表现他们之间的真挚而深厚的情谊。信中又请毕沅为景仁刊印遗著，以尽自己对亡友应尽之责。全文分为三段。第一段写从西安出发到运城，在途中的所见所感。"阴云蔽亏，时雨凌厉""原林黯惨""衢歌哀怨"，途中的这一切似乎都在为黄景仁的不幸早逝而悲伤。第二段写黄景仁逝世后的悲惨情景。"遗棺七尺，枕书满箧"，案上有给母亲的遗书，灵前无应事之小厮，"丹铅狼藉，几案纷披"，这一切都表明死者生前的穷困与勤奋。睹物思人，倍感凄切。第三段写对毕沅的赞扬和期望。先概写他对黄的三点恩德："生则为营薄宦，死则为恤衰亲，复发德音，欲梓遗集"；然后写死者灵魂的感戴，死者友人的钦佩。因为前两点已成事实，所以最后希望落实第三点，即刊印遗集之事。作者提出的具体措施切实可行，目的是希望毕沅立即付诸行动，以完成亡友之嘱托。拳拳之心，溢于言表。

这是一篇骈体文，既保持了传统骈体文对偶工整、辞藻华美的特点，又克服了传统骈文板重空泛的缺点，并吸收了散文的笔法，具有骈散相间、工而不板、华而有实的特色。感情真挚而深沉，所记之事，所写之景，无不带上浓郁的感情色彩。特别是写黄死后的悲惨情景中的某些细节和生前的一段遗言，更是哀惋动人，令人难忘。

梅　曾　亮　文

梅曾亮（1786—1856），字伯言，上元（今江苏南京）人。道光二年（1822）进士，官户部郎中，晚年告归，主讲扬州书院。年轻时喜作骈文，后专攻古文。师事姚鼐，受到姚氏的赏识，为桐城派后期中心人物。为文兼学秦汉，稍变桐城派义法。提倡"因时立言"。《清史稿·文苑传》说他："义法本桐城，稍参以异者之长，选声练色，务穷极笔势。"所作大多为书序碑传。有《柏枧山房文集》等。

记　棚　民　事

余为董文恪公作行状[1]，尽览其奏议。其任安徽巡抚，奏准棚民开山事其力[2]，大旨言与棚民相告讦者[3]，皆溺于龙脉风水之说[4]，至有以数百亩之山，保一棺之土，弃典礼，荒地利[5]，不可施行。而棚民能攻苦茹淡于丛山峻岭[6]，人迹不可通之地，开种旱谷，以佐稻粱。人无闲民，地无遗利，于策至便，不可禁止，以启事端[7]。余览其说而是之[8]。

及余来宣城[9]，问诸乡人，皆言未开之山，土坚石固，草树茂密，腐叶积数年，可二三寸，每天雨从树至叶，从叶至土石，历石罅滴沥成泉，其下水也缓，又水下而土不随其下。水缓，故低田受之不为灾；而半月不雨，高田犹受其浸溉。今以斤斧童其山[10]，而以锄犁疏其土，一雨未毕，沙石随下，奔流注壑涧中，皆填汙不可贮水[11]，毕至洼田中乃止；及洼田竭，而山田之水无继者。是为开不毛之土[12]，而病有谷之田[13]；利无税之佣[14]，而瘠有税之户也[15]。余亦闻其说而是之。

嗟夫！利害之不能两全也久矣。由前之说，可以息事；由后之说，可以保利。若无失其利，而又不至如董公之所忧，则吾盖未得其术也。故记之以俟夫习民事者。

注释

（1）董文恪公：董教曾，字益甫，清上元（今江苏南京）人，官至浙闽总督，死谥文恪。行状：记述死者生平行事的文章。

（2）奏准：奏请批准。棚民：失去土地，架棚居住的农民。开山：开垦荒山。

（3）大旨：指董教曾奏折的主旨。告讦（jié 揭_{阳平}）者：指告发阴私者。此处指那些攻击棚民开山的人。

（4）溺：沉溺，一味迷信。龙脉风水，一种封建迷信，认为人的住宅和坟地所在地理形势，能决定住者或葬者的一家祸福。

（5）弃典礼：背离经典和礼义。孔子不言怪力乱神，故信龙脉风水是违背儒家经典的。荒地利：使土地荒废，不能得其利。

（6）攻苦茹淡：坚持艰苦的工作，吃粗茶淡饭。茹，食，吃。淡，粗淡的食物。

（7）启事端：引起纠纷。

（8）是之：认为这是对的。

（9）宣城：今安徽宣城。

（10）童：秃，指山上没有草木。此处用作动词，把山上树木砍光。

（11）填汙：犹言淤塞。

（12）不毛之土：不长五谷的土地。此处指荒山。

（13）病：损伤，损害。

（14）无税之佣：指棚民。棚民无户籍土地，故无法收税。佣，本指受人雇用的劳动者，此处指棚民。

（15）"而瘠"句：而使纳赋税的人变得贫困。瘠，贫瘠，这里是使动用法。有税之户，指山下有田地的农民和地主，他们是纳税人。

提示

本文选自《柏枧山房文集》，题目作"记"，却不是记叙文，而是记两种不同的见解。全文分三段，第一段记第一种见解，即认为由棚民开山是有利的事。先从反面批判开荒破坏风水之谬说，再从正面肯定棚民开荒可以"开种旱谷，以佐稻粱。人无闲民，地无遗利，于策至便，不可禁止"。这是董教曾在安徽巡抚任上的奏议里的观点，作者认为是有道理的。第二段记第二种见解，即认为棚民开山是一件不利之事，理由也很充足。先从正面说，山不开垦，保护了植被，保持了水土，水慢慢浸润土地，故"低田受之不为灾，而半月不雨，高田犹受其浸溉"。再从反面说，开山之后，破坏了植被，水土不能保持，使"洼田竭，而山田之水无继者"，结果是"为开不毛之土，而病有谷之田，利无税之佣，而瘠有税之户"。这种观点是作者到宣城问诸乡人得到的，作者也认为是对的。第三段就两种见解发表议论。作者虽未就两者见解的优劣提出明确的意见，但由棚民事引申出"利害之不能两全"，看问题必须全面这个带规律性的观点，并且希望"习民事者"正确处理好利与害的关系，既点明了写作的目的，又拓宽了文章的内容，增加了文章的思想深度。单就其中提出保持水土、维护生态平衡的问题而言，对后世就很有借鉴意义。文章钩玄提要，层次井然，所记两种见解都准确真实：先说见解的来源，然后或反说，或正说，务求精确。最后提出作者的见解，虽以提问题方式提出，却能发人深省。语言平易简洁，文从字顺，但"醇而不肆"，缺少变化，这是桐城派散文特点的具体表现。

小　说

蒲松龄小说

蒲松龄（1640—1715），字留仙，一字剑臣，号柳泉。聊斋是其书斋名，山东淄川（今山东淄博）人。出身地主兼商人的家庭，待蒲松龄长大后，家境已经衰落。19 岁应童子试，以县、府、道三试第一，补博士弟子员，此后屡试不第，直至 71 岁，才援例出贡。他一生潦倒，除 31 岁到江南宝应等地当了一年幕僚外，一直在一个乡绅家设帐教学，过着清贫的生活。他的著作很多，近人路大荒辑为《蒲松龄集》。《聊斋志异》是其代表作。

促　织[(1)]

宣德间[(2)]，宫中尚促织之戏，岁征民间。此物故非西产[(3)]；有华阴令欲媚上官，以一头进，试使斗而才[(4)]，因责常供。令以责之里正[(5)]。市中游侠儿[(6)]，得佳者笼养之，昂其直，居为奇货[(7)]。里胥猾黠[(8)]，假此科敛丁口[(9)]，每责一头，辄倾数家之产。

邑有成名者，操童子业[(10)]，久不售。为人迂讷，遂为猾胥报充里正役。百计营谋，不能脱。不终岁，薄产累尽。会征促织，成不敢敛户口，而又无所赔偿，忧闷欲死。妻曰："死何益？不如自行搜觅，冀有万一之得。"成然之。早出暮归，提竹筒铜丝笼，于败堵丛草处，探石发穴，靡计不施，迄无济。即捕得三两头，又劣弱不中于款[(11)]。宰严限追比[(12)]，旬馀，杖至百，两股间脓血流离，并虫亦不能行捉矣。转侧床头，惟思自尽。

时村中来一驼背巫，能以神卜。成妻具资诣问。见红女白婆，填塞门户。入其室，则密室垂帘，帘外设香几。问者爇香于鼎，再拜。巫从傍望空代祝，唇吻翕辟[(13)]，不知何词。各各竦立以听。少间，帘内掷一纸出，即道人意中事，无毫发爽[(14)]。成妻纳钱案上，焚拜以拜。食顷[(15)]，帘动，片纸抛落。拾视之，非字而画，中绘殿阁类兰若，后小山下怪石乱卧，针针丛棘，青麻头伏焉⁽¹⁶⁾；旁一蟆，若将跳舞。展玩不可晓。然睹促织，隐中胸怀。折藏之，归以示成。成反复自念："得无教我猎虫所耶？"细瞻景状，与村东大佛阁真逼似。乃强起扶杖，执图诣寺后。有古陵蔚起⁽¹⁷⁾；循陵而走，见蹲石鳞鳞⁽¹⁸⁾，俨然类画。遂于蒿莱中侧听徐行，似寻针芥；寻之多时，绝无踪响。冥搜未已，一癞头蟆猝然跃去。成益愕，急逐之，蟆入草间。蹑迹披求，见有虫伏棘根。遽扑之，入石穴中。掭以尖草，不出；以筒水灌之，始出。状极俊健，逐而得之。审视：巨身修尾，青项金翅。大喜，笼归，举家庆贺，虽连城拱璧⁽¹⁹⁾不啻也。上于盆而养之，蟹白栗黄⁽²⁰⁾，备极护爱。留待限期，以塞官责。

　　成有子九岁，窥父不在，窃发盆。虫跃掷径出，迅不可捉。及扑入手，已股落腹裂，斯须就毙⁽²¹⁾。儿惧啼，告母；母闻之，面色灰死，大骂曰："业根⁽²²⁾！死期至矣！而翁归⁽²³⁾，自与汝复算耳⁽²⁴⁾！"儿涕而出。未几，成归。闻妻言，如被冰雪。怒索儿，儿渺然不知所往。既而得其尸于井。因而化怒为悲，抢呼欲绝⁽²⁵⁾。夫妻向隅⁽²⁶⁾，茅舍无烟，相对默然，不复聊赖。日将暮，取儿藁葬⁽²⁷⁾，近抚之，气息惙然⁽²⁸⁾，喜置榻上，半夜复苏。夫妻心稍慰，但儿神气痴木，奄奄思睡⁽²⁹⁾。成顾蟋蟀笼虚，则气断声吞，亦不复以儿为念。自昏达曙，目不交睫。东曦既驾⁽³⁰⁾，僵卧长愁。忽闻门外虫鸣，惊起觇视，虫宛然尚在，喜而捕之。一鸣，辄跃去，行且速。覆之以掌，虚若无物；手裁举，则又超忽而跃⁽³¹⁾。急趋之，折过墙隅，迷其所在。徘徊四顾，见虫伏壁上。审谛之，短小，黑赤色，顿非前物。成以其小，劣之；惟彷徨瞻顾，寻所逐者。壁上小虫，忽跃落衿袖间。视之，形若土狗，梅花翅，方首长胫，意似良。喜而收之。将献公堂，惴惴恐不当意⁽³²⁾，思试之斗以觇之。村中少年好事者⁽³³⁾，驯养一虫，自名"蟹壳青"。日与子弟角，无不胜。欲居之以为利，而高其直，亦无售者⁽³⁴⁾。径造庐访成。视成所蓄，掩口胡卢而笑⁽³⁵⁾。因出己虫，纳比笼中。成视之，庞然修伟。自增惭怍，不敢与较。少年固强之。顾念蓄劣物终无所用，不如拼博一笑，因合纳斗盆。小虫伏不动，蠢若木鸡⁽³⁶⁾。少年又大笑。试以猪鬣毛撩拨虫须，仍不动。少年又笑。屡撩之，虫暴怒，直奔，遂相腾击，振奋作声。俄见小虫跃起，张尾伸须，直龁敌领。少年大骇，急解令休止。虫翘然矜鸣，似报主知。成大喜。方共瞻玩，一鸡瞥来，径进以啄。成骇立愕呼。幸啄不中，虫跃去尺有咫。鸡健进，逐逼之；虫已在爪下矣。成仓猝莫知所救，顿足失色。旋见鸡伸颈摆扑，临视，则虫集冠上，力叮不释。成益惊喜，掇置笼中。

　　翼日，进宰。宰见其小，怒呵成；成述其异，宰不信。试与他虫斗，虫尽靡⁽³⁷⁾。又试之鸡，果如成言。乃赏成。献诸抚军，抚军大悦，以金笼进上，细疏其能。既入宫中，举天下所贡蝴蝶、螳螂、油利挞、青丝额……，一切异状，遍试之，无出其右者[38]。每闻琴瑟之声，则应节而舞，益奇之。上大嘉悦，诏赐抚臣名马衣缎。抚军不忘所自，无何，宰以"卓异"闻[39]。宰悦，免成役；又嘱学使，俾入邑庠。后岁馀，成子精神复旧，自言："身化促织，轻捷善斗，今始苏耳。"抚军亦厚赉成。不数岁，田百顷，楼阁万椽，牛羊蹄躈各千计[40]；一出门，裘马过世家焉。

异史氏曰："天子偶用一物，未必不过此已忘；而奉行者即为定例。加以官贪吏虐，民日贴妇卖儿，更无休止。故天子一跬步，皆关民命，不可忽也。独是成氏子以蠹贫[41]，以促织富，裘马扬扬，当其为里正受扑责时，岂意其至此哉！天将以酬长厚者，遂使抚臣，令尹，并受促织恩荫。闻之：一人飞升，仙及鸡犬[42]。信夫！"

注释

（1）促织：蟋蟀的别名。

（2）宣德：明宣宗（朱瞻基）的年号。从公元1426年至1435年，共十年。

（3）西产：陕西所产。西，指陕西。篇中人物成名是陕西华阴人。

（4）才：有本领。此指促织的勇敢善斗。

（5）里正：古来有里正的制度，犹如后来的保甲长，负有代官征收捐税、摊派徭役，以及驿递、供应的责任。官府规定选派富户来承担这一职务，以便肆意剥削；富户却贿赂官府，力求避免承当。后来一般派的是中人之家。

（6）游侠儿：古时指一种轻视身家性命，能够救困扶危、为人报仇雪恨的人。后来也作为对那些爱交游、好动武、游手好闲、不务正业的人的泛称。

（7）居：储存，囤积。此处作"留着"讲。

（8）里胥：古代的乡职，比里正地位略高。

（9）科敛丁口：是向每人摊派费用，敲诈勒索。科敛，是摊派、凑集的意思。

（10）操童子业：指为了应考而读书。童子，指童生。科举时代，应考的读书人在没有考取秀才之前，不论年纪大小，都称童生。

（11）不中（zhòng）于款：不合格。

（12）严限追比：封建时期，官府限令役吏或值差的人在一定的期间完成某种工作或劳役，到期查验，如果不能够完成，就打板子以示警戒。查验是有周期性的，每过一限期，就传来打一顿，叫做"追比"。

（13）翕辟：忽闭忽张的样子。翕（xī），闭合。辟，张开。

（14）无毫发爽：一丝一毫不错。爽，差错。

（15）食顷：吃一顿饭的工夫。

（16）青麻头：这里和后文的蝴蝶、螳螂、油利挞、青丝额，都是对蟋蟀形状的分类，这些全被认为是蟋蟀的上品。

（17）蔚起：形容隆起的土地（这里指古墓）上长有很多草木。蔚，草木茂盛的样子。

（18）蹲石鳞鳞：石头一块块在地下排列着，好像鱼鳞一样。

（19）拱璧：两手合围的大璧玉，形容极为珍贵。

（20）蟹白栗黄：蟋蟀一经到了深秋，就进入衰老时期，容易死亡。养蟋蟀的人为了增加它的营养，延长它的寿命，这时就用煮熟的栗子和熟蟹腿肉喂它。蟹白栗黄就是指这一类的饲料。

（21）斯须：片刻的时间，一会儿工夫。

（22）业根：即孽根，也作"业种"，造孽（罪恶）的根子或种子。常用来骂小孩。

（23）而翁：你父亲。而，人称代词，相当于你的。

（24）筹："算"的异体字。

（25）抢（qiāng枪）呼：头撞地、口喊天，表示悲痛。

（26）向隅：脸对着墙角。古时有"满堂饮酒，一人向隅"的话，本指哭泣，此处是悲伤、孤独的意思。

（27）藁葬：用草荐裹着尸首埋葬。

（28）惙（chuò绰）然：气息微弱的样子。

（29）奄奄：只剩了一丝气的样子。

（30）东曦既驾：太阳已经从东方出来。古代神话把太阳当作神，认为它每天早晨乘着六龙驾驭的车子出来，所以说是"驾"。曦，日色，这里指太阳。

（31）超忽：突然而迅速的样子。

（32）惴惴：害怕不安的样子。

（33）好事者：喜欢管闲事的人。

（34）售：这里作"购买"解。

（35）胡卢：笑的样子。

（36）木鸡：形容外形的呆蠢。《庄子》寓言：养斗鸡的，要把鸡养得具有呆蠢的形象，仿佛是木头雕的，这才能够不动声色，不恃意气，战胜别的斗鸡。

（37）靡：披靡，打败了。

（38）右：上。古时以右为上。

（39）卓异：才能优越的意思。明清时地方官吏考绩最优的评语。

（40）蹄躈：躈（qiào），同"噭"，口的意思。一说指肛门。兽类一口四蹄，此处是复词偏义，偏在躈，即口。这里"牛羊蹄躈各千计"，指牛羊各有几千头。和上文"百顷""万椽"，都是一种夸张的说法。

（41）蠹：蛀虫。这里指敲诈勒索的里胥像为害的蛀虫。

（42）一人飞升，仙及鸡犬：神话传说载，汉淮南王刘安修炼得道升天，家里鸡犬吃了剩下来的仙药，也都成了仙。

提示

这是《聊斋志异》中一篇刺世疾邪、具有强烈现实主义精神的杰作。小说通过成名一家的悲惨遭遇，反映了封建社会从皇帝、抚军到县令、里胥，构成一张虐民害物的专制罗网，形成一股贪婪暴虐、荒淫腐朽的反动势力，使人民群众从政治到经济，从身体到灵魂，无不受到残酷的迫害与摧残，表现了作者对现实社会的不满和对人民苦难的深切同情。小说以明代宣德年间为背景，是有一定的历史依据的。据有关资料记载，宣宗朱瞻基"酷好促织之戏"，江南地方一头至数十金。故民间有"促织瞿瞿叫，宣宗皇帝要"之谚语。吕毖《明朝小史》并记有枫桥一粮长，为郡督所差使，不得已以所乘骏马换一头蟋蟀，不料其"妻谓骏马所易，必有异，窃视之，跃出为鸡啄食，惧，自缢死。夫归，伤其妻，亦自径死"。作者就是根据这些血淋淋的现实设奇造幻写成这篇小说的。

这篇小说分为三部分，第一部分自开头至"辄倾数家之产"，是故事的引子，提示悲剧产生的根源。作者以极简练的笔墨交代了故事发生的时间、地点、起源和严重后果，为主人公的活动提供了一个典型环境。首先把矛头指向最高统治者，把他作为罪恶的渊薮，接着写县令和里胥媚上压下的狰狞面目，写出了封建社会上下一片黑的可怕情景。第二部分从"邑有成名者"至"裘马过世家焉"，是小说的主体，写成名为了应付缴纳促织的差事弄得家破人亡的悲惨遭遇。本部分又分为四层。第一层写成名为狡猾的里胥所陷害，"报充里正役"，又刚好碰上征收促织。他为人老实，家境贫寒，既不敢苛敛户口，又无所赔偿，只好自己亲自去"探石发穴"，到处搜寻，但是毫无所获，就算捉到两三头，又"劣弱不中于款"，结果被酷吏严限追比，两股间脓血淋漓，"转侧床头，惟思自尽"。这一层是故事的开端，不仅引发故事的发展，而且使整个故事笼罩着悲剧气氛。第二层写成名妻求神问卜，得到神灵启示。经过一番努力，总算在大佛阁边石穴中捉到一头"巨身修尾，青项金翅"的大促织，于是举家庆贺，以为可塞官责。故事至此，又有了转机，全家由悲而喜。第三层写促织被儿扑毙，使全家陷入厄境。一只小小的促织，竟然造成了惨不忍睹的家庭悲剧：妻子被吓得"面如死灰"；9岁的儿子因害怕而投井自尽；成名自己则"如被冰雪"，怒索儿，知儿已投井死，又化怒为悲。至此，故事又发生逆转，由喜而悲。故事发展到这里，矛盾已是无法解决，作者只好借助幻想和非现实的手法来解决。第三层反复描写所获促织的善斗，成名则由"喜而收之"而"大喜"，进而"益惊喜"。读者却从喜的背面，分明看到成名可怕的悲剧。故事至此，又发生转化，由悲而喜。第四层写成名因献促织，终得厚赏，田百顷，牛羊蹄躈各以千计，"裘马过世家"。这里作者写到成名所献促织使天子大嘉悦，使邑宰、抚军各个飞黄腾达，而这一促织竟是成名之子的魂魄所化。封建社会这种畸形化的情形，正是这个社会必然灭亡的佐证。但作者还不能认识到这一点，只是不希望老实善良的成名陷于厄运，才给他一个喜剧性结局。第三部分自"异史氏曰"至篇末，是作者对这个故事的直接评论，是全篇点睛之笔。先直接告诫皇帝，指出"天子一跬步，皆关民命，不可忽也"，这是很深刻也很大胆的。成名的悲剧正是天子造成的。接着又告诫皇帝不要滥施赏罚。一只促织，使抚臣、令尹并受恩荫，作者以"一人飞升，仙及鸡犬"加以嘲讽，也令人深思。

这篇小说艺术上也是匠心独运。第一，故事情节曲折离奇，波澜起伏，扣人心弦。全篇以促织为线索，以成名的命运为主干，写得腾挪跌宕，变幻无穷。先写成名为征促织被弄得"转侧床头，惟思自尽"，谁知走投无路之时，突然峰回路转，又捉到了一头巨身修尾的好促织。正当举家欢庆之际，不料儿子又把它扑毙，于是子死虫亡，举家又陷入绝境。接着波澜突起，"门外虫鸣"，故事又生转机。即使是再次得到促织以后，作者仍力避平铺直叙：先写将献之公堂，惴惴恐不当意；再写与少年之虫比斗，居然得胜。正大喜之时，"一鸡瞥来"，谁料蟋蟀居然又把鸡斗败，这才进宰，而宰又"以其小，怒呵成"。最后才以喜剧结束，真是写得一波三折，奇幻莫测。第二，通过精细入微的心理描写来刻画人物，是本篇写作上的又一特点。例如当成名知道儿子弄死促织以后，先"怒索儿"，当儿子投井后，又"化怒为悲"，当儿子"气息惙然"时，则"心稍慰"；但想到蟋蟀笼虚，立即又"不复以儿为念"，只是"僵卧长愁"。当见虫伏壁上时，以其小"劣之"，当抓到之后，终于"喜而收之"。当蟋蟀斗胜"蟹壳青"以后，则"大喜"，斗赢鸡以后则"益惊喜"。这一系列的心理变化，写得细致入微，有层次地展示了人物的内心世界。第三，细节描写生动逼真，也是本篇的显著特点。例如成名三次捕捉促织，虽属同一内容，但写得有详有略，虚实相映。第一次只是以简洁的语言概括描写。第二次则按图索骥，极尽婉转曲折之妙。第三次捉到的系儿子魂化之促织，故写得空灵跳脱，迷离恍惚。再如写少年与成名斗蟋蟀时，先是"掩口胡卢而笑"，接着"大笑"，然后是"又笑"，最后才"大骇"，这些细节的描写准确地表现了人物的性格。

婴　宁

王子服，莒之罗店人[1]。早孤。绝惠，十四入泮[2]。母最爱之，寻常不令游郊野。聘萧氏[3]，未嫁而夭[4]，故求凰未就也[5]。会上元[6]，有舅氏子吴生，邀同眺瞩[7]。方至村外，舅家有仆来招吴去。生见游女如云，乘兴独游。有女郎携婢，拈梅花一枝[8]，容华绝代，笑容可掬。生注目不移，竟忘顾忌。女过去数武[9]，顾婢子笑曰："个儿郎目灼灼似贼[10]！"遗花地上，笑语自去。生拾花怅然，神魂丧失，怏怏遂返[11]。至家，藏花枕底，垂头而睡，不语亦不食。母忧之，醮禳益剧[12]，肌革锐减[13]。医师诊视，投剂发表[14]，忽忽若迷。母抚问所由，默然不答，适吴生来，嘱秘诘之。吴至榻前，生见之泪下。吴就榻慰解，渐致研诘。生具吐其实，且求谋画。吴笑曰："君意亦痴！此愿有何难遂？当代访之。徒步于野，必非世家。如其未字[15]，事固谐矣；不然，拼以重赂[16]，计必允遂[17]。但待痊瘳[18]，成事在我。"生闻之，不觉解颐[19]。吴出告母，物色女子居里，而探访既穷，并无踪迹。母大忧，无所为计。然自吴去后，颜顿开，食亦略进。数日，吴复来。生问所谋，吴绐之曰[20]："已得之矣。我以为谁何人，乃我姑之女，即君姨妹，今尚待聘。虽内戚有婚姻之嫌，实告之，无不谐者。"生喜溢眉宇，问："居何里？"吴诡曰[21]："西南山中，去此可三十余里。"生又嘱再四，吴锐身自任而去[22]。生由是饮食渐加，日就平复。探视枕底，花虽枯，未便凋落。凝思把玩，如见其人。怪吴不至，折柬招之[23]。吴支托不肯赴招。生恚怒[24]，悒悒不欢[25]。母虑其复病，急为议姻，略与商榷，辄摇首不愿，惟日盼吴。吴迄无耗[26]，益怨恨之。转思三十里非遥，何必仰息他人[27]？怀梅袖中，负气自往[28]，而家人不知也。伶仃独步[29]，无可问程，但望南山行去。约三十余里，乱山合沓[30]，空翠爽肌，寂无人行，止有鸟道。遥望谷底，丛花乱树中，隐隐有小里落。下山入村，见舍宇无多，皆茅屋，而意甚修雅[31]。北向一家，门前皆细柳，墙内桃杏尤繁，间以修竹，野鸟格磔其中[32]。意其园亭，不敢遽入[33]。回顾对户，有巨石滑洁，因坐少憩。俄闻墙内有女子[34]，长呼"小荣"，其声娇细。方伫听间[35]，一女郎由东而西，执杏花一朵，俯首自簪。举头见生，遂不复簪，含笑拈花而入。审视之，即上元途中所遇也。心骤喜，但念无以阶进[36]，欲呼姨氏，顾从无还往[37]，惧有讹误。门内无人可问，坐卧徘徊，自早至于日昃[38]，盈盈望断[39]，并忘饥渴[40]。时见女子露半面来窥，似讶其不去者[41]。忽一老媪扶杖出，顾生曰："何处郎君，闻自辰刻来[42]，以至于今。意将何为？得毋饥耶[43]？"生急起揖之，答云："将以探亲。"媪聋聩不闻，又大言之，乃问："贵戚何姓？"生不能答。媪笑曰："奇哉！姓名尚自不知，何亲可探？我视郎君亦书痴耳。不如从我来，啖以粗粝[44]，家有短榻可卧。待明朝归，询知姓氏，再来探访。"生方腹馁思啖[45]，又从此渐近丽人，大喜。从媪入，见门内白石砌路，夹道红花，片片坠阶上；曲折而西，又启一关[46]，豆棚花架满庭中。肃客入舍[47]，粉壁光明如镜；窗外海棠枝朵，探入室中；裀藉几榻[48]，罔不洁泽[49]。甫坐[50]，即有人自窗外隐约相窥。媪唤："小荣！可速作黍。"外有婢子嗷声而应[51]。坐次[52]，具展宗阀[53]。媪曰："郎君外祖，莫姓吴否？"曰："然"。媪惊曰："是吾甥也！尊堂[54]，我妹子。年来以家屡贫[55]，又无三尺男⁽⁵⁶⁾，遂至音问梗塞。甥长成如许，尚不相识。"生曰："此来即为姨也，匆遽遂忘姓氏。"媪曰："老身秦姓，并无诞育⁽⁵⁷⁾；弱息亦为庶产⁽⁵⁸⁾。渠母改醮⁽⁵⁹⁾，遗我鞠养⁽⁶⁰⁾。颇亦不钝⁽⁶¹⁾，但少教训，嬉不知愁。少顷使来拜识。"未几⁽⁶²⁾，婢子具饭，雏尾盈握⁽⁶³⁾。媪劝餐已，婢来敛具⁽⁶⁴⁾。媪曰："唤宁姑来！"婢应去。良久，闻户外隐有笑声。媪又唤曰："婴宁，汝姨兄在此。"户外嗤嗤笑不已。婢推之入，犹掩其口，笑不可遏。媪嗔目曰："有客在，咤咤叱叱，景象何堪？"女忍笑而立，生揖之。媪曰："此王郎，汝姨子。一家尚不相识，可笑人也。"问："妹子年几何矣？"媪未能解。生又言之。女复笑，不可仰视。媪谓生曰："我言少教诲，此可见矣，年已十六，呆痴如婴儿。"生曰："小甥一岁。"曰："阿甥已十七矣，得非庚午属马⁽⁶⁵⁾者耶？"生首应之⁽⁶⁶⁾。又问："甥妇阿谁？"答曰："无之。"曰："如甥才貌，何十七岁犹未聘？婴宁亦无姑家⁽⁶⁷⁾，极相匹敌。惜有内亲之嫌。"生无语，目注婴宁，不遑他瞬⁽⁶⁸⁾。婢向女小语云："目灼灼，贼腔未改！"女又大笑，顾婢曰："视碧桃开未？"遽起，以袖掩口，细碎连步而出。至门外，笑声始纵。媪亦起，唤婢襆被⁽⁶⁹⁾，为生安置。曰："阿甥来不易，宜留三五日，迟迟送汝归⁽⁷⁰⁾。如嫌幽闷，舍后有小园，可供消遣；有书可读。"次日，至舍后，果有园半亩，细草铺毡，杨花糁径⁽⁷¹⁾；有草舍三楹⁽⁷²⁾，花木四合其所⁽⁷³⁾。穿花小步，闻树头苏苏有声，仰视，则婴宁在上。见生来，狂笑欲堕。生曰："勿尔，堕矣！"女且下且笑，不能自止。方将及地，失手而堕，笑乃止。生扶之，阴捘其腕⁽⁷⁴⁾。女笑又作，倚树不能行，良久乃罢。生俟其笑歇，乃出袖中花示之。女接之，曰："枯矣。何留之？""此上元妹子所遗，故存之。"问："存之何益？"曰："以示相爱不忘。自上元相遇，凝思成疾，自分化为异物⁽⁷⁵⁾；不图得见颜色，幸垂怜悯。"女曰："此大细事。至戚何所靳惜⁽⁷⁶⁾？待兄行时，园中花，当唤老奴来，斫一巨捆负送之。"生曰："妹子痴耶？"女曰："何便是痴？"生曰："我非爱花，爱拈花之人耳。"女曰："葭莩之情⁽⁷⁷⁾，爱何待言。"生曰："我所谓爱，非瓜葛之爱⁽⁷⁸⁾，乃夫妻之爱。"女曰："有以异乎？"曰："夜共枕席耳。"女俯首思良久，曰："我不惯与生人睡。"语未已，婢潜至，生惶恐遁去。少时，会母所。母问："何往？"女答以园中共话。媪曰："饭熟已久，有何长言，周遮乃尔⁽⁷⁹⁾。"女曰："大哥欲我共寝。"言未已，生大窘，急目瞪之，女微笑而止。幸媪不闻，犹絮絮究诘。生急以他词掩之，因小语责女。女曰："适此语不应说耶？"生曰："此背人语。"女曰："背他人，岂得背老母。且寝处亦常事，何讳之？"生恨其痴，无术可悟之。食方竟，家人捉双卫来寻生⁽⁸⁰⁾。先是，母待生久不归，始疑；村中搜觅几遍，竟无踪兆，因往寻吴。吴忆曩言，因教于西南山村行觅。凡历数村，始至于此。生出门，适相值，便入告媪，且请偕女同归。媪喜曰："我有志，匪伊朝夕⁽⁸¹⁾。但残躯不能远涉，得甥偕妹子去，识认阿姨，大好！"呼婴宁，宁笑至。媪曰："大哥欲同汝去，可便装束。"又饷家人酒食，始送之出曰："姨家田产丰裕，能养冗人⁽⁸²⁾，到彼且勿归，少学诗礼⁽⁸³⁾，亦好事翁姑。即烦阿姨，择一良匹与汝⁽⁸⁴⁾。"二人遂发。至山坳，回顾，犹依稀见媪倚门北望也。抵家，母睹姝丽，惊问为谁。生以姨女对。母曰："前吴郎与儿言者，诈也。我未有姊，何以得甥？"问女，女曰："我非母出。父为秦氏，没时，儿在襁中，不能记忆。"母曰："我一姊适秦氏⁽⁸⁵⁾，良确；然殂谢已久⁽⁸⁶⁾，那得复存？"因审诘面庞志赘⁽⁸⁷⁾，一一符合。又疑曰："是矣。然亡已多年，何得复存？"疑虑间，吴生至，女避入室。吴询得故，悯然久之。忽曰："此女名婴宁耶？"生然之，吴极称怪事。问所自知，吴曰："秦家姑去后，姑夫鳏居⁽⁸⁸⁾，祟于狐，病瘵死⁽⁸⁹⁾，狐生女名婴宁，绷卧床上，家人皆见之。姑夫没，狐犹时来；后求天师符粘壁上⁽⁹⁰⁾，狐遂携女去。将毋此耶⁽⁹¹⁾？"彼此疑参⁽⁹²⁾。但闻室中嗤嗤皆婴宁笑声。母曰："此女亦太憨⁽⁹³⁾。"吴生请面之。母入室，女犹浓笑不顾。母促令出，始极力忍笑，又面壁移时，方出。才一展拜，翻然遽入，放声大笑。满室妇女，为之粲然⁽⁹⁴⁾。吴请往觇其异⁽⁹⁵⁾，就便执柯⁽⁹⁶⁾。寻至村所，庐舍全无，山花零落而已。吴忆姑葬处，仿佛不远，然坟垄湮没，莫可辨识，诧叹而返。母疑其为鬼，入告吴言，女略无骇异；又吊其无家，亦殊无悲意，孜孜憨笑而已⁽⁹⁷⁾，众莫之测。母令与少女同寝止，昧爽即来省问⁽⁹⁸⁾，操女红精巧绝伦⁽⁹⁹⁾。但善笑，禁之亦不可止；然笑处嫣然⁽¹⁰⁰⁾，狂而不损其媚，人皆乐之。邻女少妇，争承迎之。母择吉为之合卺⁽¹⁰¹⁾，而终恐为鬼物，窃于日中窥之，形影殊无少异。至日，使华妆行新妇礼；女笑极，不能俯仰，遂罢。生以其憨痴，恐漏泄房中隐事；而女殊密秘，不肯道一语。每值母忧怒，女至，一笑即解。奴婢小过，恐遭鞭楚，辄求诣母共语⁽¹⁰²⁾；罪婢投见，恒得免⁽¹⁰³⁾。而爱花成癖，物色遍戚党；窃典金钗购佳种。数月，阶砌藩溷⁽¹⁰⁴⁾，无非花者。庭后有木香一架，故邻西家。女每攀登其上，摘供簪玩。母时遇见，则诃之，女卒不改。一日，西人子见之，凝注倾倒，女不避而笑。西人子谓女意已属⁽¹⁰⁵⁾，心益荡。女指墙底笑而下，西人子谓示约处，大悦。及昏而往，女果在焉。就而淫之，则阴如锥刺，痛彻于心，大号而踣⁽¹⁰⁶⁾，细视非女，则一枯木卧墙边，所接乃水淋窍也。邻父闻声，急奔研问，呻而不言。妻来，始以实告。爇火烛窥⁽¹⁰⁷⁾，见中有巨蝎如小蟹然。翁碎木捉杀之。负子至家，半夜寻卒⁽¹⁰⁸⁾。邻人讼生，讦发婴宁妖异⁽¹⁰⁹⁾，邑宰素仰生才⁽¹¹⁰⁾，稔知其笃行士⁽¹¹¹⁾，谓邻翁讼诬，将杖责之。生为乞免，遂释而出。母谓女曰："憨狂尔尔，早知过喜而伏忧也。邑令神明，幸不牵累；设鹘突官宰⁽¹¹²⁾，必逮妇女质公堂，我儿何颜见戚里？"女正色，矢不复笑⁽¹¹³⁾。母曰："人罔不笑⁽¹¹⁴⁾，但须有时。"而女由是竟不复笑，虽故逗之，亦终不笑；然竟日未尝有戚容⁽¹¹⁵⁾。一夕，对生零涕。异之，女哽咽曰："曩以相从日浅，言之恐致骇怪。今日察姑及郎，皆过爱无有异心，直告或无妨乎？妾本狐产。母临去以妾托鬼母，相依十余年，始有今日。妾又无兄弟，所恃者惟君。老母岑寂山阿⁽¹¹⁶⁾，无人怜而合厝之⁽¹¹⁷⁾，九泉辄为悼恨。君倘不惜烦费，使地下人消此怨恫⁽¹¹⁸⁾，庶养女者不忍溺弃⁽¹¹⁹⁾。"生诺之，然虑坟冢迷于荒草，女言无虑。刻日，夫妇舆榇而往⁽¹²⁰⁾。女于荒烟错楚中⁽¹²¹⁾，指示墓处，果得媪尸，肤革犹存。女抚哭哀痛。舁归⁽¹²²⁾，寻秦氏墓合葬焉。是夜，生梦媪来称谢，寤而述之。女曰："妾夜见之，嘱勿惊郎君耳。"生恨不邀留。女曰："彼鬼也，生人多，阳气胜，何能久居？"生问小荣，曰："是亦狐，最黠。狐母留之视妾，每摄饵相哺⁽¹²³⁾，故德之常不去心⁽¹²⁴⁾。昨问母，云已嫁之。"由是岁值寒食⁽¹²⁵⁾，夫妻登秦墓拜扫无缺。女逾年生一子。在怀抱中，不畏生人，见人辄笑，亦大有母风云⁽¹²⁶⁾。

异史氏曰⁽¹²⁷⁾："观其孜孜憨笑，似全无心肝者；而墙下恶作剧，其黠孰甚焉⁽¹²⁸⁾。至凄恋鬼母，反笑为哭，我婴宁何尝憨耶？窃闻山中有草，名"笑矣乎⁽¹²⁹⁾"，嗅之则笑不可止。房中植此一种，则合欢、忘忧，并无颜色矣。若解语花⁽¹³⁰⁾，正嫌其作态耳。"

注释

（1）莒（jǔ举）：地名，今山东莒县一带。

（2）惠：通"慧"。入泮（pàn叛）：泮，即泮宫，原指西周诸侯所设的太学，后来地方官办的学校也称泮宫。入泮，即进学——考取秀才，得以进泮宫读书。

（3）聘：指订婚。旧时风俗，订婚时男家要向女家致送聘礼，后来就以"聘"为订婚的代名词。

（4）夭：夭折，早死。

（5）求凰：凰，传说中的凤凰。雄者为凤，雌者为凰。求凰就是聘女、求妻之意。相传汉代司马相如作《琴歌》挑动卓文君，中有"凤兮凤兮归故乡，遨游四海求其凰"的句子。

（6）会上元：恰逢上元。旧时阴历正月十五称上元节。会，值。

（7）眺瞩：远望，游览。

（8）拈：用手指拿着。

（9）数武：半步叫做武，数武就是几步。

（10）个：这个。

（11）怏怏：失意的神态。

（12）"醮禳（jiàoráng 叫瓤）"句：此句谓求神问卜病情反而加重。醮禳，请和尚、道士清除疾病、灾害。剧，加重。

（13）"肌革"句：此句言身体很快消瘦下去。肌，肌肉。革，皮肤。锐，迅速。

（14）"投剂"句：此句指吃药发散内火。投剂，下药，从病人的角度说就是吃药。发表，中医名词，指把伏在体内的疾病用药发散托表出来。

（15）字：许婚。

（16）拼：不惜。赂：用钱收买。

（17）计：估量，估计。遂：成功，实现。

（18）痊瘳（chōu 抽）：病好。

（19）解颐：笑。颐，面颊。

（20）绐（dài 代）：欺骗。

（21）诡：欺。

（22）锐身自任：挺身承担。

（23）折柬：裁纸写信。

（24）恚（huì 会）：怨恨。

（25）悒悒：忧闷不乐的样子。

（26）耗：消息。

（27）仰息：仰人鼻息。

（28）负气：赌气。

（29）伶仃：孤独的样子。

（30）合沓（tà 踏）：集聚重叠。

（31）意：意态、样子。修：修整，整齐。雅：幽雅。

（32）格磔（zhé 哲）：鸟雀鸣叫的声音。这里用作动词，鸣叫。

（33）遽（jù 巨）：突然。

（34）俄：忽然。

（35）伫（zhù 住）听：站着静听。

（36）阶进：踏着阶梯而入。这里有通过关系或找出理由进去的意思。

（37）顾：但是。

（38）日昃（zè 仄）：太阳偏西。

（39）盈盈：眼光流转顾盼的样子。

（40）并忘：两忘，同时都忘了。

（41）讶：惊异。

（42）辰刻：上午 7 时至 9 时之间。

（43）得毋：莫不是。

（44）啖（dàn 淡）以粗粝：吃一点粗米饭。

（45）馁：饿。

（46）关：门。

（47）肃：请进。

（48）裀藉：垫褥，坐席。

（49）罔：无。

（50）甫：刚。

（51）嗷（jiào 叫）：高声。

（52）坐次：坐了一会儿。

（53）具展宗阀：详细说明宗族门第。

（54）尊堂：对别人母亲的尊称。

（55）屡贫：经常贫穷。

（56）三尺男：仆童。

（57）诞育：生育。

（58）弱息：谦称自己的子女。弱，劣。息，子女。这里指婴宁。庶产：妾所生的儿女。正妻为嫡，妾为庶。

（59）渠：代词，他（她）。改醮：改嫁。古时女子出嫁时有人酌酒叫喝，叫做醮。因此改嫁称改醮。

（60）遗我鞠养：留给我抚养。

（61）钝：愚笨。

（62）未几：不久。

（63）雏尾盈握：抓着尾部已满一手的家禽。《礼记·内则》："雏尾不握弗食。"

（64）敛具：收拾餐具。

（65）庚午属马：庚午年生的人属马。

（66）首应：点头答应。

（67）姑家：婆家。婆婆称姑，公公称翁。

（68）遑：暇。瞬：转目看。

（69）襆（fú 扶）被：襆，同"袱"，被单。襆被，被褥。这里用为动词，即铺被褥。

（70）迟迟：等一等。

（71）糁（sǎn 伞）径：像米粒散落在路上。糁，饭粒，引申为散粒，这里用为动词。

（72）三楹：三间。

（73）四合其所：四面包围着这个地方。

（74）阴㨃（zùn 俊）其腕：暗中捏她的手腕。㨃，按，捏。

（75）自分（fèn 奋）化为异物：自以为要化为鬼了，即要死了。分，料想。异物，鬼物。

（76）靳惜：吝惜。

（77）葭莩（jiā fú 家扶）：芦苇管中的白膜。这里比喻疏远的亲戚。

（78）瓜葛：瓜和葛，是牵连很长的蔓生植物，用以比喻疏远的亲戚。

（79）"周遮"句：即竟然如此话多。周遮，声音繁杂细碎，形容话多而不断。乃尔，竟如此，竟然这样。

（80）捉双卫：即牵着两头驴。卫，驴的别名。

（81）匪伊朝夕：不是一朝一夕。伊，语助词。

（82）冗人：多余的人，不从事生产的人。

（83）少（shǎo）学诗礼：稍微学点诗书礼仪。

（84）良匹：好配偶，好对象。

（85）适：嫁给。

（86）殂谢：死亡。

（87）志：同"痣"，皮肤上的深色小斑痕。赘，赘疣，皮肤上的小疙瘩。这里指人身上的特征。

（88）祟于狐：被狐狸精迷住了。

（89）病瘵死：害虚症而死。病，作动词用，生病。瘵，虚症。

（90）天师：东汉张道陵传播道教，其子孙在江西龙虎山从事炼丹画符、捉鬼拿妖等迷信活动。元朝将张道陵封为张天师，其后代被沿用这个称号。此处指道士。

（91）将毋：莫非，莫不是。

（92）疑参：怀疑揣测。

（93）憨：傻气。

（94）粲然：指笑时露出牙齿的样子，形容笑得很开心。

（95）觇（chān 搀）：窥视。

（96）执柯：做媒。《诗经·伐柯》："伐柯如何？匪斧不克；娶妻如何？匪媒不得。"柯，指斧柄。这里用以斧头伐木作斧柄来比喻媒人做媒，后世便用执柯指代做媒。

（97）孜孜：不停止。孜孜憨笑：憨笑不停的样子。

（98）昧爽：拂晓。

（99）女红：指纺绩、刺绣等事。红，同"工"。

（100）嫣然：美好的样子。

（101）合卺（jǐn 锦）：古代婚礼的一种仪式。将一个葫芦剖为两半为卺，新婚夫妇各执一半饮酒为合卺。后世称婚礼为合卺。这里是举行婚礼的意思。

（102）诣母：到母亲那里去。

（103）恒：常常。

（104）阶砌藩溷：庭阶、篱笆、厕所等处。藩，篱笆。溷（hùn），厕所。

（105）谓女意已属：认为婴宁对他已经有意了。

（106）踣（bó 驳）：扑倒。

（107）爇（ruò 若）：点燃。

（108）寻卒：随即死亡。

（109）讦（jié 节）：揭发别人隐私。

（110）"邑宰"句：知县平素敬仰王生的才学。

（111）"稔（rěn 忍）知"句：深知王生是一个品德淳厚的读书人。

（112）鹘突：同"糊涂"。

（113）矢：通"誓"。

（114）罔：没有。

（115）戚容：忧愁的样子。

（116）岑寂：寂寞。山阿：山坳。

（117）厝：埋葬。

（118）恫（tōng 通）：悲痛。

（119）"庶养"句：也许可以使生女孩的人不忍心将其淹死或抛弃。旧社会有溺弃女婴的陋习。庶，庶几，希望之词。溺，淹死。

（120）舆榇：用车子装着棺材。

（121）错楚：杂乱的草木。楚，荆木，这里泛指草木。

（122）舁（yú 余）：抬。

（123）摄饵：找来食物。

（124）德之常不去心：感激不忘。

（125）寒食：寒食节，在清明的前一天，一说"两天"。

（126）母风：母亲的样子。

（127）异史氏：《聊斋志异》的作者蒲松龄的自称。

（128）黠：聪慧。

（129）笑矣乎：宋代陶谷《清异录》说，相传有一种菌蕈，吃了会使人无故发笑，名"笑矣乎"。这里说是草，可能是作者的创造。

（130）解语花：唐玄宗给杨贵妃的称呼，指她美丽如花，又善解人意。后来一般用"解语花"比喻聪明美丽的女子。

提示

　　这是《聊斋志异》中最优秀的篇章之一。小说成功地塑造了一个崭新的女性——婴宁的形象，表现了作者反对封建礼教，追求归真返璞，不受世俗污染的纯真人性的进步倾向，寄寓作者对人情世态的深切感受和社会理想。婴宁是狐母所生，鬼母所养，没有沾染尘间任何污浊，所以单纯天真便是她的基本性格特征。这种性格特征又是通过对她的几种特殊的形态反复描写表现出来的。一是她的爱花成癖。她一出场，便手拈梅花。她的居室是门前细柳，墙内桃杏，庭中红花夹道，窗外海棠探室。在家攀花簪花，出嫁至王家，则"阶砌藩溷，无非花者"。这种反复渲染，作者自有深意：大自然中最美丽的无过于花，作者正是用自然界最美丽的东西来衬托婴宁的纯真如花的性格特征。二是她的笑口常开。婴宁的爱笑写得比爱花更加突出。她一出场便"拈梅花一枝，容华绝代，笑容可掬"。王子服初访其家，母呼其与王见面，则"户外嗤嗤笑不已"，直至婢子推入，"犹掩其口，笑不可遏"。当王问她年龄时，"女复笑，不可仰视"。小荣向她提起上元游春时的话，"女又大笑"，"遽走，以袖掩口"，"至门外，笑声始纵"。一次会面，竟然五次大笑。以后作者又反复写她的各种笑态，或忍笑，或狂笑，或浓笑，或憨笑，淋漓尽致，不一而足。通过反复描写，婴宁的纯真性格便跃然纸上，呼之欲出。在作者所处的时代，女子被禁锢在纲常礼教的网罟之中，要求她们"笑莫露齿，话莫高声"，提出"女子第一是安贞"。作者把笑这个人世间的美赋予婴宁，正是对禁锢妇女的纲常礼教的反抗，而婴宁也是作者理想中的纯真的妇女形象，故作者亲切地称她为"我婴宁"，喜爱之情，溢于言表。三是作者还着重描写了婴宁的痴憨的特点。初见王子服，王痴情凝视，她却说"个儿郎目灼灼似贼"。当王子服出示她丢下的梅花以表爱慕之情时，她似乎一点不理解，说"待兄行时，园中花，当唤老奴来，斫一巨捆负送之"。当生表达对她的"夫妇之爱"时，她却说"我不惯与生人睡"，甚至对母亲说："大哥欲我共寝"。这种"呆痴如婴儿"正是婴宁纯真性格的又一侧面。作者高明之处，不是将这三个侧面孤立地进行描写，而是把它们结合起来加以表现，有花必有笑，笑中常带痴，人物性格特征突出，人物形象富于立体感，而不是某种观念的图解。婴宁性格是发展的，当西人子企图占有她时，她弄了一个恶作剧，使之"寻卒"，于是几遭质公堂，受到婆母的指责，从此"竟不复笑"。纯真的性格消失，表明作者理想的破灭，这种悲剧性结局正是严酷的社会现实所造成，是符合生活发展的逻辑的。但作者似乎并没有完全失望，他让婴宁"逾年生一子。在怀抱中，不畏生人，见人辄笑，亦大有母风云"，他把希望寄托在下一代。

全篇分为六部分，第一部分从开篇到"快快遂返"，写上元节婴宁与王子服相遇，对婴宁的形象作整体性的勾画。婴宁爱花、爱笑、痴憨纯真的性格特征给读者留下深刻印象，为下文展开描写留下了广阔的空间。第二部分从"至家"到"家人不知也"，写王子服对婴宁的相思。这部分实写王生，虚写婴宁。正是婴宁的美丽纯真才引起王子服对她相思成病，又为情节的发展（王生寻找婴宁）铺垫。第三部分从"伶仃独步"到"犹依稀倚门北望也"，这是全篇的重点。作者以浓墨重彩多角度有层次地展开对婴宁的性格描写，使读者如见其人，如闻其声。第四部分从"抵家"到"然竟日未尝有戚容"，写婴宁到王家后的表现与遭遇，反映了严酷的现实对婴宁纯真性格的扼杀。第五部分从"一夕"到"亦大有母风云"，点明婴宁的来历，交代故事的结局。第六部分即最末一段，是作者的议论与感叹。

全篇线索清晰，情节奇幻，引人入胜。篇中以王子服见婴宁、想婴宁、找婴宁、重会婴宁、带回婴宁、同婴宁结婚为情节纵向发展的线索，但又步步制造疑云，层层设置悬念，迟迟不点明婴宁的真实面目，直到篇末才揭开神秘的面纱，使读者终见庐山真面目，也使全文笼罩着奇幻莫测的气氛。为了更好地突出人物，作者有意淡化了小说的情节性，而腾出较大空间来刻画人物。例如王子服寻至婴宁家一段是全篇的重点，但情节基本上停留在原处，不向纵深发展，而以较大幅度横向扩展，使作者能尽情地写人物的个性特征。这就打破了传统小说以情节为主的格局，开拓了以刻画性格为主的新格局，在中国小说史上无疑是一创举。此外，选取典型细节反复描写，对突出人物性格特征也起到了重要作用。

吴敬梓小说

　　吴敬梓（1701—1754），字敏轩，号粒民，晚年号文木老人，安徽全椒人。出身官僚地主家庭，曾祖父是科举出身的显宦。吴敬梓从小过继给叔父吴霖起为子。继父是一个老儒，曾任县教谕。23 岁时，继父去世，家遭变故。由于他"性耽挥霍"，又遇贫即施，不到十年，家产变卖殆尽，举家移居南京，以卖文维持贫困的生活。1754 年，病逝于扬州，靠朋友们的资助才得以安葬于南京。吴敬梓早年曾考取秀才，以后屡试不第，就绝意仕进，35 岁被人推荐应博学鸿词科选，但坚辞未应考。他用很长时间和主要精力创作《儒林外史》，以讽刺的笔调，集中批判桎梏人们思想、戕害人的灵魂、流毒社会各个角落的科举制度。除《儒林外史》外，还有《文木山房诗文集》等。

范　进　中　举[1]

　　范进进学回家[2]，母亲、妻子俱各欢喜。正待烧锅做饭，只见他丈人胡屠户，手里拿着一副大肠和一瓶酒，走了进来。范进向他作揖，坐下。胡屠户道："我自倒运，把个女儿嫁与你这现世宝穷鬼。历年以来，不知累了我多少。如今不知因我积了什么德，带挈你中了个相公[3]，我所以带个酒来贺你。"范进唯唯连声，叫浑家把肠子煮了[4]，烫起酒来，在茅草棚下坐着。母亲自和媳妇在厨下造饭。胡屠户又吩咐女婿道："你如今既中了相公，凡事要立起个体统来[5]。比如我这行事里都是些正经有脸面的人[6]，又是你的长亲，你怎敢在我们跟前装大？若是家门口这些做田的、扒粪的，不过是平头百姓，你若同他拱手作揖，平起平坐，这就是坏了学校规矩[7]，连我脸上都无光了。你是个烂忠厚没用的人，所以这些话我不得不教导你，免得惹人笑话。"范进道："岳父见教的是。"胡屠户又道："亲家母也来这里坐着吃饭。老人家每日小菜饭，想也难过。我女孩儿也吃些，自从进了你家门，这十几年，不知猪油可曾吃过两三回哩？可怜！可怜！"说罢，婆媳两个都来坐着吃了饭。吃到日西时分，胡屠户吃的醺醺的。这里母子两个，千恩万谢。屠户横披了衣服，腆着肚子去了[8]。

　　次日，范进少不得拜拜乡邻。魏好古又约了一班同案的朋友⁽⁹⁾，彼此来往。因是乡试年⁽¹⁰⁾，做了几个文会⁽¹¹⁾。不觉到了六月尽间，这些同案的人约范进去乡试。范进因没有盘费，走去同丈人商议。被胡屠户一口啐在脸上，骂了一个狗血喷头道："不要失了你的时了！你自己只觉得中了一个相公，就'癞虾蟆想吃起天鹅肉'来！我听见人说，就是中相公时，也不是你的文章，还是宗师看见你老⁽¹²⁾，不过意，捨与你的。如今痴心就想中起老爷来⁽¹³⁾！这些中老爷的都是天上的'文曲星'⁽¹⁴⁾！你不看见城里张府上那些老爷，都有万贯家私，一个个方面大耳。像你这尖嘴猴腮，也该撒抛尿自己照照⁽¹⁵⁾！不三不四，就想天鹅屁吃！趁早收了这心，明年在我们行事里替你寻一个馆⁽¹⁶⁾，每年寻几两银子，养活你那老不死的老娘和你老婆是正经！你问我借盘缠，我一天杀一个猪还赚不得钱把银子，都把与你去丢在水里，叫我一家老小喝西北风！"一顿夹七夹八，骂的范进摸门不着。辞了丈人回来，自心里想："宗师说我火候已到，自古无场外的举人，如不进去考他一考，如何甘心？"因向几个同案商议，瞒着丈人，到城里乡试。出了场，即便回家。家里已是饿了两三天。被胡屠户知道，又骂了一顿。

　　到出榜那日，家里没有早饭米，母亲吩咐范进道："我有一只生蛋的母鸡，你快拿集上去卖了，买几升米来煮餐粥吃，我已是饿的两眼都看不见了。"范进慌忙抱了鸡，走出门去。才去不到两个时候⁽¹⁷⁾，只听得一片声的锣响，三匹马闯将来。那三个人下了马，把马拴在茅草棚上，一片声叫道："快请范进老爷出来，恭喜高中了！"母亲不知是甚事，吓得躲在屋里。听见中了，方敢伸出头来说道："诸位请坐，小儿方才出去了。"那些报录人道⁽¹⁸⁾："原来是老太太。"大家簇拥着要喜钱。正在吵闹，又是几匹马，二报、三报到了，挤了一屋的人，茅草棚地下都坐满了。邻居都来了，挤着看。老太太没奈何，只得央及一个邻居去寻他儿子。

　　那邻居飞奔到集上，一地里寻不见⁽¹⁹⁾；直寻到集东头，见范进抱着鸡，手里插个草标，一步一踱的，东张西望，在那里寻人买。邻居道："范相公，快些回去！你恭喜中了举人，报喜人挤了一屋里。"范进道是哄他，只装不听见，低着头往前走。邻居见他不理，走上来，就要夺他手里的鸡。范进道："你夺我的鸡怎的？你又不买。"邻居道："你中了举了，叫你家去打发报子哩。"范进道："高邻，你晓得我今日没有米，要卖这鸡去救命，为什么拿这话来混我？我又不同你顽，你自回去罢，莫误了我卖鸡。"邻居见他不信，劈手把鸡夺了，掼在地下，一把拉了回来。报录人见了道："好了，新贵人回来了。"正要拥着他说话，范进三两步走进屋里来，见中间报帖已经升挂起来，上写道："捷报贵府老爷范讳进高中广东乡试第七名亚元⁽²⁰⁾。京报连登黄甲⁽²¹⁾。"

范进不看便罢，看了一遍，又念一遍，自己把两手拍了一下，笑了一声道："噫！好了！我中了！"说着，往后一交跌倒，牙关咬紧，不省人事。老太太慌了，慌将几口开水灌了过来。他爬将起来，又拍着手大笑道："噫！好！我中了！"笑着，不由分说，就往门外飞跑，把报录人和邻居都吓了一跳。走出大门不多路，一脚踹在塘里，挣起来，头发都跌散了，两手黄泥，淋淋漓漓一身的水。众人拉他不住，拍着笑着，一直走到集上去了。众人大眼望小眼，一齐道："原来新贵人欢喜疯了。"老太太哭道："怎生这样苦命的事！中了一个甚么举人，就得了这个拙病⁽²²⁾！这一疯了，几时才得好？"娘子胡氏道："早上好好出去，怎的就得了这样的病！却是如何是好？"众邻居劝道："老太太不要心慌。我们而今且派两个人跟定了范老爷。这里众人家里拿些鸡蛋酒米，且管待了报子上的老爹们，再为商酌。"

当下众邻居有拿鸡蛋来的，有拿白酒来的，也有背了斗米来的，也有捉两只鸡来的。娘子哭哭啼啼，在厨下收拾齐了，拿在草棚下。邻居又搬些桌凳，请报录的坐着吃酒，商议"他这疯了，如何是好"。报录的内中有一个人道："在下倒有一个主意，不知可以行得行不得？"众人问："如何主意？"那人道："范老爷平日可有最怕的人？他只因为欢喜狠了，痰涌上来，迷了心窍。如今只消他怕的这个人来打他一个嘴巴，说：'这报录的话都是哄你，你并不曾中。'他吃这一吓，把痰吐了出来，就明白了。"众邻都拍手道："这个主意好得紧，妙得紧！范老爷怕的，莫过于肉案子上的胡老爹。好了！快寻胡老爹来。他想是还不知道，在集上卖肉哩。"又一个人道："在集上卖肉，他倒好知道了。他从五更鼓就往东头集上迎猪⁽²³⁾，还不曾回来，快些迎着去寻他。"

一个人飞奔去迎，走到半路，遇着胡屠户来，后面跟着一个烧汤的二汉⁽²⁴⁾，提着七八斤肉，四五千钱，正来贺喜。进门见了老太太，老太太大哭着告诉了一番。胡屠户诧异道："难道这等没福？"外边人一片声请胡老爹说话。胡屠户把肉和钱交与女儿，走了出来。众人如此这般，同他商议，胡屠户作难道："虽然是我女婿，如今却做了老爷，就是天上的星宿⁽²⁵⁾。天上的星宿是打不得的！我听得斋公们说⁽²⁶⁾：打了天上的星宿，阎王就要拿去打一百铁棍，发在十八层地狱，永不得翻身。我却是不敢做这样的事！"邻居内一个尖酸人说道："罢么！胡老爹，你每日杀猪的营生，白刀子进去，红刀子出来，阎王也不知叫判官在簿子上记了你几千条铁棍；就是添上这一百棍，也打甚么要紧？只恐把铁棍子打完了，也算不到这笔帐上来。或者你救好了女婿的病，阎王叙功，从地狱里把你提上第十七层来，也不可知。"报录的人道："不要只管讲笑话。胡老爹，这个事须是这般，你没奈何，权变一权变。"屠户被众人局不过[27]，只得连斟两碗酒喝了，壮一壮胆，把方才这些小心收起[28]，将平日的凶恶样子拿出来，卷一卷那油晃晃的衣袖，走上集去。众邻居五六个都跟着走。老太太赶出来叫道："亲家，你只可吓他一吓，却不要把他打伤了！"众邻居道："这自然，何消吩咐！"说着，一直去了。

来到集上，见范进正在一个庙门口站着，散着头发，满脸污泥，鞋都跑掉了一只，兀自拍着掌[29]，口里叫道："中了！中了！"胡屠户凶神似的走到跟前，说道："该死的畜生！你中了甚么？"一个嘴巴打将去。众人和邻居见这模样，忍不住的笑。不想胡屠户虽然大着胆子打了一下，心里到底还是怕的，那手早颤起来，不敢打到第二下。范进因这一个嘴巴，却也打晕了，昏倒于地。众邻居一齐上前，替他抹胸口，捶背心，舞了半日，渐渐喘息过来，眼睛明亮，不疯了。众人扶起，借庙门口一个外科郎中"跳驼子"板凳上坐着。胡屠户站在一边，不觉那只手隐隐的疼将起来。自己看时，把个巴掌仰着，再也弯不过来。自己心里懊恼道："果然天上'文曲星'是打不得的，而今菩萨计较起来了。"想一想，更疼的狠了，连忙问郎中讨了个膏药贴着。

范进看了众人，说道："我怎么坐在这里？"又道："我这半日，昏昏沉沉，如在梦里一般。"众邻居道："老爷，恭喜高中了。适才欢喜的有些引动了痰，方才吐出几口痰来，好了。快请回家去打发报录人。"范进说道："是了，我也记得是中的第七名。"范进一面自绾了头发[30]，一面问郎中借了一盆水洗洗脸。一个邻居早把那一只鞋寻了来，替他穿上。见丈人在跟前，恐怕又要来骂。胡屠户上前道："贤婿老爷，刚才不是我敢大胆，是你老太太的主意，央我来劝你的。"邻居内一个人道："胡老爹方才这个嘴巴打的亲切，少顷范老爷洗脸，还要洗下半盆猪油来！"又一个道："老爹，你这手明日杀不得猪了。"胡屠户道："我那里还杀猪！有我这贤婿，还怕后半世靠不着也怎的？我每常说，我的这个贤婿，才学又高，品貌又好，就是城里头那张府、周府这些老爷，也没有我女婿这样一个体面的相貌！你们不知道，得罪你们说，我小老这一双眼睛，却是认得人的！想着先年，我小女在家里长到三十多岁，多少有钱的富户要和我结亲，我自己觉得女儿像有些福气的，毕竟要嫁与个老爷，今日果然不错！"说罢，哈哈大笑，众人都笑起来。看着范进洗了脸，郎中又拿茶来吃了，一同回家。范举人先走，屠户和邻居跟在后面，屠户见女婿衣裳后襟滚皱了许多，一路低着头替他扯了几十回。

到了家门，屠户高声叫道："老爷回府了！"老太太迎着出来，见儿子不疯，喜从天降。众人问报录的，已是家里把屠户送来的几千钱打发他们去了。范进拜了母亲，也拜谢丈人。胡屠户再三不安道："些须几个钱，不够你赏人。"范进又谢了邻居。正待坐下，早看见一个体面的管家，手里拿着一个大红全帖⁽³¹⁾，飞跑了进来："张老爷来拜新中的范老爷。"说毕，轿子已是到了门口。胡屠户忙躲进女儿房里，不敢出来。邻居各自散了。

　　范进迎了出去，只见那张乡绅下了轿进来，头戴纱帽，身穿葵花色员领⁽³²⁾，金带，皂靴。他是举人出身，做过一任知县的，别号静斋，同范进让了进来，到堂屋内平磕了头，分宾主坐下。张乡绅先攀谈道："世先生同在桑梓⁽³³⁾，一向有失亲近。"范进道："晚生久仰老先生，只是无缘，不曾拜会。"张乡绅道："适才看见题名录⁽³⁴⁾，贵房师高要县汤公⁽³⁵⁾，就是先祖的门生，我和你是亲切的世弟兄。"范进道："晚生侥幸，实是有愧。却幸得出老先生门下，可为欣喜。"张乡绅四面将眼睛望了一望，说道："世先生果是清贫。"随在跟的家人手里拿过一封银子来，说道："弟却也无以为敬，谨具贺仪五十两，世先生权且收着。这华居，其实住不得，将来当事拜往⁽³⁶⁾，俱不甚便。弟有空房一所，就在东门大街上，三进三间，虽不轩敞，也还干净，就送与世先生。搬到那里去住，早晚也好请教些。"范进再三推辞，张乡绅急了，道："你我年谊世好⁽³⁷⁾，就如至亲骨肉一般，若要如此，就是见外了。"范进方才把银子收下，作揖谢了。又说了一会儿，打躬作别。胡屠户直等他上了轿，才敢走出堂屋来。

　　范进即将这银子交与浑家打开看，一封一封雪白的细丝锭子⁽³⁸⁾，即便包了两锭，叫胡屠户进来，递与他道："方才费老爹的心，拿了五千钱来。这六两多银子，老爹拿了去。"屠户把银子攥在手里紧紧的，把拳头舒过来，道："这个，你且收着。我原是贺你的，怎好又拿了回去？"范进道："眼见得我这里还有这几两银子，若用完了，再来问老爹讨来用。"屠户连忙把拳头缩了回去，往腰里揣，口里说道："也罢，你而今相与了这个张老爷，何愁没有银子用？他家里的银子，说起来比皇帝家还多些哩！他家就是我卖肉的主顾，一年就是无事，肉也要用四五千斤，银子何足为奇！"又转回头来望着女儿说道："我早上拿了些钱来，你那该死行瘟的兄弟还不肯，我说：'姑老爷今非昔比，少不得有人把银子送上门来给他用，只怕姑老爷还不希罕。'今日果不其然！如今拿了银子家去骂这死砍头短命的奴才！"说了一会，千恩万谢，低着头，笑迷迷的去了。

注释

（1）中举：考中举人。

（2）进学：指考取秀才。

（3）带挈（qiè 怯）：带领、提携。这里是"使你沾我的光，交了好运"的意思。

（4）浑家：妻子。

（5）体统：规矩。

（6）行（háng 杭）事：行业。

（7）学校：指县里学官所管理的学校。考上秀才就算进了学。

（8）腆（tiǎn 舔）：挺起，凸出。

（9）同案：指同场考取秀才的人。

（10）乡试年：明、清两代科举考试有两个档次，一是区域性的乡试，考中的称"举人"；一是全国性的会试，考中的称"进士"。乡、会试都是三年举行一次（乡试逢子、卯、午、酉年举行，会试逢丑、辰、未、戌年举行）。乡、会试的那一年统称为"科举年"，乡试那一年也称为"乡试年"。

（11）文会：指秀才为应乡试而举行的补习会。

（12）宗师：主持一省儒学和举业的长官，叫学道、学台、学政或宗师。在任期三年内，要依次到所属各州府主持考试。

（13）老爷：这里是对"举人"的称呼。明清时，考中秀才后，被称为相公；考中举人后就取得了做官的资格，故称为"老爷"。

（14）文曲星：旧俗迷信说法，科场得意的人，被认为是文曲星下凡。

（15）抛：此处同"泡"。

（16）馆：教书的处所。

（17）时候：这里指时辰。两个时候，即四个小时。

（18）报录人：把考中或升授官职的消息写成喜报送给当事者的人，一般称为"报子"。头报之外，有二报、三报，表示隆重。

（19）一地里：一路上，到处。

（20）讳：原是"避忌"的意思。在封建社会里，称呼别人时先说讳，再说名字，含有尊敬的意思。亚元：举人的第一名称"解元"，第二名称"亚元"。这里是报录人故意奉承的说法。

（21）京报连登黄甲：这是科举时代专写在中考喜报上的一句祝贺的话，表示会试、殿试连捷的京报就要送到的意思。殿试等第分三甲，榜是黄纸书写的，所以叫做"黄甲"，一般也称为金榜。

（22）拙病：意为难治的倒霉病。

（23）迎猪：把买的猪赶回家。

（24）二汉：指佣工、伙计。

（25）星宿（xiù 秀）：星座。旧时迷信说法，认为官老爷是星宿下凡。

（26）斋公：旧社会在家吃长斋、念佛、会做简单佛事的佛教信徒，叫"斋公"；庙里打杂的人也叫"斋公"。

（27）局：软逼。

（28）小心：这里是"顾虑"的意思。

（29）兀自：仍然，还在。

（30）绾（wǎn 碗）：系，盘结。

（31）大红全帖：拜客或互通礼仪用的红纸名柬。单幅的称"单帖"，横阔十倍于单帖而折为十面的称"全帖"。用全帖拜客，是最恭敬的表示。

（32）员领：即圆领。明代官员的常礼服，赋闲的官员也可以穿戴。葵花色：黄灰色。

（33）世先生：对有世交的人的敬称。世，世好、世交，两家世代有交谊。桑梓：桑和梓是古代家宅常栽的树木，后遂用作故乡的代称。

（34）题名录：乡、会试发榜后汇编的录取名册。因多用红纸印，又称"红录"。题名录前载有主考、同考官的姓名。

（35）房师：主持乡试的官员有主考和副主考；此外还有同考官，分房阅卷和荐卷，最后由主考决定。取中的举人称正副主考官为"座师"，称分房荐卷的同考官为"房师"。

（36）当事拜往：当时口头流行语，把地方官称为"当事"。当事拜往，即与地方官来往。

（37）年谊：原指同年考中科举的人之间的关系，这里是张静斋拉拢范进的话。

（38）细丝锭子：带有细纹的优质银锭。

提示

《范进中举》节选自《儒林外史》第三回，是《儒林外史》最精彩的片段之一。这个片段通过范进中举后喜极中疯，以及中举前后两种截然不同的遭遇，深刻揭露了封建科举制度是怎样腐蚀人的灵魂、毒化社会风气的，把封建社会末世的世道人心穷形尽相地表现出来了。全篇分为三部分。第一部分自"范进进学回家"至"又骂了一顿"，写范进考中秀才以后岳父胡屠户对他的教训和范进想向他借盘费参加乡试被骂的情景。这一部分作者一方面借胡屠户的口，介绍了范进中举前的困顿。胡屠户说他是"现世宝穷鬼""烂忠厚没用的人""每日小菜饭"，可怜女儿"这十几年，不知猪油可曾吃过两三回"，而范进住房也不过是"茅草棚"，加上前文描写他考秀才时穿的朽烂不堪的麻布直裰，这样一个"现世宝穷鬼"就跃然纸上了。另一方面又通过胡屠户的教训，写出了范进精神上的猥琐。胡屠户骂他，他只是"唯唯连声"。胡屠户胡说八道，教训他不要同"平头百姓"平起平坐，不可在杀猪的长亲面前装大，他说"岳父见教的是"。胡屠户送给他一副大肠和一瓶酒，他"千恩万谢"。他向胡屠户借钱去参加乡试，被胡屠户夹七夹八，骂得摸门不着，偷考回来后，又被胡屠户骂了一顿。范进作为一名儒生，甚至已经是"相公"了，为什么还会在一个杀猪的面前低三下四呢？这是因为他已考了三十余次，仍未进学，命运不仅使他精神麻木，而且产生了一种特有的自卑心理。但另一方面，他坚信"十年寒窗下，一朝人上人"的信条，所以一心一意向科场乞讨。物质上的困顿，精神上的猥琐，不仅画出了范进中举前这个科场乞丐的典型形象，而且也画出了一幅由科举造成的悲惨的人生画图，与下文写中举后的荣耀情景形成鲜明对照。第二部分自"到出榜那日"至"邻居各自散了",写范进因中举喜极发疯、被胡屠户一个巴掌打醒的情景。范进中举前,已经完全失去了人的自尊,家里已没有做早饭的米,他不顾斯文扫地,抱着唯一的一只母鸡上集去卖。当邻居向他报告他已中了时,他还以为是哄他。中,是梦寐以求的事,但混迹科场几十年,他已习惯于别人的奚落,根本没有料想自己会中。这种彻底的自轻自贱心理和一朝中举,立即可以自尊自大,形成了巨大的心理逆差,已经脆弱的范进因承受不起而发疯。作者以深刻的笔触,揭示了在科举重压下范进的心理变化过程。对长期未中所受屈辱的痛苦回忆,对科场完全丧失信心的自卑感,对虽然高中而不敢置信的猥琐心理,以及确信已经高中,从此即可青云直上的兴奋与得意,在极短暂之间集中在范进身上,他自然无法承受。所以范进喜极发疯的情节,深刻地揭露了科举制度使人性异化、灵魂扭曲的罪行。此外作者对众邻居对范家的热情的描写,同范进中举前的冷落形成鲜明对照,而写胡屠户态度的转变,更具有极大的喜剧性。从这市井小人身上,读者清楚地看到了在科举制度下,社会风气的毒化,世道人心的变态。第三部分自"范进迎了出去"到"笑迷迷的去了",写张静斋来攀亲贺喜,送钱送房,进一步凸显世相与人心的变态。

《范进中举》在艺术上有独特成就。一是它运用鲜明的对比手法,具有强烈的讽刺效果。全篇的主要人物是范进,但作者不是孤立地刻画范进一人,而是把范进放在各种人物中,以此形成鲜明对照。尤其是胡屠户的前倨后恭写得生动逼真。邻居们和张静斋的态度的变化,也很真实。作者虽然没写他们原来态度的冷漠,但从范进中举前的处境可以窥见。二是细节描写的生动真实。如胡屠户打了范进以后,"把个巴掌仰着,再也弯不过来",他"见女婿衣裳后襟滚皱了许多,一路低着头替他扯了几十回",以及他接范进银子时手的细微动作,鲜明地表现出这个市侩的两面性格和趋炎附势的卑污心理。三是作者以客观的态度描写人物的语言行动,展示其内心世界,刻画人物的性格。这些是《儒林外史》全书的艺术风格,在这个片段中尤其显得突出。

曹雪芹小说

《红楼梦》的作者是谁,始终存在争议,因为书的第一回有"曹雪芹于悼红轩中批阅十载,增删五次"的话,一般认为是曹雪芹。据考证他是康熙朝江宁织造曹寅的子孙,但究竟是子还是孙,也无定论。曹家祖籍辽阳。其祖先原是清皇室"包衣"(家奴),以军功而成为"从龙勋旧"。他家从曹玺起连续三代四人任江宁织造,前后达58年之久。玺子曹寅是一位诗人、收藏家、书法家，有诗集《楝亭集》行世，主持刊印过《全唐诗》。这样的家庭，对创作《红楼梦》在思想和艺术修养都有极大影响。雍正年间，曹家因经济和政治上的原因，南京的家被抄，只得迁回北京。乾隆年间又遭变故，从此彻底败落。《红楼梦》初以 80 回抄本流传，乾隆五十六、五十七年（1791、1792），程伟元、高鹗两次以木活字刊印，计 120 回。《红楼梦》的后四十回，有人以为高鹗所续，也有人认为是作者的原稿。高鹗，字兰墅，别署红楼外史，辽东铁岭人，乾隆进士，官内阁中书、刑科给事中等职，有《兰墅诗钞》《兰墅文存》等。

宝 玉 挨 打 [(1)]

　　原来宝玉会过雨村回来听见了，便知金钏儿含羞赌气自尽，心中早又五内摧伤 [(2)]，进来被王夫人数落教训，也无可回说。见宝钗进来，方得便出来，茫然信步来至厅上。刚转过屏门，不想对面来了一人正往里走，可巧儿撞了个满怀。只听那人喝了一声"站住！"宝玉唬了一跳，抬头一看，不是别人，却是他父亲，不觉的倒抽了一口气，只得垂手一旁站了。贾政道："好端端的，你垂头丧气嗐些什么？方才雨村来了要见你，叫你那半天你才出来；既出来了，全无一点慷慨挥洒谈吐 [(3)]，仍是葳葳蕤蕤 [(4)]。我看你脸上一团思欲愁闷气色，这会子又咳声叹气。你那些还不足，还不自在？无故这样，却是为何？"宝玉素日虽口角伶俐，只是此时一心总为金钏儿感伤，恨不得此时也身亡命殒，跟了金钏儿去。如今见了他父亲说这些话，究竟不曾听见，只是怔呵呵的站着 [(5)]。

　　贾政见他惶悚 [(6)]，应对不似往日，原本无气的，这一来倒生了三分气。方欲说话，忽有回事人来回："忠顺亲王府里有人来，要见老爷。"贾政听了，心下疑惑，暗暗思忖道："素日并不和忠顺府来往，为什么今日打发人来？"一面想，一面令"快请"，急走出来看时，却是忠顺府长史官 [(7)]，忙接进厅上坐了献茶。未及叙谈，那长史官先就说道："下官此来，并非擅造潭府 [(8)]，皆因奉王命而来，有一件事相求。看王爷面上，敢烦老大人作主，不但王爷知情，且连下官辈亦感谢不尽。"贾政听了这话，抓不住头脑，忙陪笑起身问道："大人既奉王命而来，不知有何见谕，望大人宣明，学生好遵谕承办。"那长史官便冷笑道："也不必承办，只用大人一句话就完了。我们府里有一个做小旦的琪官 [(9)]，一向好好在府里，如今竟三五日不见回去，各处去找，又摸不着他的道路，因此各处访察。这一城内，十停人倒有八停人都说，他近日和衔玉的那位令郎相与甚厚。下官辈等听了，尊府不比别家，可以擅入索取，因此启明王爷。王爷亦云：'若是别的戏子呢，一百个也罢了；只是这琪官随机应答，谨慎老诚，甚合我老人家的心，竟断断少不得此人。'故此求老大人转谕令郎，请将琪官放回，一则可慰王爷谆谆奉恳，二则下官辈也可免操劳求觅之苦。"说毕，忙打一躬。

　　贾政听了这话，又惊又气，即命唤宝玉来。宝玉也不知是何原故，忙赶来时，贾政便问："该死的奴才！你在家不读书也罢了，怎么又做出这些无法无天的事来！那琪官现是忠顺王爷驾前承奉的人，你是何等草芥[10]，无故引逗他出来，如今祸及于我。"宝玉听了唬了一跳，忙回道："实在不知此事。究竟连'琪官'两个字不知为何物，岂更又加'引逗'二字！"说着便哭了。贾政未及开言，只见那长史官冷笑道："公子也不必掩饰。或隐藏在家，或知其下落，早说了出来，我们也少受些辛苦，岂不念公子之德？"宝玉连说不知，"恐是讹传，也未见得"。那长史官冷笑道："现有据证，何必还赖？必定当着老大人说了出来，公子岂不吃亏？既云不知此人，那红汗巾子怎么到了公子腰里？"宝玉听了这话，不觉轰去魂魄，目瞪口呆，心下自思："这话他如何得知！他既连这样机密事都知道了，大约别的瞒他不过，不如打发他去了，免的再说出别的事来。"因说道："大人既知他的底细，如何连他置买房舍这样大事倒不晓得了？听得说他如今在东郊离城二十里有个什么紫檀堡，他在那里置了几亩田地几间房舍。想是在那里也未可知。"那长史官听了，笑道："这样说，一定是在那里。我且去找一回，若有便罢，若没有，还要来请教。"说着，便忙忙的走了。

　　贾政此时气的目瞪口歪，一面送那长史官，一面回头命宝玉："不许动！回来有话问你！"一直送那官员去了。才回身，忽见贾环带着几个小厮一阵乱跑。贾政喝令小厮："快打，快打！"贾环见了他父亲，唬的骨软筋酥，忙低头站住。贾政便问："你跑什么？带着你的那些人都不管你，不知往那里逛去，由你野马一般！"喝令叫跟上学的人来。贾环见他父亲盛怒，便乘机说道："方才原不曾跑，只因从那井边一过，那井里淹死了一个丫头，我看见人头这样大，身子这样粗，泡的实在可怕，所以才赶着跑了过来。"贾政听了惊疑，问道："好端端的，谁去跳井？我家从无这样事情，自祖宗以来，皆是宽柔以待下人。——大约我近年于家务疏懒，自然执事人操克夺之权[11]，致使生出这暴殄轻生的祸患[12]。若外人知道，祖宗颜面何在！"喝令快叫贾琏、赖大、来兴。小厮们答应了一声，方欲叫去，贾环忙上前拉住贾政的袍襟，贴膝跪下道："父亲不用生气。此事除太太房里的人，别人一点也不知道。我听见我母亲说……"说到这里，便回头四顾一看。贾政知意，将眼一看众小厮，小厮们明白，都往两边后面退去。贾环便悄悄说道："我母亲告诉我说，宝玉哥哥前日在太太屋里，拉着太太的丫头金钏儿强奸不遂，打了一顿。那金钏儿便赌气投井死了。"话未说完，把个贾政气的面如金纸，大喝："快拿宝玉来!"一面说，一面便往里边书房里去，喝令："今日再有人劝我，我把这冠带家私一应交与他与宝玉过去[13]!我免不得做个罪人，把这几根烦恼鬓毛剃去[14]，寻个干净去处自了[15]，也免得上辱先人下生逆子之罪。"众门客仆从见贾政这个情景，便知又是为宝玉了，一个个都是咬指咬舌[16]，连忙退出。那贾政喘吁吁直挺挺坐在椅子上，满面泪痕，一叠声："拿宝玉来!拿大棍!拿索子捆上!把各门都关上!有人传信往里头去，立刻打死!"众小厮们只得齐声答应，有几个来找宝玉。

那宝玉听见贾政吩咐他"不许动"，早知多凶少吉，那里承望贾环又添了许多的话[17]。正在厅上干转，怎得个人来往里头去捎信，偏生没个人[18]，连焙茗也不知在那里。正盼望时，只见一个老姆姆出来。宝玉如得了珍宝，便赶上来拉他，说道："快进去告诉：老爷要打我呢!快去，快去!要紧，要紧!"宝玉一则急了，说话不明白;二则老婆子偏生又聋，竟不曾听见是什么话，把"要紧"二字只听作"跳井"二字，便笑道："跳井让他跳去，二爷怕什么?"宝玉见是个聋子，便着急道："你出去叫我的小厮来罢。"那婆子道："有什么不了的事?老早的完了。太太又赏了衣服，又赏了银子，怎么不了事的!"

宝玉急的跺脚，正没抓寻处，只见贾政的小厮走来，逼着他出去了。贾政一见，眼都红紫了，也不暇问他在外流荡优伶[19]，表赠私物，在家荒疏学业，淫辱母婢等语，只喝令："堵起嘴来，着实打死!"小厮们不敢违拗，只得将宝玉按在凳上，举起大板打了十来下。贾政犹嫌打轻了，一脚踢开掌板的，自己夺过来，咬着牙狠狠盖了三四十下。众门客见打的不祥了，忙上前夺劝。贾政那里肯听，说道："你们问问他干的勾当可饶不可饶!素日皆是你们这些人把他酿坏了，到这步田地还来劝解。明日酿到他弑君杀父[20]，你们才不劝不成!"

众人听这话不好听，知道气急了，忙又退出，只得觅人进去给信。王夫人不敢先回贾母，只得忙穿衣出来，也不顾有人没人，忙忙赶往书房中来，慌的众门客小厮等避之不及。王夫人一进房来，贾政更加火上浇油一般，那板子越发下去的又狠又快。按宝玉的两个小厮忙松了手走开，宝玉早已动弹不得了。贾政还欲打时，早被王夫人抱住板子。贾政道："罢了，罢了!今日必定要气死我才罢!"王夫人哭道："宝玉虽然该打，老爷也要自重。况且炎天暑日的，老太太身上也不大好，打死宝玉事小，倘或老太太一时不自在了，岂不事大!"贾政冷笑道："倒休提这话。我养了这不肖的孽障[21]，已不孝;教训他一番，又有众人护持;不如趁今日一发勒死了，以绝将来之患!"说着，便要绳索来勒死。王夫人连忙抱住哭道："老爷虽然应当管教儿子，也要看夫妻分上。我如今已将五十岁的人，只有这个孽障，必定苦苦的以他为法，我也不敢深劝。今日越发要他死，岂不是有意绝我。既要勒死他，快拿绳子来先勒死我，再勒死他。我们娘儿们不敢含怨，到底在阴司里得个依靠。"说毕，爬在宝玉身上大哭起来。贾政听了此话，不觉长叹一声，向椅上坐了，泪如雨下。王夫人抱着宝玉，只见他面白气弱，底下穿着一条绿纱小衣，皆是血渍，禁不住解下汗巾看，由臀至胫，或青或紫，或整或破，竟无一点好处，不觉失声大哭起来，"苦命的儿吓！"因哭出"苦命儿"来，忽又想起贾珠来，便叫着贾珠哭道："若有你活着，便死一百个我也不管了。"此时里面的人闻得王夫人出来，那李宫裁、王熙凤与迎春姊妹早已出来了。王夫人哭着贾珠的名字，别人还可，惟有宫裁禁不住也放声哭了。贾政听了，那泪珠更似滚瓜一般滚了下来。

正没开交处，忽听丫鬟来说："老太太来了。"一句话未了，只听窗外颤巍巍的声音说道："先打死我，再打死他，岂不干净了！"贾政见他母亲来了，又急又痛，连忙迎接出来，只见贾母扶着丫头，喘吁吁的走来。贾政上前躬身陪笑道："大暑热天，母亲有何生气亲自走来？有话只该叫了儿子进去吩咐。"贾母听说，便止住步喘息一回，厉声说道："你原来是和我说话！我倒有话吩咐，只是我一生没养个好儿子，却叫我和谁说去！"贾政听这话不像，忙跪下含泪说道："为儿的教训儿子，也为的是光宗耀祖。母亲这话，我做儿的如何禁得起？"贾母听说便啐了一口[22]，说道："我说一句话，你就禁不起，你那样下死手的板子，难道宝玉就禁得起了？你说教训儿子是光宗耀祖，当初你父亲怎么教训你来！"说着，不觉就滚下泪来。贾政又陪笑道："母亲也不必伤感，皆是作儿的一时性起，从此以后再不打他了。"贾母便冷笑道："你也不必和我使性子赌气的。你的儿子，我也不该管你打不打。我猜着你也厌烦我们娘儿们。不如我们赶早儿离了你，大家干净！"说着便令人去看轿马，"我和你太太、宝玉立刻回南京去！"家下人只得干答应着。贾母又叫王夫人道："你也不必哭了。如今宝玉年纪小，你疼他，他将来长大成人，为官作宰的，也未必想着你是他母亲了。你如今倒不要疼他，只怕将来还少生一口气呢。"贾政听说，忙叩头哭道："母亲如此说，贾政无立足之地。"贾母冷笑道："你分明使我无立足之地，你反说起你来！只是我们回去了，你心里干净，看有谁来许你打。"一面说，一面只令快打点行李车轿回去。贾政苦苦叩头认罪。

贾母一面说话，一面又记挂宝玉，忙进来看时，只见今日这顿打不比往日，又是心疼，又是生气，也抱着哭个不了。王夫人与凤姐解劝了一会，方渐渐的止住。早有丫鬟媳妇等上来，要搀宝玉，凤姐便骂道："糊涂东西，也不睁开眼瞧瞧！打的这么个样儿，还要换着走！还不快进去把那藤屉子春凳抬出来呢(23)。"众人听说连忙进去，果然抬出春凳来，将宝玉放在凳上，随着贾母王夫人等进去，送至贾母房中。

彼时贾政见贾母气未全消，不敢自便，也跟了进去。看看宝玉，果然打重了。再看看王夫人，"儿"一声，"肉"一声，"你替珠儿早死了，留着珠儿，免你父亲生气，我也不白操这半世的心了。这会子你倘或有个好歹，丢下我，叫我靠那一个！"数落一场(24)，又哭"不争气的儿"。贾政听了，也就灰心，自悔不该下毒手打到如此地步。先劝贾母，贾母含泪说道："你不出去，还在这里做什么！难道于心不足，还要眼看着他死了才去不成！"贾政听说，方退了出来。

此时薛姨妈同宝钗、香菱、袭人、史湘云也都在这里。袭人满心委屈，只不好十分使出来，见众人围着，灌水的灌水，打扇的打扇，自己插不下手去，便越性走出来到二门前(25)，令小厮们找了焙茗来细问："方才好端端的，为什么打起来？你也不早来透个信儿！"焙茗急的说："偏生我没在跟前，打到半中间我才听见了。忙打听原故，却是为琪官、金钏姐姐的事。"袭人道："老爷怎么得知道的？"焙茗道："那琪官的事，多半是薛大爷素日吃醋，没法儿出气，不知在外头唆挑了谁来，在老爷跟前下的火(26)。那金钏儿的事是三爷说的，我也是听见老爷的人说的。"袭人听了这两件事都对景(27)，心中也就信了八九分。然后回来，只见众人都替宝玉疗治。调停完备，贾母令："好生抬到他房内去。"众人答应，七手八脚，忙把宝玉送入怡红院内自己床上卧好。又乱了半日，众人渐渐散去，袭人方进前来经心服侍，问他端的。

话说袭人见贾母王夫人等去后，便走来宝玉身边坐下，含泪问他："怎么就打到这步田地？"宝玉叹气说道："不过为那些事，问他做什么！只是下半截疼的很，你瞧瞧打坏了那里。"袭人听说，便轻轻的伸手进去，将中衣褪下(28)。宝玉略动一动，便咬着牙叫"嗳哟"，袭人连忙停住手，如此三四次才褪了下来。袭人看时，只见腿上半段青紫，都有四指宽的僵痕高了起来。袭人咬着牙说道："我的娘，怎么下这般的狠手！你但凡听我一句话，也不得到这步地位。幸而没动筋骨，倘或打出个残疾来，可叫人怎么样呢！"

正说着，只听见丫鬟们说："宝姑娘来了。"袭人听见，知道穿不及中衣，便拿了一床袷纱被替宝玉盖了(29)。只见宝钗手里托着一丸药走进来，向袭人说道："晚上把这药用酒研开，替他敷上，把那淤血的热毒散开，可以就好了。"说毕，递与袭人，又问道："这会子可好些？"宝玉一面道谢说："好了。"又让坐。宝钗见他睁开眼说话，不像先时，心中也宽慰了好些，便点头叹道："早听人一句话，也不至今日。别说老太太、太太心疼，就是我们看着，心里也疼。"刚说了半句又忙咽住，自悔说的话急了，不觉的就红了脸，低下头来。宝玉听得这话如此亲切稠密，大有深意，忽见他又咽住不往下说，红了脸，低下头只管弄衣带，那一种娇羞怯怯，非可形容得出者，不觉心中大畅，将疼痛早丢在九霄云外，心中自思："我不过挨了几下打，他们一个个就有这些怜惜悲感之态露出，令人可玩可观，可怜可敬。假若我一时竟遭殃横死，他们还不知是何等悲感呢！既是他们这样，我便一时死了，得他们如此，一生事业纵然尽付东流，亦无足叹息，冥冥之中若不怡然自得，亦可谓糊涂鬼祟矣。"想着，只听宝钗问袭人道："怎么好好的动了气，就打起来了？"袭人便把焙茗的话说了出来。宝玉原来还不知道贾环的话，见袭人说出方才知道。因又拉上薛蟠，惟恐宝钗沉心⁽³⁰⁾，忙又止住袭人道："薛大哥从来不这样的，你们不可混猜度。"宝钗听说，便知道是怕他多心，用话相拦袭人，因心中暗暗想道："打的这个形象，疼还顾不过来，还是这样细心，怕得罪了人，可见在我们身上也算是用心了。你既这样用心，何不在外头大事上做功夫，老爷也欢喜了，也不能吃这样亏。但你固然怕我沉心，所以拦袭人的话，难道我就不知我的哥哥素日恣心纵欲，毫无防范的那种心性。当日为一个秦钟，还闹的天翻地覆，自然如今比先前又更厉害了。"想毕，因笑道："你们也不必怨这个，怨那个。据我想，到底宝兄弟素日不正，肯和那些人来往，老爷才生气。就是我哥说话不防头，一时说出宝兄弟来，也不是有心调唆：一则也是本来的实话，二则他不理论这些防嫌小事。袭姑娘从小儿只见宝兄弟这么样细心的人，你何尝见过天不怕地不怕、心里有什么口里就说什么的人。"袭人因说出薛蟠来，见宝玉拦他的话，早已明白自己说造次了⁽³¹⁾，恐宝钗没意思，听宝钗如此说，更觉羞愧无言。宝玉又听宝钗这番话，一半是堂皇正大，一半是去己疑心，更觉比先前畅快了。方欲说话时，只见宝钗说道："明儿再来看你，你好生养着罢。方才我拿了药来交给袭人，晚上敷上管就好了。"说着便走出门去。袭人赶着送出院外，说："姑娘倒费心了。改日宝二爷好了，亲自来谢。"宝钗回头笑道："有什么谢处。你只劝他好生静养，别胡思乱想的就好了。不必惊动老太太、太太众人，倘或吹到老爷耳朵里，虽然彼时不怎么样，将来对景，终是要吃亏的。"说着，一面去了。

　　袭人抽身回来，心内着实感激宝钗。进来见宝玉沉思默默似睡非睡的模样，因而退出房外，自去栉沐⁽³²⁾。宝玉默默的躺在床上，无奈臀上作痛，如针挑刀挖一般，更又热如火炙，略展转时，禁不住"哎哟"之声。那时天色将晚，因见袭人去了，却有两三个丫鬟伺候，此时并无呼唤之事，因说道："你们且去梳洗，等我叫时再来。"众人听了，也都退出。

　　这里宝玉昏昏默默，只见蒋玉菡走了进来，诉说忠顺府拿他之事；又见金钏儿进来哭说为他投井之情。宝玉半梦半醒，都不在意。忽又觉有人推他，恍恍忽忽听得有人悲戚之声。宝玉从梦中惊醒，睁眼一看，不是别人，却是林黛玉。宝玉犹恐是梦，忙又将身子欠起来，向脸上细细一认，只见两个眼睛肿的桃儿一般，满面泪光，不是黛玉，却是那个？宝玉还欲看时，怎奈下半截疼痛难忍，支持不住，便"哎哟"一声，仍就倒下，叹了一声，说道："你又做什么跑来！虽说太阳落下去，那地上的余热未散，走两趟又要受了暑。我虽然挨了打，并不觉疼痛。我这个样儿，只装出来哄他们，好在外头散布与老爷听，其实是假的。你不可认真。"此时林黛玉虽不是嚎啕大哭，然越是这等无声之泣，气噎喉堵，更觉得厉害。听了宝玉这番话，心中虽然有万句言词，只是不能说得，半日，方抽抽噎噎的说道："你从此可都改了罢！"宝玉听说，便长叹一声，道："你放心，别说这样话。就便为这些人死了，也是情愿的！"一句话未了，只见院外人说："二奶奶来了。"林黛玉便知是凤姐来了，连忙立起身说道："我从后院子去罢，回头再来。"宝玉一把拉住道："这可奇了，好好的怎么怕起他来。"林黛玉急的跺脚，悄悄的说道："你瞧瞧我的眼睛，又该他取笑开心呢？"宝玉听说赶忙的放手。黛玉三步两步转过床后，出后院而去。

注释

（1）本篇选自《红楼梦》第三十三回和第三十四回，人民文学出版社1982年版。第三十三回的回目是《手足耽耽小动唇舌，不肖种种大承笞挞》。手足，旧时常以手足比喻兄弟。耽耽：形容眼睛注视。这里是指贾环伺机进谗，陷害宝玉。笞挞：用鞭子、板子或棍子打罚。

（2）五内摧伤：内心极为痛苦。五内：指心、肝、脾、肺、肾。

（3）挥洒：指写文章或绘画运笔自如。这里比喻人的态度自然，无拘无束。

（4）葳葳（wēi威）蕤蕤（ruí锐阳平）：容貌举止畏缩，萎靡不振。

（5）怔（zhēng征）呵呵：惊恐不安的样子。

（6）惶悚（sǒng耸）：惶恐的样子。

（7）长史官：王府中的总管。清代亲王府和郡王府中皆设置"长史"一职，总管府中政令、家务。

（8）擅造潭府：冒昧地拜访贵府。潭府，指深宅大院。韩愈《符读书城南》诗："一为公与相，潭潭府中居。"后来常用"潭府"作为对他人住宅的尊称。潭潭，深邃的样子。

（9）小旦：旧剧中扮演青少年女性的角色。琪官：蒋玉菡的艺名。蒋，是忠顺亲王府家庭戏班的演员，也是宝玉的好友。

（10）草芥：比喻轻微而没有价值之物。

（11）操克夺之权：掌握生杀予夺之权。

（12）暴殄（tiǎn 舔）：残害灭绝，任意糟蹋。轻生：不爱惜生命。

（13）冠带家私：指官爵和家产。

（14）烦恼鬓毛：鬓毛，指头发。烦恼，佛家语，扰乱身心的意思。佛教认为"贪、瞋、痴、慢、疑、恶见"为六大根本烦恼，而头发则是引起这些"烦恼"的导线，所以称之为"烦恼丝"。这里说剃去烦恼鬓毛，是出家当和尚的意思。

（15）干净去处：佛教称"佛国"为净土。寻个干净去处，也是指出家当和尚。

（16）啖指：把手指放在口里。啖（dàn 淡），用牙齿咬住舌头，形容不敢出声。

（17）承望：料到。

（18）偏生：偏偏。

（19）优伶：封建社会称戏曲演员为优伶，认为接近这些人有失身份。

（20）弑（shì 示）：古代称臣杀君、子杀父母为"弑"。

（21）孽障：孽，罪恶。障，磨难。佛教称前世作了恶事，今生要受磨难，为"业障"，也称"孽障"。后成为骂人的话，犹"罪孽"。

（22）啐（cuì 脆）：唾声，表示愤怒或鄙弃。

（23）藤屉子：用藤皮做的像抽屉一样的东西，装在凳的前部下边，可以抽出来搁脚。春凳：一种比较宽大的可坐可卧的长凳。

（24）数落：责备。

（25）越性：索性。

（26）下的火：乘机进谗使坏的意思。

（27）对景：与自己猜想的情节正好相合。

（28）中衣：内裤。

（29）袷（jiá 夹）纱被：即夹纱被。袷，同"夹"。

（30）沉心：多心。常指言者无意而听者有心，引起不快。

（31）造次：轻率的意思。

（32）栉（zhì 至）沐：梳洗。

提示

本篇节选自《红楼梦》第三十三、三十四回，题目是编者加的，它是《红楼梦》中描写重大事件的最精彩的篇章之一，直接地、正面地描写了贾政与宝玉之间第一次激烈的冲突。表面上看来是一个家庭中父亲教训儿子，但其本质却是封建卫道士与封建叛逆者之间一场尖锐的斗争。贾政作为封建统治者的代表人物，他从封建统治阶级的根本利益出发，要求宝玉"留意于孔孟之间，委身于经济之道"，成为维护封建利益的可靠接班人。可是宝玉就是不肯就范，他所追求的同封建阶级的忠臣孝子完全是背道而驰的。就他这次挨打的三条导火线来看，正反映了他的思想性格。第一，贾政不满于他"半天"才出来见贾雨村，出来了"全无一点慷慨挥洒谈吐"。贾雨村是一个趋炎附势，一心向上爬的"禄蠹"，宝玉之不愿见他，正反映了他对封建官僚的鄙视，对"仕途经济"的厌恶。第二，贾政不满于宝玉与蒋玉菡等艺人交往，认为有失贵公子身份，而且已经祸及他。忠顺府长史狗仗人势，使贾政出乖露丑，大失体面，这是他下决心"教训"宝玉的重要原因。宝玉并不认为蒋玉菡是艺人就应低人一等，贵族公子生来就高贵。他与蒋玉菡的交往，正反映了他的平等思想，这对封建卫道士来说，自然是大逆不道的，罪名就是"流荡优伶"。二者之间必然发生尖锐冲突。第三，宝玉与金钏儿的调笑，既反映了宝玉的平等思想，也表现了他的泛爱主义。金钏儿的死，直接凶手是王夫人。经过贾环的造谣诽谤，于是宝玉在贾政眼中成了"淫辱母婢"的罪人。由此可见，贾政与宝玉之间的冲突有其深刻的社会内容，是封建社会末期新旧两种思想尖锐冲突的一种表现。作者热情歌颂了贾宝玉的叛逆思想和叛逆行为，深刻地揭露了封建卫道士的凶残、虚伪与虚弱的本质。同时，这一事件牵动了贾府上下各种不同的人物，反映封建家族内部与外部、上层与下层之间的复杂的矛盾与斗争，预示着这个家族必然衰败的历史命运。

全文分为两个部分。第一部分自开篇至"方退了出来"，写宝玉挨打的全过程，又可分为三层。第一层从开篇至"怎么不了事的"，写宝玉挨打的三条导火线和贾政一气、二气、三气到终于轰然爆发，为正面写挨打充分蓄势，渲染了紧张的气氛。第二层从"宝玉急的跺脚"到"你们才不劝不成"，正面描写宝玉挨打的情景。表现了贾政思想的顽固、面目的凶残和父子之间矛盾的不可调和性。第三层写王夫人、贾母等人对贾政的劝阻，使冲突由尖锐而缓和进而停止。表现封建家庭夫妻之间、母子之间的矛盾，对王夫人的自私、顽固、伪善，贾母在家庭中的无上权势以及对宝玉的溺爱都刻画得十分生动。第二部分写宝玉挨打后贾府上下的不同态度，又分三层。第一层从"此时薛姨妈"到"可叫人怎么样呢"，写袭人对宝玉的护理与对挨打的态度。表现了袭人的细心与关心，字里行间反映了她的奴才性格。在她看来，宝玉是该打，只是不该打得这么惨。第二层从"正说着"到"也都退出"，写宝钗的探望和宝玉的感激。宝钗的态度十分明朗，"到底是宝兄弟素日不正"，这就与贾政观点完全一致，只是贾政用硬的一手，而宝钗用软的一手，目的却是一致的。而宝玉的感激与感叹，又表现了他的单纯和至死不改的叛逆性格。第三层即最后一段，写黛玉的探视，表现两个叛逆者的心心相印。"两个眼睛肿的桃儿一般"，反映了黛玉是真正的伤心，她说的"你从此可都改了吧"，是气话，也是反话，表示了她对贾政残暴冷酷的愤慨，又表示她对宝玉的同情与支持。

本文在艺术上也很有特色。首先，作者采用层层铺垫、步步蓄势的方法，把冲突推向高潮，从而有效地渲染了气氛，增加了作品的艺术感染力，并且使情节进展富有层次感和逻辑性。其次，作者把握住人物的行为和语言，扣紧宝玉挨打这个事件，围绕宝玉这个中心人物，准确地表现了各个人物的不同思想与性格。如贾政的伪善、顽固、凶残与虚伪，王夫人的自私、虚伪，贾母的势利与深沉，凤姐的见风使舵、逢迎拍马，袭人的心计，宝钗的圆滑，黛玉的真情，无一不跃然纸上，声态并作。最后，作者善于描写生活琐事，又善于描写重大事件，并且把二者巧妙地衔接起来，相映成趣，构成一个有机的艺术整体。《红楼梦》这一特点在《宝玉挨打》这个片段中显得十分突出。宝玉挨打这一大事件是无数日常生活琐事积累的结果。如宝玉不愿见贾雨村，在三十二回中已有交代，好像只是为了表现宝玉对官僚的厌恶；宝玉与蒋玉菡的交情，早在二十八回中就有细致的描写，也只是作为日常生活中一部分来叙写的；宝玉与金钏儿的调笑，是三十回的事，也是宝玉与丫头们常有的事。这些日常生活的小事，后来都成为宝玉挨打这一大事件的导火线，而作者写来却是十分自然，不露痕迹。这一大事件之后，接着是袭人的服侍，宝钗、黛玉、凤姐等人的探望，又很自然地转入对日常生活的细致描写。这种"天然画图"式的写法，完全符合文学创作的辩证法。

戏 曲

李 玉 传 奇

李玉（1591？—1671？），字玄玉，号苏门啸侣、一笠庵主人，吴县（今属江苏苏州）人。生平事迹不详，据说曾当过明末权相申时行的家人。崇祯末中副榜举人，明亡不仕，家居30余年，专门从事戏曲创作和戏曲理论研究。他既富于才情，又娴熟音律，是苏州派的代表人物，作传奇30余种，今存18种，其中早期作品《一捧雪》《人兽关》《永团圆》《占花魁》以《一笠庵四种曲》刊行，被称为"一人永占"，极享盛名。代表作《清忠谱》，卷首标明是他与毕魏、叶时章、朱㿟合编的。此外，他还整理了《北词广正谱》，协助张大复编制了《寒山堂南曲谱》，与沈自晋编纂了《南词新谱》，对南戏、北曲的研究作出很大贡献。

清忠谱〔第十一折 闹诏〕[1]

（贴[2]，青衣小帽上：）苦差合县有，惟我独充当。自家，吴县青带便是[3]。北京校尉来捉周乡宦[4]，该应吴县承值[5]。校尉坐在西察院[6]，本县老爷要拨人去听差，这些大阿哥，都叮嘱了书房里，不开名字进去。竟拿我新着役、苦恼子公人[7]，点去承值，关在西察院内。那些校尉动不动叫差人。叫差人要长要短，偶然迟了，轻则靴尖乱踢，重则皮鞭乱打。一个钱也没处去赚，倒受了无数的打骂。方才攮了一肚子烧酒[8]，如今在里边吆吆喝喝，又走出来了。不免躲在厢房，听他说些什么。（暗下。副扮差官[9]，丑、小生扮二校，喝上[10]。）

【梨花儿】（副：）驾上差来天也塌[11]。推托穷官没钱刮，恼得咱家心性发，嗏[12]！拿到京中活打杀。

李老爷呢？（小生：）李老爷睡在那里。（副：）快请出来。（校向内介[13]：）张老爷请李老爷。（净内应介：）来了！（净扮差官上）

【前腔】（净：）久惯拿人手段滑，这番差使差了瞎⁽¹⁴⁾。自家干儿不设法，噤！一把松香便决撒⁽¹⁵⁾！

（副：）李老爷，咱们奉了驾帖，差千差万，到处拿人，不知赚了多少银子。如今差到苏州，又拿一个吏部。自古道："上说天堂，下说苏杭"，岂不晓得苏州是个富饶的所在？况且吏部是个美官，值不得拿万把两银子，送与咱们？开口说是个穷官，一个钱也没有，你道恼也不恼！难道咱们三千七百里路来到这里，白白回去了不成？（净：）可笑那毛一鹭⁽¹⁶⁾，做了咱家的官儿，咱们到来，他也该竭力设法，怎么丢咱们住在冷屋里边，自己来也不来？哥呵！若是周顺昌弄不出，咱们定要倒毛一鹭的包哩！（副：）李老爷说的是！差人哪里？（连叫介。丑：）差人！差人！（贴走出跪介：）老爷有何分付？（副：）差你在这里伺候，脸面子也不见，不知躲在那里？（净：）连连叫唤，才走出来，要你这里做什么！（副：）李老爷不要与他说，只是打便了！（净：）拿皮鞭来！（贴磕头介：）小的在这里伺候，求老爷饶打。（副：）你快去与毛一鹭说："俺老爷们奉了皇爷的圣旨，厂爷的钧旨，⁽¹⁷⁾到此拿人，你做那一家的官儿？不值得在犯官身上弄万把银子送俺们！若有银子，快快抬来，若没有银子，咱们也不要周顺昌了。咱们自上去，教他自己送周顺昌到京便了。快去说，就来回复！（贴：）小的是个县差，怎敢去见都老爷⁽¹⁸⁾？怎敢把许多言语去禀？（净、副大怒介：）哎⁽¹⁹⁾！你这狗头不走么？（贴拜介：）小的委实不敢说。（副：）要你这狗头何用？（将皮鞭乱打介）（净乱踢介）（贴在地乱滚，叫痛哀求介）（副：）这样狗攘的，不中用！（贴爬下。副向丑介：）你照方才的言语，快去与毛一鹭说！俺们立等回话。（内众声喧喊介。丑望介：）呀！门外人山人海，想是来看开读的。这般挨挤，如何走得！（副又与小生说介：）你把皮鞭打开了路，送他出去便了。（向净介：）咱们到里边喝杯凉酒。少不得毛一鹭定然自来回复。（净：）有理。（副：）只等飞廉传信去，（净：）管教贯索就擒来⁽²⁰⁾。（同下）（小生：）咄！百姓们闪开，闪开！咱家奉旨来拿犯官，什么好看！什么好看！（丑）闪开，闪开！让咱走路！（将皮鞭乱打，下）（旦、贴扮二皂喝上；外黑三髯，冠带、扮寇太守上⁽²¹⁾。）

【西地锦】（外）民愤雷呼辕下⁽²²⁾，泪飞血洒尘沙。（内众乱喊介：）周吏部第一清廉乡宦，地方仰赖，众百姓专候太老爷做主，鼎言救援哩⁽²³⁾！（大哭介。）（末短胡髯，冠带，扮陈知县急上⁽²⁴⁾，向内摇手介：）众百姓休得啼哭！休得啼哭！上司自有公平话。且从容，莫用喧哗！

（内众又喊介：）陈老爷是周乡宦第一门生，益发坐视不得的呢！爷爷嗄！（又哭介。末见外介：）老大人，众百姓执香号泣者，塞巷填街，哀声震地，这却怎么处？（外：）足见周老先生平日深得人心，所以致此。贵县且去分付士民中一二老成的上前讲话。（末）是！（向内介：）众百姓听着！寇太爷分付，士民中老成的，止唤一二人上前讲话。（小生、老旦扮生员上，作仓惶状介。小生：）生……生……生员王节。（老旦：）生……生员刘羽仪。（小生、老旦：）老……老……老公祖，老……老……老父母在上，周……周……周铨部居官侃侃（25），居乡表表（26），如此品行，卓然千古；蓦罹奇冤（27），实实万姓怨恫（28）。老公祖，老父母，在地方亲炙高风（29），若无一言主持公道，何以安慰民心？（净急上跪介：）青天爷爷阿！周乡宦若果得罪朝廷，小的们情愿入京代死！（丑喊上：）不是这样讲！不是这样讲！让我来说。青天爷爷阿！今日若是真正圣旨来拿周乡宦，就冤枉了周乡宦，小的们也不敢说了。今日是魏太监假传圣旨，杀害忠良，众百姓其实不服。就杀尽了满城百姓，再不放周乡宦去的。（大哭介，内齐声号哭介。外：）众百姓听着！这桩事，非府、县所能主张。少刻都老爷到了，你百姓齐声叩求，本府与吴县自然极力周旋。（内齐声应介：）太爷是真正青天了！（内敲锣，喝道声介。净、丑：）都老爷来了，列位，大家上前号哭去！（喊介。小生、老旦：）全赖老公祖、老父母鼎力挽回。（外、末：）自然！自然！（小生、老旦下。外、末在场角伺候，打躬迎接介。（内喊介）（副，胡髯、冠带，扮毛抚台，歪戴纱帽，脱带撒袍，众百姓乱拥上。众喊介：）求宪天爷爷做主（30），出疏保留周乡宦呢！（外、末喝退众下介。副作大怒，乱喘大叫介：）反了，反了！有这等事！皇上拿人，百姓抗拒，地方大变了，大变了！罢了，罢了！做官不成了！（外、末跪介：）老大人请息怒。周宦深得民心，也是平日正气所感，或者有一线可生之路，还望老大人挽回。（副大怒介：）咳！逆党聚众，抗提钦犯（31），叛逆显然了。有什么挽回？有什么挽回？（作怒状，冷笑介：）

【风入松】呼群鼓噪闹官衙，圣旨公然不怕。你府、县有地方干系，可晓得官旗（32）是哪一家差来的？天家缇骑魂惊唬（33）（作手势介：）若抗拒，一齐搭咤（34）！（外，末拱介：）是！（副低说介：）且住了！逆了朝廷，还好弥缝。今日逆了厂公，（皱眉介：）咦！比着抗圣旨，题目倍加。头颅上，怎好戴乌纱！

（内众又乱喊介：）宪天爷爷，若不题疏力救周乡宦，众百姓情愿一个个死在宪天台下！（外、末又硫介：）老大人，卑职不敢多言，民情汹汹如此，还求老大人一言抚慰才是。（副：）抚慰些什么来？拿几个进来打罢了！（外、末又硫介：）老大人息怒。众百姓呵，

【前腔】（外、末）哭声震地惨嗟呀！卑职呵，不敢施威喝打。倘一言激变难禁架，定弄出祸来天大。（末又跪介：）老大人若一言抚慰，就是周宦在外，卑职也不敢解进辕门。（副：）为何？（末：）人儿拥，纷如乱麻，就有几

皂隶，也难拿。

（副沉思介：）嘎！也罢！既如此，快去传谕百姓且散。若要保留周宦，且具一公呈进来，或者另有商量。（外、末起介：）是：领命！（即下。副：）哈哈哈！好个呆官儿，苦苦要本院保留，这本儿怎么样写？怎么样写？且待犯官进来，再作道理。（向内叫介：）张爷那里？李爷那里？（叫下）（小生扮校尉上，扯住副立定介：）毛老爷，不要乱叫。我们的心事，怎么样了？到京去，还要咱们在厂爷面前讲些好话的哩！（副：）知道了，知道了！自然从厚。（携手下。）

（生青衣、小帽，旦、贴扮皂押上。生⁽³⁵⁾：）平生尽忠孝，今日任风波。（净、丑、末拥上：）周老爷且慢！我们众百姓已禀过都爷，出疏保留了。（生拱谢介：）列位素昧平生，多蒙过爱。我周顺昌自矢无他⁽³⁶⁾，料到京师，决不殒命，列位请回。（净、丑、末）当今魏太监弄权，有天无日，决不放周爷去的。（哭、唱：）

【前腔】（净、丑、末）权珰势焰把人挝⁽³⁷⁾，到口便成肉鲊⁽³⁸⁾。周老爷阿，死生交界应非耍，怎容向鬼门占卦？（老旦、小生急上：）周老先生，好了！好了！晚生辈三学朋友⁽³⁹⁾，已具公呈保留，台驾且回尊府。晚生辈静候抚公批允便了。（生：）多谢诸兄盛情。咳！诸兄，小弟与兄俱读圣书，君命召，驾且不俟⁽⁴⁰⁾。今日奉旨来提，敢不趋赴？顺昌此去，有日还苏，再与诸兄相聚，万分有幸了。（小生、老旦：）老先生说出此言，晚生辈愈觉心痛了。（大哭介。净、丑、末各抱生哭介。小生、老旦：）老先生，你看被逮诸君，那一个保全的？还是不去的是。投坑阱都成浪花，见那个得还家？（生：）列位休得悲哀。我周顺昌呵，

【前腔】（生）打成草稿在唇牙，指佞庭前拚骂⁽⁴¹⁾。叠成满腹东林话⁽⁴²⁾，苦挣着正人声价。诸兄日后将我周顺昌呵，《姑苏志》休教谬夸⁽⁴³⁾。我只是完臣节，死非差。

（外扮中军上：）都老爷分付开读且缓，传请周爷快进商议。（净、丑、小生、老旦、末：）有何商量？（外：）列位且具公呈，自然要议妥出本的。（众：）出本保留，是士民公事，何消周爷自议？不要听他！（生：）列位还是放学生进去的是。（众：）不妨，料没后门走了，（外扶生入介。内：）分付掩门。（内、副掩门介。众：）奇怪！为何掩门起来？列位，大家守定大门，听着里边声息便了。（作互相窥听介。内念诏介：）跪听开读。（众惊介：）列位，不是了！为何开读起来？（又听介。内高声喊介：）犯官上刑具。（众怒介：）益发不是了！列位！拚着性命，大家打进去！（打门介。副扮差官执械上：）咄！砍头的，皇帝也不怕，敢来抢犯人么？叫手下拿几个来，一并解京去砍头！

【前腔】（副:）妖民结党起波查⁽⁴⁴⁾，倡乱苏城独霸。抢咱钦犯思逆驾，擒将去千刀万剐！（众:）咳！你传假旨，思量吓咱！（拍胸介:）我众好汉，怎饶他！

（副:）嘎！你这般狗头，这等放肆，都拿来砍，都拿来砍！（作拔刀介。净:）你这狗头，不知死活！可晓得苏州第一个好汉颜佩韦么？（末:）可晓得真正杨家将杨念如么？（丑、旦、贴⁽⁴⁵⁾:）可晓得十三太保周老男、马杰、沈扬么？（副:）真正是一班强盗！杀！杀！杀！（将刀砍介。净:）众兄弟，大家动手！（打倒副介，副奔进介，众赶入打介:）天花板上还有一个！（众打进打出三次介，二旦扛一死尸上:）打得好快活！这样不经打的，把尸骸抛在城脚下喂狗便了。（下）（外扮寇太守扶生上，生:）老公祖⁽⁴⁶⁾此番大闹，我周顺昌倒无生路了。怎么处？怎么处？（外:）老先生休虑，且到本府衙内，再有商量。（扶生下。）

（末扮陈知县扶副上，副:）这等放肆。快走！快走！各执事不知那里了⁽⁴⁷⁾，怎么处？（末:）执事都在前面，只得步行前去。知县护送老大人。（副:）走，走，走！（同末下。）

（净、丑、旦、贴内大喊。众复上:）还有几个狗头，再去打！再去打！（作赶入介，即出介:）一个人也不见了，官府也去了，连周乡宦也不知那里去了。怎么处？快寻，快寻！（各奔介。）

【前腔】（合:）凶徒打得尽成相⁽⁴⁸⁾，倒地翻天无那⁽⁴⁹⁾。逋逃没影真奇诧，空察院止堪养马。周乡宦，深藏那家？细详察，觅根芽。（共奔下。）

注释

（1）折：原指杂剧的一幕，传奇一般称"出"，但《清忠谱》仍称折，该剧共二十五折。《闹诏》为第十一折，写颜佩韦等苏州市民，在毛一鹭等宣读逮捕周顺昌的诏书时，掀起了轰轰烈烈的群众斗争。

（2）贴：戏曲角色名，这里扮演衙役。

（3）青带：最低等的衙役。

（4）校尉：指东厂卫兵，当时是魏忠贤掌握的卫厂武装。周乡宦：指剧中主要人物周顺昌。周曾任吏部文选司员外郎，剧中称为周吏部，又当时已辞官乡居，故又称周乡宦。

（5）承值：值班。

（6）西察院：御史分设在地方上的衙署叫察院，因为位于苏州府衙门之西，所以叫西察院。

（7）苦恼子：犹言倒霉鬼。

（8）攮：拼命地吃喝。此处指喝酒。

（9）副：戏曲角色名，俗称二花脸。

（10）喝上：吆喝着上场。喝，官员出场时，衙役的呼喝声。

（11）驾上：即皇上。此实指魏忠贤，他假冒皇家名义派锦衣卫捕人。

（12）嗏：语气词，戏曲中用表停顿。

（13）向内介：做面对后台说话的动作。介：指演员的动作。

（14）差了瞎：倒了霉。

（15）"一把"句：犹言很快就会败露。戏曲舞台上有时为了制造气氛，撒上一把燃着的松香，火光一闪一灭。这里借用来表示快速。决撒，败露。

（16）毛一鹭：当时任苏州巡抚兼副都御史，是魏忠贤的死党。

（17）厂爷：指东厂头子魏忠贤。

（18）都老爷：指副都御史毛一鹭。

（19）嗏（dōu 兜）：训斥声。

（20）"只等"二句：意为只要听差把信息传给毛一鹭，周顺昌便会被捉拿归案。飞廉，亦作"蜚廉"，殷人，以善走闻名。贯索，天牢星，比喻钦犯周顺昌。

（21）寇太守：即寇慎，时任苏州太守。

（22）辕下：即辕门之下。辕门本指军营营门，后来地方高级官署亦称辕门。此指苏州巡抚衙门。

（23）鼎言：重言，有分量的话。

（24）陈知县：即陈文瑞，当时任吴县县令。

（25）铨部：即吏部。侃侃：刚直磊落的样子。

（26）表表：卓异，不同寻常。

（27）蓦罹（lí 离）：忽然遭受。

（28）怨恫：怨恨，痛心。

（29）亲炙：亲身感受。

（30）宪天爷爷：对抚台的尊称。此处指毛一鹭。

（31）钦犯：皇帝下令捉拿的罪犯。

（32）官旗：指派来抓人的人马。

（33）缇骑（tíjì 提计）：指逮捕犯人的官差。

（34）搿咤（kǎzhà 卡乍）：象声词，指杀头。

（35）生：指扮演主角周顺昌的角色。

（36）自矢无他：自己发誓，不改素志。矢，誓。

（37）权珰：当权的宦官，指魏忠贤。珰，汉代宦官的一种冠饰，后来指代宦官。挝：打，击。

（38）肉鲊（zhǎ 眨）：肉与鱼。鲊，经过加工的鱼。

（39）三学：唐宋时把国子学、太学、四门学合称"三学"，此处泛指同学。

（40）驾且不俟：不等车马准备好便要立刻上路。语出《论语·乡党》："君命召，不俟驾行矣。"俟，等候。

（41）指佞：草名。相传此草种在庭前，一见奸佞之人就指向他。

（42）东林：东林党，明代与阉党对立的一个进步政治团体。周顺昌即东林党人。

（43）《姑苏志》：即《苏州府志》。苏州一名姑苏。

（44）波查：波折。

（45）丑、旦、贴：扮演周老男、马杰、沈扬的角色。旦、贴，通常扮女角，此处扮男角马杰与沈扬。

（46）老公祖：对太守的尊称。

（47）执事：指衙役。

（48）柤：同"楂"，指树茬。

（49）无那：无奈。

提示

《清忠谱》为李玉所作，朱素臣、毕魏、叶时章等参与编写，不仅是李玉的代表作，也是苏州派的代表。剧本写明末东林党人周顺昌因反对魏忠贤而被贬官，罢官居家后，又坚持反对魏阉党羽毛一鹭等人的倒行逆施，于是魏乃派遣东厂缇骑到苏州逮捕他。被捕时，苏州市民颜佩韦等聚众请愿，捣毁苏州西察院，打伤捕人校尉。结果颜佩韦等五人被处死，周顺昌等亦在京惨遭杀害。直到崇祯年间，冤案才得昭雪。剧本带有很大的纪实性，重要情节都有历史事实作依据。剧本歌颂了以周顺昌为代表的东林党人的清廉忠烈，揭露了魏忠贤党的种种罪行，暴露了明末统治集团内部的尖锐复杂的矛盾，反映了明王朝必然灭亡的命运。

《闹诏》是剧本第十一折，正面描写颜佩韦等五人为首的苏州市民为保护周顺昌同魏阉走狗毛一鹭等人进行的斗争。在这一折里，作者主要表现了三个方面的内容。一是揭露魏忠贤走狗们的贪婪与凶残。差官们狐假虎威，"到处拿人，不知赚了多少银子"，如果犯人交不出银子，就"拿到京中活打杀"！他们捉拿周顺昌，开口就要万把两银子。而他们对待群众和下人更是凶恶到了极点，吴县差人不敢向毛一鹭传达他们要钱的话，就被他们打得在地上乱滚。群众请愿，他们便拿刀执械，进行镇压。贪婪与残暴，是这股恶势力的本质特征，剧本的揭露是十分深刻的。二是赞扬了周顺昌的清忠。剧中反复强调周是一个穷官，差官认为周原是吏部的"美官"，至少可以出万把两银子，谁知他"一个钱也没有"。从差官口中说出的话，反映了周为官清廉。另外通过寇太守、陈县令、三生员的称赞和颜佩韦等人的救援，以及周顺昌自己的语言也突出了他为人正直、忠于朝廷、不顾个人安危的品德。三是歌颂颜佩韦等市民群众为正义敢于斗争的精神，表现了作者的民主主义思想。

这一折戏在艺术处理上也有独创性。首先，把群众斗争的场面直接搬上舞台，这在中国戏曲史上是一个创举。这个场面既写得轰轰烈烈，通体散发出一种浩然正气；又写得层次清楚，头绪分明，很有节奏感。尤其可贵的是并未因为写群众斗争场面而掩盖人物性格，如周顺昌、差官、毛一鹭、颜佩韦乃至书生王节等都以其特定的动作和语言而神形毕肖。其次，运用对比和映衬手法表现主要人物。剧中周顺昌是主角，但在这一折中直接写周顺昌的部分不多，而是用差官的贪赃枉法同周的清正廉洁形成鲜明对照；从上自苏州知府，下至士子市民对周的营救，映衬出周的高贵品行和深得人心。

洪 昇 传 奇

洪昇（1645—1704），字昉思，号稗畦，钱塘（今浙江杭州）人，清监生，曾受业于大诗人王士祯、施闰章等，颇有诗名。康熙二十七年（1688），惨淡经营十余年，"凡三易稿始成"的《长生殿》传奇终于写定。康熙二十八年（1689）八月，因在佟皇后丧期演唱《长生殿》，被劾下狱，最后被革去监生。康熙三十年（1691）他回到浙江，过着潦倒的生活。康熙四十三年（1704）六月初一，访友回乡，舟经乌镇，酒后失足，落水而死。有传奇9种，杂剧1种，今存传奇《长生殿》、杂剧《四婵娟》，另有诗集《稗畦集》等。

长生殿〔第二十四出　惊变〕

（丑上）玉楼天半起笙歌，风送宫嫔笑语和；月殿影开闻夜漏，水晶帘卷近秋河。咱家高力士(1)，奉万岁爷之命，着咱在御花园中安排小宴，要与贵妃娘娘同来游赏，只得在此伺候！（生、旦(2)乘辇(3)，老旦、贴随后，二内侍引行上）

【北中吕粉蝶儿】天淡云闲，列长空数行新雁。御园中秋色斓斑；柳添黄，苹减绿，红莲脱瓣。一抹(4)雕阑，喷清香桂花初绽。

（到介）（丑：）请万岁爷、娘娘下辇。（生、旦下辇介）（丑同内侍暗下）（生：）妃子，朕与你散步一回者！（旦：）陛下请！（生携旦手介）（旦）

【南泣颜回】携手向花间，暂把幽怀同散。凉生亭下，风荷映水翻翻。爱桐阴静悄，碧沉沉并绕回廊看。恋香巢秋燕依人，睡银塘鸳鸯蘸眼(5)。

（生：）高力士，将酒过来，朕与娘娘小饮数杯。（丑：）宴已排在亭上，请万岁爷娘娘上宴。（旦作把盏，生止住介：）妃子坐了！

【北石榴花】不劳你玉纤纤高捧礼仪烦，只待借小饮对眉山(6)。俺与你浅斟低唱互更番，三杯两盏，遣兴消闲。妃子，今日虽小宴，倒也清雅。回避了御厨中，回避了御厨中，烹龙炮凤堆盘案(7)，咿咿哑哑乐声催趱(8)。只几味脆生生，只几味脆生生蔬和果清肴馔(9)，雅称你仙肌玉骨美人餐(10)。

妃子，朕与你清游小饮，那些梨园旧曲⁽¹¹⁾，都不耐烦听他。记得那年在沉香亭上赏牡丹，召翰林李白草《清平调》三章，令李龟年度成新谱⁽¹²⁾，其词甚佳。不知妃子还记得么？（旦：）妾还记得。（生：）妃子可为朕歌之，朕当亲倚玉笛以和。（旦：）领旨！（老旦进玉笛，生吹介）（旦按板介）

【南泣颜回】⁽¹³⁾花繁，秾艳想容颜。云想衣裳光璨，新妆谁似，可怜飞燕娇懒。名花国色，笑微微常得君王看。向春风解释春愁，沉香亭同倚阑干。

（生：）妙哉！李白锦心，妃子绣口⁽¹⁴⁾，真双绝矣！宫娥，取巨觥来，朕与妃子对饮。（老旦、贴送酒介）（生：）

【北斗鹌鹑】畅好是喜孜孜驻拍停歌⁽¹⁵⁾，喜孜孜驻拍停歌，笑吟吟传杯送盏。妃子干一杯！（作照干介）不须他絮烦烦射覆藏钩⁽¹⁶⁾，闹纷纷弹丝弄板。（又作照杯介：）妃子，再干一杯！（旦：）妾不能饮了。（生：）宫娥每跪劝！（老旦、贴：）领旨。（跪旦介：）娘娘请上这一杯！（旦勉饮介。）（老旦、贴作连劝介）（生：）我这里无语持觥仔细看，早只见花一朵上腮间⁽¹⁷⁾（旦作醉介：）妾真醉矣！（生：）一会价软咍咍柳嚲花敧⁽¹⁸⁾，软咍咍柳嚲花敧，困腾腾莺娇燕懒。

妃子醉了。宫娥每，扶娘娘上辇进宫去者！（老旦、贴：）领旨。（作扶旦起介）（旦作醉态呼介：）万岁！（老旦、贴扶旦行）（旦作醉态介）

【南扑灯蛾】态恹恹轻云软四肢⁽¹⁹⁾，影蒙蒙空花乱双眼，娇怯怯柳腰扶难起，困沉沉强抬娇腕，软设设金莲倒褪⁽²⁰⁾，乱松松香肩嚲云鬓，美甘甘思寻凤枕，步迟迟倩宫娥搀入绣帏间。

（老旦、贴扶旦下）（丑同内侍暗上）（内击鼓介）（生惊介：）何处鼓声骤发？（副净⁽²¹⁾急上：）渔阳鼙鼓动地来，惊破霓裳羽衣曲⁽²²⁾。（问丑介：）万岁爷在那里？（丑：）在御花园内。（副净：）军情紧急，不免径入。（进见介：）陛下不好了：安禄山起兵造反，杀过潼关，不日就到长安了。（生大惊介：）守关将士何在？（副净：）哥舒翰兵败⁽²³⁾，已降贼了。（生：）

【北上小楼】呀！你道失机的哥舒翰……称兵的安禄山，赤紧的离了渔阳⁽²⁴⁾，陷了东京⁽²⁵⁾，破了潼关。吓得人胆战心摇，吓得人胆战心摇，肠慌腹热，魂飞魄散，早惊破月明花粲⁽²⁶⁾。

（生：）卿有何策，可退贼兵？（副净：）当日臣曾再三启奏，禄山必反，陛下不听，今日果应臣言。事起仓卒，怎生抵敌？不若权时幸蜀⁽²⁷⁾，以待天下勤王⁽²⁸⁾。（生：）依卿所奏，快传旨诸王百官，即时随驾幸蜀便了！（副净：）领旨！（急下）（生：）高力士，快些整备军马！传旨令右龙武将军陈元礼，统领御林军士三千，扈驾⁽²⁹⁾前行。（丑：）领旨！（下）（内侍：）请万岁爷回宫！（生转行叹科）唉！正尔欢娱，不想忽有此变，怎生是了也！

【南扑灯蛾】稳稳的宫庭宴安，扰扰的边庭造反。冬冬的鼙鼓喧，腾腾的烽火颰⁽³⁰⁾。的溜扑碌臣民儿逃散⁽³¹⁾，黑漫漫乾坤覆翻，碜磕磕社稷摧残⁽³²⁾，碜磕磕社稷摧残。当不得萧萧飒飒西风送晚，黯黯的一轮落日冷长安。

（向内问介：）宫娥每，杨娘娘可曾安寝？（老旦、贴内应介：）已熟睡了。（生：）不要惊他，且待明早五鼓同行。（泣介：）天那！寡人不幸，遭此播迁，累他玉貌花容，驱驰道路，好不痛心也！

【南尾声】在深宫兀自娇慵惯，怎样支吾蜀道难⁽³³⁾？（哭介：）我那妃子呵！愁杀你玉软花柔，要将途路趱。

宫殿参差落照间⁽³⁴⁾，（卢纶）

渔阳烽火照函关⁽³⁵⁾，（吴融）

遏云声绝悲风起⁽³⁶⁾，（胡曾）

何处黄云是陇山⁽³⁷⁾。（武元衡）

注释

（1）高力士：唐玄宗宠信的太监。丑扮高力士，其上场诗是唐顾况诗《宫词》。

（2）生、旦：戏曲中角色名。这里生扮演唐明皇李隆基，旦扮演贵妃杨玉环。

（3）乘辇：坐车。辇，人推的轿车，供皇帝在宫内用。

（4）一抹：一片。

（5）银塘：水色银白的池塘。蘸眼：耀眼，引人注目。

（6）"只待"句：与前句"玉纤纤"相对，正暗含"举案齐眉"之意。眉山，眉毛。

（7）烹龙炰（páo 刨）凤：指制作名贵的菜肴。烹、炰，指烧煮食物。龙、凤，借指名贵菜肴。

（8）催趱（zǎn 昝）：催促。

（9）清肴馔（zhuàn 赚）：清淡精美的食物。

（10）雅称：非常合适。雅，甚。

（11）梨园：唐明皇在宫廷内专门训练俗乐乐工的机构。后世将戏曲界称梨园，戏曲演员称梨园子弟。

（12）李龟年：唐明皇时著名宫廷音乐家。

（13）南泣颜回：这首曲子的内容是根据李白《清平乐》诗改写的。

（14）锦心、绣口：形容文思优美和唱歌动听。

（15）畅好是：正好是。

（16）射覆：一种类似猜字谜的酒令。藏钩：猜东西藏在哪里的一种游戏。

（17）花一朵上腮间：比喻喝酒后脸色转红。

（18）"一会"句：此句及下句均描写杨贵妃醉态。一会价，一会儿。价，语助词。软咍咍，软绵绵。軃（duǒ 朵）：垂下。欹（qī 欺），倾斜。

（19）态恹恹（yān 烟）：娇软无力的样子。

（20）软设设：无力的样子。金莲：指女子的小脚。

（21）副净：戏曲角色名。此处副净扮杨国忠。

（22）"渔阳"二句：用白居易《长恨歌》原句。

（23）哥舒翰：唐开元年间名将，因破吐蕃有功，封平西郡王。后为安禄山所败，投降后被杀。

（24）赤紧的：加紧地。渔阳：唐郡名，辖境相当于今北京市平谷区、天津市蓟县等地，治所在今蓟县。

（25）东京：指今洛阳。

（26）綵：鲜明、美好。

（27）幸蜀：指到蜀地避难。幸，皇帝亲临叫幸。

（28）勤王：朝廷有难，起兵救援。

（29）扈驾：跟随车驾，保护皇帝。

（30）黰（yān 烟）：黑色。

（31）的溜扑碌：慌乱的样子。

（32）磣磕磕（chěnkēkē 衬_{上声}科科）：亦作"磣可可"，凄惨悲伤的样子。

（33）支吾：对付、应付。

（34）《长生殿》的下场诗都是集唐人成句。此句出自卢纶《长安春望》，原诗"宫殿"作"宫阙"。

（35）此句出自吴融《华清宫》诗。

（36）此句出自胡曾咏史诗《铜雀台》。遏云：阻遏行云，形容音乐优美。

（37）此句出自武元衡《送李侍御之凤翔》诗。陇山：在陕西、甘肃一带。从长安入蜀，要经过陇山东麓。

提示

《长生殿》是洪昇的代表作。全剧以安史之乱为背景，写唐明皇李隆基和贵妃杨玉环的爱情故事。它既是爱情悲剧，又是政治悲剧。作者巧妙地把爱情故事与政治斗争结合起来，既写出他们的爱情生活给政治带来的悲剧后果，又写出政治上的错误导致了他们的爱情悲剧，即所谓"擅了情场，弛了朝纲"。作者对他们的爱情既有批判又有赞扬。在作者笔下，他们的爱情生活既有帝王妃子的荒淫，又有民间男女之恋的精诚；既有现实的特点，又有理想的成分。

《长生殿》全剧50出，分上下两部，《惊变》是第二十四出。它是上部因爱至"祸"的豪华热闹生活的结束，又导引出下部"败而能悔"的凄凉冷落的情景，是全剧剧情发展的转折点。而在思想上则直接表现了李、杨爱情给国家民族造成的灾难，体现了作者的创作意图和全剧的主题。全出亦称"小宴惊变"，因为它明显由"小宴"与"惊变"两部分组成。第一部分从开头到第一支《南扑灯蛾》曲终，写李、杨在御花园中小宴。在小宴过程中，作者极力渲染了他们的浓情蜜意，两情依依。一个殷勤劝酒，一个歌舞相酬，最后是杨妃沉醉扶入绣帏。全出既批判了他们沉迷于爱河之中而不知大祸即将临头的一面，又肯定了他们真心相爱的一面。甚至明皇已经决定"幸蜀"还嘱咐内侍不要惊醒杨贵妃，真可谓关心体贴之至，这种至情确是"在帝王家罕有"。第二部分即"惊变"部分，写安禄山造反，明皇张皇失措，只好听从杨国忠摆布，决定幸蜀，着重表现了唐明皇政治上的昏聩和当时政治斗争的复杂。

这出戏在艺术上也很有特色。第一，成功地运用"突转"这一戏剧手法。在"小宴"中，天是"天淡云闲""秋色斓斑"；人是"喜孜孜驻拍停歌，笑吟吟传杯送盏"，一片欢乐气氛。到"惊变"，事情突然逆转，哥舒翰兵败降贼，安禄山破了潼关，于是天变得"萧萧飒飒西风送晚"，人变得"胆战心摇""魂飞魄散"，这种强烈的对照给观众的审美心理造成巨大的反差，收到了震撼人心的艺术效果。第二，以多种方法刻画了人物形象，如环境的衬托、细节的描写，神态的刻画，其中尤以心理描写最为突出。通过多种方法的描写，有层次地展示了人物丰富的内心世界。如写杨贵妃的醉，不仅写得形态逼真，跃然纸上，而且神形兼备，通过她的醉态，表现了她的内心感受。她不只醉于酒，也沉醉在明皇的如酒之浓的爱情之中，陶醉在宫廷争宠的胜利之中。所以从她的醉态中，分明流露出了胜利者的满足，受宠者的骄矜。第三，充满诗情画意的语言。《长生殿》的语言是富于诗意的语言，在本出中尤显突出。本出中除了用优美的词语写景状物，令人进入一个新的境界外，还大量使用叠词。这些叠词无论是写人物的心理还是写人物的形态，都准确生动，从而增加了作品的语言美。

孔尚任传奇

孔尚任（1648—1718），字聘之，一字季重，号东塘、岸堂，自署云亭山人，山东曲阜人，清初著名戏曲家。早年隐居曲阜石门山中，康熙二十年（1681），以捐纳为国子监生。二十三年（1684），清圣祖南巡，返经曲阜，孔尚任被荐为御前讲经，受到赏识，擢为国子监博士。二十五年（1686），在淮扬一带参加疏浚黄河海口工程。三十四年（1695），迁户部主事。三十八年（1699）代表作《桃花扇》问世。三十九年（1700）罢官。五十七年（1718）卒于家。除《桃花扇》外，还与友人顾彩合著《小忽雷》传奇，另有《孔尚任诗文集》行世。

桃花扇〔第七出　却奁〕(1)

（杂扮保儿掇马桶上(2)。）龟尿龟尿(3)，撒出小龟；鳖血鳖血，变成小鳖。龟尿鳖血，看不分别；鳖血龟尿，说不清白。看不分别，混了亲爹；说不清白，混了亲伯。（笑介）胡闹！胡闹！昨日香姐上头(4)，乱了半夜；今日早起，又要刷马桶，倒溺壶(5)，忙个不了。那些孤老、表子(6)，还不知搂到几时哩！（刷马桶介）

【夜行船】（末）人宿平康深柳巷(7)，惊好梦门外花郎(8)。绣户未开，帘钩才响，春阳十层纱帐。

下官杨文骢(9)，早来与侯兄道喜(10)。你看院门深闭，侍婢无声，想是高眠未起。（唤介）保儿，你到新人窗外，说我早来道喜。（杂）昨夜睡迟了，今日未必起来哩！老爷请回，明日再来罢！（末笑介）胡说！快快去问。（小旦内问介）(11)保儿，来的是哪一个？（杂）是杨老爷道喜来了。（小旦忙上）倚枕春宵短，敲门好事多。（见介）多谢老爷，成了孩儿一世姻缘。（末）好说。（问介）新人起来不曾？（小旦）昨晚睡迟，都还未起哩。（让坐介）老爷请坐，待我去催他。（末）不必，不必。（小旦下）

【步步娇】（末）儿女浓情如花酿，美满无他想，黑甜共一乡(12)。可也亏了俺帮衬，珠翠辉煌，罗绮飘荡，件件助新妆，悬出风流榜。

（小旦上）好笑，好笑！两个在那里交扣丁香(13)，并照菱花(14)，梳洗才完，穿戴未毕。请老爷同到洞房，唤他出来，好饮扶头卯酒(15)。（末）惊却好梦，得罪不浅。（同下）（生旦艳妆上）

【沈醉东风】（生、旦）这云情接着雨况，刚搔了心窝奇痒，谁搅起睡鸳鸯。被翻红浪，喜匆匆满怀欢畅。枕上余香，帕上余香，消魂滋味，才从梦里尝。

（末、小旦上）（末）果然起来了，恭喜，恭喜！（一揖，坐介）（末）昨晚催妆拙句(16)，可还说得入情么？（生揖介）多谢！（笑介）妙是妙极了，只有一件。（末）哪一件？（生）香君虽小，还该藏之金屋。（看袖介）小生衫袖，如何着得下？（俱笑介）（末）夜来定情，必有佳作。（生）草草塞责，不敢请教。（末）诗在那里？（旦）诗在扇头。（旦向袖中取出扇介）（末接看介）是一柄白纱官扇。（嗅介）香的有趣。（吟诗介）妙，妙！只有香君不愧此诗。（付旦介）还收好了。（旦收扇介）

【园林好】（末）正芬芳桃香李香，都题在宫纱扇上；怕遇着狂风吹荡，须紧紧袖中藏，须紧紧袖中藏。

（末看旦介）你看香君上头之后，更觉艳丽了。（向生介）世兄有福(17)，消此尤物[18]。（生）香君天姿国色，今日插了几朵珠翠，穿了一套绮罗，十分花貌，又添二分，果然可爱。（小旦）这都亏了杨老爷帮衬哩！

【江水儿】送到缠头锦，百宝箱，珠围翠绕流苏帐，银烛笼纱通宵亮，金杯劝酒合席唱。今日又早早来看，恰自亲生自养，陪了妆奁，又早敲门来望。

（旦）俺看杨老爷，虽是马督抚至亲[19]，却也拮据作客[20]，为何轻掷金钱，来填烟花之窟[21]？在奴家受之有愧，在老爷施之无名，今日问个明白，以便图报。（生）香君问得有理，小弟与杨兄萍水相交，昨日承情太厚，也觉不安。（末）既蒙问及，小弟只得实告了。这些妆奁酒席，约费二百余金，皆出于怀宁之手。（生）那个怀宁？（末）曾做过光禄的阮圆海[22]。（生）是那皖人阮大铖么？（末）正是。（生）他为何这样周旋？（末）不过欲纳交足下之意。

【五供养】（末）羡你风流雅望，东洛才名，西汉文章[23]。逢迎随处有，争看坐车郎[24]。秦淮妙处[25]，暂寻个佳人相傍，也要些鸳鸯被、芙蓉妆；你道是谁的，是那南邻大阮，嫁衣全忙。

（生）阮圆老原是敝年伯[26]，小弟鄙其为人，绝之已久。他今日无故用情，令人不解。（末）圆老有一段苦衷，欲见白于足下。（生）请教。（末）圆老当日曾游赵梦白之门[27]，原是吾辈。后来结交魏党，只为救护东林，不料魏党一败，东林反与之水火。近日复社诸生[28]，倡论攻击，大肆殴辱，岂非操同室之戈乎[29]？圆老故交虽多，因其形迹可疑，亦无人代为分辩。每日向天大哭，说道："同类相残，伤心惨目，非河南侯君，不能救我。"所以今日谆谆纳交。（生）原来如此，俺看圆海情辞迫切，亦觉可怜。就便是魏党，悔过来归，亦不可绝之太甚，况罪有可原乎。定生、次尾、皆我至交，明日相见，即为分解。（末）果然如此，吾党之幸也。（旦怒介）官人是何说话！阮大铖趋附权奸，廉耻丧尽，妇人女子，无不唾骂。他人攻之，官人救之，官人自处于何等也？

【川拨棹】不思想，把话儿轻易讲。要与他消释灾殃，要与他消释灾殃，也提防旁人短长。官人之意，不过因他助俺妆奁，便要徇私废公；那知道这几件钗钏衣裙，原放不到我香君眼里。（拔簪脱衣介）脱裙衫，穷不妨；布荆人[30]，名自香。

（末）阿呀！香君气性，忒也刚烈[31]。（小旦）把好好东西，都丢一地，可惜，可惜！（拾介）（生）好，好，好！这等见识，我倒不如，真乃侯生畏友也[32]。（向末介）老兄休怪，弟非不领教，但恐为女子所笑耳。

【前腔】（生）平康巷，他能将名节讲；偏是咱学校朝堂，偏是咱学校朝堂，混贤奸不问青黄。那些社友平日重俺侯生者，也只为这点义气；我若依附

奸邪，那时群起来攻，自救不暇，焉能救人乎？节和名，非泛常；重和轻，须
审详。

（末）圆老一段好意，也还不可激烈。（生）我虽至愚，亦不肯从井救
人⁽³³⁾。（末）既然如此，小弟告辞了。（生）这些箱笼，原是阮家之物，香
君不用，留之无益，还求取去罢。（末）正是"多情反被无情恼，乘兴而来兴
尽还⁽³⁴⁾。"（下）（旦恼介）（生看旦介）俺看香君天姿国色，摘了几朵珠翠，
脱去一套绮罗，十分容貌，又添十分，更觉可爱。（小旦）虽如此说，舍了许
多东西，倒底可惜。

【尾声】金珠到手轻轻放，惯成了娇痴模样，辜负俺辛勤做老娘。

（生）些须东西，何足挂念，小生照样赔来。（小旦）这等才好。

（小旦）花钱粉钞费商量，

（旦）裙布钗荆也不妨，

（生）只有香君能解佩⁽³⁵⁾，

（旦）风标不学世时妆。

注释

（1）却奁（lián 连）：拒绝接受别人赠送的妆奁。剧中写李香君拒收阮大铖为收买侯
方域而置办的妆奁。

（2）保儿：妓院里的佣人。

（3）"龟尿"数句：保儿的上场引子，内容庸俗。旧时戏剧为迎合观众低级趣味常用。

（4）上头：妓女第一次接客称为上头。

（5）溺：同"尿"。

（6）孤老：妓女称长期固定的嫖客作"孤老"。

（7）平康：唐代长安里名，为妓女聚居之处，后常借指妓院。

（8）"惊好"句：被卖花人的叫声惊醒。花郎，卖花人。

（9）杨文骢：即杨龙友，贵州贵阳人，善画，南明福王时曾任巡抚。后随唐王抗清，
兵败被杀。他在《桃花扇》中是一个两面派政治掮客形象。

（10）侯兄：指侯方域，明末复社文人。入清后，被迫应顺治八年（1651）乡试，中
副榜，不久即忧郁而死。他是《桃花扇》的男主人公。

（11）小旦：戏曲角色名。此处扮演李香君的假母李贞丽。李贞丽，明末南京名妓。

（12）黑甜共一乡：甜蜜的梦乡。

（13）交扣丁香：相互扣纽扣。丁香，指打成丁香结的纽扣。

（14）菱花：指镜子。古代铜镜背面常以菱花作图案。

（15）扶头卯酒：扶头酒是易醉之酒，即好的酒。卯酒，即早晨（卯时前后）喝的酒。
此处重在卯酒。

（16）"催妆拙"句：古代风俗，新婚之夜赋诗催促新娘梳妆，叫催妆诗。此指杨龙友

在侯、李新婚之夜送的贺诗："生小倾城是李香，怀中婀娜袖中藏，缘何十二巫峰女，梦里偏来见楚王。"

（17）世兄：有世交的平辈人的互称。

（18）尤物：特殊的人物，常用来指绝色的女子。

（19）马督抚：指马士英，时任凤阳督抚。后迎立福王，任东阁大学士，清兵攻陷南京时被杀。他是《桃花扇》中的反面人物之一。杨龙友是他的亲戚。

（20）拮据：手头不宽裕。

（21）烟花之窟：指妓院。

（22）阮圆海：阮大铖之号。阮是明末怀宁（今安徽安庆）人，先属东林党，后投靠魏忠贤，曾任光禄寺卿。明亡与马士英拥立福王，任兵部尚书，后降清。他是明末著名传奇作家，但人品低劣，为人所不齿，是《桃花扇》中的主要反面人物。

（23）"东洛"二句：东洛才名指晋代诗人左思。他的《三都赋》，人们争相传抄，使洛阳为之纸贵。西汉文章，指司马相如等人，以辞赋名世。这两句用以赞扬侯方域。

（24）坐车郎：晋潘岳貌美，每乘车出游，妇女们争着看他，并掷果盈车。此借指侯方域。

（25）秦淮：指秦淮河流经南京城内的一段，为南京繁华地带，也是妓女集中的地方。

（26）年伯：科举时代称同榜登科的人为同年，称父亲的同年为年伯。阮大铖与侯方域父亲侯恂是同年。

（27）赵梦白：赵南星，字梦白，明末东林党的领袖人物之一，后被魏忠贤贬到代州而死。

（28）复社：东林党之后一个由文人组成的政治团体。陈贞慧（定生）、吴应箕（次尾）、侯方域都是复社重要成员。

（29）操同室之戈：比喻内部互相倾轧。

（30）布荆人：指穷困妇女，即穿布衣、戴荆钗的女子。

（31）忒：太。

（32）畏友：方正刚直、敢于当面批评的朋友。

（33）从井救人：跳下深井去救人，不能救起别人，自己也会同归于尽。

（34）"多情"二句："多情反被无情恼"借用苏轼《蝶恋花》原句。多情，指阮大铖想结交侯方域。无情，指李香君却奁。"乘兴而来兴尽还"，东晋王子猷雪夜乘船到剡溪访友人戴安道，船将要到时，他忽然又叫船夫把船开回去，人问其故，他说："乘兴而来，兴尽而返。"此借用其语。

（35）解佩：指香君却奁。佩，衣服上的佩饰。此借指阮大铖为她置办的妆奁。

提示

《桃花扇》是孔尚任的代表作。全剧以复社文人侯方域与秦淮名妓李香君悲欢离合的爱情故事为线索，以复社文人与阉党余孽之间的斗争为主要冲突，反映了南明福王政权内部复杂尖锐的矛盾斗争，展示了明末社会的广阔历史画面，揭示了明王朝灭亡的历史必然性，也曲折地表达了作者的民族意识，反映出在"太平盛世"下人们的沉闷与苦恼。全剧四十四出，《却奁》是第七出。前六出写魏阉余党阮大铖为摆脱自己的政治困境，防止复社文人的围攻，让盟弟杨龙友出面，出资购置妆奁，撮合侯、李婚事，目的是希望侯方域从中斡旋。侯因客居南京，手头拮据，接受了杨的馈赠。却奁之事即发生在侯、李结合的第二天早晨。它歌颂李香君坚持正义、不计个人得失的高贵品德和"巾帼卓识，独立天壤"的气概，相形之下，反衬出侯方域气节上的软弱和政治上的糊涂，同时也反映了当时政治斗争的复杂性。这出戏在全剧中起到缩结全部情节的作用，前边六出中复社文人对阮大铖的揭发与痛打到此告一段落。香君的却奁得罪了阮大铖，待到福王政权建立，阮得势后又大肆迫害侯、李，于是引出了后边的一系列剧情，从而体现了"借离合之情，写兴亡之感"，"南朝兴亡""系之桃花扇底"的创作意图和艺术构思。

　　《却奁》分为前后两部分。前一部分到《江水儿》曲终，写侯、李新婚的美满，渲染了妆奁的丰厚。其实侯、李爱情与丰厚妆奁之间正隐藏着一场复杂的政治斗争。如果没有丰厚的妆奁，鸨儿不会让香君与侯生结合；如果保留这些妆奁，侯、李名节有亏，阮大铖阴谋得逞。所以作者一开头，就让侯、李爱情带着浓厚的政治色彩，把人物放在尖锐的矛盾之中。在轻松诙谐的谈论之中，在旖旎绮丽的爱情生活之中，观众却看到了政治斗争的刀光剑影，为侯、李能否经得起考验而悬心吊胆。后一部分写李香君的却奁，表现了她爱憎分明、冰清玉洁的品格。丰厚的妆奁，引起了李香君的警觉，因而逼问杨龙友妆奁的来源。当杨说出自阮大铖之手时，于是出现了杨的企望、侯的感谢、李的愤怒，在比较中突出了李香君的品格。

　　在艺术上，《却奁》有几个特点。一是情节发展不落窠臼。剧情的前半部，写侯、李新婚燕尔，杨龙友一早来祝贺。侯、李的浓情蜜意，杨龙友的喜形于色，李贞丽的感激不尽，写得有如风和日丽，一派祥和气氛。但是杨龙友说出妆奁是阮大铖帮衬，并等待侯、李的感激以达到政治目的时，不料想，风云突变，李香君立即拔簪脱衣，表示"脱裙衫，穷不妨，布荆人，名自香"。剧情的逆转，出乎观众意料，做到"突如其来，倏然而去，令观者不能预拟其局面"。二是在对比中突出人物性格。全出戏的中心事件是却奁，所出现的四个人物都面对着同一事件，并且都表明了自己的立场观点，从而形成鲜明对照。如杨龙友的世故，侯方域的动摇，李贞丽的惜财和李香君的刚烈，都在对比中得到了很好的表现。但是作者又不是平均使用力量，而是把主要人物香君放在中心地位，其他人物的性格在对比之中都成了香君性格的陪衬，从而使香君这一舞台形象放出异彩。

近代部分

诗　歌

张　维　屏　诗

张维屏（1780—1859），字子树，一字南山（一说号南山），性爱松，自号松心子，又号珠海老渔，广东番禺（今属广东广州）人。道光进士，曾任黄梅、广济知县，代理南康知府。与林则徐、龚自珍等结"宣南诗社"，被诗人翁方纲称为"诗坛大敌"。道光十六年（1836）辞官乡居，目睹英国侵略者的罪行，写下不少反映中国人民抗敌御侮斗争的诗篇。作品风格激昂慷慨，质朴有力。有《松心诗录》、《听松庐诗钞》及《张南山集》等。

三　元　里[(1)]

三元里前声若雷，千众万众同时来，因义生愤愤生勇，乡民合力强徒摧[(2)]。家家田庐须保卫，不待鼓声群作气，妇女齐心亦健儿，犁锄在手皆兵器。乡分远近旗斑斓[(3)]，什队百队沿溪山。众夷相视忽变色：黑旗死仗难生还[(4)]。夷兵所恃惟枪炮，人心合处天心到，晴空骤雨忽倾盆[(5)]，凶夷无所施其暴。岂特火器无所施，夷足不惯行滑泥，下者田塍苦踯躅[(6)]，高者冈阜愁颠挤[(7)]。中有夷酋貌尤丑，象皮作甲裹身厚，一戈已揣长狄喉[(8)]，十日犹悬郅支首[(9)]。纷然欲遁无双翅，歼厥渠魁真易事[(10)]。不解何由巨网开，枯鱼竟得悠然逝。魏绛和戎且解忧[(11)]，风人慷慨赋同仇[(12)]。如何全盛金瓯日[(13)]，却类金缯岁币谋[(14)]？

注释

(1) 三元里：地名，当时属广东番禺，在今广州市北郊。因村内有三元庙，故名。

(2) 强徒：凶顽的盗贼，指英侵略军。

(3) 斑斓：彩色相杂的样子。

(4) "众夷"二句：作者自注："夷打死仗则用黑旗，适有执神庙七星旗者，夷惊曰：

'打死仗者至矣！'"夷，古代对异族的贬称，此处指侵华英军。自注中"七星旗"为"三星旗"之误。据载，平英团曾以三元里村北北帝店的三星旗指挥进退，立下"旗进人进，旗退人退，打死无怨"的誓言。

（5）骤雨急倾盆：据《三元里打仗日记》载，英军突围撤退时，"天色晴明，忽而阴云四起，午刻，迅雷烈风，大雨如注，日夜不息。未刻后，逆夷之马枪火炮，俱被雨水湿透，施放不响"。

（6）塍（chéng 成）：稻田的田埂。踯躅（zhízhú 值竹）：徘徊难进的样子。

（7）阜：丘陵。颠挤："颠阽（jí 吉）"之误，坠落。

（8）"一戈"句：《左传文公十一年》载："获长狄侨如，富父终甥舂其喉，以戈杀之。"这里指在三元里战斗中，英侵略军军官伯麦和毕霞被我军击毙。舂（chōng 冲），撞击。长狄，古时我国北方少数民族狄的一支。

（9）"十日"句：汉元帝时，匈奴郅支单于被陈汤等杀死，首悬城中，有人提出"宜悬十日"（事见《汉书·陈汤传》）。

（10）"歼厥"句：指消灭英侵略军大头目义律已很容易。歼，攻杀。厥，其。渠，大。魁，首恶。

（11）"魏绛"句：魏绛，春秋时晋国大夫，曾使晋与山戎（西北少数民族）结盟，解除了来自西北方面的忧患（见《左传·襄公四年》）。这是讽刺琦善、奕山等投降派为解除暂时忧患而向敌人屈膝求和。

（12）风人：指《诗经·国风》的作者，后称作诗的人为风人，这里是作者自指。同仇：一致对付共同的敌人。《诗经·秦风·无衣》："修我戈矛，与子同仇。"

（13）金瓯：金属制成的小盆。常用来比喻国家领土的巩固、完整。

（14）金缯（zēng 增）：漂亮的丝织品。岁币：每年纳交的钱币。这里指向入侵者屈膝求和，奕山等投降派竟答应给英方赎城费六百万元。

提示

1840 年，英国侵略者发动了鸦片战争，次年包围广州城，投降派琦善、奕山等惊慌失措，制止人民抵抗，并同英军订立了屈辱的《广州和约》。1841 年阴历五月三十日，数百名英国侵略军抢掠到三元里时，三元里及附近各乡人民个个同仇敌忾，纷纷高举义旗，投入了抗英战斗。一时间集聚上万人，奋力围歼，英勇冲杀，激战三天，打得敌人尸横遍野，狼狈不堪。英军头目义律只得向广州官府求援，在投降派的庇护下，残敌才得以溃逃。作者以正义之笔，真实而形象、简洁而完整地反映了在他的家乡——三元里所爆发的这一气壮山河的平英团抗英斗争，因而本文成为近代文学史上描写人民反帝斗争的著名诗篇。

诗中热情地讴歌了三元里人民团结御侮、不畏强暴、顽强战斗的英雄气概和对英国侵略者的痛恨，刻画了英国侵略者外强中干的丑态，揭露了清政府媚外纵敌、卖国投降的可耻行径。全诗可分三层：第一层，开头至"黑旗死仗难生还"，描绘了三元里人民波澜壮阔的反侵略者的战斗场面，写出三元里人民激于爱国义愤，斗志昂扬，奋力痛击侵略者的浩大声势和英雄气概；第二层，至"歼厥渠魁真易事"，无情地讽刺了侵略者在受到沉重打击后的狼狈丑态，从而暴露出英殖民者外强中干的虚弱本质；第三层，即最后八句，对清政府及投降派与敌勾结的卖国罪行进行了无情的揭露，在这里诗人把无比的义愤化作冷嘲热讽，字里行间洋溢着爱国激情。

本诗以叙事为主，融议论、抒情为一体，读了使人时而如身临其境，跃跃欲起；时而笑从心生，拍手称快；时而蹙眉敛容，仰天长叹。本诗多处用典，却不失于堆砌，因而增大了作品的容量，造成曲折、含蓄的艺术效果。全诗运用不同手法塑造了三组形象：乡民、英军、清政府官员。前二者是直接描绘：乡民正义、团结、英勇顽强，英军怯懦、狼狈、外强中干。后者虽没有直接出场，但字里行间显现出清政府官员卑屈可憎的洋奴相。在英军、清政府官员一明一暗两组形象的映衬下，乡民英雄群像则更加光彩夺目。

林 则 徐 诗

林则徐（1785—1850），字元抚，一字少穆，福建侯官（今福建福州）人。嘉庆进士，与龚自珍、黄滋爵、魏源等倡经世之学。先后任东河河道总督、江苏巡抚、湖广总督等职，任职期间，卓有政绩。1838 年 12 月，被任命为钦差大臣，赴广州查禁鸦片。他到任后严令禁烟，雷厉风行，公开销毁鸦片两万多箱，并组织爱国军民多次击败英军的武装侵犯。他是中国近代史上爱国的政治家、军事家和著名的民族英雄，又是勇于探索救国救民途径的先驱者。鸦片战争爆发后，因受投降派诬陷，被遣戍新疆伊犁。后起用为陕西巡抚，擢云贵总督，因病辞归。1850 年复起用为钦差大臣，赴广西镇压太平天国起义，死于途中，谥文忠。能诗文，其诗洋溢着强烈的爱国激情，风格豪迈苍劲。有《云左山房诗钞》《林文忠公政书》等。

赴戍登程口占示家人[1]

力微任重久神疲，再竭衰庸定不支[2]。苟利国家生死以[3]，岂因祸福避趋之[4]！谪居正是君恩厚[5]，养拙刚于戍卒宜[6]。戏与山妻谈故事，试吟断送老头皮[7]。

注释

（1）戍：戍所，指作者充军的伊犁。口占：随口吟成。诗共两首，这里选一首。

（2）衰庸：衰弱的身体与平庸的才能。

（3）"苟利"句：用春秋时郑大夫子产语。《左传·昭公四年》载，子产制订田赋制度，引起国人的指责。子产回答道："何害？苟利社稷，死生以之。"以，用。

（4）避趋：逃避和奔赴，分别指对祸与福的态度。

（5）谪居：被流放到边远地区居住。

（6）养拙：守拙，指隐退安居。刚：恰好。宜：合适。

（7）"戏与"二句：作者自注："宋真宗闻隐者杨朴能诗，召对。问：'此来有人作诗送卿否？'对曰：'臣妻有一首云："更休落魄耽杯酒，且莫猖狂爱咏诗。今日捉将官里去，这回断送老头皮！"'上大笑，放还山。东坡赴诏狱，妻子送出门，皆哭。坡顾谓曰：'子独不能如杨处士妻作一首送乎？'妻子失笑，坡乃出。"山妻，山野人之妻，多用来谦指自己的妻子。故事，旧事，指自注中所引杨朴事。典出苏轼《东坡志林》。

提示

道光二十二年（1842），作者被流放伊犁。登程之际，他写下了此诗告慰家人。从题目看，只是留别诗，实则旨在言志。作者虽遭贬谪，革职充军，却非但不认罪，反而因自己禁烟救国的所作所为而感到欣慰、自豪。面对噩运降临，他首先考虑的是国家的兴亡命运，个人的生死、祸福早已置之度外了。诗的首、颔二联，正话反说，以自我解嘲，发泄出对当局的极大不满。颈联直抒胸臆，一腔爱国热忱和盘托出。尾联语带调侃。诗人在临别时并未挥泪神伤，而是谈笑风生，乐观旷达，这反而加深了作品的悲壮气氛。"苟利国家生死以，岂因祸福避趋之"，这正是他一生崇高品德的写照，也是该诗主题思想的高度概括。全诗语出天然，毫无矫饰，间出警句，间用谐语，都自胸中吐出，令人想见其赤子之心。

龚 自 珍 诗

龚自珍（1792—1841），一名巩祚，字尔玉，一字璱人，号定庵，晚年又号羽玲山民。浙江仁和（今浙江杭州）人。出身于三世仕宦的封建官僚家庭，自幼受到很好的文化熏陶。他是中国近代杰出的启蒙思想家、文学家，对经学、小学、史学、文学、佛学等都有精深的研究。道光进士，但在仕途上并不得意，曾任内阁中书、礼部主事等职。48 岁辞官南归，不久，暴死于丹阳书院讲席，终年 50 岁。他一生"困阨下僚"，结交各地名士，与魏源、包世臣、林则徐、姚莹等人交往甚密。他是晚清今文学派的主要人物，讲究经世致用。面对清朝腐败的政治、日益尖锐的阶级和民族矛盾，他用诗文讥评时弊，力倡改革，支持禁烟，成为中国近代民主主义运动的先驱。他一生著作甚丰，有

《定庵全集》，今人辑有《龚自珍全集》。现存诗八百首，散文三百余篇。其诗气势开阔，想象丰富，充满浪漫主义色彩；其文直抒政见，抨击时弊，开一代风气，对近代文学的发展产生了巨大的影响。

<h1 style="text-align:center">咏　　史⁽¹⁾</h1>

金粉东南十五州⁽²⁾，万重恩怨属名流⁽³⁾。牢盆狎客操全算⁽⁴⁾，团扇才人踞上游⁽⁵⁾。避席畏闻文字狱⁽⁶⁾，著书都为稻粱谋⁽⁷⁾。田横五百人安在，难道归来尽列侯⁽⁸⁾？

注释

（1）咏史：一种诗的体例。以历史事件为题材，或专咏一人一事，或泛咏史事。往往借题发挥，托古言今。

（2）金粉：旧时妇女化妆用的铅粉。这里用来形容骄奢淫逸的生活。十五州：泛指长江下游江南一带繁华富庶的地方。

（3）"万重"句：万重，言其多。恩怨，语出韩愈《听颖师弹琴》："昵昵儿女语，恩怨相尔汝。"此指儿女私情。"恩怨"复词偏义，重在"恩"字。名流，社会上的知名人士。这里是反话，意即所谓的"名流"。全句指东南名士都沉溺于儿女私情之中。

（4）牢盆狎客：指趋附盐官的帮闲门客。牢盆，煮盐器具。借指把持盐政的官吏。狎（xiá）客，指亲近常共嬉戏宴饮的人。操全算：操纵整个计划，掌握经济大权。算，计划、筹谋。

（5）团扇：一种圆形扇。东晋丞相王导的孙子王珉，好拿白团扇，二十多岁当了中书令，但于政务一窍不通。才人：才子。团扇才人，指出身显贵、轻浮浪荡的公子。上游：指有权势的社会地位。

（6）避席：古时席地而坐，离开座位称避席，以此表示敬意。这里指因畏惧而逃离。文字狱：封建统治者为镇压知识分子的反抗，蓄意从其著述中摘取只言片语，罗织罪名。因其以文字断罪，故称文字狱。

（7）稻粱谋：即谋求衣食。

（8）"田横"二句：田横，秦末汉初人，自立为齐王，被刘邦打败，带五百人逃入海岛。后田横因不愿降汉而自杀。五百人闻讯也全部自杀（事见《史记·田儋列传》）。全句说像田横那样的壮士如今已看不到了，那些降汉之人未见得都得到封侯。意思是劝诫人们要坚守气节，不要醉心功名利禄。列侯：汉朝一种爵位的名称。王子封侯称诸侯，异姓封侯为列侯。

提示

这首诗写于道光五年十二月（1826年1月）。这时诗人为母服丧才满，客居江苏昆山一带。他目睹社会现实种种污秽现象，以"咏史"为题，抒发出心中的愤慨。诗中借古讽今，对清王朝政治的腐败作了全面而深刻的揭露与批判。头四句以辛辣的语言写出了一部清朝"官场现形记"：官僚之间争夺名利，尔虞我诈；一班帮闲狎客，把持着关系国家经济命脉的盐政；不学无术的纨袴子弟，占据着高位要津。对此，诗人无比愤慨并给予轻蔑的嘲讽。接着五、六两句表达了对国家缺少人才的担心。官场已不可收拾，而一般文人又害怕残酷的文字狱而麻木不仁，埋头著书。为此，诗人提出尖锐的批评和诚恳的劝诫。这样，诗人鲜明形象地把"左无才相，右无才史，阃无才将，庠无才士"（龚自珍《乙丙之际箸议第九》）的严重局面勾画出来。面对这样一击即溃的形势，诗人最后以田横义不降汉的历史故事，提醒醉心于功名利禄的文人学士，要保持读书人的节操，为国家建功立业。再次表达了诗人迫切希望有用的救国人才早日涌现。全诗层次清晰，语言辛辣，笔锋犀利，摹形绘态，用典贴切，更增强了诗的现实性和批判性。

己 亥 杂 诗⁽¹⁾

其 一

浩荡离愁白日斜⁽²⁾，吟鞭东指即天涯⁽³⁾。落红不是无情物⁽⁴⁾，化作春泥更护花。

注释

（1）己亥：清道光十九年（1939）。这年四月，诗人辞官南归，九月又北上迎接家小。往返九千里，历时八九个月，写成包括 315 首七绝的大型组诗——《己亥杂诗》。组诗内容十分丰富，或杂记行程，追怀往事或反映现实，针砭朝政或抒写情怀，评议诗文，形象而深刻地反映了中国封建末世和近代前夜这个历史转折时期社会某些侧面。因此它可以看成是诗人对自己一生的总结，是后人认识当时社会和诗人思想的宝贵资料，这里选录二首。

（2）浩荡：水势汹涌壮阔的样子。这里形容离愁的深广无边。

（3）吟鞭：诗人所持的马鞭。这里指车马。

（4）落红：落花。

提示

本诗原为《己亥杂诗》第五首，是作者刚刚离开京城时写的。当时作者心情很不平静，无边的哀愁涌上心头，但他并不甘心从此消沉下去，还企望以自己的余生报效国家。诗的前二句，以"浩荡"修饰离愁，以"白日斜"烘托离愁，以"天涯"映衬离愁，形象地宣泄出自己辞京南归的愁怨情怀。后二句展开联想，移情于物，借助落红化作春泥更护花的自然规律，表现了诗人不畏挫折，不甘沉沦的坚强性格与献身精神，加深了"离愁"的内涵，从而使全诗从"愁"思中解脱出来，升华为对美好事物的追求和憧憬。全诗构思巧妙，形象贴切，寓意深刻，将读者带进一个崇高瑰丽的境界。在封建王朝末期，作者屡遭排挤、不被重用，但坚持不同流合污，始终忠于自己的理想，至死不已，实在是难能可贵。

其　二

九州生气恃风雷(1)，万马齐喑究可哀(2)。我劝天公重抖擞(3)，不拘一格降人材(4)。

注释

(1)"九州"句：作者自注，"过镇江，见赛玉皇及风神、雷神者，祷祠万数。道士乞撰青词"。青词，又称"绿章"，是道教用来祭神的诗文，是用朱笔写在青藤纸上的，故名青词。古代分中国为冀、兖、青、徐、扬、荆、豫、梁、雍九州，后以此为中国的代称。生气，新鲜蓬勃的气象。恃，倚仗，凭藉。风雷，风神与雷神。这里借自然界的疾风迅雷比喻一种强大的社会变革力量。

(2)万马齐喑：喻当时死气沉沉的政治局面。喑（yīn），哑。究：毕竟，到底。

(3)天公：玉皇。这里隐喻清朝皇帝。抖擞：振作，奋发，励精图治。

(4)一格：一种规格，模式。不拘一格即打破常规的意思。降：降生。这里有选拔的意思。

提示

本诗原列第一百二十五首，是《己亥杂诗》的代表作，是龚自珍一生疾呼改革的思想结晶。诗人借题发挥，揭露现实，呼唤人才，表达理想。清王朝统治者为了加强思想统治，奴役人民，一方面以八股文作为科举考试选用人才的唯一文体，以束缚人们的思想；另一方面大兴文字狱，镇压知识分子。其结果导致人才遭到严重扼杀和摧残。诗中以"万马齐喑"隐喻清王朝长期残酷的文字狱所造成的令人窒息的沉闷局面。诗人对这一封建牢笼表示出极大的不满和愤慨，急切希望能有迅猛的"风雷"从天而降，荡尽阴霾，改变这个不合理的社会现实，使各种人才无拘无束地成长起来。这充分表达出诗人呼唤人才、变革现实的战斗精神。全诗运用象征的手法，构思奇特，想象丰富，忽而呼唤风雷，忽而劝谏天公，情绪澎湃，气势磅礴，字里行间充满了诗人深沉激越的情感，是一篇现实主义和浪漫主义相结合的优秀诗篇。

魏　源　诗

魏源（1794—1857），字默深，邵阳（今湖南邵阳）人，中国近代史上著名的思想家和文学家。与龚自珍齐名，时人号称"龚魏"。50 岁（1844）中进士，曾任江苏兴化知县、高邮知州等职。主张改革弊政，富国强兵，抵抗外侮，支持禁烟，并积极参加抗英战役。鸦片战争后，回到扬州，发愤著书，以激发人们的爱国思想。晚年皈依佛教。他的诗文风格朴素，通俗易懂，充满爱国热情。著有《魏源集》《海国图志》等。

江　南　吟(1)

阿芙蓉，阿芙蓉，产海西，来海东(2)。不知何国香风过，醉我士女如醇酎(3)。夜不见月与星兮，昼不见白日，自成长夜逍遥国(4)。长夜国，莫愁湖，销金锅里乾坤无(5)。混六合，迷九有，上朱邸，下黔首(6)。彼昏自痼何足言，藩决膏殚付谁守(7)？语君勿咎阿芙蓉，有形无形瘾则同(8)。边臣之瘾曰养痈，枢臣之瘾曰中庸(9)，儒臣鹦鹉巧学舌，库臣阳虎能窃弓(10)。中朝但断大官瘾，阿芙蓉烟可立尽。

注释

（1）《江南吟》：大约作于 1831 年，是作者在扬州时写的。原为十章，今《古微堂诗集》中仅存五首。效白香山体：仿效唐代诗人白居易创作的《新乐府》诗体，即事名篇，讽谕现实。香山是白居易的号。本章诗题：《藩决膏殚付谁守》。

（2）阿芙蓉：即鸦片。据《本草纲目》记载，鸦片的原料是罂粟，其花色似芙蓉，因而得名。四句指出鸦片从西方输入东方的过程。

（3）不知何国：当时英、美、葡萄牙等国均向我国输入鸦片，以英国为最多，这里"不知何国"是泛语。香风：指吸鸦片时喷出烟雾的气味。醇酎：烈性酒。

（4）"夜不"三句：写吸鸦片的人，不分昼夜地躺着抽烟，昏昏沉沉，好像生活在另一个永远是长夜的逍遥国中。

（5）莫愁湖：在南京水西门外，清时号称"金陵第一名胜"。这里借"莫愁"二字，以指吸鸦片的地方。销金锅：原指杭州西湖的游船。据《武林旧事》卷三载，南宋时杭州的富豪贵族在西湖游船中荒淫享乐，"日糜金钱，靡有纪极，故杭州谚语有销金锅儿之号"。这里指吸鸦片的烟具。乾坤无，指吸食鸦片者，只顾个人过瘾，不管天下大事。乾坤，是天地、世界的代称。

（6）"混六"四句：六合，上、下、四方为六合，指天下。九有，有，通"域"。九域即九州，泛指全中国。朱邸，古时王侯有功者赐朱户（门上加红漆），故称王侯宅第为朱邸。这里指王侯贵族。黔首，老百姓。这四句是说鸦片流毒全国，上自王侯，下至百姓，都吸毒入迷。

（7）"彼昏"二句：痼（gù 固），经久难治之症。藩决，边境失守。藩，藩篱，指边疆。膏，油脂，指财富。这二句说那些吸烟成瘾的人，给自己造成难治之症，还会招致边境失守，财富耗尽。

（8）咎：罪过。这里是动词，作"归罪"解。有形无形瘾：有形的瘾指吸鸦片，无形的瘾指下面所写的那些腐败的官僚恶习。

（9）"边臣"二句：痈，毒疮，喻指祸患。枢（shū 书）臣，旧时称辅政的大臣，一般指宰相。这二句说边疆守臣的痼疾就是养痈遗患，姑息苟安；朝中大臣的痼疾就是折中调和，迁就妥协。

（10）儒臣：古代称博士官为儒臣，后泛指读书人出身的或有学问的大臣。库臣：掌管国库的大官。阳虎：春秋时鲁国季孙氏的家臣。窃弓：《左传·定公八年》载，阳虎曾伙同别人偷取鲁国的国宝宝玉大弓。这里借指官吏之贪污。

提示

在鸦片战争前，诗人仿效白居易的《秦中吟》写了十首政治诗《江南吟》。这里选其中第八首。它从阿芙蓉（鸦片）走私给我国给民族带来祸害说起，揭露了西方殖民主义者向我国倾销鸦片的罪行，形象地刻画了吸食鸦片者的种种丑态，指出鸦片输入及国人吸食鸦片的严重危害。在这首诗中，诗人愤怒地控诉了鸦片这种杀人不见血的"武器"，摧残中国人民健康，毒害中国人民的精神，造成国家财源枯竭、疆土无人守卫的大患。诗人把禁止鸦片和改革时弊联系起来，主张变故革新，认为消除有形的吸鸦片之"瘾"固然重要，但"无形之瘾"更需要揭露和批判，因为它是造成有形之瘾的主要根源。诗人愤怒地痛斥了当时文臣武将苟且偷安，屈辱求和，营私舞弊，贪污腐败的种种罪行，这正是鸦片屡禁不止的根本原因。因此诗人呼吁，禁鸦片必先整顿官僚机构，必须变故革新。然而当时清王朝已进入必然崩溃的境地，单凭改革是无济于事的。全诗通俗明快，运用叙述和白描的手法，三言五语便把吸烟者的丑态勾画出来。诗的层次清晰，联想自然，讽谕性极强，具有深刻的现实意义。

寰　　海（1）

城上旌旗城下盟（2），怒潮已作落潮声。阴疑阳战玄黄血（3），电夹雷攻水火并（4）。鼓角岂真天上降（5），琛珠合向海王倾（6）。全凭宝气销兵气（7），此夕蛟宫万丈明（8）。

注释

（1）寰海：是包括十首七律的组诗，又称《寰海十章》。作者自注作于"道光二十年

（1840）"，从诗内容看，其中大部分可能作于第二年。组诗以鸦片战争为题材。这里选其中第九首。寰，同"环"。寰海，即沿海。

（2）城下盟：在敌人重兵围城的胁迫下订立屈辱盟约。指1841年5月27日签订的《中英广州和约》。

（3）"阴疑"句：阴阳是中国古代哲学中相互对立的一对矛盾概念。用来解释战争，疑，通"凝"，阴疑指邪气凝聚，借指帝国主义的侵略。阳战，指正气必战，借指中国人民的反抗。玄黄，黑黄色，指战争流血。《易》："龙战于野，其血玄黄。"

（4）"电夹"句：形容战争激烈，可能指三元里战斗。三元里人民围困英军，气候骤变，雷雨大作，似有天助。电夹雷攻，雷电夹攻的互文。

（5）"鼓角"句：鼓角，战鼓和号角，这里指英国侵略军。天上降，形容用兵神速，出奇制胜。本句意思是英国侵略军并不是神出鬼没的天兵，没什么了不起的。

（6）"琛珠"句：琛（chēn 嗔），珍宝。合，应当。海王，称霸海上的英国侵略军。这句意思是大量的珍珠财宝该当送给海上霸王，是反语。

（7）宝气：指金银玉帛。兵气：指战争。

（8）蛟宫：龙宫。这里指英军的巢穴。

提示

此诗写于1840年，是作者《寰海十章》组诗中的第九首。《寰海十章》反映的是鸦片战争前期，即从1840年6月鸦片战争爆发，到1841年5月签订《中英广州和约》及三元里人民抗英战斗这段历史事实。清军以五倍于英国侵略军的兵力，竟然一触即溃，只好用撤军、赔款的卖国条件换来短暂的停战，突出地表现了清朝政府的腐败无能。诗人对此表示了极大的愤慨和无情的批判。

首联"城上"与"城下""怒潮"与"落潮"简洁精当地概括了事件的全过程，并且前后形成强烈的对比。它形象地刻画出了投降派前后两种截然不同的态度：虚张声势的"怒潮"声，顷刻间变成一片"落潮"声，可见投降派高喊抵抗是假，惊慌投降是真。接着诗人指出，兵临城下，只有奋起抵抗，"电夹雷攻水火并"，才能保住领土和尊严。事实不正是如此吗？三元里人民奋起抵抗就取得了辉煌的胜利，诗人在颔联中热情地讴歌了这一抗敌存国的正义斗争。可是投降派却反其道而行之。在颈联，诗人连用几个反语予以辛辣的讽刺，形象地刻画出昏聩无能的清朝官员和不堪一击的清军的真实面貌。尾联，诗人含蓄地告诫统治者，用金钱、割地换来的"和平"，不但不能苟安于一时，反而会后患无穷，最终不过是帮敌人消灭自己！鸦片战争失败，证明了作者的预言。这首诗，笔锋犀利，用典贴切，反语讥讽有力，感情激烈，具有很强的感染力。

黄 遵 宪 诗

　　黄遵宪（1848—1905），字公度，广东嘉应（今广东梅县）人。历任驻日使馆参赞、驻旧金山总领事、驻英使馆参赞等职。他早年即感受到民族危机，国外的长期生活又使他对西方资本主义国家的政治制度、经济生活、科学文化有了直接的接触和了解，奠定了他学习西方变法维新的思想基础。回国后，积极参加变法维新活动，成为一个资产阶级改良派的政治活动家。变法维新失败后，罢官乡居。他是近代著名的诗人，继承和发展了龚自珍的文学思想，在"诗界革命"中成绩最大，被誉为"诗界革命"的一面旗帜。他提出了"诗之外有事，诗之中有人，今之世异于古，今之人亦不必与古人同"，主张"我手写吾口"，认为诗歌应该反映现实生活，应该用白话来写，这些主张具有一定的进步意义。他的诗歌描写了近代史上某些重大事件，斥责了帝国主义的侵略行径，揭露了清政府的腐败无能，表达了关心祖国命运和人民痛苦的爱国主义思想。在形式上亦有所解放，注意以方言俗语写诗，但有时用典过多。著有《人境庐诗草》等。

书 愤

　　一自珠崖弃⁽¹⁾，纷纷各效尤⁽²⁾。瓜分惟客听⁽³⁾，薪尽向予求⁽⁴⁾。秦楚纵横日⁽⁵⁾，幽燕十六州⁽⁶⁾。未闻南北海⁽⁷⁾，处处扼咽喉。

注释

　　（1）珠崖弃：珠崖，一作"朱厓"（今海南省东南）。汉武帝时设郡，治所在瞫都（今海南海口）。元帝时叛，后元帝接受贾捐之的建议，放弃了珠崖。以后便以"弃珠崖"泛指抛弃国家领土。这里指光绪二十四年（1898）清朝统治者割让胶州湾给德国一事。

　　（2）各效尤：指德国霸占胶州湾后，俄国强迫租借了旅顺、大连，英国强租了威海卫，法国强租了广州湾。效尤，学坏样子。

　　（3）惟客听：只是听任人家的摆布。客，指帝国主义国家。

　　（4）薪尽：语出《庄子·养生主》："指穷于为薪，火传也，不知其尽也。"这里以"薪"喻指祖国领土，以"火"喻指帝国主义的欲望，向我求取无尽无休。

　　（5）秦楚纵横：战国时，七国称雄，秦楚两国最强，都想吞并他国，由自己来实现统一。楚主张六国联合抗秦，称为合纵；秦希望与六国分别建立关系，以便各个击破，称为连横。

　　（6）幽燕十六州：五代时石敬瑭勾结契丹贵族灭掉后唐，建立后晋，尊契丹主为"父皇帝"，自称"儿皇帝"，并割让幽、涿、蓟、檀等十六州给契丹。

（7）南北海：南海指广州湾，北海指旅大。

提示

《书愤》组诗共有五首，作于光绪二十四年（1898），这里选的是第一首。1894 年中日甲午战争失败，德国强行向清政府租借山东胶州湾后，各帝国主义国家纷纷效尤，掀起了瓜分中国的狂潮。俄强租旅大，英强租威海卫，法强租广州湾，而腐败无能的清政府却一再退让，任人宰割。面对这丧权辱国，社会一步步沦为半封建半殖民地的现实，诗人连续写了五首诗，以此抒发心中的愤怒和忧思。

这首诗通过各帝国主义列强疯狂瓜分中国，清朝统治者屈辱投降的事实，深刻地揭露了帝国主义贪得无厌的侵略本性，愤怒地斥责了清朝统治者卖国求和的无耻嘴脸，并通过历史典故，发人深省地指出，中国已到了最危急的时候。全诗共八句，前四句写自德国强租胶州湾后，各帝国主义列强纷纷来华，逼着清廷租借给他们想要的地方。面对各列强的无穷欲望，清政府却屈辱退让，这种抱薪救火的方法，其结果是可想而知的。后四句，诗人运用历史典故，十分清楚地阐明，即使在秦楚争霸和石敬瑭割让幽燕十六州给契丹的时候，也没有听说有让敌人霸占南北沿海要地，扼住自己咽喉的事，可见清政府昏庸无能到了何种地步。诗中表达了诗人忧思国家命运的拳拳之心和对帝国主义的野蛮侵略、清政府屈膝投降的强烈愤慨。全诗感情强烈，用典贴切，对仗工整，语言质朴，表现了新派诗以"旧风格含新意境"的特点。

哀　旅　顺

海水一泓烟九点[(1)]，壮哉此地实天险。炮台屹立如虎阚[(2)]，红衣大将威望俨[(3)]。下有洼池列巨舰[(4)]，晴天雷轰夜电闪[(5)]。最高峰头纵远览[(6)]，龙旗万丈迎风飐[(7)]。长城万里此为堑[(8)]，鲸鹏相摩图一啖[(9)]。昂头侧睨何眈眈[(10)]，伸手欲攫终不敢[(11)]。谓海可填山易撼，万鬼聚谋无此胆[(12)]。一朝瓦解成劫灰[(13)]，闻道敌军蹈背来[(14)]。

注释

（1）泓（hóng 洪）：水深。此处作量词，指一个深水的旅顺口。烟九点：指中国。中国古代分为九州。李贺《梦天》诗："遥望齐州九点烟，一泓海水杯中泻。"

（2）阚（hǎn 喊）：虎怒的样子。《诗经·大雅·常武》："阚如虓虎。"

（3）红衣大将：指大炮。清太宗天聪五年（1631）造成红衣大炮，皇帝命名并镌刻"天祐助威大将军"于炮上。

（4）洼地：指船坞。

（5）"晴天"句：指在舰上和炮台上练兵发炮时，晴天声如雷鸣，夜里光如闪电。

（6）纵远览：放眼远望。

（7）龙旗：清王朝的国旗，上面绣着龙，所以称龙旗。飐（zhǎn 展）：风吹物动的样子。

（8）堑（qiàn 欠）：护城河，壕沟。这里是说旅顺海湾好像万里长城的护城河。

（9）"鲸鹏"句：比喻帝国主义互相争夺，妄图侵占旅顺吞并中国。相摩，相互争夺。啖（dàn 蛋），吃或给人吃。

（10）睨：斜视。眈眈（dān 丹）：垂目注视的样子。《易·颐》："虎视眈眈，其欲逐逐。"

（11）攫（jué 决）：夺取。

（12）万鬼：比喻各帝国主义列强。

（13）劫灰：佛教所谓"劫火"之余灰。《高僧传·竺法兰》："昔汉武穿昆明池底，得黑灰，以问东方朔。朔云：'不知，可问西域胡人'。后法兰既至，众人追以问之。兰云：'世界终尽，劫火洞烧，此灰是也'。"后指被兵火毁坏后的残迹。

（14）敌军蹈背来：这一句是写实。当时日军不敢正面进攻旅顺，而是先从陆路攻占大连湾，然后从大连背后攻占旅顺。

提示

本诗作于 1895 年。1894 年甲午战争爆发，海战的主战场就是旅顺口。旅顺口位于辽东半岛最南端，与山东半岛的威海隔海相望，成掎角之势，形势险要，是中国重要的军港。当时清政府的北洋水师以重兵把守，沿海设炮台 22 座，有大炮七、八十尊。加上形势险要，本不易攻破。但是由于清政府采取投降政策，清军内部积弊重重，腐败不堪，终于与日军战斗时一触即溃，使日本侵略者于 1894 年 11 月顺利地侵占了旅顺。这首诗感事而发，真实地记录了旅顺失守的情景，题为"哀旅顺"，实则表现了作者对清朝统治集团的愤怒谴责和对国家民族命运的深切忧虑。全诗分为三层。第一层即前八句，写旅顺口的险要地形和军备情况，真是固若金汤。第二层为中六句，写帝国主义虎视眈眈，谋占旅顺口。第三层即最后两句，写战争不应出现的悲惨结局。本来像万里长城的护城河的旅顺口，而"一朝瓦解成劫灰"，这是谁之罪？作者不明言，而让读者去思考，诗的意旨尽在这无言之中。

本诗在艺术上采取史诗的笔法，站在历史的高度，对甲午海战加以高度概括与真实记录，显示了作者驾驭重大题材的能力。全诗以大量篇幅对我、敌双方的形势加以渲染，采用层层铺垫、卒章显志的方法来突出主题。此外，描写生动，语言通俗，格调沉郁，感情强烈，也是本诗的重要特点。

丘 逢 甲 诗

　　丘逢甲（1864—1912），字仙根，号仓海，台湾苗栗人。1889 年（光绪十五年）进士。1894 年中日甲午战争后，清政府割让我国领土台湾给日本。消息传来，台湾人民愤而上书清廷，誓死反对。丘逢甲因丁忧在家，创议建立台湾民主国，誓师新竹。推台湾巡抚唐景崧为大总统，守台北；总兵刘永福为帮办，守台南；丘逢甲任副总统兼大将军守台中。不久，台北因守军内讧失陷，丘逢甲率抗日义军血战二十余昼夜，弹尽援绝，不得已离台内渡。丘逢甲后来曾主讲广东各地书院，并担任过广东省咨议局副议长等职。辛亥革命后，曾任孙中山的临时政府的参议员。他一生写了大量诗篇，风格苍凉沉郁，语言明快流畅，曾被梁启超推许为"诗界革命一巨子"。

春　愁

　　春愁难遣强看山，往事惊心泪欲潸⁽¹⁾。四百万人同一哭⁽²⁾，去年今日割台湾⁽³⁾。

注释

（1）潸（shān 山）：流泪的样子。

（2）四百万人：指当时台湾的人口。《岭云海日楼诗钞》原注："四百万人，台湾人口合闽粤籍约四百万人也。"

（3）去年今日：指 1895 年 4 月 17 日（光绪二十一年三月二十三日）李鸿章与伊藤博文在日本马关签订《马关条约》，将台湾割让给日本。

提示

　　1894 年（光绪二十年甲午）至 1895 年，由于日本侵略朝鲜引发了中日甲午战争。在战争的过程中，日军先后占领朝鲜以及中国的辽东半岛和山东半岛的荣城、威海卫等地。最后在美国的操纵下，中日双方于 1895 年 4 月 17 日在日本马关签订了极不平等的《马关条约》。条约的主要内容有，中国承认日本对朝鲜的控制，割让辽东半岛及台湾、澎湖列岛给日本，并赔偿日本 2 亿两白银。这是中国人民尤其是台湾人民的奇耻大辱。条约签订后，诗人曾在台湾组织人民进行武装抗日，因失败退居大陆广东。一年后写下了这首七绝。诗中表达了往事惊心、积愤难遣的无边"春愁"，这种"春愁"不是个人的伤春，而是因为"去年今日割台湾"。它代表的是台湾四百万人的共同感情，也就是对祖国对故土的深沉的爱。全诗直抒胸臆，感情强烈，有震撼人心的力量。

元 夕 无 月⁽¹⁾

三年此夕月无光⁽²⁾，明月多应在故乡。欲向海天寻月去，五更飞梦渡鲲洋⁽³⁾。

注释

（1）这组诗原有五首，这里选录其中之一。元夕：夏历正月十五日夜。

（2）三年：诗作于 1898 年，作者于 1895 年离开台湾，至此已有三年。这句说接连三年了，到这一天的晚上，都是月色无光。

（3）鲲洋：指台湾海峡。台湾南部有七鲲身、鹿耳门两个海口，以海涛著称，是台湾的名胜。这里以鲲代指台湾。

提示

这首诗写的是深沉的乡愁。题为"元夕无月"，暗寓当时天地昏暗，日月无光的国情。前两句写望月、思月。"月是故乡明"，为什么三年望月而不见月？只因为自己不在故乡。后两句写寻月、梦月。既然此地不见故乡月，只好去海上寻月，因为故乡就在海上。但故乡已被日本人侵占，诗人只好到梦中去寻月了。全诗通过望月、思月、寻月到梦月，抒发了诗人对故乡的深切思念之情。这种乡情不是一般的游子思乡之痛，而是对侵略者的愤恨和收复失地的决心，是深沉博大的爱国主义情思。诗中采用借景抒情、托物言志手法，十分生动自然。

谭 嗣 同 诗

谭嗣同（1865—1898），字复生，号壮飞，浏阳（今湖南浏阳）人。近代资产阶级改良主义思想家，"戊戌六君子"之一。早年便有报国大志，提倡新学，要求变法维新，自称康有为"私淑弟子"。先在湖南创办"南学会"，后入京，任军机处章京，直接参与康梁变法活动，而思想较康梁激进。变法失败，拒不出逃，慷慨就义，年仅 33 岁。他是"诗界革命"的倡导人之一，其诗多抒写自己的理想抱负，关注人民疾苦和国家命运，有强烈的爱国思想和积极奋进精神。他的诗恰如其人，感情真挚，志趣豪迈，笔力遒劲，风格雄健，表现出窒息的封建社会时代中开始觉醒的知识分子的精神面貌。著有《谭嗣同全集》。

崆　峒⁽¹⁾

斗星高被众峰吞⁽²⁾，莽荡山河剑气昏⁽³⁾。隔断尘寰云似海⁽⁴⁾，划开天路岭为门。松拏霄汉来龙斗⁽⁵⁾，石负苔衣挟兽奔⁽⁶⁾。四望桃花红满谷，不应仍问武陵源⁽⁷⁾。

注释

（1）崆峒（kōngtóng 空同）：山名，在今甘肃平凉西，属六盘山。

（2）"斗星"句：斗星，北斗星。此句极写山峰之高。

（3）"莽荡"句：莽荡，阔远无际的样子。剑气，传说中宝剑的精气，紫色。此处指武功。全句言山河辽阔，而武功不振，是作者登上崆峒之所感。

（4）"尘寰"句：尘寰，人世。此句言山上云多如海，把尘世隔断。

（5）拏（ná 拿）：牵引，抓取。松拏霄汉，形容松树的枝条伸向空中。龙斗：如龙争斗。

（6）"石负"句：负，以背载物。这里形容石上生满青苔如群兽奔走。挟，挟持。

（7）"四望"二句：武陵源，指陶渊明笔下的桃花源。此二句说，此处桃花满谷，胜过桃花源。

提示

诗人从小就热爱祖国山河，11 岁就随父亲于任所，辗转各地，二十年中走遍了大半个中国。光绪十五年（1889），他自浏阳赴兰州，路过崆峒山，写下了这首诗。崆峒山是六盘山的支脉，群峰耸立，雄伟壮观。作者因而发出了对祖国山河的由衷赞美。首联和颔联专写山，但诗人不着力于外形的描绘，而是以虚笔极写山势之险峻，以北斗、天路为衬托，以剑气、云海为辉映，连用四个动词：吞、昏、隔、划，写尽了崆峒山的傲岸危耸，奇伟瑰丽。同时抒发自己对山河难保、国是日非的感慨。颈联写崆峒山的苍松、奇石，化静为动，点石成金，令苍松与巨龙争斗，驱苔石与猛兽齐奔，活灵活现，惊心动魄。尾联再以传说中的"武陵源"回扣，既有对崆峒山的赞美，又有对归隐生活的否定。总之，全诗通过对充满生机的自然景象的生动描摹，寄托了诗人变革现实、救亡图存的雄心壮志和革命的乐观主义精神。全诗想象丰富奇特，景物与情感妙契神合，比喻生动，风格雄健奔放，含意深长，富有浪漫主义色彩。

狱 中 题 壁

望门投止思张俭⁽¹⁾，忍死须臾待杜根⁽²⁾。我自横刀向天笑⁽³⁾，去留肝胆两昆仑⁽⁴⁾。

注释

（1）望门投止：意为在窘迫之中，见有人家，就去投宿，以求隐匿。据《后汉书·张俭传》载："俭得亡命，因迫遁走，望门投止。"张俭：东汉高平人，初为东部督邮，因上疏弹劾宦官侯览图谋不轨，反被侯诬为结党营私而被迫逃亡。人们尊重他的正义行为，都冒死接纳他。献帝时竭财力救济灾民，后被征为卫尉。这句是诗人借此联想到康、梁出逃一定也会受到人们的欢迎和接纳。

（2）杜根：东汉安帝时郎中，曾上书要求临朝听政的邓太后还政于皇帝，触怒邓太后，下令把他装进口袋里摔死。行刑者敬慕他的为人，手下留情，载出后他又苏醒过来。太后疑心，派人去察看，他装死三天，目中生蛆。后隐身酒店。太后被诛后，杜根复官为侍御史。诗人借此劝导维新党人，要忍辱负重，以期继续战斗。

（3）"我自"句：此句表现出作者面对刽子手的屠刀，视死如归的精神。

（4）"去留"句：对此句的解释有几种不同意见。去，指在戊戌政变中逃离者，留，指坚持不走者，即诗人自己。"两昆仑"有人认为是指康有为、大刀王五，有人认为是指康有为、梁启超。有人认为是指唐才常、谭嗣同。据考证，谭有赠唐才常诗，残句云"三户亡秦缘敌忾，勖成×扫两昆仑"，则"两昆仑"指唐才常与谭嗣同自己无疑。"昆仑"一说指昆仑山，即有如昆仑山一样巍然崇高。一说指昆仑奴，即佛教中文殊菩萨的两个昆仑狮子。佛曲有云"昆仑狮子前后引"，则诗人认为自己与唐才常都是文殊菩萨的真实拥戴者，而诗人心中的文殊菩萨，当然就是光绪皇帝。谭嗣同信佛，并对佛经有一定造诣，此说有一定道理。

提示

光绪二十四年（1889），戊戌变法失败后，有人劝诗人出亡避难，以免一死，但他不愿出走，准备牺牲。这首诗就是他被捕后题于狱中墙壁上的绝命之作。诗人引用遭遇与他们相似的汉代两个历史人物张俭、杜根来勉励活着的战友们要继续战斗，表达了他对变法维新的坚定信念和对顽固势力的无比蔑视，以及愿为实现理想而英勇献身的英雄气概和视死如归的革命乐观主义精神。全诗感情奔放，慷慨激昂，用典贴切，形象鲜明，充满强烈的感召力。

章 炳 麟 诗

章炳麟（1869—1936），又名绛，字枚叔，号太炎，浙江余杭人，清末民初著名的资产阶级革命家、学者。戊戌变法之前，他追随"康梁"；变法失败后，逃往台湾。不久去日本，结识了孙中山，在东京主办了同盟会的机关报《民报》，并与"康梁"展开激烈论战，为辛亥革命作了舆论准备。鲁迅称赞他早期"七被追捕，三入牢狱，而革命之志终不屈挠"，是"闯将"，是"有学问的革命家"。辛亥革命后，他趋于保守，成为退居静谧书斋的学者。他博学多才，在文学、史学、经学等方面都有很深的造诣，成为国学的一代宗师。著有《章氏丛书》。

狱中赠邹容

邹容吾小弟⁽¹⁾，被发下瀛洲⁽²⁾。快剪刀除辫⁽³⁾，干牛肉作糇⁽⁴⁾。英雄一入狱，天地亦悲秋⁽⁵⁾。临命须掺手⁽⁶⁾，乾坤只两头⁽⁷⁾。

注释

（1）小弟：1903 年，章太炎、张继、章士钊、邹容"结为昆弟"。章太炎 36 岁，最大；邹容 19 岁，最小，所以称他小弟。

（2）被同"披"。古时幼童头发自然披散，长大时才将头发束起，所以用披发形容年龄小。瀛洲：指代日本。邹容 18 岁留学日本。

（3）除辫：剪掉辫子。清统治者入关后强迫各族人民一律留辫子，否则杀头。辛亥革命时期，剪辫子是一种革命行动。邹容在东京不仅剪掉了自己的辫子，而且还把清政府派到日本的留日陆军学生监督姚文甫的辫子也给剪掉了。因此，被送回国。

（4）"干牛"句：此句谓邹容忙于革命，无暇从容就食。糇（hóu 侯），干粮。

（5）天地亦悲秋：谓少年英雄无辜入狱，感动天地。

（6）临命：临近绝命，临死。掺手：搀手，手挽手。

（7）"乾坤"句：此句谓自己与邹容都决心为革命献出头颅。乾坤，天地。

提示

辛亥革命前十年是中国资产阶级民主革命派迅速崛起的时期，也是各阶级及不同集团思想政治斗争激烈论战时期。1903 年 5 月，年轻的资产阶级革命家邹容完成了《革命军》的写作，由章太炎作序刊行，上海《苏报》著文介绍。《革命军》是一篇向清政府宣战的檄文，它号召民众起来革命，推翻清朝统治，建立民主自由的共和国。章太炎在序文中直斥光绪皇帝为"载湉小丑"，于是清政府勾结租界当局，逮捕了章太炎，查封了《苏报》，制造了震惊中外的"苏报案"。邹容不忍章太炎独自坐牢，便随即投案。这一首诗就是同年七月章太炎在狱中写给邹容的。头四句叙述和赞扬了年轻革命家邹容的短暂的革命生涯和坚强彻底的革命斗志。邹容 1902 年留学日本，参加了留日学生爱国行动，并亲自剪掉清政府派到日本的留日陆军学生监督的辫子，可见反清斗志的果断，革命意志的坚强，结果被清政府遣返回国。1903 年回国，在上海加入爱国学社，与章太炎等一起宣传革命，接着发表了《革命军》。正如鲁迅评价的那样："倘说影响，则别的千言万语，大概都抵不过浅近直截的'革命军马前卒邹容'所做的《革命军》。"后四句表达了两人的战斗情谊和视死如归的革命英雄气概。少年为国人狱，使天地为之含悲。面对死亡，两位战友相互激励，表现了二人大无畏的革命乐观精神。全诗语言通俗流畅，感情真挚，充满激愤之情。

梁 启 超 诗

梁启超（1873—1929），字卓如，号任公，别署饮冰室主人，新会（今广东新会）人。清末举人，早年和康有为一起，极力倡导变法维新，是中国近代资产阶级改良派的主要领导者之一，世称"康梁"。戊戌变法失败后，逃往日本，远游美、澳，鼓吹保皇，反对革命。袁世凯称帝时，他发表文章，反对恢复帝制，并策动蔡锷起兵反袁。晚年在清华大学讲学，并从事著述。他对晚清文学的影响是巨大的，他创造"新文体"，开近代白话文之先河；提倡"诗界革命""小说界革命"和新文体运动。他的诗词、散文、小说创作都有较高成就，对戏曲也有所研究，其中以散文影响最大。他的早期散文热情奔放，气势恢弘，明白晓畅，"笔锋常带情感"，突破了传统形式的束缚，熔铸新思想，独辟新境界，一时"学者竞效之，号新文体"。其著作后人辑为《饮冰室合集》。

太平洋遇雨

一雨纵横亘二洲[1]，浪淘天地入东流[2]。劫余人物淘难尽[3]，又挟风雷作远游[4]。

注释

（1）"一雨"句：亘（gèn 艮），横贯。二洲，指亚洲与美洲。太平洋东西连接亚、美两洲。
（2）浪淘天地：波涛汹涌，荡涤天地。入东流：指太平洋汇合了入东海的大江之水。
（3）"劫余"句：苏轼《念奴娇·赤壁怀古》："大江东去，浪淘尽，千古风流人物。"这里反用其意。劫余人物：劫，灾难。余，剩余。作者把戊戌政变当做一场大灾难，自己是有幸留下来的人物。
（4）风雷：风雷之志，指自己改良社会的远大志向。

提示

这首诗写于 1899 年赴美洲途中。变法维新运动的失败并没有使作者退缩，他坚信改良变法最终一定会成功。诗以天雨、海浪起兴，展现出太平洋的雨景奇观：天雨纵横，荡涤寰宇；海潮掀动，波涌浪翻。水天相接，无边无际，气象何等壮观！更有"人物"走入画面：他直面天雨，笑傲海浪，雨打不倒，浪淘不去，兀然屹立在海天之间，显现出挟持风雷、矢志不渝的英雄气概。全诗境界开阔，气势雄浑，格调昂扬，充满着理想人格的灿烂光辉。诗中巧妙地化用了古人的诗句，更增强了艺术的感染力。

秋　瑾　诗

秋瑾（1877—1907），原名闺瑾，字璿（xuán 玄）卿，又字竞雄，自号鉴湖女侠，浙江山阴（今浙江绍兴）人，清末民主革命家，时代觉醒先驱者和优秀诗人。少女时代便喜欢骑马舞剑，爱好诗词，仰慕古代女英雄。由于不满封建礼法，1904 年冲破封建家庭的束缚，东渡日本留学。1905 年参加资产阶级革命团体同盟会，积极从事革命活动和妇女解放运动。回国后，创办中国公学，并主持《中国女报》，鼓吹革命，提倡女权，后回绍兴主持大同学堂。1907 年与徐锡麟策划安徽、浙江两省武装起义，不幸事泄被捕，英勇就义。秋瑾诗、词俱佳，多抒发忧国忧民、献身革命的豪情壮志，并极力为女权呼吁。其风格刚健、遒劲，雄浑豪放，具有浪漫主义色彩。著有《秋瑾集》。

杞　人　忧[1]

幽燕烽火几时收[2]，闻道中洋战未休[3]。漆室空怀忧国恨[4]，难将巾帼易兜鍪[5]。

注释

（1）杞人忧：《列子·天瑞篇》载："杞国有人，忧天地崩坠，身无所寄，废寝食者。"本指无益的忧虑。这里反其意，指对国家民族命运的忧虑。

（2）幽燕：古地名，相当于今河北省北部与辽宁省南部一带。烽火：古代边境遇到敌人侵犯时报警的一种信号。这里指战火。

（3）中洋战：指当时中国人民与外来侵略者的战争。中，指中国。洋，指外国侵略者。

（4）漆室：即漆室女。据刘向《列女传》卷三载，春秋时鲁国漆室有一少女，看到国君老、太子少、国事甚危的现实，深为忧虑，倚柱悲歌，国人为之感动。这里作者以漆室女自比。

（5）巾帼：妇女的头巾和发饰。兜鍪（móu 牟）：古代兵士之头盔。

提示

此诗作于 1900 年，表现了作者对国事的忧虑和苦闷。诗的前二句点出了当时中国残酷的现实。由于清政府腐败无能，屈辱投降，使贪得无厌的各国殖民主义者纷纷前来瓜分中国，使中国一步步陷于半封建半殖民地的境地。在国家民族存亡之秋，一向怀有救国大志的女英雄，怎能不为忧国忧民而焦灼万分！诗的后二句引用春秋时的故事，来抒发自己内心的痛苦，表示自己准备像男儿一样走向保卫祖国的战场。国家安危，匹夫有责，短短四句表现了一位心系国家存亡，献身正义事业的中国女英雄的高大形象。

黄海舟中日人索句并见日俄战争地图⁽¹⁾

万里乘风去复来⁽²⁾，只身东海挟春雷⁽³⁾。忍看图画移颜色⁽⁴⁾？肯使江山付劫灰⁽⁵⁾！浊酒不销忧国泪⁽⁶⁾，救时应仗出群才⁽⁷⁾。拼将十万头颅血⁽⁸⁾，须把乾坤力挽回。

注释

(1) 题一作《日人银澜使者索题，并见日俄战地，早见地图，有感》。日人，指银澜使者。索句，别人向自己求诗。

(2) 万里乘风：据《宋书·宗悫传》载，南朝宋代的宗悫，少年时曾自述志向说："愿乘长风破万里浪。"后常以此比喻人有远大志向。去复来：作者于 1904 年春赴日留学，次年春因事回国。再赴日本，同年 12 月又返国，故云。

(3) 春雷：这里喻指革命志向。

(4) "忍看"句：忍，岂忍。图画，指地图。移颜色，改变了颜色。这里指中国的领土遭到帝国主义的侵占。在地图上，一般是一个国家涂一种颜色，由于中国版图被列强瓜分，在被瓜分的地方竟涂上了侵略者国家版图的颜色。

(5) 肯：哪肯。

(6) 销：同"消"，消除，除掉。

(7) 出群才：超群的人才。

(8) 拼将：不顾惜。

提示

1904 年 2 月，日、俄两国为了争夺中国领土，在中国东北进行了一场战争。屈辱媚外的清政府竟然宣布"中立"，听凭双方蹂躏中国山河，残杀中国人民。1905 年 12 月，诗人由日本返国，船经日俄海战的黄海，写下了这首诗。抒发了对祖国积贫积弱现状的无比忧虑，以及拯救民族、力挽狂澜的爱国热忱。面对祖国大好河山一片片为外敌所侵占而改变颜色，诗人感到无限悲愤。

她指出，忧国的眼泪不是喝酒能消除的；她大声疾呼，迫切希望有才能的超群的志士们起来奋斗，挽救危亡的祖国。最后，诗人发出庄严的誓言：愿意付出十万头颅的巨大牺牲，也要把祖国从受辱的悲惨局面中挽救出来。以身许国，气壮山河。全诗慷慨激昂，刚健豪放，情愫真挚，字字千钧，一腔豪气，丝毫不见女儿态，具有极大的感染力。

苏 曼 殊 诗

苏曼殊（1884—1918），原名玄瑛，字子谷，曼殊是他出家后的法号，广东香山（今广东中山）人。他生于日本，母亲为日本人。1889 年随父归国后，在宗法制封建家庭中被族人视为异类，备受歧视和虐待。少年时代受民族革命思想影响，留日期间积极参加中国学生的爱国活动。1903 年回国，不久出家为僧，但仍继续与革命党人来往，并从事文学活动。1909 年，参加南社。他多才多艺，工诗、画、散文、小说，会日、英、梵文。具有多方面的艺术才能。诗以抒情短章见长，风格清新隽永，不刻意求新求美，而自显其新美。他是近代最具个性的诗人之一。有《苏曼殊全集》。

以诗并画留别汤国顿[1]
其 一

蹈海鲁连不帝秦[2]，茫茫烟水着浮身。国民孤愤英雄泪，洒上鲛绡赠故人[3]。

其 二

海天龙战血玄黄[4]，披发长歌览大荒[5]。易水萧萧人去也[6]，一天明月白如霜。

注释

（1）汤国顿：作者友人，生平未详。有人认为即康有为弟子汤觉顿。汤觉顿，广东人，1916 年因反袁世凯牺牲。诗共二首，是作者早期的作品。

（2）"蹈海"句：指鲁仲连义不帝秦的故事（事见《战国策·赵策三》）。鲁仲连，亦称鲁连。这里作者以鲁仲连自比。不帝秦，意谓不以秦王为帝。这里指不愿做清朝的臣民。

（3）鲛绡：鲛人所织的绢帛。这里指赠汤的画绢。鲛人，神话中居于海底的怪人。

（4）玄黄：参见魏源《寰海》注（3）。这里借喻帝国主义的侵略战争带给中国人民的灾难。

(5)"披发"句：化用苏轼《潮州修韩文公庙记》中"公不少留我涕滂，翩然披发下大荒"句。大荒，广袤的原野。

(6)"易水"句：《战国策·燕策》载荆轲《易水歌》："风萧萧兮易水寒，壮士一去兮不复还！"这里化用其意，以荆轲自喻，表示抗敌御敌、义无反顾的决心。

提示

1903年夏，作者留日归国，正值轰动中外的"苏报案"发生不久，"反满抗清"的呼声越来越高，本诗即作于此时。诗中借对古代英雄的歌颂，充分表达出作者的爱国忠心与反满复汉的革命激情。第一首以鲁仲连誓不帝秦入题，展示出这个古代义士熠熠生辉的忠魂傲骨。"不帝秦"原来是"不帝清"，点出主旨。"国民"二句，凌空一跃，回到现实。最后以孤愤之泪，"洒上鲛绡赠故人"为结，全诗充满了浩然之气。第二首以"海天"一句铺设背景，点出晚清的时代特征。接着引出荆轲形象，周览四极，披发长歌，挺身赴难，义无反顾。这也正是作者理想的化身。"一天"句以写景作结，与篇首景象呼应，形成对照，看似不谐，其实摇曳生姿，意味深长。

两诗皆写"去"，其一傲然而去，以帝秦为耻。其二凛然而去，以不灭秦为耻。前者重在反清，后者重在反帝，全都表现正义。诗或咏古人，或写现实，两相生发，含蕴深刻，沉郁悲壮，豪气逼人。

柳 亚 子 诗

柳亚子（1887—1958），初名慰高，后更名弃疾，字安如，改字亚卢、亚子，以字行，江苏吴江（今江苏吴江）人。清末秀才，少年时接受改良主义思想影响，不久加入光复会、同盟会，转向民主革命。1909年与陈去病、高旭等共同创办革命文学团体"南社"。辛亥革命后，他在上海担任《天铎》《民声》《太平洋》等报的编辑、主笔，从事反袁运动。他一生经历了旧民主主义、新民主主义、社会主义三个革命阶段，思想随时代、社会的发展不断进步。中华人民共和国成立后，历任中央人民政府委员、全国人民代表大会常务委员会委员等职，为新中国的建设事业作出新的贡献。他是近代著名爱国诗人，作诗"意气风发，声调激扬"，尤擅七言，喜用典。风格雄健深沉。语言清新流畅。著有《磨剑室诗集》《磨剑室词集》《磨剑室文集》。

孤　愤(1)

孤愤真防决地维(2)，忍抬醒眼看群尸(3)？美新已见扬雄颂(4)，劝进还传阮籍词⁽⁵⁾。岂有沐猴能作帝⁽⁶⁾，居然腐鼠亦乘时⁽⁷⁾。宵来忽作亡秦
梦⁽⁸⁾，北伐声中起誓师⁽⁹⁾。

注释

（1）孤愤：耿直孤行，愤世嫉俗。《韩非子》有《孤愤》篇，言纯正法家与当涂重人
不相容之孤愤。这里指对袁世凯窃国称帝的愤慨。

（2）决地维：借指国家沉沦。用《列子·汤问》共工怒触不周山："折天柱，绝地维"
的典故。决，断。地维，古代神话中用来维系大地四角，使之不致下沉的大绳。

（3）忍：岂忍。醒眼：与醉眼相对，指清醒敏锐的政治目光。群尸：指当时为袁世凯
称帝而奔走的人。

（4）"美新"句：西汉末年，外戚王莽代汉自立，改国号为"新"。扬雄作《剧秦美
新》，批评秦的暴政，赞美王莽的新朝，历来被讥为文人卖身投靠。这里借以讽刺那些组
织"筹安会"为袁世凯称帝唱赞歌的人。

（5）"劝进"句：三国魏末，司马昭欲进位相国。当魏元帝下诏时，他却一面推辞，
一面授意百官，上表劝进。劝进表是阮籍执笔。这里借以讽刺当时为袁世凯称帝摇旗呐喊
的所谓"全国请愿联合会"。

（6）沐猴：即猕猴。《史记·项羽本纪》："人言楚人沐猴而冠耳，果然。"这里指袁世
凯复辟帝制。

（7）腐鼠：死后已腐烂的老鼠。语出《庄子·秋水》。这里以"腐鼠乘时"指责"筹
安会"诸人是借机作祟。

（8）亡秦：灭亡秦国。这里喻指打倒袁世凯。

（9）"北伐"句：希望组织北伐大军征讨袁世凯。

提示

这首诗写于 1915 年，这一年 12 月袁世凯恢复帝制。在此之前成立筹安
会，由杨度出面，吸收严复、刘师培等人参加，为袁世凯称帝进行鼓吹。作者
对袁世凯早有清醒的认识，1912 年在《答某君书》中就曾指出其欲"由大总
统而进为大皇帝"的阴谋。1915 年，袁世凯接受日本灭亡中国的"二十一
条"，乞求支持，加快了称帝的步伐。作者对袁世凯的罪恶行径怒不可遏，于
是写了这首诗。他愤怒地鞭挞了袁世凯及其无耻政客们的卑鄙伎俩，揭露其反
动本质，唤醒人们起来保卫革命成果，粉碎复辟帝制的阴谋，表现出一个坚定
的资产阶级革命家的斗争精神。诗中用典准确，一针见血地揭露了所谓"请
愿""筹安"的反动本质。对仗精工，比喻贴切，语言犀利，思想深刻，愤慨
之情溢于言表。全诗是对袁倒行逆施必然灭亡的清醒预言，也是历史车轮不容
倒转的真理的艺术展示。

词

蒋 春 霖 词

蒋春霖（1818—1868），字鹿潭，江阴（今江苏江阴）人。近代著名词人。以科场失意乃就两淮盐官，后任富安场大使，同治七年（1868），自沉吴江垂虹桥。4 岁即工诗，有"乳虎"之誉。至中年焚毁诗稿，专心作词。其作品伤离悼乱，感怀身世，多凄厉之音、抑郁之气，时人称之为"倚声家杜老"。著有《水云楼词》。

卜 算 子

燕子不曾来，小院阴阴雨[1]。一角栏干聚落花，此是春归处。
弹泪别东风，把酒浇飞絮。化了浮萍也是愁[2]，莫向天涯去！

注释

（1）阴阴：形容阴雨连绵。
（2）化了浮萍：中国古代传说有杨花、杨絮飘落水中，则化为浮萍的说法（见陆佃《埤雅·释草》）。

提示

作者性格刚直，直言时弊，又逢晚清时局动荡，屡遭离乱，所以一生落魄，郁郁不得志。他面对艰辛的人生、坎坷的仕途，形诸咏唱，便多身世之感，其情调抑郁悲凉。在这首词中，作者借景抒情，明写春光的流失，暗叹自身的功业不成。抑郁沉着，悲凉感人。上阕全是写景，情寓于景：阴雨连绵，落红坠地，春已尽，燕未来，烘托出无限的寂寞和惆怅。下阕直抒胸臆：告别东风，恋情眷眷，以泪和酒，致语飞絮，更添几多愁绪。节节翻转，层层升华。全篇"句句是情，字字是情"。陈廷焯《白雨斋词话》评论说："鹿潭穷困潦倒，抑郁以终，悲愤慷慨，一发于词。如《卜算子》云云，何其凄怨若此！"作者选择有特征的景物，采用拟人手法，把一个"愁"字形象生动地表现了出来，语言通俗自然，流利晓畅。

况周颐词

况周颐（1859—1926），原名周仪，字夔笙，号玉楳词人，又号蕙风词隐，临桂（今广西临桂）人。光绪举人，曾官内阁中书，后入两江总督张之洞、端方幕府，晚年居上海以鬻文度日。他是晚清著名词人、词论家，以词为专业，精研五十年。作词提出"重、拙、大"三要与"情真、景美"四字。作品音律和谐，情调沉郁，与王鹏运、朱孝臧、郑文焯并称"清末四大家"。著有《蕙风词》《蕙风词话》。

江 南 好
咏 梅

娉婷甚⁽¹⁾，不受点尘侵⁽²⁾。随意影斜都入画，自来香好不须寻⁽³⁾。人在绮窗深⁽⁴⁾。

注释

(1) 娉婷：姿态美好的样子。

(2)"不受"句：语出宋人王琪的诗《梅》："不受尘埃半点侵，竹篱茅舍自甘心。"点尘，一点点尘土。侵，侵染。

(3)"随意"二句：化用宋人林逋《山园小梅》诗中"疏影横斜水清浅，暗香浮动月黄昏"句。

(4) 绮窗：雕饰美观的窗子。

提示

这是一首咏梅词。通过对梅花高洁、丽姿、幽香的描绘，表达了对理想人格的赞美。"娉婷甚"三字，言约义丰，鲜明生动，概括了梅花的一切美好品格。接下来从风骨、姿态、气质三个方面作进一步的刻画：以纤尘不染，写其品格之高洁；以随意入画展示其仪态万方；以"不须寻"，透其香气暗浮，从侧面着眼，笔触灵活变化。"人在绮窗深"，于结尾处舍梅写人，出乎意外又在情理之中，如天降鹊桥，沟通了梅与人之间的内在联系。全词随意自然，不显斧痕，正体现了作者的创作主张。

梁启超词

作者生平介绍见诗歌部分。

金缕曲⁽¹⁾

丁未五月归国，旋复东渡，却寄沪上诸子⁽²⁾。

瀚海飘流燕⁽³⁾，乍归来、依依难认⁽⁴⁾，旧家庭院。唯有年时芳侣在⁽⁵⁾，一例差池双剪⁽⁶⁾。相对向、斜阳凄怨。欲诉奇愁无可诉，算兴亡、已惯司空见⁽⁷⁾。忍抛得，泪如线。　　故巢似与人留恋。最多情，欲粘还坠，落泥片片。我自殷勤衔来补，珍重断红犹软⁽⁸⁾。又生恐⁽⁹⁾，重帘不卷⁽¹⁰⁾。十二曲阑春寂寂⁽¹¹⁾，隔蓬山⁽¹²⁾，何处窥人面⁽¹³⁾？休更问，恨深浅。

注释

（1）金缕曲：即贺新郎。

（2）丁未：清光绪三十三年，即 1907 年。却寄：回寄。因作者在国外写给国内"诸子"，故云。沪上：指上海。

（3）瀚海：本指沙漠，此借指大海。

（4）依依：依稀，隐约。

（5）芳侣：美好的伴侣，指维新运动中志同道合的人。

（6）"一例"句：差（cī 疵）池，参差不齐的样子。双剪，燕尾分开，形如剪刀。《诗经·邶风·燕燕》："燕燕于飞，差池其羽。"

（7）惯司空见：即"司空见惯"，形容对某事习以为常，见而不怪。语出唐人孟棨《本事诗·情感》所载刘禹锡诗句。

（8）断红犹软：指燕子衔落花垫香巢，借指光绪帝力量软弱。断红，落花。犹软，尚未枯萎。

（9）生恐：生怕。

（10）重帘不卷：多层的帘子没有卷起。借用陆游诗句"重帘不卷留香久"。暗指慈禧垂帘听政的局面未改。

（11）曲阑：呈曲折状的栏杆。阑，同"栏"。十二，言曲折之多。《西洲曲》："阑干十二曲。"春寂寂，杜甫诗"小院回廊春寂寂"（《涪城县香积寺官阁》）。

（12）隔蓬山：蓬山，蓬莱山，古代传说中海上三仙山之一。李商隐《无题》："刘郎已恨蓬山远，更隔蓬山一万重。"此句暗示光绪帝被软禁，居深宫，维新派人物无从见面。

（13）窥（kuī 亏）：原为暗中偷看，这里是"看见"之意。

提示

这首词作于光绪三十四年（1908），作者于光绪二十四年（1898）8月流亡日本，至丁未5月归国，历时9年半。归国后，目睹国事日非，于次年又赴日本，这一年10月光绪帝死，词中所写是帝死亡之前的事。作者以归燕自况，身在扶桑，心存神州，形象地抒发了自己因变法失败而去国离乡近十年的凄凉、忧伤和政治失意的愤懑、抑郁。表现了系念故君，回天无力的复杂心情。上阕写燕归后的观感：旧家难认，凄向斜阳，奇愁难诉，泪抛如线。将久别故国、瀚海乍归的心情把握得极其准确、细腻，表露得极其自然、深挚。下阕写归燕眼中的故巢与檐下人家，进一步渲染依恋故国的深情，以及他请缨无路、忧心隔阻、不甘寂寞、尚求闻达的心曲，这正是作者的"深恨"所在。全词用比兴手法，句句写归燕，却又处处不离自己；前半部分隐中有露，后半部分欲露还隐，寄寓深刻。

秋 瑾 词

作者生平介绍见诗歌部分。

满 江 红

肮脏寰宇[1]，问几个男儿英哲[2]？算只有蛾眉队里[3]，时闻杰出[4]。良玉勋名襟上泪[5]，云英事业心头血[6]。醉摩挲长剑作龙吟[7]，声悲咽。

自由香，常思爇[8]。家国恨，何时雪？劝吾侪今日[9]，各宜努力。振拔须思安种类[10]，繁华莫但夸衣玦[11]。算弓鞋三寸太无为[12]，宜改革。

注释

(1) 肮脏：污秽不洁。寰宇：尘世。

(2) 英哲：才能高超、见解卓越的人。

(3) 蛾眉：常用作美女的代称。这里泛指女子。

(4) 杰出：有英雄豪杰出现。

(5) 良玉：秦良玉，明代忠州（今四川忠县）人，石砫宣抚使马千乘之妻，能征战，有胆识，且通文墨。夫死后，良玉代领其职，授总兵官。曾率军出关，抗击后金，屡立战功。

(6) 云英：沈云英，明代萧山（今属浙江绍兴）人，道州守备沈至绪之女，善骑射，通经史。父与张献忠战，死于阵上，云英夺还父尸，代父职，领军守城，被朝廷任为游击将军。明亡，素服隐居，在乡里教书。

(7) 龙吟：传说古帝颛顼有宝剑，装在匣中，常作龙虎之吟（事见《拾遗记》）。

（8）"自由"二句：自由香，祈祷自由平等的香。爇（ruò 若）：焚烧，点燃。此句说对自由平等十分向往。

（9）吾侪（chái 柴）：我辈。

（10）振拔：振作奋起。种类：种族。这里指汉族。

（11）衣玦（jué 决）：指衣着服饰。玦，环形有缺口的佩玉。

（12）弓鞋：弓形的鞋，旧时缠足妇女所穿。三寸：言弓鞋之小。无为：犹言无谓、无意义。

提示

本词约作于作者留日之后。词以直接抒情方式，将妇女解放的要求，与推翻清朝腐朽统治、拯救中华民族危亡紧密结合起来，表现出强烈的爱国思想和叛逆精神。词的上阕一开始便劈头发问，犹如九天坠石：在男人队里找不到英雄人物来收拾破碎的河山，在妇女队里却时有出现，这是对重男轻女的封建传统观念的莫大讽刺与有力的挑战。然而作者却认为自己没有像自己所羡慕的历史上的女英雄秦良玉、沈云英那样建功立业，因而热血沸腾，抚剑悲歌，悲愤满怀，淋漓尽致地抒发出痛思报国的情怀。下阕直接发出国家兴亡、匹夫有责的呼喊，号召妇女为拯救国家和民族而起来战斗。全词慷慨激越，深沉凝重，语言晓畅，富有感染力和鼓动性。

散　文

龚自珍文

作者生平介绍见诗歌部分。

病梅馆记

江宁之龙蟠[1]，苏州之邓尉[2]，杭州之西溪[3]，皆产梅。或曰[4]：梅以曲为美，直则无姿[5]；以欹为美[6]，正则无景[7]；梅以疏为美，密则无态[8]。固也[9]。此文人画士，心知其意，未可明诏大号[10]，以绳天下之梅也[11]；又不可以使天下之民，斫直、删密、锄正[12]，以夭梅、病梅为业以求钱也[13]；梅之欹、之疏、之曲，又非蠢蠢求钱之民[14]，能以其智力为也。有以文人画士孤癖之隐[15]，明告鬻梅者[16]：斫其正，养其旁条；删其密，夭其稚枝[17]；锄其直，遏其生气[18]，以求重价，而江、浙之梅皆病。文人画士之祸之烈至此哉！

予购三百盆，皆病者，无一完者。既泣之三日，乃誓疗之，纵之[19]，顺之[20]。毁其盆，悉埋于地，解其棕缚[21]。以五年为期，必复之、全之。予本非文人画士，甘受诟厉[22]。辟病梅之馆以贮之。呜呼，安得使予多暇日，又多闲田以广贮江宁、杭州、苏州之病梅，穷余生之光阴以疗梅也哉[23]。

注释

(1) 江宁：即今江苏南京。龙蟠：地名，在今南京市清凉山下。

(2) 邓尉：山名，在今江苏苏州市西南。汉时邓尉曾隐居在此，因而得名。

(3) 西溪：地名，在今浙江杭州灵隐山西北。

(4) 或：有的人。

(5) 姿：风姿。

(6) 欹（qī欺）：倾斜。

（7）景：景致。一以为同"影"，指梅不同一般花木的倒影。宋人林逋《山园小梅》诗有"疏影横斜水清浅"句。

（8）态：神态。

（9）固也：是啊，诚然是这样。

（10）明诏（zhào 照）：公开宣布。大号：大力提倡，大力号召。

（11）绳：木匠用的墨线。这里作动词，衡量。

（12）斫（zhuó 酌）：砍削。

（13）夭（yāo 妖）：同"夭"，早死。这里指对梅的摧折、扼杀。病：用作动词，损伤的意思。

（14）蠢蠢：同"惷惷"，愚笨貌。

（15）孤癖：奇特、不同常人的嗜好。隐：隐私，指阴暗不能见人的心理。

（16）鬻（yù 育）：卖。

（17）稚（zhì 志）：同"稚"，幼嫩。

（18）遏：压抑。

（19）纵之：解除对梅枝的束缚。

（20）顺之：顺应梅枝的天性，使其自然生长。

（21）棕缚：捆绑梅枝的棕绳。

（22）诟（gòu 构）厉：辱骂，责难。

（23）穷：用尽，耗尽。

提示

本文写于 1839 年作者辞官南归之后，题一作《疗梅说》。全文可分为两部分。第一部分揭示了产生病梅的社会根源，作者从三个方面加以阐述。其一，由于某些人对梅的审美观点不同，认为："梅以曲为美，直则无姿；以欹为美，正则无景；梅以疏为美，密则无态。"这一品梅标准，正影射当时统治者选用人才的标准。清王朝为了维护它的统治，实行了严酷的思想钳制，既以死板的八股文作为选才的唯一标准，又大兴文字狱，摧残和扼杀了那些正直、有骨气、有作为的人才。其二，指出上述观点正是"文人画士"的观点，这种观点是见不得人的，从而揭示了产生"病梅"的社会根源。其三，写文人画士的帮凶们摧残梅花的卑劣行径。他们斫正、删密、锄直，使夭梅、病梅到极点，这也正是封建统治者扼杀人才的恶劣手段。结果使"江浙之梅皆病"，也就是使正直不阿和具有蓬勃生气的人才变成邪佞的庸才和奴才。作者满怀义愤，深刻地揭露了封建统治者和封建传统思想束缚个性、扼杀人才的罪行。

第二部分写出作者疗梅的行为和决心。作者一次就买了三百盆病梅而"誓疗之"，可见其行动的果断，并为病梅而痛哭。接着一连用上"疗""纵""顺""毁""解""复""全"等动词，详写了疗梅的过程和办法，充分表现了他的满腔悲愤和战斗激情。最后写自己暇日不多,闲田不多,疗梅力量有限,不足以挽回人才受扼杀的黑暗的政局。虽然只能以感叹作结,但仍表达了作者变革现实,渴望个性解放的强烈愿望和不屈的斗争精神。

　　这是一篇寓言体散文,全文托物言志,借梅喻政,讥评时弊,寓意深刻。文章表面句句讲梅,没有一句题外话,但实际上有议政的寓意。"文人画士",暗指腐朽没落的封建统治者;"明告者"和"鬻梅者",画出献媚取宠、利欲熏心、为虎作伥的帮凶们的嘴脸;"梅"喻天下有为之人;而"予",则是近代改良主义先驱的象征。本文语言简洁,形象生动,构思新颖,立意深远,熔叙述、议论、抒情于一炉,有很强的感召力。

薛 福 成 文

　　薛福成(1838—1894),字叔耘,号庸庵,无锡(今江苏无锡)人。早年曾入曾国藩幕府,与吴汝纶、黎庶昌、张裕钊同为曾门四弟子。后又随李鸿章办过洋务。再后由洋务派转为改良派,作《筹洋刍议》,主张变法,成为早期改良主义政论家。1889年,相继出使英、法、比、意四国。归国后升任右副都御史,不久病卒。他是当时继承桐城派古文传统的重要作家,晚年摆脱其影响,作品具有现实性。著有《庸庵全集》。

观巴黎油画记

　　光绪十六年闰二月甲子[1],余游巴黎蜡人馆[2],见所制蜡人,悉仿生人[3],形体态度、发肤颜色、长短丰瘠[4],无不毕肖[5]。自王公卿相以至工艺杂流[6],凡有名者,往往留像于馆:或立,或卧,或坐,或俯,或笑,或哭,或饮,或博[7];骤视之[8],无不惊为生人者。余亟叹其技之奇妙[9]。

　　译者称[10]:"西人绝技,尤莫逾油画[11],盍驰往油画院[12],一观《普法交战图》乎[13]?"

　　其法为一大圜室[14],以巨幅悬之四壁,由屋顶放光明入室。人在室中,极目四望[15],则见城堡冈峦[16],溪涧树林,森然布列[17]。两军人马杂遝[18],驰者,伏者,奔者,追者,开枪者,燃炮者,搴大旗者[19],挽炮车者,络绎相属[20]。每一巨弹堕地,则火光迸裂,烟焰迷漫;其被轰击者,则断壁危楼,或黔其庐[21],或赭其垣[22]。而军士之折臂断足,血流殷地[23],偃仰僵仆者[24],令人目不忍睹。仰视天,则明月斜挂,云霞掩映[25];俯视地,则绿草如茵[26],川原无际[27];几自疑身外即战场[28],而忘其在一室中者。迨以手扪之[29],始知其为壁也,画也,皆幻也[30]。

余闻法人好胜，何以自绘败状，令人气丧若此？译者曰："所以昭炯戒⁽³¹⁾，激众愤，图报复也。"则其意深长矣！夫普法之战，迄今虽为陈迹⁽³²⁾，而其事信而有征⁽³³⁾。然则此画果真邪？幻邪？幻者而同于真邪？真者而托于幻邪？斯二者盖皆有之。

注释

（1）光绪十六年：即公元 1890 年。闰二月甲子：农历闰二月二十四日。

（2）蜡人馆：蜡制人像陈列馆。

（3）悉：全，都。生人：活人。

（4）丰瘠（jǐ 吉）：胖与瘦。

（5）毕肖（xiào 笑）：完全相像。

（6）杂流：指各行各业的人。

（7）博：弈棋一类的游戏。一说赌博。

（8）骤：猛然，突然。

（9）亟（qì 气）：屡次。

（10）译者：指担任翻译的人。

（11）逾：超过。

（12）盍（hé 河）：何不。

（13）《普法交战图》：描写普鲁士与法国交战的油画，巴黎油画院著名作品。战争发生于 1870 年。1871 年 9 月 2 日，拿破仑三世在色当战败投降，向普割地赔款。为了不忘国耻，法人作此画，以警国人。

（14）其法：指油画陈列室的布置形式。圜：同"圆"。

（15）极目：放眼。

（16）峦：连绵的山峰。

（17）森然：众多而紧密的样子。

（18）杂遝（tà 踏）：纷乱的样子。

（19）搴（qiān 千）：举，拔取。

（20）络绎：连接不断的样子。属（zhǔ 主）：连接。

（21）黔其庐：将房屋画成黑色。黔（qián 前），黑色。这里作动词（下文"赭"、"殷"用法同）。庐，房屋。

（22）赭（zhě 者）：赤褐色。垣（yuán 元）：围墙。

（23）殷（yān 烟）：暗红色。

（24）偃（yǎn 演）：面向下倒在地上。

（25）掩映：映照。

（26）茵（yīn 因）：垫席，毯子。

（27）川原：河流与原野。际：交会之处。

（28）几（jī 基）：几乎，差不多。

（29）迨（dài 带）：等到。扪（mén 门）：触摸。

（30）幻：幻觉。

（31）昭炯戒：以明白的警戒昭示大众。昭，昭示。炯（jiǒng 窘），明显。戒，警戒。

（32）陈迹：过去的事迹。

（33）信：真实，确实。征：证据。

提示

这是一篇优秀的状物散文，共分三部分。

第一部分，写作者参观蜡人馆的情况。文章先用"无不毕肖"四个字，概括了馆内蜡人"悉仿生人"的特点。接着又用了八个"或"字与八个动词组成的排句，把这个特点加以具体化。然后引述译者的话，把文章引入正题。

第二部分，主要描述油画《普法交战图》。在这一重点段落里，作者写得很有章法。在简要介绍展厅的构造和环境之后，便着力描绘《普法交战图》。作者先写战争环境、形势，渲染出普法两军对垒时的紧张的战斗气氛；接着便写出双方人马激战正酣的情状。这里先用"两军人马杂遝"一句总领下文，随后连用八个"者"字结构，描绘出八种战斗动作，从而形象地写出两军激烈拼杀的场景。接着又写出炮弹落地的巨大杀伤力：建筑物严重摧毁，士兵伤亡惨重，从而表明战争的残酷。然后又以壮美宁静的山河原野这一自然景象与"断壁危楼"相对照，有力地启示读者从中领悟出这场战争带给人们的灾难后果。通过上述描写，使读者完全置身于战争之中。最后写作者以手扪之，始知为画也，从而突出这幅画的逼真。

第三部分，交代《普法交战图》的画意和作者写此文的目的。这是有力的点睛之笔，揭示了"昭炯戒，激众愤，图报复"的深远意义。这在我国政治腐败、国势积弱不振、屡遭帝国主义列强欺侮的当时，更具有积极的现实意义。它将有力地激发国人不忘国耻、奋发图强的爱国激情。

本文写作最突出的特点首先是衬托手法的选用。文章主体是写油画，却先写蜡人，以此陪衬，更加突出了中心。蜡人已令人惊叹不已，而"西人绝技，尤莫逾油画"，就更能引人入胜。文中描写油画的部分，字不过百，却细腻逼真，立体流动，如在目前。一则令读者"几自疑身外即战场"而忘记是在读一篇记画短文，再则使"昭炯戒，激众愤，图报复"的主题思想有了立足之地。其次，该文观察细致，记叙、描绘层次清晰、生动形象，使人有身临其境之感。最后，文章运用了不少对偶句、排比句或短句，使全文于错落、参差中见出整齐和谐，从而增强了文章的感染力。

谭 嗣 同 文

作者生平介绍见诗歌部分。

仁学（节选）

生民之初⁽¹⁾，本无所谓君臣，则皆民也。民不能相治，亦不暇治，于是共举一民为君。夫曰共举之，则非君择民，而民择君也；夫曰共举之，则其分际又非甚远于民⁽²⁾，而不下侪于民也⁽³⁾；夫曰共举之，则因有民而后有君：君，末也；民，本也⁽⁴⁾。天下无有因末而累及本者，亦岂可因君而累及民哉？夫曰共举之，则且必可共废之。

君也者，为民办事者也；臣也者，助办民事者也。赋税之取于民，所以为办民事之资也。如此而事犹不办，事不办而易其人，亦天下之通义也。观夫乡社赛会⁽⁵⁾，必择举一长，使治会事，用人理财之权咸隶焉⁽⁶⁾。长不足以长则易之，虽愚夫愿农⁽⁷⁾，犹知其然矣；何独于君而不然？岂谓举之戴之⁽⁸⁾，乃以竭天下之身命膏血，供其盘乐怠傲⁽⁹⁾，骄奢而淫乐乎？供一身之不足，又滥纵其百官，又欲传之世世万代子孙，一切酷毒不可思议之法，由此其繁兴矣！民之俯首贴耳，恬然坐受其鼎镬刀锯⁽¹⁰⁾，不以为怪，固曰大可怪矣，而君之亡犹顾为之死节⁽¹¹⁾！故夫死节之说，未有如是之大悖者矣⁽¹²⁾。

君亦一民也，且较之寻常之民而更为末也。民之于民，无相为死之理；本之与末，更无相为死之理。然则古之死节者，乃皆不然乎？请为一大言断之曰⁽¹³⁾：止有死事的道理，决无死君的道理！死君者，宦官宫妾之为爱，匹夫匹妇之为谅也⁽¹⁴⁾。人之甘为宦官宫妾，而不免于匹夫匹妇，又何诛焉⁽¹⁵⁾？夫曰共举之，犹得曰吾死吾所共举，非死君也；独何以解于后世之君，皆以兵强马大力征经营而夺取之，本非自然共戴者乎！况又有满、汉种类之见，奴役天下者乎！夫彼奴役天下，固甚乐民之为其死节矣。一姓之兴亡渺渺乎小哉，民何与焉⁽¹⁶⁾？乃为死节者，或数万而未已也。本末倒置，宁有加于此者？

伯夷、叔齐之死⁽¹⁷⁾，非死纣也，固自言以暴易暴矣⁽¹⁸⁾，则亦不忍复睹君主之祸，遂一瞑而万世不视耳。且夫彼之为前主死也，固后主之所深恶也；而事甫定⁽¹⁹⁾，则又祷之祠之⁽²⁰⁾，俎豆之⁽²¹⁾，尸祝之⁽²²⁾，岂不亦欲后之人之为我死，犹古之娶妻者，取其为得晋人也⁽²³⁾。

若夫山林幽贞之士，固犹在室之处女也⁽²⁴⁾，而必胁之出仕，不出仕则诛；是挟兵刃搂处女而乱之也。既乱之，又诉其不贞⁽²⁵⁾，暴其失节，至为《贰臣传》以辱之⁽²⁶⁾；是岂惟辱其人哉，实阴以吓天下后世⁽²⁷⁾，使不敢背去(28)。夫以不贞而失节于人也，淫凶无赖子之于娼妓，则有然矣。始则强奸之，继又防其奸于人也，而幽锢之，终知奸之不胜防，则标著其不当从己之罪，以威其馀。夫在弱女子，亦诚无如之何，而不能不任其所为耳；奈何四万万智勇材力之人，彼乃娼妓畜之(29)，不第不敢微不平于心，益且诩诩然曰(30)："忠臣，忠臣。"古之所谓忠乃尔愚乎(31)？

古之所谓忠，以实之谓忠也(32)。下之事上当以实，上之待下乃不当以实乎？则忠者共辞也，交尽之道也(33)岂又专责之臣下乎？

孔子曰："君君臣臣"。又曰："父父子子，兄兄弟弟，夫夫妇妇(34)。"教主未有不平等者(35)。古之所谓忠，中心之谓忠也。抚我则后，虐我则仇(36)，应物平施(37)，心无偏袒，可谓中矣，亦可谓忠矣。君为独夫民贼(38)，而犹以忠事之，是辅桀也(39)，是助纣也(40)。其心中乎不中乎？

呜呼，三代以下之忠臣(41)，其不为辅桀助纣者几希(42)！况又为之掊克聚敛(43)，竭泽而渔(44)，自命为理财，为报国，如今之言节流者(45)，至分为国与为民二事乎？国与民已分为二，吾不知除民之外，国果何有？无惑乎君主视天下为其囊橐中之私产(46)，而犬马土芥乎天下之民也(47)。民既摈斥于国外，又安得少有爱国之忧？何也？于我无与也！继自今(48)，即微吾说(49)，吾知其必无死节者矣。

注释

（1）生民：人，人类。

（2）"则其"句：分际，身份、地位的界限。分，名分。际，边，畔。此句说君的身份同民相差无几。

（3）侪（chái 柴）：类，辈。这里作动词。不下侪于民，即与普通人民同类。

（4）"君，末也"二句：用《孟子·尽心下》："民为贵，社稷次之，君为轻。"末，树梢。本，树根。

（5）赛会：用仪仗、鼓乐、杂戏迎神出庙，周游街巷的民间祭神活动。

（6）咸：全，都。隶：隶属。

（7）愿农：忠厚老实的农民。

（8）戴：拥戴。

（9）盘乐怠傲：语出《孟子·公孙丑下》："般乐怠傲，是自求祸也。"盘，同"般"（pán 盘），大也。怠，怠惰。傲，即"敖"，同"遨"，游玩。

（10）恬然：安然，无动于衷的样子。镬（huò 货）：似鼎而无足。鼎镬原皆为古代烹饪器具，这里指一种酷刑。

（11）死节：固守节义而死。

（12）大悖：非常荒谬。悖（bèi 贝），违背。

（13）大言：高声宣布的言论。断：下结论。

（14）"死君者"二句：此二句说那些为君主而死的人，只不过是像宦官妃子那样爱君主，像普通老百姓那样守小信而已。匹夫匹妇，泛指平民百姓。谅，信。

（15）诛：责求，责备。

（16）民何与焉：与人民有什么关系。与，参与，关涉。

（17）伯夷、叔齐：殷代孤竹君的两个儿子。因不愿继承国君之位，相携出逃。后武王伐商，他们拦路劝阻。等到武王灭商，因耻食周粟，入首阳山，采薇为食，后饿死（事见《史记·伯夷列传》）。

（18）"固自"句：指伯夷、叔齐饿死前，曾作《采薇歌》二章。首章曰："登彼西山兮，采其薇矣。以暴易暴兮，不知其非矣。"以暴（或作"乱"）易暴，意谓周武王伐商，不过是以暴臣（或乱臣）换下了暴主。

（19）甫：始。

（20）祷：祈祷求福。祠：祭祀。

（21）俎豆：皆古代祭祀时盛祭品的器具。这里作动词，指祭祀。

（22）尸祝：古代祭祀，用活人代替死者受祭，这个象征死者神灵的人称尸；传告鬼神言词的人称祝。这里均作动词用，指礼拜祝颂。

（23）"犹古"二句：《战国策·秦策》载，楚人有两个妻子，有人挑逗其大妻，遭大妻的责骂，又去挑逗其小妻，小妻却不拒绝。后来楚人死，那挑逗者愿娶责骂过自己的楚人大妻，说："居彼人之所，则欲其许我也；今为我妻，则欲其为我詈人也。"詈（lì力），骂。

（24）在室：女子未嫁称在室。

（25）诟（gòu够）：辱骂。

（26）《贰臣传》：清乾隆四十一年（1776），诏于国史中增列《贰臣传》，共十二卷，载入由明降清的大臣一百二十余人。贰臣，指兼仕两个朝代的臣子。

（27）阴：暗中。

（28）背去：背离，背叛而去。

（29）娼妓蓄之：指以畜养娼妓的态度对待全国人民。

（30）"不第"二句：此二句说这些臣民不但不敢在心里有一点不平，反而自夸说是"忠臣忠臣"。不第，不但。诩诩（xǔ许）然，夸耀的样子。

（31）乃尔愚乎：是这样的愚蠢吗？尔，如此，这样。

（32）实：诚实。

（33）交尽之道：相互都要遵守的原则。交，相互。

（34）"孔子"六句：语见《论语·颜渊》与《周易·象传》。相传《周易》中包括《象传》在内的"十翼"为孔子所作。作者将两处原文连在一起，属于孔子。孔子在这里说的是一种维护封建等级制度的伦理道德。作者是有意曲解，说成是平等的。

（35）教主：原指宗教中创始人或教中地位最高的人，这里指孔子。康有为称孔子为"受命之教主"。

（36）"抚我则后"二句：安抚我，善待我，我就尊他为君主，虐待我，残害我，我就把他当仇敌。后，君主。

（37）应物平施：待人接物，务求公平。

（38）独夫民贼：这里指残暴无道的统治者。独夫，指独裁者。民贼，残害人民的人。语出《孟子·告子》。

（39）辅桀：即"助桀为虐"。

（40）助纣：帮助纣王。纣，指商纣王。商最后一个君主，暴虐无道，为周武王所灭。

（41）三代：指夏、商、周。

（42）几希：很少。

（43）掊（pǒu 剖_{上声}）克：以苛捐重税剥削人民。聚敛：搜刮民财。

（44）竭泽而渔：排尽泽中之水捕鱼。这里意谓将人民的钱财搜刮殆尽。语出《淮南子·本经训》。

（45）节流：指财政上节减开支。语出《荀子·富国》。

（46）囊橐（tuó 砣）：袋子。

（47）"而犬"句：意谓把人民当作犬马土芥对待。语本《孟子·离娄下》。芥，小草。

（48）继自今：从今以后。

（49）"即微"句：就算没有我提出的思想观点。微，无，没有。

提示

《仁学》是谭嗣同的代表作，是一部政治哲学著作。成书于 1896 年，全书共分上、下二卷，十五篇，约五万字。其内容广泛，思想庞杂，但主要精神是宣扬资产阶级民主，反对封建君主专制，鼓吹变法维新。这部杰出的哲学著作，从资产阶级改良主义立场出发，提出"君主废，则贵贱平；公理明，则贫富均"的理想，有力地抨击了某些传统道德和封建君主专制。在这部巨著中，作者认为"以太"是世界的根源，"仁"即是"以太"的体现。作品在自然现象方面颇具有一定的唯物主义因素，但在社会观、认识论方面却又有严重的唯心主义倾向。作者一方面认为"仁"就是"以太"，是物质的、变化的；一方面又认为"仁为万物之源"，强调"一切唯心所造"，把"心力""仁"看做是决定性的东西。

这里节录的部分，着重阐明"民本""君末"的道理，提出"君也者，为民办事者也"，主张君民平等；民即是国，国家和人民是不可分割的，"除民之外，国果何有？"这些都表现了作者强烈的民主思想。本文还斥责"忠臣""死节"等腐朽的封建道德，有力地批判了封建专制主义，特别是君权主义。文章的内容既继承了黄宗羲《原君》中的进步思想，又吸收了西方的某些民主思想。

作为一位最激进、最富有斗争精神的改良主义者，作者不但思想解放，敢道前人之所不敢道，而且在文字上也突破了桐城派的框框，打破了骈文、散文的界限，其作品表现出一种内容充实、说理严谨、文笔酣畅、语言通俗明快的新文风。全文中心突出，立论坚实，证据确凿，说服力强。在论证中，作者又常常引用历史故事、典故，以及普通生活道理，从而增强了说理的生动性、形象性和感染力。文中运用大量的排比句、感叹句、反诘句，因而使文章情感充沛，笔势跌宕，论辩生辉，发人深省。

梁 启 超 文

作者生平介绍见诗歌部分。

少年中国说 （节录）

日本人之称我中国也，一则曰老大帝国，再则曰老大帝国。是语也，盖袭译欧西人之言也(1)。呜呼，我中国其果老大矣乎？梁启超曰：恶(2)，是何言！是何言！吾心目中有一少年中国在。

欲言国之老少，请先言人之老少。老年人常思既往，少年人常思将来。惟思既往也，故生留恋心；惟思将来也，故生希望心。惟留恋也故保守，惟希望也故进取。惟保守也故永旧，惟进取也故日新。惟思既往也，事事皆其所已经者，故惟知照例；惟思将来也，事事皆其所未经者，故常敢破格。老年人常多忧虑，少年人常好行乐。惟多忧也，故灰心；惟行乐也，故盛气。惟灰心也，故怯懦；惟盛气也，故豪壮。惟怯懦也，故苟且；惟豪壮也，故冒险。惟苟且也，故能灭世界；惟冒险也，故能造世界。老年人常厌事，少年人常喜事。惟厌事也，故常觉一切无可为者；惟好事也，故常觉一切事无不可为者。老年人如夕照，少年人如朝阳。老年人如瘠牛(3)，少年人如乳虎(4)。老年人如僧，少年人如侠。老年人如字典，少年人如戏文。老年人如鸦片烟，少年人如泼兰地酒(5)。老年人如别行星之陨石，少年人如大洋海之珊瑚岛。老年人如埃及沙漠之金字塔，少年人如西伯利亚之铁路。老年人如秋后之柳，少年人如春前之草。老年人如死海之潴为泽(6)，少年人如长江之初发源。此老年与少年性格不同之大略也。梁启超曰："人固有之，国亦宜然"。

……

呜呼，我中国其果老大矣乎？立乎今日以指畴昔，唐虞三代，若何之郅治(7)，秦皇汉武，若何之雄杰；汉唐来之文学，若何之隆盛；康乾间之武功，若何之烜赫(8)。历史家所铺叙，词章家所讴歌，何一非我国民少年时代良辰美景、赏心乐事之陈迹哉！而今颓然老矣！昨日割五城⁽⁹⁾，明日割十城，处处雀鼠尽，夜夜鸡犬惊。十八省之土地财产⁽¹⁰⁾，已为人怀中之肉。四百兆之父兄子弟⁽¹¹⁾，已为人注籍之奴⁽¹²⁾。岂所谓"老大嫁作商人妇"者耶⁽¹³⁾？呜呼！"凭君莫话当年事，憔悴韶光不忍看"！楚囚相对，岌岌顾影，人命危浅，朝不虑夕。国为待死之国，一国之民为待死之民。万事付之奈何，一切凭人作弄，亦何足怪！

　　梁启超曰：我中国其果老大矣乎？是今日全地球之一大问题也。如其老大也，则是中国为过去之国，即地球上昔本有此国，而今渐渐灭⁽¹⁴⁾，他日之命运殆将尽也。如其非老大也，则是中国为未来之国，即地球上昔未现此国，而今渐发达，他日之前程且方长也。欲断今日之中国为老大耶？为少年耶？则不可不先明国字之意义。夫国也者，何物也？有土地，有人民，以居于其土地之人民，而治其所居土地之事，自制法律而自守之；有主权，有服从，人人皆主权者，人人皆服从者。夫如是，斯谓之完全成立之国。地球上之有完全成立之国也，自百年以来也。完全成立者，壮年之事也。未能完全成立而渐进于完全成立者，少年之事也。故吾得一言以断之曰：欧洲列邦在今日为壮年国，而我中国在今日为少年国。

　　……

　　玛志尼⁽¹⁵⁾者，意大利三杰之魁也。以国事被罪，逃窜异邦。乃创立一会，名曰"少年意大利"。举国志士，云涌雾集以应之。卒乃光复旧物，使意大利为欧洲之一雄邦。夫意大利者，欧洲第一之老大国也。自罗马亡后，土地隶于教皇，政权归于奥⁽¹⁶⁾，殆所谓老而濒于死者矣。而得一玛志尼，且能举全国而少年之，况我中国之实为少年时代者耶？堂堂四百余州之国土，凛凛四百余兆之国民，岂遂无一玛志尼其人者！

　　龚自珍氏之集有诗一章，题曰《能令公少年行》⁽¹⁷⁾。吾尝爱读之，而有味乎其用意之所存。我国民而自谓其国之老大也，斯果老大矣。我国民而自知其国之少年也，斯乃少年矣。西谚有之曰："有三岁之翁，有百岁之童。"然则，国之老少，又无定形，而实随国民之心力以为消长者也。吾见玛志尼之能令国少年也，吾又见乎我国之官吏士民能令国老大也。吾为此惧！夫以如此壮丽浓郁翩翩绝世之少年中国，而使欧西日本人谓我老大者，何也？则以握国权者皆老朽之人也。非哦几十年八股⁽¹⁸⁾，非写几十年白折⁽¹⁹⁾，非当几十年差，非捱几十年俸，非递几十年手本⁽²⁰⁾，非唱几十年诺，非磕几十年头，非请几十年安，则必不能得一官，进一职。其内任卿贰以上⁽²¹⁾，外任监司以上者⁽²²⁾，百人之中，其五官不备者，殆九十六七人也。非眼盲，则耳聋；非手颤，则足跛；否则半身不遂也。彼其一身，饮食步履视听言语，尚且不能自了，须三四人在左右扶之捉之，乃能度日，于此而乃欲责之以国事，是何异立无数木偶而使之治天下也！且彼辈者，自其少壮之时，既已不知亚细、欧罗为何处地方，汉祖、唐宗是哪朝皇帝，犹嫌其顽钝腐败之未臻其极，又必搓磨之，陶冶之，待其脑髓已涸，血管已塞，气息奄奄，与鬼为邻之时，然后将我二万里江山、四万万人命，一举而界于其手⁽²³⁾。呜呼！老大帝国，诚哉其老大也！而彼辈者，积其数十年之八股、白摺、当差、捱俸、手本、唱诺、磕头、请安，千辛万苦，千苦万辛，乃始得此红顶花翎之服色⁽²⁴⁾，中堂大人之名号⁽²⁵⁾，乃出其全付精神，竭其毕生力量，以保持之。如彼乞儿拾金一锭，虽轰雷盘旋其顶上，而两手犹紧抱其荷包，他事非所顾也，非所知也，非所闻也。于此而告之以亡国也，瓜分也，彼乌从而听之，乌从而信之！即使果亡矣，果分矣，而吾今年既七十矣，八十矣，但求其一两年内，洋人不来，强盗不起，我已快活过了一世矣！若不得已，则割三头两省之土地⁽²⁶⁾，奉申贺敬，以换我几个衙门；卖三几百万之人民作仆为奴，以赎我一条老命，有何不可？有何难办？呜呼！今以所谓老后、老臣、老将、老吏者，其修身齐家治国平天下之手段，皆具于是矣。"西风一夜催人老，凋尽朱颜白尽头"。使走无常当医生⁽²⁷⁾，携催命符以祝寿，嗟乎痛哉！以此为国，是安得不老且死，且吾恐其未及岁而殇也。

　　梁启超曰：造成今日之老大中国者，则中国老朽之冤业也。制出将来之少年中国者，则中国少年之责任也。彼老朽者何足道，彼与此世界作别之日不远矣！而我少年乃新来而与世界为缘。如僦屋者然⁽²⁸⁾，彼明日将迁居他方，而我今日始入此室处。将迁居者，不爱护其窗棂，不洁治其庭庑，俗人恒情，亦何足怪？若我少年者，前程浩浩，后顾茫茫。中国而为牛为马为奴为隶，则烹脔笞鞭之惨酷⁽²⁹⁾，惟我少年当之。中国如称霸宇内，主盟地球，则指挥顾盼之尊荣，惟我少年享之。于彼气息奄奄与鬼为邻者何与焉？彼而漠然置之，犹可言也。我而漠然置之，不可言也。使举国之少年而果为少年也，则吾中国为未来之国，其进步未可量也。使举国之少年而亦为老大也，则吾中国为过去之国，其渐亡可翘足而待也。故今日之责任，不在他人，而全在我少年。少年智则国智，少年富则国富，少年强则国强，少年独立则国独立，少年自由则国自由，少年进步则国进步，少年胜于欧洲，则国胜于欧洲，少年雄于地球，则国雄于地球。红日初升，其道大光；河出伏流⁽³⁰⁾，一泻汪洋；潜龙腾渊，鳞爪飞扬；乳虎啸谷，百兽震惶；鹰隼试翼，风尘吸张⁽³¹⁾；奇花初胎，矞矞皇皇⁽³²⁾；干将发硎，有作其芒⁽³³⁾；天戴其苍，地履其黄；纵有千古，横有八荒⁽³⁴⁾；前途似海，来日方长。美哉我少年中国，与天不老！壮哉我中国少年，与国无疆！

　　……

注释

（1）袭：沿袭，依照着继续下来。

（2）恶（wū乌）：感叹词，表示反对。《孟子·公孙丑上》："恶，是何言也!"

（3）瘠（jī鸡）牛：瘦牛。

（4）乳虎：初生之虎。

（5）泼兰地：酒名，即白兰地。

（6）死海：西南亚的大咸湖，在以色列、巴勒斯坦和约旦的边界上，是世界陆地最低处，湖水含盐量高达23%至25%，鱼类和水生植物都不能生存，因此称死海。潴（zhū朱）：积水。

（7）郅治：即至治，盛世的意思。

（8）"康乾"二句：清康熙、乾隆皇帝时，国力强盛。康熙时曾反击入侵内蒙古和西藏等地的准噶尔部族；乾隆曾平定新疆、西藏等地的叛乱势力，并拒绝英国增开通商口岸给予租界的无理要求。烜赫，声威盛大。

（9）"昨日"句：语自苏洵《六国论》："今日割五城，明日割十城，起视四境，而秦兵又至矣。"

（10）十八省：清初，全国共分18省。这里代指全中国。

（11）四百兆：四亿。兆，百万。

（12）注籍之奴：古时为人奴者，要随主人改姓，列入主人的户籍。这里是比喻丧失独立性成为寄人篱下的奴隶。

（13）老大嫁作商人妇：语出唐白居易《琵琶行》。这里比喻晚清王朝的没落。

（14）澌灭：灭亡。澌，尽。

（15）玛志尼（1805—1872）：意大利资产阶级民主革命者。罗马帝国灭亡后，意大利受法、奥强的奴役。玛志尼创立"少年意大利同盟"，创办"少年意大利报"，在日内瓦起事，进兵萨伏依，为皇室军队所败，亡命瑞士。复又组织欧洲新党，继续坚持意大利民主革命，终于完成意大利独立统一的事业。在当时与加里波的（1807—1882）、喀富尔（1810—1861）并称为"意大利三杰"。

（16）"自罗马"三句：罗马帝国灭亡以后，意大利处于分崩离析的境地。1815年以后则处于奥地利的保护之下，受奥国的控制。

（17）《能令公少年行》：这是龚自珍一首有名的诗，写于1821年，作者当时30岁。诗意谓人不要年老自馁，不要汲汲于功名利禄，要放宽心怀，饮酒唱歌，做自己所应做的事，永葆青春。龚自珍在这首诗里凭借他丰富的想象，描绘出一个与冷酷污浊的社会完全对立的理想世界，表现了对理想的热烈追求。

（18）哦：吟。八股：是明清两代科举用的一种文体，也称制艺、时文。分破题、承题、起讲、起股、中股、后股与束股。后四股，每股分两段，共八股，故称八股文。内容局限于对经义的解释，字数也有一定的规定。

（19）白摺（zhé折）：清应试书的一种。进士经过殿试后，在授任官职前要举行一次朝考，朝考时用白摺，即用白纸折成的考卷。摺，同"折"。康有为《广艺舟双楫》："应制之书曰分二种，一曰卷，应殿试者也，一曰白摺，应朝考者也。"

（20）手本：清代门生见座师，下级见上级时所投用的名帖。分红白两种，或称红禀、白禀。书写官衔姓名者谓官衔手本，书写履历所用者谓履历手本。

（21）卿贰：卿的辅助官职。卿，官名。贰，副贰，副职。

（22）监司：清代通称各省布政使、按察使及各道道员为监司。

（23）畀（bì 毕）：给予。

（24）红顶花翎：清代官僚的冠饰。红顶，帽子顶上用红绢制成，帽顶中央嵌红宝石。帽子后边插孔雀翎为饰，称为花翎。最初只有有功勋的人和受特恩的人才能戴。咸丰以后，凡五品以上的官员均可戴。花翎上普通的为一眼，多者双眼或三眼，以翎眼多者为贵。

（25）中堂大人：中堂，唐代于中书省设政事堂，为宰相理事的地方，后世即称宰相为中堂。清时大学士地位相当于宰相的，一般也称"中堂"。

（26）三头两省：粤闽方言，即三两省的意思。

（27）无常：旧时迷信说法，阎王府勾取人的灵魂的鬼，叫无常鬼。

（28）僦屋：租赁屋舍。僦（jiù 就），租赁。

（29）烹脔箠鞭：泛指煎烹、宰割、棍杖、鞭打等酷刑。

（30）河出伏流：伏流，潜伏地中看不见的水流。《水经注·河水》："河出昆山，伏流地中万三千里。"

（31）吸张：收缩张开。

（32）矞矞皇皇：明盛的样子。这里形容万物逢春生气勃勃。

（33）"干将"二句：干将，古代宝剑名。发硎，谓刀刃新磨。《庄子·养生主》："而刀刃若新发于硎。"硎（xíng 刑），磨刀石。这两句意谓新磨过的宝剑，光芒四射。

（34）"纵有"二句：谓中国历史悠久，疆域广阔。

提示

这篇文章（本书节录时有删节）写于光绪二十六年（1900），是作者在戊戌变法失败后流亡日本时所写的。当时正是清王朝反动统治摇摇欲坠，中国面临被帝国主义列强瓜分之时。作者以人为喻，集中论证了中国如何沦为"老大帝国"，如何将老大帝国变为少年中国这一重大历史问题。他一方面尖锐地驳斥了帝国主义对中国的诬蔑，另一方面无情地抨击了封建王朝的反动统治，热情赞颂了他心目中勇于进取、日新月异的少年中国，从而表现了作者要求祖国繁荣富强的强烈愿望和积极的进取精神。

作者从改良主义立场出发，把封建古老的中国和他想象中未来的"少年中国"加以鲜明对照，以辛辣的笔调，无情地嘲讽了没落的清王朝，指出"据国权者皆老朽之人"，刻画了以慈禧太后为代表的顽固派的丑恶嘴脸；热情地呼唤着"中国少年"挺身而出，促使四万万"待死之民"猛然觉醒，发扬少年人血气方刚、勇于斗争的精神，向西方学习，拯救民族的危亡；尽情地描绘"前途似海，来日方长""与天不老""与国无疆"的少年中国的光明前景。全文洋溢着感人的爱国主义激情，这对当时的青年知识分子及广大人民群众是有极大教育和鼓舞作用的。

本文充分反映了新文体的风格。爱憎分明，热情奔放，气势磅礴，一泻千里，既有充分的理论分析和严密的逻辑推理，又有强烈的战斗性和鼓舞力量，一扫陈腐颓唐的旧文体，开一代新鲜活泼的新文风。本文形式新颖，多方设喻，运用拟人手法，使抽象的逻辑推理增添鲜明生动的形象。经过作者纵横恣肆地描述之后，一个老态龙钟、腐朽衰弱的老大中国和一个朝气蓬勃、充满青春活力的少年中国便栩栩如生地出现在人们面前，使人自然扬弃前者而憧憬后者。

林 觉 民 文

林觉民（1886—1911），字意洞，号抖飞，又号天外生。福建闽侯（今福建福州）人。黄花岗七十二烈士之一。14 岁进福建高等学堂，开始接受资产阶级民主革命思想。认为"中国不革命不能自强"。毕业后到日本留学，学习文学和哲学，并从事民主活动。1911 年（辛亥）年初，得到中国同盟会广州起义领导人的通知，回国约集福建的同盟会员参加起义。同年 4 月 27 日凌晨，广州起义爆发，林觉民和方声洞等人领先袭击清朝的两广总督衙门，不幸受伤被捕。在刑讯中，当堂演说，宣传革命思想，痛斥清政府，致使审判官员极为狼狈。临刑时，谈笑自若，英勇就义。牺牲时年仅 25 岁。

与 妻 书

意映卿卿如晤[1]：吾今以此书与汝永别矣！吾作此书时，尚是世中一人；汝看此书时，吾已成为阴间一鬼。吾作此书，泪珠和笔墨齐下，不能竟书而欲搁笔[2]，又恐汝不察吾衷[3]，谓吾忍舍汝而死，谓吾不知汝之不欲吾死也，故遂忍悲为汝言之。

吾至爱汝，即此爱汝一念，使吾勇于就死也。吾自遇汝以来，常愿天下有情人都成眷属[4]。然遍地腥云，满街狼犬，称心快意，几家能彀[5]？司马青衫[6]，吾不能学太上之忘情也[7]。语云：仁者老吾老以及人之老，幼吾幼以及人之幼[8]。吾充吾爱汝之心[9]，助天下人爱其所爱，所以敢先汝而死，不顾汝也。汝体吾此心[10]，于啼泣之馀，亦以天下人为念，当亦乐牺牲吾身与汝身之福利，为天下人谋永福也。汝其勿悲！

汝忆否？四五年前某夕，吾尝语曰："与使吾先死也，无宁汝先吾而死[11]。"汝初闻言而怒，后经吾婉解，虽不谓吾言为是，而亦无词相答。吾之意，盖谓以汝之弱，必不能禁失吾之悲[12]；吾先死留苦与汝，吾心不忍，故宁请汝先死，吾担悲也。嗟夫！谁知吾卒先汝而死乎[13]？吾真真不能忘汝也！回忆后街之屋，入门穿廊，过前后厅，又三四折，有小厅，厅旁一屋，为吾与汝双栖之所[14]。初婚三四个月，适冬之望日前后[15]，窗外疏梅筛月影，依稀掩映[16]，吾与汝并肩携手，低低切切[17]，何事不语？何情不诉？及今思之，空余泪痕。又回忆六七年前，吾之逃家复归也[18]，汝泣告我："望今后有远行，必以告妾[19]，妾愿随君行。"吾亦既许汝矣。前十馀日回家，即欲乘便以此行之事语汝，及与汝相对，又不能启口，且以汝之有身也[20]，更恐不胜悲，故惟日日呼酒买醉。嗟夫！当时余心之悲，盖不能以寸管形容之[21]。

　　吾诚愿与汝相守以死，第以今日事势观之[22]，天灾可以死[23]，盗贼可以死，瓜分之日可以死，奸官污吏虐民可以死。吾辈处今日之中国，国中无地无时不可以死。到那时使吾眼睁睁看汝死，或使汝眼睁睁看我死，吾能之乎？抑汝能之乎[24]？即可不死，而离散不相见，徒使两地眼成穿而骨化石[25]，试问古来几曾见破镜能重圆[26]？则较死为苦也，将奈之何[27]？今日吾与汝幸双健。天下人之不当死而死与不愿离而离者，不可数计，钟情如我辈者，能忍之乎？此吾所以敢率性就死不顾汝也[28]。吾今死无馀憾，国事成不成，自有同志者在。依新已五岁[29]，转眼成人，汝其善抚之，使之肖我。汝腹中之物，吾疑其女也[30]，女必像汝，吾心甚慰；或又是男，则亦教其以父志为志，则我死后尚有二意洞在也。甚幸，甚幸！吾家后日当甚贫，贫无所苦，清静过日而已。

　　吾今与汝无言矣。吾居九泉之下遥闻汝哭声，当哭相和也。吾平日不信有鬼，今则又望其真有。今人又言心电感应有道[31]，吾亦望其言是实。则吾之死，吾灵尚依依旁汝也，汝不必以无侣悲。

　　吾平生未尝以吾所志语汝，是吾不是处；然语之，又恐汝日日为吾担忧。吾牺牲百死而不辞，而使汝担忧，的的非吾所忍[32]。吾爱汝至，所以为汝谋者惟恐未尽。汝幸而偶我[33]，又何不幸而生今日之中国！吾幸而得汝，又何不幸而生今日之中国！卒不忍独善其身。嗟夫！巾短情长[34]，所未尽者，尚有万千，汝可以模拟得之[35]。吾今不能见汝矣！汝不能舍吾，其时时于梦中得我乎！一恸[36]！辛亥三月念六夜四鼓[37]，意洞手书。

　　家中诸母皆通文[38]，有不解处，望请其指教，当尽吾意为幸[39]。

注释

（1）意映：林觉民的夫人，姓陈名意映。卿卿：旧时夫妻间的爱称，多用于男对女的称呼。如晤：旧时书信中的习惯用语，意思是就好像和你（受信人）见面一样。

（2）竟书：写完，写毕。

（3）不察吾衷：不明白我的心事。衷，内心。

（4）"常愿"句：常希望天下有情的人都成为夫妻。语出《西厢记》第五本第四折《清江行》。眷（juàn 倦）属，家属、亲属。

（5）彀：同"够"。

（6）司马青衫：语出唐代诗人白居易长诗《琵琶行》。诗中有"座中泣下谁最多，江州司马青衫湿"的句子。后世常用"司马青衫"比喻极度悲伤的感情。作者在这里用它来说明自己是个重感情的人。

（7）太上之忘情：指修养很高的圣人，可以忘去一切感情。《世说新语·伤逝》："圣人忘情，最下不及情，情之所钟，正在我辈。"太上，"至高无上"的意思，指圣人。忘情，指不为情感所动。

（8）"老吾"二句：语出《孟子·梁惠王上》。第一个"老"字用作动词，"敬爱"的意思；第一个"幼"字也用作动词，"爱护"的意思。意为尊敬自己的老人，推广到尊敬别人的老人；爱护自己的孩子，推广到爱护别人的孩子。

（9）充：扩充，扩大。

（10）体：体谅。

（11）与……无宁……：与其……宁可……。

（12）禁（jīn 金）：忍受，受得住。

（13）卒：终于，究竟。

（14）双栖之所：夫妻一起居住的地方。栖，居住。

（15）适：恰值。望日：指农历每月的十五日。

（16）筛：用作动词，透过，漏下。依稀：隐约。掩映：彼此遮掩而互相衬托。

（17）低低切切：私语声。

（18）逃家：指瞒着家人外出从事革命活动。

（19）妾：旧时女子的自谦称。

（20）有身：指怀孕。

（21）寸管：毛笔的代称。

（22）第：只，但。

（23）死："使人死"的意思，使动用法。下面接着四个"死"字，意思相同。

（24）抑：还是。

（25）徒：白白地。眼成穿：眼睛都望穿了。骨化石：比喻精诚所至的结果。古代传说：有男子久出不归，其妻天天登山眺望，久而久之，凝立着化为一块石头，还在眺望，被称为"望夫石"。

（26）破镜能重圆：比喻夫妻经过离乱失散（或决裂）后又重新团聚。唐朝孟棨（qǐ启）《本事诗》说：南朝时陈朝将亡，驸马徐德言和妻子乐昌公主估计以后一定分离，就打破一面铜镜，各执一半，约定将来某月某日在京城卖镜，凭它求得相见。陈亡后，乐昌公主被杨素所获。徐德言来到京城，见有一老仆人出卖半块铜镜，就把自己的一半拿出来对合，并在镜上题了诗。公主见诗悲痛不食，杨素终于同意让她和徐重新团聚。

（27）"则较"二句：长期失散比起死别更为痛苦，又能拿它怎么办？

（28）率性：任性，一任情性。

（29）依新：作者的长子。

（30）疑：猜度（duó 夺），推测。

（31）心电感应有道：唯心主义者认为，人死后心灵还有知觉，能和生人的精神、心情交相感应。

（32）的的：的确。

（33）偶我：以我为偶，即嫁给我。

（34）巾短情长：巾，手帕。这封信是写在一条白布巾上的，所以这样说。

（35）模拟得之：揣摸上面所述之情，想到未尽言之事。

（36）一恸（tòng 痛）：指心中引起一阵强烈的悲痛。恸，大哭。

（37）三月念六：旧历三月二十六日。念，二十。四鼓：四更。辛亥：原文笔误为辛未，现改正。

（38）诸母：伯母、婶母。

（39）尽吾意：充分了解我信中的意思。

提示

这是林觉民在广州起义前三天夜里，写给妻子陈意映的绝笔信。当时旧民主主义革命已进入高潮，一大批救国志士抱着杀身成仁、舍生取义的战斗精神献身革命事业，创造了无数可歌可泣的英雄事迹，林觉民的这篇《与妻书》就是这种革命精神的生动写照。

在这封绝笔书中，作者思绪澎湃，委婉曲折地叙写出自己对妻子的深情和对处于水深火热中的祖国深沉的爱，表现了一位民主主义战士的崇高情操。全文共七段，可分为三个部分。第一部分（第一段），简述烈士写这封遗书的原因和悲痛的心情。第二部分（第二、三、四段）是全文的主体。烈士尽情地倾诉了自己"至爱汝"又"忍舍汝而死"的矛盾心情和深刻道理。"吾至爱汝，即此爱汝一念，使吾勇于就死也"是全文的主旨，因为"牺牲吾身与汝身之福利"，正是"为天下人谋永福"。接着又用两段文字，分别详诉"吾爱汝"的深情和说明"即此爱汝一念，使吾勇于就死"的道理。进而更用"汝忆否"引出三件夫妻恩爱的往事，表达烈士对妻子眷恋之深。但是由于"以今日事势观之"，天下人时时都有死亡的可能，"钟情如我辈者"，又不能忍之，夫妻之爱必须服从于对祖国、人民之爱，所以决心为国牺牲。最后指出"国事成不成，自有同志者在"，家事则托付给妻子意映，表现了烈士义无反顾献身革命事业的壮志情怀。第三部分（第五、六、七段），作为结尾，烈士再一次倾诉自己"至爱汝"和"忍舍汝而死"的衷肠，余音不绝，令人感动不已。

本篇是以书信形式写成的抒情散文，将抒情、叙事和议论融为一体。作者对妻子之爱出于至情，这种至情又是通过某夕夜话、冬夜赏梅、逃家归泣几件具体事情的叙述来表现，再加上动人心弦的直接抒情，故感人至深，催人泪下。但作者又将这种夫妻之爱作为立论的出发点，并加以拓开，提高到对祖国、人民的爱，将两种爱的辩证关系说得十分透辟，充分体现了一个民主主义革命者的情爱观与生死观，故又能发人深省，引人深思。全文语言通俗流畅，字字从肺腑中流出，自然本色，纤尘不染。

小　说

刘　鹗　小　说

刘鹗（1857—1909），字铁云，笔名洪都百炼生，丹徒（今江苏丹徒）人。出身封建官僚家庭，却无意于功名富贵。博学多才，通数学、医术、水利等，对甲骨文亦有研究。曾任幕僚，官候补知府，后弃官经商。八国联军占领北京时，用低价向侵略者购买被他们掠夺的太仓储粟，拯救灾民，被清政府以私售仓粟罪谪戍新疆，后病死于迪化（今乌鲁木齐）。他的政治立场站在洋务派方面，既不满于清王朝的腐败，又攻击资产阶级革命运动。有小说《老残游记》，又喜收藏金石甲骨，有《铁云藏龟》。

明湖居听书[1]

老残从鹊华桥往南，缓缓向小布政司街走去，一抬头，见那墙上贴了一张黄纸，有一尺长，七八寸宽的光景，居中写着"说鼓书"三个大字，旁边一行小字是：二十四日明湖居。那纸还不十分干，心知是方才贴的，只不知道这是什么事情，别处也没有见过这样招子[2]，一路走着，一路盘算。只听耳边有两个挑担子的说道："明儿白妞说书，我们可以不必做生意，来听书吧。"又走到街上，听铺子里柜台上有人说道："前次白妞说书是你告假的，明儿的书，应该我告假了。"一路行来，街谈巷议，大半都是这话，心里诧异道："白妞是何许人？说的何等样书？为甚一纸招贴，便举国若狂如此？"信步走来，不知不觉已到高升店口。

进得店去，茶房便来回道："客人，用什么夜膳？"老残一一说过，就顺便问道："你们此地说鼓书是个什么顽意儿？何以惊动这么许多的人？"茶房说："客人，你不知道，这说鼓书本是山东乡下的土调，用一面鼓，两片梨花简，名叫'梨花大鼓'，演说些前人的故事，本也没甚稀奇。自从王家出了这个白妞、黑妞姊妹两个，这白妞名叫王小玉，此人是天生的怪物！他十二三岁时就学会了这说书的本事。他却嫌这乡下的调儿没有什么出奇，他就常到戏园里看戏，所有什么西皮、二黄，梆子腔等唱，一听就会；什么余三胜、程长庚、张二奎等人的调子[3]，他一听也就会唱。仗着他的喉咙，要多高有多高；他的中气[4]，要多长有多长。他又把那南方的什么昆腔、小曲，种种的腔调，他都拿来装在这大鼓书的调儿里面。不过二三年工夫，创出这个调儿，竟至无论南北高下的人，听了他唱书，无不神魂颠倒。现在已有招子，明儿就唱，你不信，去听一听就知道了。只是要听还要早去，他虽是一点钟开唱，若到十点钟去，便没有坐位的。"老残听了，也不甚相信。

次日六点钟起，先到南门内看了舜井，又出南门，到历山脚下，看看相传大舜昔日耕田的地方[5]。及至回店，已有九点钟的光景，赶忙吃了饭，走到明湖居，才不过十点钟时候。那明湖居本是个大戏园子，戏台前有一百多张桌子。那知进了园门，园子里面已经坐的满满的了，只有七八张桌子还无人坐，桌子却都贴着"抚院定""学院定"等类红纸条儿[6]。老残看了半天，无处落脚，只好袖子里送了看坐儿的二百个钱，才弄了一张短板凳，在人缝里坐下。看那戏台上，只摆了一张半桌，桌子上放了一面板鼓，鼓上放了两个铁片儿，心里知道这就是所谓梨花简了。旁边放着一个三弦子，半桌后面放了两张椅子，并无一个人在台上。偌大个戏台，空空洞洞，别无他物，看了不觉有些好笑。园子里面，顶着篮子卖烧饼油条的有一二十个，都是为那不吃饭来的人买了充饥的。

到了十一点钟，只见门口轿子渐渐拥挤，许多官员都着了便衣，带着家人，陆续进来。不到十二点钟，前面几张空桌俱已满了，不断还有人来，看坐的也只是搬张短凳，在夹缝中安插。这一群人来了，彼此招呼，有打千儿的[7]，有作揖的，大半打千儿的多。高谈阔论，说笑自如。这十几张桌子外，看来都是做生意的人，又有些像是本地读书人的样子，大家都喊喊喳喳的在那里谈闲话。因为人太多了，所以说的什么话都听不清楚，也不去管他。

到了十二点半钟，看那台上，从后台帘子里面，出来一个男人，穿了一件蓝布长衫，长长的脸儿，一脸朒觖[8]，仿佛风干福橘皮似的[9]，甚为丑陋。但觉得那人气味到还沉静，出得台来，并无一语，就往半桌后面左手一张椅子上坐下，慢慢的将三弦子取来，随便和了和弦，弹了一两个小调，人也不甚留神去听。后来弹了一只大调，也不知道叫什么牌子；只是到后来，全用轮指[10]，那抑扬顿挫，入耳动心，恍若有几十根弦，几百个指头在那里弹似的。这时台下叫好的声音不绝于耳，却也压不下那弦子去。这曲弹罢，就歇了手，旁边有人送上茶来。

停了数分钟时，帘子里出来一个姑娘，约有十六七岁，长长鸭蛋脸儿，梳了一个抓髻⁽¹¹⁾，戴了一副银耳环，穿了一件蓝布外褂儿，一条蓝布裤子，都是黑布镶滚的⁽¹²⁾。虽是粗布衣裳，到十分洁净。来到半桌后面右手椅子上坐下。那弹弦子的便取了弦子，铮铮鏦鏦弹起⁽¹³⁾。这姑娘便立起身来，左手取了梨花简，夹在指头缝里，便丁丁当当的敲，与那弦子声音相应；右手持了鼓捶子，凝神听那弦子的节奏。忽羯鼓一声⁽¹⁴⁾，歌喉遽发，字字清脆，声声宛转，如新莺出谷，乳燕归巢。每句七字，每段数十句，或缓或急，忽高忽低；其中转腔换调之外，百变不穷，觉一切歌曲腔调俱出其下，以为观止矣⁽¹⁵⁾。

旁坐有两人，其一人低声问那人道："此想必是白妞了罢⁽¹⁶⁾？"其一人道："不是。这人叫黑妞，是白妞的妹子。他的调门儿都是白妞教的，若比白妞，还不晓得差多远呢！他的好处人说的出，白妞的好处人说不出。他的好处人学的到，白妞的好处人学不到。你想，这几年来，好玩耍的谁不学他们的调儿呢？就是窑子里的姑娘，也人人都学，只是顶多有一两句到黑妞的地步，若白妞的好处，从没有一个人能及他十分里的一分。"说着的时候，黑妞早唱完，后面去了。这时满园子里的人，谈心的谈心，说笑的说笑。卖瓜子、落花生、山里红、核桃仁的，高声喊叫着卖，满园子里听来都是人声。

正在热闹哄哄的时节，只见那后里，又出来了一位姑娘，年纪约十八九岁，装束与前一个毫无分别，瓜子脸儿，白净面皮，相貌不过中人以上之姿，只觉得秀而不媚，清而不寒⁽¹⁷⁾，半低着头出来，立在半桌后面，把梨花简丁当丁当几声，煞是奇怪：只是两片顽铁，到他手里，便有了五音十二律似的⁽¹⁸⁾。又将鼓捶子轻轻的点了两下，方抬起头来，向台下一盼。那双眼睛，如秋水，如寒星，如宝珠，如白水银里头养着两丸黑水银，左右一顾一看，连那坐在远远墙角子里的人，都觉得王小玉看见我了；那坐得近的，更不必说。就这一眼，满园子里便鸦雀无声，比皇帝出来还要静悄得多呢，连一根针吊在地下都听得见响⁽¹⁹⁾！

王小玉便启朱唇，发皓齿，唱了几句书儿。声音初不甚大，只觉入耳有说不出来的妙境：五脏六腑里，像熨斗熨过，无一处不伏贴；三万六千个毛孔，像吃了人参果⁽²⁰⁾，无一个毛孔不畅快。唱了十数句之后，渐渐的越唱越高，忽然拔了一个尖儿，像一线钢丝抛入天际，不禁暗暗叫绝。那知他于那极高的地方，尚能回环转折；几啭之后，又高一层，接连有三四叠，节节高起。恍如由傲来峰西面，攀登泰山的景象：初看傲来峰峭壁千仞⁽²¹⁾，以为上与天通，及到翻到扇子崖，又见南天门更在扇子崖上。愈翻愈险，愈险愈奇。

那王小玉唱到极高的三四叠后，陡然一落，又极力骋其千回百折的精神⁽²²⁾，如一条飞蛇在黄山三十六峰半中腰里盘旋穿插，倾刻之间，周匝数遍⁽²³⁾。从此以后，愈唱愈低，愈唱愈细，那声音渐渐的就听不见了。满园子的人都屏气凝神，不敢少动。约有两三分钟之久，仿佛有一点声音从地底下发出。这一出之后，忽又扬起，像放那东洋烟火，一个弹子上天，随化作千百道五色火光，纵横散乱。这一声飞起，即有无限声音俱来并发。那弹弦子的亦全用轮指，忽大忽小，同他那声音相和相合，有如花坞春晓[24]，百鸟乱鸣。耳朵忙不过来，不晓得听那一声的为是。正在撩乱之际，忽听霍然一声，人弦俱寂。这时台下叫好之声，轰然雷动。

停了一会，闹声稍定，只听那台下正座上，有一个少年人，不到三十岁光景，是湖南口音，说道：“当年读书，见古人形容歌声的好处，有那‘馀音绕梁，三日不绝’的话[25]，我总不懂。空中设想，馀音怎样会得绕梁？又怎会三日不绝呢？及至听了小玉先生说书，才知古人措辞之妙。每次听他说书之后，总有好几天耳朵里无非都是他的书，无论做什么事，总不入神，反觉得‘三日不绝’，这‘三日’二字下得太少，还是孔子‘三月不知肉味[26]’，‘三月’二字形容得透彻些！”旁边人都说道：“梦湘先生论得透辟极了！‘于我心有戚戚焉[27]’！”

说着，那黑妞又上来说了一段，底下便又是白妞上场，这一段，闻旁边人说，叫做“黑驴段”。听了去，不过是一个士子见了一个美人，骑了一个黑驴走过去的故事。将形容那美人，先形容那黑驴怎样怎样好法，待铺叙到美人的好处，不过数语，这段书也就完了。其音节全是快板，越说越快。白香山诗云“大珠小珠落玉盘”可以尽之[28]。其妙处，在说得极快的时候，听的人仿佛都赶不上听，他却字字清楚，无一字不送到人耳轮深处。这是他的独到，然比着前一段却未免逊一筹了。

注释

（1）明湖居听书：是从《老残游记》第二回中节选的。原书回名为《历山山下古帝遗踪，明湖湖边美人绝调》。本文的题目也有称作《白妞说书》的，都是后人所加。

（2）招子：招贴，即今天的海报。

（3）余三胜、程长庚、张二奎：都是晚清著名皮黄老生演员。他们各怀绝艺，当时被誉为“老生三鼎甲”，分别代表三个不同流派。

（4）中气：指歌唱者的呼吸量。

（5）大舜：即虞舜，传说中的上古圣君，曾在历山下耕田。

（6）抚院：指巡抚衙门。巡抚，是清代省级地方政府的最高长官，总揽一省的政务，又称抚台、抚军。学院：指学院衙门。学院也称学台、学政，掌管一省有关文教的政令，主持院试、岁试和科试。

（7）打千儿：满族的礼节，又称请安。其姿势是左膝前屈，右腿后弯，前倾垂手。是一种介于作揖、下跪之间的礼节。

（8）肐胝：同"疙瘩"。

（9）福橘：福建产的橘子。

（10）轮指：弹奏乐器的一种指法。一手的几个手指接连弹拨丝弦，如同车轮转动，发出急促的乐声。

（11）抓髻：头发上拢，绾在头顶上的一种发髻，表示未婚的少女身份。

（12）镶滚：沿着衣服的前沿，镶上一道小边。

（13）铮铮（zhēng 争）鏦鏦（cōng 匆）：象声词，形容金属撞击所发出的响亮声。这里形容弦声铿锵。

（14）羯鼓：两头都可以敲击的长圆形鼓，样子近于腰鼓，一般用来点拍。因来自古代羯族，故称羯鼓。

（15）观止：对事物的一种赞美之词，意思是到此为止，没有比这更好的了。

（16）白妞：名叫王小玉。妞，女孩子。

（17）秀而不媚，清而不寒：美丽而没有媚态，素雅而不寒酸。形容她仪表秀雅。

（18）五音十二律：五音，宫、商、角、徵（zhǐ 止）、羽。十二律，古代以长短不一的竹管十二根来定声音的清浊、高低，以此作为乐器的标准，叫做律吕。阴阳各六，合称十二律。这里称赞乐声变化多端，高度和谐。

（19）吊：同"掉"。

（20）人参果：传说中的仙果，状如婴儿，人吃了可长生不老。《西游记》第二十四回对此有生动的描写。

（21）傲来峰：和后面的"扇子崖""南天门"都是泰山的名胜。

（22）骋：放开。

（23）周匝（zā 咂）：环绕一周。

（24）花坞（wū 乌）：长满了花的山坞。

（25）馀音绕梁，三日不绝：语出《列子·汤问》。形容歌声高亢、圆润、耐人寻味。

（26）三月不知肉味：语出《论语·述而》，"子在齐闻韶，三月不知肉味"。形容音乐优美动听，使人受到深刻的影响。

（27）于我心有戚戚焉：语出《孟子·梁惠王》。戚戚，心动，受到影响和启发，产生共鸣。意思是我有同感。

（28）大珠小珠落玉盘：形容乐声历历清脆、悦耳动听。语出白居易《琵琶行》诗句。

提示

本文是从《老残游记》第二回中节选的，作者以饱满的热情讴歌了一位年轻的民间说书女艺人的绝妙技艺，同时也褒扬了人民群众喜闻乐见的中国说书艺术。

在文中，作者运用多种艺术手法，把王小玉的说书艺术写得绘声绘形，给人一种如闻其声、如见其人、如临其境的亲切感觉。

首先，运用层层铺垫的手法，从多方面加以烘托。先从侧面加以烘托，写老残见到招子后的感想和看到听到的反映。如挑担子的和铺子的人的议论，高升店茶房的介绍，戏院的拥挤，官员们也破天荒地提前入场，等等，这些都从侧面烘托出说书人的技艺的高超。接着又写琴师的弹奏，引起台下叫好声不绝于耳；黑妞的演唱，更似乎已登峰造极，令人叹为观止，以此从正面加以烘托。在这层层衬托、步步铺垫之后，读者也会像听众一样，急切渴望白妞早点出场。最后写听众的议论，又使读者和听众希望白妞再次登场。

其次，运用大量贴切的比喻和夸张，刻画出一个令人倾倒的说书人的形象。作者写白妞的眼睛"如秋水，如寒星，如宝珠，如白水银里养着两丸黑水银"，更是神来之笔。前三个比喻，都来自现实生活，来自作者平时的准确观察与体验。秋水，清澈透明；寒星，柔光闪烁；宝珠，光泽晶莹。后一个比喻，则是作者独出心裁的想象。因为谁也没见过黑水银，更不晓得它能成"丸状"，然而在作者笔下，白水银却能"养着"两丸黑水银。这贴切新颖的比喻，使白妞眼睛的水灵和她一顾一盼所产生的神奇效果，生动形象地表现出来。

再次，集中运用移情和通感的手法，正面描写白妞说书的绝技。声音和腔调是难以把握和捉摸的，作者使读者的听觉转化为视觉、触觉和味觉，从而产生强烈的艺术效果。作者写听白妞的唱书，像五脏六腑被熨斗熨过一样感到"伏贴"，像吃人参果一样感到"畅快"。写到白妞唱腔时而激越高亢，时而陡落和再起，作者把它描写成如攀登泰山，越登越险，越险越奇，"如一条飞蛇在黄山三十六峰半中腰里盘旋穿插"；又像放东洋烟火，"一个弹子上天，随化作千百道五色火光，纵横散乱……"，从而凸显出白妞唱腔的高低参差，千折百回，优美动听。

最后，本文用顺叙的方法，先写所闻，后写所见，条理清楚，重点突出。本文虽是小说，但语言却有散文语言的优美和凝练，在描写音乐题材的作品中，可与白居易的《琵琶行》、韩愈的《听颖师弹琴》等历史名篇媲美。